普通高等教育"十一五"国家级规划教材
21世纪经济学管理学系列教材

# 跨国企业管理

第四版

TRANSNATIONAL CORPORATION

主　编　谭力文　吴先明
副主编　陈立敏　李　梅　赵奇伟

武汉大学出版社

# 21世纪经济学管理学系列教材编委会

**顾问**

谭崇台　郭吴新　李崇淮　许俊千　刘光杰

**主任**

周茂荣

**副主任**

谭力文　简新华　黄　宪

**委员**（按姓氏笔画为序）

王元璋　王永海　甘碧群　张秀生　严清华
何　耀　周茂荣　赵锡斌　郭熙保　徐绪松
黄　宪　简新华　谭力文　熊元斌　廖　洪
颜鹏飞　魏华林

# 总　　序

一个学科的发展，物质条件保障固不可少，但更重要的是软件设施。软件设施体现在三个方面：一是科学合理的学科专业结构，二是能洞悉学科前沿的优秀的师资队伍，三是作为知识载体和传播媒介的优秀教材。一本好的教材，能反映该学科领域的学术水平和科研成就，能引导学生沿着正确的学术方向步入所向往的科学殿堂。作为一名教师，除了要做好教学工作外，另一个重要的职能就是，总结自己钻研专业的心得和教学中积累的经验，以不断了解学科发展动向，提高自己的科研和教学能力。

正是从上述思路出发，武汉大学出版社准备组织一批教师在两三年内编写出一套《21世纪经济管理系列教材》，同时出版一批高质量的学术专著，并已和武汉大学商学院达成共识，签订了第一批出版合作协议，这是一件振奋人心的大事。

我相信，这一计划一定会圆满地实现。第一，合院以前的武汉大学经济学院和管理学院已分别出版了不少优秀教材和专著，其中一些已由教育部通过专家评估确定为全国高校通用教材，并多次获得国家级和省部级奖励，在国内外学术界产生了重大影响，对如何编写教材和专著的工作取得了丰富的经验。第二，近几年来，一批优秀中青年教师已脱颖而出，他们不断提高教学质量，勤奋刻苦地从事科研工作，已在全国重要出版社，包括武汉大学出版社，出版了一大批质量较高的专著。第三，这套教材必将受到读者的欢迎。时下，不少国外教材陆续被翻译出版，在传播新知识方面发挥了一定的作用，但在如何联系中国实际，建立清晰体系，贴近我们习惯的思维逻辑，发扬传统的文风等方面，中国学者有自己的优势。

《21世纪经济管理系列教材》将分期分批问世，武汉大学商学院教师将积极地参与这一具有重大意义的学术事业，精益求精地不断提高著作质量。系列丛书的出版，说明武汉大学出版社的同志们具有远大的目光，认识到，系列教材和专著的问世带来的不止是不小的经济效益，更重要的是巨大的社会效益。作为武汉大学出版社的一位多年的合作者，对这种精神，我感到十分钦佩。

# 第四版前言

白驹过隙，四年一晃就过去了，经范绪泉博士的提醒，教材又到了应该重新编写的阶段了。世界还在变化，中国依然在快速发展，例如在第三版前言中提到的美国房贷引发的全球金融危机虽余威仍在，但已经渐渐淡去。美国量化宽松的货币政策虽然让美国在缓解金融危机的影响上取得了成功，但在全球产生的影响如何还有待评估。中国在应对此次金融危机上不能说取得了全胜，但中国经济依然保持着较快的速度发展。2012年，中国的国内生产总值已经达到519 322亿元人民币，约合8.26万亿美元，为世界经济总量排列第二的国家；也是在2012年，中国对外直接投资达到840亿美元，成为世界第三大对外投资国。双汇国际出资71亿美元并购史密斯菲尔德项目，中国神华投资5.5亿元投资开发美国页岩气等，都成为2013年中国海外直接投资的亮点。如果说书的第一版还是在探索中国企业的国际化进程，那么现在就是在圈点中国企业国际化的进步了。

当然，从更深的层面看，中国企业的国际化问题依然是中国企业界必须认真学习和研究的问题。例如，在中国对国外资源性的投资活动中，失败依然占有很高的比例。从失败的案例看，还是未能按照国际惯例行事，依然将自己熟悉的国内经营方法照搬用于国外，所以说，如何扩大视野，更清楚地看清国内外市场、经营思想和方法存在的巨大差异，仍然是中国企业界需要认真学习、思考的问题，这也是我们出版该书的基本目的。

本书是一本教材，教材的最大特点是介绍与课程相关的基本概念、基本理论和基本分析方法。该教材为国际企业经营管理的学习者提供新的思想、新的知识和分析问题的基础，也为国际企业经营管理的实践者提供思考的逻辑、分析的框架和工作的路径，所以它既可以是初学者的入门读物，也可以是在经营管理工作第一线的管理者可供参考的书籍。

与前三版相比，本书在内容上进行了必要的调整。既精简了部分章节，也扩充了部分章节，特别对与实际经营管理工作有着更为密切联系的职能工作进行了扩充，如增加了对国际企业会计、物流问题的介绍，也对国际化工作中影响很大的金融问题进行了改写。为便于读者更好理解书中对一些问题的描述，增加书的可读性，在诸多章节中添加了诸如小资料的文本形式。

参与这次编写工作的人员进行了适当的调整。主编工作依然由谭力文教师、吴先明教授负责，本书的副主编调整为陈立敏教授、李梅副教授和赵奇伟副教授。编写工作的分工是：谭力文教授负责了第一编的编写，吴先明教授负责了第二编第三、第四章的编写，陈立敏教授负责了第四编的编写，李梅副教授负责了第五编第十一、第十二、第十三、第十五章的编写，赵奇伟副教授负责了第三编、第二编第五章、第五编第十四章的编写。在编写过程中，进行了适当的交换审稿，谭力文教授负责了本书的总纂工作。

在书稿杀青、交稿之时，作为主编，对参加编写的吴先明教授、陈立敏教授、李梅副教授、特别是目前依然求学在美国哥伦比亚大学的赵奇伟副教授,以及支持与帮助他(她)们的家人表示衷心的感谢,因为我知道,该书的字字句句体现的是老师们的艰苦作业和辛勤劳动,体现的是家人的大力支持和热心关怀。作为主编还要衷心感谢本书的责任编辑范绪泉博士,在本书的出版过程中一直得到他的鼎力相助,没有他的有效督促和认真帮助,该书难以取得如此的成功。

在教材中参考、引用了众多前辈和国内外同行的研究成果、文献资料和网站资料,在引用过程中我们一一严格地作出了相应的注释,在此,我们对前辈和国内外的同行们表示深深的谢意。

需要提醒的是,教材较为完整地构建了涉及国际企业经营管理工作的知识体系,但在本教材的使用过程中,学习者,特别是任课老师可以根据自己的工作需要,教学任务调整学习、讲授的内容,任课教师可以根据所教学生所在的专业进行必要的调整,以更好地突出重点,让学习者受益。由于本书由五位教师编写,受各自专业背景,以及所承担章节内容要求的影响,文风不尽一致,描述也存在一定的差异,为替读者负责,我们在各章都提供了较为经典的参考资料,可供本书的使用者进一步查阅和深究。

谭力文

2014年夏于武汉大学珞珈山

# 第三版前言

2001年，我们出版了《国际企业管理》第一版的教材，在2004年又出版了该教材的第二版，这本书是《国际企业管理》的第三版。需要说明的是，2006年，我们共同编写的《国际企业管理》教材被评为普通高等教育"十一五"国家级规划教材，这是社会和读者对我们的教材的肯定。作为作者的我们也深深感到，面对国际政治、经济发生的巨大变化，我们书中的内容应该进行修改了，对其中存在的不足更需要完善，这样才能更好地为读者服务，对得起购买、阅读我们书籍的读者。

这次参与第三版编写的人员是谭力文教授、吴先明教授、陈立敏副教授、李梅副教授和秦仪博士，基本还是第二版教材的编写人员。其中，新参与的李梅副教授在取得博士学位后，开始从事国际企业管理的教学、科研工作。我们的编写分工是：谭力文教授负责教材的总体工作，写作的组织、协调，并撰写了书稿的第一、第二、第三章；吴先明教授撰写了书稿的第四章、第六章的第一、第二、第三节；陈立敏副教授撰写了书稿的第七、第十二和第十四章；李梅副教授撰写了书稿的第五章、第六章的第四、第五节、第十章和第十一章；秦仪博士撰写了书稿的第八、第九和第十三章。考虑到分工的任务和目前从事教学、科研工作的现状，本书由谭力文、吴先明教授担任主编，陈立敏、李梅副教授和秦仪博士担任副主编。我们相信，新版的教材必定是成功的，因为我们更加成熟，我们更加了解我们身上承担的责任，这些必然会反映在书的章、节、页中。我们在新版教材即将出版之际，唯一的希望是，阅读该书的读者能从中得到一些帮助，能在得到帮助之余喜欢她。

在该书的编写过程中正遇到由美国次级债引发的全球金融风暴，这是我们的教材迟迟未能交稿的一个主要原因。我们相信，随着这场风暴原因的探索和问题的纠正，指导国际企业开展经营活动的一些理论会出现变化，例如，从1982年由美国前任总统里根开始推行的自由主义经济思想会在一定程度上受到遏制，受此思想指导的经济全球化，以及企业国际化思想与理论会发生一些变化，国际企业所面临的国际经济环境也会有所改变。从目前看，这些变化还仅仅是初见端倪，在各国政府匆匆忙忙力挽金融危机掀起的狂澜时，人们可能还难以定下心仔细追索此次金融危机的根本之因，造成这场危机的主要国家还在乱找原因，至今不肯坦然承认自己的问题。因此，我们在该版教材中仅在第一、第二、第三章中对该问题进行了相对宏观的一些描述和评介，在涉及基本理论和企业经营行为的其他各章节还不敢进行重大的修改，因为毕竟思想、理论需要产生于实践之中，许多问题还需要认真的观察与分析。所以我们在此也提醒本书的读者，可以根据今后局势的明朗、理论的提升、经营行为的变化来阅读此书，为书中目前还难以完成的工作进行自我补充。

作为主编，在修订本即将出版之际，要对参加编写的各位老师和支持与帮助他（她）们的家人表示衷心的感谢，因为我知道，该书的字字句句体现的是老师们的艰苦作业和辛勤劳动，体现的是家人的大力支持和热心关怀。作为主编还要衷心感谢本书的责任编辑范绪泉博士，在本书的出版过程中一直得到他的鼎力相助，没有他的认真努力和有效配合，该书难以取得如此的成功。

在教材中参考、引用了众多前辈和国内外同行的研究成果、文献资料和网站资料，在引用中我们一一严格地作出了相应的注解，在此，我们对前辈和国内外的同行表示深深的谢意。

**谭力文**
2009 年寒假于武汉大学珞珈山

# 第二版前言

在本书深受市场的欢迎,在短短不到一年半的时间内已经重印3次,发行量达到13000册之际,作为作者的我们也感到,面对国际政治、经济发生的巨大变化,我们书中的内容应该进行修订了,对其中存在的不足也需要完善了,这样才能更好地为读者服务,对得起购买、阅读我们书籍的读者。

这次参与修改的人员基本是原书的作者,分工依然照旧(曾经参加编写工作的严若森、黄江圳,前者正在南开大学读博士后,后者已经毕业去广东工作。此次他们编写的两章由陈立敏和秦仪负责修订)。只不过,吴先明老师在经过自己不懈的努力,经过两年南开大学国际商学院博士后的熏陶后回到武汉大学,已经晋升为教授和博士生导师了,开始主持武汉大学商学院企业管理博士点国际企业管理方向的工作,所以此次修改版请他与我共同担任主编。陈立敏、秦仪在顺利完成博士阶段学习,获得管理学博士学位之后,已经留校,开始了她们的教师职业生涯。曾参加过本书前期工作的李燕萍老师也荣升教授、博士生导师了,她始终是我们团队的活跃分子和积极成员。因此,作为主编的我相信,此次修订必定是成功的,因为从上面可以看出,参加编写的成员在个人的阅历和内涵上已经发生了很大的变化,这些个人素质的变化也必然会反映在书的章、节、页中。我们在修订之际唯一的希望是,阅读该书的读者能从中得到一些帮助,能在得到帮助之余喜欢她。

作为主编,在修订本即将出版之际,要对参加编写的各位老师和支持与帮助他(她)们的家人表示衷心的感谢,因为我知道,该书的字字句句体现的是老师们的艰苦作业和辛勤劳动,体现的是家人的大力支持和热心关怀。作为主编还要衷心感谢本书的责任编辑刘成奎编辑,在本书的出版过程中一直得到他的鼎力相助,没有他的认真努力和有效配合,该书难以取得如此的成功。作为本书的编写人员,依旧要感谢朱静一老师,就在暑假查阅资料之时又恰巧碰见了她值班,凭借她对资料的熟悉,很快为我找到了修订本书所需的资料。

在教材中参考、引用了众多前辈和国内外同行的研究成果和文献资料,在引用中我们一一严格地作出了相应的注解,在此,我们对前辈和国内外的同行表示深深的谢意。

谭力文
2004年盛夏于武汉大学珞珈山

# 第一版前言

1993年,在国家社会科学基金的资助下,我曾经在四川人民出版社出版了《国际企业经营管理》一书。虽然在那本书出版的时候,中国企业的国际化进程才刚刚迈开步伐,我也是抱着从美国学习回国的冲动和一位年轻教师的理想开始写作的,但时至今日,中国企业的国际化已进入了快车道,已在全世界逐步显示出了自我的力量和实力。因此,如何编写这本书,更重要的是,写的书能对学生有所帮助,能对实业界的朋友有所助益,不能不认为是对我们有力的挑战。

国际企业管理,在英文中的表达方式是international business。直译或意译为"国际商务"恐更为准确和恰当,但在我国香港、台湾地区,多译为国际企业管理,且这种译法已逐渐为中国大多数学者所接受。我们选择"国际企业管理"作为书名,是完全注意到商务经营的主体和工商管理学科特点的这一事实,因为我们知道,在商务的实践活动中,企业担负着商务活动的主要责任,且是商务活动的主体,而工商管理是研究如何为企业制定经营战略的一门学科,所以,将international business翻译为国际企业管理是可以的,也是不为错的。

虽然不能说国际商务活动仅仅是近几十年才发展起来的,但在第二次世界大战以后,特别是近30年来国际商务活动发展之迅猛令人瞩目。由于国际商务活动跨越了边界,接触到了不同的政治体制、经济体系、社会文化,必然形成了与仅在自己国家内开展商务活动的巨大差别。研究这些差别形成的不同点,以及这些不同点带来的不同的经营理论、策略和方法,为进行国际商务活动的企业培养管理人才的专业——"国际企业管理"就应运而生,并且得到了迅速的发展。

国际企业管理是一个涉及面极宽的专业,像国际金融、国际贸易、国际市场学、比较管理学、国际经济法等都应该成为必须学习的专业课,而工商管理中的市场学、会计学、管理学、人力资源管理学等专业基础课也是学好国际企业管理的重要课程。

作为作者,我们十分欣慰和高兴地看到,在短短的20多年的改革开放中,中国企业的国际化过程已得到了迅猛的发展。企业的国际化不仅成为具有强大实力的国有企业发展的重要选择,也成为正在迅速崛起的民营企业的发展选择。研究中国企业国际化的历程和方向应该成为企业管理学者们的当然责任。

本书的基本结构沿用了目前国际上有关international business教科书的通用结构,并结合中国的国情及多年教学和科研积累的经验和成果进行了编著。我们希望为读者提供一本符合中国国情,并适用于教学和指导企业参与国际竞争,且符合国际惯例的读物。本书是集体智慧的结晶。本书由谭力文教授负责框架设计,以及写作工作的组织、协调和总纂工作,吴先明副教授,博士生秦仪、陈立敏负责编写的日常工作。其中,谭力文撰写了本书的第一、第二部分；吴先明撰写了本书的第三部分中的第四、第六章（其中柯红梅撰写了第三、第四节），硕士生张爱武撰写了第五章；秦仪撰写了本书的第四部分、第十三章和附录；陈立敏撰写了本书的第七、第十二和第十四章；博士生严若森撰写了第十章；博士生黄江圳撰写了第十一章。

本书既可以作为大学本科生的教材，也可以作为从事实际工作的同志们的读本。同学们通过学习，可以了解国际企业管理的基本理论和方法，为今后参与国际商务活动打下一定的基础；实务工作者通过学习，可以懂得如何打入国际市场，寻求理想的合资伙伴，选择最佳的国际商务战略，成功地实现跨国经营。

在本书出版之际，要深深感谢太平洋彼岸的导师李·奈尔特教授（Prof. Lee C. Nehrt），是他为作者提供了在美国俄亥俄州立大学商学院学习的机会，并引导作者进入了工商管理和国际企业管理的科学殿堂；感谢武汉大学管理学院、商学院的领导、教师和工作人员，是他们在多年的教学、科研工作中为作者提供了种种的关心、方便和照顾；感谢商学院工商管理系主任李燕萍副教授，是她为本书的最后一章——国际企业人力资源管理提供了写作大纲；感谢朱静一老师，是她长期为我提供日常学习和研究工作所需的资料；感谢我的妻子——冯元信女士，是她为我日常的工作和生活提供了坚实的保障，在我每一微小的进步中都可以体会到她的恩爱、支持和帮助。

谭力文

2001 年秋于武汉大学

# 目 录

## 第一编　企业跨国经营概论与环境分析

### 第一章　企业国际化经营与全球竞争格局 3
第一节　国际商务与跨国公司 5
第二节　企业国际化经营的动机与方式 7
第三节　企业国际化的阶段性 12
第四节　经济全球化的兴起与发展 13
案例分析　民营企业吉利汽车的国际化 22

### 第二章　企业国际化经营的环境分析 24
第一节　企业国际化经营环境的特点 25
第二节　企业国际化经营的政治—法律环境和经济环境 29
第三节　企业国际化经营的经济环境 33
第四节　企业国际化经营的文化环境 37
案例分析　星巴克在中国：星巴克和中国共发展 44

## 第二编　国际贸易和国际投资

### 第三章　国际贸易理论 49
第一节　国际贸易的基本理论 51
第二节　其他的有关理论 56
案例分析　格兰仕的国际化模式 67

### 第四章　外国直接投资理论 70
第一节　国际直接投资的基本理论 72
第二节　发展中国家的对外直接投资理论 80
第三节　我国企业的对外直接投资 86
第四节　外国直接投资的利弊分析 91
第五节　国际企业采用外国直接投资的策略分析 97
案例分析　三一重工的国际化道路 108

## 第五章　区域经济一体化 110
### 第一节　区域经济一体化的类型与成因 111
### 第二节　区域经济一体化的经济效应 116
### 第三节　世界主要区域经济一体化组织 119
### 案例分析　启动中国—东盟自由贸易区：几家欢喜几家愁？ 131

# 第三编　全球金融环境

## 第六章　全球外汇市场 137
### 第一节　外汇市场的相关概念 138
### 第二节　外汇市场的基本特征 142
### 第三节　外汇市场交易 149
### 案例分析　人民币升值与外汇套利 157

## 第七章　汇率的决定 161
### 第一节　长期汇率的决定因素 164
### 第二节　短期汇率的决定因素 168
### 第三节　汇率的预测 172
### 第四节　汇率变化对跨国经营决策的影响 174
### 案例分析　人民币升值给中国制造带来压力 177

# 第四编　国际企业的战略选择

## 第八章　企业的国际化战略 185
### 第一节　战略与企业 187
### 第二节　全球竞争环境下的机会与威胁 189
### 第三节　如何从全球扩张中获利 194
### 第四节　全球竞争的两大压力 197
### 第五节　跨国经营的战略选择 199
### 案例分析　格兰仕的战略定位：微波炉全球性生产车间 204

## 第九章　国际企业的组织结构 207
### 第一节　基本的国际企业组织结构 208
### 第二节　管理传统对组织结构的影响 215
### 第三节　跨国公司的组织结构 218
### 第四节　变革中的跨国组织 220
### 案例分析　"三位一体本土化"：海尔的国际企业组织结构 223

## 第十章　企业的国际市场进入方式 227
### 第一节　跨国商品活动 229

第二节　跨国服务活动 ·········································································· 230
　　第三节　跨国投资活动 ·········································································· 234
　　第四节　国际战略联盟 ·········································································· 237
　　第五节　国际市场进入模式的选择 ···························································· 241
　　案例分析　联想集团的跨国并购与整合 ······················································ 244

## 第五编　国际企业的职能管理

### 第十一章　国际企业的市场营销 ···································································· 251
　　第一节　国际市场营销概述 ····································································· 252
　　第二节　国际营销调研 ·········································································· 254
　　第三节　国际营销基本策略 ····································································· 264
　　第四节　国际营销组合 ·········································································· 271
　　案例分析　李宁的品牌国际化之惑 ···························································· 282

### 第十二章　国际企业会计 ············································································· 285
　　第一节　国际会计的定义 ······································································· 286
　　第二节　影响国际会计差异的因素 ···························································· 287
　　第三节　外汇风险与外汇风险管理 ···························································· 298
　　第四节　管理会计问题 ·········································································· 302
　　第五节　公司治理 ················································································ 307
　　案例分析　中信泰富创中资股衍生品亏损记录 ············································· 310

### 第十三章　国际企业财务管理 ······································································· 312
　　第一节　国际企业财务管理的目标、特点和模式 ·········································· 313
　　第二节　国际企业财务管理的基本活动 ······················································ 317
　　第三节　外汇风险管理 ·········································································· 326
　　案例分析　中集集团的信用融资 ······························································· 332

### 第十四章　国际企业人力资源管理 ································································· 335
　　第一节　国际人力资源管理概述 ······························································· 336
　　第二节　国际人员配备 ·········································································· 337
　　第三节　培训与开发 ············································································· 343
　　第四节　工作业绩评估 ·········································································· 348
　　第五节　报酬方案 ················································································ 350
　　第六节　跨文化背景的人力资源管理 ························································· 355
　　案例分析　华为：人才国际化与"去英雄主义" ··········································· 363

## 第十五章 国际企业供应链管理…… 367
- 第一节 全球供应链管理概述…… 368
- 第二节 国际企业供应链的关系管理…… 371
- 第三节 国际企业供应链采购管理…… 375
- 第四节 国际企业全球供应链管理与信息技术…… 379
- 第五节 国际企业全球供应链的风险管理…… 385
- 案例分析 海信的欧洲供应链之反思…… 391

# 第一编　企业跨国经营概论与环境分析

市场竞争实际上不是发生在国与国之间,而是在公司与公司之间进行。迄今为止,我不曾看到哪个国家未拥有强大的公司就能在全球经济中占先的。没有强大的公司,也就不会有持续的经济增长。

我们对"国际成功"的定义是:该国的这项产业是否拥有足以与世界级竞争对手较劲的竞争优势。

迈克尔·波特

美国亚洲协会（Asia Society）的一份报告称,中国的海外直接投资正处在一轮指数级飙升的起点,到 2020 年,中国企业将在世界各地积累 1 万亿至 2 万亿美元资产。

当时即将上任的美国驻中华人民共和国大使骆家辉 2011 年 4 月在美国伍德罗·威尔逊中心举行的一次会议上发表讲话说,美国是全球外国直接投资的最大目的地,奥巴马政府希望继续吸引全球投资者。他说,外资公司在全美 50 个州都有投资,在美国创造的就业约为 500 万个。骆家辉认为,近年来,中国在美国的直接投资迅速增加。根据美商务部经济分析局的统计,目前中国在美国的直接投资总额约为 23 亿美元。过去两年来,中国在美国直接投资每年都在倍增。他强调,中国在美国直接投资增加对美国是好事,"这对美国工人是好事,对美国企业也是好事"。

以上的数据和事实再一次证实着一个向全世界公布的强烈信号,中国的企业正随着中国国力的增强和自我实力的提升从长久的跨国之梦中大步地走在跨国经营之路上。面对挑战和机会,深入地学习与研究跨国企业的经营管理问题,应该成为诸多希望投身于国际竞争的人们认真和主动的选择。

本编由两章构成,主要是从基本的概念入手,对跨国公司涉及的基本经济活动和经营行为进行介绍,并对进行跨国经营企业的经济行为和经营活动影响最大的环境因素进行分析。以求在本书的开篇能够给读者介绍较为完整的涉及国际企业经营管理的工作概貌,以便随后的学习。

# 第一章　企业国际化经营与全球竞争格局

◎ **本章学习目的**

学习完本章之后，你应该掌握以下内容：
1. 国际商务、国际企业、跨国公司的概念；
2. 国际经营活动与国内经营活动的异同点；
3. 企业实现国际化经营活动的基本目的；
4. 国际企业经营活动的主要形式；
5. 企业在国际化经营活动中阶段性产生的原因与各个阶段的基本特点。

【**华为的跨国经营**】任正非，华为技术有限公司（简称华为）总裁，认为："一个企业需要有全球化的战略眼光才能发愤图强，一个民族需要汲取全球性的精髓才能繁荣昌盛；一个公司需要建立全球性的商业生态系统才能生生不息。"他还认为："我们不尽快使这些产品全球覆盖，其实就是投资的浪费，机会的丧失。"① 华为公司的价值主张是："为适应信息行业正在发生的革命性变化，华为围绕客户需求和技术领先持续创新，与业界伙伴开放合作，聚焦构筑面向未来的'智能的信息管道'，持续为客户和全社会创造价值。基于这些价值主张，华为致力于丰富人们的沟通和生活，提升工作效率。与此同时，我们力争成为电信运营商和企业客户的第一选择和最佳合作伙伴，成为深受消费者喜爱的品牌。"（见图1-1）

在这样的经营思想的指导下，在1987年成立的华为，在短短的26年的时间内就将一个名不见经传的企业发展成为中国电信行业的龙头老大，2008年在移动设备市场领域排名全球第三，2009年无线接入市场份额跻身全球第二，2012年华为销售收入达到2 202亿元人民币，公司净利润154亿元人民币，同比增长33%，在世界电信行业利润排名已居首位。图1-2是华为2008—2012年的财务状况。华为首席财务官披露，华为2012年销售额中有66%来自海外市场。

| 人民币百万元 | 2012年（百万美元）* | 2012年 | 2011年 | 2010年 | 2009年 | 2008年 |
| --- | --- | --- | --- | --- | --- | --- |
| 销售收入 | 35 353 | 220 198 | 203 929 | 182 548 | 146 607 | 123 080 |
| 营业利润 | 3 204 | 19 957 | 18 582 | 30 676 | 22 241 | 17 076 |

---

① 程东升，刘丽丽．任正非谈国际化经营．杭州：浙江人民出版社，2007．

续表

| 人民币百万元 | 2012年<br>(百万美元)* | 2012年 | 2011年 | 2010年 | 2009年 | 2008年 |
| --- | --- | --- | --- | --- | --- | --- |
| 营业利润率 | 9.1% | 9.1% | 9.1% | 16.8% | 15.2% | 13.9% |
| 净利润 | 2 469 | 15 380 | 11 647 | 24 716 | 19 001 | 7 891 |
| 经营活动现金流 | 4 009 | 24 969 | 17 826 | 31 555 | 24 188 | 4 561 |
| 现金与短期投资 | 11 503 | 71 649 | 62 342 | 55 458 | 38 214 | 24 133 |
| 运营资本 | 10 155 | 63 251 | 56 728 | 60 899 | 43 286 | 25 921 |
| 总资产 | 33 717 | 210 006 | 193 849 | 178 984 | 148 968 | 119 286 |
| 总借款 | 3 332 | 20 754 | 20 327 | 12 959 | 16 115 | 17 148 |
| 所有者权益 | 12 045 | 75 024 | 66 228 | 69 400 | 52 741 | 37 886 |
| 资产负债率 | 64.3% | 64.3% | 65.8% | 61.2% | 64.6% | 68.2% |

\* 美元金额折算采用2012年12月31日汇率，即1美元兑6.2285元人民币。

图1-1 华为公司的价值主张

资料来源：http：//www.huawei.com/cn.

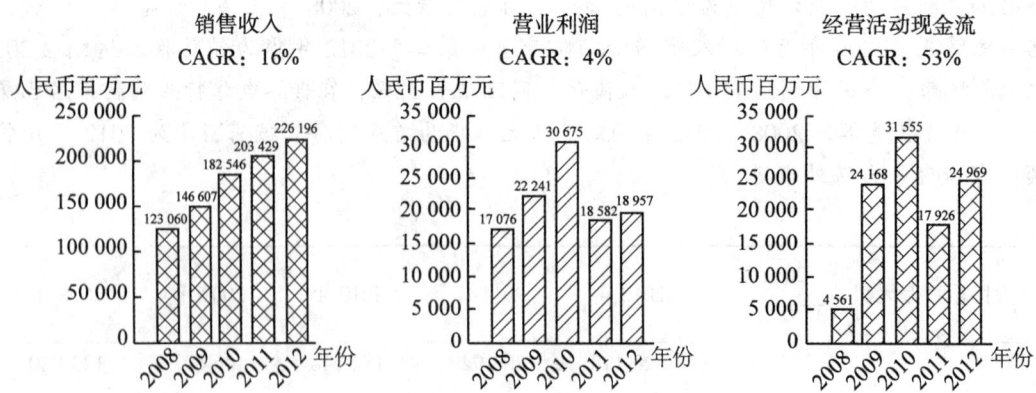

图1-2 华为2008—2012年财务状况

资料来源：http：//www.huawei.com/cn.

华为正以科技创新为龙头，前进在企业国际化的大道上。

跨国企业管理思想和理论的系统出现是近几十年的事情。因为人们发现，跨国企业的经营管理活动与仅在自己的国家所进行的企业经营管理活动存在着很大的差异，例如，跨国企业在经营环境的适应上会大大地弱于东道国的企业，那靠什么才能竞争获胜呢？在本国轻车熟路的一整套商务战略和模式在东道国还能适用吗？派到东道国工作的企业管理人员应该如何有效地开展工作呢？要回答诸如因各种环境因素产生的复杂问题，以研究跨国企业策略、经营、管理手段与方法的工商管理学分支——跨国企业管理就应运而生了。这一章的主要目的是通过对前述问题的回答和阐述，勾勒国际商务活动和跨国企业管理工作的粗略轮廓和基本框架，使学习者在学习的开始就能够有一个专业知识的基本构架，或相关学科的基本认识，为深入学习打下基础。

## 第一节　国际商务与跨国公司

涉及跨国企业经营管理的概念很多。这里主要介绍跨国企业的主体经营活动——国际商务，以及跨国企业的主要代表类型——跨国公司。在对其的介绍中可以深刻地体会到跨国企业与一般企业的相似性及其特殊性。

### 一、国际商务（international business）

国际商务活动是指两国或多国卷入的商业交易活动的总称。也有人认为，国际商务包括越过国界的任何形式的商业活动。这里所指的商业活动包括各种形式的商品、劳务和资本的国际转移。

一般来讲，参与国际商务活动的主体可能是企业，也可能是国家政府。企业卷入商务活动往往是为了获取利润，而政府的卷入却不一定是为了利润（即可能存在政治、经济等多种目的）。在本书中，研究的对象仅限于企业，即企业开展的国际性商务活动。

进行国际性商务活动的跨国企业，为了适应比在国内更为复杂的经营环境，达到企业的经营战略目标，必须建立可能完全不同于在自己国家经营时所建立的经营体系。这种为适应新的经营环境而建立的经营体系，既会受到企业经营战略目标的制约，也会受到企业经营环境的影响，还会与企业自我发展阶段、融入产业价值链体系的地位和治理能力有关。图 1-3 清楚地反映了企业实现国际化时，跨国企业的经营目标、经营策略、经营环境、竞争环境之间相互影响和相互制约的关系。

### 二、跨国公司（transnational corporation）

从字面上理解，跨国公司就是跨越国界进行商务活动的企业。如著名的英国跨国公司研究人员约翰·H. 邓宁（Juhn. H. Dunning）曾指出："国际的或者多国的生产企业的概念……简单地说，就是在一个以上的国家拥有多国的生产企业的概念……简单地说，就是在一个以上的国家拥有或者控制生产设施（例如工厂、矿山、炼油厂、销售机构、办事

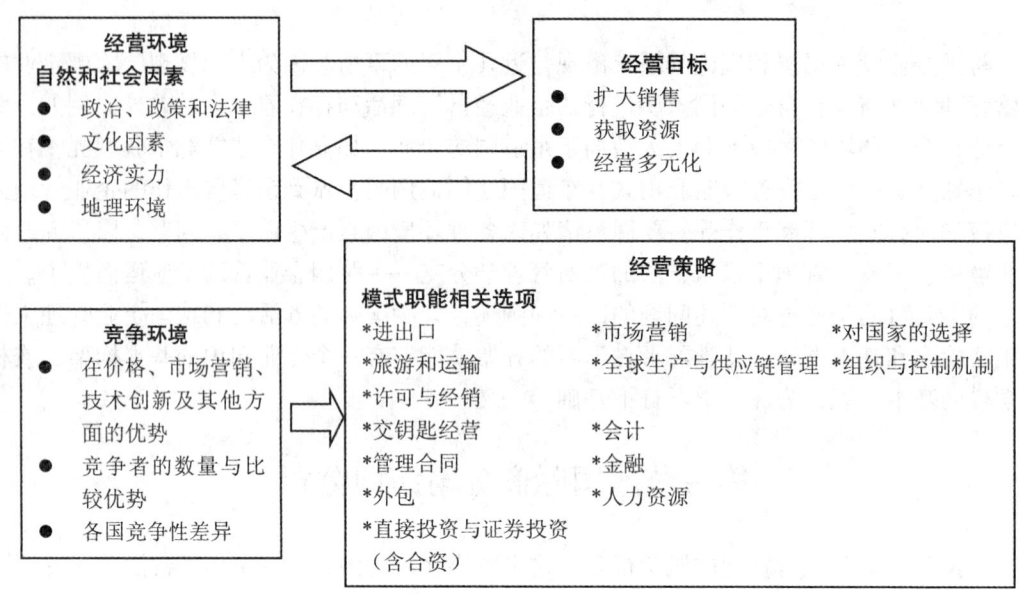

图 1-3　国际商务：企业经营影响因素

资料来源：[美]约翰·D·丹尼斯，李·H·拉德巴弗，等. 国际商务：环境与运作. 第13版. 北京：机械工业出版社，2012：5. 作者稍作修改。

处等）的一个企业。"① 1972 年，由联合国秘书长指定的知名人士小组在题为《跨国公司对发展和国际关系的影响》的报告中给跨国公司下了一个定义："跨国公司就是在它们总部所在的国家之外拥有或控制着生产服务设施的企业。这种企业不一定是股份或私人的公司，它们也可能是合营组织或国有的企业。"② 1983 年，联合国跨国公司中心发表的第三次调查《世界发展中的跨国公司》的报告中，对跨国公司进行了更为严格的定义："跨国公司的定义应指这样一种企业：1. 包括设在两个或两个以上国家的实体，不管这些实体的法律形式和领域如何；2. 在一个决策体系中进行经营，能通过一个或几个决策中心采取一致对策和共同战略；3. 各实体通过股权或其他方式形成的联系，使其中的一个或几个实体有可能对别的实体施加重大影响，特别是同其他实体分享知识资源和分担责任。"哈佛大学商学院雷蒙德·弗农（Raymond Vernon）教授和小露易斯·T·威尔斯（Louis T. Wells, Jr）还结合发达国家跨国公司的特点提出了他们有关跨国公司的定义："它们在一个国家设立母公司，并在其他许多国家拥有一些分支机构。这种类型的企业的经营方式，使得它们的分支企业设在不同国家里，但是仍然具有下述特征：1. 它们以共同的所有权为纽带而相互联结；2. 它们依赖于共同的资源组合，如货币的信用、信息和系统，

---

① 约翰·H. 邓宁：多国企业. 1971：16；转引自联合国秘书处. 世界发展中的多国公司. 中译本. 附录Ⅱ. 北京：商务印书馆，1975.

② *The Impact of Multinational Corporations on Development and International Relations*，United Nations Publication，Sales NO. E. 74. II. A. 5.

以及商标和专利；3. 它们受控于某个共同的战略。"①

由于跨国公司经营的形式多样，并随着时代发展的需要和行业的特点呈现不同的组织形态，资产结构也有很大的差异，加上研究的学者往往站在不同的学术角度思考和辨别问题，因而，不仅使跨国公司有不同的定义，而且还有不同的称谓。如有人称跨国公司为多国企业（multinational enterprise，MNE），或多国公司（multinational corporation，MNC）；又有人将跨国公司称为全球公司（global corporation），甚至称为宇宙公司（cosmocorp）。1974年，联合国经社理事会讨论知名人士小组提供的《跨国公司对发展和国际关系的影响》的报告时，一位拉丁美洲的代表提出，为避免与安第斯条约国家共同创办的多国联营公司相混淆，建议用"transnational corporation"替代"multinational corporation"，因此，"transnational corporation"成为联合国称呼跨国公司的正式用语。

小资料：跨国公司（transnational corporation）的定义应指这样一种企业：1. 包括设在两个或两个以上国家的实体，不管这些实体的法律形式和领域如何；2. 在一个决策体系中进行经营，能通过一个或几个决策中心采取一致对策和共同战略；3. 各实体通过股权或其他方式形成的联系，使其中的一个或几个实体有可能对别的实体施加重大影响，特别是同其他实体分享知识资源和分担责任。

多类型的定义和称谓反映出了跨国公司组织的复杂形态。在以后的学习中会逐渐了解到，由于从事国际商务活动的企业不一定都是跨国公司，而且在进行国际商务活动时，其规模的大小、跨国的程度都有很大的差异，用跨国公司还难以概括所有从事国际商务活动的企业。在本书中就用跨国企业来进行概括，这不仅符合研究的内容，也符合中国目前企业国际化的基本现实。

## 第二节 企业国际化经营的动机与方式

图1-3已清楚地表明了跨国企业经营的基本动机和经营的种种方式，虽然在经营的动机上，与在自己国家开展经营活动差异不大（但其内涵必然会更加丰富），但在经营的方式上却有明显的不同。

**一、跨国企业经营的基本动机**

对于一个跨国经营的企业来讲，基本经营动机与任何企业一样：扩大销售，获取资源和实现经营的多元化，以提高企业的经营效益。

（一）扩大销售

根据市场营销学的基本原理，一个企业的销售状况主要受对其产品或劳务感兴趣的消费者人数和消费者购买力水平的影响。当企业将其产品或服务的市场扩大到其他国家后，

---

① ［美］雷蒙德·弗农，小路易斯·T. 威尔斯. 跨国企业的经济环境. 上海：三联书店，1990：4.

消费者的人数必然增加,绝对的购买力水平也会增强,销售额也会随之增长。因而,具有较强经济实力,特别是具有富余生产能力的企业都会有跻身于国际市场的强烈动机和愿望。例如,国内市场较为狭小的企业一般在其成立的初期就有强烈外向的倾向,如瑞士的雀巢、我国香港和台湾地区的企业都明显具有这样的特征。在20世纪80年代,当时世界上几乎所有的汽车企业都云集巴西、墨西哥等国家开办汽车厂,但随着中国的改革开放,人民生活水平的提高,全世界的汽车巨头又纷纷到中国投资办厂;随着改革开放成长壮大的中国企业,在国内市场相对饱和以后,也纷纷出国投资建厂,如过去的康佳和海尔,近来的国产汽车公司都在推进全球化布局,如奇瑞的汽车产品已出口到全球80余个国家和地区,累计出口汽车已超过80万辆,已建或正在建海外16个CKD(Completely Knock Down,全散装件)工厂;力帆汽车自1998年获得自营进出口权以来,产品已远销全世界160多个国家和地区,在美国、德国、法国、意大利、墨西哥等地区有直销公司,并在俄罗斯、伊朗、伊拉克、乌拉圭设有工厂,这都可以视为是这一动机驱动的反映。

(二) 获取资源

提供商品和劳务的厂商或经销商往往喜欢在商品市场的所在国生产和推销产品,其根本原因是希望了解市场,降低成本,获取更高的利润。例如,在原材料丰富的国家就地生产,显然可以大大地降低在产品成本中占有很高比例的原材料成本;生产基地接近市场可以减少运输成本,并可以更好地收集信息,了解顾客需求,更好地服务于市场,避免决策失误带来的损失,增强企业的竞争实力。如石油公司几乎都将大量的投资投向了西亚地区;为开拓中国市场,利用中国较为廉价的资源成本,众多的西方发达国家公司到中国投资兴办企业;中国企业到铁矿、木材和石油较为丰富的国家进行投资,收购掌控资源的外国公司,甚至到一些发达国家设立研究机构;海尔集团率先避开国内激烈的市场竞争,走出国门;2008年金融危机后,一些中国企业利用人民币升值、外国一些企业经营不善资产贬值的机会,收购欧洲公司等,都是获取资源,降低成本,获取竞争优势,谋求高额利润的跨国经营做法。

实现跨国经营,到具有市场潜力的国家投资兴办企业的另一个目的是绕过贸易壁垒,避免国际商务纷争,更好地挤占他国市场(从本质上看,这也可以看成是一种资源的获取)。如20世纪80年代日本的丰田、本田在美国建立汽车制造企业,就是希望翻越贸易壁垒的战略措施。再如中国成衣企业在南美一些国家建厂,20世纪90年代海尔集团到美国投资建立电冰箱生产厂,都可以视为是进一步打开美国市场,避免可能发生的贸易纷争,而采取的跨国投资行为。

(三) 经营多元化

经营多元化是企业为了谋求新的利润增长点,或为了避免生产、销售、利润大幅度波动,降低经营风险,甚至是为了更好地与竞争对手展开竞争而采用的经营策略。其主要的做法是在关联度不大的产业进行投资,或在不同的市场开展经营,以确保"东方不亮,西方亮;黑了北方,有南方"的经营绩效。具有一定实力的企业往往利用国际性经营活动实现经营多元化,以保证企业收入稳定,避免市场波动带来的风险。

经营多元化的方式主要体现在企业经营、产品和市场的多元化。经营的多元化是指企业在不同的国家(地区)和不同的行业开展经营活动。例如可口可乐公司目前在世界上的200多个国家和地区进行销售，全世界的可口可乐的消费者每日的消费量达到16亿杯。在垂直多元化的经营中，钢铁企业可以向铁矿、煤矿经营方向发展，以维持原材料的供应稳定；石油企业可以向石油化工生产方向发展，创造更大的价值。也就是说，企业可以依据价值链的理论思想，将经营活动扩充到原材料生产、产品深度开发，甚至产品的销售市场中去，实现价值链的治理，以谋求和掌控创造价值最大或最有利的环节，实现企业价值的最大化。又如，在水平多元化的经营中，工业企业可向金融、房地产等其他行业扩展，以占领多个不同产业的市场。在产品多元化经营中，企业可以开发多种不同类型的产品满足不同需求的顾客，也可以生产一种产品的系列品种满足不同层次的顾客。市场的多元化还可以根据国与国、地区与地区在发展、需求、民族文化等方面的差异，所处商业、产品周期的不同，采用不同的市场开发策略。

**小资料：海尔集团的国际化进程**

图1-4是海尔近30年战略发展规划示意图。可以清楚地看到，海尔集团随着自己的发展，逐渐就从国内走向了国外，乃至全球。在发展战略的引领下，在企业的发展壮大中，在企业国际化的进程中，海尔连续四年蝉联全球白色家电第一品牌。在美国波士顿（BCG）管理咨询公司发布的2012年度"全球最具创新力企业50强"中，海尔是唯一进入前10名的来自中国的企业；并且位居消费及零售类企业榜首。2013年8月11日在美国管理学会（AOM）第73届年会上，海尔集团董事局主席、首席执行官张瑞敏作了《海尔在互联网时代的模式创新探索与追求》的主题报告，报告受到了与会代表的高度评价。美国密歇根大学罗斯商学院教授詹姆斯·沃尔什高度评价了张瑞敏的报告，海尔从制造型企业向互联网时代的服务型企业的转型是不可思议的，特别是在自己曾经非常成功的情况下进行如此颠覆性的变革。这主要归功于张瑞敏超前的战略思考：从打造企业内部静态的单一能力，到构建外部动态变化的企业生态系统，成为具有动态竞争能力的平台型企业。张瑞敏超前的思维，所构建的动态竞争平台与海尔集团20世纪就开始的国际化经营有着必然的联系。

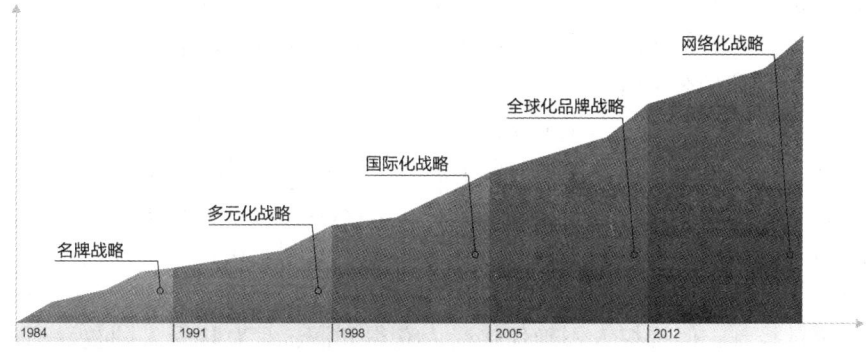

图1-4　海尔集团发展战略示意图

资料来源：http://www.haier.com/cn.

## 二、国际经营的基本方式

正如前述,跨国企业的经营方式与仅在自己国家的经营方式相比,要多一些,也复杂一些。产生这些不同的主要原因是跨国经营带来的困难、风险与差异。跨国企业在经营过程中可以选择的经营活动方式主要有商品进出口、劳务进出口和投资活动三大类型。跨国企业可以根据自己的经营目标、可得的资源和经营的环境,选择恰当的经营方式开展商务活动。

### (一) 商品进出口

商品的出口是指一个国家输出商品的活动,而商品的进口则是一个国家输入商品的活动。由于进出口商品的可见性,往往又称为有形商品的进出口。对于绝大多数国家来讲,商品的进出口是国际收支的主要来源,也是跨国企业参加国际商务活动的主要方式。

一般来说,商品的进出口活动被认为是一个企业卷入国际商务活动的第一个台阶。这是因为,企业参加进出口活动可以通过商品的进出口商进行代理,企业只需要承担较少的义务和风险,花费较少的代价。例如,企业参与商品的进出口活动只需利用过剩的生产能力生产出口的产品,而不必另外扩大生产规模;企业没有必要花时间和精力去探索国际市场的情况;企业也可以通过进出口商安排进出口业务,而不必自己安排人员参与活动,也不需设置有关的组织机构组织经营;由于企业与国际市场之间存在隔离带——商品进出口代理商,企业也不必自己承担市场的巨大风险。因此,商品进出口活动的参与必然成为希望参与国际竞争企业的首选经营方式。

### (二) 服务进出口

世界性的服务进出口活动已成为国际贸易活动中举足轻重的一类活动,也是近几十年发展十分迅猛的一类国际商务活动。与商品的进出口活动相比,服务活动具有无形的特点,因而往往又被称为无形的商务活动,并具有多种活动形式。

1. 交钥匙经营 (turnkey operation)。交钥匙经营是工程技术劳务常采用的一种形式。在交钥匙经营中,承包人按技术输入方的要求拟定方案,承包全部工程,培训技术输入方所需的管理人员、技术人员和操作人员,直到工厂建成,验收合格后才交给技术输入方的一揽子商务活动。由于在合同完成后,技术输入方可以获得随时启动和运行整个设施的"钥匙",交钥匙经营的名字就由此而来。

2. 特许专营。特许专营 (franchising) 是一种专业化的许可协议。它是指已经取得经营成功的企业,将其商标、商号名称、服务标志、专利、诀窍和管理的方法或经验转让给另一家企业,后者 (通常称为特许专营接受人 (franchisee)) 有权使用前者 (通常称为特许专营授权人 (franchiser)) 的商标、商号名称、专利、诀窍及管理经验,但需支付一定的特许费。特许专营方式的特殊性在于,特许专营接受人往往在技术操作和经营方式上受到授权人的控制,但授权人不确保接受人获得利润,且对接受人的盈亏不负任何责任。一般来讲,特许专营的形式主要用在服务业的领域。如世界著名的快餐连锁店麦当劳就是通过特许专营的方式发展起来的。人们也可以感觉到,在世界的各个地方的麦当劳饮食店虽存在一定的差异,但在店面的基本格局、供应的品种、服务的风格、汉堡包、薯条的味道却完全一样。其标准化的程度正如人们所说,从各国相同种类汉堡包的价格中可以判断出各国币种之间的汇率比价。

3. 管理合同。管理合同（management contract）是一个公司通过合同的形式在一些或全部管理职能的领域，向另一个公司提供管理诀窍，并按照销售额的一定比率（通常是2%~5%）收取费用的劳务活动。这种活动的开展往往需要人员的参与。如提供服务的公司往往需要安排一定的人员到需要服务的企业中去，通过具体的管理工作，向需求方提供管理的经验和诀窍。

4. 许可协议。许可协议（licensing agreements）是许可人将无形资产使用的权利授予被许可人，并允许被许可人根据协议使用特定的一段时间（5~7年），作为回报，被许可人以经济上的使用效果（通常按销售额）作为提成基数，以一定的比例（通常为2%~5%）按期连续向许可人支付特许权使用费。无形资产通常包括专利权、商标、配方、工艺、设计和版权等资产。

5. 外包。外包（outsourcing）是外部资源利用（outside resource using）的缩写。外包活动已经成为当今跨国经营活动的重要形式。它的大规模出现，主要与当今经济活动全球化有着重要的关系，也与IT技术的迅猛发展有着重要的联系。外包是依据双方议定的标准、成本和条件的合约将原先由内部人员提供的服务转移给外部组织承担，以实现其组织自身持续性发展的一种利益互动、分工协作的战略管理方法。从目前看，我国在成为世界加工厂的同时，也就成为作为接包方参与世界外包活动的主要国家。外包活动的主要思想是，利用各国资源配置存在的差异，依据价值链理论，在全球寻找合适的研发、原材料采购、生产、销售等经营活动的地点，将非核心竞争力的活动外包出去，以便控制和节约成本，以谋求更大的经济利益。外包活动的形式很多，严格地将其定义在一种基本商务形式中比较困难。

服务输出通常是跨国企业在出口活动中取得成功，并占有一定市场的企业开展的活动。相对于出口活动，服务的输出是具有更高层次的跨国经营活动，这是因为，在这类活动中，企业已更深地卷入了国际商务活动。企业在这类活动中或多或少地使自己的资产（如商标、专利）、技术（专利、诀窍）和人员（管理合同、交钥匙工程）卷入了商务活动，公司获取回报的时间明显变长，风险也自然增加。例如，若资产转移的所在国不注意知识产权的保护，使制造技术、诀窍，甚至商标不正当地扩散，就可能造成竞争对手的增加、市场的混乱，终究可能失去市场。

（三）投资活动

投资包括直接投资（direct investment）和间接投资（portfolio investment）。直接投资，也称为外国直接投资（foreign direct investment）主要是指为了达到对企业控制目的的投资活动。虽然控股的理论值是50%以上，但随着公司股权的分散，以致获得某企业10%的股份就可以达到控股的目的。直接投资通常是为了增强获得资源或市场机会的方法。它不仅意味着承担更多的义务，获取更多的资产所有权和经营决策权，而且意味着承担输送更多的资本、技术、人员到经营所在国的义务，因此企业也需要承担更多的责任（有人认为，这是一种最高的责任）。其主要的原因是企业要担负大量投资于国外、回收期很长的资金风险，而且还要担负输送更多的专有人员和转移更多的技术的风险。鉴于上述原因，直接投资往往被有国际商务经验的企业所采用，也往往是跨国企业在获得商品、劳务进出口活动成功后所采用。在两个或更多的经济实体分享直接投资的所有权时，这种经营形式称为合资企业（joint-venture）。

## 第三节 企业国际化的阶段性

从前面的学习中可以知道，由于国际商务经营环境存在着巨大的风险，国际性经营活动也存在着企业参与深浅不同、风险不一的经营方式，这也就决定了一个企业在其国际化的过程中，会为了丰厚利润的获得，避免可能存在的经营风险，而利用风险不同的商务活动，采取逐步的、有层次的方法，分阶段地参与到跨国经营的活动中去，这就称为企业国际化工作的阶段性。

表 1-1 是对企业介入国际商务活动各个阶段特征的小结。它简明扼要地介绍了企业在国际化的进程中各个阶段在经营形式、经营目标、经营地点、组织形式等方面的特点。

表 1-1 企业国际化四个阶段的基本特征

|  | 第一阶段 | 第二阶段 | 第三阶段 | 第四阶段 |
| --- | --- | --- | --- | --- |
| 与国外市场接触的情况 | 间接地<br>被动地 | 直接地<br>主动地 | 直接地<br>主动地 | 直接地<br>主动地 |
| 国际性经营的地点 | 国内 | 国内 | 国内和国际 | 国际和国内 |
| 公司的经营方针 | 以国内为主要经营目标 | 以国内为主要经营目标 | 国内优先兼顾国际 | 以国际经营为主要目标 |
| 国际性经营活动的种类 | 商品和劳务的进出口 | 商品和劳务的进出口 | 商品、劳务进出口国外投资 | 国外投资，商品、劳务进出口 |
| 组织结构 | 传统的管理组织体系 | 设置处理国际事务的处室 | 设置专门的国际经营部门 | 建立全球性经营组织结构 |

### 一、企业国际化的第一阶段

在一个企业为谋求更大的销售额，追求新的资源和多元化经营，开始跨国经营的时候，它的经营活动往往限于间接的（有时甚至是被动的）进出口贸易，甚至依靠一些进出口公司来安排开展的经营活动。在劳务活动方面，企业也可能依赖于专门经营劳务进出口业务的公司完成自己希望完成的跨国经营活动。

次数有限、间接的商务活动可能不需要企业设置专门的机构来处理日常的业务工作，这些工作只需安排少量的专业人员，花一定的时间，协助专业公司处理日常所需要进行的工作。

## 二、企业国际化的第二阶段

在这一阶段中,企业依然是以商品和劳务的进出口业务为主,可能有时还要依靠那些操办进出口业务的代理公司,但与第一阶段相比,企业已开始独立安排一些国际商务活动,已主动地、直接地寻求贸易伙伴,积极地扩大企业外向型的商务活动。

随着国际商务活动的增长,企业到国外巡视的人员逐渐增加,与有业务往来的外国公司保持接触,发展关系,了解产品质量,加强与贸易伙伴的沟通,熟悉自己的贸易伙伴和贸易伙伴所在国的基本状况,为可能发展的业务往来创造基本的条件。在这一阶段中,企业建立专门的科室来处理国际商务的有关问题。但是,处于这个阶段的企业还是以国内的商务活动为主,还是一个内向性突出的企业。

## 三、企业国际化的第三阶段

此阶段最明显的特点是:虽然企业仍然保持着基本的国内经营活动,但它已直接地参与到国外的商品、劳务、生产、销售环节中去了,并已在国外设立了常设的代表或机构。例如,安排出口业务的企业已有常驻国外的代表或贸易代办处。从企业的组织形式看,企业负责国际商务活动的机构已建立了专门的机构,负责处理相应的国际商务事务。

## 四、企业国际化的第四阶段

这可以认为是企业国际化的最后的一个阶段。在此阶段,企业已将自己的战略目标从国内移到国外,国内经营活动的重要性也随着企业国际化的加深而减弱,企业也不再是面向国内,附带进行一些国际商务活动的企业,它已成为以全球经济活动为出发点,在广阔的国际市场上寻求全球最佳经营效果的跨国公司。为适应和跟随这样的一些变化,企业的商务活动也由比较单一的经营形式发展到多种的形式,组织机构也发生了巨大的变化,以求适应复杂的经营环境,以便领导和控制已在全球许多国家和地区进行商务活动的子公司。

参照以上标准不难发现,中国在跨国经营活动开展较早、并取得成功的一些企业,如我国的华为,可以被认作中国跨国经营的先锋,但如细分来看,华为正处在企业国际化的第三阶段向第四阶段过渡的阶段,因为它的国外销售额已经占据公司整个销售额的大部分,且外向性经营已经成为公司的主要战略目标。海尔则应该处在企业国际化的第三阶段。而奇瑞应处在第二阶段向第三阶段过渡的阶段,因为它虽然已经向多国出口汽车,并在一些国家建立了自己的装配工厂,但它内向性的特点依然突出,基本上还是以服务于国内市场为主的企业。

# 第四节 经济全球化的兴起与发展

经过20世纪80年代后期和90年代初期国际社会的剧烈动荡,以及后10余年的全球经济的迅猛发展,世界格局沿着多极化、区域集团化和全球化方向发展的趋势继续加强,特别在经济活动全球化上更是取得了令人瞩目的发展。这一趋势既意味着世界资源的配置和利用会更加合理,有利于各国经济的发展,世界各国相互依存的状况会进一步加深,全球经济将进一步趋向一体化。也可能意味着，以发达国家为主的市场经济运行模式为主要特色的国际市场运行规律会进一步得到强化，以发达国家政治、文化观为特色的价值观念会随着经济活动的全球化，加强对全球各国的渗透，形成新的纷争，甚至争斗。虽然与任何事物一样，全球化的过程也会存在相辅相成的两重性，且在事物的发展过程中，事物的双方还会相互转化；但从总体上看，随着全球金融危机的缓解，经济全球化的步伐还会稳步发展，这也意味着在经济全球化过程中承担着"重任"的跨国企业在国际商务活动中将发挥更大的作用，全球性的竞争会出现一些新的格局。

### 一、经济全球化活动的现状

经济全球化（economic globalization）是21世纪以来令人十分注目的经济现象。所谓的经济全球化，有人认为："一般意义上的全球化，应该是指由于高新科技，特别是信息技术及其产业的迅猛发展，运输和通信成本的大幅降低，从而直接推动国际贸易、跨国投资和国际金融的迅猛发展和高科技的广泛扩散与辐射，使整个世界经济空前紧密地联系在一起。"① 还有人认为："全球一体化一词是指朝着更为一体化和更为相互依存方向发展的世界经济。全球一体化由市场一体化和生产全球一体化两个主要部分组成……市场的全球一体化是指在历史上互不相同的工业部门和分隔的各国国内市场正在汇合成一个巨大的全球市场……生产全球一体化是指许多公司从全球不同地区寻找商品和服务来源的趋势。"② 据此，我们可以认为，面对扑面而来的全球化浪潮，一个国家、一个民族将面对新的挑战、新的选择，这也就是人们经常爱说的一句话：挑战与机遇同在。

表1-2和表1-3分别显示了2000—2010年世界经济的增长率和2001—2010年国内生产总值（GDP）的增长率。从中可以看出，世界经济已逐渐从全球金融危机中得以恢复，世界经济增长的速度有所增强，但北非一些国家政治形势的动荡，诸如利比亚这样的产油国局势不明影响到石油价格出现了较大的涨幅，以及美国、欧盟一些国家出现财政赤字过高的情形，这些不确定的情况会对全球经济产生怎样的影响，还需仔细观察。

表1-2　　　　　　　　　　　　世界经济增长率（%）

| 年份<br>地区 | 2004 | 2005 | 2006 | 2007 | 2008 | 2009 | 2010 | 2011 | 2012 | 2013 | 2014 |
|---|---|---|---|---|---|---|---|---|---|---|---|
| 世界 | 5.3 | 4.9 | 5.1 | 5.0 | 3.0 | -0.6 | 5.0 | 3.9 | 3.1 | 3.1 | 3.8 |
| 发达经济体 | 3.2 | 2.6 | 3.0 | 2.6 | 0.5 | -3.2 | 3.0 | 1.7 | 1.2 | 1.2 | 2.1 |
| 美国 | 3.9 | 3.2 | 2.8 | 2.0 | 0.4 | -2.4 | 2.8 | 1.8 | 2.2 | 1.7 | 2.7 |
| 日本 | 2.3 | 2.6 | 2.4 | 2.1 | -1.2 | -5.2 | 4.3 | -0.6 | 1.9 | 2.0 | 1.2 |
| 欧元区 | 2.1 | 1.3 | 2.8 | 2.6 | 0.6 | -4.1 | 1.8 | 1.5 | -0.6 | -0.6 | 0.9 |
| 新兴和发展中经济体 | 7.7 | 7.4 | 7.9 | 8.0 | 6.1 | 2.4 | 7.1 | 6.2 | 4.9 | 5.0 | 5.4 |

---

① 李慎明. 谈谈新世纪的全球化指导原则与实践. 世界经济与政治，2001（5）：5.
② 查尔斯·希尔. 今日全球商务. 北京：机械工业出版社，1999：6-8.

续表

| 年份<br>地区 | 2004 | 2005 | 2006 | 2007 | 2008 | 2009 | 2010 | 2011 | 2012 | 2013 | 2014 |
| --- | --- | --- | --- | --- | --- | --- | --- | --- | --- | --- | --- |
| 发展中的亚洲 | 8.8 | 9.0 | 9.9 | 10.0 | 7.9 | 6.6 | 9.3 | 7.8 | 6.5 | 6.9 | 7.0 |
| 中国 | 10.1 | 10.2 | 11.6 | 11.9 | 9.6 | 8.7 | 10.3 | 9.3 | 7.8 | 7.8 | 7.7 |
| 印度 | 8.0 | 8.5 | 9.8 | 9.3 | 7.3 | 5.7 | 9.7 | 6.3 | 3.2 | 5.6 | 6.3 |
| 俄罗斯 | 7.2 | 6.4 | 7.4 | 8.1 | 5.6 | -7.9 | 3.7 | 4.3 | 3.4 | 2.5 | 3.3 |

注：2013年、2014年数据为预测值。
资料来源：国际货币基金组织网站：www.imf.org；
IMF, World Economic Outlook, April, 2005; IMF, World Economic Outlook, September, 2006;
IMF, World Economic Outlook, October, 2007; IMF, World Economic Outlook, October, 2008;
IMF, World Economic Outlook, January, 2011; IMF, World Economic Outlook, July, 2013.

表1-3　　　　　　　　　　　　不变价GDP增长率（%）

| 年份<br>地区 | 2004 | 2005 | 2006 | 2007 | 2008 | 2009 | 2010 | 2011 | 2012 | 2013 |
| --- | --- | --- | --- | --- | --- | --- | --- | --- | --- | --- |
| 世界 | 4.968 | 4.58 | 5.269 | 5.438 | 2.807 | -0.59 | 5.221 | 3.954 | 3.152 | 3.308 |
| 发达经济体 | 3.092 | 2.638 | 3.025 | 2.801 | 0.069 | -3.473 | 3.012 | 1.634 | 1.249 | 1.234 |
| 欧元区 | 2.204 | 1.707 | 3.249 | 2.999 | 0.376 | -4.387 | 2.005 | 1.446 | -0.578 | -0.338 |
| 发展中的亚洲 | 8.584 | 9.491 | 10.42 | 11.59 | 7.882 | 6.91 | 9.95 | 8.14 | 6.639 | 7.131 |
| 东盟五国 | 6.099 | 5.461 | 5.646 | 6.282 | 4.801 | 1.743 | 6.968 | 4.512 | 6.097 | 5.875 |
| 中东、北非 | 8.084 | 5.778 | 6.772 | 6.172 | 5.182 | 2.969 | 5.489 | 3.974 | 4.815 | 3.099 |
| 南非 | 4.555 | 5.277 | 5.604 | 5.448 | 3.622 | -1.526 | 3.087 | 3.457 | 2.548 | 2.844 |
| 美国 | 3.468 | 3.070 | 2.658 | 1.913 | -0.337 | -3.069 | 2.391 | 1.808 | 2.211 | 1.851 |
| 日本 | 2.361 | 1.303 | 1.693 | 2.192 | -1.042 | -5.527 | 4.652 | -0.569 | 1.996 | 1.584 |
| 中国 | 10.08 | 11.31 | 11.68 | 14.16 | 9.635 | 9.214 | 10.447 | 9.265 | 7.800 | 8.038 |
| 印度 | 7.662 | 9.050 | 9.393 | 10.08 | 6.187 | 5.037 | 11.23 | 7.745 | 3.986 | 5.676 |
| 俄罗斯 | 7.151 | 6.388 | 8.153 | 8.535 | 5.248 | -7.800 | 4.500 | 4.300 | 3.400 | 3.371 |

注：2013年为预测值。
资料来源：国际货币基金组织网站：www.imf.org；
International Monetary Fund, World Economic Outlook Database, April, 2013.

在经济全球化浪潮的推动下，全球各国之间的贸易也得到了快速的发展。世界贸易组织（WTO）2011年4月7日发布的《2010年全球贸易报告》揭示，2010年全球货物贸易出口增长14.5%，创下1950年有该统计以来的最大增幅记录，大大高于世界经济同期增速。其中，发达经济体增长12.9%，发展中国家和独联体增长16.7%。但在《2012年全球贸易报告》中，世界贸易组织宣布，由于受全球经济不景气的影响，2012年的国家贸易增长从2011年的5.2%下降到了2.0%，在2013年难有起色。

随着世界经济的迅速发展，国际贸易也开始呈现出一些新的变化：高新技术产品在世界范围增长速度加快。随着科学技术全球化的加强，高新技术产品在国际贸易中的地位日益增强。如在20世纪90年代，OECD成员国的高新技术产品出口已占制造业产品出口份额的20%~50%。美国10大类高新技术产品出口以2倍于全部商品出口的速度增长。到2002年，高新技术产业在制造业出口总额占到1/4，而一般技术产业的份额从1985年的58%降至2002年的47%。服务业国际贸易总量保持增长的态势。从1985年到2012年，世界服务业的出口额从4 044.9亿美元增长到43 450亿美元，增长了将近10.74倍。2012年世界货物贸易额为36.005万亿美元，世界服务贸易额达8.4万亿美元，占世界贸易额的23.47%。2012年，美国作为世界上服务业最大的出口国，服务业贸易顺差就达到了2 080亿美元（服务出口6 140亿美元，服务进口4 060亿美元）。服务业进出口的快速增长表明，服务业进出口也正顺应着经济全球化的趋势加快了自我发展的步伐。表1-4总结了世界贸易发展的上述趋势。

表1-4　　　　　　1990—2009年世界货物和服务贸易出口额增长情况（%）

| 年代 | 1994 | 1995 | 1996 | 1997 | 1998 | 1999 | 2000 | 2001 | 2002 | 2003 |
|---|---|---|---|---|---|---|---|---|---|---|
| 货物出口增长率 | 13 | 18.9 | 4.5 | 3.5 | -1.5 | 3.5 | 13 | -4 | 4 | 17 |
| 服务出口增长率 | 9.1 | 12.6 | 6.7 | 4 | 0 | 1.5 | 6 | -1 | 5 | 15 |
| 年代 | 2004 | 2005 | 2006 | 2007 | 2008 | 2009 | 2010 | 2011 | 2012 | 2013 |
| 货物出口增长率 | 22 | 14 | 15 | 16 | 15 | -22 | 22 | 20 | 0 | 全球贸易量预计增长3.3% |
| 服务出口增长率 | 10 | 11 | 11 | 20 | 12 | -12 | 8 | 9 | 2 | |

资料来源：世界贸易组织网站：http://www.wto.org；
WTO Annual Report, WTO Press Release 2001, 2002. World Trade Report, WTO Press Release 2006, 2007, 2010, 2012.

2013年4月我国商务部综合司网站上公布的《2013年中国对外贸易发展环境分析》中指出：从国际上看，世界经济中的积极迹象有所增多，但低增长、高风险态势难有大的改观。近期，美国房地产市场和就业市场进一步改善，股指连创历史新高，居民消费重趋活跃。欧盟财政政策由强调紧缩转向财政整固与经济增长并重，金融市场稳定性有所增强。日本财政刺激计划和量化宽松货币政策提振了企业和消费者信心，主要先行指标趋于上升。新兴经济体活力仍然较强，一些中小新兴经济体增长势头强劲。国际贸易复苏步伐加快，国际市场海运价格明显上涨。国际货币基金组织（IMF）最新预计，发达国家经济增速有望在下半年有所提高，发展中国家经济增长有望好于上年。但国际金融危机引发的深度调整仍在持续，世界经济仍将呈弱势复苏局面，潜在风险不容低估。综合国际国内环境考虑，2013年中国外贸发展面临的环境略好于上年，但形势依然复杂严峻。中国外贸发展面临的挑战和压力突出体现在三个方面：一是国际市场需求尚未根本改善。发达国家居民消费和企业投资均缺乏增长动力，市场需求总体依然低迷。二是要素成本上升和人民币升值削弱部分产业竞争力。中国劳动力、土地等要素成本持续上升，2012年制造业农民工月均收入同比增长10.9%，2013年一季度主要监测城市工业地价同比上涨3.3%，在发达国家竞相出台量化宽松政策的情况下，人民币升值压力加大，据国际清算银行统计，2012年9月至2013年3月，人民币实际有效汇率升值了6.1%。三是贸易摩擦的影响还在上升。过去4年，中国共遭受贸易救济调查328起，涉案金额534亿美元；2012年，21个国家对中国产品发起77起贸易救济调查，涉案金额277亿美元，分别比上年增长11.6%和369%；2013年一季度共有12个国家对中国发起22起贸易救济调查，同比增长22.2%。

据《2013年世界投资报告》，2012年全球外国直接投资下降了18%，达1.35万亿美元。全球外国直接投资的这一趋势表明，面对全球经济特别是一些主要经济体经济复苏的脆弱性及政策不确定性，跨国公司对外投资仍十分谨慎。很多跨国公司在通过资产重组、撤资等方式重新布局海外投资。全球外国直接投资复苏势头疲软。在全球外国直接投资增长出现反复的过程中，发展中国家在吸引外国直接外资方面走在了前面。2012年，发展中国家吸收的直接外资有史以来首次超过发达国家，占全球直接外资流量的52%。发展中经济体的直接外资流入量实际上略有减少（4%），但仍处于历史第二高位，达到7 030亿美元。发达国家外国直接投资流入量下降了32%，降至5 610亿美元，接近过去10年来的最低水平。2012年，跨国公司的国际生产继续稳步扩张。2012年，国际直接投资存量增长了9%，达到23万亿美元。

随着中国经济结构的调整以及产业的升级，流入中国的外国直接投资的结构也发生了相应的变化。一方面，由于中国东部地区生产成本上升，一些投资和生产活动从中国沿海地区迁往内陆，中、西部地区吸引的外国直接投资在全国总量中的份额有所上升（从2008年的12%增长到2012年的17%）。另一方面，由于生产成本上升，出口市场疲弱，一些外资公司，特别是服装、鞋类等劳动密集型低端制造业，开始将生产基地迁往东南亚低收入国家。与此同时，流入高科技产业和高端制造业（如先进电子元器件生产）的外国投资快速增长。外资研发中心总数在过去5年翻了一番，在2012年底达到约1 800家。中国吸收外资的质量和结构不断改善。据商务部统计，2013年1~7月全国实际使用外资金额713.92亿美元，同比增长7.09%，其中6月份以来，我国吸收外资已经连续两个月增幅超过20%，7月份实际使用外资金额达94.08亿美元。商务部发言人认为，这真实地反映了外商看好中国投资环境，特别是服务业投资机会的实际情况（增长主要也是集中在服务业上）。这也进一步证明了中国投资环境的竞争力。

随着发展中国家的经济增长和发展，当今国际投资出现了被人们称为"逆向投资"的现象。所谓逆向投资（reverse investment）是指发展中国家的资金向发达国家流动的现象，也就是本应缺乏资金的发展中国家或发展中国家的企业向资金相对丰裕的发达国家或发达国家的企业进行跨国度的投资行为。在对外投资方面，发展中经济体已从2009年占全世界对外投资总额的20.81%上升至占全球的1/3。《2013年世界投资报告》披露，2012年，全球20大对外投资来源国中有7个是发展中国家。中国有史以来首次成为全球第三大对外投资国，仅次于美国和日本。2012年，中国对外直接投资创下了840亿美元的历史纪录。中国已经成为世界第三大对外投资国,仅次于美国和日本。受寻求市场、提高绩效、获取自然资源和战略资产等多元目标驱动,中国公司对外投资的行业和国家范围非常广泛。中国在海外基础设施投资增长很快,各国投资促进机构的调查表明,中国被列为最有前途的外国直接投资来源地。

跨国公司的快速发展不仅是世界经济全球化的产物,也大大促进了世界经济全球化的过程。人们注意到,在世界经济全球化高速发展的过程中跨国公司也得到了迅猛的发展。据联合国有关机构统计,在20世纪60年代后期,跨国公司的总数为7 276家,受其控制的国外子公司和分支机构为27 300家;到70年代末80年代初,跨国公司数量已增至1万多家,海外子公司和分支机构达10万多家;1996年,跨国公司的数量达4.4万家,海外子公司和分支机构达到28万家;1999年,跨国公司及其子公司和分支机构就分别到达了6.3万家和70万家;根据《2013年世界投资报告》的数据,跨国公司的外国子公司2012年创造的销售额达26万亿美元(其中7.5万亿美元为出口额),较2011年增长了7.4%。2012年,子公司贡献的附加值达6.6万亿美元,增长了5.5%,高于全球国内生产总值2.3%的增幅。虽然2012年中国吸引的外资下跌2%,但仍是外资流入量最大的发展中国家,吸收外资保持在1 210亿美元的高水平,在全球范围内仅次于美国排名第二。从中期看,中国仍是跨国公司首选的投资目的地。有关调查显示,在跨国公司看好的前5大投资东道国中,中国排名第一,美国紧随其后。全世界已有约8.2万家跨国公司,其国外子公司共计81万家。这些公司在世界经济中发挥主要作用,且作用愈来愈大。跨国公司国外子公司的出口估计占全世界商品和服务出口总量的1/3,2008年的全球雇员人数达到7 700万。这表明,跨国公司在世界经济发展、经济全球化的过程中扮演着重要角色,是一支重要的推动力量。

### 二、"反全球化"浪潮

值得注意的是,就在全球化浪潮一浪高过一浪的同时,在全球出现了"反全球化"的强烈呼声,甚至形成了一股新的浪潮。"反全球化"(anti-globalization)可能还是一个较为模糊的概念,它"如同全球化概念的宽泛性与模糊性一样,反全球化也是不同的人有着不同理解的概念,它可能指对全球化的否定,对全球化的批评,对全球化(跨国公司、自由贸易、科技创新与国际经济体系全球扩张)的担心,对全球化代表的新阶段资本主义(即'全球资本主义')的回击,对全球化加剧的贫富壕沟、社会分裂、环境灾难的不满,等等,不一而足。"[①]

从目前的情况看,"当前的反全球化示威与论点涉及许多方面,但归纳起来大多数人最集中关注的两大问题是全球正义(global justice)与生态环境维持"。[②] 反全球化较为有代表性的观点是:"(1)全球化化的主张者认为,全球化是人类独一无二的历史的机遇,

---

[①] 庞中英.另一种全球化——对"反全球化"现象的调查与思考.世界经济与政治,2001(2):5.

[②] 庞中英.另一种全球化——对"反全球化"现象的调查与思考.世界经济与政治,2001(2):6.

但反全球化的观点认为，现在的全球化严格意义上应叫做'公司全球化'（corporation globalization），这样的全球化不是社会一体化而是社会解体的力量。(2) 公司主导的全球化使国家之间、人与人之间、地区与地区之间的不平等、不公正进一步加剧。(3) 地球环境将因全球化而受到最后的致命一击。发达国家普遍把传统部门（"旧经济"）转移到第三世界，推动第三世界的工业化进程，结果全球工业化的结果就是人类环境的末日。(4) 全球化不过是发达国家要求发展中国家开放市场的说辞，是发达国家的伪善（hypocritical），因为发达国家在向发展中国家开放市场方面总是很保守。"①

以上的结论可以从下列事实中得到印证。世界银行在第60届联合国首脑峰会期间公布了一份长达190页的报告，提出根据国内生产总值、产出资本、自然资源、人的技术和能力等条件综合而得到的新标准。根据这个新标准对世界各国财富情况进行"排队"，特别标出10大最富有国家和10大最贫穷国家。瑞士在富有国家中以人均财富64.8241万美元傲居榜首，第2位是丹麦（57.5138万美元），第3位是瑞典（51.3424万美元），美国（49.6447万美元）、德国（49.6447万美元）则分别排在第4、5位；在最贫穷国家中，倒数第一的是埃塞俄比亚（1 965美元），随后的排列依次是布隆迪（2 859美元）、尼日尔（3 695美元）、尼泊尔（3 802美元）和几内亚比绍（3 974美元）。联合国人类发展报告曾指出，美国2500万富裕人口的收入超过全球20亿贫穷人口收入的总和。1971年贫困国家的人均收入是世界平均水平的18%，而2008年穷国的人均收入仅为世界平均水平的15%，在2011年5月召开的第四届联合国最不发达国家会议上，联合国秘书长潘基文说，在当今世界上，有超过9亿人口，他们平均每天的生活费不到2美元，并饱受着经济、环境和安全等问题的困扰；最不发达国家的数量由1971年的25个增加到现在的48个，根据联合国有关标准，目前世界上有48个最不发达国家，其中包括安哥拉等33个非洲国家，阿富汗等9个亚洲国家、所罗门群岛等5个大洋洲国家和加勒比国家海地。联合国贸易与发展会议发布的《2012年最不发达国家报告》中讲到，最不发达国家移民的80%移居到了其他发展中国家，导致最不发达国家高层次人才流失情况严重，这些国家有1/5的大学生移居国外，其中大部分在发达国家。这一情况影响了最不发达国家的经济和社会发展。

根据互联网世界统计（internetworldstats）的数据（见图1-5），在当今经济发展过程中起到重要作用的IT技术在全世界的发展也极不均衡。如在体现IT技术发展状况的互联网领域，至2012年6月底，亚洲有占人口27.5%的人们在使用互联网，非洲为15.6%，中东为40.2%，拉丁美洲/加勒比海是42.9%，而经济发达的北美洲使用互联网的人们占人口的比例高达78.6%，欧洲也占了63.2%，从中也可以看出经济发达的程度差异和使用科技手段能力的不同，体现了对于今后发展机会的捕捉上存在的差异，和在今后发展过程中存在的不平等和潜在危机。

经济全球化还造成了世界生态环境的恶化，一些专家警告说，目前世界剩余的原始森林可能将在10年内从地球上消失；近半个世纪以来，地球有66%的耕地遭受到水土流失、

---

① 庞中英. 另一种全球化——对"反全球化"现象的调查与思考. 世界经济与政治, 2001 (2): 7.

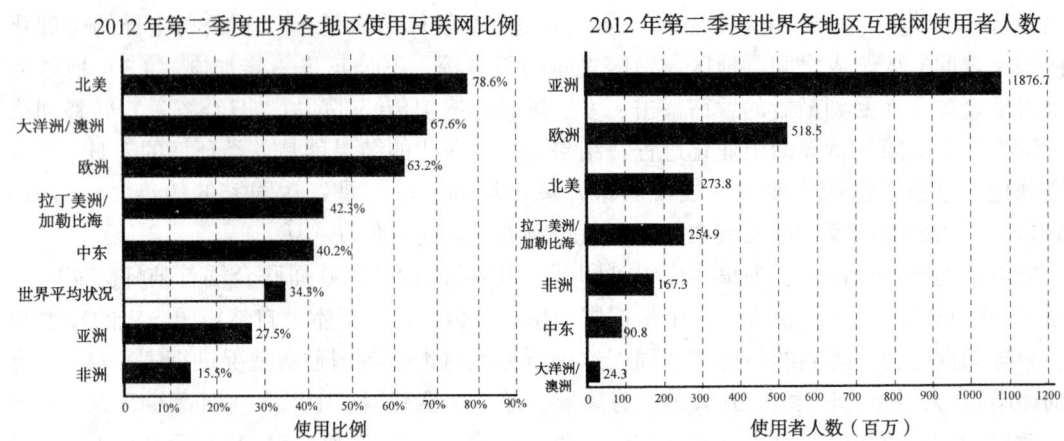

图 1-5　2013 年第二季度世界各地区使用互联网的基本情况

资料来源：www.internetworldstats.com/stats.

沙漠化、污染等的破坏，臭氧层空洞的面积已接近美国本土面积的 3 倍；因缺乏营养等原因而死亡的人数占第三世界国家死亡人数的 15%，生活环境恶化引发的疾病而导致死亡的人数占第三世界死亡人数的 20%。也正如美国哈佛大学教授迈克尔·E. 波特（Michael E. Porter）曾指出的一样："市场竞争实际上不是发生在国与国之间，而是在公司与公司之间进行。迄今为止，我不曾看到哪个国家未拥有强大的公司就能在全球经济中占先的。没有强大的公司，也就不会有持续的经济增长。"① 可以这样认为，以发达国家政治和经济为主要特色的全球化浪潮的弄潮儿和马前卒就是发达国家所拥有的强大的跨国公司。在《中国经济新闻》发布的 2011 年度（首届）"全球 500 最大经济体"排行榜中，共有 408 家跨国公司和 92 个国家（地区）入选，美国、中国和日本位居总排名的前三位，而沃尔玛、皇家壳牌石油、埃克森美孚 3 家销售收入最大的跨国公司，在和全球各国 GDP 比较后，分别位居 25、27 和 32 位。在"全球 500 经济体"中，出现了 408 家富可敌国的跨国公司，它们分别来自 20 个国家（地区），入选公司最多的国家是美国（114 家），其次是中国（55 家）和日本（54 家），随后是法国（28 家）、德国（26 家）和英国（24 家）三大欧洲强国。这些超大规模的企业如"恐龙"一样，傲视群雄，形成了可以在全球任意调配资源、冲击他国市场的"洪水猛兽"。

基于以上的分析和事实，人们担忧全球化的结局，担心全球化进程可能带来的威胁不会是空穴来风，而是具有深厚的政治、经济背景和一定程度上的对世界未来前途的思考和判断。从根本上讲，正在兴起的全球化浪潮是以西方发达国家作为主要推动力的一场运动，这里面十分清晰地带有西方浓厚的政治、经济色彩和明显的价值取向。即使在所谓公平的市场竞争中，占有先天和后发优势的西方发达国家会凭借超乎寻常的政治、经济和军事力量，借助自己十分熟悉的"规律"办事，也就显得更加得心应手，更加具有霸气。

---

① 陈有良. 对西方跨国公司全球扩张的几点思考. 世界经济与政治, 2001（5）：17.

众所周知，在所谓的国际市场上，所运行的一整套规律都是按照西方发达国家的经济理论和运行规则设立的，这也就会在所谓的"公平、公正、公开"的"看不见的手"的指挥下进行一场完全不公平的竞争，因此，发展中国家在不同的场合要求发达国家减轻国际债务，给予更为公平的竞争机会是完全合理和正当的。从另一个层面看，作为全球化运动先锋力量的跨国企业与东道国发生冲突的原因主要是双方目标的根本性分歧。跨国企业跨国经营的根本目的是通过市场的扩展、资源的获得、多元化的经营获取高额的利润，它不可能将自己的经营目标与东道国政府发展本国经济、提高人民生活水平的发展目标统一起来。虽然不少跨国企业在吸取历史的教训，努力改善自己的形象上做了许多工作，但这种相互之间格格不入的目标极易导致双方貌合神离、同床异梦。就是基于这个原因，跨国企业在具体的经营过程中，往往会采用损害东道国利益的经营手段，伤害东道国国家主权和利益。如对东道国文化传统的侵扰，与东道国政治、经济政策的对抗，对东道国市场的垄断等都是常见的行为。

从近年的情况看，反全球化的斗争虽依然在继续，但斗争的激烈程度有所趋缓。不难判断，只要上述的问题不随着全球化的过程得以解决或缓解，类似的争论和斗争还将持续下去。

◎ 小结

1. 本章重点介绍了跨国企业的基本概念和跨国经营的主要目的，基本的经营方式，以及当前国际经济活动发展的趋势。作为开始学习跨国企业管理的同学，应掌握这些概念，了解这些问题。特别要注意跨国企业与一般在国内开展经营活动企业的差别。

2. 企业开展国际化经营活动一般具有阶段性。其大致的规律是由简单到复杂，由风险小到风险大。其原因是，企业一般喜欢回避不必要的风险，加上国际性的经营活动在客观上存在风险大小不一的各种类型。

3. 经济全球化是近几年突显的一个国际政治、经济现象。它的兴起和迅猛发展体现了新时代的发展需求和规律，但在发展的过程中出现的不均衡和可能出现的"弱肉强食"的现象，也直接导致了"反全球化"运动的兴起。作为在经济全球化浪潮中起到重要作用的跨国企业，如何在达到自我经营目标的同时，又兼顾东道国政府和人民的利益，依然是跨国企业必须认真思考和注意面对的问题。

◎ 复习思考题

1. 何为跨国公司？跨国公司在国际商务活动中起到什么样的作用？
2. 通过学习，你认为一个跨国企业与仅在国内经营的企业的最大的区别是什么？
3. 跨国企业从事的商务活动有哪些类型？如按风险大小（从小到大）排列，其基本的顺序是怎样的？
4. 企业在国际化的进程中所处的各个阶段的主要特点是什么？
5. 如何理解"经济全球化"与"反全球化"运动的本质？
6. 试结合学习期间全球出现的一些新的经济发展趋势，分析在今后一段时间对跨国企业经营活动产生影响的因素。

◎ **参考资料**

1. 约翰·D. 丹尼斯，李·H. 拉德巴弗，等. 国际商务：环境与运作. 北京：机械工业出版社，2012.
2. 彼得·J. 巴克利，马克·卡森. 跨国公司的未来. 北京：中国金融出版社，2005.
3. 程东升，刘丽丽. 任正非谈国际化经营. 杭州：浙江人民出版社，2007.

【案例分析】

## 民营企业吉利汽车的国际化

2013年8月22日，浙江吉利控股集团（简称吉利汽车）发布了半年的业绩报告。2013年吉利汽车上半年逆势上扬，共销售263 554辆汽车，同比增长19%，完成全年销量目标56万辆的47%；利润大幅增长，同比增长37.15%，达到13.98亿元，总收入增加33%，达到149亿元。除了国内销量增长，今年吉利汽车在海外市场也高歌猛进，有效提升了整体销量。吉利汽车在成都生产基地举行出口车发车仪式，600辆吉利SUV GX7装车发往中东地区，成为继吉利出口王牌车型EC7之后的第二大主力产品。2013年7月，吉利汽车出口创下12 420辆的成绩，远远超越其他自主品牌，第一次成为我国出口销量最高的自主品牌。

2013年8月15日，吉利汽车乌拉圭工厂首台CKD组装车——帝豪EC7下线。目前计划生产吉利EC7、EC7-RV、GC2和GX2 4款车型，最大年产能可达双班2万辆。值得一提的是，该工厂虽位于乌拉圭境内，但主要目的是通过南美洲南方共同市场之间的协议辐射巴西和阿根廷。

吉利控股集团公关总监杨学良还说，"吉利与白俄罗斯合资建设大型汽车组装项目协议"也在不久前签订，该项目规划产能达12万辆，将辐射包括俄罗斯、乌克兰在内的整个独联体市场。预计年底，GX7车型也将在白俄罗斯上市。今年1~6月，吉利汽车在俄罗斯和乌克兰市场分别销售了14 886辆和6 739辆，排名也为中国品牌第一。

浙江吉利控股集团始建于1986年，1997年进入汽车行业，多年来专注实业，专注技术创新和人才培养，取得了快速发展。现资产总值超过1 000亿元，连续10年进入中国企业500强，连续8年进入中国汽车行业10强，是国家"创新型企业"和"国家汽车整车出口基地企业"。2012年7月，吉利控股集团以总营业收入233.557亿美元（约1 500亿人民币）进入世界500强，成为唯一入围的中国民营汽车企业。浙江吉利控股集团现有员工18 000余人，其中工程技术人员2 300余人。拥有院士3名、外国专家数百名、在册博士30余名、硕士500余名、高级工程师及研究员级高级工程师数百名；有5人入选国家"千人计划"，成为拥有"千人计划"高端人才最多的民营企业。吉利汽车作为我国国际化较为成功的民营企业国际化的发展经历如下：

2003年8月：首批吉利轿车出口海外，实现吉利轿车出口"零的突破"。

2005年5月：吉利在香港成功上市（0175 HK），在国际化道路上迈出了重要的一步。

2005年9月：吉利汽车亮相第六十一届德国法兰克福车展，实现了近百年来中国汽车自主品牌参加世界顶级车展历史性突破。

2006年8月：吉利控股集团被认定为"国家汽车整车出口基地企业"。

2006年10月24日：吉利控股董事长李书福在英国伦敦皇家花园酒店代表吉利汽车在香港上市的公司（0175HK）、上海华普，与英国锰铜控股公司（MBH）正式签署合资生产名牌出租车的协议，打破了以往中外合资的惯常做法，开启了中外合资造车的新一页。

2007年1月：乌克兰SKD项目开始正式启动，首批300套KD件已出运，实现吉利汽车海外生产零的突破。

2008年1月：吉利汽车全球独创的BMCS技术亮相2008年北美国际车展，获得"发明创造实践特别贡献大奖"。

2009年3月：吉利汽车成功收购全球第二大自动变速器公司——澳大利亚DSI。

2010年3月：吉利汽车收购沃尔沃轿车公司最终股权收购协议在哥德堡签署，获得沃尔沃轿车公司100%的股权以及相关资产（包括知识产权）。

2010年8月：吉利控股集团董事长李书福、福特首席财务官路易斯·布斯等出席在英国伦敦举行的交割签约仪式，吉利汽车完成对福特汽车公司旗下沃尔沃轿车公司的全部股权收购。

2011年1月："沃尔沃汽车集团中国区总部挂牌仪式"在上海嘉定区举行，沃尔沃汽车集团中国区技术中心也在上海嘉定宣布成立。

2012年3月：吉利控股集团总裁、CEO安聪慧先生和沃尔沃汽车公司总裁、CEO雅各布先生代表双方签字，就沃尔沃向吉利汽车转让技术达成协议。

2013年2月：吉利汽车收购英国锰铜控股公司100%股权。

2013年2月20日：吉利控股集团在瑞典设立欧洲研发中心。

（资料来源：http://big5.china.com.cn/gate/big5/auto.china.com.cn/roll/20130912/585397.shtml；http://dealer.autohome.com.cn/84987/news_5471194.html，http://www.geely.com.）

讨论题：

1. 结合本章介绍的相关理论和吉利汽车国际化的经历，分析吉利汽车的发展符合企业国际化经营的基本规律吗？并对自己的结论进行解释。

2. 收集相关资料，并结合华为的国际化情况，试分析吉利汽车在国际化竞争过程中成功的可能性。

3. 吉利汽车收购兼并沃尔沃汽车公司，并已在大庆市建立沃尔沃生产基地，在中国汽车行业引起轰动，结合这门课的学习，试对吉利汽车与沃尔沃合作前景进行分析和判断。

# 第二章　企业国际化经营的环境分析

◎ **本章学习目的**

学习完本章之后，你应该掌握以下内容：
1. 企业国际化环境因素的分析特点；
2. 企业国际化经营环境的基本状况；
3. 企业国际化政治—法律环境的特点及其影响；
4. 企业国际化经济环境的特点及其影响；
5. 企业国际化文化环境的特点及其影响。

【**兖州煤业的外汇损失**】2013年10月26日兖州煤业公布2013年三季度报。2013年1月至9月份，公司实现营业收入414.6亿元，同比下降1.56%；归属上市公司股东净利润为亏损5.89亿元，继上半年亏损24亿元后，再次成为煤业"亏损王"。

值得注意的是，从生产经营指标看，2013年前3季度，兖州煤业原煤产量5 431万吨，同比增长9.0%；商品煤同比增长6.3%，销售商品煤同比增长12.1%。在产销平稳增长、煤炭业务成本同比减少16亿元的形势下，兖州煤业三季度实现盈利18亿元，一定程度上弥补了上半年的亏损。

既然实体业务受产业景气度持续下滑的影响并不明显，甚至呈现出了一定的增长态势，那么，账面上6亿元左右的亏损又是从何而来？兖州煤业董事会秘书张宝才认为："前3季度，兖州煤业在财务报表上的亏损主要是汇兑业务惹的祸。"兖州煤业在收购澳大利亚矿产资源时发生了美元贷款，而贷款主体兖煤澳洲公司的记账本位币是澳元。今年以来，澳元对美元进入了贬值通道，使兖煤澳洲公司产生了账面的汇兑损失。兖州煤业在编制合并财务报表时，就会把这些账面亏损额以人民币来展现，导致了公司财务费用大幅上涨。

2013年上半年，兖州煤业的财务费用同比暴涨9倍，汇兑损失高达31亿元，这也直接导致了兖州煤业的业绩出现重大变化。第三季度，尽管澳元对美元的汇率有所回升，但1月至9月份，兖州煤业的汇兑损失仍然高达20.3亿元，使财务费用增加了约26亿元，从而使兖州煤业再次出现了重大亏损。

近年来，兖州煤业不断加快"走出去"步伐，海外并购的动作频频，成为煤炭行业中在海外拥有资产最多的企业。在此过程中，兖州煤业也曾经是汇兑业务的受益者。有关资料显示，自2009年兖州煤业取得汇兑收益以来，到2012年底总计已经获得账面汇兑收益40亿元，但今年前3季度产生汇兑损失20亿元。

为了从资本市场上甩掉"亏损王"的帽子，兖州煤业目前正在考虑更换贷款主体，对兖煤澳洲公司美元贷款进行重组,以规避汇兑损益风险。张宝才认为,进行债务重组后,汇兑业务的盈亏波动将大大变小,有利于规避因汇率波动使公司账面业绩产生大幅波动的风险。

根据中经产业景气指数报告监测,第三季度,中经煤炭产业景气指数为96.6,较上季度微降0.2,景气指数连续7个季度走低。在景气度持续低迷的背景下,煤炭产业实现利润同比下降36.5%,企业亏损面25.3%,比去年同期扩大5.4个百分点。

兖州煤业表示,第四季度将力争实现利润10亿元左右,全年业绩同比回落控制在90%左右的水平,全年将实现利润约5亿元。

兖州煤业已经主动对生产和销售环节进行了调整。其中,在产品销售环节,已经启动销售结构调整战略,加大煤炭洗选,力争使商品煤的洗选率提升至100%,使煤炭产品符合绿色煤炭的消费需求,也可提升煤炭的销售价格。根据保守估计,仅这一项调整,就可能给企业带来至少9亿元的净利润。

在生产端,兖州煤业通过工业设计创新,推行"减头减面减系统"的开采理念,力争减少资本要素投入和人员投入,提高劳动效率;同时,把节约下来的人力资源转移到其他刚刚投建的煤矿中。

此外,在新矿区开发中,兖州煤业还推行了项目负责制,把更多的生产经营决策权下放给下属企业,鼓励下属企业结合自身实际需求开展招投标,优化招投标流程。目前,仅这一项工作,已为兖州煤业节约了3亿元成本。

(资料来源:林火灿. 兖州煤业缘何再成"亏损王". 经济日报,2013-11-18(第10版). 做了适当修改。)

## 第一节 企业国际化经营环境的特点

兖州煤业所出现的汇兑损失是企业跨国经营过程中出现的新情况,这也正如前述,跨国企业经营活动的最大特点是跨国后产生的经营环境差异,企业将直接面临所在国的政治、经济和文化环境等完全不同于在本国经营的各种差异与变化。

政治环境包括政治制度,政府的政治和经济方针、政策、法令,政治局面的稳定性,种族冲突,党派斗争。经济环境因素则是指一个国家或地区的社会经济制度、经济发展状况、经济结构、经济要素赋予、消费水平、消费结构和经济发展趋势。文化环境涉及的范围较为广泛,如一国的历史、宗教、信仰、风俗、传统等都可列入文化环境的组成要素。在本章中,将介绍跨国企业经营活动所面临的环境的特点;跨国企业在进行经营决策时,会碰到或需要考虑的政治环境、经济环境和文化环境的基本要素与构成框架。

"从广义上说,环境就是组织界限以外的一切事物。"[①] 图2-1是企业经营环境和企业内部条件构成的示意图,从示意图中可以看出,在企业的经营过程中,相对于企业的决策

---

① 卡斯特,罗森茨韦克. 组织与管理——系统方法与权变方法. 傅严,李柱流,等,译. 北京:中国社会科学出版社,2000:164.

人，影响企业决策工作的环境主要由两部分组成。一个是组织之外的环境，它由两个部分组成：工作环境（task environment）和社会环境（social environment）；另一个是组织之内，但独立存在于决策人之外的企业的内部条件，它由组织结构、资源状况和企业文化因素构成。从环境的特性看，企业的外部环境一般具有较强的刚性（刚性为一技术名词。刚性是对材料受到外力作用下变形状况的描述，变形越小意味着材料的刚性越强）。这也意味着，企业的经营管理人员面对企业经营外部环境的变化，其改变外部环境的能力是极其有限的，这也是巴纳德强调组织不稳定的根本原因主要来自外界的道理。一般来说，面对外部环境的变化，企业主要的应对措施是顺应其变化，在变化中寻找机遇，乘机而为，乘势而上。在外部环境中，刚性最强的是社会环境，这是因为，面对政治—法律、经济、技术、社会文化的变化，企业的经营管理人员一般是难以预测、把握和掌控的；而面对企业的内部条件的变化，企业经营管理人员往往存在把握、调整和控制的空间，但把握、调整和控制，特别是改变内部条件的一些要素需要的是变革、资源调配，也就是需要一定的时间。联想公司的创始人柳传志曾经说过：大环境改造不了，你就努力去改造小环境。小环境还是改造不了，你就好好去适应环境，等待改造的机会。这是一位精明的企业领导人认识环境、把握环境的正确认识。

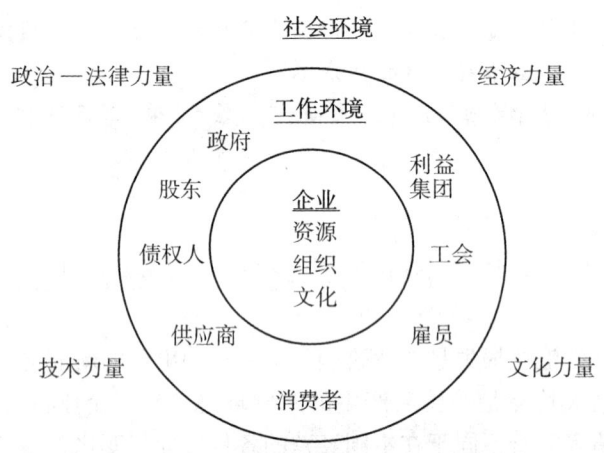

图 2-1　企业经营环境、内部条件示意图

各国最大的差别会在政治和法律环境上得到体现。各国的历史渊源不同，文化上的差别和经济状况的差异，决定了各国政治制度的不同、立法基础的差别。如在当今的世界上有发达国家与发展中国家的划分，也有第一世界、第二世界和第三世界的区别，还有所谓的民主国家和非民主国家的不同。与此同时，还有诸如近来常见的 G8、G20、金砖国家等的称谓。这些划分本身就是依据各国对当今世界认识不同，采用不同的标准划分得到的结果，本身就是政治立场和态度不同的产物。

**小资料：G8、G20 和金砖国家**

<u>G8</u>：8 国集团首脑会议（G8 Summit）由西方 7 国首脑会议演变而来，与会 8 国

也被称为 8 国集团。八国是指美国、英国、法国、德国、意大利、加拿大、日本和俄罗斯。8 国集团成员国人口约占世界人口的 14%，GDP 总量约占世界总量的 65%。最初建立于 1975 年。

**G20**：20 国集团是一个国际经济合作论坛，于 1999 年 9 月 25 日由 8 国集团的财长在华盛顿宣布成立，由 8 国集团和 11 个重要新兴工业国家（中国、阿根廷、澳大利亚、巴西、印度、印度尼西亚、墨西哥、沙特阿拉伯、南非、韩国和土耳其）以及欧盟组成。按照惯例，国际货币基金组织与世界银行列席该组织的会议。20 国集团的人口约占世界人口的 66%，GDP 总量约占世界的 85%。

<u>金砖国家</u>："金砖国家"（BRICS）一词中的"金砖"来自巴西（Brazil）、俄罗斯（Russia）、印度（India）、中国（China）4 国的英文首字母。由于该词与英语单词的砖（Brick）类似，因此被称为"金砖四国"。2012 年 12 月南非（South Africa）加入后，其英文单词将变为"BRICS"，并改称为"金砖国家"。2010 年，金砖国家的人口和 GDP 总量分别占全世界的 42% 和 15%。美国高盛公司的首席经济学家吉姆·奥尼尔在 2001 年提出"金砖四国"的概念。2012 年金砖 5 国经济总量为美国经济总量的 96%。

（资料来源：百度百科、凤凰资讯等网站）

政治是经济的集中反映，政治制度的不同也就必然影响到如何选择合作伙伴、如何解决经济纠纷、如何选择竞争的手段。如中美之间政治制度的巨大差异就造成了多次的贸易纠纷（甚至多次差一点进入双方相互制裁的境地）；美国外国投资委员会多次以"国家安全"为名否定中国企业的投资活动都是很好的实例。法律制度主要体现了一个国家希望规范人们行为的法律和法规，它的最大特征就是具有强制性，也强烈地体现了国家利益和统治阶层意志，据此就可以体会到法律力量的作用和对国际商务的影响。简单地讲，法律制度会影响到国际商务活动的开展，确定开展商务活动双方的权利和义务。

**小资料：美国投资委员会**

美国投资委员会（the Committee on Foreign Investment in United States，CFIUS）是美国管理外国投资的专管部门，设立于 1988 年，初衷是为了保障国家安全。与该委员会配套的则是特别设立的外国投资审批制度。从操作层面看，美国政府一般会从是否涉及美国国防生产能力，是否涉及向特定国家销售、转售军事技术，以及是否影响美国在国家安全领域的技术领先地位这三大因素，来考虑是否审核通过该投资项目。

美国外国投资委员会是一个跨部门的机构。办公机构设在财政部，财政部也作为主席单位负责总牵头。该委员会涉及 8 个行政部门和 7 个白宫机构。委员会成员中因各自代表的行业利益不同，对外资并购也存在分歧。通常说来，在接到关于并购的通知后，委员会用 30 天展开调查。如果成员一致认为不存在安全威胁，审查到此为止,协议继续履行。但哪怕只有一名成员反对,委员会也必须展开历时 45 天的正式调查,然后围绕是否阻止收购的问题向总统提出建议,总统随后要在 15 天内作出决定。

(资料来源:http://baike.baidu.com/view/1479331.htm.)

从经济力量来看,各国发展水平的差异、各国经济政策的不同就基本决定了经济活动开展的空间和形式。如在发达国家或经济较为发达的国家和地区,市场的作用会强一些,政府干预会弱一些;而在经济发展较差的国家或地区,市场的作用会弱一些,政府的干预会强一些。市场作用往往体现了一种规律(即看不见的手的作用),而政府的干预往往是统治阶层意志的一种反映,因此也可以视为看得见的手。所以,在不同的经济制度下,经商的方式会受到不同的影响,在如何进行跨国经营形式的选择上也会有明显的不同(详细内容可见下一节)。

从技术力量看,技术已成为当今世界各国、各企业核心竞争力最为重要的因素,也是企业跨国经营能超越国与国之间重大差异的主要竞争力量,或者获取别国技术的重要方法。从目前的情况看,拥有现代技术的主要还是发达国家,因此在国际商务活动中,能够赚取高附加值的高科技产品主要还是来源于发达国家的企业。美国学者费隆著名的产品周期理论很好地阐述了这样一个道理。在中国组装的美国苹果公司的 iPhone 就是一个很好的例证。位于东京的亚洲开发银行研究所(Asian Development Bank Institute)两位研究人员邢予青和尼尔·德特尔特(Neal Detert)在对苹果 iPhone 的研究过程中发现,基于美国 2009 年售出 1 130 万部 iPhone 来计算,两位研究人员估计中国的 iPhone 出口价值为 20.2 亿美元。在减去中国进口的由美国公司生产的 iPhone 零部件 1.215 亿美元后,他们得出中国在 iPhone 上的贸易顺差——即美国的贸易逆差——为 19 亿美元。iPhone(3G)的零配件和劳动力的价值为 178.96 美元,其中日本占了其中的 34%,德国占了 17%,韩国占了 13%,美国为 6%,iPhone 手机的制造方中国鸿海旗下公司富士康对每台 iPhone 手机价值的贡献率仅为 3.6%,即 6.5 美元。据美国市场研究公司 iSuppli 提供的分析报告,生产处理器和闪存芯片等关键零部件的三星、东芝和博通等芯片供应商承担了苹果 iPhone 4 大部分的成本,10 余个电子芯片占了手机 2/3 的成本,一部售价 600 美元的 iPhone 4 的总成本仅为 187.51 美元,苹果公司的毛利率高达 60%。因此,人们不得不感叹地说:知识在哪里,价值就奔向哪里。也有人在分析了苹果公司的 iPod 价值体系构成后讲道,这就是为什么苹果能够成为整个价值链中最大受益者的原因。苹果并不是 iPod 的制造者,而是创造者。

从文化力量来看,文化是人们的价值观念,是人们待事接物的规范,或是人们判断事物的标准。由此可见,在跨国经营的过程中,各国、各民族之间的文化差异必然对国际商务活动带来巨大的影响。

由此可见,与仅在一个国家开展经营活动相比,从事国际商务活动的企业会遇到更大差异、更为复杂的经营环境(见图 2-2),这也就决定了从事国际商务活动的企业在经营决策时,所面对的是风险更大,也需要更为高超的经营管理水平。

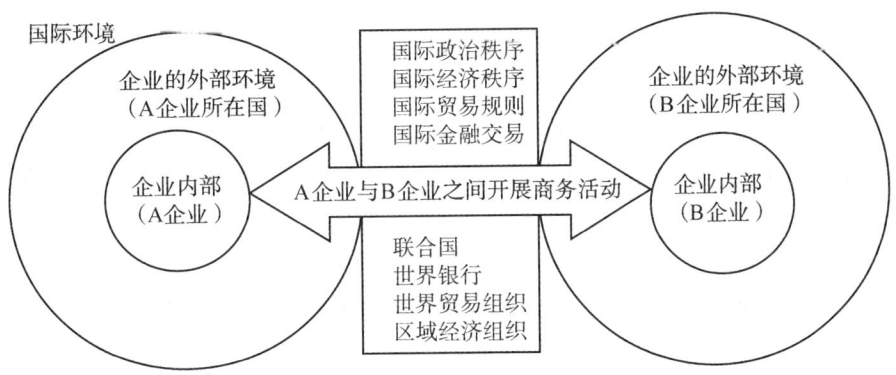

图 2-2 跨国企业（A 与 B）开展商务活动经营环境示意图

从图 2-2 中可以看出，假设企业 A 根据企业发展和经营的需要准备跨国经营。它首先需要思考的是，企业所在国是否从政治、法律、政策上支持和鼓励企业跨国经营，因为传统的思考往往会认为企业的跨国经营会造成外汇的流失、技术的外泄、失业的增加等问题的出现，或因经济发展水平的阶段性差异而不允许企业跨国经营。如果企业所在国的政府允许，企业 A 还要根据自己的经营策略或战略规划选择准备开展跨国经营的国家或地区。在选择和挑选的过程中需要思考如下的问题：符合企业发展需要的哪些国家允许外国资本跨国经营，允许在哪些行业跨国经营，选中的国家或地区经营环境如何，是否稳定，是否具有商机，是否值得投资。还要决定是自己独自经营，还是与投资所在国的企业合资经营，这就出现了合作伙伴的挑选问题。假设企业 A 最终选中了企业 B，那还要就企业之间经营合作的类型等进行探讨。除此之外，在企业与企业的经济交往中，还必须遵守国际市场运行的相关规则，这不仅有市场决定的交易规则（如外汇牌价，原油价格等），还有多个国际组织（如世界贸易组织（WTO）、世界银行、世界区域经济组织等）制定的交易规则，甚至还有企业双方所在国家或地区的之间的多个合约或协定。根据科斯的理论，企业的边界将由企业市场交易的边际成本与企业内部管理的边际成本确定，这就不难理解跨国企业经营的难度会比仅在自己国家经营大很多。

## 第二节 企业国际化经营的政治—法律环境和经济环境

政治、法律和经济是相互影响、关系十分密切的因素。生产力决定生产关系，经济基础决定上层建筑，且这两者之间还存在着十分复杂的相互作用的关系。在经济全球化日益高涨的今天，政治、法律、经济之间的关系似乎出现了相互影响更为剧烈、联系更为密切的倾向。

### 一、企业国际化经营的政治—法律环境

在政治—法律环境的分析中（见图 2-3），最为重要的是一个国家的政治制度。所谓

政治制度是指国家政权的组织形式及其有关的制度体系。由政治制度所确定的国家政权的性质将在国际商务活动中起十分重要的作用,其影响正如有人讲到的:政府是跨国企业经营所在地机构整体中的一部分,它是一个沉默的合伙人,一个具有无形控制力的合伙人。政治环境因素的变化历来被认为是对国际商务活动影响最大、破坏性最强的变化。如2011年,利比亚政治局势的动荡,造成中国政府紧急撤离3万余名中国投资企业的工作人员,中国企业可能的损失超过1 000亿元人民币。2013年12月南苏丹局势动荡,美国、英国、德国等国家开始撤侨,中国也开始撤退相关的工作人员,或将工作人员转移到南苏丹的首都朱巴。前面已经讲到,法律强烈地体现着国家利益和统治阶层意志,各国还会通过法律的形式对跨国的商务活动进行鼓励、制约,甚至禁止。如中国政府在改革开放的初期和以后很长的一段时间内在税收制度上对外商投资的企业采取优惠税率的政策,在经济特区内外商企业享受15%的优惠税率,沿海经济开发区外商企业享受24%的优惠税率等,但从2008年起,对外商投资企业与国内企业在税收待遇上采用统一税率。这一变化应视为中国市场竞争正走向成熟,市场竞争更加公平、公正的体现,也是中国走向成熟的体现。

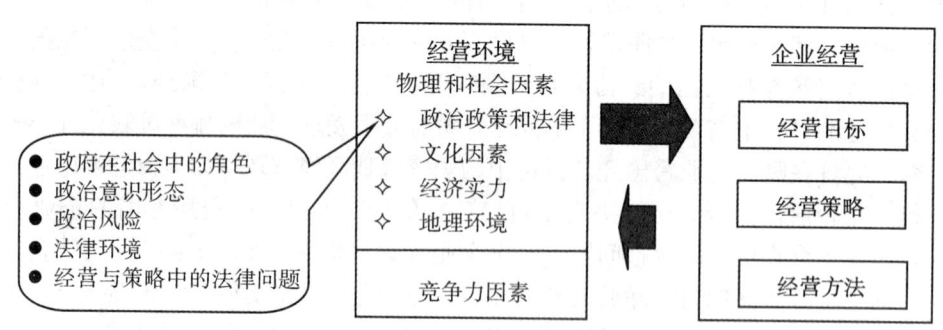

图 2-3　政治—法律环境对国际商务的影响示意图

资料来源:[美]约翰.D.丹尼斯,李.H.拉德巴弗,等.国际商务:环境与运作.第13版.北京:机械工业出版社,2012:55.

## 二、跨国企业经营的经济环境

跨国经营的企业是一类经济组织,它以市场为依托,通过有效的经营活动组织资源,开拓市场,为世界各国人民提供生产和服务,获取其利润。所以,经济环境是跨国企业十分关注和赖以生存的地方。经济环境由提供资源的自然和社会因素,以及与一个国家或地区的经济状况的各种要素有关(见图2-4)。

在经济环境的分析中,必须考虑的因素主要是资源分配、控制的基本方法和资源所拥有的基本形式。依据资源分配、控制方法的不同,人们将主要的方法分为市场经济和计划经济;依据资源所拥有形式的差别,人们将主要的形式分成私有制和公有制。介于上述两者之间的,往往被人们称为混合的形式(如混合经济或混合所有制)。按照资源分配和资

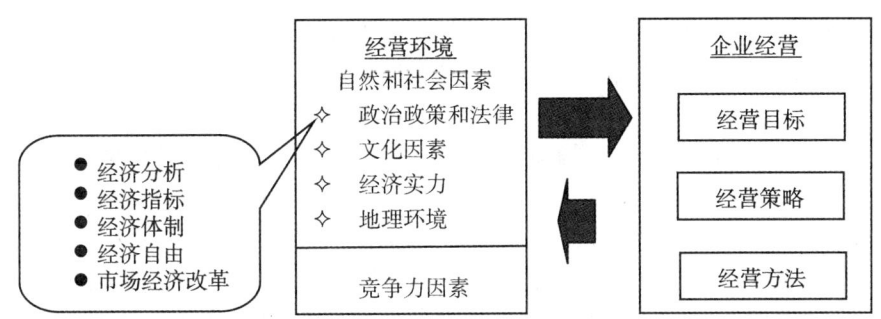

图 2-4 经济环境的商务影响示意图

资料来源：[美] 约翰·D. 丹尼斯，李·H. 拉德巴弗，等. 国际商务：环境与运作. 第 13 版. 北京：机械工业出版社，2012：76.

源所有两者关系的组合，可以简化得到多种经济的形态（见表 2-1）。

表 2-1　　　　　　　　　资源分配和资源所有组合的基本形式

| 资源分配＼资源所有 | 私有 | 公有 |
| --- | --- | --- |
| 市场 | 私有—市场 | 公有—市场 |
| 计划 | 私有—计划 | 公有—计划 |

（一）市场经济

在描述市场经济运行的西方经济学中通常将市场参与的双方称为家户（household）和厂商（firm）。单个厂商研究的是如何将有限的资源分配在各种商品的生产上以取得最大限度的利润；而单个家户考虑的则是如何把有限的收入分配到各种商品的消费上以取得最大的满足。在经济理论所描述的理想市场中，家户拥有资源，需要产品；而厂商拥有产品，需要资源。市场机制为价格、数量、资源和产品的需求与供给之间的相互作用。在厂商发给工资、支付利息和地租的条件下，家户将提供劳动力、资本和土地，如果价格适中，家户将愿意消费产品。厂商再根据产品的成本和市场的价格，提供自己愿意并能够提供的产品。家户对产品的需要和资源的供给，与厂商产品的供给和对资源的需求天然地构成了市场上的需求和供给的双方，在市场的作用下，供求双方的均衡会形成价格，而价格（也就是"看不见的手"）作为市场的信号将调配家户和厂商参与市场的活动。这也就意味着市场经济运行的关键因素是顾客至上和市场中厂商经营的自由。家户和厂商决策的自由、供求和需求的相互作用保证了财富资源的分配。

众所周知，即使在最为发达的资本主义国家中也不存在上述如此超脱的市场经济行为，也存在"看得见的手"的指挥和驾驭。所谓"看得见的手"一般是指政府、大公司和工会对资源价格可能产生的干预或调节作用。政府的政策会影响到一个国家的经济活动,譬如财政政策、金融政策、政府采购政策等会直接影响到生产、就业、消费等经济活动,在维护国家利益的口号下,政府也可能通过保护性的措施干预商品和生产要素在国际正常流动;大公司在市场上的巨大能力也往往会通过对一些经济资源的垄断或定价策略对市场产生冲击;工会在维护工人利益的同时也就可能对劳动力市场的价格产生影响。这些情况都表明,在分析和研究一个国家的经济特征时,不能忽略了"看得见的手"的作用。美国在应对房贷所出现的金融危机时,就曾开展了大力干预市场的经济活动。例如,为支援宣布破产的通用汽车,美国政府为新通用汽车提供了破产融资援助,在2008年和2009年获得9.12亿通用股汽车股票,持有新公司的60.8%的股份。在新的通用汽车逐渐恢复活力后,美国财政部逐渐通过市场卖掉了持有的全部股票。这一巨额的救援计划,美国政府最终损失了约105亿美元,但却给美国提供了100万个就业岗位,就是一个很好的例子。

(二)计划经济

计划经济是根据马克思的构想所建立的在生产资料公有制的基础上,根据社会主义基本经济规律和国民经济有计划按比例发展的要求,由国家按统一计划进行管理的国民经济运行模式。计划经济的中心环节是宏观计划管理,而宏观经济计划则为宏观计划管理的核心。国家通过宏观经济计划,有计划地分配社会资源和社会劳动,保持国民经济各部门、各地区按比例协调发展,从而保持社会再生产各个环节相互衔接,生产不断发展,人民生活水平逐渐提高。

在历史上,所有的社会主义国家都无一例外地选择过高度集中的计划经济模式,这种模式在这些国家的经济发展过程中也曾发挥过很大的历史作用。在社会主义建设不断深入和发展的过程中,这种模式逐渐暴露出了经济上统得过死,不利于充分调动地方、企业和劳动者积极性,经济效益差的弊病,因而从20世纪80年代起,在原来的绝大多数社会主义国家以及曾学习、模仿社会主义国家计划经济管理模式的第三世界发展中国家都掀起了经济改革的热潮,其改革的主要方向是探讨如何根据国家本身的现实情况,建立适合本国经济发展的新模式。改革的主要内容是逐渐放弃计划经济管理模式,向市场经济迈进;降低国有经济在国民经济中的比重,建立包括私营经济成分在内的多种经济成分,以充分调动各方面的积极性,确保国民经济健康、快速发展。从中国宣布实行社会主义市场经济之时起,计划经济这一种经济资源的配给模式已经逐渐淡出人们的视野。

(三)混合经济

混合经济是市场经济与计划经济、公有制与私有制不同比例的混合物。当今世界上没有绝对选择哪一种单一经济运行模式的国家,往往都是采用混合经济的管理和资源配给的模式。例如,在理论界曾将美国和前苏联看成是混合经济中两个极端的代表:美国以私有制和市场经济为主要的特色,而前苏联则是以公有制和计划经济为典型的特征。但众所周知,在美国,也存在不少政府控制的企业,如邮政系统,水、电、煤气的供应企业都完全或部分控制在政府的手中。在其他国家中,政府的干预会比美国大一些,而对市场的依赖程度又比前苏联强得多。如今日的新兴国家和欧洲的不少发达国家都明显具有这样的特征。

对于跨国企业来讲,研究一个国家经济形态的基本状况是十分重要的,这是因为,一个国家经济形态的基本状况将决定经济运行的基本特色、调控的基本手段和政策的选择，而这些恰好是构成经济环境诸多因素中最为重要的因素。

## 第三节 企业国际化经营的经济环境

第二次世界大战以后，人类已经在较为和平的环境中生活了60多年。较为平稳的环境给世界经济的发展带来了重要的发展机会，特别是1989年以来，世界格局发生了巨大的变化。"冷战"的格局已经结束，世界开始向多极化的格局发展，进入了新旧格局交替、动荡不安的过渡时期。时至今日，时光已匆匆地度过了20余年，但这一时期的重大特点似乎依然没有结束，美国曾利用俄罗斯的衰败，企图在全世界构建以它为一极的霸权主义政治格局的梦想正在破灭。从目前的形式看，美国虽拥有世界最强的军事力量，也具有强大的经济实力，但随着俄罗斯的经济复苏，欧盟阵营的扩大，中国、印度、巴西、南非等发展中国家的崛起，全球的政治、经济格局正在悄然发生变化。世界政治、文化、意识形态等方面的复杂状况难以容忍一个国家、一种意识企图垄断全球、称霸世界的情况。美国的一厢情愿很可能会给全世界带来更大的动荡。在美国出现的"9·11"事件，美国发起的伊拉克战争、阿富汗战争，2008年由美国次贷引发的全球金融危机，以及2011年出现的北非国家的政治动荡，在给美国和美国人民带来了巨大灾难的同时，也对全球政治、经济稳定带来巨大的影响就是一个极好的证明。

在20世纪80年代，一位经济学家就指出，世界各国以及相互之间的经济发展出现了许多变化，导致世界经济领域在三个主要方面发生了重大的变化：初级产品经济已与工业经济分离；生产中劳动密集状况正逐渐被技术密集所代替；在对世界经济影响方面，资金运动比商品运动已显示出越来越大的作用。这位经济学家的看法，在随后的世界经济发展过程中都在不同程度上得到了印证。如从20世纪90年代初开始的以美国经济发展势头所体现的"新经济"现象，1997年在东南亚各国爆发的金融危机，2008年由美国次贷危机引发的全球金融危机，从2008年开始美国单方面的"货币量化宽松"政策，高科技产业在各国国民经济发展中起到越来越重要的作用都是极好的实例。

应该说，这位经济学家对世界经济发展的趋势分析是正确的。但从21世纪初始起，更为显著的变化主要体现在以下几个方面：知识要素作用的显现、IT技术的快速发展和经济全球化。

知识是对当今促进世界经济发展的科学技术的总称，也是对当今经济活动中关键经济要素的概括性描述。知识无疑已经成为引导世界经济发展的关键经济要素。知识作为重要的经济发展要素从20世纪90年代就开始出现，直接的结果就是产生了"知识经济"的时代。虽然在经济学中，知识一直作为一种生产函数的重要参数，作为经济发展、国际贸易、国家资源差异的要素而长期存在，但从20世纪90年代开始，知识作为一种经济要素在各国经济发展中起到的独立、特殊、重要的作用开始显现，而且已经迅速上升为经济发展的首要要素。德鲁克认为："这一变化意味着，我们现在把知识看作一个基本的资源。土地、劳动和资本作为限制因素是重要的。没有它们，甚至不可能产生知识。没有它们，甚至也不能实行管理。只要存在着有效的管理，即将知识应用于知识，我们总是能得到其他的资源。"①

IT 技术正在成为推进世界经济发展，乃至科学技术发展的重要技术。简单地讲，IT 技术就是数字化技术及其他的传输技术，它是新阶段知识实现的重要途径和集中表现。一方面可以看到，现在的所有技术几乎都围绕着 IT 技术在转型、提升、集成、飞跃，是当今知识高度集中的领域；另一方面也看到，IT 技术在推进世界经济转型，加速知识积聚与扩散，推进国际化进程等许多方面正在发挥巨大的作用。流动性更强的经济要素——知识，更为方便的 IT 技术，大大地推进了国际化的进程。

国际化是对当今全球经济发展大格局、大趋势特征的描述。经济全球化是任何一个地球人都可以感受到的经济活动，中国改革开放取得的不凡业绩，从某一层面看就来自积极参与了经济全球化。人们普遍有这样的认识，在当今这个时代，哪个国家、哪个民族如果不愿或遗忘了经济全球化的参与，必然会在世界进步的大潮中大大落伍。基于经济学对国际经济活动进行诠释的重商主义理论——绝对优势理论——相对优势理论——生产要素赋予学说理论——国家竞争优势理论的演变过程看，不同的国际竞争时代有着不同的经济核心资源，不同的商业模式，不同的产品形态，也就构成了各国不同的竞争优势。

为研究这样一些经济变化给跨国企业经营活动带来的影响，下面对国家之间的经济情况进行研究。

**一、经济增长与稳定**

经济增长是指一国在一个时期中产品和劳务实际产出的增长，它一般用国民生产总值，即用 GNP 的总量或人均量为尺度，也有用国内生产总值（GDP）作为衡量的方法的。对于跨国企业来讲，经营所在国的经济增长速度较快、政局稳定是最为理想的，因为在这样的经济环境中，企业即使不扩大它的市场份额，收益也会随着经济的增长而增长。

资本追求利润，并回避风险是资本自身规律的体现，因此一个国家和地区经济增长速度较快和政局稳定自然会成为资本集聚的地点。作为一个中国人在这方面可能最有体会了。据《经济日报》报道，在改革开放的 30 年中，中国政治稳定，"改革开放的 30 年，是我国经济蓬勃发展的 30 年，30 年间经济实现世界少有的年均 9.8% 的增长速度。1979—2007 年，国内生产总值年均实际增长 9.8%，大大高于同期世界经济年平均增长 3.0% 的速度。国内生产总值（GDP）由 1978 年的 3 645 亿元迅速跃升至 2007 年的 249 530 亿元。其中，从 1978 年上升到 1986 年的 1 万亿元用了 8 年时间，上升到 1991 年的 2 万亿元用了 5 年时间，此后 10 年到 2001 年平均每年上升近 1 万亿元，2001 年超过 10 万亿元大关，2002—2006 年进入高速增长期，平均每年上升 2 万亿元，2006 年超过 20 万亿元，在此基础上，2007 年一年又增加 3.76 万亿元"。② 到了 2012 年，中国的国内生产总值已经达到 519 322 亿元人民币，约合 8.26 万亿美元，为世界经济总量第二的国家。因此，中国也就成为世界经济增长的引擎，全球资本追逐的投资国。据商务部 2013 年 11

---

① 彼德·德鲁克. 从资本主义到知识社会//载达尔·尼夫. 知识经济. 珠海：珠海出版社，1998：59.

② 经济日报，2008-12-18（5）.

月 19 日新闻发布会通报的情况，2013 年 1—10 月，外商在我国投资新设立企业 18 184 家，同比下降 9.18%；实际使用外资金额 970.26 亿美元，同比增长 5.77%，连续 9 个月保持增长。10 月份全国实际使用外资金额 84.16 亿美元，同比增长 1.24%（未含银行、证券、保险领域数据）。

### 二、通货膨胀

通货膨胀是经济发展过程中一个十分重要的经济现象，因为通货膨胀将直接对一个国家的利率、汇率、人民的生活水平的变化产生影响，甚至会对一个国家的政治、经济稳定产生影响。

通货膨胀是一种货币现象。简单地讲，通货膨胀就是流通过程中纸币过多的一种现象。通货膨胀的原因较为复杂，但其主要的原因是政府的货币政策和财政政策不当，还有汇率政策失当的问题存在。政府控制通货膨胀的主要方法是控制货币的供给，抑制政府的支出。在政府通过货币的投放量控制通货膨胀后，经济增长也将受到抑制。随着经济速度的降低，商品的价格会有所下降，通货膨胀现象会有所趋缓，但随之而来可能就是失业率剧增，企业遇到销售困难，甚至出现倒闭的现象。

但在高通货膨胀率的经济环境中，企业成功地制订计划和进行经营是困难的。企业为了维持正常的经营，往往不得不经常地提高价格。由于正确地预测通货膨胀的趋势十分困难，企业就容易在制定产品价格政策时出现过低或过高定价的问题。过低的定价会导致企业收入的减少，而过高的定价又会使企业失去市场。

通货膨胀带来的另一个问题是可能影响汇率的变化。在后面的学习中我们会了解到，国与国之间使用本国货币购买商品的数量将在决定两国汇率比例时产生重要的影响。某一个国家通货膨胀严重的发生必将使本国货币的购买力下降，从而造成本国货币的贬值。此时，若汇率的变化与通货膨胀一致，那企业在经营过程中不会出现什么问题。若汇率的变化与通货膨胀不一致，那必然会给企业出口产品的市场定价带来麻烦。

通货膨胀另一个副作用就是可能带来政治上的不稳定。例如，若政府对通货膨胀置若罔闻，那政府就可能由于物价飞涨、人民实际收入下降而面临险象环生的政治局面；若政府企图通过冻结工资控制通货膨胀，则必然造成人民实际收入的下降，不满意也就会随之增长。因此，高通货膨胀的国家和地区，由于经营困难和政治局势不稳定，往往成为跨国企业回避或不敢进入的地区。

### 三、开放的局面

从当今的世界形势看，企图闭关自守发展经济已成为不可能的事件了，但各国之间在如何对外开放、如何制定具体的对外开放的政策，却存在着较大的差异。不同的国家一般都会因经济状况的不同而具有完全不同的对外开放策略。由于发达国家经济实力较强，发达国家历来鼓吹提倡自由的开放政策，因此相对来讲对外开放的程度较高，跨国企业愿意在这些国家进行各种类型的商务活动，特别是直接投资，建立生产和服务基地，更好地接近市场，服务于市场。发展中国家为保护其幼小的工业体系，获取急需的外汇，而愿意采取鼓励出口和控制进口的对外开放策略。面对这种经营环境，跨国企业就应该注意各国的贸易特点，考虑这些国家的对外开放政策，采用不同的商务战略和不同的商务方式开展经营活动。

针对发展中国家区别较大的对外开放策略，世界银行曾根据发展中国家各国市场对外开放的状况，并依据有效的市场开放率，对进口的直接控制程度，对出口的鼓励程度，外汇的定值程度四个指标，将发展中国家分为四种类型。这四种类型的具体特征是：

1. 坚定的外向型。在这类国家中，不存在或仅有很低程度的贸易控制；不采用或很少采用直接控制或许可证办法；维持一定的汇率使可能的进口或出口的实际汇率大体相等；在使用关税、限额、投资许可证、税收和信贷补贴等这类手段时一视同仁，没有内外偏向。

2. 一般的外向型。整体的鼓励政策倾向于国内的生产，而不是倾向于出口市场，但对本国市场有效的保护率较低。

3. 一般的内向型。整体的鼓励政策明显地有利于国内市场，对本国市场平均有效保护率较低。

4. 坚定的内向型。整体的鼓励政策十分有利于国内市场的生产，对本国市场的有效保护率很高。

世界银行曾根据上述指标将世界上的发展中国家划分为不同的类型，并曾根据各国政策的变化，调整各国所在的类别。世界银行在研究和分析了上述四种类型的经济发展战略后发现，执行坚定外向型的国家和地区在经济发展的各个方面明显优于其他类型的国家，具体体现在以下四个方面：第一，国内生产总值（GDP）的年平均增长率很高；第二，人均国民生产总值（GNP）的年平均增长率很高；第三，积累率（国内积累总额与国内生产总值的比率）很高；第四，制成品出口的增长率很高；第五，通货膨胀率很低。从这些指标看，具有这些经济特征的发展中国家自然会成为跨国企业投资的重点地区。

从理论和实践中看，市场导向会提高一个国家或地区资源配置的效率，从而提高经济发展的速度和水平。中国改革开放后的巨大变化就充分地证明了这一点。曾培炎讲道，"我国成功实现了从高度集中的计划经济体制向充满活力的社会主义市场经济体制的伟大历史转变，""中国已经成为具有完全市场经济地位的国家"。"到目前为止，全球已经有近150个国家承认中国的市场经济地位"。"我们利用国际国内两个市场、两种资源，打开国门搞建设，国际竞争力不断增强"。[①] 2012年，我国外贸进出口总额为38 670亿美元，仅比世界第一大进出口贸易国美国少150亿美元，外汇储备为3.31万亿美元。2012年，在全球外国直接投资流出流量较上年下降17%的背景下，中国对外直接投资创下流量878亿美元的历史新高，同比增长17.6%，首次成为世界三大对外投资国之一。截至2012年底，中国对外直接投资累计净额（存量）达5 319.4亿美元，位居全球第13位。由于中国对外直接投资起步较晚，仅相当于美国对外投资存量的10.2%，英国的29.4%，德国的34.4%，法国的35.5%，日本的50.4%。

---

① 曾培炎. 中国改革开放成功的领导者和实践者. 求是，2011（11）.

### 四、债务问题

债务问题是 1982 年由于墨西哥政府与债权人谈判失败,宣布推迟偿还债务本金和利息而引发的一个困扰世界经济的问题。究其原因是世界经济局势发生变化,国内政局动荡,国际贸易条件恶化和一些发展中国家(主要是拉丁美洲国家和非洲国家)在发展中发展战略选择不当,从而丧失还债能力。这一问题不仅使这些国家的经济陷入困境,而且破坏了国际金融市场的稳定。

根据世界银行的报告,发展中国家的债务还在不断增加。主要的债务国集中在非洲和拉丁美洲国家,在东南亚金融危机中,东南亚的少数国家,像菲律宾、印度尼西亚都出现过类似的问题。由于非洲国家的经济状况更为险恶,还债的能力也就更差。

跨国企业之所以对债务问题十分关注,其主要的原因是具有严重债务的国家的经济环境较为恶劣。其原因是,债务较高的国家往往会采取控制进口、限制外汇流出、降低经济增长速度的宏观经济政策,而这些政策往往会给跨国企业的经营带来困难。

## 第四节 企业国际化经营的文化环境

文化是一种价值观,是一个群体(国家、民族、组织等)在一定时期内形成的思想、理念、行为、风俗、习惯,以及由这一群体整体意识所产生、影响而出现的一切活动。从这个概念中就不难发现,跨国企业的经营活动会受到因国家、民族、组织文化差异的影响。例如,中国传统的茶文化就会对饮料企业的经营活动产生影响;中国改革开放以来发生的巨大变化对中国人的价值观已经或正在产生着巨大的影响,也是在这样巨大的变化中外资企业不断进入中国,中国的企业也正在不断走向国外。

### 一、文化环境的界定

精确和严格地确定不同文化环境的边界是一件十分困难的工作,因为环境在从一种形态转化为另一种形态时是一个渐进的、从量变到质变的过程,很难用什么方法来予以准确的界定。但对于跨国经营活动来讲,用国家的疆界来大致确定文化环境边界是可行的,因为对文化产生最大影响的政治制度、经济制度和法律体系可以用国家的边界大致明确。当然,这种划分只是一种大致的划分,而且这种划分并不意味着一个国家的每一个人的习惯和文化传统都是一个完全的整体。在当今世界上,有些国家中的差异非常巨大,这里存在着不同的民族,不同的信仰,不同的文化,不同的生活习惯,一种文化的价值观和准则往往是社会中若干因素逐渐演化的产物。这些因素包括一个国家所提倡的哲学体系、现行的社会结构和占主导地位的宗教、语言和教育(见图 2-5)。这种所提倡的哲学体系对社会的价值观念有着明显的影响。这也就必然会在不同的国家和地区出现需求不同的市场、差异性的市场机会,同时,也对跨国企业的经营理念和方式提出了不同的要求。

除了国家的政体以外,对人们行为产生重大影响的还有由职业、年龄、宗教和居住区域等差异所构成的人们的群体。在这些群体中,人们行为的相同或不同,往往超越国界所确定的人们行为的差异。例如,生活在城区的人们的生活习惯与生活在乡村的人们的生活

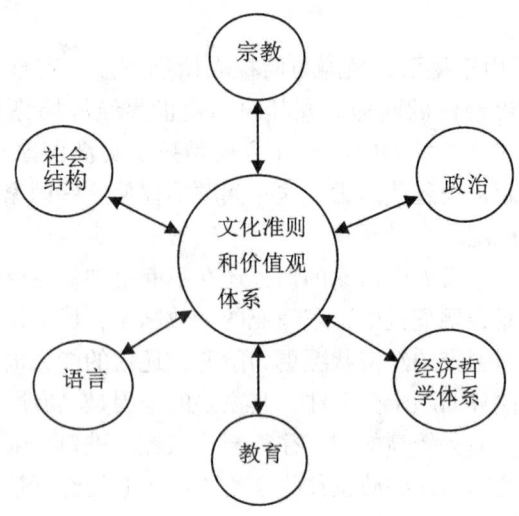

图 2-5 文化决定的因素

资料来源：查尔斯·希尔．今日全球商务．北京：机械工业出版社，1999：65.

习惯的差别，就可能超过简单地用国界划分的两国之间生活习惯的差别，某一宗教派别的信仰和生活习惯也可能跨越国与国之间对人们价值取向的影响。

### 二、有关文化环境发展趋势的看法

随着经济全球化浪潮、IT 技术的发展，以及跨国公司在各国无孔不入的经营活动，全球范围的人们交往日益密切，同质的商品也似乎在淡化人们不同的需求，各种不同的文化也在不断地发生碰撞。随着这种状况的日益发展，对跨国企业经营活动产生重大影响的文化环境会发生哪些变化，其趋势如何已经引起了人们的关注与争论。

1. 第一种看法是：各国的文化会逐渐地同化。随着经济全球化和生产技术的发展，人们会需要同样的产品，需要用相同的方式去生产这些产品，跨国企业还会不断地生产出可能对消费、生活方式的变化产生影响的产品，许多较小的文化群体可能被占有优势的文化群体逐渐吸收，并逐渐趋向消亡。这就像近来许多地方的原始部落和语言已趋向消亡一样。

2. 第二种看法是：可能会在一些国家里涌现新的亚文化群。虽然会有一些群体比其他的人更能接受新的思想、新的产品和技术，但总有许多人会继续保持传统，而不愿接受新的东西。这种状况可能会导致在一些国家中出现更多的亚文化群，这在年轻一代人的身上更为明显。

3. 第三种看法是：文化有会聚的趋势，但这种趋势不可能包括所有的文化。即使生产的组织形式和技术在世界上会越来越趋于一致，但各国、各民族，甚至就是同一组织中的人们依旧会强烈地希望保持他们各自的特点。一些有形的东西可能会变得越来越一样，如穿着、打扮、部分的生活习惯，但无形的东西，如人们合作的方式、解决问题的方法以及工作的动机，特别是各国和各民族的价值观念还会依然保持差别。

## 三、文化环境的分析

从上面的分析中不难看出,文化环境分析的难度会大大地大于政治—法律环境与经济环境的分析,因为文化所体现的价值观念、取向比政治—法律与经济环境的各个因素更加无形,更易渗透和影响人们的行为(见图2-6)。

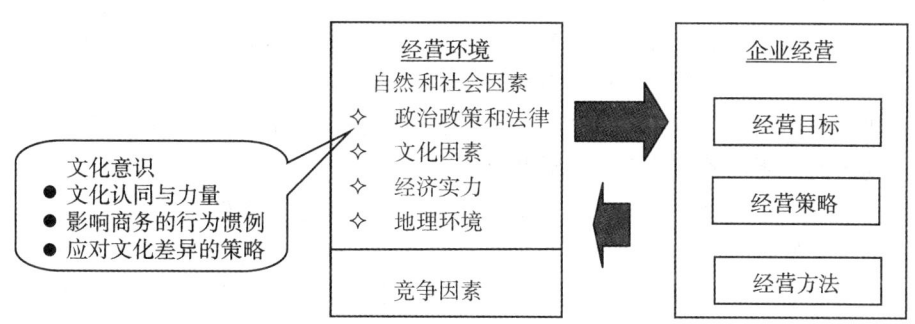

图2-6 文化环境对国际商务的影响示意图

资料来源:[美] 约翰·D. 丹尼斯,李·H. 拉德巴弗,等. 国际商务:环境与运作. 第13版. 北京:机械工业出版社,2012:28.

### (一) 文化意识

文化意识(culture awareness)是指跨国企业的经营管理人员对经营所在国文化传统及其对商务活动影响的认识和了解。文化意识是跨国企业经营管理人员在国外经营决策的前提条件,即只有充分地熟悉和掌握了与自己经营活动有关的文化差异,才能正确地进行商务决策。

在研究的过程中,人们会首先把研究经营所在国的人们对他们自己文化的评价当作十分重要的工作,但对外国人的结论却十分慎重,因为外国人的看法往往拘泥于传统的看法和自我价值观念,还可能没有注意到文化可能产生的变化。跨国企业的经营管理人员只有在全面了解了经营所在国的文化背景,并了解到可能正在发生的变化的情况后,才能正确地把握不同文化的特点,才能正确地分析和探索在这种文化环境中人们可能出现的行为。

跨国企业所需要的文化意识。图2-7从四个方面介绍了一家跨国企业在国外经营时所必须了解和掌握的外国文化意识的程度。从这个图中可以知道,虽然文化意识对于跨国企业的经营有着重大影响,但并不是所有的跨国企业都需要同样程度的文化意识。企业经营不同种类的商务活动具有不同程度的风险,企业卷入他国商务活动的深浅也不同,考虑到成本因素选择合适的把握他国文化程度也会对所需的文化意识产生影响,因而也就决定了跨国企业在了解他国文化环境的程度上可因经营的种类、经营国家的多少、经营的方式以及外国与本国的差异大小而不同。

图2-7中的A轴是依照第一章中介绍的经营活动种类(商品进出口、劳务进出口和投资活动)设置的。越靠近内圈,表明企业经营的种类越少,层次越低。例如,在有限的国外活动这一层面上,企业可能仅只限于从本国向外国出口产品,那对于企业来讲,重要

的是了解有关文化因素影响市场的状况：广告的设计，消费群体人员的构成，购买决策的方式以及不同的语言表达方式。在企业参与多国的经营活动这一层面上，如已在国外进行生产和销售某一种产品，新增加的经营活动类型将要求企业全面地了解外国与本国的差异和不同。在轴的最外端，企业已在多国开展各种经营活动，并实现了一体化，这就要求企业必须更深层次地掌握本国与他国之间文化的差异，与此同时还必须了解经营所在的各国之间文化的差异。

B 轴表明了跨国企业经营所在国家的数量与所需文化意识的关系。图上表明，企业经营涉及的国家越多，文化意识也就需要越强。

在 C 轴上可以看到，跨国企业所需的文化意识与本国和东道国之间差异也有重要的联系，差别越大，所需的文化意识也就越强。

D 轴显示了跨国企业经营的方式与文化意识之间的关系。在轴上表示了经营的三个层次：通过国内其他的企业在外国进行商务活动；通过外国企业进行经营活动；企业独自在外国进行经营活动。虽然，在这三个层次中，通过本国的企业进行跨国的商务活动，跨国企业可以不需要了解他国的文化意识；通过外国企业在他国进行经营活动，企业必须知道影响双方关系的一些细小的文化差异，例如合同谈判的方法、经营目标的先后顺序等；而在外国独自的经营就需根据 A、B、C 轴上反映的共同要求，确定自己应具备的文化意识了。

(二) 文化的有形特性与行为特性

当今世界上的人们在其生产、生活中都是以一定的群体出现，都在其生产过程中结成了一定的生产关系；以价值观、利益观和基本态度，以及人们的生活方式为内涵的文化，也在确定文化环境对人类行为的影响上显示了重要作用。为此，在这一节中将按照有形特性（physical attributes）和行为特性（behavioral attributes）对人的行为产生重大影响的人际环境和文化环境的要素进行研究。

有形特性是指对跨国企业经营活动可以直接观察到的文化影响因素。如国与国、民族之间身材、形体、力量等的差异会对机器的尺寸、重量的选择产生影响，各民族容貌的差异也十分明显，这对于广告中模特的选择以及背景都提出了严格的要求。如美国一家生产牛仔服装的企业，曾由于在日本的销售中忽略了日美间人们尺码的差异，而因服装的尺码不符合日本人的身材而造成产品的滞销。

人们之间的有形差异主要受到遗传基因的影响，它一般比较稳定，在人们的传宗接代中保持着其民族和种族的特征。但当今的移民和各国之间的通婚会对这样的差异进行改变，人类生活环境的变化对人们身材、形体的变化会产生影响。如人类饮食改善出现的身材长高、体型变胖是当今各国的一大趋势。

行为特性是受文化因素影响，但一般很难用确切的指标进行衡量的因素。在对此类问题的研究中往往是通过各国样本之间的差异进行比较研究，这是一种近年来在研究工作中受到推崇，且容易在商业活动中采用的方法。

1. 群体。这包括性别群体、年龄群体、家庭群体、阶层体系。如 2013 年有媒体报道，认为可以用"榨菜指数"观测中国流动人口的变迁。"榨菜指数"是根据畅销全国的

第二章　企业国际化经营的环境分析　　41

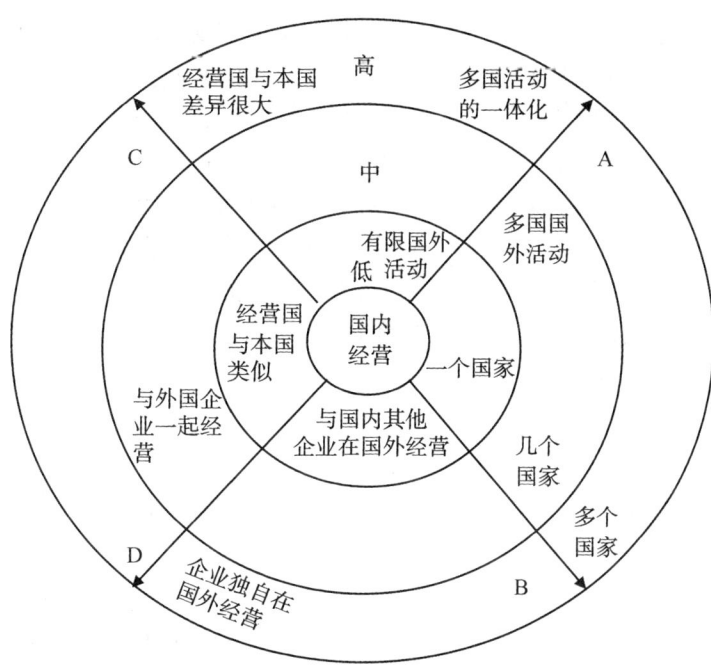

图 2-7　国外经营所需的文化意识

资料来源：Daniels J D, Radebaugh, L H. International Business：Environment and Operations, Third Edition. Prentice-hall, Inc., 1989：101.

涪陵榨菜在各地区近年来销量的变化情况，推断出中国人口流动的趋势。作为国内最大榨菜生产商的涪陵榨菜，其华南地区近年的市场销售额占比却大幅下滑。从 2007 年的占比近 50%一路下滑至 2011 年的 29.99%，从占半壁江山滑落到 30% 以下。涪陵榨菜销量上的变化，被认为是近年来华南地区人口以农民工为主体的群体流出速度逐步加快的表现。在中国或世界各地都可以发现以出生地、国籍、生活习惯、宗教信仰等多种因素出现的经商、务工的人口迁徙和群聚现象。

2. 工作的原因。这是对人们为什么会参加组织、谋求其工作动机的解释。这包括对成功和奖励的认识、工作的习惯、对事业成功的渴望、需要的层次。例如，对于跨国企业来讲，对需要层次最有权威解释的马斯洛原理可以有助于解释不同国家的工资报酬问题。较有说服力的是 20 世纪美国一家跨国公司对其 15 个企业所在国中进行的总数达 11.6 万份的问卷调查中发现，荷兰以及斯堪的纳维亚国家的雇员把需求的重点放在社会需要上，而美国的雇员却把需求的重点放在自我实现的需要上。需要上的差别要求公司在斯堪的纳维亚国家的企业中多采用群体决策的方法，而在美国则应选用个人工作环境优化的方法，从而更好地提高雇员的积极性。

3. 职业的重要性。在每一个社会中，职业总与经济地位、政治地位、名声、威望相联系，这对于跨国企业如何在他国合适地招聘人员、安排合适的职位、调动员工的积极性有着密切的联系。如在一些国家受过教育的人不愿从事体力劳动的现象，就会增加跨国企业在招收员工方面遇到的麻烦，也会对职工的培训增加难度。还有就是，在一些国家，如法国和比利时，有尽可能到他们本国人负责的企业工作的倾向。

4. 宿命论。宿命是指人们在工作和生活中对自我能否把握命运的一种认识。这种看法往往会影响组织员工的工作积极性和努力奋斗的决心和勇气。这包括上下级关系、信任、对命运的认识、个人与群体的关系。人们过度相信命运就容易放弃努力，而失去必要的进取心。在美国，个人英雄主义较为盛行，而在日本，往往强调集体的作用，不愿突出个人的作用。这些因素对跨国企业的管理模式会产生很大的影响。

5. 沟通。沟通是组织中人们信息传递和理解的过程。沟通在维系组织效率、管理有道等方面起到关键的作用。组织中畅通的沟通不是易事，因为人与人之间存在众多妨碍正常沟通的障碍。很易理解，跨国企业受文化差异的影响，沟通的障碍会更多。语言、各类无声语言、信息的传输与判断都会对跨国企业的沟通产生影响。

6. 道德与礼仪。由于受文化传统、宗教意识、法律条规等因素的影响，各国在商务活动中的道德和礼仪标准也不尽一致。如各国对男女交往的正确尺度有不同的理解，在一些国家，男女之间的握手也被看成邪恶与罪过。国际商务活动中对于如何赠送礼品、如何安排迎送活动都有不同尺度的法律解释，这些比仅在本国开展上述工作要困难得多。

### 四、多中心主义与中心主义

在跨国企业的经营过程中，如何对待投资所在国与本国经营环境的差异和企业自我的优势与特点，是决定企业选择经营理念和管理模式的基础，这就形成了跨国企业管理工作中的多中心主义（polycentrism）和中心主义（ethnocentrism）。

多中心主义是指认为各国的差异极大，应注意根据极大的差异调整跨国企业的管理模式，甚至可以按照完全不同于国内的经营模式进行经营。受这种观点的影响，派出的管理人员往往会自觉或不自觉地注意国际商务与国内商务的不同，强调各国政治、经济、文化、法律、历史等环境因素与国内的差异，个人的注意力往往被各国的差异所吸引，而放弃企业长期形成的管理经验与模式。这种认识的危险在于，若跨国企业的经营观念过分地受到多中心主义的影响，必然导致跨国的企业不沿用自己所熟悉的管理模式，甚至远离自己所熟悉的经验，抹杀本企业的经营特点，给公司总部对外国的企业的控制增添麻烦，给企业的总体经营和资源的调配带来困难。

中心主义是跨国企业经营人员认为自己企业具有最好的经营方式，而完全可以不顾外界环境的差异，对跨国企业的管理模式进行必要的调整。在这种思想方式的指导下，企业的经营管理可能会出现三种情况：第一，由于对外界经营环境的不屑一顾，忽视外界环境与企业经营之间的因果关系，全然不考虑外部各个因素变化的重要性；第二，虽认识到环境存在差异，认为企业需要因环境差异的存在而采用不同的经营方式，但却认为这种转变十分容易；第三，与第二种情况相似，认识到环境的差异和需要改变经营方式，但却把企业在国内经营的目标作为国际经营的目标，而没有考虑外国甚至世界范围的经营目标。这种思想的危险在于必然会对企业长期的竞争带来不利影响，因为在这种观念的指导下企业会在战略的制定过程中忽视变化的环境因素,忽视注意和尊重东道国人民的利益,难以与东道国的竞争者进行有力的全方位竞争,企业忽视东道国一切的经营模式也可能引起东道国政府的不满,甚至导致东道国政府的干预。

看看肯德基餐厅提供的早餐菜单,看看谷歌在中国的经历,可能会对理解多中心主义和中心主义的含义与在经营管理工作中的做法有所帮助,究竟哪种"主义"更好,也可以从中看出一些端倪。

◎ **小结**

1. 本章重点介绍了企业经营环境的构成要素和基本特征,介绍了跨国企业经营的政治和经济环境特点和这些特点对跨国企业经营活动的影响。

2. 通过分析应该了解到,跨国企业的经营环境比仅在一个国家经营要复杂得多,如何科学地进行分析,如何科学地进行决策,如何通过科学的决策取得经营的成功是从事国际性经营的管理人员必须随时考虑的问题。

3. 经济增长与稳定、通货膨胀、对外开放和债务问题是判断一个国家或地区是否具有竞争优势,是否为理想的投资所在地时需要重点考虑的因素,也构成了国与国之间经济与政治差别的重要条件。

4. 国际企业的人际环境和文化环境对国际企业的经营活动影响极大。其主要的原因是,企业的产品和服务的销售对象主要是人,进行选择、决策和参与日常企业经营管理活动的也是人。如何科学地对分析、了解国际化经营活动中不同国家的人际、文化差异和差异带来的影响,是从事国际性经营工作的企业管理人员应十分重视问题。

◎ **复习思考题**

1. 为什么在国际化经营过程中,企业经营的环境分析成了十分重要的管理工作?

2. 作为一位跨国企业的管理人员,应如何科学地对经营的外部环境进行分析?如何进行科学的决策?

3. 在跨国企业经营环境的分析过程中,应该如何思考政治—法律和经济环境?哪些因素是最为关键的因素?

4. 企业管理人员在国际化经营过程中为什么应关注企业的人际环境和文化环境?在分析和驾驭国际化经营活动中的人际和文化因素工作中,哪些因素是最为重要的?为什么呢?

5. 利用国家商务部、统计局的网站查找中国近5年来国际贸易、国际投资等方面的相关数据,了解和分析中国成为全世界跨国公司投资重点国家的基本情况与原因。

◎ **参考文献**

1. 约翰·D. 丹尼尔斯,李·H. 拉德巴赫,丹尼尔·P. 沙利文. 国际商务:环境与运作. 第13版. 石永恒,译. 机械工业出版社,2012.

2. 彼得·J. 巴克利,马克·卡森,冯亚华. 跨国公司的未来. 池娟,译. 中国金融出版社, 2005.
3. 程东升, 刘丽丽. 任正非谈国际化经营. 浙江人民出版社, 2007.
4. 迈克尔·波特. 竞争论. 中信出版社, 2009.

【案例分析】

## 星巴克在中国：星巴克和中国共发展

星巴克于1999年1月，在北京中国国际贸易中心开设中国大陆第一家门店。目前，星巴克在中国大陆60多个城市运营超过1 001家门店。对于星巴克来说，中国就是星巴克的"第二本土市场"，本着到2014年使中国成为仅次于美国的星巴克全球第二大市场、到2015年在中国大陆运营1 500家门店的愿景，星巴克将不断致力于加强在中国的发展。

过去的14年，星巴克已经在中国成功地确立了优质咖啡行业的领袖地位，取得了很高的品牌知名度。其积极进取、高雅时尚以及具有人文精神的品牌形象，广受中国各类消费者的认同和欢迎。对于许多中国人来说，星巴克的绿色美人鱼标志不仅代表最好的咖啡，更是高质量和现代生活方式的代名词。

在中国，星巴克是当之无愧的咖啡知识和咖啡专业技能方面的领头羊，并始终坚持着自己的传统和特色，为顾客献上一流的咖啡产品，以及其他优质的饮料与食品。中国人有饮茶的传统，星巴克却在这样一个饮茶社会里营造起了良好的咖啡文化。星巴克门店的氛围颇似传统中国茶馆，一个放松心情、闲谈小聚的场所，一间可以与亲朋好友谈天说地的公共客厅；而星巴克全球如一的独特体验，优质人性化的服务及其"第三空间"理念也引起了中国消费者的广泛共鸣。

星巴克在为消费者提供始终如一的优质星巴克体验的同时，也一直致力于提升和改进顾客体验。在对产品质量和服务精益求精的基础上，星巴克强调创新，强调产品和服务的个性化，强调不断给消费者带来愉悦和惊喜。同时，星巴克充分尊重中国历史悠久的传统文化，在门店设计、地方食品和饮料供应等方面，完美地将当地习俗融合到星巴克体验之中。进入中国市场以来，先后推出了多种深受中国消费者喜爱的具有中国特色的饮料、食品和商品，包括星巴克月饼、星冰粽、黑芝麻抹茶星冰乐、中式星巴克茶、芒果鸡肉卷、豆腐蔬菜卷，以及专为中国春节和中秋节设计制作的生肖储蓄罐和随行杯等。与此同时，星巴克在门店设计方面也更多地融入本土元素，如北京的前门店、成都的宽窄巷子店、福州三坊七巷店等，都以浓郁的当地特色为顾客带来了独特的星巴克门店体验。

星巴克不仅是一家"咖啡"公司，更是一家"人"的公司。星巴克的核心和灵魂是"星巴克人"。在星巴克，员工被称作"伙伴"，因为他们除了拥有保险、医疗等方面的福利外，还拥有获得公司"咖啡豆股票"的权利，真正成为公司的一员。星巴克为伙伴提供实现梦想的平台，也坚信把伙伴利益放在第一位，尊重他们所做出的贡献。除了完善的福利体系之外，星巴克还十分重视对伙伴进行长期的咖啡知识培训。

星巴克中国的伙伴与世界各地的伙伴一样热情、真诚、体贴、博学、充满激情。他们热爱星巴克文化，积极参与培训，将星巴克驰名世界的优质服务带到中国。他们是星巴克与顾客之间的桥梁，也是星巴克品牌价值的载体和体现。正是这些伙伴以他们的热情和专业，在为顾客们提供一流的服务的同时，将星巴克的文化和精神内涵传递给我们的顾客。

星巴克视自己为一家"不同寻常"的公司。星巴克在中国发展的同时，也带来了星巴克的核心价值——融入并回馈当地社会。通过各种方式与所运营的社会建立深层次的联系是星巴克一贯的宗旨。进入中国以来，星巴克始终致力于回馈社会，对于中国社会的发展做出自己的一份贡献，在地方和全国范围内开展企业社会责任项目，如2009年启动的总额达500万美金的"星巴克中国教育项目"，以及2011年开始的"全球服务月"的绿色社区行动等。截至目前，中国的星巴克伙伴和顾客累计贡献志愿服务时间超过71 000小时。此外，星巴克在中国各城市发展的同时，也通过捐赠新市场门店营业收入给当地慈善组织的方式，践行回馈社区的承诺。未来，星巴克还将开展更多企业社会责任项目，为其经营业务的社区带来积极的改变。

（资料来源：http://www.starbucks.com.cn/about/inchina.html.）

讨论题：

1. 案例所提供的材料为星巴克网站上下载的资料，结合自己的感受，谈谈星巴克在中国市场上采取的是多中心主义，还是中心主义策略？

2. 中央电视台曾经对星巴克中国咖啡的售价高于美国进行过批评，上网查阅相关资料，试分析星巴克应对批评的策略是否有效？这时星巴克采取的是多中心主义策略，还是中心主义策略？为什么？

# 第二编　国际贸易和国际投资

依着互通有无、物物交换和互相交易的一般倾向，好像把各种才能所生产的各种不同产物，结成一个共同的资源，各个人都可从这个资源随意购取自己需要的别人生产的物品。

亚当·斯密

在商业完全自由的制度下，各国都必然把它的资本和劳动用在最有利于本国的用途上。这种个体利益的追求很好地和整体的普遍幸福结合在一起。

大卫·李嘉图

要确保跨国企业的投资有利可图，从外国进入的企业必须具备当地竞争者所没有的优势，这是所有对外直接投资和跨国企业理论的出发点。

尼尔·胡德斯蒂芬·扬

这一编讨论的主要问题是：国际贸易和国际投资活动为什么会发生？在第三章中将主要讨论国际贸易的基本理论，从中可以了解到国际贸易发生的基本原因；第四章将介绍国际投资的基本理论，解释国际企业跨国投资的基本原因和基本手段。最后，在第五章集中讨论了区域一体化的理论问题。该章所关注的主要问题是：区域一体化为什么会产生？它带来了何种影响？学习这一部分的基本目的是，在深入了解国际贸易和国际投资理论的基础上，了解国际贸易和国际投资发生的基本原因，为制定企业国际贸易和国际投资政策打下基础。

# 第三章　国际贸易理论

◎ **本章学习目的**

学习完本章之后，你应该掌握以下内容：
1. 贸易的动因；
2. 不同贸易理论对贸易分工模式的确定；
3. 新新贸易理论的基本内容。

**【劳动力优势变化下的中国出口战略调整】**
**我国比较优势及影响因素发生改变**

比较优势是指一国某种商品的机会成本低于另一种商品，从而可以专注于生产并出口具有更低机会成本的产品而参与国际分工。如果具有比较优势的产品同时还比贸易伙伴具有更低的成本，则该国在该产品上具有绝对优势。传统贸易理论认为，一国的比较优势取决于资源禀赋。观察各国贸易结构的变化不难发现，绝大多数国家的比较优势处于演变之中。

我国自20世纪70年代末实行对外开放政策，抓住劳动密集型产业跨境转移的历史机遇，充分发挥劳动力低成本优势，成为大出口国。在此过程中，我国的比较优势也一直在发生变化，从开放初期主要出口初级产品变成主要出口制成品，劳动密集型制成品的国际竞争力十分强劲，近年来一些技术含量更高的产品也逐渐赢得了国际竞争力，如移动通信设备等。

还必须看到，目前支撑劳动密集型产品竞争力的基本因素正在发生重大改变。与以往相比，劳动力供给已变成了供求总量基本平衡，但结构性矛盾逐渐显现，普通工人供给出现了"招工难"和工资快速上涨现象。普通工人的工资水平已经远超过很多发展中国家的水平。展望未来，在多种因素的共同作用下，我国普通工人工资将加速上升。这对我国劳动密集型产业的国际竞争力将产生重大影响。与此同时，一些新的优势正在显现，如规模迅速扩张、需求结构快速升级的国内市场，教育程度大幅提高的人力资源，完备的产业配套能力，不断增强的技术创新能力，完善的基础设施，日见增强的对外投资能力等。与其他经济体尤其是与新兴经济体相比，我国投资环境具有较为明显的综合优势。未来，更多的企业将把中国定位为重要的市场和研发基地。这种变化有利于推动我国比较优势从低成本的劳动密集产品向资本技术密集产品升级。

在这种新的形势下，我国需要从以往的基于静态比较优势的出口战略转向动态比较优势出口战略，主动构建有利于出口结构升级的环境条件，增强资本技术密集产品的出口竞争力。

**我国出口战略面临新的挑战和机遇**

未来我国发展面临的外部环境将发生重大变化,机遇与挑战并存,要求我们趋利避害,调整外贸发展战略。

出口战略面临的三大挑战:第一,贸易摩擦不断增加,贸易环境日趋严峻。贸易摩擦从以发达国家为主向发展中国家扩散。一些国家采取了各种各样的针对中国出口产品的贸易保护措施。受国际金融危机的影响,发达国家经济复苏缓慢,产能过剩更加严重,各国贸易保护主义抬头,我国以低成本取胜的出口战略将面临更加严峻的外部经贸环境。第二,我国劳动密集产品面临来自发展中国家更加激烈的国际竞争。与以往相比,出口型劳动密集产业对华转移已经大大减速,甚至出现了转向,有的劳动密集型企业开始将企业转移到其他劳动成本更低的国家。近年来,越来越多的发展中国家学习东亚出口导向型战略的成功经验,开始进入劳动密集型产业的国际市场,在我国具有传统优势的领域展开竞争。从数据分析看,与其他发展中国家相比,我国初级产品、资源类产品的竞争优势已经明显恶化,低技术制成品的竞争优势相对减弱,中技术制成品竞争优势明显增加。第三,出口结构升级可能遭遇发达国家的打压。目前为止,我国与发达经济体总体上是互补性的分工关系,随着我国出口结构向资本技术密集产品升级,我国与发达国家的正面竞争将越来越激烈。尤其需要指出的是,目前我国已经成为世界第二大经济体。面对中国的追赶,美国可能在贸易保护、市场开放、汇率、知识产权、劳动与环境标准等多个领域发难,遏制我国出口结构升级。

出口升级面临的三大机遇:一是"引进来"加速技术进步的机遇。国际金融危机后,我国经济一枝独秀,市场前景更加诱人,跨国公司纷纷调整对华战略,向中国加速转移先进制造产业、区域总部、研发和生产性服务产业,全球人才也出现了向我国加速流动的新趋势。与此同时,全球经济低迷,美国等发达国家放松高技术进口管制,制成品价格回落,我国进口先进技术机会更多、成本更低。这有利于我国提高"引进来"的质量与水平,加速国内技术水平的提高。二是"走出去"整合全球资源的战略机遇。国际金融危机后,发达国家企业出现了资金链紧张的压力,经济复苏迟缓,企业市场价值低估。与此同时,我国外汇充裕,企业盈利状况良好,国际化经营的动力与能力日益增强。我国企业可以抓住国际金融危机带来的机遇,通过对外投资并购,获取境外先进技术、研发能力、品牌和国际销售渠道,这将大大提升我国企业的技术能力和国际化经营水平,提高我国在全球分工中的地位。三是资本技术密集型产品向新兴市场出口的机遇。在未来相当一段时期,我国资本技术密集的产品技术水平还会略低于发达国家的同类产品,但价格更低,性价比具有优势,这一特性决定了我国资本技术密集型产品的主要出口市场将集中在发展中国家特别是新兴经济体。尽管未来全球经济增长低迷,但新兴经济体仍将保持较快增长,其快速推进的工业化、城市化进程,将对中国生产的产品产生强劲需求,如电力设备、交通运输设备、移动通信设备等。

**基于动态比较优势的出口升级战略**

我国正在进入劳动力成本快速上升的时期,基于传统劳动力成本优势基础的出口优势正面临来自其他发展中国家日益严峻的挑战。为此,我国应该实行基于动态比较优势的出口升级战略,通过主动的调整与引导,构建资本技术密集产业特别是技术密集产业的国际竞争力,实现我国在全球价值链分工中地位的提升。

我国出口结构升级的最大制约因素,是技术瓶颈突破难度大。基于动态比较优势的出口升级战略,需要完成以下战略重点任务:

第一,构建有利于技术创新的体制机制。一是牢固树立制造业立国的理念。欧美发达国家在国际金融危机后开始实行"再制造业化"战略。对于我国而言,制造业更是在全球竞争中立足的根本,必须在全社会重新树立高度重视实业特别是制造业的观念。二是形成具有中国特色的产、学、研合作的有效机制。三是大力引进高端人才。四是加强知识产权保护。五是探索多种多样的有利于促进研发及其产业化的新机制,如新技术孵化器、留学生创业园、风险投资基金、技术交易市场、产业技术联盟等。

第二,在资本技术密集产业实行开放发展战略。虽然对幼稚产业的适度保护有利于后起国家的产业升级,但过度或过长时间的保护不仅令企业失去技术创新的动力,而且形成阻碍改革的既得利益集团。因此,我国必须调整目前对资本技术密集产业实行的进口替代战略,有序降低贸易保护,打破垄断,大力鼓励平等竞争,关键是要推进国内市场化改革。

第三,打造具有国际竞争力的跨国公司。在依靠低成本竞争的战略下,中小企业是出口主体。在资本技术密集产业的国际竞争中,大企业是主体,因为只有这样才能最大限度分摊研发成本和品牌成本,赢得国际竞争力。因此,一方面,要大力改革国有大型企业,增强其创新动力,将其改造成为具有较强国际竞争力的跨国公司。另一方面,要改革行业准入制度,大力支持民营企业进入资本技术密集产业,扶持其开展国际化经营,提升其国际竞争力。

第四,提升资本技术密集产业发展的基础条件。改革教育体制,按照市场需求培养具有创新意识与创新能力的人才。从国家战略高度认识技术工人的重要性,大力推进农民工市民化,着力提升职业教育水平,培育一大批技能型的产业工人。加大关键技术、共性技术的投入,力争尽早突破技术瓶颈。

第五,大力开拓新兴市场。以成套设备为重点,加大对资本技术密集型产品出口的扶持力度。综合利用外交、工程承包等多种手段,加大资本技术密集产品的出口促进力度,大力开拓新兴经济体市场,并逐渐向发达市场渗透。

第六,以加工贸易上游料件的进口替代为突破口。加工贸易上游料件大部分是资本技术密集的中间产品,从加工贸易料件进口替代入手,可以充分发挥下游加工环节在华的独特优势,实现资本技术密集型中间产品的"借船出海"。

(资料来源:隆国强. 劳动力优势变化 出口战略需调整. 中国经济网,2013-07-12.)

# 第一节 国际贸易的基本理论

国际贸易理论的基本内容就是传统意义上的比较优势论,它产生于18世纪中叶,完成于20世纪30年代。该理论从两个方面说明国际贸易产生的基础和动力:一是生产同一产品时,各国间劳动生产率的差异;二是生产要素禀赋的差异。各国间的这种差异导致国际贸易与国际分工。各国可以从国际贸易中，进而从国际分工中得到较多的利益。

### 一、亚当·斯密的绝对优势理论

亚当·斯密（Adam Smith）是资产阶级古典经济学派的主要奠基人之一，也是国际分工——国际贸易理论的创始者。他在1776年出版的《国民财富的性质和原因的研究》（简称《国富论》）一书中，批判了重商主义，创立了"自由放任"的自由主义经济思想理论。在国际贸易方面，提出了主张自由贸易的绝对成本说。

斯密认为，人类有一种天然的倾向，就是交换。交换是出于利己心并为达到利己目的而进行的活动。人们为了追求私利，通过市场这只无形之手会给整个社会带来利益，往往比存心为社会谋利益的效果强得多。

斯密认为，人类的交换倾向产生分工，社会劳动生产率的巨大增进是分工的结果。他以制机针为例说，制机针共有18种操作，在没有分工的情况下，一个粗工每天最多只能制造20枚，甚至一个也造不出来。如分工生产，每人每天生产4 800枚。劳动生产率的极大提高，显然是分工的结果。分工既然可以极大提高劳动生产率，那么每个人专门从事于某一种物品的生产，然后彼此进行交换，则对每个人都是有利的。分工的原则，应该各自集中生产具有优势的产品，然后交换。他以家庭之间的分工为例说，如果一件东西购买所花费用比在家内生产为小，应该购买而不要在家内生产，这是每一个精明的家长都知道的格言。裁缝不为自己做靴子，鞋匠不为自己缝衣服，应当把他们的全部精力集中用于比邻人有利地位的职业，用自己的产品去交换其他物品，会比自己生产一切物品得到更多的利益。对每一个人看来是合算的事情，对整个国家来说也不可能是不合理的。

斯密认为，适合于一国内部的不同职业之间、不同工种之间的分工原则，也适用于各国之间。他认为，国际分工是各种形式分工中的最高阶段。他主张，如果外国的产品比自己国内生产的要便宜，那么最好是输出在本国有利的生产条件下生产的产品，去交换外国的产品，而不要自己去生产。他举例说，在苏格兰可以利用温室种植葡萄，并酿造出同国外进口一样好的葡萄酒，但要付出比国外高3倍的代价。他认为如果真的这样做，显然是愚蠢的行为。每一个国家都有适宜于生产某些特定产品的绝对有利的生产条件，如果每一个国家都按照其绝对有利的生产条件（即生产成本绝对低）去进行专业化生产，然后彼此进行交换，则对所有交换国家都是有利的。

他认为，国际分工的基础是有利的自然禀赋或后天有利的生产条件，因为自然禀赋和后天有利的生产条件可以使一个国家生产某种产品成本绝对低，在对外贸易方面比其他国家处于优势地位。各国生产各自具有优势的产品进行交换，会使各国的土地、劳动和资本得到最有效的利用，会大大提高劳动生产率，增加物质财富。所以，他的国际贸易理论被称为绝对成本理论或绝对优势理论。

亚当·斯密的绝对优势理论有力地说明了国际贸易不只对贸易的单方有利，而是能给双方都带来利益。这一观点与他的自由放任的经济学观点是一脉相承的，亚当·斯密坚信，市场机制可以最有效地实现资源的优化配置，从而实现社会福利的最大化。这一观点成为后来主流经济学的核心和基石。但亚当·斯密的贸易理论建立在贸易的一方具有绝对优势基础上，它不能回答一个落后国家在所有产品上都不具有绝对优势或一个先进国家在所有产品上都具有绝对优势是否会发生对外贸易活动以及贸易对双方是否有利这一棘手问题，直到大卫·李嘉图对国际贸易理论作了更为确切的描述之后，才形成了古典国际贸易理论的基本框架。

**二、大卫·李嘉图的比较优势理论**

大卫·李嘉图（David Ricardo）是英国产业革命深入发展时期的经济学家。他继承和发展了斯密的绝对利益理论，在 1817 年出版了他的主要著作《政治经济学及其赋税原理》，提出了比较优势理论。

李嘉图在论证自由贸易的利益时，发展和修改了斯密的绝对优势理论。他认为在国际分工——国际贸易中起决定作用的，不是绝对成本而是比较成本。斯密的理论暗含着一个假定，就是贸易双方各有一种成本低于另一方的商品能在国际销售。但是一个国家如果连一种具有成本优势的产品都没有，国际贸易能否发生？如果发生，贸易双方的利益又如何呢？李嘉图以比较优势理论回答了这些问题。

比较优势理论可以运用如下模型进行简要的描述：

假定有两个国家：本国和外国。每个国家只有一种生产要素（劳动），能生产两种产品：奶酪和葡萄酒。令 $L$ 为本国的劳动总供给，$a_{LC}$ 和 $a_{LW}$ 分别为本国的奶酪和葡萄酒的单位产品劳动投入量。相应地，$L^*$ 和 $a_{LC}^*$、$a_{LW}^*$ 分别表示外国的劳动总供给和外国奶酪和葡萄酒的单位产品劳动投入量。$P_C$ 和 $P_W$ 分别为奶酪和葡萄酒的价格。

那么，在什么条件下本国拥有生产奶酪的比较优势呢？这个条件可以用下面的不等式表示。

$$a_{LC}/a_{LW} < a_{LC}^*/a_{LW}^*$$

或者

$$a_{LC}/a_{LC}^* < a_{LW}/a_{LW}^*$$

上式表明，本国奶酪部门的相对劳动生产率高于葡萄酒部门的相对劳动生产率，本国有生产奶酪的比较优势。确定本国是否有比较优势的情形包含所有的 4 个单位产品的劳动投入，而不是两个。如果认为只要比较两国奶酪生产的单位劳动投入就能决定谁生产奶酪，即当 $a_{LC} < a_{LC}^*$ 时，本国就比外国在奶酪生产上更有效率，那么，他谈论的是绝对优势，而仅凭绝对优势是无法确定贸易模式的。

为什么说建立在比较优势基础上的国际贸易对双方都有益呢？可以把贸易看做一种间接的生产方式。本国究竟是直接生产葡萄酒还是间接地以出口奶酪的方式换取葡萄酒，这要看哪种方式效率更高。在直接生产方式下，本国可用 1 小时的劳动生产 $1/a_{LW}$ 加仑的葡萄酒；在间接方式下，本国可用这 1 小时的劳动生产 $1/a_{LC}$ 磅的奶酪，并出口这些奶酪来换取葡萄酒，交换条件是 1 磅奶酪换 $P_C/P_W$ 加仑葡萄酒，$1/a_{LC}$ 磅奶酪交换的葡萄酒为 $(1/a_{LC}) \times (P_C/P_W)$ 加仑。由于模型中劳动是唯一的生产要素，而劳动力总是流向工资比较高的部门，在本国专门生产奶酪的情况下，必然存在奶酪部门的小时工资率 $P_C/a_{LC}$ 大于葡萄酒部门的小时工资率 $P_W/a_{LW}$。即 $P_C/a_{LC} > P_W/a_{LW}$，也即 $P_C/P_W > a_{LC}/a_{LW}$，从而

$$\left(\frac{1}{a_{LC}}\right) \times (P_C/P_W) > \frac{1}{a_{LW}}$$

因此，本国通过出口奶酪来换取葡萄酒的间接生产方式比直接生产葡萄酒的效率高。同样地，外国可以通过出口葡萄酒换取奶酪的方式来更有效地"生产"奶酪。

比较优势理论强调，是比较优势而不是绝对优势决定了一个国家将生产和应该生产某种产品。当两个国家都分别只专门生产本国拥有比较优势的产品时，那两个国家都能从贸易中获益。然而，比较优势理论未能说明究竟是哪些因素引起了各国劳动效率的差异，从而它也就不能解释为什么某些工业会位于它们目前所在的地区，以及贸易为什么会呈现出现在的格局。

### 三、赫克歇尔-俄林的要素禀赋理论

大卫·李嘉图的比较优势理论，从各国生产同一产品时劳动生产率的差异上解释了国际贸易存在的原因和动力，或者说解释了比较优势存在的基础，然而国际贸易的原因不仅仅限于劳动生产率或技术水平的差异。20 世纪 20 年代，瑞典经济学家伊莱·赫克歇尔（Eli. F. Heckscher）和伯蒂尔·俄林（Bertil. G. Ohin）提出了比较优势论的另一种解释，这就是生产要素禀赋理论。

要素禀赋论是用生产要素的丰缺解释国际贸易产生的原因和商品流向的理论。它产生于 20 世纪二三十年代。1919 年瑞典经济学家赫克歇尔发表了题为《对外贸易对国民收入之影响》的著名论文，提出了要素禀赋论的基本论点。俄林是赫克歇尔的学生，他接受了赫克歇尔的观点，于 1933 年出版了《域际贸易与国际贸易》一书，创立了要素禀赋理论。这一理论是对在西方经济学中占统治地位达一个世纪之久的古典学派的国际贸易理论的挑战。因为它吸收了新古典经济学的思想，更接近于资本主义国际贸易的实际，对各国的对外贸易政策有一定的指导意义，因此，被称为新古典国际贸易理论。

赫克歇尔和俄林从一般均衡理论入手，分析了各国生产效率发生差异的原因。赫克歇尔-俄林理论认为：国际贸易的基础是要素禀赋的差异。这一结论的分析过程如下：

假定存在两个国家：本国和外国，本国资本禀赋比较雄厚，而外国劳动资源比较丰富。两国同时生产食品和服装两种商品，并假定食品是资本密集型产品，服装是劳动密集型产品。两国之间要素禀赋的差异，导致了两国生产食品和服装的能力发生了相应的差别。当本国把所有资源都投入食品生产时，资本供给的丰裕使它所生产的食品量大大超过外国；而外国把全部资源都投入服装生产时，其产量也远远超过本国。图 3-1 中 $FC$ 曲线代表本国的生产可能性边界，$F'C'$ 曲线代表外国的生产可能性边界。这两条曲线即可描述基于要素禀赋不同两国在食品和服装的生产能力上发生的差异。

图 3-1 中的曲线 $U_0$ 代表相同的社会无差异曲线，它与生产可能性曲线相交于 $Q_d$ 和 $Q'_d$ 点，代表了本国和外国的生产与消费的均衡点。通过 $Q_d$ 和 $Q'_d$ 点引出的两条切线 $P_d$ 和 $P'_d$ 分别代表本国和外国在其生产和消费的均衡点的相对价格。显然，食品在本国较为便宜，而服装在外国较为便宜。如此，贸易的基础便产生了。

基于价格差异而进行的贸易将会扩大本国的食品生产而减少服装生产，扩大外国的服装生产而减少食品生产，这将打破原来两国市场的国内均衡，形成国际市场的生产和消费组合。由于本国较多地生产食品并用于出口，原来较为便宜的资本要素逐渐变得昂贵，导致食品相对价格上涨；外国由于较多地生产服装并用于出口，原来较为丰裕的劳动资源也

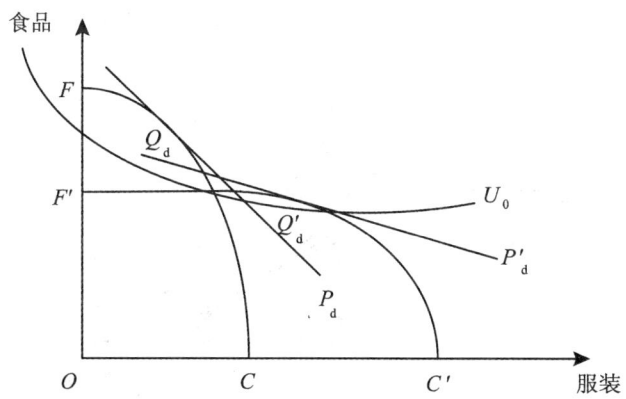

图 3-1 要素禀赋的不同导致生产能力的差异和产品价格的差异

会逐渐变得稀缺，从而引起服装相对价格的上涨。这两种趋势作用的结果，将会形成相对稳定的国际市场的食品和服装的相对价格，如果用曲线表示，它的斜率将位于原来两国的相对价格或 $P_d$ 和 $P_d'$ 之间，表示要素价格具有一种均等化趋势，如图 3-2 中的 $P_i$ 和图 3-3 中的 $P_i'$。

图 3-2 中，本国的生产可能性曲线 $FC$ 与国际价格线 $P_i$ 相切于 $Q_i$ 点，表明在国际贸易的情况下，本国的食品和服装的生产组合从 $Q_d$ 移至 $Q_i$ 点，食品生产扩大而服装生产减少。国际价格线 $P_i$ 与更高水平的社会无差异曲线 $U_1$ 相交于 $E$ 点，表明本国的食品和服装消费组合处于一个更高的水平。

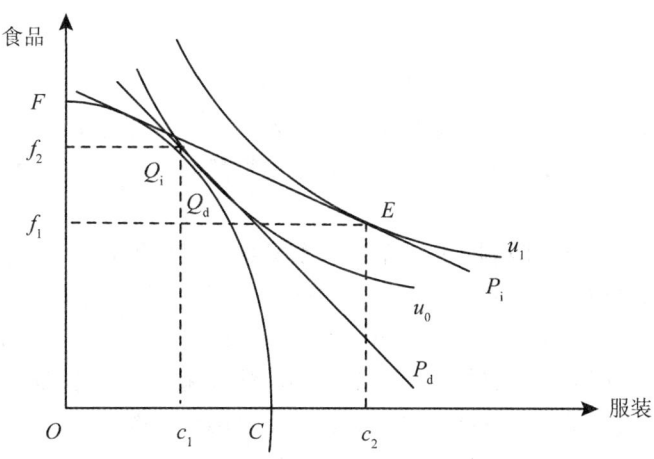

图 3-2 本国基于其要素比例上的对外贸易

在图 3-3 中，外国的食品和服装的生产组合从 $Q_d'$ 点移到 $Q_i'$ 点，表明外国扩大了服装的生产而减少了食品的生产。外国食品和服装组合由曲线 $U_0$ 上的 $Q_d'$ 点上升到曲线 $U_1'$ 上的

$E'$ 点，表明贸易后的消费者福利上升到了一个较高的水平。

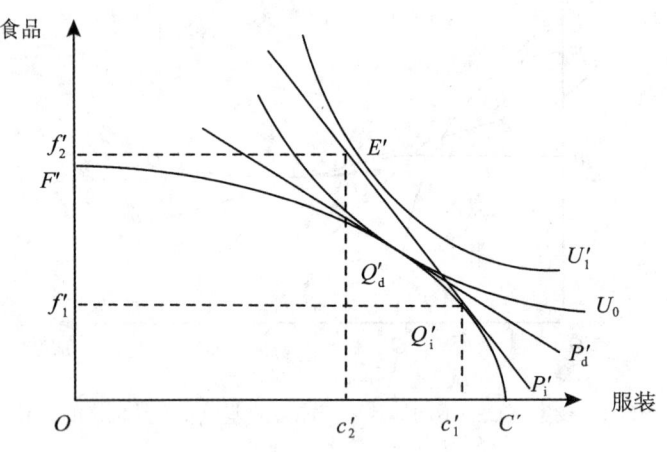

图 3-3　外国基于其要素比例上的对外贸易

赫克歇尔-俄林理论旨在说明：国际贸易产生的直接原因在于各国生产同种商品的价格差异，而价格差异是由成本差异造成的，成本的不同是由各国生产要素的价格不同造成的，生产要素的价格则是由生产要素的丰裕程度决定的。正是由于各国生产要素丰裕程度的不同，决定了各国在生产不同产品时所具有的比较优势或价格优势，所以，一国将出口较密集地使用其丰裕的生产要素制造的产品，进口较密集地使用其稀缺的生产要素制造的产品。

## 第二节　其他的有关理论

传统的国际贸易理论为了便于分析和推理，把许多重要的条件都假定为给定的，虽然各种理论的假设不尽相同，但其基础性假设是一致的。这些假设集中体现在两个方面：一是假定国际市场是完全竞争的；二是假定国际上交易的商品都是同质的并且在不同的国家是完全相同的。

这些假设在一定程度上限制了传统的国际贸易理论对世界贸易行为的解释能力，因为在现实之中，我们看到，完全竞争的市场形态往往并不存在，与完全竞争相异的市场形态，如垄断竞争和寡头竞争则是一种常态而非例外；同时，产品同质性的假设也与实际不符，在世界市场上，产品的差异性要比产品的同质性普遍得多。传统的国际贸易理论仅仅研究不同产业之间的贸易，认为各国之间交换的是不同产业的产品，它不能解释产业内部的贸易，而产业内部的贸易是国际贸易的重要组成部分。

传统国际贸易理论的缺陷，促进了新的国际贸易理论的产生和发展。20 世纪 60 年代以后，一些新的分析工具开始运用到理论研究中来，并可与传统理论的分析方法相提并论。在这些研究中，一部分集中于放宽传统理论中普遍使用的特定限制性条件；另一部分则关注于那些随着时间的推移而发生明显变化并对国际贸易活动具有重要影响的经济变量。有代表性的理论包括如下几种：

### 一、林德尔的理论

瑞典经济学家林德尔（StaffanBurenstam Linder）1961年提出，赫克歇尔-俄林理论能够较好地解释初级产品（自然资源密集型产品）的贸易格局，但是它并不足以解释制成品的贸易格局。为了解释一国贸易的构成，需要以需求为导向建立新的框架。赫克歇尔-俄林理论的分析方法主要以供给为导向，因为它集中考察要素禀赋与要素的密集度。林德尔认为，需求的相似性产生了国际贸易，相似性越大，贸易就越多。

林德尔的理论假定消费者的偏好在很大程度上受制于他们的收入水平，一国的人均收入水平决定了该国特定的偏好模式。一国有代表性的消费者偏好会产生对产品的需求，这些需求将会导致该国厂商的生产行为。一种产品要成为出口品必须得到国内市场的支持，即存在对该产品较强的国内需求。同时，国内需求也决定了该国可能进口哪一种商品。出口品的潜在范围必定会与进口品的潜在范围相一致或者是它的子集。因此，两国的需求结构愈相似，它们之间潜在的贸易就必定会愈密集。由于存在重叠需求，一个国家的产品可以借助产品差别而进入另一个国家。产品差别是指那些看起来相同，但消费者却能察觉到某些真实的或想象的差异的商品。林德尔认为，"几乎是无限范围的——真实的或者是广告渲染出来的——产品的差别，与买主看上去无限的嗜好结合在一起，就可以使得本质上相同的商品之间产生非常繁荣的贸易"。

林德尔的理论可以通过图3-4进行简要描述。

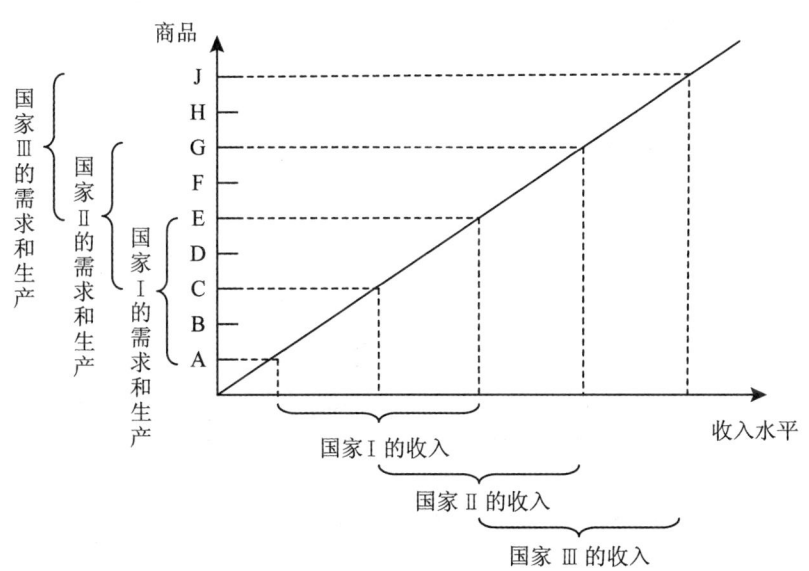

图3-4 林德尔理论中的重叠需求

图3-4表明，由于人均收入水平不同，国家Ⅰ、国家Ⅱ、国家Ⅲ形成了对不同质量水平商品的需求和生产结构。国家Ⅰ的人均收入水平较低，因而产生了对商品A、B、C、

D、E 的需求；国家 II 的人均收入水平略高，它可能需求并生产质量较高的产品 C、D、E、F、G；国家 III 具有更高的人均收入水平，它的消费者需求的商品是 E、F、G、H、J。那么，它们之间是如何进行贸易的呢？按照林德尔的理论，只有在社会收入引发的产品需求相似或重叠的条件下，贸易才会有利可图。因此，国家 I 和国家 II 将相互交换商品 C、D 和 E，而国家 II 和国家 III 将交换商品 E、F 和 G，国家 I 和国家 III 则仅仅交换商品 E。

### 二、坎普模型

1964 年，经济学家坎普（Murray C. Kemp）提出了建立在规模经济基础上的坎普模型，突破了传统贸易理论中规模报酬不变的假设条件，对新的国际贸易理论的发展作出了重要贡献。在坎普模型中，规模经济是指与行业规模相关的外部经济，而不是指企业的规模。当一个行业规模扩大时，由于例如行业的发展吸引了大批高素质的劳动者等方面的原因，单个企业单位产出成本都会递减。

坎普模型假定，在只有两种商品的经济中，两个行业均存在着规模经济，而且，规模经济还导致了生产可能性边界（PPF）凸向原点。假定该国出于某种原因达到了自给自足经济下的均衡点 $E$ 点，如图 3-5 中所示，那么，引入国际贸易会意味着什么呢？原先自给自足经济下的相对价格 $P_x/P_y$，由于规模经济的作用，可能面临多种相对价格或贸易条件的影响，这将影响到该国转化生产的程度。

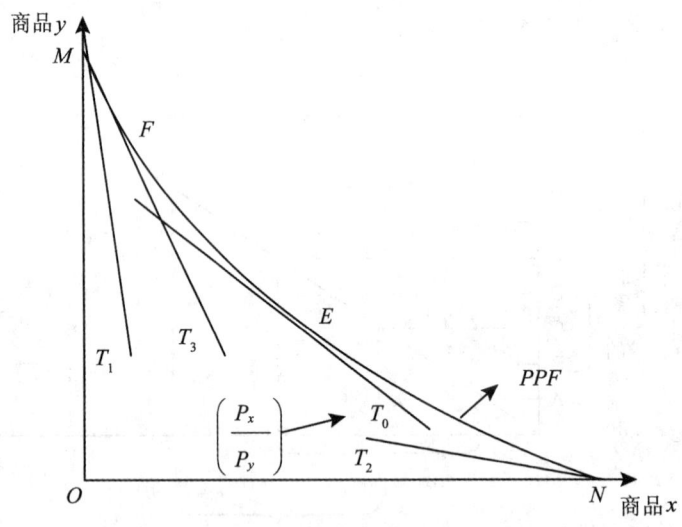

图 3-5  凸向原点的 PPF 线与各种可能的贸易条件

图 3-5 中，$T_0$，$T_1$，$T_2$，$T_3$ 分别表示与 $E$、$N$、$M$ 和 $F$ 点相切的相对价格或贸易条件线。$E$ 为自给自足经济条件下的均衡点，其相对价格为 $P_x/P_y$。引入贸易后，规模经济将影响贸易条件，不同的贸易条件会产生不同的贸易格局。若贸易条件线比 $T_1$ 更陡，则商品 $x$ 相对高的价格将导致该国在 $N$ 点上完全专业化生产商品 $x$；若贸易条件线比 $T_2$ 更平

坦，商品 $y$ 相对较高的价格将导致该国在 $M$ 点完全专业化生产商品 $y$。因此，在贸易条件与自给自足条件下的相对价格存在巨大差异的两种特定情况下，贸易将导致专业化生产，贸易方式是确定的。然而，大量的情况可能存在于两者之间，即贸易条件可能没有 $T_1$ 陡峭，也没有 $T_2$ 平坦，如 $T_3$，那么，该国可能会在 $F$ 点进行生产，两种商品的生产均只有部分的专业化，如果没有更多的信息，我们就无法确定该国会出口哪一种商品。所以，在两个行业中引入规模经济会带来多种贸易的可能性，这对传统贸易理论的结论的确定性提出了质疑。

### 三、克鲁格曼模型

1979 年，2008 年诺贝尔经济学奖获得者克鲁格曼（Paul R. Krugman）引入规模经济和垄断竞争两个重要条件，建立了独具特色的国际贸易模型。克鲁格曼模型可以通过基本的克鲁格曼图形来描述，如图 3-6 所示。

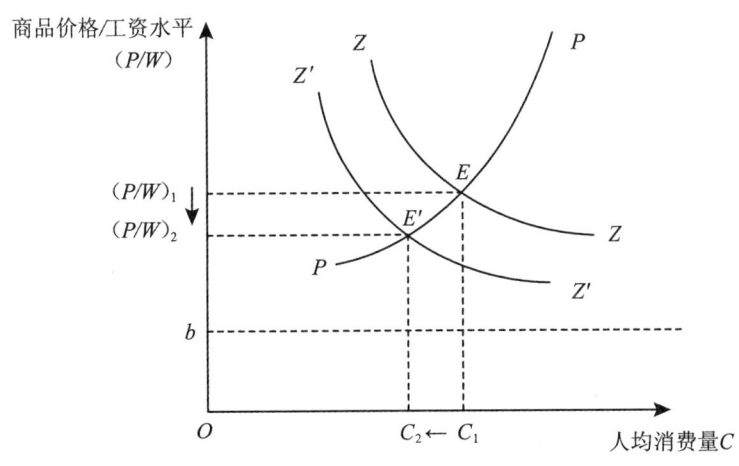

图 3-6 基本的克鲁格曼图形

图 3-6 中，横轴表示经济中任何一个有代表性的消费者对典型商品的消费量，即人均消费量 $C$。纵轴表示商品价格与工资水平的比率 $P/W$。我们可以通过解释图形中的 $PP$ 曲线和 $ZZ$ 曲线来说明这一模型的基本观点。

向上倾斜的 $PP$ 曲线反映了商品价格与边际成本之间的关系，其基本关系式为：

$$P = MC \frac{e_D}{e_D + 1}$$

式中：$P$ 为商品价格，$M_C$ 为边际成本，$e_D$ 为商品的需求价格弹性。这一关系式在克鲁格曼模型中发挥着重要作用，其推导过程如下：

由于一种商品的需求价格弹性为

$$e_D = \frac{\Delta Q/Q}{\Delta P/P} = \frac{P \Delta Q}{Q \Delta P}$$

总收益 $$TR = PQ$$

如果价格变化为 $\Delta P$，这将导致需求量的变化为 $\Delta Q$，因此，价格变化后的总收益为
$$(P+\Delta P)(Q+\Delta Q)$$
则
$$\begin{aligned}\Delta TR &= (P+\Delta P)(Q+\Delta Q) - PQ\\ &= PQ+P\Delta Q+Q\Delta P+\Delta P\Delta Q-PQ\\ &= P\Delta Q+Q\Delta P+\Delta P\Delta Q\end{aligned}$$

对于微小的价格和数量变化，$\Delta P\Delta Q$ 项的数值将非常小，可以忽略不计。因此
$$\Delta TR = P\Delta Q+Q\Delta P$$

由于边际收益
$$\begin{aligned}MR &= \Delta TR/\Delta Q\\ &= (P\Delta Q+Q\Delta P)/\Delta Q\\ &= P+Q\Delta P/\Delta Q\end{aligned}$$
$$MR/P = 1+Q\Delta P/P\Delta Q$$

而
$$Q\Delta P/P\Delta Q = \frac{1}{e_D}$$

则
$$MR/P = 1+\frac{1}{e_D}$$
$$= (e_D+1)/e_D$$
$$MR = P[(e_D+1)/e_D]$$
$$P = MR\frac{e_D}{e_D+1}$$

由于在市场结构中存在垄断竞争，一个行业内有多个厂商，并且可以容易地进入或退出该行业。垄断竞争条件下厂商所面临的需求曲线是向下倾斜的。厂商在边际收益（$MR$）等于边际成本（$MC$）处进行生产，即 $MR=MC$。

则上式可写为：
$$P = MC\frac{e_D}{e_D+1}$$

至此，我们可以借助商品价格与边际成本的关系说明 $PP$ 曲线的形成。由于随着人均消费量 $C$ 的增加，需求变得更缺乏弹性，这将使表达式 $[e_D/(e_D+1)]$ 的值增大，例如，当 $e_D = -2$ 时，$[(e_D/e_D+1)] = [(-2)/(-2+1)] = 2$，而当 $e_D = -1.5$ 时，$[(e_D/e_D+1)] = [(-1.5)/(-1.5+1)] = 3$。在边际成本不变的情况下，厂商实现利润最大化的价格 $P$ 将上涨。因此，图 3.6 中的 $P/W$ 会随着 $C$ 的增加而上升，$PP$ 曲线是向上倾斜的。

$ZZ$ 曲线反映了长期均衡中的零经济利润状态。克鲁格曼假定劳动为唯一的生产要素，方程式 $L_i = a+bQ_i$ 反映了厂商内部规模经济的存在。其中 $L_i$ 代表任一厂商 $i$ 所需的劳动数量，$a$ 为常数，并由技术水平决定，$Q_i$ 代表该厂商的产出水平，$b$ 代表了产出水平与所需劳动数量之间的边际关系。这一方程式表示，增加 1 倍的产出并不需要 1 倍的投入，即生

产中存在规模经济。

垄断竞争条件下,厂商在短期内可以获得正的利润,但由于其他厂商可以很容易地进入该行业,现有厂商所面临的需求曲线将会向下移动,加之更多替代品的出现,需求曲线也变得更富有弹性,这导致现有厂商的价格与利润的下降,在长期,厂商的经济利润将降为零。

零利润意味着总收益减去总成本等于零。由于总收益等于商品的价格乘以数量,即 $PQ$,总成本为劳动投入量乘以劳动者的工资水平,即 $LW$;又由于 $L=a+bQ$(为简便起见,略去下标 $i$),因此可以得到:

$$PQ - (a+bQ)W = 0$$
$$PQ = (a+bQ)W$$

或
$$P/W = (a+bQ)/Q$$
$$P/W = b+a/Q$$

由于 $Q$ 为产出总量,在长期,它等于该国人均消费量 $C$ 乘以人口数量 $L_T$,则上式可写为

$$P/W = b+a/(L_T C)$$

这个表达式给出了 $P/W$ 与 $C$ 之间的关系,即随着人均消费量 $C$ 的增加,产出水平上升,并带来规模经济,这进一步导致单位产出成本的减少和价格的下跌,并最终导致零经济利润,因此 $ZZ$ 曲线是一条向下倾斜的曲线。

现在引入国际贸易。假定该国记为国家 $I$,另一个国家记为国家 $II$,国家 $II$ 在所有方面均与国家 $I$ 相同,如偏好、要素禀赋以及收入水平。在传统贸易理论的框架下,这两个国家没有理由开展贸易。然而,克鲁格曼模型对这种观点提出了质疑。

由于两国通过开放贸易,市场规模都会扩大。对于垄断竞争条件下的厂商而言,其产品是非同质的差别产品,每个厂商通过研发、广告和促销活动,使每个品牌都能赢得一定数量的忠实消费者,扩大了市场规模,使这些差别产品有了更多的潜在购买者,因而规模经济开始发挥作用,导致所有商品的生产成本开始下降,这表现为图 3-6 中 $ZZ$ 曲线向左或向下移至 $Z'Z'$,均衡点从 $E$ 点移到 $E'$ 点。

这种移动的意义表现在两个方面:

其一,工人的实际工资将得以提高。由于实现了规模经济,$P/W$ 从 $(P/W)_1$ 降至 $(P/W)_2$,其倒数 $W/P$ 代表了工人的实际工资。$P/W$ 下降,则 $W/P$ 上升,表明国际贸易导致了工人实际工资的提高,工人的福利得到了改善。

其二,各种商品的总产出将会增加。虽然人均消费量 $C$ 从 $C_1$ 降至 $C_2$,但由于消费者可以获得更多的差别产品,结果,国际贸易促进了总产出的增加,继而是消费的增加。因为:

$$P/W = b+a/Q$$

可写为:
$$a/Q = P/W-b$$
$$Q = a/(P/W-b)$$

由于 $a$,$b$ 都是常量,$P/W$ 的下降,导致了产出总量的增加,各国的确可以从贸易中获利。

### 四、波特的钻石模型

1990年,哈佛商学院的迈克尔·波特(Micheal Porter)在《国家竞争优势》一书中提出了决定国际竞争优势的钻石模型。

波特认为,传统的国际贸易理论只能对国际贸易模式做部分的解释,有许多显而易见的问题,如为什么日本的汽车工业有如此强大的实力?为什么瑞士在精密仪器和商品的生产和出口方面有上佳表现?为什么德国和美国的化学工业居世界领先地位?这些问题是传统理论很难回答的。因此,波特的研究旨在确定一个国家能在某一行业取得成功的决定性因素。

波特和他的研究小组选择了10个国家的100个产业集群进行研究,结果发现,为了在国际贸易中取得并保持竞争优势,一些国家的企业集团甚至全行业一直在努力建立一系列的条件。因为没有一家企业能够独立生产所有的生产必需品,独立完成所有的设计和研究开发,独立提供所有的营销和售后服务,因此,企业几乎总是需要依赖于形形色色的供应商为企业提供投入,依赖外部设计和研究开发公司为其设计、开发产品,依赖各类销售公司、售后服务公司提供支持。一些国家和地区逐步形成了产业集群,这些集群的不同企业和辅助基础设施中存在着明显的规模经济、正的溢出效应和内部联系,这些都无法被其他国家和地区照抄照搬,除非再建立一个一模一样的产业群,然而这是极其困难的,因为整个集群大于各部分的加总。因此,只有集群的基本部分业已存在,才谈得上单个企业参与国际竞争。

波特把决定一个国家某一产业集群具有竞争优势的条件归结为四个方面因素的相互作用,如图3-7中所示。

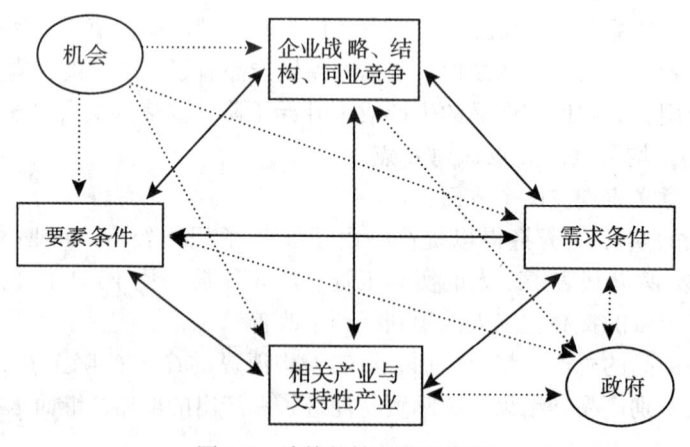

图3-7 波特的钻石理论模型

波特认为,一个国家的要素禀赋、需求状况、相关产业和辅助产业的情况以及公司的策略、结构和竞争是决定一个国家某一行业竞争优势的关键因素。这四个因素构成了一个钻石,公司最有可能在钻石条件最为有利的行业取得成功。

波特把要素禀赋区分为基础要素（如自然资源、气候、地理位置和人口等）和高级要素（如通信设施、掌握高技术的熟练劳动力、科技设施和技术诀窍等）。他认为，高级要素对竞争优势是最重要的，而且与基础要素不同，高级要素是个人、公司和政府投资的结果。因此，政府对基础教育和高等教育的投资可以提高国民的整体技能和知识水平，鼓励高等院校进行先进技术的研究与开发，从而提高国家高级要素的水平。

波特特别强调国内需求状况在提高竞争优势方面所发挥的作用。他认为，公司往往对与它们最接近的顾客的需求最为敏感，因此，国内需求的特点对于国内产品特征的形成和促进创新以及质量的提高尤为重要。如果一个国家的消费者精明而挑剔，则会给国内公司带来压力，迫使它们满足更高的产品质量标准并生产出创新产品，这可以促使公司提高竞争能力，从而增强国家的竞争性。

相关产业和支持产业的状况对一个国家某一行业的竞争优势具有重要影响。波特在研究中发现，一个国家内部的成功行业往往是由很多相关行业组成的一个行业群。相关产业和支持性产业对高级生产要素的投入所产生的效益可以波及另一个行业，具有国际竞争力的供货行业和相关产业，能帮助国内的某一行业在国际市场上确立竞争地位。

公司的战略、结构和竞争是波特模型中决定国家竞争优势的另一个重要因素。波特认为，不同的国家有不同的管理观念，这些管理观念产生了不同的公司战略和行为模式。从长期看，公司行为的特点会影响国家的竞争的类型和持久性。另外，在某些行业里，国内竞争的激烈程度与国家竞争优势的创立和保持密切相关。激烈的国内竞争会促使公司想方设法提高生产效率，加大创新力度，强化品质意识，降低生产成本，并为提高高级要素的档次而进行大量投资，所有这一切都有助于创建世界级的竞争者。

波特认为，创立一个有竞争力的产业集群并非易事，即使许多方面共同努力也不一定能成功。只有拥有足够的资源来弥补最初进入所带来的损失，新进入者才能克服已存在的其他企业集群的先发优势和其他不利因素。单个企业的战略行动可能会得到政府的支持，政府政策可以对钻石的四个组成要素施加正面或负面的影响。政府补贴、政府对资本市场的政策和教育政策等可以影响要素禀赋；政府可以通过制定国家产品标准或影响消费者需求的规定来塑造国家需求；政府的政策可以通过各种规定来影响相关产业和支持性产业，还可以通过资本市场规则、税收政策和反垄断法等影响公司之间的竞争。政府为企业提供支持可以弥补最初的损失，政府干预在一定程度上保护了国内企业免受外来冲击，同时还能帮助国内企业开拓市场，这可以增强某些产品进行国际贸易的竞争力。

**五、新兴古典贸易理论**

差不多与 Krugman 同一时期，以杨小凯为代表的经济学家采用现代的非线性规划（超边际分析法）和其他非古典数学规划方法，将被新古典经济学遗弃的古典经济学中的专业化和分工的思想形式化，掀起了用现代分析工具复兴古典经济学的思潮，创立了新兴古典经济学，并将其运用到贸易理论的分析中，把消费者、生产者合一，用交易费用的分析框架取代 DS 模型中的新古典分析框架，用专业化经济取代规模经济，并考虑到交易费用对经济组织的影响，形成了新兴古典贸易理论，又称内生贸易理论。

杨小凯和黄有光（1993）合著了《专业化与经济组织——一种新兴古典微观经济框

架》一书,被誉为"盖世佳作",初步建立了新兴古典经济学的框架。在该书中,他们也对贸易理论进行了重新思考。他们提出,传统新古典贸易理论把国内贸易与国际贸易割裂开来了,无法解释国内贸易如何发展到国际贸易,也无法解释发达国家间贸易多于发达国家与发展中国家间贸易的原因,后来以 DS 模型为代表的新贸易理论虽然引入规模经济,将生产力和贸易额等内生化,但和传统理论一样,它仍然假定纯粹消费者不是生产者,因此仍无法解释这一问题。杨小凯和黄有光认为国内贸易与国际贸易有相同的理论基础,都是折中专业化经济与节省交易费用之间两难冲突的结果,因此,可以用交易效率的改进来解释这一遗留问题。

2001 年杨小凯和张永生联合发表文章,对主流贸易理论的四大命题(比较优势说、要素价格均等说、SS 定理、罗宾辛斯基定理)的理论研究和经验数据都予以了否定,他们认为这些理论的假定条件不符合现实,只能在特定条件下成立,相反,新兴古典贸易理论却具有广泛的适用性。2003 年杨小凯和张永生合作出版了《新兴古典经济学和超边际分析》,不仅用简单通俗的语言系统概括了新兴古典经济学的主要观点及其与新古典经济学的区别,而且对国际贸易理论进行了重新阐述,进一步解释了国际贸易如何从国内贸易发展而来。新古典贸易理论认为人们之间不存在外生比较优势,且都偏好消费多样化,而专业化生产不仅可以满足消费者的这一需求,而且可以提高市场容量、劳动生产率和市场一体化程度,但专业化生产也引发了一个两难冲突,即生产效率和交易费用之间的矛盾。国际贸易在国内贸易之后发展起来正是因为与国内贸易相比,国际贸易有一些额外的交易费用。

杨小凯等人创立的新兴古典贸易理论对国际贸易理论的发展做出了重要贡献,使人们开始重新思考斯密的古典贸易理论,故有学者称新兴古典贸易理论堪称是贸易理论领域的一次革命。但也有学者认为杨小凯等人的贸易理论也存在很多缺陷,如过于追求数学严谨和理论完美导致有些假设前提过于牵强,难以用历史数据来验证或做经济预测等。

**六、新新贸易理论**

20 世纪 90 年代以后,Bernard 和 Jensen(1995,1999)、Clerides 等(1998)、Chung 和 Roberts(2000)等学者开始从企业层面研究国际贸易。通过大量实证研究,他们发现,虽然各国的出口额占该国贸易总额的比例很大,但从事出口的企业数目占该国企业总数的比例却很小,并非所有企业都选择对外贸易,同时,选择出口或进口的企业一般都是规模较大、生产效率高、技术和资本密集型、工资水平较高的企业,而且出口企业的出口额仅占其产量的很小一部分。进入 21 世纪之后,这一现象更为明显,Bernard(2007)对美国 2000 年的经济数据进行研究后发现,该年在美国生产经营的企业有 550 万家,出口企业仅占 4%,但这些出口企业中排名前 10% 的少数企业的出口额却占到了美国出口总额的 96%。由于以前的国际贸易理论都是以国家或产业为研究单位,假设企业都是同质的,国际贸易对参与各方都有利可图,隐含假定了所有的企业都会选择参与国际贸易,故无法解释这一现象。在这种背景下,Melitz、Bernard、Helpman 等学者开始把企业作为研究单位,并将企业的异质性、企业内部边界、沉没成本等概念引入国际贸易分析中,建立了异质企业贸易模型,开辟了国际贸易研究的新天地,创立了新新贸易理论。

最早研究异质企业贸易理论的主要有两个模型。一个是 Bernard（2003）模型，这个模型是以 Eaton 和 Kortum（2002）的多国李嘉图模型为基础，并引入随机企业生产率；二是 Melitz（2003）模型，即在 Krugman（1980）的产业内贸易模型中引入企业的异质性概念。后者最为人们所熟知，影响也最为深远，它奠定了新新贸易理论的基石。

Melitz（2003）在学者们的实证研究结果基础上，建立一个动态的异质企业贸易模型，他将一般均衡框架下的 Hopenhayn（1992）动态产业模型运用到垄断竞争中，并通过引入企业间生产率的差异，拓展了 Krugman（1980）的贸易模型，探讨了国际贸易中企业生产率的差异及其对出口决策的影响，并说明微观的企业异质性会影响到整个行业的产出。Melitz（2003）模型的基本逻辑是：由于存在进入成本，自由贸易使得只有生产效率高的企业才能够进入出口市场（生产效率低的企业只在国内市场上经营），而生产效率最低的企业将退出市场。由于企业存在异质性，贸易会引起资源和市场份额在产业内的重新分配，并且是偏向生产率高的企业，这种重新配置又会带来整个产业生产效率的提高，从而促进福利的增长。

Helpman，Melitz 和 Yeaple（2003）对 38 个国家、52 种产业中的美国企业进行了实证研究，建立了一个多国多部门的一般均衡模型，探讨企业如何根据自身情况来制定国际化决策：出口还是 FDI？验证了 Melitz 的异质企业贸易理论。Helpman 等认为除了成本、国内外市场规模之外，企业层面的异质性也是一个重要的决定因素。企业的异质性不仅仅对企业是否进入国外市场有影响，而且也决定了企业进入国外市场的方式，只有生产效率高的企业才会选择 FDI，而效率低的企业则选择出口的方式。

早期的 Melitz 模型假定仅有一种生产要素——劳动，因此 Melitz 模型中的企业异质性仅表现为生产效率的异质性，企业异质性的原因是劳动生产率随机分配的结果，由于劳动生产率的差异，企业内生地分为出口企业和非出口企业。后来学者们对企业异质性以及异质性的原因进行了扩展，企业的异质性可以表现为规模、生产效率、工资水平、专用技术等多个方面的差异，而且这种差异性不仅在产业间存在，同一产业内的企业之间也存在异质性。Yeaple（2005）提出每个企业在成立之初是相同的，后来采用的生产技术、雇用的员工技能的不同才导致了企业的差异，因此，企业异质性的产生是由于各企业内生地采用了不同的技术，然后又系统地雇用了不同类型的员工。

Bernard，Redding 和 Schott（2007）将新贸易理论中的不完全竞争、规模经济假设和要素禀赋差异相结合，研究了在一般均衡下，比较优势与异质性企业之间的交互作用，以及这种交互作用如何影响一个国家对贸易自由化的反应。研究结果显示，当企业在生产率上存在异质性，国家的要素禀赋不同，而产业的要素密集度也各异，交易成本的下降会导致资源在产业（国家）之间以及产业（国家）内重新分配，而这种重新分配会导致各部门大量人员流动，比较劣势产业就业岗位会减少，比较优势产业的生产率则会快速增长，同时这种重新分配会放大一国预期的比较优势，增加贸易所得，而随着整个产业的劳动生产率的提高，丰裕要素的实际报酬会上升，稀缺要素的实际报酬损失也会减少。

近几年，国际贸易理论界的学者们从不同方面对 Melitz 模型又进行了拓展。Melitz 和 Ottaviano（2008）建立了一个企业异质性和市场竞争强度内生差异的垄断竞争模型，分析了不同规模大小的市场中这些特点的差异以及不同贸易自由化政策的影响，同时还探讨了市场规模及其整合程度如何影响整体生产率和平均溢价。Eckel 和 Neary（2010）提出了一种新的多产品企业和柔性生产的模型，并将其运用到部分和一般均衡框架下，分析多产品企业如何适应单一产品企业的存在和异质化行业，研究结果与实证数据相一致，说明了多产品企业和柔性生产在国际贸易产品多样化方面发挥着重要作用。随后，Bernard 等（2011）和 Mayer 等（2011）对多产品企业进行了进一步研究，Bernard 等（2011）运用一个多产品和多目标企业的一般均衡模型，解释了跨企业、产品和国家的贸易的一系列特点，而 Mayer 等（2011）则强调市场竞争对企业出口产品类别和产品结构的影响。

◎ 小结

1. 国际贸易理论基本上可分为传统的国际贸易理论和新的国际贸易理论。传统的国际贸易理论基本上是建立在比较利益的基础上的。亚当·斯密首先提出的是绝对优势理论，后来大卫·李嘉图发展和修改了斯密的绝对优势理论，认为是比较优势而不是绝对优势决定了一个国家将生产和应该生产某种产品。当两个国家都分别只专门生产本国拥有比较优势的产品时，那两个国家都能从贸易中获益。

2. 绝对优势理论和相对优势理论对国际贸易原因的揭示都是建立在生产率的差异基础之上的，然而国际贸易的原因不仅仅限于劳动生产率或技术水平的差异。在 20 世纪 20 年代，瑞典经济学家伊莱·赫克歇尔和伯蒂尔·俄林提出了比较利益理论的另一种解释，这就是生产要素禀赋理论。瑞典经济学家林德尔 1961 年提出，赫克歇尔-俄林理论能较好地解释初级产品的国际贸易格局，但是它并不足以解释制成品的国际贸易格局。为了解释一国贸易的构成，需要以需求为导向建立新的框架。坎普模型则突破了传统贸易理论中规模报酬不变的假设，并对传统贸易理论的方向的确定性提出了质疑，开拓了国际贸易理论的新方向。

3. 1979 年，克鲁格曼引入规模经济和垄断竞争两个重要条件建立了独具特色的国际贸易模型。解释了两个没有差异的国家之间也能开展国际贸易，并使贸易双方的福利得到改善。这一理论同时也为产业内贸易理论奠定了基础。

4. 新的贸易理论的确改变了人们的思维方式，也从某些方面说明了各国在贸易竞争中存在的差距，但它们的解释不能完全令人满意。例如规模经济理论指出规模经济是企业竞争优势的重要源泉，但是，什么样的国家的公司能获得这些优势？它会集中在哪些产业？面对这些问题，迈克尔·波特提出了一种新的理论范式，即"国家竞争优势理论"，他认为，一个国家的产业能否在国际上具有竞争力，取决于该国的国家竞争优势，而国家竞争优势是由 6 种因素（要素条件，需求条件，企业战略、结构、同业竞争、相关产业与支持性产业、政府以及机会）的相互作用决定的。

5. 新兴古典贸易理论主要在以下几个方面对新古典贸易理论进行了完善和发展：第一，新的分析框架：该理论是基于个体是消费—生产者合一的新框架对个体的决策过程和结果进行分析。第二，新的理论基础：新古典贸易理论是以外生比较优势为基础，而该理论是以内生比较优势为基础。第三，新的分析思路：该理论将对个体之间分工和贸易的分析用于分析国际贸易，用专业化经济代替规模经济，引入交易费用，并从解决专业化经济与交易费用之间的两难冲突的思路分析国际贸易。第四，新的分析方法：该理论采用了超边际分析法，这种分析方法能够对每一个角点进行边际分析，从而得到最优决策的角点解。第五，新兴贸易理论整合了传统贸易理论，并试图为国际贸易理论分析建立一个统一的框架。第六，为国际贸易如何从国内贸易发展而来提供了一个合理的解释。

6. 新新贸易理论建立在传统贸易理论和新贸易理论基础上，并对前人理论进行了重大改进，从而使国际贸易理论更趋完善。具体来说，新新贸易理论与传统贸易理论和新贸易理论主要有以下不同：首先，研究单位的差异，传统贸易理论和新贸易理论都是将宏观层面的国家或产业作为研究单位，而新新贸易理论则立足于微观的企业和产品层面。其次，研究视角不同。传统贸易理论和新贸易理论分别是从比较差异、规模经济或者消费者偏好的不同方面来解释国际贸易问题，而新新贸易理论则是从企业生产效率的差异来解释国际贸易的新现象。最后，假定前提不一样，传统贸易理论和新贸易理论都是假定企业同质化，而新新贸易理论最大的特点就是假定企业存在异质性。

◎ 复习思考题

1. 简述亚当·斯密的绝对优势理论的要点，并阐述该理论对国际贸易理论发展的贡献。
2. 运用比较优势理论阐述自由贸易的合理性。
3. 运用波特的钻石模型分析政府在创建本国在某个领域的竞争优势中所起的作用。
4. 分析传统国际贸易理论的局限性。

◎ 参考资料

1. 亚当·斯密. 国民财富的性质和原因的研究. 郭大力，王亚南，译. 北京：商务印书馆，2008.
2. 大卫·李嘉图. 政治经济学及赋税原理. 郭大力，王亚南，译. 上海：译林出版社，2011.
3. 俄林. 区际贸易与国际贸易. 逯宇铎，等，译. 北京：华夏出版社，2008.
4. Krugman, P. R. Increasing Returns, Monopolistic Competition, and International Trade. *Journal of International Economics*, 9, 1979: 469-479.
5. Krugman, P. R. Scale Economies, Product Differentiation, and the Pattern of Trade. *American Economic Review*, 70, 1980: 950-959.
6. Melitz, Marc J. The Impact of Trade on Intra-Industry Reallocations and Aggregate Industry Productivity. *Econometrica*, Vol. 71, No. 6, 2003: 1695-1725.

【案例分析】

## 格兰仕的国际化模式

格兰仕集团（下称格兰仕）创立于1978年，现已发展成为拥有近5万名员工的跨国白色家电集团，其产品出口到世界170多个国家和地区。格兰仕2013年位列"中国对外贸易500强企业"第85位、家电行业第3位。至2012年其微波炉产品的产销量连续12

年位居全球第一,2005年建成全球最大空调专业制造基地,同时,格兰仕小家电更以800%的增长率在飞速发展。目前,格兰仕拥有3 000多家海外经销商,近万个经销网点,营销及服务网络遍布全球150多个国家或地区,格兰仕逐步实现了从国内市场领先到国际市场领先。

1. OEM打造规模制造优势

自1998年从海外引进第一条变压器生产线开始,越来越多的洋面孔在格兰仕的厂区中出现。当年格兰仕采购微波炉变压器时,从日本进口23美元,从欧洲进口30美元,格兰仕提出"把生产线搬到中国,8美元给你交货"。在欧洲这是连材料成本都不够的价格,但格兰仕明白:对方一条生产线一周生产20小时左右,格兰仕三班倒1天就可以完成,用"工"与"费",换回1周6天的生产效益。后来,日本企业也将生产线搬到了格兰仕。格兰仕利用本地廉价的土地和劳动力成本,以7天×24小时的利用效率,以国外贴牌和国内销售两个市场的产销量累加的规模经济性,快速获取了低成本优势。利用类似办法,格兰仕引进了80条微波炉组装及零配件生产线。

20世纪90年代中国的制造体系逐渐完善,加工制造能力不断加强,制造业利润下滑,全球加工中心开始向中国转移。格兰仕将战略目标定位在"快速做大、做强,成为最强的专业化家电产品供应商和服务商",选择了以加工为主的橄榄形企业战略,在国际分工上专注于自己擅长而且有能力进入的生产环节,舍弃无力顾及的研发、营销环节,要做"世界名牌家电制造中心"。

1997年,获知法国家电进口商"翡利"(Fillony)正在寻找微波炉供应商,格兰仕积极争取,签订了相当于1996年总出口量两倍多的大订单,并于第二年成功成为其微波炉贴牌供货商。1998—2000年间,格兰仕利用欧盟对韩国微波炉产品进行反倾销制裁的机会,选择从北欧起步,进而渗透到全欧洲、北美及世界各地。如在英国市场上,格兰仕选择了与家电经销商哈利士(Harvard)合作。1999年之前该公司微波炉由韩国大宇集团贴牌供货,年供应量约为10万台。1997年的东南亚金融危机使大宇集团陷于困境,为了挽回颓势,大宇直接找到哈利士的分销商推广自有品牌,不仅开罪了哈利士,而且引起了倾销嫌疑,市场被封锁。格兰仕不失时机地向哈利士推销微波炉,以跟大宇集团同样的价格向其供货,1999年7月第一次的供货量为10万台,2000年供货量一跃为40万台,成为英国微波炉市场的"第一"。格兰仕通过与世界名牌、主流渠道建立利益共同体,利用对方的品牌和网络销售格兰仕加工的产品,迅速提升了产品占有率。

1998年,格兰仕提出海外营销聚焦大品牌,高度重视为国际性大品牌做OEM的策略,为世界知名品牌如SANYO、GE、德龙、晶石、翡利、哈利士等供货。借助这种贴牌代工方式,格兰仕与全球240多家跨国公司建立了合作关系,产品遍及欧洲、南美、北美、澳洲、亚、非、拉等100多个国家和地区,其微波炉几乎占全球半壁江山。

2001年格兰仕通过股份出让的方式引进装备和技术开始进入空调行业,引进生产线以后,格兰仕以原有套路帮国外品牌代工。2004年,格兰仕在世界上首创光波空调风靡全球,当年空调销售达260万台,其中出口200万台,跻身世界主要空调制造商行列。2005年格兰仕建造了全球最大的空调整机研制和自我核心配套基地,计划用10年时间再创一个世界第一。

产销量的绝对领先地位带来了规模经济，同时格兰仕通过严格的内部管理措施，使产品成本比同类企业低5%~10%。超大规模化、专业化优势派生出技术、品质、成本等方面的优势，如每年即使投入数亿元资金用于产品开发，分摊到单位产品上，也仅有十几元。

2. 从OEM到OBM

采取贴牌的办法虽然有助于避开对方的反垄断封锁，但也降低了自有品牌在国外的市场占有率，利润也让渡给了品牌所有者。而且，即使是跨国公司的生产车间，它们也不允许格兰仕直接引进核心技术，更多的只是生产线的组装技术。但是，格兰仕OEM的不同之处在于跳出了来料加工、进料加工的套路。依托国际市场尤其是欧美客户对产品技术和管理水平近乎苛刻的要求，格兰仕首先在产品品质上做到了行业领先，同时加强技术创新，掌握行业核心技术并拥有核心元器件的制造与设计能力。在为别人制造质量过硬产品的同时，格兰仕的自有品牌产品逐渐受到消费者的青睐，这为向OBM（原始品牌制造商）转型积累了市场和技术基础。

格兰仕各产业每年投入的研发经费占到企业销售额的5%，自主研制的磁控管、压缩机、变压器、电工线材等核心元器件都达到国际领先水平。截至2011年底，格兰仕已拥有家电专利1 473项，其中发明专利166件，世界首创的UOVO圆形微波炉、光波空调等产品拥有多项国际专利，这些科技成果都为格兰仕发展为国际知名品牌打下了坚实的基础。

格兰仕已在全球67个国家和地区注册了近100件"格兰仕Galanz"商标，同时，加大推广东道国租赁品牌模式，有效地推动了格兰仕在全球市场"走上去"。格兰仕在海外已经拥有Galanz、Yamatsu、Almison等多个自主品牌，这些自主品牌的产品已在全球60多个国家和地区销售。格兰仕的出口产品中自有品牌比重已过半，自有品牌的比重在出口总量绝对数成倍增长的情况下依然保持上升。

讨论题：

1. 格兰仕在国际市场中的竞争优势是什么？
2. 格兰仕应如何处理自有品牌和国外代工品牌的关系？
3. 有人认为格兰仕的贴牌生产模式使自身只能处于国际行业竞争的低端，也有人认为格兰仕的贴牌生产模式实现了"中国制造"到"中国创造"的转变，你的观点呢？

# 第四章 外国直接投资理论

◎ **本章学习目的**

学习完本章之后，你应该掌握以下内容：

1. 国际直接投资的基本理论；
2. 发展中国家的对外直接投资理论；
3. 我国对外直接投资的特点、必要性及发展策略；
4. 外商直接投资的利与弊；
5. 国际企业采用外国直接投资的策略。

**【中国对外投资——机遇之春还是泡沫之夏?】** 近年飞速增长的中国对外投资已经成为海内外关注的热点。国务院总理李克强近来表示，预计未来5年中国对外投资将达5 000亿美元。在中国积极拥抱对外投资机遇的同时，如何避免企业在"走出去"大潮中布局不当引发投资"过热"乃至出现"泡沫"是值得关注的问题。

客观来看，虽然中国对外投资近年来增量很大，但存量依然较小。同时，中国对外投资和吸引外资仍不均衡。从结构上看，虽然资源类行业存在过热风险，但更多民营企业对外投资浪潮方兴未艾。在全球化大潮日益深化、中国经济升级转型之际，中国企业对外投资增长空间依然巨大。

**增量之大难掩存量之小**

在国际舆论中，增量带来的影响力远远大于存量。这些年，中国对外投资所受到的巨大国际关注恰源于此。但实际上，中国对外投资增量之大并不能掩盖存量之小。正如英国《经济学人》杂志所说："中国只是巨大直接投资市场的初来乍到者。"

增量方面，商务部、国家统计局和国家外汇管理局2013年9月9日联合发布的报告显示，2012年中国对外直接投资创下878亿美元的历史新高，成为继美国、日本之后的全球第三大对外投资国。按照联合国贸发会议统计，加上中国香港，实际上去年中国已经超过日本成为全球第二大对外投资国。

存量方面，截至去年年底中国对外直接投资累计净额为5 319.4亿美元，仅相当于美国对外投资存量的1/10，德国的1/3，日本的1/2。

著名英国经济学家约翰·H. 邓宁认为，一国企业的对外投资和该国经济发展水平直接相关。当一国人均国内生产总值（GDP）在2 500美元至4 750美元之间时，对外投资显著增长，超过4 750美元后，投资流入和流出呈大致均衡状态。

2011年中国人均GDP已超过5 400美元。按此理论，未来投资流入和流出应逐渐均衡。但事实上，两者目前差距依然巨大。根据联合国贸发会议的统计，2012年中国吸收外国直接投资 1 210 亿美元，比对外投资额高出 38%。从存量上说，中国累计利用外资已超过 1.3 万亿美元，是累计对外投资额的 2.6 倍。由此可见，未来中国对外投资的增长空间依然很大。如果未来 5 年，中国对外投资能实现李克强总理提到的 5 000 亿美元的目标，这一数额将相当于中国历年海外投资额的总和。

美国罗迪厄姆咨询公司联合创始人丹尼尔·罗森更为乐观，他对新华社记者说："未来 10 年，中国海外投资总额将可能从当前 5 000 亿美元增至 2.5 万亿到 5 万亿美元。"

**"体外"投资促"体内"转型**

自从 2001 年"十五计划"正式提出"走出去"战略至今，中国企业对外投资浪潮仅仅十余年，但在短短十余年时间里中国自身经济结构开始发生变化。随着国内成本上升、一般加工制造业竞争白热化，再加上中国企业提升国际竞争力需求加大，中国企业"走出去"已是必行之路。

目前，中国经济正处于转折关口，经济模式正从出口和投资拉动转变为内需拉动，同时在全球产业链上，中国也正努力转型，从低成本、低利润的价值链末端向高劳动生产率、高附加值端攀升。

联合国贸发会议发布的《2013 年世界投资报告》指出，由跨国公司协调的全球价值链约占全球贸易的 80%，"从长期来看，全球价值链可以成为发展中国家建设生产能力的一个重要途径，包括通过技术传播和技能培养，为产业升级开创机会"。

国际私募资本巨头 KKR 合伙人菲利普·弗赖泽对新华社记者说："公司必须要有全球性眼光，因为你在本国投资，这个市场早晚会萎缩，所以西方公司渴望走向世界。"美国 MMC 集团董事伊恩莱·拉罗什也说："就中国企业对外投资而言，资金已经不是问题，重要的是急需战略眼光。"

从全球产业格局来看，中国经济的结构性转变需辅以两大企业国际化战略：部分低端加工制造业外迁以降低成本；同时，企业通过并购方式迅速掌握先进技术、品牌和市场，实现"弯道超车"。这两大战略都需要通过中国企业对外投资来实现。

中银香港经济研究处主管谢国樑对新华社记者说："中国企业通过到欧美并购一些符合本国经济发展需要的资产，将有助于强化自身的管理及科技基础，达到通过体外投资及循环以促进体内转型的目的。"

**民企引领下一波浪潮**

中欧国际工商学院副院长苏理达在不久前结束的夏季达沃斯论坛说："当你出国的时候，应该慢慢地走……不要太大胆，不要太草率。"他的批评所针对的是近年来一些企业在海外并购中的狂飙突进现象。

据国际著名数据公司 Dealogic 提供的数字，自 2000 年以来，中国对外并购总额中的 54% 来自天然气、石油、矿业等资源行业。由于该行业企业基本为国企，这也导致在过去十余年时间里，最引人注目的跨国并购很多来自国有部门。

国有企业的海外资源并购对于确保中国能源战略安全有积极意义，而随着中国经济市场化程度加深，以及企业出海从找资源到找技术、找品牌、找市场的重点转换，未来更为突出的是民营部门对外投资热潮方兴未艾。英国《金融时报》首席国际金融记者亨利·桑德说："展望未来，下一波（海外投资）浪潮可能包括更多民营企业，特别是本质上更加国际化的科技类企业。"

李克强总理日前在夏季达沃斯论坛和企业家交流时说:"对中国政府来说,要进一步放宽企业'走出去'的条件……我们可以减少对有实力又有信誉的企业到海外投资的审批事项,或者是放宽审批额度。"

事实上,情况也正在改变。Dealogic 提供的数字显示,2013 年至今,中国对外并购中石油天然气行业的占比降至 39%,并购额也比去年同期下降 27%。

根据中国民营经济国际合作商会副会长王燕国提供的数据,2012 年民营企业在非金融类境外直接投资中的占比已经达 45%,这个比例在两年前只有 29%,在金融危机爆发的 2008 年仅有 14%。

(资料来源:金旼旼,韩墨,谢鹏. 新华网,2013-09-19.)

国际投资理论产生于 20 世纪 60 年代,相继出现了垄断优势理论、产品生命周期理论、内部化理论、边际产业扩张理论等理论流派。70 年代后期,折中理论尝试对上述流派进行综合,并形成了影响深远的国际直接投资一般理论。80 年代以来,随着跨国公司的迅猛发展及其对世界经济影响的加深,国际直接投资理论进一步走向深化,并出现了许多不同于传统理论的新流派。对折中理论的突破和新兴理论的崛起,标志着国际直接投资理论进入了一个崭新的阶段。

## 第一节 国际直接投资的基本理论

### 一、国际直接投资理论的兴起

20 世纪 60 年代以前,对跨国公司海外直接投资的理论解释是以要素禀赋论为基础的国际资本流动理论。这一理论认为,各国的产品和生产要素市场是完全竞争的,国际直接投资产生的原因在于各国间资本丰裕程度的差异,资本短缺的国家利率高,资本丰裕的国家利率低,利率的差异导致了资本从资本丰裕的国家流向资本短缺的国家。因此,传统的要素禀赋论既可以解释国际贸易,也可以解释国际投资。

国际直接投资理论的创立正是从批判上述理论入手的。1960 年,斯蒂芬·海默(S. Hymer) 在其博士论文《国内企业的国际经营:对外直接投资的研究》中率先对传统理论提出挑战。海默收集了大量资料,对美国跨国公司进行实证分析,结果发现,美国跨国投资企业主要是拥有生产经营优势的工业型跨国公司,而很少是具有金融优势的金融机构;美国跨国公司对外投资一般集中在少数几个行业,这些行业对利率的差异并不敏感;在美国跨国公司海外资产的构成中,一半以上的资产是由母公司出资形成的,另外相当一部分资产则是通过举债方式在当地筹集的。这些情况表明,传统的国际资本流动理论不能科学地解释跨国公司的对外投资行为,必须建立一套新的理论取代传统理论。

海默认为,国际直接投资是市场不完全性的产物,要建立国际直接投资理论,必须摒弃传统理论的完全竞争假设。因为在完全竞争条件下,企业并不具有市场力量,它们生产同类产品,有获得所有生产要素的平等权力,在那种世界里,根本不会产生跨国公司这种事物。因此，海默以市场的不完全性作为理论前提，将产业组织理论中的垄断原理用于对跨国公司行为的分析，形成了独树一帜的垄断优势理论。垄断优势理论认为，一国和国际市场的不完全性，导致了跨国企业获得垄断优势，并通过对外直接投资的方式来利用自身的垄断优势。市场的不完全性产生于四个方面：其一，由于商品特异、商标、特殊的市场技能或价格联盟等原因造成的产品市场的不完全；其二，由于特殊的管理技能、在资本市场上的便利以及受专利制度保护的技术差异等原因造成的要素市场的不完全；其三，由于规模经济造成的市场不完全；其四，由于政府的有关税收、关税、利率和汇率等政策原因造成的市场不完全。市场的不完全性使跨国公司拥有垄断优势，这种垄断优势是跨国公司对外直接投资的决定因素。跨国公司的垄断优势具体表现在五个方面：一是技术优势，包括生产秘密、管理组织技能和市场技能；二是工业组织优势，主要包括规模经济、寡占市场结构和行为；三是易于利用过剩的管理资源的优势；四是易于得到廉价资本和投资多样化的优势；五是易于得到特殊原材料的优势。正是存在垄断优势，跨国企业才能克服海外投资的附加成本，抵消东道国当地企业的优势，确保海外投资活动有利可图。海默的垄断优势理论得到了他的导师金德尔伯格（C. P. Kindleberger）的大力宣扬和推崇，在西方经济理论界产生了重大影响，被公认为现代国际直接投资理论的开山之作。

在海默提出垄断优势理论之后，大量的西方学者参与到这一领域的研究中来，其中不少学者对垄断优势理论进行了进一步的补充和发展，较为突出的有约翰逊（H. G. Johnson）的核心资产论（Johnson，1970），凯夫斯（R. E. Caves）的产品特异论（Caves，1971）和尼克博克（F. T. Knickerbocker）的寡占反应论（Knickerbocker，1973）。约翰逊的核心资产论认为，知识的转移是国际直接投资的关键。知识包括技术、专有技术、管理与组织技能、销售技能等一切无形资产，垄断优势主要来源于跨国公司对知识资产的控制，与其他资产相比，知识资产具有其自身的特点。一般来讲，知识资产的生产成本很高，但通过对外直接投资的方式利用这些资产的边际成本却很低，有时甚至等于零。知识资产的供给富有弹性，可以在若干不同的地点同时使用。基于此，跨国公司国外子公司可以不花费或花费很少费用利用总公司的知识资产，而东道国当地企业则无此优势。凯夫斯的产品特异论认为，拥有使产品发生差别的能力是跨国公司所拥有的重要优势。为了扩大产品的销量，适应不同层次和不同地区消费者的消费偏好，跨国公司可以充分利用其技术优势，使其产品在实物形态上与其他生产者的产品发生差异（如过硬的质量、漂亮的包装、品牌等），使其产品对消费者的心理产生深刻印象。所有这些都可以使跨国公司获得对产品价格和销售额一定程度的控制。尼克博克的寡占反应论将对外直接投资划分为两大类：进攻性投资和防御性投资。进攻性投资是指在国外建立第一家子公司的寡头公司所进行的投资；防御性投资是指同一个行业的其他寡头公司追随进攻投资，在同一地点所进行的投资。防御性投资可以由寡占反应行为来解释。寡占是指由少数几家大公司组成，或由几家大公司占统治地位的行业或市场结构。在这种行业或市场结构中，每一家寡占大公司都占有举足轻重的地位，其重大活动都会影响到其他几家大公司，每一家大公司对其他大公司的行动都十分敏感。在实现必要利润的前提下，寡头公司都紧盯着竞争对手，如对手采取对外直接投资，则紧随其后，作出同样的反应，以维护自己的相对市场份额，寡占反应行为的主要目标在于，抵消竞争对手率先行动带来的好处，避免给自己带来风险。

美国经济学家弗农（R. Vernon）对早期国际直接投资理论的发展作出了特殊贡献。他于 1966 年 5 月在《经济学季刊》上发表重要论文《产品周期中的国际投资和国际贸易》，提出了独具特色的产品生命周期理论。弗农认为，垄断优势理论还不足以说明企业在出口、许可证和国外子公司生产之间的选择，其理论是静态的，应该将企业的垄断优势和产品生命周期以及区位因素结合起来，从动态的角度考察企业的海外投资行为。他把产品的生命周期分成三个阶段：产品的"崭新"阶段、"成熟"阶段和"标准化"阶段。弗农认为，在产品的"崭新"阶段，由于产品的特异性或垄断优势，价格的需求弹性低，企业有选择在国内生产的倾向；在产品的"成熟"阶段，由于技术的扩散和竞争者的加入，成本因素变得越来越重要，对外直接投资比产品出口更为有利，因而企业倾向于到海外需求类型相同的地区投资设厂，以增强产品的竞争能力；在产品的"标准化"阶段，技术因素已退居次要地位，竞争的基础变成了价格竞争，因此企业倾向于把生产或装配业务转移到劳动成本低的发展中国家，原来的发明国逐渐变成了产品的进口国。可见，跨国公司的对外投资活动与产品的生命周期和区位的特殊优势密切相关。产品生命周期理论将企业的垄断优势与区位优势相结合，动态地描述了跨国公司对外直接投资的原因，这一思路，对后来折中理论的兴起产生了重大影响。图 4-1 可以描述美国的生产、消费以及贸易方式。

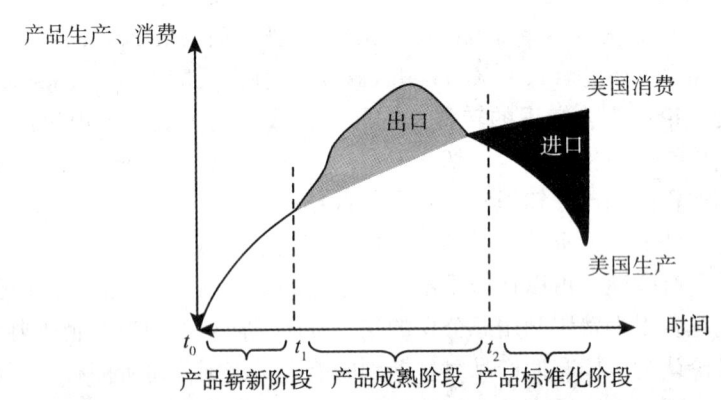

图 4-1　产品周期理论中美国的贸易方式

图 4-1 表明，从时间点 $t_0$ 到时间点 $t_1$，美国仅仅为本国市场生产新产品，这时不存在贸易。从时间点 $t_1$ 到时间点 $t_2$，美国向其他发达国家出口该种产品（出口＝生产－消费），甚至可能开始从那些国家进口该种产品（进口＝消费－生产）。从时间点 $t_2$ 开始，来自其他发达国家的进口品进入美国，来自发展中国家的产品也日益增多。

1976 年，英国学者巴克利（P. J. Buckley）和卡森（M. Casson）合作出版专著《跨国公司的未来》，系统地提出了内部化理论。内部化理论仍然以市场的不完全性作为理论分析的前提，但分析方法和结论与海默的垄断优势理论很不相同，它强调的不是市场的不完全性如何导致企业拥有垄断优势，而是强调，市场的不完全性如何使企业将垄断优势保留在企业内部，并通过企业内部使用而取得优势的过程。当这一过程超越国界便会形成跨国企业。内部化理论认为，中间产品市场上的不完全竞争，是导致企业内部化的根本原因。这些中间产品，不只是半成品、原材料，更为重要的是专利、专用技术、商标、商誉、管理技能和市场信息等知识产品。由于中间产品市场的不完全，企业在进行知识产品的外部交易时，存在着泄密的危险和定价的困难，企业为了克服这些障碍需要付出高昂的交易费用，所以外部市场对于中间产品的交易既是昂贵的，又是低效的，企业不得不以内部交易机制来取代外部市场，将知识产品的配置和使用置于统一的所有权之下，并在对外直接投资中加以利用，从而降低交易费用，使企业的技术投资获得充分的报偿。内部化理论源于科斯（R. H. Coase）的交易费用理论。科斯的理论曾被广泛应用于国内多家企业的分析，而巴克利和卡森则将这一理论引入跨国公司的国际投资领域。

对早期国际直接投资理论作出过一定贡献的还有日本学者小岛清的边际产业扩张理论。1977年，小岛清出版其代表作《对外直接投资论》，他批评海默的垄断优势论和弗农的产品生命周期理论都是建立在垄断优势基础之上的，只能解释美国型跨国公司的对外投资行为，并不具备普遍意义。他指出，现有的跨国公司理论忽略了对宏观经济因素的分析，尤其忽略了国际分工原则的作用。他运用赫克歇尔-俄林的资源禀赋原理分析日本的对外直接投资，提出了边际产业扩张理论。这一理论认为，对外直接投资应该从本国（投资国）已经处于或即将处于比较劣势的产业（边际产业）依次进行。投资国与东道国的技术差距越小，国际直接投资所导致的技术转移就越容易移植、普及和固定下来，从而可以把东道国没有发挥的潜在优势挖掘出来，扩大两国间的比较成本差距，从而创造更多的国际贸易机会。因此，日本的对外直接投资与对外贸易不是替代关系，而是互补关系，国际贸易理论和国际直接投资理论可以建立在比较成本原理这一共同的基础之上。

**二、国际生产折中理论**

国际直接投资理论到了20世纪70年代后期出现了百家争鸣的局面。随着第二次世界大战后欧洲重建的完成和日本经济的崛起，国际直接投资的格局发生了重大变化，美国独霸国际直接投资领域的局面被打破，欧洲和日本的跨国公司在国际直接投资中的比重迅速上升，逐渐形成了美、欧、日三足鼎立的跨国公司对外投资格局。跨国公司对世界经济的影响日益加深，跨国公司已经成为最重要的国际生产的组织者和国际技术转让的提供者，跨国公司的内部贸易逐渐取代传统的国际贸易成为影响世界贸易增长的主要因素。跨国公司的发展促进了国际直接投资理论的繁荣，从而为理论的综合创造了条件。

1977年，英国里丁大学教授约翰·H. 邓宁（J. H. Dunning）发表著名论文《贸易、经济活动的区位和跨国企业：折中理论探索》，提出了国际生产折中理论。邓宁认为，早期的国际直接投资理论，是建立在对不同时期和不同国家对外直接投资的实证分析基础之上的，它们对各自国家特定时期的跨国公司行为具有较强的解释力，但都不具普遍意义。早期的国际直接投资理论基本上是沿着四个方向发展的：一是从市场的不完全性出发，运用产业组织理论来研究跨国公司对外投资优势的来源，如海默的垄断优势理论；二是将国际直接投资与国际贸易相结合，说明投资和贸易相互影响的理论，如弗农的产品生命周期理论和小岛清的边际产业扩张理论；三是以尚不成熟的区位理论为基础，研究跨国公司对外投资的区位选择的理论；四是以新厂商理论为基础，强调中间产品市场的不完全对跨国公司行为影响的理论，如巴克利和卡森的内部化理论。邓宁认为，上述理论都只是对国际直接投资行为作了部分解释，不能成为国际直接投资的一般理论。他强调，对外直接投资、对外贸易以及向国外生产者发放许可证往往是同一企业面临的不同选择，不应将三者割裂开来。应该建立一种综合性的理论，以系统说明跨国公司对外投资的动因和条件。他把自己的理论称为折中理论，其意图是要集百家之长，熔众说于一炉，建立跨国公司的一般理论。

邓宁把跨国公司拥有的优势分为三个方面的特定优势，用以系统说明跨国公司对外直接投资的动因和条件，从而把自海默以来的国际直接投资理论以及赫克歇尔-俄林的新古典国际贸易理论结合成一个统一的分析框架。这三个方面的特定优势是所有权优势、内部化优势和区位优势。所谓所有权优势，是指跨国公司拥有的各种资产及其所有权形成的特定优势，它包括两种类型：一是无论对外直接投资、对外贸易还是发放许可证均能给企业带来收益的所有权优势，比如技术、生产规模、商标、管理技能等；二是只有通过对外直接投资才能给企业带来收益的所有权优势，比如交易和运输成本的降低、产品和市场的多样化、生产过程的一体化以及对销售市场和原材料的垄断等。所谓内部化优势，是指跨国公司将其拥有的资产及其所有权加以内部使用而带来的特定优势。内部化的根源在于外部市场的不完全性，邓宁把市场的不完全性划分为结构性市场不完全和知识性市场不完全两种类型。结构性市场不完全是指由于竞争壁垒、交易成本高昂而导致的市场不完全；知识性市场不完全是指由于生产和销售的有关知识信息不易获得而导致的市场不完全。所谓区位优势，是指跨国公司在对外投资的区位选择上拥有的特定优势，它包括直接区位优势和间接区位优势两种类型。直接区位优势是指东道国的某些有利因素形成的区位优势，比如低廉的劳动成本、广阔的销售市场、政府的优惠政策以及获得原材料的便利等；间接区位优势是指东道国的某些不利因素形成的区位优势，比如出口运输成本过高、贸易壁垒等。

折中理论的分析过程和主要结论可以归纳为以下四个方面：（1）国际直接投资是遍布全球的产品和要素市场不完全性的产物，市场不完全导致跨国公司拥有特定的所有权优势，所有权优势是保证跨国公司补偿国外生产经营的附加成本并在竞争中获得成功的必要条件。（2）所有权优势还不足以说明企业为什么一定要到国外进行直接投资，而不是通过发放许可证或其他方式来利用它的特定优势，必须引入内部化优势才能说明对外直接投资为什么优于许可证贸易。（3）仅仅考虑所有权优势和内部化优势仍然不足以说明企业为什么把生产地点设在国外而不是在国内生产并出口产品，必须引入区位优势，才能说明企业在对外直接投资和出口之间的选择。（4）企业拥有的所有权优势、内部化优势和区位优势，决定了企业对外直接投资的动因和条件。

### 三、国际直接投资理论的发展

邓宁的折中理论由于几乎包容跨国公司理论的各种流派而被称为国际直接投资一般理论。折中理论的形成，标志着国际直接投资理论进入了一个相对成熟和稳定的阶段。在随后相当长的时期内，尚没有一种理论可以取代折中理论而成为国际直接投资的一般理论。但是，折中理论仍然存在严重缺陷。它实际上只是关于国际直接投资成因的理论，而对跨国公司的内部管理缺乏深入的探讨；它的分析方法仍然是静态的，对三个优势的相互关系及其在不同时期的变化缺乏动态的分析；它分析的对象仅仅是发达国家的跨国公司，而对于20世纪80年代以来迅速崛起的发展中国家的跨国公司显然缺乏解释力。80年代以来，经济全球化的趋势不断加强，国际市场竞争日趋激烈。跨国公司已经成为推进世界经济一体化的最重要的力量。实践的发展进一步促进了国际直接投资理论的创新，导致了对折中范式的突破。从80年代到90年代将近20年的时间里，国际直接投资理论进入了异常活跃和繁荣的阶段，出现了一系列影响深远的理论流派，其中尤以投资发展水平理论、投资诱发要素组合理论和战略管理理论最具代表性。

在20世纪80年代初期，邓宁针对折中理论缺乏动态分析的严重缺陷，提出了投资发展水平理论。投资发展水平理论旨在从动态角度解释一国的经济发展水平与国际直接投资地位的关系。邓宁采取实证分析的方法对67个国家1967—1978年间的直接投资流量与经济发展水平的资料进行相关分析，结果发现，一国的直接投资流出量或流入量与该国的经济发展水平呈现高度相关的关系，他把这种关系称为投资发展周期。他依据人均国民生产总值把周期分为四个阶段。第一阶段是人均GNP低于400美元的阶段。处于这一阶段的国家，是世界最贫穷的国家，本国经济落后，技术力量薄弱，几乎没有所有权优势，也没有内部化优势，因而不能利用国外的区位优势，对外直接投资处于空白状态，国外直接投资的流入也因缺乏合适的投资条件而处于很低的水平。这一时期，国家的净国际直接投资流量为负值。第二阶段是人均GNP处于400～1500美元的阶段。处于这一阶段的国家，由于经济发展水平的提高，国内市场有所扩大，投资环境有较大改善，因而区位优势较强，外国直接投资流入迅速增加；但由于这些国家企业的所有权优势和内部化优势仍然十分有限，对外直接投资仍然处于较低水平，净国际直接投资流量为负值。大多数发展中国家处于这一阶段。第三阶段是人均GNP在2000～4000美元的阶段。处于这一阶段的国家，经济实力有了很大的提高，国内一部分企业开始拥有所有权优势和内部化优势，对外直接投资迅速增长，其速度超过了外国对本国的直接投资。这一阶段国际直接投资的流入量和流出量都达到了较大的规模，但净流量仍为负值。大多数新兴工业化国家处于这一阶段。第四阶段是人均GNP超过5000美元的阶段，进入这一阶段的国家主要是发达国家，由于它们拥有强大的所有权优势的内部化优势，并从全球战略的高度来利用东道国的区位优势，因此对外直接投资达到了相当大的规模，国际直接投资流量为正值。由此可见，一国的经济发展水平决定了它所拥有的所有权优势、内部化优势和区位优势的强弱，三个优势的动态组合及其消长变化决定了一国的国际直接投资地位。

20世纪80年代后期到90年代初期，许多经济学家把研究的重点转向外部因素对跨国公司行为的影响方面，形成了具有较大影响的投资诱发要素组合理论。这一理论把对外直接投资的诱发要素分成两个方面，即直接诱发要素和间接诱发要素。直接诱发要素是指投资国和东道国拥有的各种生产要素，比如技术、资本、劳动力、管理和信息等要素，它们是对外直接投资的主要因素。投资国的企业如果拥有这些生产要素方面的优势，则会通过对外直接投资加以利用；如果投资国的企业只拥有部分生产要素的优势，而东道国拥有另一些生产要素的优势，这同样会诱发企业对外投资以利用东道国的生产要素。所谓间接诱发要素是指生产要素之外的政策和环境要素，主要包括投资国的鼓励性投资政策及其法规，东道国的投资环境及其优惠政策，世界经济一体化以及科技革命的影响等方面。投资诱发要素组合理论认为，间接诱发要素在当今国际直接投资中起着越来越重要的作用，对外直接投资的动因应建立在直接诱发要素和间接诱发要素的组合基础之上。对于发达国家企业的对外直接投资，直接诱发要素起主要作用，而对于发展中国家企业的对外直接投资，间接诱发要素则起主要作用。

国际直接投资理论在20世纪90年代最重要的发展是战略管理理论的兴起。战略管理理论是迈克尔·波特（Michael E. Porter）在90年代初期提出的，在随后的发展中，这一理论对国际直接投资理论的发展方向产生了重大影响。波特认为，以往的国际直接投资理论只注重对国际直接投资成因的研究，解决的只是国际直接投资存在机制的问题，而对于国际直接投资发展的机制，尤其是对现有跨国公司的管理、国际竞争对跨国公司战略的影响等重要问题缺乏研究。战略管理理论研究的核心问题，是国际竞争环境与跨国公司竞争战略和组织结构之间的动态调整及相互适应的过程。波特认为，跨国公司的各种职能可以用价值链的构成来描述，价值链是跨国企业组织和管理其国际一体化生产过程中价值增值行为的方法。在价值增值活动中，有些是垂直和相继联系的，比如生产地点的选择、生产的装配、产品的运输、广告和销售、售后服务等；有些则是在任何时点或所有时点上发生的水平联系，比如人力资源管理、研究与开发、采购、财务、会计以及其他管理活动。企业在国际竞争中确定并开拓构成价值链的各种活动和联系的能力是企业竞争优势的重要来源。跨国公司战略是对不同活动的国际区位和对企业所控制的各类实体的一体化程度作出的选择。由于跨国公司对国际经济、技术和政策环境的重要变化作出的反应不同，可能的战略和结构选择的范围也随之得到了发展，总体的变动趋势是许多行业的跨国公司都倾向于采用更加一体化的策略和结构，公司的一些重要职能和责任在全球战略的驱动下可能被赋予某一子公司而不总是留在母公司内部；两个或更多的子公司可以联合进行产品开发，并通过公司的价值链将这类产品开发与整个公司的增值活动联系起来，以实现企业全球利润的最大化。

### 四、寻求创造性资产成为国际直接投资理论发展的新方向

正如邓宁在《国际生产的折中范式：过去、现在和未来》一文中所说的，折中范式作为分析国际生产的决定因素的理论框架仍然是有效的，但它并不适合作为跨国公司的预测理论。实际上并不存在能够包容跨国公司各类价值增值活动的单一理论，因为跨国公司国际生产的动机已经发生了巨大的变化。邓宁认为，折中范式扩展和重新组合的一个重要方向就是要关注通过对外直接投资获取竞争优势的问题。

在过去的10多年的时间里，对外直接投资已经由传统意义上利用公司已有的所有权优势或竞争优势的一种手段，转变为企业跨边界经济活动的一种日益重要的形式。这种跨边界的活动不仅能够获得公司在多个国家经营所形成的技术和市场的协同效应，更为重要的是可以利用和获取国外竞争者、供应商、顾客、国家教育和创新体系所提供的创造性资产。创造性资产（created assets）是邓宁1993年在《跨国企业和全球经济》一书中提出的一个概念。邓宁将资产分为两种类型：自然资产和创造性资产，也称为战略性资产（strategic assets）。自然资产是自然界产出的结果，包括自然资源和未经培训的劳动力。创造性资产是在自然资源基础上，经过后天努力而创造出来的基于知识的资产，是企业竞

争优势的来源。创造性资产可以是像金融资产存量、通信设施和销售网络等物质资产那样的有形资产，也可以是无形资产。无形资产有很多，但它们有一个共同的特征：知识。无形资产除了包括信息存量、商标、商誉和智能外，还包括技能、态度（如对财富创造和商业文化的态度）、才能（技术、创新、管理和学习才能）、能力（如有效率地组织提供收益的资产）、关系（如个人之间的相互关系或与政府的联系等）。这些资产体现在个人和公司之中，并随着公司和经营活动的聚集而得到加强。

在生产和其他经济活动中，无形的创造性资产的重要性已经大大提高。许多最终产品和服务，从谷物等简单的产品，到书和计算机，再到汽车，它们的大部分成本是 R&D、设计、广告、销售和法律工作等创造性资产的成本。现在，劳动力的成本不到汽车生产成本的 10%，其余成本则与各种创造性资产的贡献有关。而且，国际竞争日益通过新产品和新工艺展开，这些新产品和新工艺往往以知识为基础。产生新产品和新工艺的 R&D 活动具有高成本和高风险的特点，因此，以知识为基础的资源和资产的市场正日益开放，拥有这些资产的企业可以进行买卖。在追求提高竞争力的过程中，跨国公司对获取创造性资产，即主要的创造财富的资产和公司竞争力的关键源泉，给予了越来越重要的关注。跨国公司可以将 FDI 作为获取创造性资产和提高公司竞争力的主要手段。

邓宁在 1998 年发表的《区位和跨国企业：一个被忽视的因素？》一文中指出，在过去的 10 年中，跨国公司对外直接投资动机的最显著的变化就是创造性资产寻求型 FDI 的快速增长，这类 FDI 较少地强调利用既有的所有权特定优势，更加关注通过并购新的资产，或与外国公司建立合作伙伴关系来扩展自身优势。在某种程度上，这种 FDI 与早期的自然资源寻求型 FDI 有相似之处，但它们在区位选择上却有很大的不同。主要的原因是可以利用的创造性资产，如技术知识、学习经验、管理专长和组织能力等大都集中在先进的工业国家或较大的发展中国家。近年来创造性资产寻求型 FDI 增长的最好证据就是作为 FDI 形式的兼并收购的作用不断增强。根据联合国贸发会议（UNCTAD）1997 年的统计，在 1985—1995 年间，有 55%~60% 的 FDI 流量是以并购形式完成的。这些并购大部分集中于北美、欧洲和日本，主要集中于知识和信息密集部门。

20 世纪 90 年代以来，学术界开始越来越多地关注创造性资产寻求型对外直接投资的研究，出现了一大批有影响的研究成果。Kogut 和 Chang 1991 年在《技术能力和日本在美国的直接投资》一文中，以实证研究的方法，重点考察了日本企业对美国投资的动因问题，即日本企业在美国的直接投资究竟是为了利用日本企业的特定优势，还是以获得美国的技术为目标。结果发现，日本企业更倾向于与美国企业建立合资企业以获得美国的技术。Chang 在 1995 年发表的《日本企业的国际扩张战略：通过顺序进入建立能力基础》一文中指出，日本电子制造企业正在有步骤地进入美国市场，其主要动机是为了能力的发展。

阿尔梅德（Almeida）1996 年在《外国跨国公司的知识寻源：美国半导体行业的专利引文分析》一文中指出，流入美国半导体行业的 FDI 所建立的外资企业，比美国国内企业更倾向于引用当时专利，这证明，在美国半导体行业中的外资企业的 FDI 的主要目标是获得当地的技术资源。Shan 和 Song 1997 年在《外国直接投资和寻求技术优势：来自生物技术行业的证据》一文中发现，在美国生物技术行业中，外国直接投资的主要目标同样是寻求技术资源。

库玛（Kumar）1998年在《全球化、外国直接投资和技术转移：发展中国家的冲击与展望》一书中对正在兴起的发展中国家跨国企业创造性资产寻求型FDI进行了系统研究。库玛调查了来自亚洲新兴工业化国家和地区的跨国企业的创造性资产寻求型FDI，发现在过去的10年中，亚洲新兴工业化国家和地区的跨国企业对发达国家的FDI增长迅猛，而且这些来自亚洲新兴工业化国家和地区的跨国公司通常利用对发达国家的FDI来增强它们的非价格竞争力。与此相对应的是，这些公司对欠发达国家的FDI则主要是为了增强它们的价格竞争力。这些亚洲新兴工业化国家和地区的跨国企业将对发达国家的直接投资作为建立品牌、获得新的生产技术和获得更大的分销网络的捷径。这种意图典型地表现在对发达国家当地企业的进攻性并购和与当地供应商及顾客之间建立的"关系网络"方面。

近年来，技术进步的加快、日益激烈的公司之间的竞争、新市场的开放和公司特定资产流动性的增强，导致了跨国公司国际生产动机的重大变化。跨国公司越来越重视通过对外直接投资来扩展公司特定优势的问题。大量的研究证明，跨国公司的特定优势不仅来源于对专有资产的占有，而且还来源于获取或有效地协调东道国其他企业互补性资产的能力。这种观点的根本含义是公司所要寻求的关键资源和能力将更多地由某一特定空间所决定，而不是简单地存在于任何单个公司内部。因此，那些倾向于通过FDI建立优势的公司就会寻找机会投资于特定的区位（东道国），以获取和利用公司所需要的创造性资产。

正如邓宁在《国际生产的折中范式：过去、现在和未来》一文中指出的，以寻求创造性资产为目标的FDI已经成为现代公司战略的重要组成部分。对于跨国公司在全球范围寻求创造性资产动机的研究，为FDI分析框架的合理化提供了新的维度，促进了对传统OLI范式中各相关变量的重新组合。虽然相对于现有的资产利用型对外直接投资理论而言，以寻求创造性资产为目标的资产扩展型对外直接投资理论还处于幼儿期，但可以预言，在未来的10年中，对于创造性资产寻求型FDI的研究，必将提升跨国公司理论对现实的影响力，并对理论工作者提出新的挑战。

## 第二节 发展中国家的对外直接投资理论

20世纪80年代国际直接投资理论发展的一个重要标志是发展中国家跨国公司理论的崛起。80年代以来发展中国家跨国公司的兴起促进了理论研究的深入。发展中国家对外直接投资理论所要回答的核心问题是：发展中国家的企业为什么要向海外投资？为什么这种跨国企业在与发达国家的跨国公司的竞争中能够生存并日益发展？在这一领域作出过开创性贡献的是美国哈佛大学商学院教授刘易斯·威尔斯（Louis T. Wells）和英国经济学家拉奥（Sanjaya Lall）。

### 一、威尔斯的小规模技术理论

1983年，威尔斯在麻省理工学院出版社出版其代表作《第三世界跨国企业》，系统地分析了发展中国家对外直接投资竞争优势的来源，并对发展中国家对外直接投资的动因和前景进行了深入分析。

威尔斯的主要观点可以归纳为以下三个方面：

（一）发展中国家企业对外直接投资竞争优势的来源

威尔斯认为，发展中国家的技术优势具有十分特殊的性质，这些技术是投资企业本国市场环境的反映，因而使得发展中国家跨国企业具有在更穷国家的发展过程中发挥巨大的作用。

大多数制成品的市场规模很小，这是发展中国家的一个特点。这个特点使得发展中国家的跨国企业在国外占据优势，而且，发展中国家的企业家特别乐于发挥这个特点。如果发展中国家企业仅仅进口发达国家通常使用的制造技术，那么它们的工厂就很可能办得过大，与它们的市场不相称。在许多产品的销售市场较小的情况下，发展中国家的企业只有使技术适合于小规模制造，才能增加利润。这些企业一般在开始时是使用从工业国引进的技术，然后逐渐改造使之适合于当地市场，这种为适应小规模市场而发展的技术有一个显著的特征，那就是劳动密集。

发展中国家在国外投资的企业有两类主要的竞争对手。一类是它们投资所在国的本地企业，另一类是发达国家跨国企业。如果发展中国家跨国企业的优势在于小规模制造，那么，潜在的当地竞争对手可能会发展类似的技术，或者作出某种安排，从外国企业那里取得类似的技术。为了在国内发展这些技术，这种潜在的竞争对手必须承担类似于外国企业已经花费的那种成本，如果当地企业自行设计和制造机器设备，开发成本可能很高；如果通过购买和汇集许多国家的机器来获得技术，那么，寻找这些机器来源的费用也十分可观；假如打算收集旧机器，它们就必须设法找到可靠的供应来源，即使潜在的竞争对手对供应者了如指掌，购买这类机器设备的风险还是很大，而且，各种机器的性能差别很大。倘若寻找一位中间商来帮忙，难免也会犯代价很大的错误。况且，在大多数情况下，对小规模技术已经取得经验的企业，由于长期使用这些技术，生产成本往往较低，而潜在的竞争对手必须首先付出代价以取得经验，才能达到与外国企业同等的水平。不管潜在的当地竞争对手需要承担哪一种成本费用，其代价几乎总是比从外国企业那里引进技术要大。

美国、欧洲和日本的跨国企业，看来会把它们惊人的高超技术应用于相对较低的产品标准，并且开发非常适合于发展中国家的技术。发达国家的跨国企业似乎还会通过庞大的子公司网，将其开发成本分摊到许多工厂身上。但事实上，这类跨国企业通常不愿在小规模生产和较低的技术水平上利用它们的各种资源。相反，它们一贯赞成将力量集中于先进技术或市场销售技能，凭借这些东西，它们就无需担心生产成本。大多数发达国家跨国企业认为，它们在除了小规模制造以外的其他方面拥有相对优势。此外，即使它们打算开发适合于发展中国家的专门知识和经验，它们也会陷入管理费用增长的境地。这些成本如此之高，往往是发展中国家投资者无力承担的。

尽管第三世界的企业普遍地推行适合于发展中国家需要的小规模技术，但它们的革新活动绝非仅限于此。其他技术的发展也给了发展中国家企业若干能在国外利用的优势，那些优势同样是这类企业本国的特殊条件的产物。

其他方面的优势包括：

1. 使用当地资源。折磨许多发展中国家的长期国际收支逆差，正是促使它们使用当地资源的特殊条件之一。为了解决国际收支赤字，许多国家的政府一般采用控制进口的办法，有时抑制本地的消费，有时鼓励本地企业生产原先靠进口的产品。进口商品最终价格较高，一直鼓励着本地企业开始制造过去来自国外的许多产品。控制进口的办法，促进了许多发展中国家跨国企业母公司（工厂）的诞生。

在发达国家（制造业的许多技术通常是从那里发端的），最终产品的设计往往反映出人们在工业国市场普遍能够得到高质量的原料和特殊物质的条件。客户定制的特殊零部件和一系列的特殊原料和部件，在那里是容易得到的，根据生产企业的需求规模和富裕国家的技能水平，这些原料和零部件的质量也是有保障的。

在发展中国家，需要特殊投入的本地制造商常会碰到困难。生产者可能需要各种钢材，但是，如果当地只有一家钢厂，而且很可能只能生产最普通常用的钢材，那么，特殊钢就必须从国外进口。同样，工厂可从当地企业得到一般规格的螺帽和螺栓，但很难从当地取得特殊螺纹和形状的螺丝。而且，由于缺少竞争，本地供应商还常常制造一些质量低劣或不合预期要求的原料和零部件。进口品是合用的，但是，限制外汇流动、鼓励本国工业化的政策，将使进口商品相当昂贵，而且，向国外订货（或在当地定制）的交货时间可能较长。

为了减少因从工业国进口技术而造成的特殊投入需要，发展中国家的企业便寻求用本地供应的投入来替代，一旦发展中国家跨国企业学会用本地提供的原料和零部件替代特殊的投入，它们就可以把这些专门知识推广到面临同样问题的其他发展中国家。其他发展中国家极其渴望得到那些着眼于使用当地原料的革新成果。有时，那些国家的政府或企业积极要求上述企业向它们提供专门知识。

当地的竞争对手虽然会面临类似其他发展中国家母公司下属的工厂过去所遇到的那种革新的压力，但是，较富裕的发展中国家企业，可以从以往面临并已处理过那些问题的有利条件中获益。有些企业付出了寻求解决办法的代价，这些办法可直接用于更穷的国家。即使由于当地原料的特性或者由于某个工业化程度较高的发展中国家还没有掌握有关国家的专门知识，这个国家的企业仍然具有压倒当地企业的优势，因为它可能已在类似的革新中取得足够的经验，能够逐步不断地从事新的革新。

2. 种族产品。在某些情况下，发展中国家的对外直接投资，是建立在一种相当特殊的优势基础上的。这些国外子公司基本上是为当地那些与投资来源国民族有血缘关系的种族社区服务的。这种投资项目虽然在发展中国家企业对外投资总额中只占很小的百分比，但在以发达国家为目的地的"上游领域"投资中，却占相当大的比重。

与发达国家投资者拥有的工厂相比，它们的优势并不在于小规模或劳动密集型产品，而主要在于制造当地同一种族居民社区所需要的产品。在国外，制造种族产品的企业成绩一目了然。它反映了这种企业有能力制造和销售适合于它们熟悉的居民所需要的产品，有时候，投资企业不仅带来了当地社区业已熟悉的产品，也带来了熟悉的商标。与大多数外国投资者的情况相比，制造种族产品的企业的竞争优势，不在工艺技术上，而在于产品的特殊性上。

3. 其他的革新。发展中国家企业有其丰富多彩的革新史，它们的革新并不只限于那些小规模市场和短缺昂贵的投入所引起的项目，但是，一般说来，革新是企业本国市场的特殊条件的产物。

在许多情况下，发展中国家的革新为的是适应那种被称作与工业国产品完全不同的客观环境。不管是哪类革新，发展中国家企业特有的优势，已导致它们把其国外子公司集中于与发达国家投资者所在的不同行业。发展中国家投资者的立足点，并不在"技术水平高"的行业。发展中国家企业往往采用与发达国家企业不同的方法，并且常常是在与发达国家企业立足的不同行业中从事革新活动。不同特征的技术，不同程度的进口倾向，有时还有不同的产品，是衡量发展中国家对外投资者同发达国家对外投资者的各自相关利益的重要因素。

(二) 发展中国家企业对外直接投资的动因

发展中国家许多企业都具有特定的竞争优势，尽管它们通过对外投资可以获得大笔收入，但它们中的大多数还没有决定到国外去投资。它们或者以前从未考虑过这种可能性，或者认为对外投资的风险太大。那么，发展中国家的一部分企业又为何决定到国外投资、开设子公司呢？

关于发达国家企业的研究表明，想在国外市场上发挥本企业竞争优势的那些经理很可能首先采取产品出口的方式。这些企业往往不是在世界上仔细寻求能够发挥竞争优势的最佳途径，而是抓住只需要对现有经营活动最小的改变便能带来令人满意的收益的机会。因此，经理优先考虑的是出口，而不是考虑在国外市场上建立一家可以利用母公司技术的子公司，直到继续出口受到了威胁，大多数发达国家的企业才开始到国外进行制造业投资。

发展中国家的企业经理的所作所为与发达国家的企业经理几乎毫无二致。发展中国家的企业，大多数在国外去制造产品之前都致力于出口，只是当已有的出口市场受到威胁时，它们才到国外去制造产品。不过，除此之外，它们的对外投资还出于其他一些动因。

1. 保护出口市场。大量证据表明，大多数发展中国家的企业在从事国际经营过程中，出口往往充当了对外投资的"先行官"。但是，由于贸易壁垒重重，出口不是长久充满活力的经营方式，发展中国家企业海外投资业务，大多数是在本国的出口受到配额的威胁时开展起来的。

2. 谋求低成本。贸易限制并非是对发达国家出口的唯一威胁。如同已经建立外向型工厂以便提供商品的发达国家企业一样，发展中国家出口商也寻求工资比其本国水平更低的劳动力，以对付成本更低的其他各国供应商的出口竞争。

从原则上讲，当竞争使得现有的成本水平难以维持企业赢利时，不管哪个国家的企业经理都会去设法降低成本，但是，当别的地方存在因生产成本比较低而可能获得更多利润的机会，还不足以吸引大多数经理花钱去寻找国外落脚点和应付在国外投资的风险时，经理们仍然不会远涉重洋到海外投资。只有当进口威胁到企业产品的成本竞争能力时，它们才会去建立外向型工厂。大多数发展中国家的企业是出于防御理由而到国外建立外向型工厂的，保护自己出口免受配额的影响，或借助低廉的成本对付攻势凌厉的竞争对手，使自己生存下来。

3. 寻求廉价原材料。发展中国家有些公司到国外去为本国建立可靠的原料供给地，它们的动机与美国和欧洲的公司类似，如钢铁公司到国外去，为的是寻求铁矿砂或其他原料。

发展中国家国有企业的对外投资中很大一部分投于原料开发。如果需要取得至关重要的原料，由国有企业进行对外投资，就能够克服与对外投资相关的一些政治问题。

大多数生产原料的跨国企业与制造业跨国企业有所不同。前者在国外经营不一定涉及专门技术或知识的转让。对某些工业来说，原料的开采和加工若在同一个企业内完成，这个企业就会拥有优势。如果原料开采在一国，有效的加工地点在另一国，那么这个企业就只有国际化，才能利用垂直结合结构的好处。如果这个企业最初从事制造业的话，那么难以获得可靠的原料投入也许成了促使它国际化的原因。如果这个企业是从原料生产起步的话，希望正常地或以优越的交易条件销售其产品的问题，也许是它国际化的促进因素。

（三）发展中国家跨国企业的前景

从早期对外投资者的历史可以推测出，发展中国家的跨国企业未来的道路可能坎坷不平。一些企业失败的主要原因在于它们在没有任何独特优势的情况下就到国外去投资。结果它们发现经营国外企业的净成本太高而无法承担。至于许多拥有优势而到国外投资的企业，由于它们所利用的优势的性质，不久也遭到失败。

发展中国家对外投资者在较小规模的制造活动中的长处表明，如果这些对外投资者原先的优势被别人夺取，它们极少能把各国的制造活动实行跨越国界的结合，以谋取规模经济的巨大好处。假如它们这样做了，那么就等于放弃了原先有效的优势。

一旦这类企业原有的优势被别人复制，仅仅少数几家企业有能力延续其子公司的寿命。因此，许多发展中国家的国外制造业子公司的生命周期十分短暂。随着时间的推移，这些子公司的利润和市场销售份额逐渐被当地竞争对手侵占，与母公司的联系遭到削弱，某些子公司出于自择或东道国政府的压力而不得不出让。

许多发展中国家企业的子公司生命周期较短，这种估计并不意味着发展中国家跨国企业总投资会减少。实际上，发展中国家跨国企业对外投资在不断增长，而且造成这种增长的条件还将长期存在。

首先，只要较富的发展中国家的企业从实践中取得了对于发展程度比其低一级的国家具有借鉴意义的经验，那么，具有竞争优势的新企业就可能出现并取代那些原有优势已丧失殆尽的老公司。因此，较先进的发展中国家对发展程度较低的国家起着技术过滤器式的作用，这种作用几乎肯定会继续，甚至还会扩大。

其次，发展中国家企业对外投资的最一般起因——出口市场受到威胁——可能继续存在。第三世界对外开放发展战略的近期利益，就是要确保发展中国家之间制成品贸易的持续增长。可是如果发展中国家不设置进口障碍，发展中国家之间的投资就不会很快发展，因为拥有优势的企业仍可以通过出口向外国市场供应商品。但是，不管开放政策多么风行，只要大多数较穷国家的本国市场扩大到足以按合理成本就地制造产品，它们就会限制进口。因此，似乎没有理由认为，未来投资的推动力会比过去小。

最后，驱使企业进行投资而不是单纯转让其技术优势的因素也仍然存在。对外投资只不过是企业在其出口市场受到威胁时可能作出的一种反应。企业选择在国外建立子公司并使它们的优势在转让过程中内部化的办法，是因为合同安排常常带来一些问题，其中包括：很难保障销售技术、知识等财产的安全，技术优势的潜在卖方和买方之间的信息不协调，以及许多可能意外发生的情况必须事先考虑到并写入长期合同。似乎没有理由可以预计，与合同安排相关的问题将会减少。

正如过去那样，这种投资的主要形式将仍是从工业化程度较高的国家流向工业化程度较低的国家。发展中国家跨国企业所拥有的优势很少适用于富裕国家。小规模制造、以当地原料作为替代和其他类似技术，对发展程度较低的国家很有用。那里的市场条件同这些母公司本国当前普遍存在的条件很接近。

## 二、拉奥的技术地方化理论

英国经济学家拉奥在其著作《新跨国公司——第三世界企业的发展》中指出，发展中国家企业不仅能够简单模仿先进技术，同时也能对外国技术的局部环节进行大幅度调整，这种技术地方化的过程，使发展中国家跨国公司具有竞争优势。拉奥认为，即使第三世界跨国公司的技术特征表现为规模小、使用标准技术和劳动密集型，但这种技术的形成却包含着企业内在的创新活动。拉奥列举了发达国家跨国公司与发展中国家跨国公司竞争优势来源的不同方面，如表4-1所示。

表4-1　　　　　　　　　　发展中国家跨国公司竞争优势的来源

| 发达国家跨国公司 | 发展中国家跨国公司 |
| --- | --- |
| 1. 企业/集团规模大<br>2. 靠近资本市场<br>3. 拥有专利或非专利技术<br>4. 产品差异<br>5. 营销技巧<br>6. 管理技术和组织优势<br>7. 低成本投入<br>8. 对生产要素和产品市场的纵向控制<br>9. 东道国政府的支持 | 1. 企业集团<br>2. 技术适合于第三世界供求条件<br>3. 有时产品差异<br>4. 营销技术<br>5. 适合当地条件的管理技术<br>6. 低成本投入（特别是管理和技术人员）<br>7. "血缘"关系<br>8. 东道国政府的支持 |

拉奥认为，以下几个方面的条件使发展中国家跨国公司形成了自己的特定优势：

第一，在发展中国家，技术知识当地化是在不同于发达国家的环境下进行的。这种新的环境往往与一国的要素价格及其质量相联系。

第二，发展中国家生产的产品适合于自身的经济条件和需求。发展中国家企业通过对进口技术和产品进行一定改造，使它们的产品能够更好地满足当地或邻国市场的需要，这种创新活动能够形成竞争优势。

第三，第三世界企业竞争优势不仅来自生产过程和产品与当地的供给条件和需求条件紧密结合，而且来自在创新活动中所产生的技术在小规模生产条件下具有更高的经济效益。

第四，在产品特征上，第三世界企业仍然能够开发出与名牌产品不同的消费品，特别是当国内市场较大、消费者的品味和购买能力有很大差别时，来自第三世界的产品仍有一定的竞争能力。

拉奥强调，企业的技术吸收过程是一种不可逆的创新活动，这种创新往往受当地的生产供给、需求条件和企业特有的学习活动的直接影响。发展中国家企业在技术引进过程中，对外国技术的改进、消化和吸收不是一种被动的模仿和复制，而是对技术的消化、改进和创新。正是这种创新活动给企业带来了新的竞争优势。

## 第三节 我国企业的对外直接投资

联合国贸发会议《2002年世界投资报告》显示，2001年，中国最大的12家跨国公司，掌控着超过300亿美元的国外资产，国外销售额达到330亿美元。一大批中国企业，例如海尔、TCL、联想、华源、长虹、海信、康佳、创维及中兴等，正在加快国际化的进程。同时，许多中小企业也积极利用国际市场的机会，大力发展对外直接投资。该报告指出，经过20年的发展，中国的一些民营企业也逐渐成为海外投资的主体。在中国较大规模的民营企业中，万向、华为、新希望、正泰等公司都已不同程度地走向国际市场；这些公司目前在40多个国家投资，其中包括亚洲以外的国家。报告显示，中国对外直接投资存量已由1985年的131亿美元，增长到2001年的300多亿美元，17年间增长了约230倍。另据国家商务部统计，截至2005年年底，中国近4 000家境内投资主体共在全球163个国家（地区）设立非金融类对外直接投资企业6 426家，2005年中国对外直接投资净额122.6亿美元，累计对外直接投资存量572亿美元。中国商务部在2008年宣布，2007年，中国非金融类对外直接投资187.2亿美元，同比增长6.2%，其中以并购方式实现的直接投资61亿美元，占中国同期投资总额的32.6%。对外承包工程保持较快发展。2007年，中国企业完成对外承包工程营业额406亿美元，同比增长35.3%，新签合同额达776亿美元，同比增长17.6%。亚洲、非洲仍是对外承包工程的主要市场，项目呈现大型化、高端化。对外劳务合作稳步发展。2007年，中国企业完成对外劳务合作营业额67.7亿美元，同比增长6%，新签合同额67亿美元，同比增长28.1%，派出各类劳务人员37.2万人，人员的构成逐步优化，从普通劳务人员扩展到海员、空乘、工程师等高级技术劳务人员。

从引进跨国公司来华投资，到我国企业走出国门进行对外直接投资，这是我国企业发展过程的一次重大转折，它标志着我国企业进入了一个崭新的发展阶段。我国企业的对外直接投资，不仅仅是企业的产品或服务由国内市场走向国际市场，更为重要的是企业的经营视野、经营理念、发展战略开始摆脱国内市场的束缚，实现了向国际企业的跨越。这种跨越的意义是十分重大的。面对一个更加开放并不断走向一体化的国际市场，国际企业将有着更多的机会去销售自己的产品或服务，去寻找更加有利的区位安排自己的研发或创新活动，从世界范围去获取稀缺的自然资源或投入品。在经济全球化的条件下，国际企业是一种最有利于利用全球机会、整合全球资源的企业组织形式，它是中国企业提高国际竞争力的必然选择。

我国企业对外直接投资是建立在一定的竞争优势基础之上的，但这种竞争优势与发达国家跨国公司的垄断优势明显不同。发达国家跨国公司由于其强大的技术优势和高超的管理水平，在全球竞争中往往处于垄断或寡占地位。

发达国家跨国公司可以通过将其具有竞争力的产品或服务推向全球市场而获取巨大的

收益，或通过将其价值活动在全球范围的合理布局来利用世界各地的要素资源，形成自己的独特优势。相对而言，中国企业的竞争优势则主要集中在技术相对成熟的制造行业，其关键价值活动大多处于价值链的下游环节，主要表现为针对中国市场的独特的产品定位能力、低成本制造能力和市场销售能力。我国企业的竞争优势具有明显的本土特征，是建立在价值活动局部环节的相对竞争优势。

我国丰富的劳动力资源和良好的投资环境，使国际跨国公司将其价值活动的制造环节纷纷向中国转移，产业的集聚效应和发达的配套产业的支撑，又使我国的比较优势得到了进一步的发挥。在此过程中，一大批中国企业在与跨国公司的合作和竞争中不断发展和壮大，开始在全球性产业的制造环节占据有利地位，并通过向价值链的上下游扩展，形成了自己在产品定位、低成本制造和市场销售方面的独特优势。这些竞争优势既是我国企业在国内市场与国际跨国公司进行竞争的战略支撑点，同时也是我国企业实施"走出去"战略、创立新的竞争优势的基础。

应该看到，我国企业对外直接投资的主要推动力量不是竞争优势，而是全球化的竞争压力。全球竞争环境的形成使国内竞争国际化，跨国公司的当地化又使中国企业的本土优势遭到严重削弱，一些重要的优势甚至面临丧失的威胁。我国企业为了提高自己对环境的适应能力，不得不突破国内发展的传统模式，通过对外直接投资，来构建自己整合国际资源的新模式，以对抗跨国公司的竞争压力。从本质上看，我国企业的对外直接投资主要不是为机会所吸引，而是由威胁所推动的，是一种为适应全球竞争环境所采取的战略反应型对外直接投资。我国企业的对外直接投资应以提高核心竞争力为导向，以获取创造性资产为主要目标。虽然从表面上看，我国企业对外直接投资存在着与发达国家或其他发展中国家企业对外直接投资相似的多元动因，例如寻求新的市场机会、绕开贸易壁垒、跟踪先进技术、获得短缺的原材料等，但是，值得注意的是，我国企业对外直接投资是发生在我国的优势企业与发达国家跨国公司直接竞争的背景之下，经过激烈的市场竞争，经过此消彼长的竞争优势的变化，我国企业在深刻认识到核心竞争能力的极端重要性之后所采取的战略性行动。这一行动的本质特征是要通过对外直接投资获取我国企业极为稀缺的创造性资产，例如创新技术、商业信息、全球化的管理技能等。这种创造性资产是中国企业持续发展不可或缺的战略性资源，而仅靠国内经营是无法获得这种资产的。

跨国公司应该成为大多数中国优势企业的发展方向。从中国企业发展的模式来看，国内市场仍然是其发展的重点。但是，在大多数行业，企业局限于国内发展是无法守住国内市场的。在与国际跨国公司争夺国内市场的过程中，中外企业之间的实力极为悬殊。跨国公司以其全球价值整合的方式来支持和协调在中国市场的竞争，其先进的技术和经营模式、雄厚的资金实力以及遍布全球的营销网络是中国当地企业难以企及的。在跨国公司日趋当地化的今天，中国企业仅靠局部的本土优势是无法长期支撑的。从未来的发展趋势看，中国的优势企业只有将自己发展成为现代跨国公司，才能在全球化的竞争环境中生存；只有以跨国公司的实力与外国跨国公司竞争，才能最终守住国内市场这一战略基地。更为重要的是，在日益全球化的环境之中，中国企业需要跨越国内市场的局限，以国际化的视野来重新确定企业的发展方向。在当今世界，只有国际化的企业，才能拥有真正意义上的国际竞争力。因此，中国绝大部分优势企业应该坚定不移地实施国际化战略，把自己打造成为具有强大的资源整合能力的现代跨国公司。

为了适应国际竞争的需要，中国企业必须对自己的竞争优势进行适时的更新和置换，实现由局部竞争优势向全球竞争优势的转化，使原来基于本土市场的产品定位能力、低成本制造能力和市场营销能力逐渐转换成建立在全球学习基础上的技术开发和应用能力、低成本制造能力、国际市场营销能力和品牌影响力。这就要求中国企业必须通过对外直接投资形成自己新的资源基础，并通过建立自己的跨国经营网络，获取急需的核心技术和进行国际竞争的组织管理能力。我国企业当前的竞争优势是其成功走向国际市场的基础，但走向国际市场的最终目标是要形成新的竞争优势。在这一过程中，对外直接投资和中国企业的跨国公司化是实现这一目标的基本途径，而能否通过对外直接投资获取创造性资产则是实现这一目标的关键所在。

对外直接投资是我国企业提高技术能力的重要途径。由于新技术和新发明主要集中在发达国家，新技术在市场上的应用也往往从发达国家开始，因此，我国企业要获得创新性技术，了解新技术在市场上的应用情况，最为有效的方法是在新技术的发源地建立自己的分支机构。发达国家技术人才集中，支持性基础设施完善，具有较强的创新精神和很高的生产效率，为研究与开发活动和新技术的产生及应用提供了得天独厚的条件。中国企业可以通过对外直接投资，充分利用发达国家（包括少数发展中国家如印度）的区位优势，以提高自己的研发能力。对外直接投资可以使中国企业迅速接近国际化的技术人才库，在发达国家技术发明最为集中的地区雇用优秀技术人才，从而弥补自身技术人才的不足。对外直接投资还可以使中国企业在第一时间获取行业内新产品和新工艺的最新信息，及时把握正在显现的行业发展机会。同时，通过与发达国家的合作伙伴建立合资企业或战略联盟，可以实现资源互补，使中国企业获得急需的技术资源。中国企业还可以采取并购的方式收购当地具有较强研发实力的企业，尤其是中小型科技企业，从而获取前沿技术。对外直接投资可以使中国企业通过一体化的组织体系，利用世界范围内的知识、专门人才和技术，而不管这些知识、专门人才和技术位于什么地点。对世界范围内技术资源的有效利用，将会提高中国企业研究与开发和市场应用的能力，增加企业的创造性资产。

对外直接投资也是我国企业提高组织管理能力的重要途径。组织管理能力的提高可以使企业更有效地利用资源，进而降低产品成本，提高产品质量，形成对市场变化的迅速反应机制。我国企业不仅在技术上与发达国家跨国公司存在着明显的差距，而且在组织管理能力方面相差悬殊。核心技术上的差距是一种有形的差距，而组织管理能力上的差距则是一种无形的差距。在很多情况下，中国企业对有形的差距比较关心，而对无形的差距则不够重视。实际上，相对于资本、技术等资源而言，企业的组织管理能力可能更为重要，因为只有有效地利用资源才能使资源变得更有价值。从这个意义上说，组织管理能力是企业核心竞争力的重要源泉，也是中国企业应该积极寻求的创造性资产。

相对于国内企业而言，对外直接投资为中国企业提高组织管理能力创造了更为便利的条件。第一，对外直接投资要求中国企业建立适应跨国经营的组织和管理体系，这将有利于中国企业建立跨国学习机制，通过"干中学"，来提高国际资源的整合能力。第二，对外直接投资将会促进中国企业吸纳更多的国际化的管理人才，建立一种更加开放的企业文化，这将有利于提高企业的创新能力。第三，对外直接投资可以使中国企业更早地感受到组织变革的压力，并不断以新的组织方式和管理技巧来适应这种变化，这将有利于提高企业对市场的反应能力。

随着国际化程度的不断提高，我国企业在国际竞争的舞台上将会扮演越来越重要的角色。但是，应该清醒地看到，对外直接投资是我国企业发展过程中的一个相对陌生的领域，由于能力的局限和经验的不足，失败和挫折将在所难免。我国企业要想真正成为新一代的全球竞争者，必须不断提高自身的跨国经营能力，特别应在以下三个方面多下工夫：

一是努力提高对国别或地区市场的适应能力。我国企业对外直接投资面临的首要问题是缺乏国际经验，不懂得如何在一个陌生的国家有针对性地开展经营活动。许多企业跨国经营的失败主要是由于对当地市场的特殊性缺乏了解，对跨国经营的潜在风险估计不足，匆忙上马，结果在意外的困难面前无所适从。针对这种情况，我国企业应采取循序渐进的策略，在跨国经营的早期可以通过出口来熟悉市场，待市场达到一定的规模后再进行直接投资。在直接投资过程中，应采取分步走的原则。首先选择发达国家大型跨国公司不太重视的产品市场，以优异的价格性能比打开市场，然后一步一步地进入主导产品市场。在区域策略上，可以先在发达国家跨国公司势力比较薄弱的周边市场积累力量，然后向发达国家的核心市场扩展。中国跨国企业应特别注意融入当地社会，尽可能地贴近当地消费者，通过优质的产品、周到的服务和快速的反应赢得市场竞争。

二是培养全球业务活动的整合能力。我国企业对外直接投资所在的行业主要集中在全球性产业。全球性产业的竞争客观上需要有效的协调，以获取全球效率。虽然中国企业在国内普遍具有低成本生产的优势，但由于大多数产品的价值—重量比较小，运输成本很高，以散件进口组装的形式开展跨国经营难以适应国际竞争的需要。考虑到全球性产业贸易壁垒和当地成分的要求，中国跨国企业应将生产设施在全球合理分布，以形成相对集中的若干全球性生产基地，在取得规模效应的同时，绕开贸易壁垒，形成对若干区域市场的辐射能力。随着生产系统的分散和市场的日趋全球化，中国跨国企业将面临在世界范围内降低成本和保持地方适应性的双重压力。为了保持跨国组织的灵活性并尽可能地降低成本，中国企业需要在世界范围内发展自己的供应商体系，并运用先进技术来组织全球的采购和供应活动。随着跨国程度的不断提高，中国跨国企业应该适时推进组织结构的变革，促进母子公司之间的职能转移，以更好地利用国际市场的机会，使企业向真正的全球企业转变。

三是建立全球学习的能力。我国企业对外直接投资的核心目标是拓展企业的资源基础，获取创造性资产。要达到这一目标，我国企业必须高度重视全球学习能力的培养。组织的学习过程是一种获取、创造和传播知识的过程。通过组织学习，组织成员可以分享经验、知识和价值观。组织学习源于个人学习，但是如果个人知识不能被组织中的其他成员共享，组织就不能学习。因此，如果要使个人层次的学习上升到群体层次，并最终达到组织层次，企业领导人必须有意识地设置组织学习的机制。为了促进全球学习，中国跨国企业的领导者必须超越传统的控制观念，努力降低公司内部的官僚主义，以一种持续的质疑、挑战和激励的方式，促使企业积极地面向顾客，确保公司的外部导向。中国跨国企业应特别重视利用国外分支机构收集技术情报和市场信息，对可察觉的市场机会或威胁做出迅速的反应；应该建立全球范围内快速传递信息的联系网络，通过会议、非正式访问、参观、交流等方式，将当地技术人员、市场营销人员、生产专家和公司的高层管理者联系起来；通过建立公司职能部门和国外子公司相互协调的创新机制，将在世界范围内获得的信息和技术能力与企业的内部优势相结合，推动企业的跨国创新。

我国企业的对外直接投资在保持国民经济长期稳定发展和提高我国的国际竞争力方面具有极其重要的战略意义。当前，我国企业的对外直接投资虽然呈现快速增长的态势，但整体的发展水平仍然严重滞后于我国的经济发展和企业对外直接投资的实际需要。其中，一个重要的原因是我国缺乏鼓励企业对外直接投资的政策环境。如果说我国在吸引外国直接投资和鼓励企业出口方面的政策是积极有效的话，那么，相对而言在支持我国企业对外直接投资方面则尚未建立行之有效的政策体系。虽然自1999年以来，我国已经开始从战略高度重视对外直接投资，并积极鼓励国内企业走出去，在境外开展加工贸易，但是，这种政策更多地只是关注我国企业在生产能力过剩的情况下，如何通过对外直接投资带动机器设备和原材料的出口问题，而对于在经济全球化条件下，我国企业如何通过对外直接投资提高核心竞争力，还缺乏系统的政策思考。

我国对外直接投资的政策体系仍然带有较强的计划经济色彩，突出表现在两个方面。一是国家直接干预企业的对外直接投资活动。我国大部分对外直接投资活动，都是由国家控制的"窗口式"企业或特定行业的大型国有企业集团来进行，从项目选择、外汇使用到项目的建设和运营等一系列重要环节，都需要由政府决策。这是导致我国对外直接投资活动效率低下、成功率不高的主要原因。二是在政策上对企业的对外直接投资活动进行严格的限制。目前，国家对企业对外直接投资实行审批制，管理部门包括国家计划、经贸、外汇管理、财政和海关等部门。我国企业若想开办境外企业，需要办理的手续包括项目建议书、合资合作意向书、境外投资申请报告、可行性研究报告、外汇管理部门外汇来源和投资风险审查意见、驻外使（领）馆意见等。一个项目审批需要盖章上百个，时间往往需要数年，这是一种典型的计划经济管理模式。这种管理模式之所以延续至今，主要原因是国有企业在对外直接投资活动中存在着国有资产流失的巨大风险。然而，在中国全方位融入世界经济的今天，在越来越多的中国企业需要采取对外直接投资的方式利用国际市场机会和提高国际竞争能力的时候，这种专门针对国有企业的管理模式显然是不合时宜的。如果说国有企业由于体制的原因需要政府对其海外投资活动进行严格管理的话，那么把在市场经济条件下发展起来的民营企业或股份制企业强行纳入这一管理模式，无疑会扼杀企业的发展活力，不利于中国企业国际竞争力的提高。况且，大量的事实已经证明，通过政府干预的方式是不能真正防止国有资产流失的，治本之道只能是建立现代企业制度。

我国对外直接投资的政策体系需要进行重大的调整，需要以更加开放的态度来支持我国企业对外直接投资的发展。政策的着眼点应该是在社会主义市场经济条件下发展起来的民营企业或股份制企业。对于国有企业，应积极推进现代企业制度的建立，待其制度完善之后，再稳步发展对外直接投资。应该认识到，在社会主义市场经济条件下，对外直接投资是企业的自主行为，是不需要政府逐级审批的。政府有责任和义务创造条件支持我国企业的国际化进程，以巩固和提高我国企业的国际竞争力。

当前，政府应该在世界贸易组织的政策框架下，加快我国对外直接投资政策体系的建设。政府应积极推进同更多的国家商谈并签订双边投资保护协定，避免双重征税协定，利用多边投资担保机构公约的有关条款保护我国企业对外直接投资活动，使其免受因发生战争、没收、汇款限制等政治风险带来的损失。政府还可以按照国际惯例，建立国家投资风险基金和对外经济合作基金，以支持我国企业对外直接投资的发展。政府还应该积极发挥驻外使（领）馆商务处的信息收集和服务作用，对我国企业对外直接投资活动提供信息咨询服务，并协助我国企业处理与当地政府的关系问题。

现阶段对外直接投资政策调整的重点应该是逐渐放宽限制，积极支持市场化企业的对外直接投资活动，并逐步实现对外直接投资管理的规范化和与国际接轨。从长远来看，政府应该避免对外直接投资政策方面的短期行为，尽量减少行政干预，慎用产业政策。政府在对外直接投资方面的角色应该是推动者和支持者，而不是参与者。政府可以通过制定长期的教育和科技政策，以创造高级的生产要素；通过鼓励国内竞争、刺激新企业的加入来提高企业的创新精神和活力；通过制定严格的产业标准来引导企业向高质量和专业化的方向发展。政府只有将其支持性政策集中于更为基本的环境方面，并使企业成为对外直接投资的真正主体，我国企业的对外直接投资活动才能得到蓬勃发展。

## 第四节 外国直接投资的利弊分析

### 一、对东道国经济发展的有利影响

流入本国的外国直接投资（FDI）对东道国有四大好处：资源转移效应、增加就业效应、国际收支效应以及产业结构调整效应。

（一）资源转移效应

外国直接投资可以提供其他途径无法提供的资本、技术和管理经验，从而为东道国的经济做出积极贡献，跨国公司（通过 FDI）提供的这些资源可以使东道国的经济增长。

就资本而言，很多跨国企业规模大，财力雄厚，它们可以获得东道国公司无法获得的资本来源，如利用其在世界市场上的声望，从国际资本市场融资。东道国通过吸收跨国公司的直接投资，可以在一度程度上弥补资金缺口和外汇缺口，特别是对资金短缺的发展中国家来讲，尤其如此。

技术是刺激一个国家经济发展的催化剂，遗憾的是，很多国家缺乏开发新产品和新的生产技术的能力，世界上不发达的国家尤其如此。这些国家必须依赖先进的发达国家来获得刺激经济增长所需要的大多数技术，而外国直接投资是提供这些技术的一个重要渠道。外国直接投资对东道国的技术升级具有动态、累积性的作用。东道国既可以通过外资企业的生产和销售直接获得生产所需的硬件技术和技术信息，也可以通过当地国内企业的观察、模仿学习的间接渗透，从而使东道国获得生产创新技术产品的能力，并掌握技术设计、技术发展和技术管理所需的知识；更进一步的是，有的企业通过二次创新，创造出适用技术和先进技术。

通过外国直接投资提供的外国管理技能也会给东道国带来很大的好处。在外国跨国公司的子公司工作的本国人员经过培训，掌握了一定的管理、财务和技术技能后，离开外国公司帮助创立本国公司，这样一来他们掌握的各种技能就会得到扩大和传播，跨国公司对东道国的好处就会产生外延效应。另外，如果外国跨国公司的先进管理技术能刺激本地供货商、分销商和竞争者改进自己的管理技术，也会给东道国带来好处。

但是，如果外国公司的子公司中大多数管理和高技术工作都由母国人员承担，则外国直接投资给东道国带来的好处就减少了很多。在这种情况下，东道国的员工接受培训的机会减少了，上述的外延效应也相应地受到限制。

（二）增加就业效应

FDI 对东道国的就业创造效应包括三个方面：

1. 直接效应，即外国的跨国企业直接雇用东道国人员。

2. 间接效应，即跨国公司能够间接地增加就业机会。一方面，跨国公司拥有广泛的前后向联系，从而能在它们的供货方、销售方以及服务代理人之间创造就业机会。另一方面，跨国公司刺激了东道国的经济增长，也为东道国间接地创造了就业机会。通常而言，间接效应与直接效应一样大。通过对一些国家所做的估算表明，国外直接投资企业每雇用一名工人能间接创造 1~2 个工作机会。比如，就日产公司在英国的投资看，该公司的投资为英国直接创造了 4 250 个就业机会，而在辅助行业中至少创造了 4 000 个工作机会。

3. 促进就业质量的变化。这主要是针对发展中国家而言的。跨国公司通过就业政策和就业习惯的改变，为发展中国家东道国妇女提供直接就业，对发展中国家妇女的就业水平产生了一定的影响。

（三）国际收支效应

外国直接投资通过两种方式为东道国创造国际收支效应。

1. 外国直接投资替代部分产品或服务的进口来改善东道国的国际收支往来项目状况。例如，日本汽车公司在美国和英国的大多数直接投资都被看做替代了从日本的直接进口，因此美英两国的国际收支往来项目多少有些改善。因为很多日本汽车公司卖往美国市场的汽车都是在当地生产而不是在日本生产的，这样就减少了通过向外国出售本国产品弥补往来项目逆差的需要，美国也会因此而有所获益。

2. 当跨国公司利用在东道国的子公司向其他国家出口产品和服务时也会对东道国的国际收支产生好处。

（四）产业结构调整效应

与经济增长和发展相关的结构调整有三种类型：（1）产业部类间的升级调整，即由初级农业向制造业再向服务业的升级；（2）产业部类内的调整，即由低劳动生产率、劳动密集（低技术密集）型产业向高劳动生产率、高技术密集型产业的调整；（3）行业内部调整，即由低技术、低附加值产品或服务向高技术、高附加值产品或服务的调整。

"雁行模式"是由日本的赤松要（Kaname Akamatsu）在 20 世纪 30 年代初提出的关于经济发展的一般理论，这一理论最初被用于分析一国某一产业的发展过程。按照该理论，一国某一产业的发展大致经历进口、当地生产、开拓出口、出口增长几个发展阶段。某一产业随着进口的不断增加、国内生产和出口出现，其图形就如高飞的雁群（如图 4-2 所示）。

在一国范围内，雁行模式先是在低附加值的消费品产业出现，然后会在生产资料产业出现，继而，整个制造业的结构调整会呈现雁行变化格局。与产品周期理论不同，赤松要

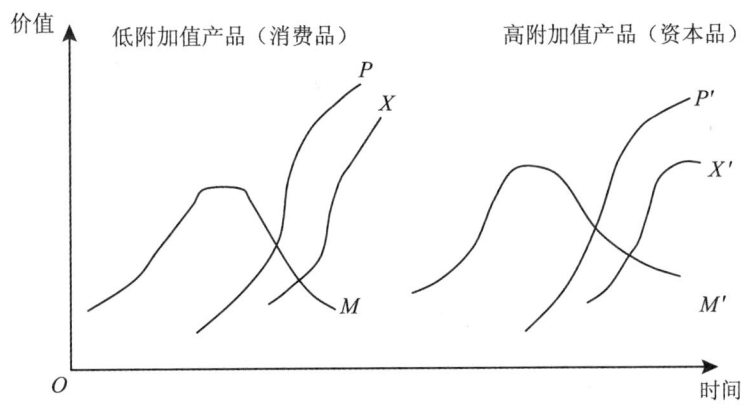

图 4-2 雁行模型图

的论证重点是后进国家（19世纪末至20世纪初的日本）的"赶超式"产业发展的周期。在开放经济条件下，通过与先进国家的外部联系，抓住向先进国家的学习机会，后进国家（发展中国家）可以实现自己的工业化，并使自己的产业升级换代。

20世纪90年代，小泽辉智（Teretomo Ozawa）在雁行模式的基础上发展出增长阶段模型（Stages of Growth Paradigm），小泽辉智引入了跨国公司和直接投资因素，从而使雁行图发生变化（如图4-3所示）。因为在他看来，跨国公司如今可以（它们也的确是在这样做）在产品生命周期的一开始就在国外投资生产，而无需通过出口开发东道国市场，相应就会使东道国进口的重要性有所削弱。如果东道国采取出口导向型政策，并获得成功的话，在经济发展的最初阶段，生产资料产业的生产与出口曲线就几乎与消费品生产曲线同时出现。跨国公司的直接投资帮助东道国建立起自己具有竞争力的消费品工业，并缩短了向资本货物生产产业升级的时间，从而成为东道国产业结构调整的助推器。

无论是"雁行模式"还是"增长阶段模式"都提示我们，直接投资的产业结构调整效应来源于它能有效开发东道国比较优势的特征。直接投资带入的一揽子资源，尤其是技术资产和管理技能不仅有助于东道国建立新的产业，使原有产业升级，使内向型的产业向出口导向型、更具国际竞争力的产业过渡或转移，更为重要的是，大部分直接投资的引导者——跨国公司，通常具有资本、技术或管理要素密集的优势，如果没有外来直接投资，这样的新建产业或升级过程也许不会发生，也许会相当缓慢，并且需要相当的代价。

必须指出的是，直接投资的产业结构效应有赖于两大要素。其一是外来直接投资的资本和技术密集度。这是因为，经济增长主要来源于资本等生产要素的技术应用，而不仅仅是这些要素的存量。如果外资企业是以同等生产效率的生产方式进行，如果直接投资引入的生产活动使附加值更低，那么，直接投资就会导致产业结构调整的负效应。其二是当地企业的特征和政府政策是否有助于使东道国的生产资源由外资企业被纳入跨国公司的国际化生产体系。借助于一揽子资源在母国及东道国间的转移，跨国公司使不同国家间的产业重组得以联通，有利于缓和调整过程。实现结构进步和产业重组成功的国家更容易吸引国际投资，由此形成了直接投资和产业升级正向互动的良性循环。这就证明了，当地生产要

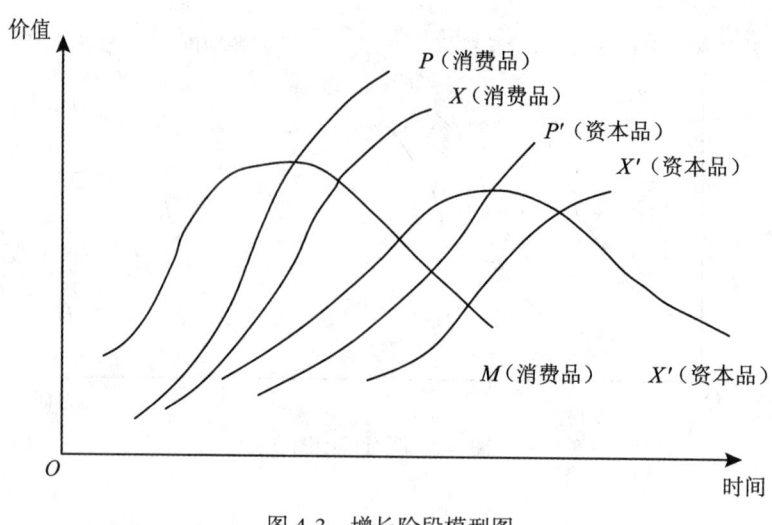

图 4-3　增长阶段模型图

素与外来生产要素的融合可以最大限度地吸收和利用直接投资的正向效应。

**二、对东道国经济发展的不利影响**

流入的 FDI 对东道国主要有三方面的不利影响：外国直接投资对东道国国内的竞争可能产生不利影响、对国际收支的不利影响以及对东道国环境的不利影响。

（一）对竞争的不利影响

由于跨国企业往往是实力比较强大的国际性企业，它们的实力往往大于本地企业。这样外国跨国企业就会利用它们在资金、技术和管理方面的优势，占领东道国国内市场，从而造成外国公司对东道国市场的垄断。一旦垄断了市场，外国跨国企业就会将价格提高到自由竞争时的价格水平以上，这将对东道国的经济造成损害。同时，跨国公司的垄断，使得东道国的幼稚工业不能够很好地成长，长此以往将会使东道国过分依赖于外国直接投资的跨国公司，不利于东道国民族工业的发展，进而阻碍东道国的进步。例如，我国现在就面临这样的危机。随着外商投资企业的不断发展，我国一些行业，如机械电子、洗涤剂、轮胎、化妆品和碳酸饮料的市场正逐渐被外商投资企业控制。据报道，在移动通信、计算机、机床行业，进口产品和外商投资企业产品在国内市场的占有率已经分别达到 90%、60% 和 64%。外商投资企业的竞争给国有企业的改革与发展带来很大冲击。特别应该注意的是，跨国公司与国内"行业排头兵"合资后，大多通过拥有的控制权取消原有企业的技术开发机构，而利用跨国公司本部的研究机构提供技术，大大削弱了我国的技术自主开发能力，造成了我国对国外技术的依赖。

一个国家的政府为了使本国某一行业顺利发展到能在世界市场参与竞争的程度，往往会通过贸易壁垒限制该行业产品的进口，依此类推，政府对外国直接投资也应该有所限制，否则本国公司可能永远没有发展壮大的机会。

## （二）对国际收支的不利影响

外国直接投资对东道国的国际收支的不利影响表现在两方面。首先，外国直接投资最初带来的资本流入必然会伴随着后期出现的资本流出，因为外国的子公司总要把它们在东道国获得的收入汇回母公司。资本的净流出会导致一个国家的货币在外汇市场上贬值。因为政府通常不愿意看到这种情况发生，所以，为了避免此类资本外流可能带来的本币贬值的风险，一些国家的政府对外国子公司可以汇回母国的资金数额进行限制。其次，当外国子公司从国外大量进口生产投入品时，将造成东道国的国际收支往来项目中借方数额的增加。比如，美国一些人之所以对日本在美国建立汽车生产厂持批评意见，就是因为在他们看来，这些工厂从日本进口了大量的零部件，这样一来，此类外国直接投资对美国国际收支往来项目的有利影响就不如最初想像的那么大。

## （三）对环境的不利影响

环境污染转移型投资是外商直接投资的重要动因之一。通过对外直接投资将国内已经禁止或严格限制生产的高污染产品转移到东道国进行生产，从而将环境污染转嫁给东道国。联合国跨国公司中心的研究表明，在发达国家对外直接投资中，尤其是在制造业对外直接投资中，化工产品、石油和煤炭产品、冶金、纸浆造纸这四大高污染行业所占比重是相当高的（见表4-2）。

表4-2　　　　　　　　　　**发达国家对外直接投资中严重污染行业所占份额**

| 国家 | 年份 | 在对外直接投资中严重污染行业所占份额（%） | 在制造业对外直接投资中严重污染行业所占份额（%） |
|---|---|---|---|
| 美国 | 1977 | 19 | 39 |
| | 1980 | 22 | 45 |
| | 1990 | 19 | 42 |
| 英国 | 1974 | 18 | 27 |
| | 1981 | 20 | 35 |
| | 1987 | 13 | 38 |
| 法国 | 1975 | 22 | 58 |
| | 1980 | 26 | 63 |
| | 1989 | 17 | 63 |
| 德国 | 1976 | 23 | 48 |
| | 1980 | 22 | 47 |
| | 1989 | 19 | 45 |
| 日本 | 1975 | 14 | 42 |
| | 1980 | 16 | 48 |
| | 1989 | 18 | 31 |

注：严重污染业包括化工、石油煤炭、冶金、纸浆造纸四大污染行业。

资料来源：联合国跨国公司中心.1992年世界投资报告.北京：对外贸易教育出版社，1993：234-235.

在我国，尽管也有一些外国投资企业比较重视环境保护，但寥若晨星。从总体上看，外商投资企业已对我国的环境造成严重污染和损害，其中又以我国港澳台投资企业最为突出。根据对外经贸部的统计，1991 年港澳台投资项目为 10 614 个，其中高污染产品项目有 2 378 个，占当年港澳台对内地直接投资项目总额的 22.4%。这些高污染产业项目大多属于国际公认的四大严重污染产业，如农药、染料、塑料、造纸、油漆等。这些外商投资已经成为我国内地环境污染的一个重要污染源，不但加重了内地的环境污染，而且增加了内地环境治理的负担。

### 三、对母国的有利影响

尽管人们最重视的是外国直接投资对东道国的好处和不利，但外国直接投资对母国（来源国）的好处和不利也应得到关注。美国公司在国外市场的投资对美国经济是有利还是不利？日本公司在英国的投资对日本是有利还是不利？有些人认为，外国直接投资并不总是符合母国利益的，因此需要对其进行限制；另一些人则认为，外国直接投资对母国的好处大于不利，对其限制将违反国家利益。那么究竟怎样呢？我们先来看一看外国直接投资对母国的好处。

外国直接投资对母国的好处有以下几个方面：

1. 外国子公司收入的汇回将给母国的国际收支的资本项目带来好处。因此，日本日产公司在英国投资对日本的一个好处体现为日产公司把在英国的收入汇回了日本。如果外国子公司能在当地创造对母国的资本设备、中间产品和零配件的需求，外国直接投资也会给母国的国际收支的往来项目带来好处。

2. 流出的外国直接投资对母国的就业也会有积极影响。与对国际收支的影响一样，如果外国子公司能在当地创造对母国的资本设备、中间产品和零配件等的需求，外国直接投资就会相应地给母国创造就业机会。就此而言，日本日产公司在英国投资建立汽车生产厂对日本的国际收支状况和就业是有好处的，因为日产在英国的汽车厂的一些零件是直接从日本进口的。

3. 跨国公司从国外市场学到宝贵的技能并将它们带回国内时，对母国的经济自然会有好处，这是一种反向的资源转移效应。通过在国外市场开展业务，跨国企业可以学到一些先进的管理技术和生产技术，这些技术资源可以转移到母国，对母国的经济增长会产生有利影响。比如，美国通用汽车公司和福特汽车公司投资于日本的汽车公司（通用汽车拥有日本五十铃公司的部分股份，福特拥有马自达公司的部分股份）的一个目的就是学习日本优秀的管理技术和生产工序。如果通用和福特能成功地将它们所学到的技能转移到美国的生产中，它们在日本的投资对美国的经济就是一种净收益。这种反向的资源转移效应不仅体现在发达国家之间的相互对外投资之中，更多地是体现在发展中国家向发达国家的投资中，如我国以联想公司为代表的高新技术企业纷纷在美国硅谷投资，其目的之一就是在信息技术超前的美国获取技术信息，学习先进技术，以使国内的工厂企业跟上世界信息技术发展的节拍，从而有力地推动整个行业的发展。

#### 四、对母国的不利影响

外国直接投资在给母国带来以上好处的同时也相应带来了对母国的不利,主要表现如下:

(一)流出的外国直接投资对母国国际收支的不利影响

如果对外直接投资的目的是在一个低成本的地点进行生产然后将产品返销到母国,那么母国的贸易状况就会变化。比如,当美国的一家纺织公司关闭了其在南卡罗来纳州附近的工厂把生产移至中美洲时(事实上,很多美国纺织公司已经这样做了),美国的纺织品进口将增加,其贸易状况也会恶化。如果外国直接投资替代了直接出口,这对母国的国际收支往来项目也将产生不利影响。因此,当日本丰田公司在美国建立加工厂的目的是替代日本的直接出口时,日本的国际收支往来项目状况将因此而恶化。

(二)对于资金缺乏的国家来讲对外直接投资不能不算是一种打击

本来国内就缺乏资金用于国内的投资和发展,还要投资到国外市场,这无疑是雪上加霜。因此,很多国家有时会采取税收政策鼓励本国公司在国内投资,英国也曾经用过这类政策。按照英国的公司税制度,对英国公司的国外收入的税率高于国内收入的税率,这种制度可刺激英国公司在国内发展。

## 第五节 国际企业采用外国直接投资的策略分析

企业在从事国际化经营时,需要考虑自己的经营目标和资源及其经营环境,在综合平衡各种内外部条件以后,根据自身的实际情况,选择不同的国际化经营方式。一般来说,有五种不同的国际化方式:出口、交钥匙工程、许可经营、特许经营和直接投资。在前面的章节中已对出口、交钥匙工程、许可经营、特许经营进行了较为透彻的分析,在这里将主要对直接投资活动进行研究分析。

#### 一、国际企业采用直接投资的动因

国际企业之所以选用直接投资的方式进行跨国经营,其主要的影响因素是出口、交钥匙工程等方式明显存在的局限性(参见第十章)。

企业对外直接投资的原因很多,一些经济学家对此也作了分析,如小岛清认为对外直接投资的动机可以划分为三种类型,即自然资源导向型、市场导向型和生产要素导向型。邓宁则通过调查总结,将美国企业对外直接投资的决定因素划分为五种要素:市场因素、贸易壁垒、成本因素、投资气候及总体条件,并且从影响对外直接投资决策的重要性来看,市场因素中市场的规模和增长是最重要的变量。以后,邓宁又将对外直接投资的动机归纳为四种类型,即资源导向型、市场导向型、效率导向型和战略资产导向型,并认为前两种类型是公司初始对外直接投资的两个必要动机;后两种类型则是现有对外直接投资增长的主要方式,其目的在于促进公司区域或全球战略一体化,其中的战略资产导向型投资是大公司进入不熟悉或竞争十分激烈的市场的主要手段。美国学者凯利(Marre E. Kelly)和菲利帕图斯(George C. Philippatos)于1979年至1980年对225家美国制造业跨国公司

的对外直接投资动机进行调查,其结果显示,对外直接投资的一般性动机有增进利润、降低生产成本、增加市场份额等,特定性动机有克服贸易壁垒、获得规模经济等(见表4-3)。

表4-3　　　　　　　　　　厂商提及的对外投资的特定理由

| 目的 | 最近进行对外投资时的重要性(%) | 将来进行对外投资时的重要性(%) |
| --- | --- | --- |
| 克服关税障碍 | 27.6 | 31.4 |
| 获得规模经济 | 26.7 | 25.7 |
| 利用政府给予的奖励 | 21.0 | 24.8 |
| 追随客户 | 20.0 | 18.1 |
| 政府压力 | 19.0 | 24.8 |
| 工资成本低 | 13.3 | 11.4 |
| 占领出口市场 | 8.6 | 14.3 |
| 其他 | 36.2 | 38.1 |

资料来源:Kelly and Philippatos (1982) Comparative Analysis of the Foreign Investment Evaluation Practicse by US-based Manufacturing Multinational Companies. *Journal of International Bussiness Studies*, Winter, 19-42;转引自:李兰甫. 国际企业论. 台北:三民书局,1984:553.

因此,综合来看,国际企业采用对外直接投资的动机主要有以下几种。

(一) 资源导向型投资动机

这是指企业为寻求稳定的资源供应和利用廉价资源而进行的对外直接投资。这类投资又可分为两种情况:一是寻求自然资源,即自然资源导向型投资,企业对外直接投资是以取得自然资源为目的,如开发和利用国外石油、矿产品以及林业、水产等资源;二是寻求人力资源,利用国外廉价劳动力。在生产要素中,土地是不可能移动的,劳动力的移动通常要受到较多的限制。开发和利用资源只能在存有资源的地方进行,因此必须采用对外直接投资的方式。

(二) 市场导向型投资动机

企业进行对外直接投资是为了开辟和保护国外市场,这类投资可分为以下四种情况:一是开辟新市场。企业通过对外直接投资在过去没有出口市场的东道国占有一定的市场份额。二是保护和扩大原有市场。企业在对出口市场的开辟进行到某种程度之后,通过对外直接投资在当地进行生产和销售更为有利。三是克服贸易限制和障碍。企业可通过向进口国或第三国直接投资,在进口国或第三国进行生产再出口到进口国,以避开进口国的贸易限制和其他进口障碍。四是跟随竞争者。在寡占市场结构,即少数大企业占统治地位的市场结构中,当某一企业率先到国外直接投资,其他企业就会跟随而至,有时甚至不惜亏损,以维护自己的相对市场份额,保持竞争关系的平衡。

(三) 效率导向型投资动机

效率导向型投资动机是指企业进行对外直接投资的目的在于降低成本,提高生产效率。它通常分为两种情况：一是降低生产成本。如果企业在国内生产出口产品，其生产成本高于在国外生产时，可通过对外直接投资方式在国外设厂生产，以降低生产成本以及运输成本等，提高生产效率。二是获得规模经济效益。所谓规模经济效益，是指在技术条件一定的情况下，产品的单位生产成本随着生产规模的扩大而降低，从而企业可以获得更多的利润。当企业的发展受到国内市场容量的限制而难以达到规模经济效益时，企业可通过对外直接投资，将其相对闲置的生产能力转移到国外，以提高生产效率，实现规模经济。

（四）分散风险型投资动机

企业在进行对外直接投资过程中面临着种种风险，主要有经济风险（如汇率风险、利率风险、通货膨胀风险等）和政治风险（如政治动荡风险、国有化风险、政策变动风险等）。对于政治风险，企业通常采用谨慎的方式对待，尽可能避免在政治风险扩大的国家投资；对于经济风险，企业主要用多样化投资方式来分散或减少风险，通过对外直接投资在世界各地建立子公司，将投资分散到不同的国家和产业，以便安全稳妥地获得较高的利润。

（五）追求优惠政策型投资动机

许多国家为了吸引外资，在政策上推出一系列优惠措施。例如，东道国政府为了吸引外国投资者，往往会承诺在提供工业厂房与设施、保险、减免税、无息贷款上给予优惠。同时，有些国家为了刺激国内的企业到海外某个国家或地区进行国际化经营往往也会给予一系列优惠政策，如补贴、低息贷款以及投资风险保险等。这些优惠条件减少了企业投资风险，降低了投资成本，增加了投资利润。东道国特别是一些发展中国家东道国的优惠政策，对外国直接投资产生了强烈的吸引力，促进了企业对外直接投资的发展。

（六）追随顾客型投资动机

当企业的顾客进行国际化经营活动后，企业为了保持自己的业务，则需要随着顾客的变化而进行国际化经营。例如，欧美的会计公司在其顾客到海外从事经营活动后，也随之到顾客经营所在国或地区开设分支机构，协助顾客处理当地的会计事务。不然，顾客便会转向其他会计公司，寻求有关帮助。另外，在经济全球化的推动下，全球统一大市场逐渐形成，也使企业所面对的顾客日益走向国际化。

（七）高新技术研发型的投资动机

这种类型的对外投资主要是在发达国家投资设立高新技术研发中心或高新技术产品开发公司，将开发出来的产品交由国内母公司的企业进行生产，然后再将产品销往国内外。在知识经济时代，这种类型的对外直接投资可以缩短新产品的开发周期，降低成本，获取最新技术。这种国外研发、国内生产、国内外销售的方式，将促进东道国产品的升级换代，填补东道国某些高新技术产品的空白，缩短与发达国家的差距。这种类型的投资通常集中在发达国家和地区的资本技术密集型产业。

## 二、国际企业采用直接投资的方式

（一）国际直接投资的方式

国际直接投资有两种形式：新建投资和跨国并购。新建投资又称为绿地投资（Green-field Investment），是指企业通过在东道国新建厂房、设备的方式建立外资企业。跨国并购则是母公司为了某种目的，通过一定的渠道和支付手段将东道国某企业的全部资产或足以行使经营控制权的部分资产收买下来的投资方式。

一般来讲，新建投资方式的特点是规模小，周期长，容易控制，一旦时机成熟即可进入大规模扩张阶段。并购之所以能迅速发展成为国际直接投资的重要方式，主要因为国际企业通过该方式可以迅速扩大资产规模，同时还可以扩大发展空间。另外，并购海外企业尽管代价较高，但可以省去新建企业的许多繁琐手续，并且可以缩短投入产出的周期，节约时间、降低成本，许多并购企业稍作调整便可投入生产。通过并购还可以不断延伸产业门类，扩大经营范围，寻求多元化发展，以提高自身国际竞争力；有助于减少争夺市场和资源的对手，利用被并购企业的分销渠道获得并扩大原有的市场份额，减少竞争，并且可以获得被并购企业的商标及特有资产。

但是，并购投资的方式相比新建投资方式也存在一定的缺陷。首先在并购过程中对目标企业的价值评估的复杂程度远胜于对新建企业所需资本的估算；其次，在整合与协调目标企业和国际企业间的关系时，很容易碰到人力资源管理上的麻烦；最后，通过并购方式，国际企业往往难以找到一个规模和定位完全符合自己意愿的目标企业，尤其是在不发达国家和地区，这个问题更为突出。

两种方式既然各有利弊，那么在选择投资方式的时候，国际企业应该综合考虑各方式的优势，并通过分析影响选择方式的各种因素来决定如何进入他国市场。

（二）影响国际直接投资方式选择的因素

在实践中，决定和影响国际企业选择哪种直接投资方式取决于许多因素。

1. 企业内部因素对直接投资方式选择的影响

（1）技术水平。国际企业的研发密集度越高，技术优势越强，就越倾向于选择新建投资的方式，从而防止自己的先进技术外溢；反之，研发密集度较低的企业则倾向于并购的方式，因为这样它就可以最快的方式获得所并购企业的技术从而弥补自身的技术不足。

（2）跨国经营战略。实行多元化经营战略的企业，往往采用并购方式进入国际市场，以众多国外的子公司来从事范围广且互不关联的行业经营，这样面临的风险相对更小。

（3）跨国投资的管理经验。由于并购方式比新建方式的程序较为简单，风险相对较小，对于那些缺乏跨国经营管理经验的企业来讲，将更偏向采取并购方式进行直接投资。

（4）企业的规模。以往的研究表明，经济实力大的企业比经济实力小的企业更愿意采取并购的方式，其原因可能是大企业具有较强的整合能力，而且能够更快地协调一致发挥规模效益。在近些年来的并购风潮中，中小型国际企业的并购也明显增多。

2. 外部环境因素对直接投资方式选择的影响

（1）行业特征。一般说来，技术含量较高的行业，跨国并购比新建投资少；在成熟的以及易于在全球扩张的产业中，由于跨国并购可以降低成本，所以，选择跨国并购的比较多。

（2）政府的管制。东道国政府对外商企业的管制也是影响国际企业投资方式的重要因素。东道国为了从外国投资中获得利益最大化，都不会完全把其排除出去，但也不愿意让外国国际企业自由自在地在自己国家内活动。一般来说，各国政府都比较欢迎外国公司以新建企业的方式进行投资，而对并购本国企业的方式加以程度不同的规制。

（3）社会文化差异。两国的文化差异越大，对国际企业来说不确定性也越大，因此企业就越是倾向于控制程度较低的投资方式。在这种情况下，跨国并购投资将比新建投资具有一定的优势。通过并购东道国的企业，有助于迅速整合企业文化，融入东道国的社会文化中。

（4）全球经济发展趋势。全球性经济发展导向和趋势也是影响投资方式选择的重要因素。自从2001年开始，全球性反垄断力量不断增强，尤其是大型国际企业之间的"强强联合"的战略更是受到了相关国家和地区监管当局的重点审查，跨国并购方式因此受到了一定限制。

### 三、国际企业的跨国并购

**（一）企业跨国并购概述**

1. 企业并购的概念

企业并购，主要包括兼并（merger）和收购（acquisition）两层含义。

所谓企业兼并是指两家或两家以上的独立企业合并组成一家企业，通常情况下是由一家占优势的企业吸收一家或更多的企业。企业兼并又可以分为吸收兼并和新设兼并两类。吸收兼并是指在两家或两家以上的企业合并中，其中一家企业因吸收兼并了其他企业而成为存续企业的合并。存续企业保持这家企业原有名称，而且拥有其他公司的所有资产，并且承担一切债务，而被吸收的公司则不复存在。新设兼并是指两个或两个以上的企业合并成一家新企业，原有企业同时消失。新设企业接管原来两家或两家以上企业的全部资产和业务，重新组织领导机构等。

收购是指一家公司用现金、债券或股票购买另一家公司的股票或资产以获得对该公司本身或实际控制权的行为。收购完成后，被收购企业的法人实体仍旧存在。按收购对象的不同可以分为资产收购和股权收购。资产收购是指一家公司购买另一家的部分或全部资产的行为；股权收购是指一家公司购买另一家公司股份的一种行为。资产收购和股权收购的主要区别在于，资产收购仅是一种资产买卖行为，因此收购方不需要承担被收购公司的义务（如债务），股权收购时收购方将成为被收购方的股东，因此应该按持股比例承担被收购公司相应的义务。

从严格意义上讲，企业兼并和收购的主要区别在于兼并的结果是使两家或两家以上企业的法人合并成为一个法人，而收购的最终结果则是不改变原有法人数量的情况下，改变被收购企业的产权归属或经营管理权归属。但从普遍意义上来说，我们都把企业兼并和收购连在一起，称之为企业并购（英文简称为 M&A）。

2. 跨国并购的概念

跨国并购即跨国兼并与收购的简称，是指一国的某个企业为了实现某种特定的目的，通过购买另一国某个企业股份或者资产的途径以取代后者或取得后者的控制权的行为，或者指在市场经济条件下企业通过跨国产权交易获得其他国企业的产权，并以控制其他国企业为目的的经济行为。跨国并购的概念是由企业国内并购概念引申扩展而来的，是企业国内并购在开放经济中或经济全球化过程中的跨国延伸，是更为复杂的并购交易活动。跨国并购已经成为发达国家之间相互投资最主要的方式，同时正在成为或将要成为发达国家向发展中国家投资、发展中国家相互投资以及发展中国家向发达国家投资的主要方式。

按照联合国贸易与发展会议（UNCTAD）的定义，跨国并购包括：

（1）跨国兼并。外国企业（兼并方）与境内企业（被兼并方）合并，即兼并方取得被兼并方的全部资产，继承其全部的债权和债务。

（2）跨国收购。收购境内企业的股权达10%以上，使境内企业的资产和经营的控制权转移到外国企业。收购者所在国家称为"母国"，被收购者所在国家则称为"东道国"。跨国收购可以是少数股权收购（外资公司拥有被收购企业股份的10%~49%）、多数股权收购（外资公司拥有被收购企业股份的50%~99%）和全额收购（100%），低于10%的股权收购则不属于跨国并购范畴，人们通常称之为证券投资。

跨国兼并与跨国收购的区别在于：在跨国兼并中，被兼并方原来的法律实体地位不复存在，最终结果是两个法人结合成一个新的法人；而在跨国收购中，被收购方原来的法律实体地位继续存在，只是改变其产权或经营管理权归属。跨国兼并又可以分为跨国合并和跨国吸收兼并两种类型。二者的区别在于：在跨国合并中，没有被兼并方和兼并方的区别，并购后，双方的法律实体地位都不复存在，而是以新的名称取而代之，即 A+B=C。1998年德国的戴姆勒-奔驰公司和美国的克莱斯勒公司的合并就属于此类。在跨国吸收兼并中，并购后兼并方继续存在，被兼并方丧失了法律上的实体地位，即 A+B=A 或 B。据联合国贸易与发展会议统计，20世纪90年代以来，在全球跨国并购中，跨国收购占绝大部分，跨国兼并仅占跨国并购的不到3%，以至于在实际意义上，跨国并购基本上就意味着跨国收购（UNCTAD，2000）。

（二）跨国并购的分类

作为一种极为复杂的跨国经营行为，跨国并购可以按不同标准进行各种分类。

1. 按照跨国并购双方的行业相互关系划分

按照跨国并购双方所属行业相互关系来划分，可以分为横向并购（cross-border horizontal M&A）、纵向并购（cross-border vertical M&A）和混合并购（cross-border conglomerate M&A）。

横向跨国并购是指两个以上国家生产或销售相同或相似产品的企业之间的并购。这种跨国并购的目的通常是扩大世界市场的份额或增加企业的国际竞争和垄断或寡占实力，且风险较小，并购双方比较容易整合，进而形成规模经济、内部化交易而导致利润增长。横向并购是跨国并购中经常采用的形式，但这种并购由于容易限制竞争形成垄断局面，受到许多国家的密切关注，并通过政策制度加以限制。

纵向跨国并购是指两个以上国家生产同一或相似产品但又处于不同生产阶段的企业之间的并购。并购双方一般是原材料供应者或产成品购买者间的关系。这类并购的目的通常是为了寻求生产链成本的降低而向前或向后并购相关企业，以减少交易不确定性和降低交易成本来获得规模经济效益。

混合跨国并购是指两个以上国家不同行业的企业之间的并购。这种并购方式同跨国公司的全球发展战略和多元化经营战略密切联系在一起，以减少单一行业经营的风险，降低生产成本，增强企业在世界市场上的整体竞争实力。这种并购方式与前两种并购方式的不同之处是，前两种并购的目的往往表现得十分明显，因而容易受到限制，而混合式并购的目的往往是隐蔽的，不易被人发现。

2. 按照跨国并购的手段来划分

根据并购手段的差异，可分为直接并购和间接并购两种。

直接并购也称协议收购。它是指收购方根据自己的战略规划直接向目标企业提出所有权要求，或者被购方因经营不善以及遇到难以克服的困难而向收购方主动提出转让所有权，并经双方磋商达成协议，完成所有权的转移。

间接并购则是指收购方在没有向目标企业发出并购请求的情况下，通过证券市场收购目标企业的股票达到对目标企业的控制权。与直接并购相比，间接并购受法律规定的制约较大，成功的概率也相对小一些。

3. 按照跨国并购的融资方式来划分

按照跨国并购的融资方式，可分为股票替换、债券互换、现金收购以及杠杆收购四类。

股票替换是指以股票作为并购的支付方式，并购方重新发行新公司股票，以替换目标企业原始股票，以此完成股票收购。其特点是目标企业原有股东并不因此失去其所有权，只是被转移到并购企业，并成为新企业的新股东。这种方式比现金并购方式节约交易成本，在财务上也可以做到合理避税，产生股票预期增长效应。

债券互换是增加发行并购公司的债券，用以代替目标公司的债券，使目标公司的债务转移到并购公司的并购活动。这里债券的类型包括契约债券、担保债券以及债券式股票等。

现金收购是指任何不涉及发行新股票或新债券的公司并购。购买方支付了商定的现金后即可获取目标公司所有权，而目标公司的股东一旦得到其所有股份的现金，即失去所有权。

杠杆收购是指一家或几家并购企业通过在银行贷款或在金融市场融资的方式所进行的收购行为。其操作方式一般是由收购企业设立一家直接收购公司，再以该公司名义向银行贷款或在证券市场上发行债券或融资票据获得收购资金。因为该方式是以少量自由资金撬动企业收购，故被称为杠杆收购。

（三）当代跨国并购的新特点和新趋势

进入20世纪90年代以来，经济全球化、一体化发展日益深入。经济全球化是在电子信息和网络技术时代，商品、资本、劳动等生产要素在全球范围内加速地流动和配置，从而将全球市场更加紧密地连为一体的现象和趋势。在经济全球化的趋势下，跨国直接投资自20世纪90年代后半期出现突飞猛进的增长。与此同时，跨国并购也逐渐形成浪潮。作为对外直接投资的方式之一，逐渐替代跨国新建而成为跨国直接投资的主导方式。表4-4反映了1997—2006年的全球跨国并购交易额。

表 4-4　　　　　　　　　　1997—2006 年全球跨国并购额　　　　　　　　　单位：亿美元

| 地区/国家 | 1997 | 1998 | 1999 | 2000 | 2001 | 2002 | 2003 | 2004 | 2005 | 2006 |
| --- | --- | --- | --- | --- | --- | --- | --- | --- | --- | --- |
| 世界 | 3 048 | 5 316 | 7 660 | 11 438 | 5 940 | 3 698 | 2 970 | 3 806 | 7 163 | 8 805 |
| 发达国家 | 2 398 | 4 584 | 6 877 | 10 745 | 5 056 | 3 227 | 2 458 | 3 174 | 6 049 | 7 280 |
| 欧盟 | 1 167 | 1 914 | 3 648 | 6 014 | 2 217 | 2 088 | 1 260 | 1 788 | 4 291 | 4 321 |
| 美国 | 817 | 2 095 | 2 519 | 3 244 | 1 849 | 732 | 697 | 819 | 1 056 | 1 722 |
| 日本 | 31 | 40 | 164 | 155 | 152 | 57 | 109 | 89 | 25 | 26 |
| 发展中国家 | 591 | 709 | 730 | 669 | 851 | 442 | 388 | 531 | 941 | 1274 |
| 非洲 | 43 | 26 | 31 | 32 | 155 | 47 | 64 | 46 | 105 | 176 |
| 拉美及加勒比 | 355 | 523 | 410 | 416 | 352 | 222 | 107 | 237 | 241 | 376 |
| 亚洲 | 190 | 159 | 288 | 221 | 344 | 173 | 216 | 248 | 593 | 716 |
| 中国 | 19 | 8 | 24 | 22 | 23 | 21 | 38 | 68 | 83 | 67 |

资料来源：联合国贸发会议（UNCTAD）.2007年世界投资报告.

从表中不难看出，全球跨国并购交易额在2000年达到最高峰，并购额达到11 438亿美元，占当年对外直接投资流入量13 965亿美元的81.9%。2000年以后，由于世界大部分地区经济增长放缓，全球投资活动剧减，跨国并购交易额也有一定程度的回落。不过自2003年起，跨国并购交易额又开始回升，2006年已经达到8 805亿美元。

1. 当代跨国并购的新特点

（1）跨国并购成为跨国直接投资的主要方式。从全球范围来看，自20世纪90年代中期以来，跨国并购已逐渐替代新建投资成为国际直接投资的主要方式。在2000年，全球跨国并购的交易额高达11 438亿美元，占世界直接投资交易额的81%。2000年以后，由于世界大部分地区经济增长放慢，全球投资活动剧减，跨国并购交易额也有一定程度的回落，但是跨国并购交易额占世界投资总额的比重仍然保持在60%左右。

（2）跨国并购中强强联合和优势互补成为主导趋势。与以往的跨国并购不同，这次跨国并购浪潮具有强强联合和优势互补的特点。表现在强手联合、超大规模巨型企业间并购，规模空前，交易金额巨大，经济影响与发展势头远远超过以往任何时期。1997年美国最大的两家飞机制造公司波音与麦道公司合并，涉及金额140亿美元。1998年戴姆勒-奔驰公司和克莱斯勒公司在伦敦签署合并协议，这起合并涉及的市场金额高达920亿美元。2004年底，联想集团17.5亿美元收购IBM的PC业务，也是出于强强联合和优势互补。

（3）跨国并购的产业重点由第二产业向第三产业转移。20世纪80年代后期到90年代前半期，跨国并购主要集中在第二产业。化工、食品、烟草、电力和电子设备等制造业是跨国并购的主要领域。然而，随着跨国并购的进一步发展，明显地出现了产业转移的趋势，第三产业的并购金额呈稳定增长态势，而在此期间，第二产业却大起大落，增长速度不快，最终第三产业的并购规模逐渐超过第二产业而成为并购的主导产业。第三产业的全球跨国并购表现最为稳定且金额巨大的是交通及通信业和金融服务业。以金融业为例，最近两年在全球金融领域发生了一系列并购事件,例如,美国第二大银行摩根大通以 550 亿美元收购第一银行;在欧洲,西班牙最大的 Santander 银行宣布了对英国第六大银行 Abbey 的收购计划,其交易金额约为 155 亿美元,成为欧洲银行史上最大跨国并购案。

(4) 跨国并购以横向和混合并购为主。在这次跨国并购浪潮中,无论是从并购企业数还是并购值看,横向并购均占第一位,其次是混合并购,最后是纵向并购。1999 年横向并购值占到 70%,比 1990 年上升了 15.4%,这种横向兼并加强了大企业的市场垄断能力,充分地发挥了规模经济效益,有利于实现大型企业集团的内部化、网络化、集团化及全球化战略目标。比如,1999 年先后出现了美国福特收购瑞士沃尔沃,法国雷诺汽车收购日本日产汽车等巨型并购案等。混合并购在 20 世纪 90 年代中期企业多元化经营战略的影响下,趋于活跃,像 1995 年迪斯尼公司以 190 亿美元收购美国广播公司而成为全球最大的娱乐业公司;通用汽车公司兼并飞机制造业的休斯公司;机电业的威斯汀豪斯公司兼并哥伦比亚广播公司及美国无线电公司;2000 年美国在线与时代华纳合并,使网络与传统媒体两种大众传播方式走到一起,这种结合是新技术融合的结果,即多媒体技术把网络、印刷、电视、广播和娱乐结合起来,这些均是跨行业混合并购的大案。

(5) 发达国家的跨国并购占主导地位,发展中国家的跨国并购正逐步上升。跨国并购已经成为以美国、欧盟、日本为首的发达国家对外投资的主要方式,这些国家凭借着技术、资本、市场等优势,在跨国并购中占据优势。近几年来,发达国家跨国并购占全球跨国并购的比重一直保持在 90% 左右,发展中国家约占 10%,并购交易在 10 亿美元以上的特大宗并购几乎全部都发生在发达国家。

与此同时,发展中国家跨国并购增长迅速,其并购的规模从 1995 年的 160 亿美元增长到 2000 年的 669 亿美元。虽然发展中国家跨国并购占全球跨国并购的比重仍然不大,但近几年来它们的持续活跃已使世界经济的影响不断扩大。同时,更为重要的是,这些地区(尤其是亚洲地区)活跃的并购形势正在表明这样一种重要趋势,即:国际投资格局正在伴随着全球生产网络的变化而发生着历史性的变革。例如,在拉美地区,2003 年,流入巴西和墨西哥的 FDI 均为 100 亿美元,尽管与 2000—2001 年期间的状况已不可同日而语,但在世界各国吸收直接投资规模普遍下降的情况下,仍能达到较大的规模,可以说已是不易。在亚洲,中国、东盟、印度等亚洲发展中国家(地区)经济的强劲增长,使亚洲成为近年来全球企业并购活动中最活跃的热点地区。

不仅发达国家企业对发展中国家企业的并购投资急剧增加,发展中国家向发达国家的"逆向并购"的规模也正在不断扩大,并购的领域从传统的钢铁、矿产业逐步向发达国家高技术含量、高附加值行业渗透。比如联想集团收购 IBM 的 PC 业务,就是这种"逆向并购"的典型。同样,大量的印度公司正在全世界收购企业,该国企业尤其在信息、能源等领域的跨国并购活跃,十分引人注目。2004 年,印度著名的信息系统公司(Infosys)便以 2 300 万美元收购了澳大利亚专家信息服务公司(Expekt Information Services),兰伯西(Ranbaxy)以 7 500 万美元收购了一家法国公司。越来越多的发展中国家,不仅在尝试借助跨国并购引进外来直接投资,而且还在积极鼓励本国企业通过并购外国企业,实现其全球化战略。

2. 跨国并购的发展趋势

自 20 世纪 90 年代出现的这次并购浪潮，其总规模与单个规模的扩展，与前几次并购浪潮相同，也呈现了某种波浪式扩展趋向。2001 年以来，全球性的并购浪潮一定程度上出现了减缓的迹象。2002—2004 年，发达国家大规模的跨国并购项目有所减少，而 2000 年流向发展中国家的外国直接投资出现了 10 年来的首次下降。分析其原因，一是 2000 年下半年开始美国经济增长开始出现大幅度下降，对国际资本流动造成一定的影响；二是全球主要发达国家股市在高速增长之后，2000 年开始进入相对停滞状态，跨国并购需要的资金来源受到影响；三是跨国并购的潜力受到一定限制。从全球情况来看，目前发达国家可以选择的跨国并购项目大多数已经完成，发展中国家解除管制和大规模私有化的过程短期不会再有大的动作，致使全球可以进行跨国并购的潜力有所减少，短期内跨国并购的增长将会有所下降。

并购活动的收缩并不意味此次并购浪潮的过去，而是两次大的涌动之间的短暂调整，种种迹象表明，从中长期发展趋势来看，跨国并购的能量正在重新聚积，等待适当的时机爆发。

2005 年以来，世界经济的持续增长和全球股市的普遍回升，使得跨国并购趋于活跃，而投资盈利水平上升也促使跨国公司继续向新兴市场国家和地区进行产业转移和增加投资。全球跨国直接投资继 2004 年走出低谷实现恢复性增长后，2005 年出现了快速增长态势。联合国贸发会议 2006 年 1 月的统计表明，2005 年全球直接投资规模达到了 8 967 亿美元，较 2004 年增长了 29%。其中，发达国家成为此次增长的主要推动力量，吸收外国直接投资增长了 38%，结束了延续 4 年的下降趋势；发展中国家仍然保持较快增长，增幅达到 13%。英国得益于跨国并购一举成为全球吸收外国直接投资最多的国家，规模达到了 2 191 亿美元，其中荷兰皇家壳牌的合并案中就为英国带来了 1 000 亿美元的外国直接投资；美国和中国吸收外资居其后，分别达到了 1 060 亿美元和 603 亿美元。

可以预见，2005 年开始趋于活跃的跨国并购，在今后的几年还会继续，这是因为全球跨国并购的动因仍然存在。一是经济全球化的发展将加速各种资源及要素在全球范围内流动并进行配置，从而推动跨国并购的发展；二是在 WTO 的框架下，各国进一步开放国内市场，解除各种投资障碍，为国际资本流动提供了制度条件；三是新技术革命的深入发展为全球生产规模的扩大、贸易交往及降低交易成本提供了更大的空间，为企业间的跨国并购提供了技术支持；四是随着经济的发展，制造业出现的全球生产能力过剩现象将会加剧，同时服务业的竞争将趋于激烈，从而继续推动全球产业结构的重组和跨国并购持续进行下去；五是发展中国家、转轨国家的并购市场相对还有较大的空间，这些国家的国内产业大部分都面临着大整合的局面，跨国并购不仅可以促进其产业的整合升级和调整结构性的过剩或短缺，还可以加速企业转制和挽救那些因经营管理不善而濒临破产的国有企业，而制造业和服务业将日益成为跨国并购的主体和主要战场。

◎ 小结

1. 本章对目前较为流行的对外投资理论进行了研究。可以简单地讲，所谓国际投资理论就是从理论上解释跨国企业对外直接投资的动因和条件，也可以简单地称为跨国公司理论。在这些理论中较有影响的是：海默的垄断优势理论，弗农的产品生命周期理论，巴克利和卡森的内部化理论,以及日本学者小岛清基于日本对外直接投资行为之上的边际产业扩张理论。随着跨国公司的发展,20世纪80年代到90年代期间,又出现了一系列影响深远的国际投资理论流派,其中有邓宁的投资发展水平理论、投资诱发要素组合理论和国际生产折中理论,以及迈克尔·波特的战略管理理论。威尔斯系统地分析了发展中国家对外直接投资竞争优势的来源,并对发展中国家对外直接投资的动因和前景进行了深入分析,提出了小规模技术理论。拉奥提出了技术地方化理论,这些理论从另外一个角度解释了对外投资的动因。

2. 国际直接投资无论是对投资母国还是对东道国的经济都产生了深远的影响。就东道国而言外商直接投资可以带来资源转移效应、增加就业效应、国际收支效应和促进产业结构调整效应。对母国而言,也有很多好处。当然,对外直接投资在带来好处的同时,也给东道国和母国带来了一些不利影响,所以一些母国和东道国都会对对外直接投资进行一些政策性限制。

3. 企业在国际化经营时有五种不同的国际化方式,即出口、交钥匙工程、许可经营、特许经营和直接投资。跨国企业之所以不选择其他方式而采用对外直接投资,是因为出口等其他方式的局限性和对外直接投资的优势。具体来讲,跨国企业采用直接投资策略主要有资源导向型、市场导向型、效率导向型、分散风险型、高新技术研发型等投资动机。

4. 新建投资和跨国并购是国际企业对外直接投资的两种形式。两种方式各有利弊,国际企业选择哪种直接投资形式取决于企业内部因素和外部环境因素。企业内部因素包括技术水平、跨国经营战略、跨国投资的管理经验及企业规模。外部环境因素包括行业特征、政府的管制、社会文化差异和全球经济发展趋势。自20世纪90年代以来,跨国并购已经逐渐替代跨国新建而成为跨国直接投资的主导方式。

◎ **复习思考题**

1. 试述内部化理论和科斯交易费用理论的关系。
2. 试述弗农的产品生命周期理论的主要观点,并解释该理论对发展中国家企业对外投资有何借鉴意义。
3. 试述邓宁的折中理论的主要观点,并分析跨国企业如何选择不同的国际化方式。
4. 分析发展中国家对外直接投资的竞争优势的来源。
5. 比较分析国际企业国际化的方式。
6. 分析国际企业采取对外直接投资的动因。
7. 为什么很多国家都采取优惠措施来吸引FDI?

◎ **参考资料**

1. Neil H., Young S. The Economics of Multinational Enterprise. 1979.
2. Hymer, Stephen H. International Operations of Nations firms: A Study of Direct Foreign Investment, 1976.
3. Buckly, Peter J., Casson M. The Future of the Mutinational Enterpirse. 1976.
4. Dunning, John H. International Production and Multinational Enterpris, 1981.

5. Kojima K., Direct Foreign Investment: A Japanese Model of Multinatonal Business Operations, 1979.

6. 刘易斯·威尔斯. 第三世界跨国企业. 叶刚, 杨宇光, 译. 上海: 上海翻译出版公司, 1986.

【案例分析】

## 三一重工的国际化道路

三一重工股份有限公司（简称三一重工）由三一集团投资创建于1994年，主要从事工程机械的研发、制造、销售。近年来三一重工一直在加速推进国际化，大举进军国际市场，三一重工将国际化视为又一次艰苦创业过程（第三次创业）。该阶段由出口转向直接投资，形成了投资、设计、生产、销售一条龙式的本土化全球发展之路。

### 一、出口

2001年11月18日，三一重工与世界500强企业美国迪尔公司正式签订合作经销协议，拉开了三一国际化经营的序幕。2002年，一批平地机出口至摩洛哥，打开了国际化突破口。随着2004年、2005年大力开拓国际市场，三一重工先后向75个国家/地区派驻了营销队伍，公司单笔订单和总体海外销售额迅猛增长。三一重工国际销售模式以代理商为主，代理商的选择标准与卡特彼勒等国际巨头一致，代理销售占出口的60%以上。三一重工与代理商合作致力于提升海外销售，更致力于长远的三一品牌推广。三一重工对代理商提供了较多支持，将规范化服务管理模式应用于代理商的服务体系，帮助提升服务管理、配件管理、服务培训体系建设水平。携手代理商参加国际行业展会是三一重工利用较少投资提升行业影响力的重要手段。例如，三一泰国作为金牌赞助商携手代理商亮相曼谷2012 CONSTECH国际工程机械展，达成意向订单数十台，金额300多万美元。此后在2013年2月，三一重工又有100台设备出口至泰国。

### 二、海外投资

三一重工的海外投资首先在不同区域投资建立科研生产基地，逐步缩小与发达国家的研发差距，以促进公司产品在当地的出口，逐步实现当地生产。三一重工海外子公司的建立通常是产业园形式，强化与当地供应商、经销商和政府等组织的联系，这种"全产业链"布局使其可以从东道国获取一部分更便宜、供给更有保障的零部件，其产品可立足核心国家，辐射周边国家市场。

2002年，三一重工投资成立印度公司，2006年投资6000万美元在印度建设工程机械生产基地，逐步形成工程机械产品规模化生产能力。项目建成后，80%以上在印度销售的产品实现了本地化制造，产品除供应印度本地市场外，逐步覆盖亚太地区其他国家。

2007年9月，三一重工投资6000万美元在美国佐治亚州打造研发制造基地，2008年2月增资建设建筑工程机械制造基地。三一美国公司已逐步建立起自己的营销、服务网络，以混凝土机械设备为龙头，带动公司其他设备的销售。三一美国已成功开发了15款适销北美高端市场的新产品，公司将通过美国建设生产基地，进一步辐射加拿大、墨西哥市场。

2009年1月，三一集团与德国北威州签订协议，斥资1亿欧元在德国设立欧洲研发中心及机械制造基地。2011年6月20日，三一贝德堡产业园开业，建成后将包括一家工程设备制造工厂、一个研发中心和一个培训基地。

2010年2月22日，三一重工与巴西第一大城市圣保罗签订《2亿美元在圣保罗州建设工程机械制造基地》的投资意向备忘录。巴西产业园整合当地优势资源，主要致力于生产挖掘机、履带吊等工程机械产品，产品销售立足巴西、辐射南美。

2011年4月，三一中国投资2亿美元兴建三一印度尼西亚产业园。按照规划，三一印度尼西亚产业园的机械产品，除销往印度尼西亚当地之外，还可辐射整个东盟国家市场。

2012年2月，全资子公司三一汽车起重机械有限公司与奥地利帕尔菲格集团子公司（Palfinger Asia Pacific Pte. Ltd）成立两家合资公司。帕尔菲格集团成立于1932年，是世界领先的液压起重、装载、搬运设备制造商，在全球超过180个国家拥有超过1 500个销售和服务网点，在液压折臂起重机市场处于领头羊地位。合资公司PalfingerSany位于奥地利，双方各占50%的股权，主要从事三一汽车起重机产品的销售和服务，它将成为国际销售和服务的公司，并在欧洲和独联体国家独家分销三一汽车起重机。

### 三、并购

2012年1月底，三一重工联合中信产业基金共同出资收购业内素有"大象"之称的世界混凝土机械巨头普茨迈斯特100%股权，三一德国有限公司持有其90%股权。2012年7月19日，三一重工控股子公司德国普茨迈斯特公司出资810万欧元收购Intermix GmbH公司100%的股权，该公司是欧洲第三大混凝土搅拌车以及特种搅拌设备生产商。

并购前三一德国公司已经加入欧洲制造协会界实力最强、影响力最大的德国机械设备制造业联合会（VDMA），通过本土交流可更好地把握未来技术发展趋势、了解当地市场需求和政策法律环境，也为并购后整合打下了良好基础。三一重工并购普茨迈斯特后获取了目标公司的全部技术专利，而且拥有其全球顶尖的研发人员，将大幅度提升三一的研发质量、效果以及创新水平，对方52年发展中建立的全球销售体系、品牌也为己所用。收购Intermix GmbH公司丰富了三一重工的产品组合，延长了产业链，并将与公司现有业务形成良好的协同效应，显著增强公司在混凝土搅拌机械领域的研发创新能力、营销服务水平以及国际品牌影响力。

经过不到20年的发展，三一重工已经是全球最大的混凝土机械制造商，我国工程机械行业综合效益和竞争力最强企业，2012年海外业务收入占公司总营收比例达到19.42%，成为名符其实的跨国公司。

讨论题：
1. 三一重工海外销售选择代理商有什么优缺点？
2. 三一重工海外投资为什么热衷于产业园形式？
3. 三一重工海外并购的动因是什么？

# 第五章 区域经济一体化

◎ **本章学习目的**

学习完本章之后,你应该掌握以下内容:
1. 区域经济一体化的主要类型;
2. 区域经济一体化的驱动因素;
3. 区域经济一体化的经济效应;
4. 世界上主要的区域经济一体化组织。

**【上海自由贸易试验区挂牌成立】** 2013年9月29日,我国大陆境内第一个自由贸易区上海自由贸易区(简称自贸区)正式挂牌成立。该试验区以上海外高桥保税区为核心,辅之以机场保税区和洋山港临港新城,成为中国经济新的试验田,实行政府职能转变、金融制度、贸易服务、外商投资和税收政策等多项改革措施,并将大力推动上海市转口、离岸业务的发展。

依据国务院通过的《中国(上海)自由贸易试验区总体方案》,上海自贸区试点将有以下规划与政策:先行试点人民币资本项目开放及逐步实现可自由兑换等金融措施,并采用循序渐进的开放政策,优先开放企业法人的人民币自由兑换;上海自贸区试点也有望成为中国加入"泛太平洋伙伴关系协议"(TPP)的首个对外开放窗口,为中国加入该协议发挥重要作用。该方案最终将可能落实到金融、贸易、航运等五个领域的开放政策,以及管理、税收、法规等五个方面的改革措施。此外,在金融领域,上海自贸区试点还将试点利率市场化、汇率自由汇兑、金融业的对外开放、产品创新等,也涉及一些离岸业务;在贸易领域,上海自贸区试点将实现"国境线放开"、"国内市场分界线安全高效管住"、"区内货物自由流动"的监管服务新模式,这是上海自贸区试点与目前上海综合保税区的主要区别。上海自由贸易区内7家银行已经开始试点几乎等同离岸账户的FTA账户。

上海自贸区正式挂牌成立前后均引起了各方高度关注,挂牌后首个业务受理日就有577人次申请入驻。2013年国庆节长假期间上海自贸区综合服务大厅日平均接待700人次,自贸区官网日平均点击量也高达100万次。截至2013年10月7日,上海工商部门收到落户自贸区申请的企业已超过600家。包括东方明珠、太平洋财产保险、盛大国际等多家知名企业都抢先入驻。

有媒体认为,中国新一届总理李克强力排众议推进上海自贸区试点的设立显示出中国新一届领导人推动经济改革的决心。香港《南华早报》7月15日发表题为《上海是展示李克强经济学的橱窗》的文章,指出李克强已下定决心选择上海作为第一个橱窗,展现"李克强经济学"是如何发挥作用将中国从硬着陆的风险中拯救出来的。上海自贸区试点的设立还被认为将使上海的港口、机场、仓储、地产以及金融服务等行业获益,并大幅促进上海的离岸经济、港口经济和总部经济的发展,同时给长江三角洲地区的经济发展以正面辐射效应。外高桥地区也因得益于行政、金融、交通、区域成熟度和配套等各方面的优势而被认为有希望成为上海自贸区的中央商务区。由于自贸区对人员进出未设限制,因此对于上海市民和其他中国民众而言,上海自贸区的成立将方便他们的生活,在未来可以较低的价格买到进口商品,以前无法购得的游艺设备也能在自贸区购买,自贸区内未来还可以直接"海淘",商品通过物流直接送到消费者手中。

另一方面,香港媒体指出,上海自贸区试点的建立可能会导致区域内地产价格飙升。在9月中旬,外高桥保税区的房价较两三个月之前,已经上涨了4 000元左右,逼近20 000平米,对于此,民众多半尚抱观望态度,等待政策明朗。在上海自贸区试点获得立项后,江苏等周边地区亦开始应对其可能对自身发展产生的影响及可能获得的效益。在上海自贸区试点获得批准之后,中国大陆其他地区,如舟山、重庆、天津等地区均纷纷跟进,推出本地区的自贸区规划项目以求获得政策利好,促进本地区经济发展。面对这种情况,亦有评论指出:建立自由贸易试验区实质上是在分享"政策红利",有可能引起区域之间的恶性竞争,对于中央政府而言,一碗水很难端平。中国经济发展的着眼点应是改善民众的生活,因此除了扩大对外开放之外,更重要的还应当努力扩大内需。

(资料来源:根据有关资料整理。)

从第二次世界大战以来,各国逐步大幅度降低了对贸易的限制,推进贸易自由化的进程。贸易自由化的途径主要有两条。第一条途径是各国之间在非歧视性基础上相互削减关税。在世界贸易组织(WTO)及前身关贸总协定(GATT)的框架内,任意两个成员国之间的关税减让协定可以无条件地适用于其他成员国。由此极大地推动了整个世界范围内关税的逐步削减。

贸易自由化的另一条途径就是几个国家以地域为基础组建小型集团,签订区域经济一体化的协定。在该协定内,成员国之间相互降低贸易壁垒,而对非成员国则实施相对较高的贸易壁垒。每个成员国仍然有权决定相互降低贸易壁垒,但每个国家的贸易政策都要特别给予成员国优惠待遇。正因为如此,区域经济一体化协定一直是WTO所体现的非歧视原则的例外。那么,区域经济一体化有哪些主要形式?为什么会产生区域经济一体化?区域经济一体化会产生何种影响呢?目前又有哪些主要的区域经济一体化组织呢?本章将会针对这些问题逐一展开论述。

## 第一节　区域经济一体化的类型与成因

### 一、区域经济一体化和多边贸易自由化

所谓区域经济一体化(regional economic integration),指的是在某一地理区域内的某些国家,为实现彼此之间产品、服务和生产要素的自由流动而达成的降低、直至最终取消关税和非关税壁垒的协议。

与区域经济一体化相对应的是实行一体化的区域范围为整个世界，即全球经济一体化，形成全球化的自由贸易市场，在这一市场中，所有国家可向其他任何国家出口它们愿意出口的任何产品。世界贸易组织的一个主要目的就在于通过贸易协定，促进世界范围内的贸易自由化。然而，多数国家同时就协议达成一致是非常困难的。迄今为止，世界贸易组织在达成全球贸易协定方面屡屡受挫，所以许多国家纷纷寻求较小区域内的经济一体化来作为一种选择。那么对多边贸易体系而言，区域经济一体化是制造还是消除了贸易障碍呢？

与世界贸易组织所构建的多边自由化框架相比，区域经济一体化框架下的贸易自由化有很大不同。在区域经济一体化的框架下，各国只对一体化组织的参与国家降低贸易壁垒，而对世界上其他国家实施歧视性政策。在世界贸易组织框架下，每个国家的贸易自由化适用于所有的 WTO 成员国，不存在歧视性的基础。尽管区域经济一体化组织能够弥补多边贸易体系的不足，但其本质上是歧视性的，是与正常的贸易关系原则相背离的，而这恰恰是世界贸易组织的基础。

区域经济一体化组织使得成员国不再寻求与组织外的国家进行贸易自由化，因此成为多边贸易自由化的绊脚石。例如，如果中国已经成功进入美国市场，那么可能会对与美国签订自由贸易协定不感兴趣。而不像中国的竞争对手，比如越南、阿根廷等国会比较迫切地与美国签订区域经济一体化协议，从而能够抢占中国在美国市场的份额。此时，阿根廷等国如果和美国成功签订了区域经济一体化协定，那么它们无需通过提高产品质量，不必降低产品价格就可以获取美国贸易法规所给予的特殊待遇。相对应的，参与世贸组织只会降低它们这种特权，那么它们还有必要参加世界贸易组织的会议吗？

还有两个因素也意味着区域经济一体化组织的成员国不会积极推进世界范围内的自由化。第一，区域组织的成员国一般不会意识到全球贸易自由化所带来的规模经济效益，而只是对国外市场适度开放。通常情况下，贸易自由化范围不断扩大的区域一体化组织、区域内企业能够进行充分的生产运行，从而享受规模经济的全部好处。第二，区域经济一体化组织的成员国可能愿意花费大量的时间和精力来建立强有力的区域联系，而不是参与全球贸易自由化的谈判。

另一方面，按照开放性和包容性原则，区域经济一体化组织往往会增加全球自由贸易和投资的障碍，而是不削减障碍。区域经济一体化组织通过如下方式来促进全球市场的开放性。第一，由于利益一致，谈判进程也较为简化，区域经济一体化协议能够实现纵深的经济一体化。第二，自由贸易区的建立是一个自我强化的过程，即随着自由贸易区的扩大，市场范围也不断扩张，从而吸引更多的非成员国加入组织，以获得与成员国同等的贸易优惠。第三，区域经济自由化能够促进产业之间工人的部分调整，即工人从一国竞争劣势较强的进口竞争产业转移到竞争优势较强的出口产业。随着调整的推进，越来越多的劳动力从自由化贸易中获益，同时利益损失的部分也将减少，这也赢得了政治上对自我强化进程中贸易自由化的支持。

## 二、区域经济一体化的类型

区域经济一体化有不同类型和不同程度。有的仅在商品贸易方面，有的则扩大到服务贸易、要素流动，甚至货币体系和经济政策等方面的协调和合作。最初级的合作层次是定期或不定期的多边协商，最高的合作程度可以达到经济上的一体化。区域性的合作通常是一种比关贸总协定和 WTO 所规定的开放程度更高的贸易与经济的自由化。

在对区域性一体化的成因和影响分析之前，我们有必要先介绍一下区域经济一体化的主要类型。根据一体化程度的不同，区域经济一体化可以分为由低到高的五个层次。同时，我们在表 5-1 中描述了各种类型的区域经济一体化组合的主要特征。

表 5-1　　　　　　　　　　　　区域经济一体化的各阶段

|  | 自由贸易区 | 关税同盟 | 共同市场 | 经济联盟 | 政治联盟 |
| --- | --- | --- | --- | --- | --- |
| 无贸易壁垒 | √ | √ | √ | √ | √ |
| 共同的对外贸易政策 |  | √ | √ | √ | √ |
| 自由流动的生产要素 |  |  | √ | √ | √ |
| 共同的货币和经济政策 |  |  |  | √ | √ |
| 建立面对成员国所有公民的机构 |  |  |  |  | √ |

1. 自由贸易区（free trade area）

它是由签订自由贸易协定的国家组成的区域贸易集团。在自由贸易区内，成员国之间的产品和服务贸易的壁垒被完全消除。在理论上最为理想的自由贸易区里，成员国之间不许设置对贸易产生扭曲作用的歧视性关税、配额、补贴或管理障碍。但是，每一个国家可以确定其对非成员国的贸易政策。这样，成员国之间对来自非成员国的产品的关税或其他壁垒就会有很大的差异。

世界上存在时间最久的自由贸易区是目前以挪威、冰岛和瑞士等为成员国的欧洲自由贸易区（EFTA）。该贸易区成立于 1960 年 1 月，是由那些不想加入欧洲共同体（欧盟的前身）的西欧国家建立的。其他自由贸易区有北美自由贸易区（NAFTA）、拉丁美洲自由贸易协会、加勒比自由贸易区和东南亚国家联盟等。

自由贸易区是一种松散的一体化，是区域经济一体化的最初级形式。

2. 关税同盟（customs union）

较之自由贸易区，关税同盟向全面的经济和政治联盟又迈进了一步。关税同盟消除了成员国之间的贸易壁垒，并且采取共同的对外贸易政策。同盟各国的海关境界合并成统一的海关境界。缔盟的目的在于使成员国的商品在统一关境以内的市场上处于有利地位，排除非联盟国商品的竞争。共同的对外贸易政策要求有一个强有力的管理机制来监督与非成员国之间的贸易关系。加入关税同盟的大多数国家都希望能实现更大程度上的经济一体化。

欧盟（EU）便是从关税同盟起步的，现在已经超越了这一阶段。目前世界上的其他关税同盟还有安第斯条约（Ancom），这是在玻利维亚、哥伦比亚、厄瓜多尔和秘鲁之间签署的，试图在成员国之间建立自由贸易，对来自外部的产品征收统一的 5%~20% 的关税。

关税同盟是区域经济一体化诸形式中比较重要的一种。它的一体化程度适中，既有较大的作用，又较易达到。

3. 共同市场（common market）

与关税同盟一样，在理论上最理想的共同市场里，成员国之间没有贸易壁垒，它们实行共同的对外贸易政策。但与关税同盟不同，在共同市场内部，生产要素在成员国之间也是可以自由流动的。劳动力和资本可以自由流动，因为在成员国之间，对于人员的流入和流出以及资本的跨国界移动没有任何限制。所以，在共同市场里，成员国之间联合的密切程度远大于关税同盟，资本、技术与劳动力如在一国之内一样可自由流动，畅通无阻。

欧盟现在就已经是一个共同市场。自 1993 年 1 月 1 日起，欧盟正式成为一个拥有 3.4 亿消费者的统一大市场。市场内部逐步取消了一切有形的、技术的和财政的边界障碍，实现了商品、服务、资本、技术和人员的自由流通。虽然还有几个区域性集团如中美洲共同市场（CACM）和南美自由贸易区（Mercosur）等也期望能建立共同市场，但到目前为止，除欧盟以外，世界其他地区还没有建立起很成功的共同市场。建立共同市场需要成员国在财政、货币和就业政策方面达到很高程度的协调与合作，而要实现这种层次的合作是很困难的。

4. 经济联盟（economic union）

经济联盟的建立所需要的协调与合作的程度比共同市场的要求更高。与共同市场一样，经济联盟也包含产品和生产要素在成员国之间的自由流动以及采取共同的对外贸易政策。与共同市场不同的是，经济联盟还要求有共同的货币、成员国在税率方面的协调和共同的货币和财政政策。这种高度的融合要求有一个强有力的协调机制，而且每一个成员国都要为这个机制牺牲一定的国家主权。

5. 政治联盟（political union）

经济联盟的发展提出了这样一个问题：如何能建立一个对成员国的所有公民都负责任的强有力的协调机构？答案是通过政治联盟来实现，成立一个共同权力机构，把各成员国的经济与政治联结成一个整体，各成员国把主权移交给这个超国家的权力机构。

政治联盟消除了各同盟国的政治独立，实行了政治上的联合。原来的坦噶尼喀和桑给巴尔的政治联合就形成了现在的坦桑尼亚。

欧盟已经走上了迈向政治联盟的道路。自 20 世纪 70 年代后期以来，欧洲议会就一直是由成员国的公民直接选举的。现在，欧洲议会在欧盟中发挥着越来越重要的作用。另外，部长理事会（欧盟的控制和决策机构）是由各成员国的政府部长组成的。从广义的角度来理解，加拿大和美国等国家也可以看作是更高程度上的政治联盟，因为这些国家是由独立的各个州组成的。最终，欧盟也许会朝着与此相类似的联邦结构发展。

### 三、区域经济一体化的驱动因素

区域经济一体化建立有多种驱动因素。其最基本的动机就是加快经济增长。区域市场的扩大可以利用生产的规模经济，促进专业化分工，发挥边干边学的优势，吸引外国投资。区域经济一体化也有很多非经济目标，比如控制移民流动，促进地区安全等。此外，区域经济一体化还能深化和巩固国内的经济改革。例如，东欧国家就把效仿欧盟作为贯彻它们向私有化和市场经济体制转变的国内政策之一。

当小国对未来进入大国市场缺少把握时，往往会出于安全考虑与大国签订贸易协定，北美自由贸易协定的形成就明显带有这种动机。在北美地区，墨西哥加入北美自由贸易协定的部分原因就是担心美国的贸易政策会朝着控制程度更高或者战略性贸易方向转变。加拿大加入自由贸易协定则是在很大程度上为了防范美国使用反补贴税和反倾销税。

随着新的区域一体化协定的形成，或者现有协定的拓展和深化，一国不加入区域经济一体化的机会成本会越来越高。如果非成员国的出口商发现，其市场份额会被其他成员国的出口商抢走，市场份额大幅下降。当非成员国的出口部门利益超过面临进口竞争的部门利益时，政治天平就会偏向加入区域经济一体化组织这一边。美国和墨西哥的自由贸易区谈判极大地影响了加拿大加入北美自由贸易协定的决定。

归纳起来，区域经济一体化的形成是基于以下几个原因：

1. 经济因素。明显的经济优势是区域经济一体化组织形成的首要条件。在各个国家准备放弃一部分自主权之前，它所预期的利益必须远远超过其损失。各类经济联盟都把发展和扩大市场机遇看作一项基本方针。生产者能从扩大了的市场中得到更大的安全感，同时消费者也能从较低的内部关税中得到实惠。

2. 政治因素。区域经济一体化组织的产生和发展，除了有内部动力外，还有外部的压力，世界经济政治发展的不平衡直接促进了它的产生和发展。例如，第二次世界大战结束后，美国实力空前增强，西欧各国实力严重削弱。为了改变自己受控制和支配的地位，西欧各国必须联合起来。再如，广大发展中国家为了缩小南北差距，增强同发达国家竞争和抗衡的能力，也必须在不同的范围内联合起来，组成类似东盟等机构，加大发言的分量。

3. 地理因素。区域经济一体化组织的名称就说明了地理因素对其形成的重大作用。虽然从理论上来说成员国并非必须在地理上绝对毗邻，但实际上地理位置相隔很远的国家为了建立这类组织需要克服很多障碍。反之，当国家间相互毗邻时，作为市场体制基础的交通网就有可能相互联结并发展起来，即地理上的密切联系促进了共同市场的运转。

4. 文化因素。文化传统、价值观念和宗教信仰等方面的相似性会缓和一国与他国结成经济联盟所带来的冲击。文化越相似，所有成员国就越了解彼此的国家背景和组织的可能前景，形成共同市场的可能性就越大。

此外，区域经济一体化的形成还是其他几个因素直接作用的结果：

1. 国际分工及市场纽带发展的客观要求

在当代世界，随着国际分工的进一步发展，其各种联结纽带，即世界市场上的各种经济资源的流动，如国际商品流动、国际资本流动、国际技术流动和国际劳务流动等，迅速增强扩大，这在客观上要求各国通过联合与协调来谋求共同利益和协调矛盾。

2. 全球性经济一体化的局限性

国际分工、国际市场从而国际经济联系的发展，是一种全球性现象。在此基础上，产生了一些全球性的经济组织和调节机制，发挥着重要作用，但同时也有很大的局限性。首先，由于这种调节机制涵盖整个世界，其外延的广泛性决定了其往往是一种松散的、约束性不强的调节方式；其次，成员的众多、内容的复杂使得全球性经济一体化组织要么只进行单领域调节，要么进行多领域但非操作性的、原则性的调节；最后，众多成员国不可避免的巨大差异引起利益的不一致和力量的不平衡，往往在组织内部形成不同的子集团，甚至可能由势力最强的少数国家集团操纵整个组织，大大降低了全球性经济组织的作用。

区域经济一体化则可减少甚至避免全球性经济组织的局限性。一般来说，某一区域内的国际分工和交换发展程度更高，各国间的经济联系更为密切，利益的共同性大得多，不平衡性也小得多。

3. 政府干预的加强

区域经济一体化是由各国政府出面进行的经济联合与调节，当代世界各国政府对经济干预活动的加强，是区域一体化形成的重要条件。实行区域经济一体化，对发达国家而言，是国家垄断资本主义超越国界的必然延伸，对发展中国家而言，具有鲜明的国家或民族资本主义的特征。这些都为国家出面组成经济一体化组织奠定了客观的基础和条件。

## 第二节　区域经济一体化的经济效应

区域经济一体化一方面对经济发展起着积极的促进作用，另一方面也存在着局限性，从而对经济发展有消极影响。

### 一、区域经济一体化的积极作用

1. 建立在比较优势基础上的专业化生产，使贸易成为"各有所得的事情"。

根据国际贸易的比较优势理论，无限制的自由贸易可以使各国专门从事其效率最高的产品和服务的生产，这种生产的专业化会使世界的总产量高于有贸易限制时的产量。自由贸易与经济增长是互相促进的，一个国家实行自由贸易能刺激该国的经济增长，反过来，经济增长又能使该国从贸易中获得更大利益。

2. 贸易创造效应（参见"小资料：贸易转移和贸易创造效应"）

区内关税和其他贸易障碍的降低和消除带来了区内商品和生产要素的自由流动，由此降低了各方的生产成本，达到了资源的优化配置。产品的跨国界自由流动、产品标准的相互协调以及税收制度的简化，使得跨国企业能够将生产活动集中在成本要素和技能组合最佳的地点来进行，从而实现成本效益。

> **小资料：贸易转移和贸易创造效应**
>
> 我们通过一个具体的事例来了解一下什么是贸易创造和贸易转移，因为区域性自由贸易区的建立往往会伴随着贸易创造和贸易转移两个结果。
>
> 在图 5-1 中，我们假设有三个国家：美国、墨西哥和中国。其中，美国是运动鞋的纯进口国，中国及墨西哥都生产并出口运动鞋。中国运动鞋的出口价格假设为 10 美元，墨西哥的价格为 11 美元，假设美国对运动鞋都课征 2 元的进口税，中国运动鞋在美国市场价格为 12 美元，墨西哥鞋则卖 13 美元。在美国与墨西哥签订自由贸易协定以前，美国当然从中国进口，进口量为 $M_c$，在国内市场售价 12 美元，政府关税收入为 \$2 乘以 $M_c$，即 a+c 部分。

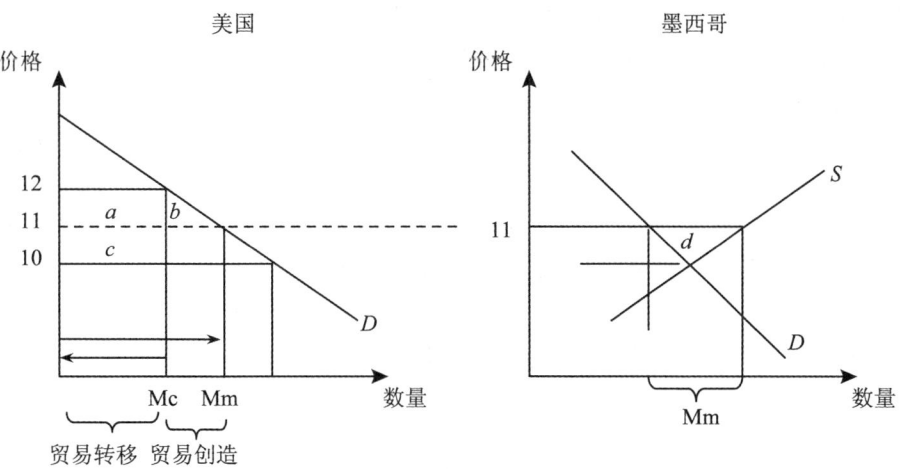

图 5-1 贸易创造和贸易转移

美国和墨西哥之间实行自由贸易之后，取消了所有从墨西哥进口商品的关税，但仍保持着对其他国家的贸易壁垒。在不需缴纳关税的情况下，从墨西哥进口运动鞋售价只有 11 美元，而中国运动鞋仍要支付关税，其市场售价仍要 12 美元。在这种情况下，人们当然愿意购买墨西哥鞋而不买中国鞋。其结果，美国不再从中国而转从墨西哥进口运动鞋，由于墨西哥鞋便宜（只 $11），增加了美国消费者对运动鞋的需求量，进口量也就从 Mc 增加到 Mm。

可见，建立自由贸易集团之后，美国的进口有两个方面的变化。一是改变了进口来源，从原来的中国变成了墨西哥，即从非贸易集团成员国转向了成员国，这一变化被称为"贸易转移"（trade diversion）。第二个变化是增加了总进口量。由于不加关税的墨西哥运动鞋比加关税后的中国运动鞋便宜，美国从墨西哥的总进口量要比原来从中国进口的多，这种由于取消对成员国关税而增加的进口量被称为"贸易创造"（trade creation）。任何区域性或集团性的自由贸易都只是在有限范围内降低贸易壁垒，因此，都具有"贸易创造"和"贸易转移"的双重结果。

（资料来源：海闻，P. 林德特，王新奎. 国际贸易. 上海：上海人民出版社，2003：405.）

3. 市场合并所带来的内部规模经济与外部经济效益

分割的小市场合并成大市场，使在小市场内难以达到的大规模生产效益得以实现，企业中更低的生产成本和其他节约往往使集团成员实现内部规模经济。另外，各成员国交通、能源、通信、金融和劳动力市场的联合，带来可观的外部经济效益。

4. 自由流动所带来的外部规模经济与资源转移作用

由于一个共同市场内的生产要素能够跨国界自由流动，企业可以通过得到更廉价的资本、更熟练的劳动力和更高级的技术而实现外部规模经济。此外，外国直接投资（FDI）能将技术、营销和管理方面的诀窍转移给东道国。鉴于知识在刺激经济发展过程中的核心作用，一个国家通过对FDI实行开放政策而获得的先进知识，必将刺激该国的经济增长。

5. 促使各国进行产业结构调整，增强企业的国际竞争力

区域性经济一体化组织取消或减少了内部关税与数量限制，使各成员国企业失去了国家间贸易和投资壁垒的保护，这必然会使整个地区的竞争更加激烈，使区域贸易集团内部的商业环境更加严峻。为在竞争激烈的统一市场环境中求生存，各国企业竭力扩大固定资本投资，改进技术，认真研究自己的战略发展方向，并采取合理化措施来进行生产以提高效率、降低成本，其结果是使各国企业的国际竞争力大为加强。从国家层次来看，各国政府也必然会随着区域集团化发展的客观形势，加紧调整本国的产业结构，发达国家向高科技领域发展，新兴工业化国家将劳动密集型产业迅速向技术密集型产业转变，发展中国家也会设法改变贸易结构，力争从初级产品出口转向制成品出口。

另外，区域经济一体化还有政治上的积极作用。

1. 增进合作，减少冲突

将相邻国家的经济联系在一起，增强它们之间的相互依存性，这可以促进邻国之间的政治合作，国家间出现暴力冲突的可能性也相应减少。

2. 提高在世界舞台上的政治地位

经济政治实力相对弱小的单个国家，如果联合起来组成一体化组织，以国家集团而非单个国家的面目在世界舞台上出现，就会形成一股可观的势力，提高自己的地位。加入一体化组织的国家越多，该组织的实力与地位就越重要。

正是基于上面两点考虑，欧洲6国（比利时、法国、原联邦德国、意大利、卢森堡和荷兰）于1957年创立了欧盟（EU）的前身欧洲经济共同体（EC）。

**二、区域经济一体化的消极作用**

在过去几年里，区域经济一体化给各国带来的好处使世界经济一体化的趋势日益加强，但区域经济一体化的消极作用与局限性也应该被充分认识到。

（一）贸易转移效应

首先，区域一体化对成员国的好处是由贸易创造和贸易转移的程度对比来决定的。贸易创造（trade creation）指的是在自由贸易区内，高成本的国内生产商被低成本的生产商所替代。贸易创造会使成员国中的那些高效、低成本的生产者从高成本生产者手中得到市场份额，增加出口。贸易转移（trade diversion）指的是低成本的外部供应商被自由贸易区内的高成本的供应商所替代。贸易转移导致这样一种结果，即更高效的非成员国将其生产及出口市场丢失给低效却受到关税及其他壁垒保护的成员国。所以，只有当自由贸易协定所创造的贸易大于它所转移的贸易时，它才会对整个世界贸易有利。

假设美国和墨西哥建立了自由贸易区，取消了彼此之间的全部贸易壁垒，但对来自世界其他地方的产品依然征收关税。那么，这一贸易区的建立是好事还是坏事呢？现在以纺织品贸易为例来进行说明。如果在签署自由贸易协定之前，美国生产自己所需要的全部纺织品，但成本比墨西哥的高，而在自由贸易区建立之后，纺织品的生产转向了低成本的墨西哥，美国开始从墨西哥进口纺织品，根据比较优势理论，这种生产的转移在自由贸易区内创造了贸易，而该地区与世界其他地方的贸易不会减少，显然这一变化是好事。但是，

如果美国以前不是自己生产纺织品而是从香港进口纺织品，而香港的生产成本比墨西哥或美国的都要低，那么，该自由贸易区的建立使贸易转离了低成本来源，显然是件坏事。

（二）加剧了贸易保护主义

经济一体化组织的一个特征是区域集团性，一个个地区结成一个个的经济集团，人为地分割了世界市场。经济一体化组织的另一个特征是排他性，对内自由贸易，对外贸易保护。这种集团性和排他性，加剧了世界贸易保护主义倾向和世界市场的分割。

区域联盟中，经济实力较弱的成员国因为不能限制来自其他成员国的竞争，会要求联盟对来自外部的竞争加以限制，以抵消它们在联盟内部的损失，由此造成了一个个"联盟堡垒"，加剧了贸易保护主义。集团外国家的公司由于面对集团关税，其相对于集团内公司的竞争力将下降，并丢掉在集团内的市场份额和相应的收益。

在最近一些年里，不受 GATT 或 WTO 限制的非贸易壁垒越来越多，人们担心，区域贸易集团将会利用非关税壁垒保护内部市场，限制来自外部的竞争。在这种情况下，贸易转移效应会超过贸易创造效应。

例如，欧盟一体化进程的逐步深入，使美日等国担心欧洲统一大市场会成为欧洲贸易保护主义的堡垒；同样，北美自由贸易区的建立，也引起其他国家和地区集团的疑虑。在这种情况下，各国可能会互相攀比，变本加厉地各自采取一些措施来争夺国际市场，使贸易保护主义抬头在所难免。这不能不给世界经济、国际贸易的发展带来消极影响。

有迹象表明，欧盟在农业和汽车这两个行业里已经采取了保护主义的做法。在农业领域，欧盟继续实行共同农业政策，限制很多食品的进口。在汽车方面，欧盟与日本达成了协议，限制日本在欧盟汽车市场上的占有率。

（三）对落后成员国的损害

从长期和根本上来看，区域经济一体化对所有成员国都是有利的。但是，由于区域集团内经济实力较强的成员国以更高的效率主宰了某些产业和市场，另一些经济实力较弱的成员国在短期内会受到损害。它们将需要一个相当长的调整时期来改进技术，重新培训劳动力，使经济转向相对于其他成员国具有比较优势的产业。

## 第三节　世界主要区域经济一体化组织

### 一、欧洲联盟（European Union，EU）

欧盟被公认为最成功的联盟典范，它是两个政治因素的产物：一个是两次世界大战对西欧的破坏使人们产生的对永久和平的渴望，另一个是欧洲国家希望保持它们在世界政治和经济舞台上的重要地位。此外，很多欧洲人都清楚地知道，国家间形成密切的经济联盟对各国都有潜在的经济利益。今天，从其在世界经济中的经济和政治影响力来讲，欧盟已经成为最重要的区域经济一体化组织。见图 5-2。

（一）欧盟的演进与扩充

欧盟已经经过多次外延上的扩大。欧盟最早的前身——欧洲煤钢共同体，是由比利时、法国、原联邦德国、意大利、卢森堡和荷兰 6 国于 1952 年创立的。1973 年，英国、

图 5-2 欧盟成员国分布示意图（截至 2013 年 7 月）

爱尔兰和丹麦退出欧洲自由贸易区（EFTA）而加入欧洲经济共同体（EC），这是欧盟的第一次扩充。1981 年，希腊加入；1986 年，西班牙和葡萄牙加入；1993 年 12 月 31 日，欧洲共同体正式更名为欧洲联盟；1995 年，奥地利、芬兰和瑞典加入；这样，欧盟的成员国达到 15 个（1990 年，两德统一后，两德一起成为当时欧洲经济共同体的一部分）。2004 年 5 月 1 日，欧盟进行了历史上第五次也是最大一次扩容，匈牙利、波兰、捷克、斯洛伐克、拉托维亚、立陶宛和斯洛文尼亚等 10 个新的东欧国家加入欧洲大家庭。截至 2013 年 7 月 1 日克罗地亚加入欧盟，欧盟成员国达到 28 个，是世界最大的区域经济体，2006 年的国内生产总值达到 13.3 万亿美元，超过美国（13.0 万亿美元）。欧盟的总面积达 432.57 万平方公里。如果欧盟列为国家的话，则是世界上第七大国家。到 2006 年为止，欧盟共有人口大约 4.96 亿。按一国算位居世界第三位。

欧盟在内涵上的深化也经历过几次。如图 5-3 和表 5-2 所示，作为联盟的起点，1951 年创立的欧洲煤钢共同体属于一种单领域的自由贸易区，目的是取消集团内部对煤、钢、铁和废金属贸易的壁垒。1968 年和 1969 年分别实现了工业品和农产品对内取消关税、对外统一关税后，欧盟成为一个名副其实的关税同盟。随着 1957 年《罗马条约》的签署，欧洲经济共同体正式成立。《罗马条约》为共同市场的建立奠定了基础，它在取消内部贸

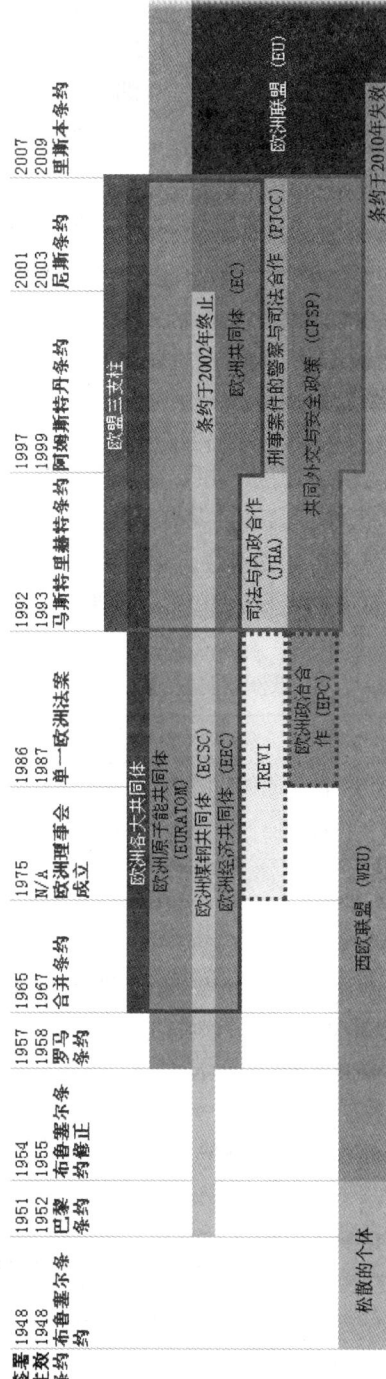

图5-3 欧盟签署的生效条约及进程

易壁垒和创立共同的对外关税的基础上，要求成员国清除彼此之间生产要素自由流动的障碍。为了促进产品、服务和生产要素的自由流动，该条约规定，成员国在法律方面进行必要的协调。此外，《罗马条约》还决定，EC 要建立共同的农业和运输政策。1987 年欧洲经济共同体成员国签署的单一欧洲法案，为在 1992 年 12 月 31 日之前建立一个统一大市场奠定了基础。除了消除现有的壁垒之外，单一欧洲法案还制定了许多新商业政策，其中包括单一欧洲标准。实现这个目标任务非常艰巨，以电器产品的技术标准为例，目前欧盟各成员国共使用 29 种插座、10 种插头、12 种电线，据估计，欧盟国家要改变线路系统和电器产品的标准，需花费 950 亿美元。单一欧洲法案中最受欢迎的改革措施是单一关税单据，它取代了成员国之间原来越境运输需要填写的 70 种表格，取消了欧盟境内的交通许可证，省去了越境贸易公司 50%的交通费用。1994 年，《马斯特里赫特条约》（简称《马约》）被正式批准后，欧洲经济共同体更名为欧洲联盟。这一条约不仅使它们接受了共同货币，也为彼此之间更密切的政治合作和创建欧洲超级国家铺平了道路。《阿姆斯特丹公约》形成于 1997 年，填补了《马约》中没有触及的一些空白，明确了使单一市场全面生效优先采取的措施，为单一货币和向中欧和东欧扩展打下了坚实的基础，并增强了欧盟机构的权威性。2009 年，里斯本条约生效，设置新的欧洲理事会主席、欧盟外交及安全政策高级代表。条约加入了《基本权利宪章》以保障人权，使欧洲议会和各成员国议会有更大的发言权以增加欧盟的民主正当性，并试着增进欧盟委员会和欧盟理事会的效率。

表 5-2 　　　　　　　　　　　　　　　欧洲联盟进程表

| | | |
|---|---|---|
| 1951 年 | 巴黎公约 | 建立欧洲煤钢联盟 |
| 1957 年 | 罗马公约 | 描绘了欧洲共同体蓝图 |
| 1958 年 | 欧洲经济共同体 | 经欧洲煤钢联盟创立国认可，欧洲共同市场建立 |
| 1960 年 | 欧洲自由贸易区 | 由奥地利、丹麦、挪威、葡萄牙、瑞典、瑞士和英国 7 国建立 |
| 1973 年 | 第一次扩容 | 丹麦、爱尔兰和英国加入 |
| 1979 年 | 欧洲货币体系 | 欧洲货币单位产生，英国外成员国同意在一定幅度内保持兑换率 |
| 1981 年 | 第二次扩容 | 希腊加入 |
| 1985 年 | 单一市场计划 | 向欧洲议会提交白皮书 |
| 1986 年 | 第三次扩容 | 西班牙和葡萄牙加入 |
| 1987 年 | 单一欧洲法案 | 经批准到 1992 年完全实施该法案 |
| 1992 年 | 马斯特里赫特条约 | 即《欧盟公约》，为经济与货币联盟（$EMU_x$）设计了蓝图 |
| 1993 年 | 欧盟成立 | 《欧盟公约》即《马约》生效，货币联盟将于 1999 年成立 |
| 1994 年 | 欧洲经济区 | 由欧盟成员国和欧洲自由贸易区的挪威、冰岛组成 |
| 1995 年 | 第四次扩容 | 奥地利、芬兰和瑞典加入 |
| 1997 年 | 阿姆斯特丹公约 | 建立向中欧和东欧扩展的程序 |
| 1999 年 | 货币联盟 | 欧元进入流通并将取代所有成员国的银行支票和货币 |

续表

| 2004 年 | 第五次扩容一阶段 | 塞浦路斯、爱沙尼亚、拉脱维亚、立陶宛、波兰、捷克、斯洛伐克、匈牙利、马耳他、斯洛文尼亚加入欧盟 |
| --- | --- | --- |
| 2007 年 | 第五次扩容二阶段 | 罗马尼亚、保加利亚加入欧盟 |
| 2009 年 | 里斯本条约生效 | 设置新的欧洲理事会主席、欧盟外交及安全政策高级代表。条约加入了《基本权利宪章》以保障人权，使欧洲议会和各成员国议会有更大的发言权以增加欧盟的民主正当性，并试着增进欧盟委员会和欧盟理事会的效率 |
| 2013 年 | 第六次扩容 | 克罗地亚加入欧盟 |

资料来源：*Chronology of the EU*，http：//www.europa.eu.int/.

(二) 欧盟一体化的内容

农业一体化——共同农业政策。共同农业政策是欧盟的一大支柱。共同农业政策的主要内容包括：农产品税收方面，在联盟内部取消成员国之间的农产品关税，农产品可以自由流通，而对联盟外部实行统一的农产品关税——征收差价税；农产品价格方面，在联盟内部实行统一的农产品管理价格；设立共同农业基金，在财政上保证共同农业政策得以实施。共同农业政策是欧盟一体化程度最高的一个方面，因为一体化已经从流通领域扩展到生产领域，而且用共同预算来实施，这最能反映经济一体化的程度。

货币一体化。与单一欧洲法案的许多规定一样，单一货币也会大大降低在欧盟做生意的成本，汇率成本和风险的下降可以使欧盟公司获益。按照欧盟的计算，欧洲公司每年需将 8 万亿一国货币兑换成另一国货币，这当中的换汇成本高达 120 亿美元。单一货币不仅会避免这笔换汇费用，还会减少会计和经费管理等方面的成本。此外，单一货币还将降低汇率波动带来的风险：各种货币之间的相对价值总是不断变动的，这种波动会给国际交易带来风险。例如，如果一家英国公司在希腊建一个工厂，而建厂后，希腊的货币相对于英镑贬值了，则该公司在希腊的资产价值会下跌。单一货币则可以消除这些风险，因此能降低资本的成本，利率也会下降，投资和产量都会上升。单一货币的不足之处是成员国政府将失去对货币政策的控制权，因此，确保对欧盟货币政策的有效管理是至关重要的。《马斯特里赫特条约》规定，要成立一个类似于美国的联邦储备局的独立的欧盟中央银行，并授权它管理欧盟的货币政策，以确保价格的稳定性。随着 1999 年 1 月 1 日欧元的正式启动，人们对欧洲货币联盟计划能否如期实现的疑虑打消了。2002 年 1 月，欧盟 12 个成员国使用统一的货币——欧元。

科技一体化。科技一体化既是经济一体化的客观要求，也是经济一体化的重要内容。西欧科技一体化始于 1952—1954 年建立的欧洲核子研究组织，标志是 1957 年签订的《欧洲原子能联营条约》。欧盟的科技一体化，在 20 世纪 50 年代主要是在核能方面进行合作，60 年代是航天领域，如 1962 年成立了欧洲空间研究组织；70 年代的合作已不限于单个科技领域，而是建立了一些综合性的科技合作机构，如 1971 年建立的欧洲科技领域合作组织，1974 年建立的欧洲科学基金会等，并开始实施一些科技合作计划，如"空中客车"计划，"阿丽亚娜"火箭计划等。80 年代以来，欧盟各国在一系列新兴的高科技领域展开了合作（如信息计划），并于 1985 年通过了"尤里卡"计划。"尤里卡"计划加速了欧盟科技一体化的发展，并且成为"欧洲科技共同体"诞生的催化剂。1986 年底欧洲共同体第二次科技会议以《1987—1991 年技术研究与开发总体规划纲要》提出了建设名副其实的科技共同体的设想，并编制了 100 亿欧洲货币单位的经费预算。1994 年欧盟又批准了耗资 148 亿美元的《1994—1998 年科技发展规划》。所有这些，如纲要所言，都是"为了充分利用规模经济的优势和多渠道集资的机会，有效地把人力、物力、财力资源集中在急需开发的科学技术领域，从欧洲全局和整体战略出发，使共同体的组织框架，成为提高欧洲的经济竞争能力和科学技术实力的组织保证"。

政治一体化。经济决定政治，政治是经济的集中表现。一方面经济一体化为政治一体化奠定了基础，另一方面经济一体化也需要政治一体化来作保障。西欧一体化的目标不仅仅是经济方面的，还涉及政治领域。早在 1957 年建立共同体的《罗马条约》签订时，就确定了这样的目标：在经济一体化达到一定阶段时，将考虑政治一体化问题。20 世纪 60 年代末 70 年代初，西欧经济一体化取得了较大进展，关税同盟提前建立，共同市场初步形成，经济联盟开始着手。在这种情况下，政治领域中相应的一体化成为现实的要求。1969 年 12 月，在海牙举行的欧洲共同体成员国首脑会议，决定加速在政治上的统一。1972 年 10 月的共同体首脑会议决定在 1980 年以前把共同体由经济集团建成一个包括政治一体化的欧洲联盟。1984 年欧洲议会通过了将欧洲经济共同体转变为欧洲经济和政治联盟的《欧洲联盟条约》草案。1991 年与《经济货币联盟条约》一道，通过了《政治联盟条约》。不过，由于政治一体化牵涉敏感的国家主权问题，它的实际操作比经济一体化更为困难与复杂。

(三) 欧盟的组织机构

欧盟设有行政、立法和司法三类共四个管理机构：欧盟理事会，欧洲委员会，欧洲议会和欧洲法院。这些机构做出的决策在实行共同政策的范围内具有法律效力。

欧盟理事会（Council of the European Union）是欧盟两院制立法机关的上议院，由来自欧盟成员国各国的政府部长组成理事会；与欧洲议会构成欧盟的主要决策机构。欧盟部长理事会主要任务是协调欧盟各个国家间事务，制定欧盟法律和法规。在预算方面，它和欧洲议会共同拥有决策权。理事会的另一主要权力在货币方面，它负责引导货币交易率方面的政策。每一个国家在理事会中都有一名代表（理事），在 2004 年《罗马条约》签署之后，通常也称为"部长理事"，目的是把它和欧洲理事会的理事即国家元首或政府首脑区分开来。理事会有一名主席和一名秘书长，实行轮换制，由各成员国轮流出任，每 6 个月轮换一次。欧盟理事会轮值主席国外交部长出任主席。理事会秘书长由欧盟各成员国联合推举任命，他同样是共同外交与安全政策高级代表，他和现任主席国、下任主席国组成"三驾马车"。

欧洲委员会（The European Commission）为欧盟的执行机构，负责处理大量与制定决策和法规相关的常规工作。该机构负责起草法规、监督欧盟政策的实施和研究关键的政策问题。委员会大约有 1 万名工作人员，他们构成欧盟雇员的主体。

欧洲议会（The European Parliament）是欧盟两院制立法机关的下议院，唯一的一个直选议会机构；与欧盟理事会构成欧盟的主要决策机构。欧洲议会现在共有766名成员，他们在各成员国被直接选出。议会负责监督欧盟的财务支出，并对部长理事会的决策进行评价。议会没有立法权，但有权修改和采纳某一法案。

欧洲法院（The European Court of Justice）由欧盟各成员国任命的法官（每国1名）组成。欧洲法院为欧盟法律的官方解释机构。在绝大多数场合，它要求法院根据《罗马公约》的原则及适用条件对成员国及其公司和个人的行为进行裁决。欧盟法规正在更加紧密地与各成员国法律相融合，近年来在与欧盟相关的法律诉讼中，欧洲法院正在越来越多地作为各成员国法院的上诉法院。

## 二、北美自由贸易区（North America Free Trade Area，NAFTA）

从20世纪80年代初起，欧洲经济一体化的进程加快，日本对美、加市场也采取了咄咄逼人的进攻策略，美、加两国在国际上的经济地位和竞争优势相对减弱，这使双方都意识到进一步加强双边经济贸易关系的必要性。1980年，里根在竞选美国总统时就提出一个包括美国、加拿大、墨西哥及加勒比海诸国在内的"北美共同市场"的设想。加拿大1983年也提出了关于建立美加自由贸易区的设想。1985年，美、加两国开始进行有关签署双边自由贸易协定的谈判。1988年6月2日，《美加自由贸易协定》正式签署，1989年1月1日，该协定正式生效。《北美自由贸易协定》是在1989年《美加自由贸易协定》基础上衍生的。《美加自由贸易协定》的宗旨是，以适当的保证措施来消除两国之间商品与劳务的贸易壁垒，建立必要的机构与程序来处理两国争端，并改善投资环境。其目标是在1998年以前取消两国双边贸易的所有关税。

1992年8月，墨西哥与美、加签约，加入自由贸易区。尽管墨西哥与其他两国经济实力悬殊，三国结成这样的联盟仍然有充足的理由：加拿大工业经济发达，资源丰富，但人口少，国内市场小。墨西哥则与之相反，人口增长迅速，劳动力的增长速度超过经济增长所创造的就业机会，迫切需要投资、技术、出口和其他经济援助，以推动经济突飞猛进。另外，墨西哥石油充裕，而美国需要资源，特别是石油，当然还有市场。三国都需要彼此帮助在世界市场上更有效地竞争，也需要相互保证它们在对方市场上业已确立的贸易主导地位免受贸易保护主义的影响。1994年1月1日，北美自由贸易协定正式生效，并同时宣告北美自由贸易区正式成立。北美自由贸易区拥有4.5亿人口，国民生产总值约17.3万亿美元，年贸易总额1.37万亿美元，其经济实力和市场规模都超过欧洲联盟，成为当时世界上最大的区域经济一体化组织。

《北美自由贸易协定》的主要内容如下：

1. 在10年时间里，取消墨西哥、加拿大和美国之间99%的货物贸易的关税。

2. 消除跨国境服务的大多数壁垒。比如，到2000年，美国和加拿大的金融机构可以不受限制地进入墨西哥市场。

3. 保护知识产权。

4. 取消对三国之间直接投资的大多数限制，但墨西哥的能源和铁路运输业、美国的航空和无线电通信业以及加拿大的文化业可享受特殊待遇即保护。

5. 每个国家可以实行自己的环境标准，条件是这些标准有科学依据。为吸引投资而降低标准被认为是不合适的。

6. 成立两个委员会，当环境标准或涉及健康、安全、最低工资或童工待遇的立法没有得到有效执行时，这两个委员会有权对违法者予以罚款或取消贸易优惠。

北美自由贸易协定在生效后的第一年取得了不错的效果。与 1993 年同期相比，1994 年前 9 个月，美国与加拿大和墨西哥的贸易的增长速度是其与非协定国家的两倍。然而，实施初期的良好效果因 1994 年 12 月墨西哥爆发的金融危机而受到破坏。表 5-3 列举了墨西哥和美国经济一体化可能带来的收益和损失。美国对外贸易统计资料显示：北美自由贸易区自 1994 年成立后，不但成为全球最大自由贸易区，至 2000 年，美国与墨西哥两国进口贸易总额每年均呈显著的成长，唯美国输往加拿大的成长，在 4 年前呈大幅增加，自 1998 年开始呈递减的趋势，美国、墨西哥之间因北美自由贸易区使得墨西哥出口至美国受惠最大。

表 5-3　　　　　　　　　　墨西哥加入自由贸易区对美国的影响

| 美国受益者 | 美国受损者 |
| --- | --- |
| 高技能、高科技企业及其工人能够从贸易中获益<br>在墨西哥设厂生产的劳动密集型企业因生产成本的降低而获利<br>生产过程中使用进口产品作为零部件的国内企业能够节约成本<br>自由贸易刺激了竞争，美国国内消费者可以购买到价格较低的产品，从而增加消费者的福利 | 劳动密集型、低工资和进口竞争企业因为进口产品关税的下降而遭受损失<br>如果进口竞争企业关闭或者移植海外，那么其工人将会遭受损失 |

资料来源：Carbaugh, Robert J. *International Economics*, 12th Edition, South-Western Cengage Learning, 2009.

### 三、亚太地区的一体化组织

亚太地区是除欧洲、北美外的世界三大经济区域之一，集中了大量的新兴工业化国家（$NIC_s$）。它的两个主要一体化组织性质不同但方向类似：东南亚国家联盟（ASEAN）作为一个跨国贸易集团，即将发展成东盟自由贸易区（AFTA）；亚太经济合作组织（APEC）作为一个结构松散的经济论坛，每年召开会议讨论该地区的经济发展与合作事宜，正朝着自由贸易区的方向推进。

（一）东南亚国家联盟（Association of Southeast Asian Nations，ASEAN）

东盟（即东南亚国家联盟）成立于 1967 年 8 月 8 日，目前的成员国有 10 个：文莱、印度尼西亚、马来西亚、菲律宾、新加坡、泰国、越南、缅甸、老挝和柬埔寨，占地面积约 450 万平方公里。根据 2010 年的数据，该地区总人口为 6.01 亿，按购买力平价计算的 GDP 达 3.08 万亿美元，人均 5131 美元。

东盟国家的特点是自然资源丰富，以及重视自由市场经济政策。它的目标是：通过互补性工业项目、优惠贸易（包括降低关税和非关税壁垒在内）、成员国准入以及和谐的投资环境，来实现经济一体化与合作。和其他一体化组织一样，东盟在努力使其成员国经济一体化的过程中，也曾经历过艰难困苦和失败，其早期经济增长大都依靠对东盟以外的国家和地区的出口贸易。由于自然资源、出口产品和其他方面的相似性，早期进行区内贸易的尝试没有成功。经由东盟采取措施、扩大工业基地并使之多样化，地区贸易得到了发展，区域经济也高速增长。东盟各成员国的年人均收入也从1994年的700美元增至2010年的5 131美元，东盟各国也从欠发达国家一跃而成为新兴工业化国家。

东盟的主要组织机构为：

1. 部长会议：由成员国外长组成的外长会议每年轮流在成员国举行一次例会；由经济和贸易部长组成的经济部长会议和由劳工部长组成的劳工部长会议则不定期地轮流在成员国举行，讨论组织内有关经济和社会合作的问题。

2. 常务会员会：负责筹备和主持召开外长会议，并执行外长会议的决议，有权代表东盟发表声明。

3. 秘书处：为东盟行政总部。

4. 9个常设委员会：负责研究和实施部长会议决定的有关东盟合作的规划和建议。

5. 8个特别委员会：负责研究和处理有关东盟经济合作和对外经济关系中的一些特殊问题。

东盟自成立以来，在协调内部关系、加强区内外合作、发展双边和多边军事合作、加强内部文化交流等方面都起了重要作用。1992年的东盟6国签署了《有效关税协定》，并于1993年1月1日开始实施，准备用15年的时间在联盟内建立自由贸易区。1994年9月，东盟第26届经济部长会议在泰国的清迈举行，又一致同意缩短自由贸易区内降低关税的实施期限，普通商品的减税期从15年减为5~10年，并自1995年1月起将原来未列入自由区计划的未加工产品也列入减税计划，同时在未来5年内逐步把暂时不削减关税名单中的商品按20%的比例逐年减少。这次会议还决定在非贸易领域的交通、通讯和基础设施等方面加强合作，以及加强团结以共同对付西方国家出现的非经济贸易壁垒。1994年5月，当时的东盟6国和越南、柬埔寨、老挝和缅甸在马尼拉举行了"东南亚十国非正式会议"，一致同意建立"东南亚共同体"，计划用20至25年的时间将东南亚共同体发展成为欧洲联盟那样的地区统一机构。

2001年11月5~6日在文莱斯里巴加湾市召开的东盟首脑会议上，东盟领导人审议通过了《河内行动计划》的中期报告，确定了新的优先合作项目，同意2002年初启动东盟一体化特惠体系，使东盟新成员越南、老挝、柬埔寨和缅甸能免税进入较发达的其他东盟成员市场，并同意设立东盟商业咨询理事会，鼓励私营企业从2002年起举行定期的东盟商业峰会。这次会议期间还举行了东盟与中国、日本、韩国"10+3"领导人会议和东盟分别与中国、日本和韩国的"10+1"领导人会议。2010年，东盟与中国建立中国—东盟自由贸易区，形成"东盟加一"规模为全球人口数最多的自由贸易区。中国—东盟自由贸易区预计到2015年双边贸易额将达5 000亿美元。

（二）亚太经合组织（Asia Pacific Economic Cooperation，APEC）

亚太经济合作组织是亚太区内各地区之间促进经济成长、合作、贸易、投资的论坛，始设于1989年，现有21个成员经济体。亚太经合组织是经济合作的论坛平台，其运作是通过非约束性的承诺与成员的自愿，强调开放对话及平等尊重各成员意见，不同于其他经由条约确立的政府间组织。

1989年1月，澳大利亚总理霍克在访问韩国期间提出召开亚太地区国家部长级会议，讨论加强亚太地区经济合作问题，得到美国、加拿大、日本和东南亚国家联盟的积极响应。

1989年11月5~7日，亚太经济合作组织第一届部长级会议在澳大利亚堪培拉举行，这标志着亚太经济合作组织的成立。1991年11月，在韩国汉城举行的第三届部长级会议通过了《汉城宣言》，正式确立了亚太经合组织的宗旨与目标："相互依存，共同利益，坚持开放的多边贸易体制和减少区域贸易壁垒。"

1991年11月，中国以主权国家身份，中国台北和香港以地区经济名义正式加入亚太经合组织。到目前为止，亚太经合组织共有21个成员：澳大利亚、文莱、加拿大、智利、中国、中国香港、印度尼西亚、日本、韩国、马来西亚、墨西哥、新西兰、巴布亚新几内亚、秘鲁、菲律宾、俄罗斯、新加坡、中国台北、泰国、美国和越南，总部设在新加坡。

亚太经合组织作为一个区域经济一体化组织，其特点是松散。这表现为：没有国家间协定，不像欧盟和北美自由贸易区那样具有法律约束性很强的《欧洲联盟条约》和《北美自由贸易协定》；没有权威性很强的共同机构；成分复杂，千差万别——目前的成员中，既有亚洲的中国、日本、韩国等，也有大洋洲的澳大利亚、新西兰，还有美洲的美国、加拿大；既有发达国家，又有发展中国家；既有美国、中国、日本这样的大国，又有新加坡、文莱这样的小国；既有主权国家，又有中国的香港和台湾地区。

亚太经合组织的松散特点使其获得较高的一体化程度很不容易。

1993年11月，亚太经合组织领导人第一次在西雅图举行了为期两天的会议，虽然这次会议在具体工作上进展不大，各成员只是就加强合作以实现更大程度上的经济一体化和降低贸易壁垒做了一些模糊的承诺，但是大大提高了世人对APEC的关注和兴趣。1994年11月，亚太经合组织领导人在印度尼西亚再一次聚会，这次他们采取了更实际的行动。会后发表的联合声明《茂物宣言》规定："不迟于2020年在亚太地区实现自由、开放的贸易和投资这一目标。"1995年11月在日本召开的第三次首脑会议签署的《大阪行动议程》明确了工业化国家和发展中国家成员国将分别在2010年和2020年之前取消它们的贸易和投资壁垒的目标，以及为实现这一目标制定的9点原则。亚太经合组织在1996年11月于菲律宾首都马尼拉举行的第四届领导人会议上又通过了《马尼拉行动计划》，以进一步推进包括贸易、投资自由化和经济技术合作在内的一体化进程。

不少观察家对亚太经合组织的可行性持保留态度，因为亚太经合组织建立跨太平洋自由贸易区的目标太过宏伟。温哥华会议对从前的协议作了重大调整，采纳了一个部门一个部门地实现贸易自由化的新方法，以改变以前进程缓慢的局面。如果亚太经合组织的目标最终得以实现，亚太经合组织将成为世界上最大的自由贸易区。因此，亚太经合组织的发展值得人们给予密切关注。

亚太经合组织的组织机构分为多个层次：领导人非正式会议、双部长会议、贸易部长会议、高官会议、委员会和工作组、秘书处。

领导人非正式会议是亚太经合组织最高级别的会议。亚太经合组织首次领导人非正式会议于 1993 年 11 月 20 日在美国西雅图举行，会议发表了《经济展望声明》，揭开了亚太贸易自由化和经济技术合作的序幕。此后，领导人非正式会议每年召开一次，在各成员间轮流举行。亚太经合组织主要的领导人非正式会议见表 5-4。

表 5-4　　　　　　　　　　亚太经合组织主要的领导人非正式会议

| 时间 | 地点 | 发表宣言 |
| --- | --- | --- |
| 1993 年 11 月 20~21 日 | 美国西雅图 | 《APEC 经济领导人展望声明》 |
| 1994 年 11 月 14~15 日 | 印尼茂物 | 《APEC 经济领导人共同决定宣言》 |
| 1995 年 11 月 18~19 日 | 日本大阪 | 《APEC 经济领导人行动声明》《大阪行动议程》 |
| 1996 年 11 月 24~25 日 | 菲律宾苏比克 | 《APEC 经济领导人宣言——从憧憬到行动》《马尼拉行动计划》《经济技术合作框架宣言》 |
| 1997 年 11 月 24~25 日 | 加拿大温哥华 | 《APEC 经济领导人宣言——将 APEC 大家庭联合起来》 |
| 1998 年 11 月 17~18 日 | 马来西亚吉隆坡 | 《APEC 经济领导人宣言——加强增长的基础》《走向 21 世纪的 APEC 科技产业合作议程》 |
| 1999 年 9 月 12~13 日 | 新西兰奥克兰 | 《APEC 经济领导人宣言——奥克兰的挑战》 |
| 2000 年 11 月 15~15 日 | 文莱斯里巴加湾 | 《APEC 经济领导人宣言——造福社会》 |
| 2001 年 10 月 18~19 日 | 中国上海 | 《数字 APEC 战略》《上海共识》《北京倡议》 |
| 2002 年 10 月 26~27 日 | 墨西哥洛斯卡沃斯 | 《领导人宣言》、《反恐声明》 |
| 2014 年 | 中国北京 | |

2001 年 10 月 18~19 日在中国上海召开 APEC 部长级会议通过了《数字化 APEC 战略》，各成员承诺采取具体行动将"数字 APEC"设想变成现实，使社会大众从新经济发展中广泛受益。尤为值得一提的是，会议认识到，帮助发展中国家进行人力资源能力建设是迎接全球化和新经济的重要途径，并通过了建设性的《北京倡议》。

最近的一次领导人非正式会议于 2013 年 10 月 7 日在印度尼西亚的巴厘岛举行。下届会议将于 2014 年在中国北京举行。

◎ 小结

1. 区域经济一体化指的是在某一地理区域内的某些国家，为实现彼此之间产品、服务和生产要素的自由流动而达成的降低、直至最终取消关税和非关税壁垒的协议。尽管有时候区域经济一体化被视作全球贸易自由化进程的过渡，但是许多学者还是认为，由于区域经济一体化组织使得成员国不再寻求与组织外的国家进行贸易自由化，因此成为多边贸易自由化的绊脚石。

2. 根据一体化程度的不同，区域经济一体化可以分为由低到高的五个层次：自由贸易区、关税同盟、共同市场、经济联盟和政治联盟。在自由贸易区中，成员国之间的贸易壁垒被拆除，但每一个国家有权决定自己对区外国家的贸易政策。在关税同盟中，不仅内部贸易壁垒被取消，而且成员国采取共同的对外贸易政策。共同市场在关税同盟的基础上实现了生产要素在成员国之间的自由流动。经济联盟的一体化程度比前三者更高，包括建立共同货币和协调各国的税率等经济政策。政治联盟建立了超国家机构，是实现更密切的全面联盟的最终结果。

3. 区域经济一体化建立有多种驱动因素。其最基本的动机就是加快经济增长。区域经济一体化也有很多非经济目标，比如控制移民流动，促进地区安全等。此外，区域一体化还能深化和巩固国内的经济改革。概括起来，区域经济一体化的形成是由于以下几个方面共同作用的结果：（1）经济因素，（2）政治因素，（3）地理因素，（4）文化因素，（5）国际分工及市场纽带发展的客观要求，（6）全球性经济一体化的局限性，（7）政府干预的加强。

4. 区域经济一体化的积极作用有：（1）建立在比较优势基础上的专业化生产，使贸易成为"各有所得的事情"（positive-sum game），（2）实现资源优化配置（贸易创造），（3）获得内部规模经济与外部经济效益，（4）从资源转移作用中获益，（5）促使各国进行产业结构调整，增强竞争力，以及政治上的积极作用：（1）使各成员国增进合作，减少冲突，（2）提高整个区域集团在世界舞台上的政治实力。

5. 区域经济一体化的消极作用与局限性是：（1）具有贸易转移效应，（2）加剧了贸易保护主义，以及（3）对落后成员国有损害。

6. 欧盟是最成功的经济联盟，现有 28 个成员国，4.96 亿人口。经过了《罗马条约》、《单一欧洲法案》、《马斯特里赫特条约》和《阿姆斯特丹条约》，欧盟已在农业、货币、科技和政治等各方面实现了一体化。同属世界最重要的区域贸易集团的还有：北美自由贸易协定（NAFTA），东南亚国家联盟（ASEAN）和亚太经合组织（APEC），它们都对世界经济具有重要影响。

◎ 复习思考题

1. 根据哪些因素可以判断区域经济一体化组织的成败？
2. 详细说明五种类型的区域经济一体化的区别与联系。
3. 贸易创造与贸易转移有何不同？试举例进行比较说明。
4. APEC 向自由贸易区的进程将会给中国经济带来何种利益？
5. 支持区域经济一体化的理由是什么？既然区域经济一体化有这么多益处，为什么世界经济中出现的一体化的数量和程度都十分有限？
6. 欧盟如何演变成今天的样子？演变过程中几个重要条约的作用怎样？
7. "东南亚共同体"的创建会对东盟各国产生什么影响？为什么？
8. 面对欧洲统一市场的建立，一家只向西欧出口家电产品的中国企业应采取什么行动？

◎ **参考资料**

1. 彼得·罗布森. 国际一体化经济学. 戴炳然, 译. 上海: 上海世纪出版集团, 2001.

2. Corden, W. M. Economics of Scale and Customs Union Theory. *Journal of Political Economy*, Vol. 80, 1972: 465-475.

3. Winters, Alan, Venables A. *European Integration: Trade and Industry*. Cambridge University Press, 1990.

**【案例分析】**

启动中国—东盟自由贸易区: 几家欢喜几家愁?

中国—东盟自由贸易区 (CAFTA) 正式启动, 体现了中国政府为推动区域贸易自由化和国内西南地区发展而做出的积极努力。新建成的自贸区由中国和东盟10国组成, 惠及19亿人口, 贸易额高达4.5万亿美元。

中国—东盟自贸区成员国之间9成商品 (大约7 000种) 将实现零关税。到2015年, 其他几类高度敏感商品的关税将降至50%以下, 包括中国产卫生纸、印尼产爆米花和泰国产的滑雪板靴等。

"显然, 中国希望通过建立中国—东盟自贸区来推动区域贸易自由化发展。特别是当目前WTO多哈回合谈判 (Doha Round) 陷入僵局, 自贸区至少可以实现中国和东盟双边贸易自由化。"上海复旦大学金融学教授郑辉指出, "但由于中国与东盟各国之间的贸易结构的竞争性大于互补性, 因此要具体实施自贸协议, 仍面临重大挑战。"

另一方面, 东盟内部也存在对自贸区前景的担忧; 同时, 随着中国对世界贸易的影响力与日俱增, 也让美、日等国感到不安。

**困难处境**

2000年, 中国时任总理朱镕基首先提出建立中国—东盟自贸区的构想。两年后, 中国与东盟各国领导人在柬埔寨首都金边签署了初步合作框架协议, 商定逐步减免双方贸易关税。除了要实现区域贸易自由化, 中国积极推进自贸区的另一动因是为了让西部欠发达地区成为更具吸引力的国际贸易中心。

"2000年中央政府之所以决定建立自贸区, 主要源自广西、云南、重庆和四川等西南地方政府的强烈要求。"郑教授说, "中国西部内陆地区的物流成本要比上海、广州等东部沿海城市高得多。在出口利润不足5%的情况下, 西南地区的产品在对日本和美国贸易时就失去了价格优势。此时, 中国唯一的贸易选择就只有邻近的东盟各国。"

"不断加快西南地区公路建设表明国家要降低当地的物流成本。"上海社科院信息科学教授王贻志说。他预计随着自贸的启动, 中国西南地区将因其邻近老挝、越南、柬埔寨等贸易伙伴国而成最大受益者。此外, 广西和云南两省区还积极要求被列为人民币跨境贸易结算试点。"这可降低交易成本, 从而进一步推进中国与东盟间的经贸关系。"王教授说。

东盟在向更多中国产品敞开大门时有何收益? 东盟的新加坡、马来西亚、印尼和菲律宾是中国四大主要贸易伙伴。"新加坡一直是贸易自由化的坚定拥护者，其大部分产品都已接近零关税。"郑教授说。大量的原材料出口也使马来西亚对华保持贸易顺差。

但另外两国的情况则大为不同。"中国与东盟各国都以低端制造业见长。"郑教授指出，"如果大部分产品都实行零关税，则像印尼和菲律宾的纺织与电子等高税率产品将遭受来势汹汹的中国廉价产品的沉重打击。"

因此，印尼国内强烈反对实施中国—东盟自贸协议，其政府要设法安抚那些可能会受中国廉价进口商品影响的行业，包括纺织、钢铁和电子产品等。印尼已向东盟理事会提交了报告，希望就自贸协议相关内容进行重新谈判，对8部门共228项产品推迟削减关税，让当地相关产业有更多准备时间来应对大量中国廉价商品的冲击。

2009年之前，中国东盟经贸合作发展迅速，贸易额由2003年的780亿美元猛增至2008年的2 310亿美元。但是，2009年双边贸易额下降了8%，接近2 120亿美元，预计今年还将继续下滑。

中国主要从东盟进口原料及半成品，包括机械设备、矿物燃料、塑料、动植物油脂、橡胶和有机化学品等。华盛顿战略和国际研究中心（Center for Strategic and International Studies）中国项目主任、前美国助理贸易代表傅瑞伟（Charles Freeman）称，"中国用这些原材料加工廉价产品，然后主要销往美国和欧盟地区。"但是，经济衰退对此造成了沉重打击。傅瑞伟还指出，未来的中国东盟贸易模式主要有赖于"中国能否扩大消费市场，消化更多产品。"鉴于有限的国内需求，如果中国仍难抵御外部经济冲击，那么"中国和东盟要想开展进一步经贸合作就会困难得多"。傅瑞伟说。

**各国顾虑**

中国和东盟双边贸易自由化还面临着日本和韩国的压力。目前东亚区域贸易格局是10+3的合作机制，即东盟与中日韩分别建立自由贸易区。"日韩两国都急于将东盟纳入自己的势力范围。"上海社科院的王教授说，"例如，日本政府一直试图与东盟实现生产制造一体化。由于日本善于制造高科技电子产品，而东盟主要提供半成品和廉价产品，因此双方贸易模式的互补性很高，实现一体化就相当容易。中国—东盟自贸区的建立，加重了日本对东盟会逐渐变为中国附庸的担忧。"

东盟则越来越担心随着中国在东亚的崛起，东盟各国将沦为中国的附庸。据悉，所有东盟领导人在迎接美国总统奥巴马亚洲之行访问时都提到了贸易问题，他们都希望美国能够积极介入实现区域制衡，以免形成中国一枝独大的局面。

此外，美国在中国—东盟自贸区面前也处于不利处境。"如果中国在东盟有更便利的入市条件，将使美国处于经济劣势。"马里兰大学公共政策学院的麦克·戴斯勒（I. M. Mac Destler）教授说。但他又补充道，这主要"取决于中国—东盟自贸协议的实施程度和完整性，以及是否会囊括韩国和日本，并最终发展成东亚自由贸易协定"。

"美国不应对抗中国的贸易举措，而应努力参与其中。此外，美国要通过泛太平洋伙伴关系协定谈判，建立包括美国、新加坡、越南、澳洲和新西兰在内的自由贸易区。"但戴斯勒强调，奥巴马政府能否开展自贸区建设，取决于"政府能否促成国会更新《贸易促进授权法案》（Trade Promotion Authority，PDA）"。

《贸易促进授权法案》规定由国会授予总统参加谈判并签署新贸易协定的权力。行政部门完成谈判后，国会必须在一定时间内对这些贸易协定进行表决，并不得修改其内容。该法案自2007年到期后，国会未再授予总统这项权力。没有这项法案，即使美国贸易代表与别国完成了协定谈判，国会也会将其束之高阁不加表决。

马里兰大学公共政策学院教授苏珊·施瓦布（Susan Schwab）大使，曾于布什在任总统期间担任美国贸易代表。她指出，中国—东盟自贸区的成立削弱了中国对WTO多哈回合谈判的热情，因为中国发现开展区域性双边自由贸易谈判要更加容易。

施瓦布认为，这些区域贸易协定对美国以及较小的发展中国家有不利影响。她指出，业务遍布国内和东盟的美国跨国公司为保持其竞争力，将不得不依靠东盟地区的工厂进行生产和销售，从而损害了美国本土工人利益。施瓦布还表示美国中小企业也会受到负面影响，因为跨国公司可通过对当地投资来逃避对外关税，并继续与中国和东盟开展贸易，但美国中小企业对此却无能为力。

关于美国应该采取何种策略，施瓦布建议，首先要继续努力推进多哈谈判破冰，鼓励中国和其他发展中国家积极参与到多边贸易谈判中来。其次，奥巴马政府应竭力促成国会批准同韩国、秘鲁和哥伦比亚之间的自由贸易协定，并加快促进美国与其他东亚国家间新贸易协定的谈判。然而，她也指出，因其与反对贸易协定的工会组织的密切关系，奥巴马政府在采纳这些策略时面临政治障碍。

华盛顿战略和国际研究中心的傅瑞伟表示，"在美国本土，贸易自由化的理念并不受欢迎。如果东盟真的成为中国的后院，美国则可能会在东亚地区更积极地推进自己的贸易日程。但美国如果不从根本上转变政治策略，就将在这个领域无所作为"。

（资料来源：沃顿知识在线，2010-05-12. http://www.knowledgeatwharton.com.cn.）

讨论题：
1. 对中国而言，创建中国—东盟自由贸易区的动因是什么？
2. 中国—东盟自由贸易区的启动会对中国企业的出口造成什么影响？
3. 东盟各国对和中国的双边贸易自由化有何顾虑？
4. 中国—东盟自由贸易区是否有利于世界贸易组织推进全球贸易自由化的进程？

# 第三编　全球金融环境

黄金是全部文明生活的灵魂，它既可以将一切结为它自己，又可以将自己转化为一切。

Samuel Butler

富与贵，是人之所欲也，不以其道得之，不处也；贫与贱，是人之所恶也，不以其道得之，不去也。

《论语》

跨国经营和国内经营之所以存在重大差别，很大程度上是由于国际企业面临一个更为复杂和陌生的全球金融环境。由于不同的国家所使用的货币各不相同，而且各国的经济和政治环境彼此迥异，国际企业在从事国际经营时面临了更多的风险。在这种情形下，熟悉国际金融市场，掌握其运行的机制和特点，自然成为跨国经营成功的必备要素。

本编的安排如下：第六章主要是以外汇市场的运作机制为核心，界定外汇和外汇市场的相关概念，介绍外汇市场的主要特征，并解释国际企业参与外汇市场的主要原因和基本过程。更进一步地，国际企业为了更好地规避汇率风险，在外汇交易中获利，就必须了解汇率变化的决定因素。因此，在第六章的基础上，第七章接着讨论了浮动汇率制度下货币贬值或者升值的决定因素，去解释到底是什么决定了汇率，造成了汇率的变化。

# 第六章　全球外汇市场

◎ **本章学习目的**

学习完本章之后，你应该掌握以下内容：
1. 学习外汇和外汇市场的基本概念；
2. 了解外汇市场的主要特征；
3. 了解外汇市场的运作机制；
4. 了解企业参与外汇交易的原因和过程。

【**人民币跻身全球第九大交易货币**】国际清算银行[①]9月6日凌晨发布三年一度调查报告显示，人民币首次跃居成为全球十大交易货币，位列全球第九。《华尔街日报》分析指出，这反映了人民币在世界经济中的地位快速增长。

国际清算银行发布的是全球外汇市场成交量调查报告。数据显示，2013年，人民币首次超过瑞典克朗、港元进入全球十大交易最频繁货币榜单，成为世界第九大交易货币，日均交易额占全球交易总量的2.2%。

由于离岸人民币交易的增加，人民币交易地位已经从2010年4月的第17位跃升至全球第9位。国际清算银行认为，人民币在全球外汇交易中的飙升"符合中国货币国际化的努力"。2013年，人民币日均成交额已经从2010年4月的340亿美元飙升至1200亿美元。

《华尔街日报》称，自从2009年中国在香港成立首个人民币离岸交易中心以来，全球和区域性金融中心为成为下一个人民币离岸交易中心展开了激烈竞争。进行人民币离岸交易旨在令人民币成为美元的有力竞争对手，削弱美元在全球贸易中的霸主地位。

报道援引伦敦汇丰银行的外汇电子交易全球总裁理查德·安东尼的话称，人民币过去一年已经经历了高增长。人民币交易量的增加不仅仅来自全球贸易背后的企业客户，也来自强大的投资者。

（资料来源：黎史翔. 人民币跻身全球第九大交易货币，法制晚报，2013-09-06.）

国际企业在从事国际经营时，面临的第一个问题往往就是如何处理不同国家不同的计价单位。比如，在中国，价格和货币是用人民币衡量的，美国的计价单位是美元，瑞士的计价单位是法郎，等等。在此情形下，跨国交易就不像国内交易那样只涉及一种货币，而

---

① 国际清算银行于1930年5月成立，是英、法、德、意、比、日等国的中央银行与代表美国银行界利益的摩根银行、纽约和芝加哥的花旗银行组成的银团。它每3年进行一次外汇市场成交量调查。

往往会用到两种或两种以上的货币。比如说，向美国出口服装的中国企业会要求美国公司用人民币付款，除非该中国企业需要美元。因此，如果要在跨国经营中取得成功，国际企业必须懂得外汇兑换和汇率，同时也必须深入了解汇兑交易所发生的场所——外汇市场。在本章我们将深入探讨外汇市场的基本特征和运作机制。

## 第一节　外汇市场的相关概念

在外汇市场上将一种货币兑换成另一种货币，并且将其从一个地方转移到另一个地方，无论对个人还是企业都是非常重要的事情。在这一节，我们将首先对外汇以及外汇市场的相关概念加以界定。

**一、外汇的相关概念**

（一）汇率

汇率通常被定义为两国货币之间兑换的比例。通俗地说，汇率是一国货币单位兑换他国货币单位的比率，也可以说是用一国货币表示的另一国货币的价格。比如，北京时间2013年9月17日上午9点，你需要用6.1206元人民币来兑换1美元，因此，人民币对美元的汇率为6.1206元人民币/美元。由于汇率对一国的经常账户和其他宏观经济变量都有很强烈的影响，所以汇率成为开放经济中最重要的价格体系。

由于汇率是一国货币表示另一国货币的价格，所以也是一种资产价格。资产是财富的一种形式，是可以把现在的购买力转换为将来购买力的一种手段。因此，资产的现价是与商品和服务的购买者所预期的未来收益直接相关。同样地，现时的人民币/美元汇率也与人们对未来汇率水平的预期紧密相关。2013年9月11日凌晨，苹果公司正式发布两款新手机iPhone 5C和iPhone5S，由于产品低于消费者和投资者的预期，第二天苹果股价收报于每股467.01美元，暴跌了5.8%。汇率也是如此，汇率对任何有关货币价值的消息会立即作出反应。

**小资料：人民币汇率及其形成机制**

人民币自诞生之初一直属于非自由兑换的货币，其汇率由我国中央银行中国人民银行决定，仅作为调控进出口贸易和改善国际收支平衡的政策手段。

人民币汇率大致分为两个阶段，即改革开放前的汇率和改革开放后的汇率。1978年改革开放以前，从1949年到1952年国民经济恢复时期，人民币汇率不以黄金为基础，实行管理浮动制，物价为确定汇率的依据；从1955年3月至1971年11月，布雷顿森林体系处于稳定时期，人民币汇率在近16年时间内维持在2.4618元人民币/美元的水平；从1973年到1979年间，人民币汇率只做过几次调整，到1978年，人民币对美元汇率中间价为1.684元人民币/美元。

改革开放后，人民币汇率经历了挂牌价和调剂价的双轨制阶段、汇率并轨后的柔性钉住美元制阶段、亚洲金融危机后的刚性钉住美元制阶段、2005年7月21日的汇率制度改革。从1979年至1994年汇率双轨制阶段是人民币贬值幅度最大的时期，由

1979年的1.555元人民币/美元贬至1994年的8.619元人民币/美元,贬值幅度达4.5倍。在汇率双轨制期间,还存在表面上面额与人民币等值的外汇兑换券。由于外汇汇率与官方挂牌价格存在极大的利差,期间存在被政府禁止的外汇黑市。初期以炒卖外汇兑换券为主,之后直接炒卖外币。改革开放初期,人民币定价过高,外汇(外汇兑换券与外币)黑市价大大高于官方规定的汇率,前期最高相差近一倍;随着官方对人民币的大幅度贬值,渐渐回落直至接近官方挂牌价;进入1990年以后,场外交易的(黑市价)外汇价格转向略低于官方挂牌价,与此同时,外汇兑换券渐渐淡出市场。从1994年开始到2005年汇率制度改革以前,人民币兑美元一直维持在8.27元人民币/美元以上。2005年汇率制度改革以后,人民币渐渐进入升值阶段,人民币从汇率在改革前为8.2765元人民币/美元到2008年7月16日挂牌中间价升值至6.8128元人民币/美元,升值幅度达到21.48%。由于美国次贷危机诱发的全球金融危机影响,到2008年第四季度中国经济开始明显受到影响,人民币暂时停止升值;到2009年,价格维持在6.84元以下,2009年人民币兑美元年平均中间价为1美元兑换6.8310元人民币,比2008年升值1.7%。截止到北京时间2013年9月17日上午9点,人民币兑美元中间价为6.1206元人民币/美元,相对于改革前的8.2765元人民币/美元升值了35.22%。见图6-1。

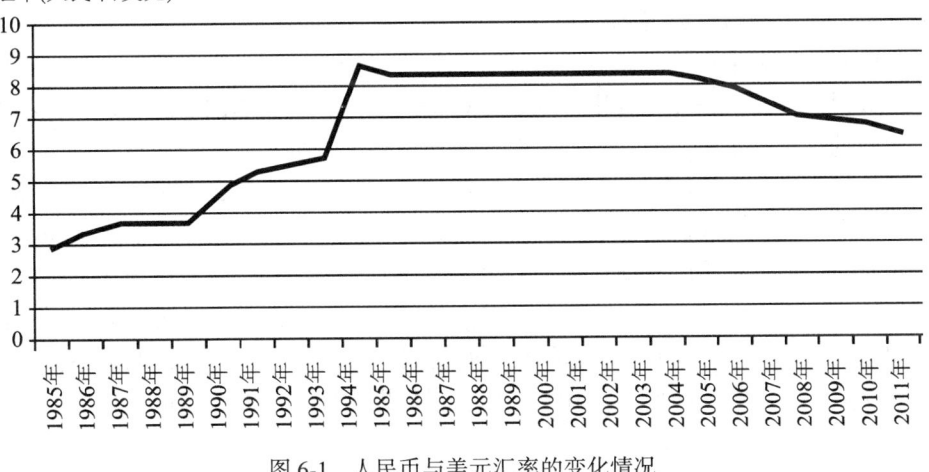

图6-1 人民币与美元汇率的变化情况

现行人民币汇率形成机制自2005年7月21日开始形成,以中国人民银行(央行)发布的系列规定为基础,实行以市场供求为基础、参考一篮子货币进行调节、有管理的浮动汇率制度。人民币汇率不再钉住单一美元,形成更富弹性的人民币汇率机制。汇率形成机制改革宣布当日,规定美元对人民币交易中间价格调整为1美元兑8.11元人民币,规定非美元货币对人民币交易在中间价上下1.5%内浮动,美元对人民币外汇挂牌价现汇买卖维持中间价的上下0.2%浮动,现钞买卖维持上下1%浮动;同年9月23日中央银行发出通知,银行间即期外汇市场非美元货币对人民币的交易价允许上下 3% 的浮动，取消非美元货币对人民币现汇和现钞挂牌买卖价差幅度的限制。

（资料来源：根据国家统计局数据及相关资料整理．）

（二）汇率的标价方法

汇率在跨国经营中具有重要作用，是因为汇率使得我们能够比较不同国家的商品和服务的价格。比如，某个消费者决定购买一辆家用汽车，他可以直接比较长安福特公司的福克斯 1.6L 自动挡（15.49 万元）和上海大众公司的朗逸 1.6L 自动挡（14.69 万元）的人民币标价。那么，消费者该如何比较这两个价格与从日本进口的本田 Insight 车型（340 万日元）的日元售价呢？为了进行这种比较，他就必须知道人民币和日元的相对价格，或者说两种人民币对日元的汇率。应该注意到，汇率有两种标价方式：

1. 直接标价法（美国标价）

以外国货币做基准表示的汇率，即用本国货币表示单位外币的价值。例如 1 美元 = 6.23 元人民币，1 日元 = 0.06168 元人民币。所以，站在我们国家的角度上，这种标价方式是外国货币的人民币价格，或每单位外国货币对应的人民币数额。

2. 间接标价法（欧洲标价）

以本国货币做基准表示的汇率，即用外国货币表示单位本币的价值。比如，1 元人民币 = 0.16 美元，1 元人民币币 = 16.2104 日元。同样的，站在我国的角度上，这种标价方式是人民币的外币价格，或每单位人民币所对应的外国货币数额。

目前世界各国多采用第一种标价方式，即直接标价法为主。家庭和企业利用汇率可以把以外国货币表示的价格转化成用本国货币计量的价格。一旦本国商品和进口商品的价格能够用相同的货币表示了，消费者就能够计算出影响国际贸易流动的相对价格。

汇率的变动被称为升值或者贬值。人民币相对于美元的升值，即为人民币的美元价格上升。例如汇率从每元人民币 0.15 美元升至每元人民币 0.16 美元。这个例子表明，在其他条件相同时，一国货币的升值，会使得该国商品对外国人而言变得更为昂贵，而该国所进口的商品变得更为便宜。人民币相对于美元的贬值，即为以美元计价的人民币价格的下降，比如汇率从每元人民币 0.18 美元降为每元人民币 0.16 美元。在其他条件相同时，一国货币的贬值，会使得该国商品对外国人而言变得更为便宜，而该国进口的商品变得更为昂贵。

需要注意的是，在直接标价法下，人民币（相对于美元）汇率的上升即为人民币相对于美元升值，相反，人民币汇率的下降即为人民币相对于美元贬值。但在间接标价法下，人民币（相对于美元）汇率的上升则为人民币相对于美元贬值，反之，人民币汇率的下降即为人民币相对于美元升值。

（三）外汇

根据国际货币基金组织对外汇的定义，外汇是指货币行政当局（中央银行、货币机构、外汇平准基金组织及财政部）以银行存款、财政部库券、长短期政府证券等形式所保有的在国际收支逆差时可以使用的债权。

根据中国国家外汇管理局的定义，外汇是指下列以外币表示的可以用作国际清偿的支付手段和资产①：

外国货币，包括纸币、铸币；
外币支付凭证，包括票据、银行存款凭证、邮政储蓄凭证等；
外币有价证券，包括政府债券、公司债券、股票等；
特别提款权；
其他外汇资产。

**二、外汇市场**

正如经济中各种价格是由买方和卖方的相互作用形成的一样，汇率也是由买卖外汇进行国际支付的家庭、企业和金融机构的相互作用决定的。国际货币汇兑交易的场所被称为外汇市场。我们用一个例子来说明外汇市场典型的兑换交易。如果一家美国进口商打算从中国进口一辆价值1 500元人民币的自行车，那么他该如何向中国的出口商付款呢？首先，他要向当地银行的国际业务部以即时市场汇率购买1 500元人民币。假设汇率是1美元兑换6.1206元人民币，那么你就需要支付245.1美元，然后加上手续费。银行会开具信用证，表明应付账款余额为1 500元人民币。接着，出口商收到信用证后会去中国当地银行，抵押信用证获取1 500元人民币，到此，一次典型的外汇兑换完成。汇兑的载体可以是现金、银行账户余额、旅行支票、银行存折或者其他短期债券等。

（一）外汇市场的定义

更严格地讲，外汇市场是以外汇银行为中心，由外汇需求者和外汇供给者组成的买卖外汇的场所或交易网络。外汇持有者可以在此出售外汇换取本国货币，外汇的需求者可以在此以本国货币购买外国货币或通过外汇市场以一种外币换取另一种外币。

狭义的外汇市场，又叫外汇批发市场，它是特指银行同业之间的外汇交易市场，包括同一市场上各银行之间的外汇市场、不同市场上各银行之间的外汇交易、中央银行同商业银行之间的外汇交易、各国中央银行之间的外汇交易。

广义的外汇市场，又叫外汇零售市场，它除了包括狭义的外汇市场，还包括银行同一般客户之间的外汇交易市场。

（二）外汇市场的分类

1. 按外汇市场经营范围来划分

（1）国内外汇市场。这种外汇市场一般适用于发展中国家，在这种市场上主要进行的是外币与本币之间的交易，它的参加者是本国居民，并且，在国内外汇市场上进行外汇交易要受到国内金融制度的限制。比如中国曾经就是外汇管制比较严格的国家，买卖外汇要受到很多的限制。

（2）国际外汇市场。当前，外汇市场实际上已形成国际性外汇市场，世界各大金融中心的外汇市场连成一体，借助于日益发达的通信技术和电子清算系统，从而突破了时区的限制，实现24小时连续进行外汇交易的市场体系。各种形式的外汇交易的结算，基本上能在当天完成。所谓国际外汇市场，是指交易货币不限于当地货币为主导货币，参加者

---

① 参见《中华人民共和国外汇管理条例》。

不限于当地机构的外汇市场。这种市场上各国居民都可以自由参加交易,在这种市场上进行的交易是多种货币的自由买卖,不受所在国金融制度的限制。这种外汇市场,是一个基本上完全自由的市场,是一种发达的外汇市场。

在国际外汇市场上,每天流动着大量的资金。根据国际清算银行 2010 年 4 月的统计,全球外汇市场平均每天的交易量估计为 3.98 万亿美元,比 2007 年 4 月的 3.21 万亿美元增加了大概 20%。①

2. 按外汇交易的方式来划分

(1) 有形市场。有形市场是指从事交易的当事人能在固定的交易场所和规定的营业时间里进行外汇买卖。欧洲大陆式的外汇市场,除了瑞士以外,诸如法国的巴黎、德国的法兰克福、比利时的布鲁塞尔等地都是具有有形的、具体的交易场所,一般是在证券交易所的建筑物内或在交易大厅内的一角设立外汇交易所,而由各个银行的代表规定一定的时间,集合在此地从事外汇交易。不过,这些市场的交易项目仅限于决定对客户交易的公定汇率或调整各自即期外汇交易的余缺额。

(2) 无形市场。无形市场是指一个由电话、电报、电传和计算机终端等通信网络所形成的一个抽象的市场。这种外汇市场没有固定的交易场所,也没有固定的开盘、收盘时间,买卖双方在安排成交时并不面对面。如美国、英国和瑞士等国的外汇市场就没有具体的交易场所,也不挂标明一切货币汇率的行情牌,市场参与者之间都是通过某种电讯工具来询价、报价并安排成交的。形成上述外汇市场形式上的区别,主要是由于英美等国与欧洲大陆国家长期以来在商业传统和习惯做法上存在着不同。然而,由于伦敦和纽约是世界上最大的两个外汇市场的所在地,所以,人们一般都将典型的外汇市场理解为后一种抽象市场。当然,这个交易网络还包括银行为满足客户零星交易的需要而设置的交易柜台。

目前,许多国内市场都正在逐渐向国际市场演变,传统的欧洲大陆式市场逐渐地变小、衰退。无形的、抽象的外汇市场将逐渐替代有形市场。但是,由于有形市场保证了外汇的买卖汇率不致受任何一家银行所左右,因而能使商业交易在竞争的基础上顺利地进行。另外,由于"定价"是普遍发表的,因此工商企业可以用这种"定价",来直接进行相互间外汇交易的划抵,即直接结算其相互间的外汇债权债务关系。因此,这种有形的外汇交易在一些国家中,仍然继续存在着,并且发挥了较好的作用。

## 第二节 外汇市场的基本特征

外汇市场是由若干金融中心组成的一体化大市场。各个金融中心被距离和时间所隔离,各自独立又相互影响。一个中心每天营业结束后,就把订单传递到别的中心,为下一市场的开盘定下了基调。这些外汇市场以其所在的城市为中心,辐射周边的其他国家和地区。由于所处的时区不同,各外汇市场在营业时间上此开彼关,相继挂牌营业,它们相互之间通过先进的通信设备和计算机网络连成一体,市场的参与者可以在世界各地进行交易,外汇资金流动顺畅,市场间的汇率差异极小,形成了全球一体化运作、全天候运行的

---

① 2010 年全球外汇市场情况. Triennial Central Bank Survey. 巴塞尔:国际清算银行,2010,12.

统一的国际外汇市场。

**一、外汇市场的主要工具**

外汇市场有很多交易工具，但最基本和最常用的工具包括即期交易、远期交易和外汇掉期交易三种。

1. 即期交易（spot transactions）。即期交易指在外汇买卖成交后的两个营业日内办理货币收付的外汇业务。这种外汇交易根据各金融中心规定与习惯不同，有的在当日办理货币收付；有的则在交易后的两个营业日以内收付。

即期交易的交割日定于第二个营业日，主要是因为全球外汇市场24小时运作，不同市场间存在时差，为了交易方便才如此规定的。一般而言，在国际外汇市场上进行外汇交易时，除非特别指定日期，否则一概以即期交易视之。目前在全球两大电子即时外汇汇率报价系统之一的路透社中，其所显示的外汇汇率报价就是即期汇率。若买卖双方的交割日不是即期交割日，则必须反映两种货币的利率差而调整汇率，因此某一特定日期的汇率将不同于即期汇率。

即期交易没有固定的交易场所，通常是在大公司和外汇经纪人、客户之间通过电话、电传和电报进行的。一般外汇银行进行的信汇、电汇和信用证结算都是即期交易。

2. 远期交易（forward transactions）。远期交易指买卖双方先订立合同，规定买卖外汇金额、将来汇率和支付时间，到规定时间再按合同办交收的外汇业务。这种交易在买卖契约成立时，双方不须立即支付本国货币或外汇，而是预先约定价格于将来特定日期进行货币收付。

远期外汇交易的出现，给从事交易的需求者提供了绝佳的避险渠道。一般从事贸易的进、出口商，在报价完成到实际收付外汇之间，通常需要一段时间，而这段时间的汇率风险，便需由自己承担。若进口商和出口商在取得合约时，便与银行承作远期外汇锁定汇率，即可规避此类汇率风险。

比如，某美国出口商在6个月（180天）后会得到10万欧元的货款，假定美元比欧元利率高，因此欧元远期汇率贴水，而美元远期汇率升水，为了规避外汇风险，出口商可以与银行签订卖出远期欧元的协议，将外汇风险固定在一定的程度内。

3. 掉期交易（swaps）。掉期交易是即期交易和远期交易的结合物。在外汇掉期交易中，一种货币在一个既定时间兑换成另一种货币，然后在另一个既定的时间兑换回原来的货币。通常，掉期交易的第一部分交易是即期交易，第二部分是远期交易。在这种情况下，如果一个银行手头的外汇资金暂时有多余，但将来却又有支付需要，就可用即期交易方式把暂时多余的外汇资金卖给其他银行，同时又以远期方式将其买回。

1981年，IBM公司和世界银行进行了一笔瑞士法郎和德国马克与美元之间的货币掉期交易。当时，世界银行在欧洲美元市场上能够以较为有利的条件筹集到美元资金，但是实际需要的却是瑞士法郎和德国马克。此时持有瑞士法郎和德国马克资金的IBM公司，正好希望将这两种货币形式的资金换成美元资金，以回避利率风险。在所罗门兄弟公司的中介下，世界银行将以低息筹集到的美元资金提供给IBM公司，IBM公司将自己持有的瑞士法郎和德国马克资金提供给世界银行。通过这种掉期交易，世界银行以比自己筹集资金更为有利的条件筹集到了所需的瑞士法郎和德国马克资金,IBM 公司则回避了汇率风险,低成本筹集到美元资金。这是迄今为止正式公布的世界上第一笔货币掉期交易。通过这项掉期交易,世界银行和 IBM 公司在没有改变与原来的债权人之间的法律关系的情况下,以低成本筹集到了自身所需的资金。

1970 年以前,外汇市场只有以上三种外汇交易工具。随着时代的发展,其他外汇交易工具也应运而生。比如货币互换(currency swap)、期权(options)和期货(futures)。货币互换在场外互换市场交易,期权在场内场外市场都可以交易,而期货只在场内交易①。货币互换一般用于产生利息的金融工具,比如债券,是一种负债(资产)的本金利息与另一种负债(资产)的本金利息的交换,两种资产价值往往用不同的货币衡量。期权指在未来用作外汇交易的权利,但并非义务。期货合约是双方同意在某个特定的时间、用商定的价格进行外汇交易后制定的包含上述信息的标准合约。

由于外汇市场交易相当复杂,所以以上几种交易工具的准确统计数字很难获得,根据国际清算银行 2010 年 4 月的统计,全球外汇市场平均每天的交易量估计为 3.98 万亿美元,而这些交易量可以细分如下:1.49 万亿美元为即期交易、4 750 亿美元为远期交易、1.765 万亿美元为外汇掉期、430 亿美元为货币掉期、2 070 亿美元为期权和其他交易类别。

## 二、外汇市场的规模、组成和分布

外汇市场是世界上规模最大、流动性最强的市场。每天全世界的外汇交易量达 15 000 亿美元,数量在 2 亿美元到 5 亿美元之间的个体交易不足为奇。而且,外汇市场的交易量也迅速增长(如图 6-2 所示)。根据统计,外汇市场交易量从 2007 年 4 月到 2010 年 4 月间增长了 20%,并且是 2004 年的 2 倍。其中,外汇期货和期权的交易量最近几年持续增长,在 2010 年 4 月达到了每天 1 660 亿美元(比 2007 年 4 月翻了 1 倍)。多种因素导致了外汇交易量的增长,其中包括外汇日益成为一种重要的资产类别、频繁交易者的增加、散户投资者逐步成为外汇市场的重要组成部分。电子交易降低了交易成本,提高了市场流动性并吸引了很多不同类型的客户。特别是外汇经纪商通过互联网使得外汇交易更容易进行。到 2010 年,小额的外汇交易估计占到现货交易总量的 10%,也就是每天 1 500 亿美元。

在全球外汇市场上,美元是交易量最大的货币。如表 6-1 所示,2010 年 4 月,美元的日交易量占全球市场交易量的 84.9%。② 排在第二位的是欧元,日交易量占全球市场交易量的 39.1%。这两种货币的交易量占全球交易量一半以上。其他交易量比较靠前的还有日元、英镑、澳元、瑞士法郎等。如本章的篇首资料所示,根据国际清算银行发布的全球外汇市场成交量调查报告,2013 年,人民币首次超过瑞典克朗、港元进入全球十大交易最频繁货币榜单,成为世界第九大交易货币,日均交易额占全球交易总量的 2.2%。

---

① 场外市场由商业银行、投资银行以及其他金融机构组成;场内市场由证券交易机构组成,比如芝加哥交易所和费城证券交易所。

② 注意每种货币的交易都涉及一个货币对。

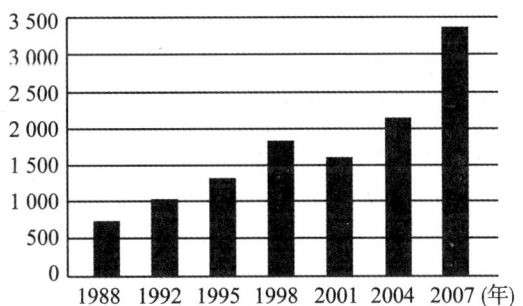

图 6-2 主要外汇市场 1988—2007 年的交易量（单位：10 亿美元）

表 6-1 **全球外汇市场交易量货币占比①（2010 年 4 月）**

| 排名 | 货币 | ISO 4217 代码（符号） | 日交易量占比 |
|---|---|---|---|
| 1 | 美元 | USD（$） | 84.9% |
| 2 | 欧元 | EUR（€） | 39.1% |
| 3 | 日元 | JPY（¥） | 19.0% |
| 4 | 英镑 | GBP（£） | 12.9% |
| 5 | 澳元 | AUD（$） | 7.6% |
| 6 | 瑞士法郎 | CHF（Fr） | 6.4% |
| 7 | 加元 | CAD（$） | 5.3% |
| 8 | 港元 | HKD（$） | 2.4% |
| 9 | 瑞典克朗 | SEK（kr） | 2.2% |
| 10 | 新西兰元 | NZD（$） | 1.6% |
| 11 | 韩元 | KRW（₩） | 1.5% |
| 12 | 新加坡元 | SGD（$） | 1.4% |
| 13 | 挪威克朗 | NOK（kr） | 1.3% |
| 14 | 墨西哥比索 | MXN（$） | 1.3% |
| 15 | 印度卢比 | INR（₹） | 0.9% |
| 其 他 | | | 12.2% |
| 总计② | | | 200% |

---

① 资料来源：（1）2010 Triennial Central Bank Survey. Bank for International Settlements.
（2）World's Most Traded Currencies By Value 2012. http://www.investopedia.com/. Retrieved 10 June 2013.
② 总数为 200%，是因为每种货币的总易总是牵涉一个货币对。

全球外汇市场由世界上30多个主要的外汇市场组成，它们遍布世界各大洲的不同国家和地区。根据传统的地域划分，可分为亚洲、欧洲、北美洲等三大部分，其中，最重要的有伦敦、纽约、东京、苏黎世、新加坡、法兰克福、香港、巴黎、洛杉矶、悉尼等。前四大市场一直占据全球外汇交易的大部分份额。1998年，伦敦、纽约、东京、苏黎世的交易额分别占全球外汇交易总额的32%、18%、8%、7%，加总共占全球外汇交易的65%。根据TheCityUK的估计，2010年4月，英国伦敦作为全球最重要的外汇交易中心，其交易金额占总数的36.7%。排名第二和第三的分别为纽约（占17.9%）和东京（占6.2%）。因为伦敦在市场中的主导地位，所以一个外汇报价往往是指伦敦的市场价格。例如，当IMF计算其每天的特别提款权价值时，使用的就是伦敦中午时分的市场价格。

（一）伦敦外汇市场

伦敦外汇市场是全球最大的外汇交易市场，交易量占全球交易量的36.7%。19世纪以来，由于伦敦在国际金融和贸易方面所处的中心地位，英镑作为国际结算中的主要结算工具，促成了伦敦外汇交易市场的形成。1979年，英国政府宣布取消外汇管制，促成了其进一步扩大和发展。现在它是欧洲美元交易的中心。

伦敦外汇市场主要是由经营外汇业务的银行、外汇经纪商、一般金融机构（如承兑商、贴现商）以及英格兰银行所组成。交易时间由9:00至17:00左右（北京时间17:00至次日1:00）。伦敦外汇市场上的交易货币几乎包括所有的可兑换货币，规模最大的是英镑对美元的交易，其次是英镑对德国马克（欧元）、瑞士法郎、法国法郎及日元的交易。伦敦外汇市场1998年4月期间的即期交易量日均为2 170亿美元，远期交易量为4 200亿美元。

目前，伦敦有200多家银行从事外汇买卖，其中大部分是外国银行，它们都领有英国中央银行（英格兰银行）的许可执照，这些银行并不都以自己的账户在外汇市场上进行活动，但它们都提供外汇服务，因提供外汇服务是认可其为银行所必需的。当然，也有大量外国银行直接从事该国货币对外币的兑换活动，这促进了伦敦外汇市场的深度和灵活性。在伦敦市场上，大多数银行的外汇买卖也是由外汇经纪商所促成。伦敦有10多家主要的外汇经纪商，这些经纪商公司大部分都有世界性的营业网络。

伦敦外汇市场是一个无形市场，历史悠久，交易量大（不过金融期货市场规模不如纽约那么大），拥有先进电信网络；金融界拥有一批训练有素的外汇交易专门人才；由于历届英国政府都十分强调对出口融资和支持英国的外币批发贸易业务，英国工商企业一般对外币融资、外币计价和外汇保值等业务，都较熟悉；另外，它的地理位置得天独厚，占有时区上的优势，所以在国际金融市场上处于非常重要的地位。

英格兰央行也参与伦敦外汇市场的活动，其目的在于通过制订和颁布一系列条例对外汇市场进行监督管理，维持正常交易秩序；替英国财政部管理集中了英国所有外汇储备的"外汇平准账户"；央行也代其客户（包括外国的政府部门、央行或其他货币机构）买卖外汇；此外，央行还经常进行外汇干预，以稳定英镑的汇率。干预活动一般通过某一商业银行进行，这样做的目的是隐蔽其"出现"，而如果当它需要大肆声张它的"出现"，以影响市场心理时，央行常会对外汇经纪人给出它所愿意接受的汇率，并公开宣布将买入或卖出的外汇数量。它对远期外汇市场的干预非常有限，但有时偶尔进行"掉期"交易来稳定国内市场。

(二) 纽约外汇市场

纽约外汇市场是美国规模最大的外汇市场，仅次于伦敦外汇市场。1978年，美国对外汇市场进行了三项改革：一是允许银行间直接进行交易；二是美国的外汇经纪人可以接受国外银行的外汇报价和出价；三是由过去的直接标价法改为间接标价法，减少了汇率换算的不便，从而使纽约外汇市场的交易条件和方法得到改善，推动了外汇市场业务的扩展。

纽约是美国的外汇业务中心，其他一些地方如芝加哥、旧金山、费城等地方的外汇交易量远不能同纽约相比，实际上，美国各城市的外汇交易都是经由各银行在纽约的总行或其分支行进行的。纽约外汇市场是一个无形市场，主要由在纽约的美国大商业银行、外国银行在纽约的分支行或代表机构以及一些专业的外汇经纪商组成。美国国内各银行间的外汇交易传统上都利用电话、电传等网络通过外汇经纪人办理。一个活跃的经纪人可能会同100多家以上的银行直接进行电话联系。由于美国外汇市场上经纪人活跃，纽约外汇市场又可分为三层：第一层是银行与商业客户之间的交易；第二层是纽约各银行与经纪人之间的市场；第三层则是纽约银行与国外银行间的交易。

纽约外汇市场交易时间是由9:00至16:00（北京时间约22:00至次日5:00）。纽约外汇市场是除美元以外所有货币的第二大交易市场，这些货币所占的交易比重依次是德国马克（欧元）、英镑、瑞士法郎、加拿大元、日元和法国法郎等。尤其是近年来日元和英镑交易增加得特别快；基本上是一个银行间同业市场；即期交易占全部交易的60%左右，远期交易不到10%，掉期交易约占30%。

纽约外汇市场20世纪80年代以来的一个重要特点，是同金融期货市场有很密切的联系。美国纽约联邦储备银行估计，在银行与客户的外汇交易中，约有1/5是同芝加哥的国际货币市场客户进行的交易。美国的企业除了因为进行金融期货业务而同外汇交易发生关系外，其他的外汇业务传统上很少，因为国际贸易在美国国民生产总值中占的份额不多（10%左右），并且由于美元是国际货币，美国厂商在进行国际经济交易时可以直接用美元而不必用其他外币来报价和进行支付。

美国没有外汇管制，银行的外汇活动虽然不受控制，但仍然要受到美国联邦储备委员会和各州银行业务署的银行监理官的监督。

美国官方对外汇市场的介入，是通过纽约联邦储备银行进行的，它代表美国的联邦储备委员会和财政部的"外汇平准账户"。官方干预的途径，或者直接以自己的名义，或者隐蔽地通过某一商业银行的中介来进行。一般的典型情况是，纽约联邦储备银行通过商业银行或代理机构，来间接地进入外汇经纪市场，不过，纽约联邦储备银行有时也通过直接同商业银行打交道来进行干预。官方干预方式，通常在即期市场上，而在远期市场上的干预，则是微不足道的。官方干预的地点，主要发生在纽约和欧洲，偶尔也在远东进行一些干预。

(三) 东京外汇市场

东京外汇市场是世界第三大外汇市场。1980年的日本新外汇法公布，才取消了一直严格实行的外汇管制。1985年，美日双方达成《日本金融自由化与国际化协议》后，日本金融自由化和与国际接轨的步伐大大加快,对外汇限制不断放松,日元的作用范围不断扩大。东京外汇市场交易的货币80%是美元。东京成为欧洲日元的交易中心。

东京外汇市场是一个无形市场,主要利用电话、电报等方式进行交易,自1995年1月1日起取消银行同业外汇交易时间限制,以活跃交易市场,稳定东京外汇市场国际地位。

东京外汇市场的参与者主要是外汇银行、外汇经纪商、非银行客户以及日本银行。交易时间为9:00至12:00;13:30至15:30(北京时间8:00至14:30)。东京外汇市场的交易货币比较单一,主要是日元兑美元和马克的交易。据日本银行1998年发表的对东京外汇市场交易额的调查结果,东京外汇市场平均每天交易额为1 487亿美元,外国银行在东京外汇市场的交易量中占56.9%(1995年为48.6%),已超过本土银行的交易量。日元对美元、德国马克的交易额占全部交易额的83.5%,比上次调查增长2.4%。

东京外汇市场同其他国家的外汇市场很不相同。这种不同之处主要在于:一是时区差异。它在时区上,同纽约不交迭,同欧洲只有每天的最后一两小时有交叠;二是外汇交易的绝大部分为美元对日元的买卖(占全部交易的95%);三是文化上的差异。日本的交易者具有"社会一致"的观念,并能分享信息资料,形成了共同的工作习惯。表现在外汇市场方面,则是所有的交易都趋于一个方向,即或者都买进,或者都卖出,因而美元兑日元汇率变动具有跳跃性。日本人关于信息分享的态度,则导致当人们通过经纪人来进行外汇交易时,交易缺少保密性①。事实上,日本的官方统计资料在其公布前,就常为一些买通消息的交易商所获悉。四是贸易商社有重要作用。贸易商社在日本的对外贸易和外汇市场的作用相当突出。日本最大的6家贸易商社,控制了日本50%的进口,拥有全球性的通信网络、丰富的信息和广泛的联系,是外汇市场上信息灵通的积极交易者。日本的一些出口企业②,则倾向于绕开贸易商社,自己直接从事外汇的交易。在进口方面,日本一些大的石油公司也是如此。五是行政性控制相当严密。

在日本,外汇管制过去相当严密,按照国际流行说法,日本关于外汇管制的法律,是相当"简单"的,即:"除了特别准许的情况之外,任何事情都是禁止的"。1980年后,日本放宽了外汇管制,新的法律将以上原则颠倒了过来,变成了:"除了特别禁止的之外,任何事情都是准许的"。但是,目前仍然对外汇交易存在着若干限制,这些限制主要由大藏省进行操作,一部分则授权日本银行和一些官方指定的银行进行,例如在某些领域,如银行的外汇掉期交易和外国人在日本市场上发行债券等,都有一些复杂和详尽的"行政指导线"。

近年来,日元国际化不断有所发展,但日本货币当局对此采取了一种谨慎的态度,因为它担心日元国际化会给日元汇率带来难以控制的冲击。为此,日本银行经常在外汇市场上进行大量的干预。1985年9月22日西方五国集团会议决定压低美元汇率后,日本银行在其后的一天内,甚至动用了15亿美元干预外汇市场。

在当今国际外汇市场上,东京外汇市场已成为决定美元交易水平的主要市场,已成为

---

① 为此,在1982年1月,日本的外汇市场实务委员会宣布决定实行"保密原则"。
② 主要是汽车和电子企业。

汇率趋势的引导者，而伦敦等外汇市场往往无力使汇率趋势逆转。

（四）苏黎世外汇市场

瑞士苏黎世外汇市场是世界上第四大外汇市场。由于瑞士银行业非常发达，瑞士法郎又是世界上最稳定的货币之一，苏黎世外汇市场具有得天独厚的优势。值得注意的是，苏黎世外汇市场没有外汇经纪人。

苏黎世外汇市场由瑞士银行、瑞士信贷银行、瑞士联合银行、国际清算银行、瑞士国家银行（瑞士央行）、外国银行分支机构和经营国际金融业务的其他银行所组成。在苏黎世外汇市场，外汇交易不通过经纪人和中间商，而是通过电话、电传等在银行间直接进行，是典型的无形市场。交易货币主要是美元。

瑞士经济尽管规模很小，但却对国际资金有着很大的吸引力，近年来，更成了许多跨国公司财务管理的安全乐园。由于世界性的声誉，瑞士吸引了大量的海外资金。这些资金大部分投资于瑞士银行管理的信托存款，这些由瑞士银行管理的信托资金的规模很大，这些资金由瑞士银行以自己名义进行交易，并替客户保密。据估计，在这些信托资金的业务中，有1/3是5家最大的瑞士银行进行的，有1/3是由外国银行进行的，余下的1/3，则由瑞士的一些私人银行和州银行进行。

瑞士外汇市场的发达，主要是由于信托资金交易的发达。但是，由于瑞士实行了独特的外汇管制，因此外汇市场的发达又受到一定的限制。瑞士在20世纪60年代和70年代为了防止瑞士法郎升值，由瑞士国民银行对资本流入实行了种种限制，致使瑞士的外汇市场，没有随着纽约和伦敦外汇市场的发展而迅速发展起来，在瑞士的外国银行，也没有明显的增加。

20世纪80年代以来，瑞士外汇管制随着促使瑞士法郎升值的压力的减少，而逐渐趋于放松。由于瑞士经济规模较小，而相比之下，在瑞士寻求"安全地"的国际资金却相当庞大，使瑞士中央银行对国内货币供应量的控制，受到国际资金内流的巨大损害。但同时，大量国际资金转向瑞士法郎，也使瑞士法郎保持着比较坚挺的地位，因而使瑞士外汇市场在国际上也较受重视。

# 第三节 外汇市场交易

在了解外汇交易的主要工具，以及全球外汇市场的规模、组成和分布后，我们需要认识外汇交易的主要参与者，并观察和分析它们是如何进行外汇交易的。特别是，国际企业为什么要涉足外汇市场？它们是如何利用套汇获利的？它们又是如何利用外汇交易来投机或规避风险的呢？这是我们这一节需要重点了解的问题。

## 一、外汇市场交易的参与者

外汇市场有各种各样的参与者。有的是进出口商，有的是境外直接投资者，还有证券投资者。证券投资者投资国外股票、债券、共同基金，期望在卖掉时能通过更有利的汇率来换取更多本币。不同的参与者买卖外汇的动机不同，但是都影响对各种货币的供求量。

## （一）商业银行

各国主要商业银行都办理外汇买卖以及承办外汇存款、汇兑、贴现等业务。在一些实行外汇管制的国家，外汇业务是由各国中央银行指定或授权经营外汇业务的银行办理的。这些银行通常是本国的外汇专业银行、在本国的外国银行分支机构和一些金融机构。

商业银行是外汇市场的主要角色，它是外汇供求的中介机构。商业银行不但对客户买卖外汇，而且还在同业银行之间进行大量的交易。

## （二）外汇的实际供应者和需求者

这类市场参与者有的为实施某项经济交易而买卖外汇，如经营进出口业务的国际贸易商，到外国去投资的跨国公司，发行国际债券或筹借外币贷款的国内企业，等等；有的为调整资产结构或利用国际金融市场的不均衡状况而进行外汇交易，如买卖外国证券的投资者，在不同国家货币市场上赚取利差、汇差收益的套利者和套汇者，对市场汇率进行打赌以赚取风险利润的外汇投机者，等等。除此之外，还有其他零星的外汇供求者，如国际旅游者、出国留学生、汇出或收入侨汇者、提供或接受外币捐赠的机构和个人，等等。在上述各种外汇供求者中，最重要的是跨国公司，因为跨国公司的全球经营战略涉及许多种货币的收入和支出，所以它进入外汇市场非常频繁。

值得注意的是，上述客户相互之间一般不直接进行外汇交易，而是各自与商业银行或外汇指定银行做买卖。这是因为几乎所有的外汇交易实际上都是不同货币的银行存款的交换，都涉及在不同金融中心里的银行存款账户上的借记或贷记。商业银行的国际经营活动的范围非常广泛，它往往在国外设置分支行或同外国的银行建立代理行的关系，所以特别适合成为进出口商人、跨国公司及其他外汇供求者的交易对象。

## （三）中央银行及政府主管外汇的机构

外汇市场上另一个重要的参与者是各国的中央银行，这是因为各国的中央银行都持有相当数量的外汇余额作为国际储备的重要构成部分。特别是自1976年国际货币基金第二次修正案实行"黄金非货币化"以来，各国国际储备资产中的外汇比重更是有所增加；而作为管理一国货币流通和控制一国金融体系的官方机构，中央银行经常通过购入或抛出某种国际性货币的方式来对外汇市场进行干预，以便能把本国货币的汇率稳定在一个所希望的水平上或幅度内，从而实现本国货币金融政策的意图。因此，各国中央银行参与外汇市场的活动目的主要是两个：储备管理和汇率管理。

中央银行的这种市场干预活动通常也是通过外汇经纪人或授权外汇指定银行进行的。例如，美国的财政部和联邦储备委员会（美国的中央银行）为阻抑或平缓美元汇率的下跌，就会向一家或几家外汇经纪人发出抛售外币的指令。毫无疑问，中央银行干预外汇市场的范围与频率在很大程度上取决于该国政府实行什么样的汇率制度。假如一国货币与别国货币（或SDR或"一篮子货币"）挂钩，实行固定汇率制，那该国中央银行的干预程度比起实行浮动汇率制的国家来要大得多。在一般的情况下，中央银行在外汇市场上的交易数量并不很大，但其影响却非常广泛。这是因为外汇市场上的其他参与者都密切地关注着中央银行的一举一动，以便能及时获取政府宏观经济政策的有关信息，所以，中央银行在外汇市场上即便做一个微小的举动，有时也会对一国货币汇率产生重大影响。当然，这并不排除中央银行大规模地对外汇市场进行干预的可能。有的时候，甚至会有几个国家的中央银行联合起来进行干预活动。除了中央银行以外，其他政府机构为了不同的经济目的，有时也进入外汇市场进行交易，如财政部、商务部等。但中央银行是外汇市场上最经常、最重要的官方参与者。

(四) 外汇经纪人和交易员

外汇经纪人是指在外汇市场上从事介绍外汇买卖的中间人，是外汇买卖的中间商人，为客户的买卖接洽撮合，从中赚取佣金。外汇经纪人的佣金费率一般很低（如每英镑0.001美元），但由于外汇批量交易的金额较大，故所收取的佣金仍相当可观。外汇经纪人是一种代理性质的专门职业，不负担外汇交易的盈亏风险，不得利用差价图利。外汇经纪人同外汇银行的联系密切，他们每时每刻熟悉外汇供求行市，一般商业银行之间的外汇买卖，都通过他们代理。

外汇经纪人一般有三类：一般经纪人，即一方面介绍外汇买卖成交，另一方面还亲自参与外汇买卖来赚取利润者；跑街经纪人，即本身不具有资本，只是以赚取佣金为目的的代客户买卖外汇者，又称为"掮客"；经纪公司。

通常在一个市场内部进行外汇交易，一般都不通过经纪人，买卖双方直接洽谈成交。

外汇经纪人的作用主要是提高外汇交易的效率。例如，某家银行想购买100万英镑，假如它直接去找交易对象，那就比较麻烦，而且即使找到了一家想出售英镑的银行，但成交的价格也不一定是最好的价格。如果该项外汇交易委托给经纪人，他就能够在多家银行的报价中找出最好的价格。因为外汇经纪人有着广泛的联系网络，并频繁地与市场各方面进行接触，所以一般总能替客户找到合适的交易对象。

具体来说，外汇经纪人的工作遵守如下原则：

匿名和保密原则。在安排银行同业交易的过程中，经纪人必须恪守匿名和保密原则，即一方面不透露委托的客户是谁，从而交易双方都不知道对方的底细，直至成交为止；另一方面，不表明询价的买卖意图，买入价和卖出价都问，从而不泄露其客户委托的是哪一种方向的交易。很显然，匿名或保守原则能使规模不同、经济实力相差悬殊的银行在进行外汇买卖时处于同等的竞争地位。

不承担外汇风险原则。外汇经纪人的作用是为市场参与者提供买进或卖出的"集合点"，使买方和卖方能在适当的交易价格上找到适当的交易对象，他们自己并不需要持有交易所涉及的外币存货，所以在任何时候都可以不承担外汇风险；而银行在以自己的账户与客户进行外汇买卖时，扮演的则是交易商的角色，交易所产生的外汇"多"、"缺"头寸使银行承受着一定的外汇风险。除了银行以外，在西方，充当外汇交易商的还有专门买卖外币汇票的商号以及兼营此项业务的信托公司等。

相互竞争原则。外汇经纪人相互之间也存在着竞争，他们有时采取降低费率的方法来拉拢客户，但更多的是通过非价格竞争来求得生存与发展。例如，为客户提供内部信息和免费咨询及其他高质量服务，对银行的外汇交易员进行馈赠等，以笼络感情，收买人心。

外汇交易员有一部分是专门买卖外汇的职员或商人，有的是商业银行外汇部的专职买卖人员。在一些大型跨国银行的外汇部里，有时一种货币的交易或某一种外汇业务，就配备20多名乃至更多的外汇交易员，每位交易员可同世界上多达100家以上的银行维持交易关系。外汇交易商大都从事数额较大的外汇买卖，利用时间与空间的差异来获取外汇买卖价格上的差额利润。

### (五) 非银行金融机构

其他非银行金融机构包括投资公司、保险公司、财务公司、信托公司等。20世纪80年代初发生在美国、英国、日本及其他发达国家的金融市场非管制化，鼓励着非银行金融机构更积极地参与外汇市场竞争，为客户提供各种广泛的服务，其中有好些业务与银行所从事的并无显著差别。这样，非银行金融机构也成为外汇市场上的主要参与者之一。

### 二、银行间的外汇交易：银行同业交易

在外汇市场上，世界上各个角落每分每秒都在进行着大量货币交易。通信设备将世界各地的银行紧密联系在一起，银行之间能够及时沟通。在美国，少数几家货币中心银行担负着绝大多数的外汇交易。事实上，与伦敦、东京、中国香港、法兰克福等金融中心的同行一样，纽约的所有大银行都积极开展外汇交易业务，洛杉矶、芝加哥、旧金山和底特律等城市的大银行也是如此。对美国的大多数银行来说，其业务中外汇交易所占的比重不大，它们通过纽约或其他地方的联行从事外汇交易。

所有这些商业银行都向客户提供买进或卖出外汇的服务。交易量低于100万货币单位的交易为零售交易，即银行通过增减其在海外分支行或外国代理行里的有关币种存款账户上的营运资金余额，与客户买卖外汇，这是主要的交易形式。除此之外，银行还直接收兑不同国家的货币现钞。银行的外汇兑换业务主要涉及15种左右的可自由兑换货币，偶尔也会碰到一些别的货币，但交易量一般不会很大。

超过100万货币单位的外汇交易为批发交易，多发生在银行之间，或银行与大的公司客户之间。银行之间的外汇交易构成了银行同业市场。多数外汇交易都是在这个市场上发生的。表6-2列出了外汇市场上交易量领先的部分银行。

表6-2　　　　外汇市场上交易份额排名前10位的银行（2011年5月）

| 排名 | 银行名称 | 外汇市场份额 |
| --- | --- | --- |
| 1 | 德意志银行 | 15.64% |
| 2 | 巴克莱银行 | 10.75% |
| 3 | 瑞士银行 | 10.59% |
| 4 | 花旗银行 | 8.88% |
| 5 | 摩根大通银行 | 6.43% |
| 6 | 汇丰银行 | 6.26% |
| 7 | 苏格兰皇家银行 | 6.20% |
| 8 | 瑞士信贷银行 | 4.80% |
| 9 | 高盛银行 | 4.13% |
| 10 | 摩根士丹利银行 | 3.64% |

资料来源：Euromoney, FX survey 2011, May, 2011.

通常情况下，各大商业银行的外汇部门是其利润中心。一家银行的外汇交易员总是与

其他交易员随时保持联络，买卖外汇。在多数银行中，一个交易员往往专门负责一种或几种外汇。首席交易员决定外汇交易的整体政策和方向，在满足客户外汇需求的同时，力求为银行赚取尽可能多的利润。假如客户购买外汇，银行持有的外汇就会减少。在某一时点上，银行按其对客户买卖不同货币的数额进行冲抵轧差，不管其结果是"外汇多头"还是"外汇空头"，银行都承担了外汇风险。假如银行是"风险回避者"，那它就会进入同业市场，通过抛售或补进交易"轧平"外汇头寸，即将其所承诺的某种货币的出售数量与所承诺的同种货币的购进数量拉平，以此来消除汇率变动的风险。当然，银行在同业市场上进行外汇买卖并不一定都是为了上述的头寸管理，在有些情况下，银行在该市场还积极制造头寸，这实际上是一种以谋取风险利润为目的的外汇投机活动。在西方，银行因巨额外汇投机失败而倒闭的事例层出不穷。有鉴于此，各国政府从国家的利益出发，对银行投机性的外汇头寸进行了限制。

我们可以更为通俗地说明这些银行是如何通过外汇交易赚取利润的。定期参与银行同业市场交易的银行会向其他银行报出买价和卖价。买价是银行买进1单位外币愿意支付的价格，卖价则是银行卖出1单位外币所愿意接受的价格。买价和卖价之间的差额就是价差，它随着交易规模以及交易货币的流动性的变化而发生变化。无论什么时候，一家银行的买价总是低于卖价，价差用来弥补银行兑换货币的成本。参与外汇交易的大银行提供一种货币的买价和卖价，从而"创造市场"。

外汇交易员同时买进和卖出外汇，按价差赚取利润。例如，瑞士银行报出的英镑的买价和卖价分别为每英镑1.5964美元和每英镑1.5967美元。这意味着瑞士银行准备按每英镑1.5964美元的买价用159.64万美元买进100万英镑，同时按照每英镑1.5967美元的卖价卖出100万英镑，收回159.67万美元。这样瑞士银行就可以从同时买进和卖出100万英镑中赚到价差（0.0003美元/英镑）乘以交易量（100万英镑）即300美元。

除了赚取价差利润外，外汇交易员还力图通过准确预测货币的价格走势，从中获利。如果瑞士银行的交易员预计瑞士法郎将相对于美元升值，他就可能抬高买价和卖价，劝说别的交易员将瑞士法郎卖给瑞士银行，而不让他们从瑞士银行买走瑞士法郎。于是，瑞士银行的交易员买入的瑞士法郎多，卖出的瑞士法郎少。如果瑞士法郎的确相对美元升值，他就可以用较高的价格卖出瑞士法郎，赚取利润。相反，如果瑞士银行的外汇交易员预测，瑞士法郎将相对于美元贬值，他就会降低瑞士法郎的买价和卖价。由于这种行为鼓励瑞士法郎的卖出，抑制瑞士法郎的买进。因此，该交易员卖出的瑞士法郎多，买进的瑞士法郎少。当瑞士法郎如期贬值时，他就可以较低的价格买回瑞士法郎，赚取利润。

如果汇率的变动方向与预期一致，外汇交易员将会赚钱。但是，一旦汇率的变动方向与预期相反，他们就要蒙受损失。为了限制外汇交易可能造成的损失，银行通常控制外汇交易员的交易数量。交易员买卖任何一种外汇时，要遵守头寸限量。虽然采取了正式的限制规定，未经许可的、超出头寸限量的外汇交易有时还是会给银行造成大量损失。在银行的管理层眼中，外汇部门是利润的来源，投入外汇业务的资金的回报率必须达到满意的水平。交易员会为此承担巨大的压力。

### 三、企业间的外汇交易：企业对外币的使用

(一) 企业参与外汇市场的原因

企业涉足外汇市场主要有如下几个原因：一是进出口交易的需要，企业员工境外出差也需要外币支付开销。二是企业的金融活动也会涉及外汇市场，比如对外直接投资。比如，中国公司要在美国办工厂，就需要把人民币兑换成美元来进行投资。当工厂投入经营并盈利时，就要把美元兑换成人民币向母公司支付利润分成。三是外汇交易公司和投资公司纯粹是为了获利而买卖外汇，其中一种是套汇，即在一个外汇市场购入外汇后，立即在其他国家大的外汇市场抛售，从中赚取差价。例如某人以 1.08 瑞士法郎/美元的价格将 1 万美元兑换成瑞士法郎，然后将兑换后的 1.08 万瑞士法郎以 0.68 英镑/瑞士法郎的价格兑换成英镑，又马上以 1.61 美元/英镑的价格抛售，最后得到 1.18 万美元，获利 1 000 美元。

汇率套汇是指投资不同国家的负债性金融工具，比如债券，以取得较高回报。例如，企业可以将手中的 1 万美元兑换成英镑，购买英国的 90 天债券。到期后将所得本金和利息兑换回美元。由于 90 天前后的汇率有所不同，这种方法可能会比直接投资 90 天美元债券获取更高的回报。

企业投资者也可以利用外汇交易来投机或规避风险。外汇投机高风险和高收益并存。如果对汇率的走向预测错误，损失可能会很惨重。投机者对外汇市场来说十分重要，他们预测汇率并利用外汇汇率走向，大量购入、卖出能够创造外汇市场的需求与供给。

(二) 外汇交易过程

收到外币货款或劳务费用时，企业需要将外币换为本币；进口别国货物或劳务时，企业需要将本币兑换为外币用于支付。企业需要银行来完成兑换，大多数兑换在场外市场（OTC）进行。原来的商业银行只是为客户提供简单的外汇服务，逐渐地，纽约、芝加哥、旧金山等一些美国金融中心的银行开始将外币兑换作为一项主要的业务来管理。如前所述，它们为建立关系的小银行提供中介服务，同时也是外汇市场的主要交易者。

图 6-3 的左边部分展示了一个美国企业将收到的欧元兑换为美元的过程，右边是其用美元购买欧元的步骤。当然除了银行，外汇交易也发生在其他金融市场和机构中，商业银行、投资银行和其他一些金融机构会利用即期、远期和外汇掉期等进行操作。同时，企业也可以参与外汇的买卖，比如去费城证券交易所买卖期权或在芝加哥交易市场买卖外汇远期。

大多数外汇交易在场外市场进行，该市场中的交易员更多地和银行交易员而不是其他公司客户打交道。如果企业需要外汇，一般会求助于商业银行。如果该银行是主要的做市商，取得外汇就非常容易，但是如果企业业务范围很小，求助的是当地小银行，小银行就要通过一定途径取得外汇。图 6-4 显示了外汇交易如何在银行间进行。银行可以通过经纪人从另一个银行直接购买外汇，也可以通过经纪人人工报价或者电子报价系统。在美国和英国，直接交易仍是使用最广泛的方法，但电子报价系统的使用也日渐增多，这也意味着交易员直接交易的减少。

企业通过外汇交易员或者互联网进行外汇交易。交易员可以直接和其他银行交易员交

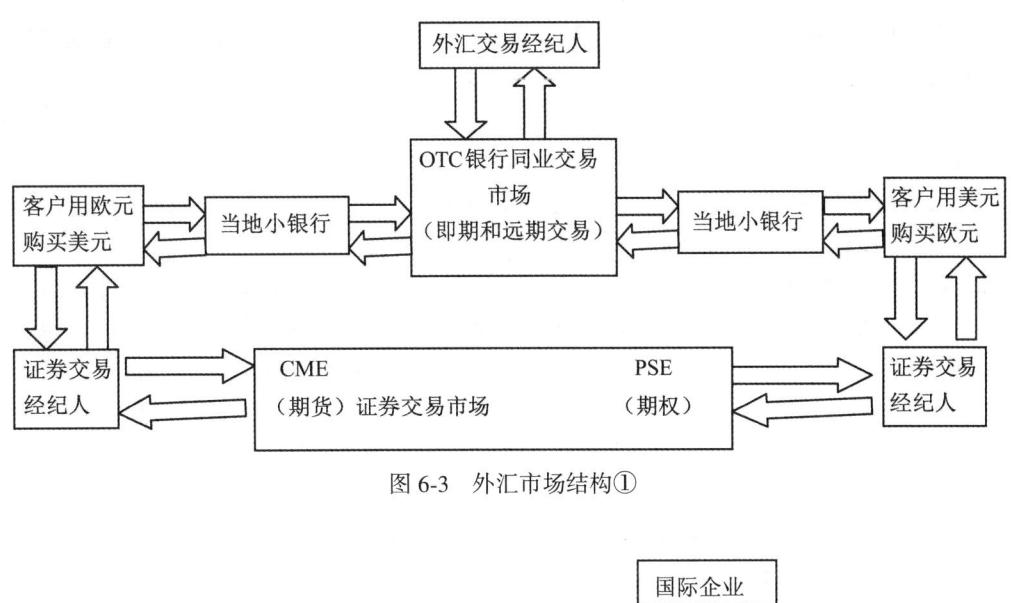

图 6-3 外汇市场结构①

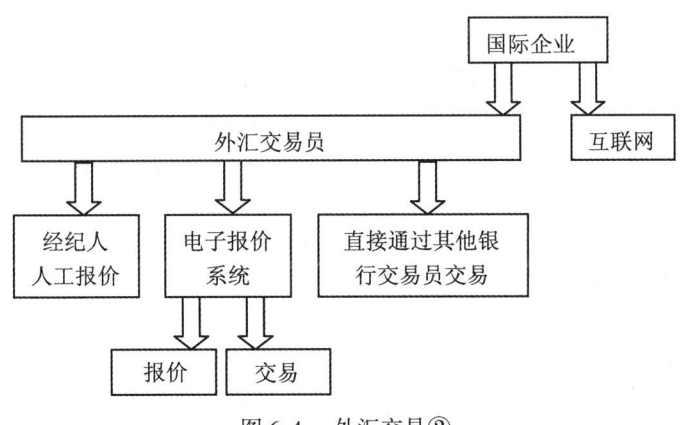

图 6-4 外汇交易②

易,也可以通过经纪人报价或者电子报价系统报价。

外汇经纪人是交易的中介,他们对买卖报价进行最佳的匹配。外汇经纪人的角色十分重要,他们为众多银行搭建起关系网络,使得银行能够更快捷地买卖外汇。不过,外汇经纪人人工报价正迅速被电子报价系统取代。过去大多数交易通过电话进行,银行交易员会打电话到其他银行进行交易,如果从其他银行取得的外汇数额不够需要,交易员就会联系外汇经纪人。但如今,由路透社发起的电子报价系统已经使经纪人人工报价转向电子报价。具体而言,银行从路透社等处购买电子报价系统的服务,进行外汇交易。电子报价系统效率很高,买卖报价一目了然,交易可即刻完成。不过,虽然电子系统交易速度很快,

---

① Radebaugh, Sullivan, Daniels J. D. *International Business*: *Environments and Operations*, 14th edition. Prentice-Hall, 2012.

② Radebaugh, Sullivan, Daniels J. D. *International Business*: *Environments and Operations*. 14th edition. Prentice-Hall, 2012.

但是往往会难以顾及大额交易的细节。所以，很多交易员还是愿意把大额交易委托给信用高的经纪人来寻找买家或卖家。随着 20 世纪 90 年代互联网的兴起，大银行和企业开始利用互联网进行外汇交易。

◎ 小结

1. 汇率通常被定义为两国货币之间兑换的比例，即一国货币单位兑换他国货币单位的比率，也可以说是用一国货币表示的另一国货币的价格。

2. 汇率有两种标价方式：直接标价法（美国标价）和间接标价法（欧洲标价）。其中，直接标价法是用本国货币表示单位外币的价值，间接标价法是用外国货币表示单位本币的价值。目前世界各国多采用第一种标价方式，即直接标价法为主。

3. 外汇是指货币行政当局（中央银行、货币机构、外汇平准基金组织及财政部）以银行存款、财政部库券、长短期政府证券等形式所保有的在国际收支逆差时可以使用的债权。

4. 外汇市场是以外汇银行为中心，由外汇需求者和外汇供给者组成的买卖外汇的场所或交易网络。狭义的外汇交易，又叫外汇批发市场，它是特指银行同业之间的外汇交易市场，包括同一市场上各银行之间的外汇交易、不同市场上各银行之间的外汇交易、中央银行同商业银行之间的外汇交易、各国中央银行之间的外汇交易；广义的外汇市场，又叫外汇零售市场，它除了包括狭义的外汇市场，还包括银行同一般客户之间的外汇交易市场。

5. 按照不同的分类标准，外汇市场可以分为国际外汇市场和国内外汇市场，有形市场和无形市场，场内市场和场外市场等。

6. 外汇市场有很多交易工具，但最基本和最常用的工具包括即期交易、远期交易和外汇掉期交易三种。

7. 外汇市场是世界上规模最大、流动性最强的市场。其中，伦敦、纽约、东京、苏黎世是四个最主要的外汇市场所在地。

8. 外汇市场有各种各样的参与者，主要有商业银行、中央银行及政府主管外汇的机构、外汇经纪人和交易员、非银行金融机构等。

9. 银行之间的外汇交易构成了银行同业市场。多数外汇交易都发生在这个市场上。

10. 国际企业涉足外汇市场主要有如下原因：进出口交易的需要；企业对外直接投资等金融活动；为了获利而买卖外汇，等等。

◎ 复习思考题

1. 什么是外汇市场？请列举主要的外汇市场。
2. 请简要概括外汇市场的主要特征。
3. 请解释为什么不同金融中心（外汇市场）的汇率牌价是趋于一致的。
4. 试解释银行的外汇交易者是如何利用外汇交易的买卖差价获利的。
5. 请简述国际企业参与外汇交易的过程。

◎ **参考资料**

1. Radebaugh, Sullivan, Daniels J. D. *International Business: Environments and Operations*. 14th edition. Prentice-Hall, 2012.

2. Maurice Obstfeld, Krugman, P. R. 国际经济学：理论与政策. 第八版. 北京：中国人民出版社，2010.

3. Carbaugh, Robert J. *International Economics*, 12th Edition. South-Western Cengage Learning, 2009.

【案例分析】

## 人民币升值与外汇套利

**资料一：汇率扭曲与套利活动**

2013年6月3日，人民币兑美元汇率中间价报6.1806。今年以来，人民币单边大幅升值，已经成为中国经济不可承受之重。套利资金流入国内，跨境资金流入规模迅速上升，目前外汇占款规模超过2012年全年水平。同时，国际资本流动助推了国内资金面顺周期宽松和贸易数据虚增，如何从滋生人民币套利的制度根源入手，打破这种不良循环，已经刻不容缓。

**套利活动导致汇率扭曲**

事实上，人们对中国出口数据虚增早有警觉。2012年7月以来，中国出口增长约150亿美元，但贸易伙伴仅显示进口增加50亿美元。许多对华贸易地区都能发现这种进出口的偏差，尤其是对香港贸易增长更出现了较大的背离。数据显示，中国对香港出口2013年以来出现罕见的大幅增长，然而，在欧美终端需求乏力的弱复苏背景下，1~4月，中国对作为转口贸易的香港却出现了66%的增幅，的确有悖常理。此外，出口贸易增长与出口交货值、港口货运量等数据也都出现了明显的不匹配，这显示了热钱很可能通过贸易账户长驱直入。

数据显示，一季度中国外汇储备较2012年四季度增加1 280亿美元至3.44万亿美元，创下2011年第二季度以来最大增幅，相当于2012年全年外汇储备增幅。与之相对的是，4月末金融机构外汇占款余额为273 630.89亿元，较3月末新增2 943.54亿元，这已经是金融机构外汇占款自2012年12月以来连续第5个月增加。累计来看，1~4月份金融机构外汇占款增量达15 097.41亿元，月均增量约3 774亿元，而2012年全年金融机构外汇占款新增总额仅为4 946.47亿元，2013年前4个月的增量是2012年的3倍。

资本流入与人民币单边升值更是相互促动。5月份，人民币汇率延续了2013年以来单边升值趋势，人民币兑美元中间价累计升值0.35%，尽管较4月升值0.77%有所放缓，但2013年以来累计升值幅度已达1.6%，已经大大超过上年1.03%的全年升值幅度，人民币兑美元汇率创下了19年来新高；而随着日元大幅贬值，人民币对日元汇率自上年9月以来升值幅度更是高达27%，陷入了"货币升值—跨境资本流入—本币升值"的循环。

**实现人民币套利的三大渠道**

跨境资本到底是如何实现人民币套利，又是哪些渠道为其提供便利之门呢？可以说，聪明的钱正是通过种种制度漏洞，绕开监管得以实现。

首先是"出口复进口"。我国的内、外贸长期以来分别管理，实行不同税收政策。内贸要征收增值税和消费税；而外贸为促进出口，实行出口退税。材料、零部件、初级形态制成品及半制成品的国内生产单位通过出口可直接获得出口退税，同时国家对加工贸易方式的进口实行减免税政策，因此从境外进口材料、零部件、初级形态制成品及半制成品就可以享受减免税优惠。这样，国内的材料、零部件、初级形态制成品及半制成品通过出口，使出口企业得到了国家退税的好处；又通过加工贸易名义下的进口，使进口企业得到了国家减免税的好处。许多外贸企业在进行来料加工、出口货物时为了能够免去入关、出口退税等一系列手续，甚至采用保税区"一日游"的手法，实现"出口复进口"，博取套利空间。

其次，银行在人民币套利过程中也起到关键作用。外汇存贷套利就是比较典型的方式。当前，出口企业手里拥有比较大的外汇空头头寸，因此，对于企业而言外币贷款更受到企业青睐的原因在于其成本优势。举例来说，企业通过贷款来借入美元，不仅可以受益于相对较低的美元利率，还可以享有人民币兑美元升值的潜在汇兑收益。再以日元为例，在香港将日元兑换成离岸人民币，再通过跨境贸易人民币结算方式将人民币转入境内，以此套取境内3%的人民币存款利率与日元零利率间的利差。此外，得到的外币贷款再用来购买银行的理财工具或利用远期信用证质押融资等套利手段，可以说银行外汇贷款增加部分与企业在外汇市场的套利活动有直接关系。

第三个渠道是得益于人民币汇率"双轨制"，也就是说，热钱可以通过离岸与在岸人民币汇率差来实现套利。很大程度而言，人民币汇率定价主导权仍在内地即期市场，但由于人民币现在还不是完全自由兑换货币，境内和境外市场仍处于分割状态。由于国际金融市场动荡引起的境外人民币需求的变化就会直接反映为离岸市场人民币价格的变化，而在岸人民币价格未必对此做出反应，这样，境内和境外市场仍处于分割状态，两种汇率形成机制的差异必然会留下更多的风险溢价和隐患，给贸易商以非常大的套利机会。

（资料来源：证券时报，2013-06-04.）

**资料二：贸易套利**

没有人确切知道流入中国的热钱究竟有多大规模，但是热钱怎么赚钱，在一些业内人士看来，并不高深。

"外人说起热钱套利感觉挺复杂，其实也没那么复杂。"小张是一家国内银行某支行做国际结算业务的员工，他向《经济参考报》记者讲述了所谓热钱"贸易套利"的秘密。

"因为目前，离岸人民币的利率比在岸的低，企业只要能从离岸市场借入低息的人民币，再通过贸易渠道把它转入国内形成在岸人民币，就有利可赚。要是钱进到国内再买点理财产品什么的，那赚的利就更多了。"小张说。

据小张介绍，现在很多企业从香港离岸市场融入人民币靠的是"内保外贷"政策。所谓"内保外贷"，是指由企业内部的总公司给银行担保，银行在外部给企业解决贷款问题。简单说来，就是一家国内的企业A在境外注册一家关联企业B，A企业在境内的银行存入一笔资金，以此为担保，其关联企业B在境外可获得相应金额的离岸人民币融资。B

企业再以贸易的形式从 A 企业进口货物，将人民币货款打回国内，由于人民币利率内外有别，而且境内的比境外的高，这么一倒腾，一轮套利过程就完成了。这个过程可以重复很多次，一批货也能进出口很多次，反复交易。

"一批货"的反复出入关造就了贸易的"数字繁荣"。海关数据显示，2013 年一季度，我国出口增速高达 18.4%，远高于市场预期。尤其是一季度对香港出口同比大增 74.1%，对中国总出口增速贡献达到 10.4 个百分点。进入 4 月，我国进出口总值为 2.23 万亿元人民币，扣除汇率因素后的增幅为 15.7%，其中出口 1.17 万亿元人民币，增长 14.7%，进口 1.06 万亿元人民币，增长 16.8%。

在众多外贸企业看来，"数字繁荣"只是表象，其真实感受并没有数据反映的那么积极，"比如内地对香港出口猛涨，但香港对欧美出口增幅却大幅回落等经济现象，在逻辑上都说不通。"珠海全球知名大型家电企业的海外销售部门负责人说。

由于在保税区内的政策更加优惠，免征进口税和出口税，且几个小时就可完成整个出口转进口的报关过程，因此所谓的保税区"一日游"在近期更是非常盛行。记者在珠三角多市的外经贸部门、海关、企业处了解到，利用个别保税区集中进行虚假外贸套利并不是行业秘密，而这种行为又往往因为多重因素，高度集中在深圳等个别地区。"全国靠广东、广东靠深圳、深圳靠保税区"的说法不胫而走。测算显示，扣除保税区因素后，珠三角地区前 5 个月的外贸增速也就在个位数以内，有的测算认为这一数字在 1% 左右，有的地市则认为，这一数字在 3% 到 5% 之间。

"虚假贸易"难道不能被察觉？"其实，国家对于内保外贷政策中的境外贷款的用途是要求银行进行相应的审核的。但是，有时贷款在境外转了好几个地方，其流向已经很难监测。"小张说。他也坦言，某些时候，银行的工作人员也知道企业是在利用贸易套利，但是因为业务量的压力，也就假装不知情。

一位业内人士对《经济参考报》记者说，在一些小的银行，员工做业务是有"返点"的。有这样的冲动，有的员工甚至会帮着企业准备所谓"完备"的材料，帮着企业套利。

"其实有的客户找上门来的时候，你大概就能判断出个一二。我们曾经接待过一个客户，他是做铜贸易的，资金量很大。我们当时就觉得不对劲。我们因为是大银行，出于风险的考虑，最终还是没做这单业务。"小张说。实际上，在虚假贸易的操作中，为了节约成本、蒙骗海关，体积小、价值高的电脑芯片、电解铜、金属产品最被企业"青睐"，常常被用作贸易标的物。

套利模式绝不仅仅是小张说的这一种。美银美林在 2013 年 5 月曾发布一份题为《套利的秘密与中国膨胀的贸易数据》的报告，在其中，美银美林提到了多种套利模型。其中一种是利用离岸人民币和在岸人民币的汇率差来套利。美银美林指出，从 2012 年四季度开始，离岸市场上对人民币资产的需求开始大涨，这导致离岸人民币/美元（即离岸人民币贸易），比起在岸人民币/美元（即在岸人民币贸易）要贵得多。套利者在内地借取 100 万美元，按 6.20 的在岸汇率获取 620 万元人民币，然后从香港进口黄金等低物流成本的货物并用人民币支付，这样 620 万元人民币就流到了香港，成为离岸人民币。之后，其再通过香港的合伙人，以 6.15 的离岸汇率换成美元，得到 100.813 万美元。最后，其再将原先进口来的黄金出口给香港合伙人并用美元结算，完成获利 8 130 美元（不考虑物流等成本),流程结束。

虚假贸易的数字不仅制造了表面上的假象,更重要的是,大量流入国内的"套利"热钱助推了国内的流动性。在这样的背景下,国家外汇管理局在 5 月初发布《关于加强外汇资金流入管理有关问题的通知》指出,将加强对进出口企业货物贸易外汇收支的分类管理,加大对存在异常或可疑情况企业的核查力度,并调整转口贸易项下外汇收支相关政策。

"外汇局的文下来以后,我们内部对进出口企业都进行了排查,尤其是对一些做转口贸易的企业,更是进行了重点排查。"小张告诉记者。

国家的政策也初见成效。5 月金融机构新增外汇占款 668.62 亿元,较 4 月大幅缩水 77%。与此同时,5 月的外贸数据也急速下滑,当月进出口总值不仅环比为负增长,扣除汇率因素后的同比增幅也只有 0.4%。业内认为,外贸数据的回落是套利的热钱"水分"被挤出。不过,小张对此并不乐观。"不在于手段怎么样,而是由于境内外存在汇差和利差,就使得热钱套利的冲动一直都有。你想想,深圳和香港也就一线之隔,既然资金价格有差别,为什么有机会而不套利呢?"小张直言,只要有赚钱的机会,套利者总是会想尽办法找到机会。这一波过去了,不代表没有下一波。

(资料来源:经济参考报,2013-06-27.)

讨论题:
1. 套利活动对人民币升值产生了哪些影响?
2. 境外资本是如何实现人民币套利的?
3. 为什么贸易套利在中国尤为盛行?
4. 中国进出口贸易商该如何合理规避汇率风险?

# 第七章　汇率的决定

◎ **本章学习目的**

学习完本章之后，你应该掌握以下内容：
1. 长期汇率的决定因素；
2. 短期汇率的决定因素；
3. 两种主要的汇率预测方法；
4. 汇率对跨国商务决策的影响。

【**人民币升值侵蚀中国服装业**】江苏苏州吴江区盛泽镇东方丝绸市场内，"中国绸都网"采编中心主任、分析师沈剑指着窗外马路上来往的货车说："只要看看路上的货车，我就可以知道市场大体行情。从东方丝绸市场的行情，也大体可看出我国纺织外贸的走势。最近行情明显要差。"

2013年8月7日人民币对美元汇率中间价连续3日上涨，即期汇率再创新高，升破6.12关口（参见图7-1）。近年来，人民币对美元升值是一种长期态势，特别是2013年4月以来，人民币中间价出现两年来最快的升值期。对于以外贸为主的企业来说，该如何面对快速升值呢？

**"人民币每升值1%，服装业利润率就会下降6.2%"**

5月底，从事纺织品外贸的江苏苏达进出口有限公司，因为汇率变化，月初1笔12万美元的订单，损失了1万元人民币的利润。

6月初，产品主要出口美国及欧洲的广东明朗生活用品有限公司，发出一批去往美国的20万美元订单，好在春季接单时已经锁定汇率，否则将损失2万元人民币。

"我们一半的利润都被不断走高的汇率'吃掉'了。"浙江宁波广博进出口有限公司总经理王剑君说："虽然近年人民币升值是长期趋势，但是今年一季度人民币就升值2%还多，势头这么猛真没想到。"

杭州海关最新外贸数据表明，当前浙江省中小型外贸企业出口数量大幅减少。2013年1~5月，海关统计有外贸实绩的中小型企业4.18万家，减少0.15万家，进出口额大于等于1 000万美元的大型外贸企业也减少了39家。海关分析专家认为，这与当前浙江省外贸所面临的严峻环境密不可分。

纺织品行情走低与人民币升值关系巨大。东方丝绸市场内的苏达进出口有限公司总经理邵波说："2013年国际形势严峻，再加上人民币升值，同比去年下降15%的出口量，利润大概只有200万美元。"

苏州市商务局的一份报告也显示：通过相关计算，人民币每升值1%，棉纺织、毛纺织和服装的行业利润率就会分别下降3.2%、2.3%和6.2%。

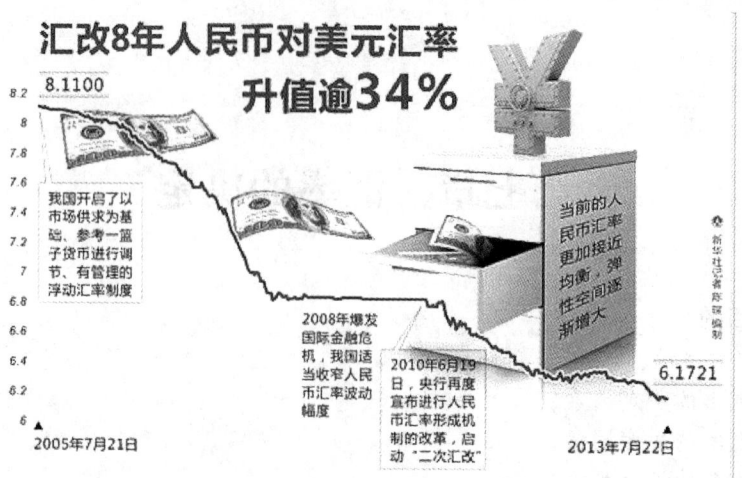

图 7-1　2005—2013 年人民币对美元汇率①变动趋势

做文具和纸制品起家的广博集团，年销售额 100 亿元，是美国沃尔玛等零售业巨头最大的文具供应商之一。王剑君告诉记者，企业现在做的基本上是半年之前谈好的订单，当时报价没想到汇率波幅那么大，已经谈定的价格不可能改，所以只有看着人民币每升值一点，利润就降一点。像美国客户采购量最大的本册类产品，原来平均毛利润率在 25% 左右，现在只有 20% 左右，再剔除管理成本、销售成本和融资成本，企业利润的下降幅度就更大了。

如果说纺织品、纸制品等传统产业主要是应对人民币升值，那么对于一些相对高端的产品，则还要应对日元对美元的贬值。"人民币升值，日元贬值，日本的产品价格比我们还低。我们与日本企业是竞争对手，所面临的竞争环境变得更加恶劣。"江苏常熟市经济技术开发区的苏南重工集团董事长马建兴说。

**"人民币升值 5%，造纸行业可节约成本 11 亿元"**

不过，人民币升值并不全是坏处。人民币升值也意味着购买力的增强，引进先进的产品生产线、专利技术等成本也会降低，对依靠美元结算的国际大宗商品交易来说，也有利好。

苏达进出口有限公司总经理邵波说，公司正要进行技术改造，这时便是引进国外高科技设备的好时机。沈剑也认为，人民币升值后，很多高科技设备的进口价格也会降低，所以企业会加速引进国外的高新技术，这对改变以往粗放的增长方式，向高技术含量、高品质、高效益、高附加值的集约型模式发展，有着不可忽略的推动作用。

同时，由于人民币汇率上升，依靠美元结算的国际大宗商品交易例如原材料、能源等价格会降低，人民币的购买力会加强，原材料进口依靠型厂商进口成本降低，盈利能力增强，企业竞争力大大提高。苏州市商务局有关人士说，作为全球最大的纸浆进口国，造纸行业是我国目前第三大用汇行业，近 60% 的木浆和超过 40% 的废纸需要进口。"假设人民币升值 5%，造纸行业就可以节约成本 11 亿元。可见，人民币升值对造纸行业意义重大。"

---

①　间接标价法。

此外，人民币升值还将降低中国企业国外直接投资的成本，我国对外直接投资将会因此扩大。

（资料来源：人民网——人民日报，2013-08-08.）

在上一章里我们集中讨论了外汇和外汇市场的基本概念、外汇市场的基本特征和运转机制。自20世纪70年代以来汇率发生了较大幅度的波动。尽管汇率的长期趋势相对稳定而变化缓慢，但在短期内汇率变动频繁，那么到底是什么决定了汇率、造成了汇率的变化呢？本章将在前章学习的基础上来讨论决定汇率的主要因素。由于大多数国家采取了市场决定汇率的制度（浮动汇率制度），在这一章将重点讨论浮动汇率制度下货币贬值或者升值的决定因素。

由于外汇市场上买卖双方云集，并通过电子媒介联结为一体，汇率的即时信息可以充分披露，外汇市场本质上具有较高的竞争性。因此，如果中央银行不采取稳定币值等干预措施，汇率将由不受管制的外汇市场供求力量①而决定。在自由竞争的外汇市场上，当既定货币的供给和需求相等时，汇率达到均衡水平。但是，如果仅仅停留在讨论均衡汇率是由外汇市场的供求所决定并没有太多意义，因为这无助于理解更深层次的问题：为什么有些货币会升值而有些则会贬值？在学习中需要深入了解和分析引起货币供给和需求变化的各类因素，这主要包括生产率水平、通货膨胀率、实际利率水平、消费者偏好和政府贸易政策等市场基本因素，以及有关远期市场基本因素的信息和交易者对远期汇率的判断等市场预期因素。

由于汇率变化的决定因素在短期（几天或几周）、中期（几月）和长期（1年，甚至几年）存在很大差异，所以要分不同时期段对汇率的波动因素进行讨论。在短期，当各国的实际利率和对远期利率的预期存在差异时，金融资产就会发生转移，这种资产转移所构成的短期外汇交易就形成了影响短期汇率变化的主要因素；在中期，汇率主要取决于经济波动周期等周期性因素；而在长期，通货膨胀率、消费者偏好、生产率和政府贸易政策等因素会影响商品、劳务和投资资本的流动，由此所引致的长期外汇交易决定了长期汇率的变化。需要注意的是，在短期因素的作用下，汇率的变化方向是有可能会背离汇率长期走势的。

图7-2说明了汇率决定的基本框架。该图表明汇率的变化是由长期结构性因素、中期周期性因素和短期投机性因素三者综合作用的结果。如图所示，在汇率的波动过程中存在一条结构性因素所驱动的长期均衡路径，汇率以其为中心上下波动。中期的周期性力量可能会导致币值偏离长期均衡路径上下波动，但市场基本因素会迫使汇率逼近长期均衡路径。当然，如果经济失衡，贸易和资本的流动发生了巨大变化，中期的周期性波动也通常会使汇率严重偏离长期均衡；长期的结构性力量和中期的周期性力量相互作用，形成了一个基本均衡区域。如果市场预期变化等短期因素对汇率波动的影响超过了那些基本因素的影响，汇率波动可能会偏出这个均衡区域。这种超调的现象有时候还会持续很长时间，但

---

① 这种不受管制的市场供求力量不包括中央银行对货币的供求，而是指个人、公司、银行以及政府部门对货币的供给和需求。

通常基本因素的力量还会再使汇率回到长期均衡路径上。

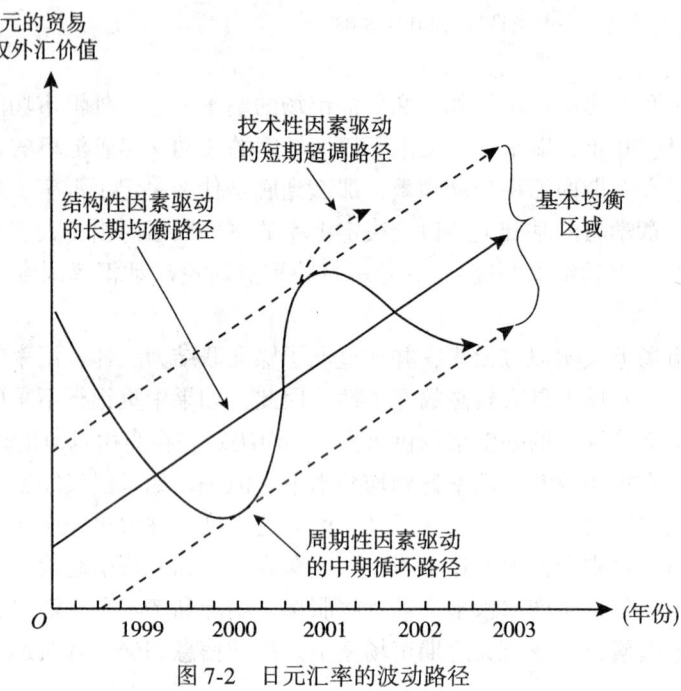

图 7-2　日元汇率的波动路径

但即使知晓了图 7-2 所构建的汇率决定框架，也不易确定汇率的变化方向和幅度，因为各类经济因素通过不同的渠道对汇率产生影响，有些渠道对汇率有正向影响，有些则有负向影响。有些渠道可能会对短期走向的影响更为重要，而有些渠道可能在解释汇率变化的长期趋势时更为有效。为了分析的简化，下面将分别在短期和长期内分别考察汇率变动的决定因素。

## 第一节　长期汇率的决定因素

汇率变化的长期决定因素主要包括相对价格水平、相对生产率水平、消费者对国内外商品的偏好以及贸易壁垒等四类。这些因素会影响国内外商品的贸易，继而影响到进出口商品的需求。表 7-1 以人民币为例，总结了一国货币长期汇率的决定因素及其对汇率的影响。

表 7-1　　　　　　　　　　　　**人民币长期汇率的决定因素**

| 影响因素 | 变化方向 | 对人民币汇率的影响 |
| --- | --- | --- |
| 国内价格水平 | 提高 | 贬值 |
| | 下降 | 升值 |

续表

| 影响因素 | 变化方向 | 对人民币汇率的影响 |
| --- | --- | --- |
| 国内生产率水平 | 提高 | 升值 |
|  | 下降 | 贬值 |
| 国内消费倾向 | 增加 | 贬值 |
|  | 减少 | 升值 |
| 中国贸易壁垒 | 增加 | 升值 |
|  | 减少 | 贬值 |

接下来利用图 7-3 至图 7-6 来详细阐述上述因素的影响。图 7-3 至图 7-6 描绘了人民币的供给曲线和需求曲线,假定初始的均衡汇率为 0.16 美元/人民币①。

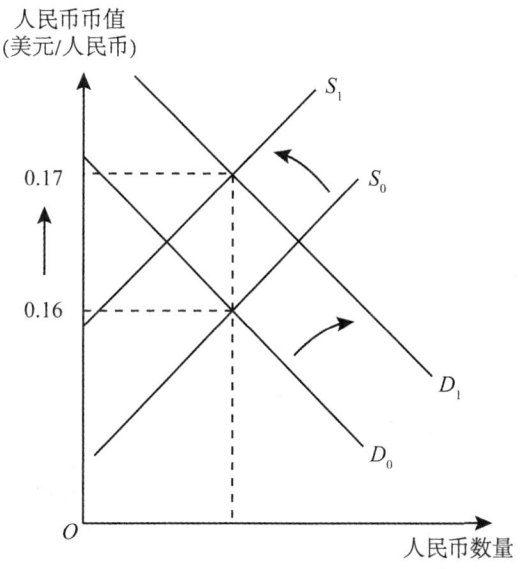

图 7-3 相对价格水平对人民币汇率的影响

## 一、相对价格水平

如图 7-3 所示,假设美国国内的价格水平快速上升,而中国的价格水平保持不变。在这种情况下,美国消费者倾向于购买价格相对较低的中国商品,因此,人民币的需求增加到 $D_1$。相反,中国消费者会减少购买相对价格较高的美国商品,从而使得人民币的供给减少到 $S_1$。由于人民币需求增加而供给减少,最终导致人民币升值为 0.17 美元/人民币。可见,当中国价格水平相对于其他国家的价格水平下降时,人民币倾向于在长期内升值。

---

① 为了使分析更为直观,人民币汇率使用间接标价法。在这种标价法下,汇率上升即为人民币相对外币升值,下跌则为贬值。

## 二、相对生产率水平

生产率水平衡量了一国在既定投入水平下的产出水平。如果某国相对于其他国家生产率水平提高,那么该国就可以相对较低的成本生产产品,最终能够以较低的价格在国内外销售产品,结果该国的出口将会增加,而进口将会减少。

如图 7-4 所示,如果美国的生产率水平增长超过中国,那么随着美国产品价格的相对下降,中国消费者对美国产品的需求将会增加,从而使得人民币的供给从 $S_0$ 增加到 $S_2$;同时,美国消费者较少购买相对价格较高的中国产品,使得对人民币的需求从 $D_0$ 减少到 $D_2$。由于人民币的供给增加和需求减少,使得人民币相对于美元贬值(或美元相对升值)为 0.15 美元/人民币。综上所述,如果在长期内一国生产率水平高于其他国家,该国货币将会升值,反之,如果一国生产率水平低于其他国家,该国货币将会贬值。

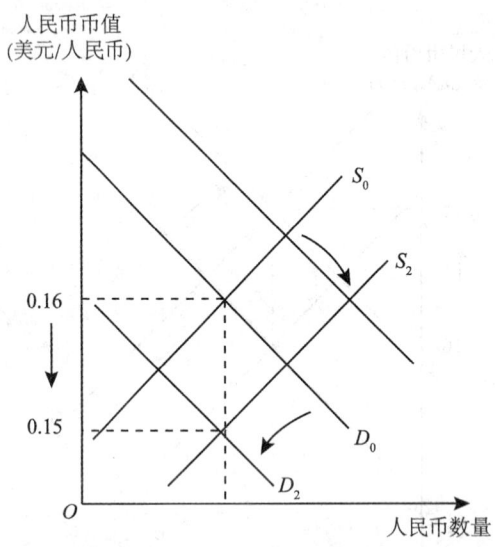

图 7-4 相对生产率水平对人民币汇率的影响

## 三、对国内外商品的消费偏好

假设美国对中国制造的产品(比如服装和鞋子)具有较强的消费偏好。由此引起美国消费者需要更多人民币去购买中国产品。如图 7-5 所示,这导致对人民币的需求从 $D_0$ 增加到 $D_1$,从而人民币相对于美元升值(或美元相对贬值)为 0.165 美元/人民币。反之,如果中国消费者需要进口更多的美国电脑软件或苹果电脑,那么人民币的供给将会增加,人民币将会相对于美元贬值。由此我们可以得出结论,对一国所出口产品需求的增加会导致该国货币在长期内升值,而与之相反,对本国所进口产品需求的增加将会导致本国货币贬值。

## 四、贸易壁垒

一国的贸易壁垒也会影响汇率水平。假定美国对中国的纺织品征收关税。由于关税会

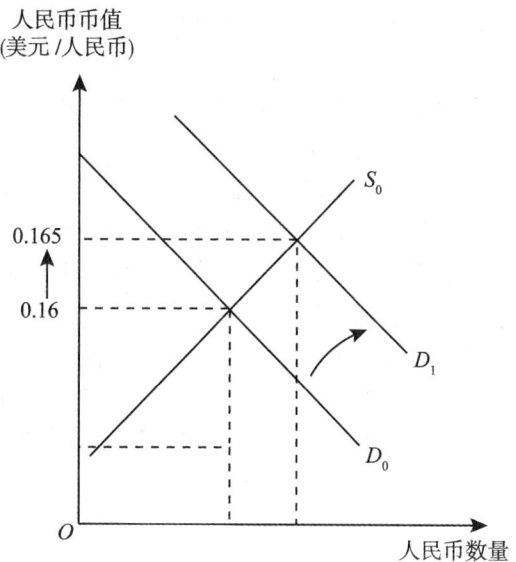

图 7-5 国内外商品的消费偏好对人民币汇率的影响

使得进口的纺织品比美国国产的纺织品更为昂贵,所以美国消费者会减少对中国纺织品的购买。如图 7-6 所示,这会使对人民币的需求从 $D_0$ 减少到 $D_2$,从而人民币相对于美元贬值(或美元相对升值)为 0.155 美元/人民币。

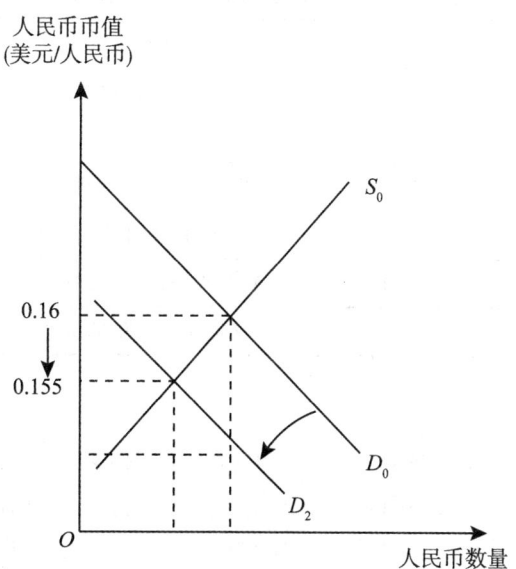

图 7-6 贸易壁垒对人民币汇率的影响

## 第二节　短期汇率的决定因素

如上节所述，长期汇率的波动需要源自相对价格水平、相对生产率水平、消费者对国内外商品的偏好以及贸易壁垒等市场基本因素的变动。但是，仅凭这些因素我们无法解释汇率突然而大幅度的波动。有时可能市场基本因素没怎么变化或者变动幅度不大，但汇率会在一天之内急剧变动两个百分点以上。到底为什么汇率会在短时间内发生如此剧烈的波动呢？我们必须找寻市场基本因素之外的因素来构建分析框架，去说明汇率的短期波动。

要理解汇率的短期行为，需要认识到所有外汇交易中只有 2% 与进出口贸易的融资相关，而绝大部分外汇交易来源于全球市场上所进行的政府债券、企业债券、银行账户、股票和不动产等资产交易。换言之，外汇市场活动是由资产投资者所控制的。由于全球市场通过先进的电子通信系统相联结，24 小时进行交易，所以金融资产的投资者能够迅速交易，并即时调整对汇率的预期。可见，在短期汇率决定中，在国外还是国内投资的决策比对进出口商品需求的影响更大。

### 一、资产市场定价法与短期汇率决定

根据汇率决定的资产市场法，投资者根据两个主要因素来决定持有国内资产还是国外资产：相对利率水平和汇率的预期变化。继而，这些因素的变化会影响到短期汇率的波动。表 7-2 总结了这些因素对汇率的边际影响。

表 7-2　　　　　　　　　　人民币相对于美元短期汇率的决定因素

| 影响因素 | 变化方向 | 国际金融投资的重组 | 对人民币汇率的影响 |
| --- | --- | --- | --- |
| 中国利率 | 提高 | 转向人民币计价的资产 | 升值 |
| | 下降 | 转向美元计价的资产 | 贬值 |
| 美国利率 | 提高 | 转向美元计价的资产 | 贬值 |
| | 下降 | 转向人民币计价的资产 | 升值 |
| 人民币汇率的长期变动 | 升值 | 转向人民币计价的资产 | 升值 |
| | 贬值 | 转向美元计价的资产 | 贬值 |

#### （一）相对利率水平

由于名义利率反映了特定国家的资产回报率，而投资者会追逐最高回报率，所以国家之间的名义利率水平差异会影响国际投资流动。具体而言，当中国的利率水平明显高于其他国家的利率水平时，国外投资者对于中国有价证券和银行账户的需求将会增加，为了购买这些资产，国外投资者会产生对人民币的额外需求，从而使人民币相对于外币升值。相反，如果中国的利率水平低于国外利率水平，投资者对于国外有价证券等资产的需求将会增加，而对中国有价证券和银行账户的需求将会减少，这将导致对外币需求的增加，对人民币需求的减少，这最终导致人民币相对于外币贬值。

图 7-7 进一步说明相对利率水平对短期汇率决定的影响。假定初始人民币需求曲线 $D_0$ 和供给曲线 $S_0$ 决定了均衡汇率水平为 0.16 美元/人民币。假设美国联邦储备委员会实施了扩张性的货币政策，使利率水平下降到 3%，而中国的利率水平则为 6%。在这种情况下，美国的投资者将会被相对较高的利率水平吸引到中国，从而需要更多的人民币来购买中国有价证券，因此人民币的需求就从 $D_0$ 增加到了 $D_1$。同时，中国投资者会发现投资美国资产的吸引力下降，所以提供更少的人民币来兑换美元去购买美国资产，由此使得人民币的供给减少，在图 7-7 体现为供给曲线从 $S_0$ 左移至 $S_1$。人民币需求增加和供给减少的联合效应使得人民币相对美元升值（或美元相对贬值）为 0.17 美元/人民币。反之，如果中国的利率水平低于美国的利率水平，随着美国投资者减少在中国的投资以及中国投资者增加在美国的投资，人民币将相对于美元贬值。

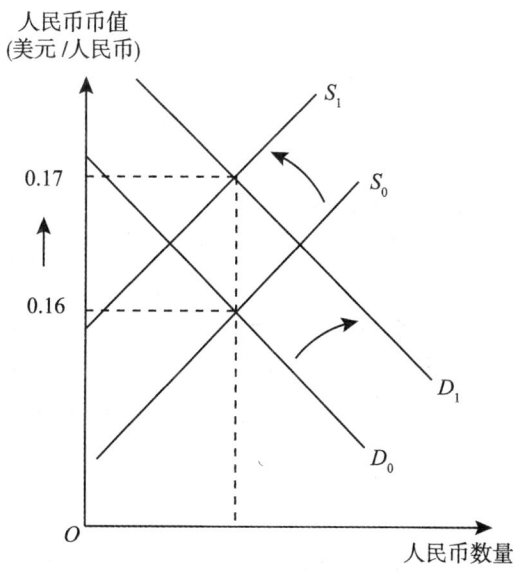

图 7-7 短期内相对利率水平对人民币汇率的影响

在实践中，国际投资者更关注的是相对实际利率水平的变动。这里的实际利率是指剔除掉通货膨胀后的名义利率，即实际利率 = 名义利率 - 通货膨胀率。如果在美国名义利率提高的同时，美国的通货膨胀率也提高了相同幅度，那么美国的实际利率水平将保持不变。在这种情况下，较高的名义利率水平并不能增加美国资产的吸引力。这是因为美国的通货膨胀率的提高会使得美国投资者转向价格较低的中国资产，从而增加了对人民币的需求，使得美元相对贬值。中国投资者预期美元会随其购买力的下降而贬值，从而不会对中国投资者在美国的投资动机产生影响。只有当美国名义利率的提高使得实际利率水平提高时，美元才能够相对人民币升值；如果名义利率水平的提高导致了预期通货膨胀率的提高，从而降低了实际利率水平时，美元将会相对贬值。总之，当一国实际利率水平高于国外利率水平时，该国会吸引世界范围内的投资资金，因此我们预期该国货币将倾向于升值。那些实际利率水平相对较低国家的货币将倾向于贬值。见图 7-8。

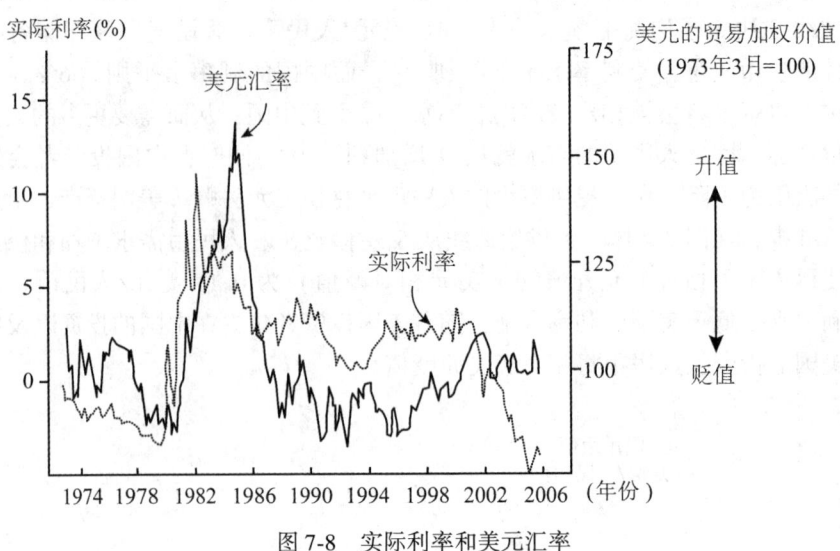

图 7-8 实际利率和美元汇率

**小资料：实际利率水平差异和美元汇率**

当美国实际利率水平相对于国外实际利率水平上升时，美元资产的预期回报率上升，国外投资会流入美国以寻求更多回报，美元相对升值；反之，如果美国实际利率水平相下降，则将减少美元资产的预期回报率，由此导致美元相对贬值。图 7-8 利用历史数据刻画实际利率差异和美元汇率的关系，也印证了上述机制。

（资料来源：Carbaugh Robert J. *International Economics*. 12th Edition. South-Western Cengage Learning, 2009：413.）

（二）汇率的预期波动

除了利率差异之外，汇率的预期波动也会对国际投资的实际回报产生重要影响，继而影响短期汇率变化。例如，如果投资者预期货币会有较大幅度贬值，以至于超过利率水平的提高幅度，那么贬值的预期将会抵消掉利率提高所带来的经济利益，使得资产不再具有吸引力。反之，如果投资者预期货币升值，由此产生投资收益再加上利率提高带来的收益，会使资产更具吸引力。

图 7-9 说明了投资期间投资者对汇率变化的预期所产生的影响。假定初始人民币需求曲线 $D_0$ 和供给曲线 $S_0$ 决定了均衡汇率水平为 0.16 美元/人民币。中国投资者预期 3 个月后美元会相对于人民币升值，因此，他们计划购买 3 个月期的美国国债来获取外汇收益。外汇收益的存在会使得美国国债更具吸引力，中国投资者会购买更多的美国国债。所以，中国投资者会首先在美元相对便宜的时候卖出人民币购入美元，等 3 个月后人民币变得相对便宜时再用美元购回人民币。如图 7-9 所示，对人民币更多的供给使得人民币供给曲线从 $S_0$ 右移至 $S_1$，美元升值（或人民币贬值）为 0.155 美元/人民币。由此，中国投资者对美元升值的远期预期得以自我实现。

概言之，国家之间的相对利率水平和汇率的预期波动是引导跨国投资流动的重要力

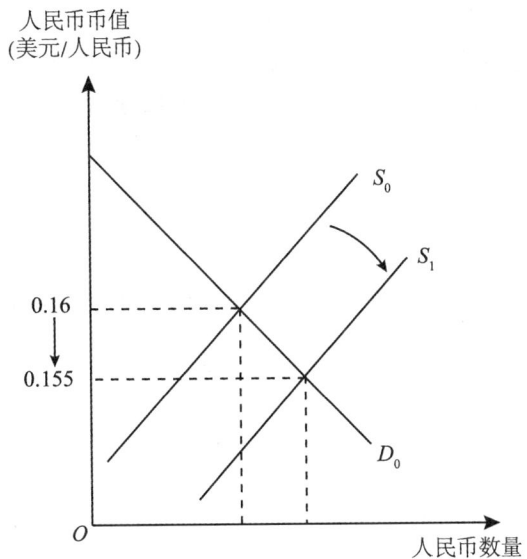

图 7-9 短期内汇率的预期波动对人民币汇率的影响

量。除此之外,还有一些因素会影响投资的流动。比如,投资者选择投资组合时所遵循的多样化原则。如果以特定货币计价的资产在投资组合中超过一定比例,投资者就会权衡投资的风险和回报,可能减少对该类资产的购买。例如,如果投资者手中的美国国债过多,投资者会为了提高其投资组合中的多样化,而减少或者停止对美国国债的购买。除了多样化原则之外,避险效应也会影响某些投资流动。如果某经济体能够提供风险特别低的投资场所,那么投资者可能愿意接受更低的投资回报。近几十年来,美国政治稳定,经济持续增长,金融市场规模巨大而且有效运作,所以吸引了大量的国外投资。

## 二、汇率超调:短期汇率与长期汇率

对未来市场基本因素预期的变化会加剧短期汇率的不稳定性。比如,如果中国人民银行宣布调整货币增长目标,或者政府宣布改变税收或者政府支出计划,那么人们对未来汇率预期就会发生变化,均衡汇率随即发生变化。从这一点来看,如果政策频繁变动的话,汇率的波动就会随之加剧。

汇率超调现象进一步加剧了汇率的波动。如果市场基本因素的变化对汇率造成巨大的短期影响,使得汇率对市场基本因素的变化的短期反应(升值或者贬值)比其长期反应更剧烈,就称之为汇率超调。它有助于解释为什么汇率每天如此剧烈波动。

汇率超调可以用汇率的短期弹性小于长期弹性来解释。如图 7-10 所示,初始人民币需求曲线 $D_0$ 和供给曲线 $S_0$ 决定了均衡汇率水平为 0.16 美元/人民币。假设人民币的需求增加到 $D_1$,那么在短期内人民币就会升值为每元人民币=0.17 美元。但由于美元相对人民币贬值,美国向中国出口的产品价格就会下跌,中国对美国所出口产品的需求增加,于是人民币的供给增加。时间越长,美国出口中国的产品就会越多,人民币的供给量增加就越多,所以人民币的长期供给曲线 $S_1$ 比短期供给曲线 $S_0$ 更富有弹性。所以,在长期,人民币供给曲线 $S_1$ 和需求曲线 $D_1$ 决定了人民币长期均衡汇率为 0.165 美元/人民币,而短期的均衡汇率为 0.17 美元/人民币。正是由于汇率弹性的不同,人民币在短期内的升值幅度超过了长期升值幅度,或者说,美元在短期内的贬值幅度超过了长期贬值幅度。

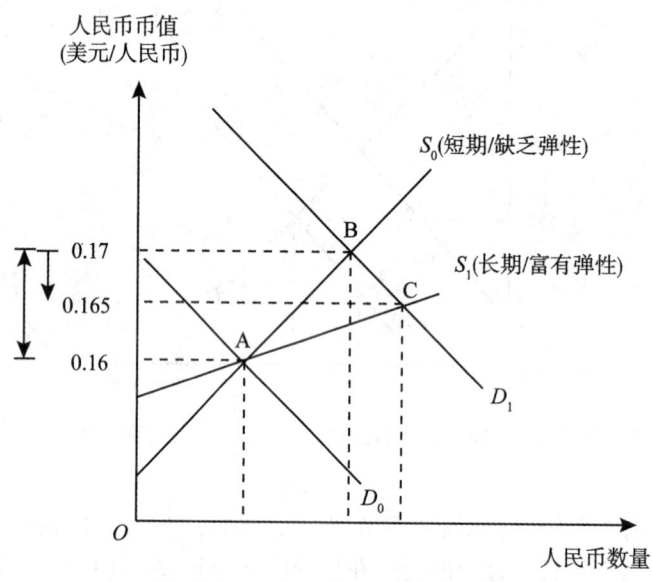

图 7-10 汇率超调:短期汇率与长期汇率

汇率超调也可用通过汇率比其他价格更具弹性来加以解释。工资等许多价格往往由长期合同确定,不能对市场基本因素的变化立即做出反应,而汇率对即期货币供求状况非常敏感。汇率短期波动的幅度往往比长期大,从而可以补偿其他具有黏性的价格。随着总体价格水平向新的均衡缓慢移动,汇率的超调也逐渐消失,汇率向长期均衡水平移动。

## 第三节 汇率的预测

在前面两节中较为详细地讨论了汇率在长期和短期的决定因素,以及这些因素是如何作用于汇率使其发生波动的。外汇交易商、银行家以及国际投资者等都希望能够据此提炼出一些可供检测的因素和指标,利用一定的方法对汇率进行一定程度的预测。特别是对于从事跨国贸易和投资的企业而言,因为它们拥有大量的短期流动资金存在银行,企业需要根据未来汇率的变动情况来决定持有何种货币的存款,所以跨国企业需要对货币的短期汇率做出预测。另一方面,跨国企业因为要制订国外投资等长期计划,所以还需要了解汇率在一段期间的变动趋势,以便对汇率的长期走势做出预测。因此,在本节中,我们将重点讨论预测汇率的主要方法。

多数汇率预测方法是利用公认的经济关系建立模型,并利用历史数据的统计分析结果来完善模型。预测者往往还根据自己的观察和直觉修正预测结果。在实际中经常采用的汇率预测主要包括技术分析预测方法和基本面分析方法两种。技术预测分析法主要是使用过去汇率变化的趋势来预测未来的走向。技术预测人员认为如果当前汇率反映了市场中所有影响因素，那么在同样的条件下，未来汇率也会遵循同样的模式。与之相反，基本面预测分析法则是利用经济变量的走势来预测未来汇率，可以将数据输入一定经济模型或通过更主观的分析得出结论。当然，在实际操作过程中，由于某些汇率的决定因素往往使汇率朝着相反方向变化，同时也由于未来的不确定性，国际金融市场的参与者很难对几个月之后的汇率做出精确的预测。预测人员往往会结合各方面的信息和资源，利用多种汇率预测方面来对汇率的变化进行预估。

## 一、技术分析预测方法

如前所述，技术分析预测方法是利用汇率的历史数据来估计汇率的未来走势。该方法的技术性体现在它不考虑与汇率变动相关的经济和政治因素，而只是根据汇率过去的波动情况来进行推测。技术分析法涉及汇价表、汇率变动表和经济周期表等表格的制表技术，它往往绘制每日（或每周、月或年）汇率开盘价、最低价、最高价和收盘价的图表，然后去关注和分析汇率最新的最高价和最低价、趋势线的拐点，以及目标汇率和汇率波动的预测模式等。

利用图 7-11 来进一步说明技术分析预测法的使用。假定通过分析经济基本数据可预测出日元相对于美元的汇率。首先需要绘制图表得出汇率的变化趋势，由此来获知相关的市场信息。如图 7-11 所示，通过日元汇率变动的趋势线可以看到日元汇率的最高点和最低点，以及趋势的转折点和波动模式。假定日元的汇率变化低于或者高于趋势线，这预示着汇率的趋势可能会发生变化，由此可以选择在外汇市场上买进或者卖出日元的时机。

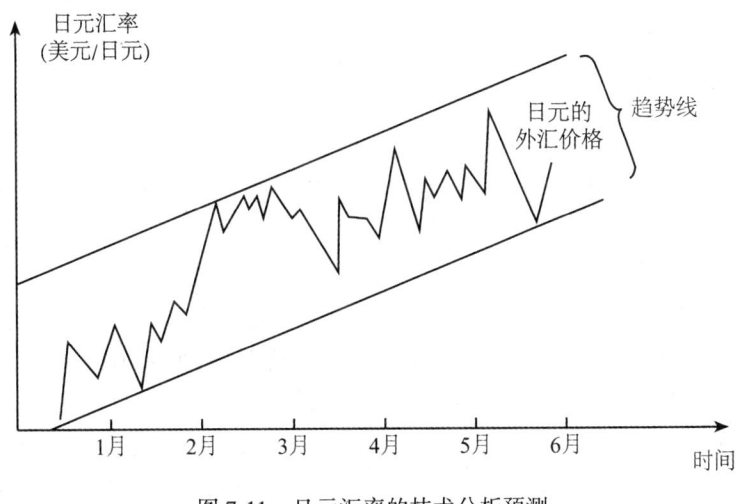

图 7-11　日元汇率的技术分析预测

由于技术分析预测法紧跟市场情况的变化，只有市场遵循既定模式变动时，确定汇率波动的模式才有意义，但是由于没有一种市场模式可以持续几天或者几周而不发生变化，所以这种方法常被用于预测未来汇率的短期波动。方法的使用者必须根据技术分析的结果迅速买入或者卖出货币，及时做出金融决策。

### 二、基本面分析预测方法

与技术分析法相反，基本面分析预测法会综合考虑利率水平、通货膨胀率等各种可能影响汇率变动的经济变量，将之纳入计量经济模型，对经济理论进行估计和预测。不过，利用计量经济模型预测汇率存在一定的局限性。由于通货膨胀率、利率水平等关键变量可靠的预期信息很难获取，而且诸如中央银行对外汇市场的干预这些因素难以量化，所以计量经济模型在估计和预测中可能会缺乏一些重要信息，从而造成偏误。此外，由于各类因素影响汇率的准确时间也是很难确定的，比如，通货膨胀率的变化可能在 3 到 6 个月后才会全面影响汇率水平，这也决定了利用计量经济模型的基本面分析法最适于预测长期的汇率走势。但是，这种方法提供准确的信息告诉外汇交易商何时去买入或者卖出特定货币。

尽管人们相对倾向于使用技术分析预测法，大多数预测者可能会综合使用技术分析法、基本面分析法等各种方法，并依据不同条件而有所侧重。他们会基于基本的经济因素构建分析框架去判定某种货币升值或者贬值与否，然后在这个框架内去评估当前经济状况、政局变化、统计数据、新闻事件甚至各种谣言等信息，同时也仔细研究图表和技术分析，以便对汇率变化做出相对精确的预测。

## 第四节　汇率变化对跨国经营决策的影响

如前所述，进行跨国经营的企业可以根据基本面预测分析和技术预测分析两种来预测汇率，而预测汇率的重要性在于，汇率变化会极大影响跨国企业的经营战略，影响它们的市场决策、生产决策和财务决策，继而影响其经营收入。

### 一、汇率变化对市场决策的影响

汇率变化会影响国内外市场对企业产品的需求，因此跨国公司的市场经理十分关注汇率的变化。我们可以举例说明这一点，如果美国福特公司将旗下的一款中型 SUV 锐界的出口价格定为每辆 5.75 万美元，那么当汇率为 6.2 元人民币/美元时，那么锐界出口到中国市场的人民币标价就是每辆 35.65 万元人民币。如果预期汇率为 7 元人民币/美元时，那么锐界在中国市场的人民币标价就是每辆 40.25 万元人民币。如果美元继续升值到汇率为 8 元人民币/美元时，那么锐界在中国市场的售价就是每辆 46 万元人民币。可以看出，尽管锐界的美元标价没有变化，假设美元相对于人民币升值的话，人民币标价也会发生很大变化。比如从汇率 6.2 元人民币/美元变化到 8 元人民币/美元，锐界在中国的售价每辆提高了 10.35 万元人民币。那么，中国的消费者是否愿意接受新的售价，还是会等价格下调后再行购买？锐界在中国的销量是否因此会大幅度下滑。或者，福特公司在美元升值后仍愿意维持锐界的人民币售价不变，而去承担汇率变动所带来的损失吗？显然，福特公司需要根据汇率的变化来调整企业在中国市场的决策。

## 二、汇率变化对生产决策的影响

汇率变化同样会对跨国企业的生产决策产生影响。工资水平和运营成本较高的跨国企业更愿意在货币大幅贬值的国家进行生产。跨国企业可以用本国货币去购买更多相对贬值的货币，以便降低初始的投资成本。比如，面对欧元相对于美元急剧升值，德国跨国企业可能会纷纷在美元区建立生产工厂或者扩充生产规模。如"小资料：德国跨国企业应对欧元升值压力"所言，宝马在美国出售的汽车中，25%是在当地生产的；戴姆勒公司在美国生产的汽车除了在当地销售外，还将部分产品销售到德国市场；巴斯夫化工集团和拜尔公司向美国销售的产品绝大部分也是在当地生产的。在美元对欧元持续贬值后，德国的跨国企业特别是汽车厂商迅速扩大在美国的生产能力。比如，宝马集团将其在美国南卡罗来纳州工厂的生产能力增加了50%，戴姆勒公司扩建其在美国亚拉巴马州的奔驰汽车工厂。大众汽车也投资10亿美元升级改造其在墨西哥普埃布拉的工厂，等等。

### 小资料：德国跨国企业应对欧元升值压力

近年来，欧元兑美元汇率屡创新高。从2000年的1比0.82一路上扬，2008年3月17日曾逼近1比1.60关口，8年间汇率几乎翻番。仅在过去的1年里，欧元对美元也已升值近两成。如此迅速的升值已经给欧元区国家，特别是"出口冠军"德国造成了相当大的压力。

德国企业积极采取措施应对欧元升值带来的压力。德国12%的出口产品都输往北美地区，欧元走强后德国出口产品要么变得对美国消费者过于昂贵，要么会减少生产商的利润，但2007年德国出口仍然实现了8.5%的增速。

#### 美元区设厂生产本地化

德国企业应对美元急剧贬值最有效的办法，便是在美元区建立生产工厂。比如，宝马在美国出售的汽车中，1/4是在当地生产的。戴姆勒公司也在美国生产奔驰轿车，甚至将部分产品销售到德国市场。由于大众汽车在巴西和墨西哥工厂的产品也是以美元结算的，因此可以冲抵美元贬值带来的汇兑损失。此外，巴斯夫化工集团和拜尔公司向美国销售的产品90%也是在当地生产的。

但即使如此，仍不足以应对目前过于迅猛的美元贬值速度。比如巴斯夫化工集团便对外宣称，美元每贬值1美分，就意味着公司将减少2.5亿欧元的销售额和4 000万欧元的税前利润。花旗集团市场分析师们也估计，由于欧元兑美元汇率的持续升值，2008年宝马的税前经营利润可能减少4.5亿欧元。

为此，德国厂商特别是汽车厂商迅速扩大在美国的生产能力。宝马集团宣布计划将其在美国南卡罗来纳州工厂的生产能力从16万辆提高到24万辆，戴姆勒公司已扩建了在美国亚拉巴马州的奔驰汽车工厂。大众汽车也已决定投资10亿美元对其在墨西哥普埃布拉的工厂进行升级改造。

#### 开发新兴市场转移压力

努力开发新兴市场，降低对美国市场的依赖性，成为德国出口商应对美元贬值的另一有效手段。2000年，保时捷公司近一半的轿车都是在北美地区出售的，这一比例在2007年降至近1/3；大众汽车北美地区销量占公司总销量的比重，也由8年前的13%降至目前的8.6%；奔驰和宝马公司2007年北美地区的销量约占其全球总销量的20%，也仅仅是相当于2000年时的水平。

与此同时，德国厂商增加在俄罗斯、中国、巴西和印度等新兴市场的销量。市场分析人员表示，这些国家除了经济增长前景优于美国外，在汇率方面也可以避开美元急剧贬值的影响。虽然这些市场的规模目前还不足抵消美国经济日益萧条对汽车生产商的负面影响，但它们的增长潜力却不容忽视。

（资料来源：新华网，2008-03-22.）

### 二、汇率变化对财务决策的影响

汇率变化还会对跨国企业的资金渠道选择、跨国资金汇款和财务汇报等财务决策产生影响。比如，就资金渠道而言，跨国企业通常倾向于从利率较低的国家借款，但是，利率差所带来的收益往往会被汇率变化的损失所抵消；而在进行跨国汇款时，跨国企业一般会选择他国货币比较疲软时将其兑换成本国货币，但是，在货币疲软的国家往往会实施货币管制，对跨国企业的资金转移进行若干限制，使其无法顺畅地进行汇兑和转移资金；此外，汇率的变化还会影响跨国企业对财务结果的汇报。例如，在2006年，海尔集团在美国分公司的销售额约为10亿美元，如果汇率为8.26元人民币/美元，那么海尔集团在美国的销售收入应为82.6亿元人民币。当人民币相对美元升值到6.24元人民币/美元，那么海尔集团在美国的销售收入则仅为62.4亿元人民币，单是因为人民币升值就少了20.2亿元人民币。反之，如果美元相对人民币升值，那么海尔集团美国公司以人民币标价的销售收入就会增加。

## ◎ 小结

1. 在自由市场上，汇率由受市场基本因素和市场预期影响的外汇供求决定。其中，市场基本因素包括实际利率、消费者对国内外商品的偏好、生产率、投资收益、产品可得性、财政和货币政策、政府贸易政策。汇率波动在长期和短期的决定因素有所不同。

2. 汇率变化的长期决定因素主要包括相对价格水平、相对生产率水平、消费者对国内外商品的偏好以及贸易壁垒等四类。这些因素会影响国内外商品的贸易，继而影响到进出口商品的需求。在长期，如果一国的通货膨胀率相对较低，生产率水平相对较高，对其出口商品的需求更强烈，以及贸易壁垒相对较高，那么该国货币倾向于升值。

3. 在短期汇率决定中，在国外还是国内投资的决策比对进出口商品需求的影响更大。根据汇率决定的资产市场法，投资者根据两个主要因素来决定持有国内资产还是国外资产：相对利率水平和汇率的预期变化。继而，这些因素的变化会影响到短期汇率的波动。

4. 短期利率差异是国际投资流动和短期汇率差异的重要决定因素。一国如果具有较高的相对利率水平，那么该国货币在短期内倾向于升值。此外，在短期内，市场预期也会影响汇率波动。如果国内经济增长预计快速增长，国内利率水平可能下降，以及国内通货膨胀率较高，这都会导致一国货币的贬值。

5. 当市场因素的变化对汇率的短期影响超过长期影响时，我们将这种现象称为汇率超调。汇率超调现象加剧了汇率的波动。

6. 汇率预测的方面主要包括技术分析预测法和基本面分析预测法两种，前者更适于短期汇率变化的预测，而后者更适于长期汇率波动趋势的预测。在实际操作过程中，大多数预测者可能会综合使用技术分析法、基本面分析法等各种方法，并依据不同条件而有所侧重。

7. 汇率变化会极大影响跨国企业的市场决策、生产决策和财务决策，继而影响其经营收入。

◎ 复习思考题

1. 在自由市场上，汇率的决定因素有哪些？
2. 试整理人民币汇价近几天以及近十年的变化情况，并辨别和分析其短期汇率和长期汇率的影响因素。
3. 如果人民币在外汇市场上被低估，会对我国的贸易余额产生什么影响？如果被高估，又会产生什么影响？
4. 试分析中国跨国企业如何应对人民币持续升值的压力。

◎ 参考资料

1. Carbaugh, Robert J. *International Economics*. 12th Edition. South-Western Cengage Learning, 2009.
2. Krugman Paul R, Obstfeld M. 国际经济学：理论与政策. 第八版. 北京：中国人民出版社，2010.
3. Radebaugh, Sullivan, Daniels J. D. *International Business*：*Environments and Operations*. 14th edition. Prentice-Hall, 2012.

【案例分析】

## 人民币升值给中国制造带来压力

### 人民币 4 个月升值近 3%

2010 年 6 月 19 日，中国人民银行宣布进一步推进人民币汇率形成机制改革。当时，许多出口企业接受媒体采访和压力测试时曾表示，若人民币在短期内升值 3%，企业利润将下降 30% 至 50%，许多议价能力低的中小企业将面临亏损……4 个月过去了，人民币对美元升值幅度已逼近 3%，这些"中国制造"们境况如何呢？

"人民币对美元比价已经逼近多数外贸企业升值预期的'临界点'，现在每 1 个基点的变动，都会让企业感到非常辛苦"。

"人民币汇率一动，销量就会跟着波动。"干建英是义乌小商品城里的一名外贸商户，她经营的饰品远销印度、俄罗斯等国，年出口额达 1 000 万元，"外贸行情在今年年初呈现出危机之后明显回暖的趋势，但三四月份就又开始走下坡路，店里的销售额大概下降了

5%到10%。"

正是三四月间,特别是4月中围绕美国财政部汇率政策报告是否将中国设为"汇率操纵国"问题,中美关于人民币汇率的争执日渐白热化。

美国政府推迟发布报告的同时,中国6月宣布汇改。之后人民币不算小的升值幅度开始显现出其影响。

"上个月有个韩国客人,照着汇率算来算去没利润,追加的一个订货单就直接取消了。"在义乌小商品城经营外贸工艺品的黎玲说,人民币升值后,就连老客户也不能保证订货量了。

"不要再升值了!"提起人民币汇率,在义乌小商品城经营工艺门帘的杨平脱口而出。杨平自家产销的门帘主要销往中东地区,以往一个月能出口五六个集装箱,今年以来已经逐步缩减了一半,利润率也从去年的8%降到了3%左右,"再升值,厂子真的要倒闭了!"

### 快速升值,企业"大出血"

6月19日央行宣布人民币汇改,6月22日央行将人民币对美元中间价设为1美元兑人民币6.798元,一日内大幅升值295个基点。当时,福建省泉州龙鹏集团有限公司还有400多万美元产品接单后没有交货收汇,结果一天下来,利润就缩水了十多万美元。

该公司的主营业务是工艺礼品加工与出口,集团副总经理陈少辉对本报记者说,从与外商谈判到产品出货,全过程下来一般要5个多月的时间,公司最怕的就是汇率不稳定。

类似剧情正不断上演。"前几天人民币兑美元的汇率可能是6.8,现在就是6.6了,这0.2的差别,拿回来的钱少了不少。"目前让浙江奥康鞋业股份有限公司国际贸易部经理李海军最为揪心的,也正是眼瞅着赚回来的钱大幅缩水。

升值,对于出口企业来说,最可怕的就是"瞬间出血",利润平白流失。

"对于我国南方一些规模较小、利润较低、以出口为主的小公司,人民币升值带给他们更多的是无利可图。"中国人民大学财政金融学院副院长赵锡军告诉《国际先驱导报》。

在义乌小商品城,大多数商户都是通过外贸公司使用人民币结算。尽管从表面上看是避免了汇率波动带来的直接影响,但人民币升值仍然让外贸商户不堪重负。

义乌远创圣诞工艺有限公司老板周爱玲说,外贸订单从下单到付款往往要经历几个月甚至一年。汇率不稳定,企业接了订单心里也不踏实。去年以来人民币升值的趋势很明显,外贸公司从货款里提成的点数也越来越高,从以往的2%涨到了3%到5%,"想要快点提到货款,商户们往往只能接受高额的提成费,外贸公司不会来承担汇率风险,最终差价还是转到了我们商户的头上"。

义乌是全球圣诞礼品的最大出口地之一。周爱玲的企业是义乌典型的"前店后厂"模式,一半的产品由自家工厂生产。周爱玲说,对于圣诞商品而言,今年的货款也已经陆续到位,"反正今年是混过去了,但明年汇率怎么样心里一点底都没有,周围的商户都特别迷茫"。

### 接近"临界点",订单游离

对于出口企业来说,接单和结汇的时间差,决定了汇率升值与企业收益的直接关系。而人民币连续几个月的持续、快速升值为企业结汇增加了不小风险。记者调查了解到,近半年来,不少外贸出口企业一直生存在"人民币升值预期"的巨大阴影下,特别是9月份人民币对美元汇率更是快速上升，当月人民币对美元汇率上涨 1.74%，创汇改以来最大单月涨幅。

面对这一现状，不少出口企业表示非常无奈，一方面不得不忍痛舍弃长单改接短单，临时提高价格，同时不断与客户周旋，如果是出于维护大客户的目的，则不得不自行承担相应的损失，因为在一般情况下，国外企业很少在确定价格后再交涉人民币升值、美元贬值等后续带来的问题。

"如果是缓慢升值，企业可以通过合理的预期控制成本，快速升值则无法承受！"昆山扬皓光电有限公司总经理殷伯涛表示。记者从部分江苏的出口企业了解到，在 2006 年至 2008 年人民币对美元升值的时候，由于是稳定升值，它们可以通过锁定汇率、缩短报价时间这样技术性的手段，以对冲风险。现在，面临汇率变化的不可预知性，出口企业更倾向于有一单做一单，一些企业不得不损失很多倾向于签长单的大的高端客户。

对升值幅度的不确定，甚至使订单可能"打水漂"。

中央财经大学中国银行业研究中心主任郭田勇对记者说，人民币升值，对于国外进口商而言，可能意味着要比以前付出更高的价钱，"进口商为了企业效益，减少这种非主观因素造成的损失，就会期望汇率反弹。造成的结果就是这些进口商找出理由提出推迟交货时间。"

浙江一家制伞企业的进出口事务部经理姚先生就感慨说，虽然订单还是那么多，但因为存在进口商违约风险，所以越来越多的货物滞留仓库，"我现在都害怕看到别国货币贬值，这让我胆战心惊，害怕客户又要推迟交货时间甚或违约。"

"事实上，今年下半年以来，人民币对美元比价已经逼近多数外贸企业升值预期的'临界点'了。现在每 1 个基点的变动，都会让企业感到非常辛苦。在我看来，中国没有让人民币快速升值的产业空间。"彩电生产商、创维多媒体（深圳）有限公司营销中心助理总经理郑志强在广交会上对记者说。第 108 届广交会 10 月 15 日至 11 月 4 日举行。这届广交会上，买卖双方面临的最"棘手"问题之一就是人民币汇率。

"我们设想的最佳状态是将汇率设定在 6.5 左右，但目前仍然处在与客户的谈判过程中。"江苏渭西集团外贸部门的负责人龚华剑说，面临两难境地，企业只能自我牺牲，要么损失客户等待汇率稳定，要么损失利润以维护客户关系。

**假如继续升值**

"利润少了，出口产品需要涨价弥补损失，客人却很难接受，原材料价格又在上涨，现在已经影响到接单！某种程度上企业已经感受到了类似金融危机时的巨大压力！"位于江苏吴江的盛氏集团销售公司的一位负责人 10 月 19 日告诉《国际先驱导报》。他介绍，江苏一些小纺织企业目前已经停止接单，以避免可能造成的损失，对于尚能承受近期人民币升值压力的规模较大企业来说，利润受损已经不可避免。

记者了解到，江苏纺织行业普遍认知的现状是：微利企业占 50% 左右，整体利润率在 3%~4%，如果人民币升值超过 5%，将有 2/3 的纺织服装企业承受不了。

与纺织行业的遭遇类似，在人民币对美元汇率不断走高的背景下，人民币升值对包括服装、机械、电子、玩具在内的传统行业的负面影响都较大。经过前几年的资源、原材料、人力成本的上涨，这些传统行业的出口企业多数成为低利润率或者是微利的行业，难有相应的空间来消化人民币持续升值以及各项成本上升带来的压力。

"中国出口企业低成本的优势可能正逐渐消失。"李海军对记者历数艰难处境——各种原材料涨价都不同程度地向成本施压，国外对环保要求提高致使包装成本上涨，民工荒导致的用工成本增加……

深圳市科技工贸和信息化委员会发表10月份分析报告称，如果2011年人民币单边升值3%，将造成深圳市从业人口减少约60万人，外贸出口减少约90亿美元。

深圳服装、制鞋、玩具、工艺品、陶瓷行业是国内生产和原材料成本比重较高的行业，这些行业出口产品的60%以上增值是在国内完成的，其出口产品的净利润又普遍较低，仅3%左右，再加上这些行业的企业普遍缺乏核心竞争力，人民币年内一旦升值3%，这些企业将普遍陷入亏损状态。

路透社10月25日发表文章表示，环球资源商展中心引述最新调研称，超过2/3的受访中国供应商表示，预期若人民币升值2%或以上，其出口额将开始减少。调研访问了238家中国供应商，其中有32%的受访者则指出，人民币升值3%才会引起出口下跌。专家告诉记者，如果人民币在短期内迅速升值3%，那么家电、汽车、手机等生产企业的利润将下降30%至50%。

**应对：坐以待毙，还是动以求变**

小企业压成本，中等规模企业忙调整，大型出口企业握紧议价权，在人民币汇率升值预期的背景下，"中国制造"们探索着各自的应对之策。

"人民币升值，企业最直接的应对就是提高价格，但实际情况却是难以落实。"江苏渭西集团外贸部门的负责人龚华剑10月下旬告诉《国际先驱导报》，这家从事金属加工品出口的企业本来准备提高产品价格，但操作起来困难重重，因为一般与国外客户的协议都是在年初确定价格，已经确定的以美元结算的订单只能由公司承担汇率带来的损失。

"中国制造"们自然不会"坐以待毙"，眼看着利润流失、订单溜走，如何"动以求变"呢？

**小企业压成本、转内销**

市场这只"看不见的手"自然地做出了反应。降低成本，比如寻找劳动力成本低的地区代工，是很自然的选择。

话说"船小好掉头"，在义乌原本从事"前店后厂"经营的周爱玲从今年开始把毛绒雪花之类"不怕压"的商品转到了江西生产。尽管多了运输费，但成本大概能降低两三成。

不过，这种办法还不能完全解决问题，能代工的商品仅占销售总量的10%左右。"小商品的外贸利润已经薄如刀锋，毛利润不到10%，再压缩下去就算有量也没有多少盈利，但我们实在是想不出其他应对办法。"周爱玲说。

通过降低外贸依存度应对海外市场的不稳定因素，是不少义乌小商户的新选择。

"东边不亮西边亮，国内市场已经发展到了比较成熟的水平，我们的产品工艺比较独特，在海外市场上很抢手，现在发现它在上海、北京等一线城市的市场认可度也很高。中国的人口红利依然存在，国外品牌都纷纷抢占中国市场，我们也没必要只重视海外市场。汇率波动让我们发现了内销这片新领域。"许志福是时代工艺有限公司销售负责人。该公司的铁吹玻璃工艺品过去 80% 以上出口美国，近一年多以来，公司已经将外贸比例缩减到了 60% 以内。

即便是对国际市场有更直接感知的侨商们，也已开始转移市场。嘉兴市侨商会副会长陈林根介绍，商会成员过去 80% 的销售份额来自海外，最近一两年已逐步缩减到大约 30%，而 80% 的利润来自国内市场。该商会现有 180 多名侨商会员，大多在国内有生产基地，经营箱包、服装、羊毛制品等，在欧美等地的 70 多个国家和地区开展贸易。

"短期而言，转战国内市场是一条应对汇率变动的好路子。人民币升值客观上带动了扩大内需，并让国内市场的激烈竞争淘汰一批企业，实现行业的良性发展。"陈林根说。

**中等企业调整有难度**

对于有较大出口规模但还难以左右产品市场走势的出口企业来说，转移工厂、转换市场并不容易，它们应对汇率变化首先表现在一些技术手段和企业内部调整上。

"目前并没有有效的办法应对升值压力，只能等待汇率相对稳定再行签约。"龚华剑说。针对人民币升值的应对之策，不少受访企业负责人表示，由于汇率是硬性的"环境指标"，对于企业来说几乎无所作为，只能先承担下来，静观其变，等到情况相对稳定时再出手。

不过，记者了解到，一些企业也确实留有"后手"，那些有条件并且已经采取了一些举措的企业，明显占得了先机。比如，与银行签订远期汇率合同，这些企业借此在一定程度上规避了汇率变动带来的影响；以"非美元"结算，如采用欧元、日元等进行结算，能一定程度上回避人民币对美元升值的影响，是出口企业乐意的方式，但需要海外与进口商协商。

更长远的解决办法是转变产品结构。专家介绍，在 1985 年的广场协议以后，虽有不少日企不得不投资海外，但留下来的本土企业追求高端技术和产品质量，努力生产附加值高的产品，也维持、造就了许多国际大品牌。

"公司产品转型的目标是生产特种纸品替代目前国内市场上的进口产品，把产能转移到高端产品上，将常规生活用纸业务放到第二位，这样并不会造成出口转内销的市场竞争，并且提高了产品竞争力。"苏州金红叶纸业集团国际贸易处的庄飞纳介绍，产品结构转型是数年来企业应对人民币升值的举措之一，为公司规避汇率风险作出了主要贡献。

不过，本币升值助力优化经济结构和产业结构，也需要一个相对宽松的环境和日程。"结构的改善需要较长时间才能完成。汇率的过快、过度升值，其最终结果很可能是不仅无法优化结构，反倒导致结构问题积重难返。"商务部国际贸易经济合作研究院副研究员梅新育说。

**大企业紧握议价利器**

大型出口企业对国际生产销售的布局和议价能力的把控，是应对随时可能到来的"货币冲击波"的利器。这种战略应对首先来自企业管理者日益开阔的国际视野。

从正在举行的广交会的一线调查来看，这表现得尤为明显。许多大型企业管理人员甚至能条分缕析地和记者分析"汇率战"演变成"贸易战"的可能性。

"美国还是想和中国磋商汇率问题的，现在就撕破脸开打贸易战对美国也不利，"格力电器股份有限公司海外销售公司总经理肖友元对记者说，"早在去年底、今年初，广大中国外贸企业就作出了相应的人民币汇率变化判断，而依据这些判断做出的产品出口价格也是全球很多地区经销商运营的基础。如果通过所谓的制裁手段逼迫市场打破这种结构，最直接受害的就是该国的消费者。"

"少数国家单靠汇率政策的'压迫'，不可能让中国的外贸产业丧失竞争能力，"有判断就会有策略，海尔集团公司海外推进本部部长习云峰说，"以海尔为例，现在集团在全球拥有29个制造基地，很多产品的生产、设计、销售均已经本土化，人民币汇率的变化不会对企业的生存构成根本性的冲击。"

"船大好出海"。企业做大就有了议价的能力，而在一国范围内，一个链条齐整的行业做大了，一样使自己有了更大的回旋空间。

"汇率的成本最终会被部分转嫁！"浙江宁波西摩电器进出口有限公司国际贸易部严建波的底气，恰来自中国执全球电器制造行业牛耳的地位，"人民币继续升值，中国出口企业肯定会提价，那么国外客户要么选择接受涨价，要么选择到其他价格更低的国家采购，但目前尚未有哪个国家具备替代中国的生产制造能力，而且采购商重新选择客户的成本也较高。"

"我们年初就已经按人民币5%的升值幅度做了计划，将汇率变动在合同中注明，按照一定幅度进行报价成交，将汇率变动的风险融入经营之中，并通过严格控制供应链、减少库存，降低公司运营风险。"广东新宝电器公司创意设计总监廖志文也说道。

许多企业表示，随着近年来加快产业结构调整、加大产品升级力度，中国企业在国际市场上的议价权大幅提高，企业已经拥有了随着货币币值变化"随行就市"调整产品价格的能力。

（资料来源：国际先驱导报，2010-11-03.）

讨论题：

1. 试整理有关资料分析人民币升值的影响因素。
2. 人民币升值对中国出口企业造成了哪些影响？
3. 面对人民币升值的压力，中国出口企业采取了哪些应对措施？还有没有其他比较好的建议？
4. 面对人民币升值的压力，中国政府应该如何调整应对策略或者相应措施？

# 第四编　国际企业的战略选择

  人们想得到工作的胜利即得到预想的结果,一定要使自己思想合乎客观外界的规律性,如果不合,就会在实践中失败。

毛泽东

  竞争战略就是创造差异性,也就是有目的地选择一整套不同的运营活动以创造一种独特的价值组合。

迈克尔·波特

  简单地讲,国际企业战略的制定就是国际企业长远发展计划的编制过程。企业战略制定的基本目的就是在预测企业外部环境、内部条件变化趋势的前提下,为企业的发展制定长远的发展目标,确定发展的基本方式,选择合适的组织结构,确定合适的战略和战术。在这一编的学习中,将分三章重点研究国际企业的战略、国际企业开拓他国市场的基本方式类型、国际企业组织结构的选择等内容。

# 第八章 企业的国际化战略

◎ **本章学习目的**

学习完本章后,你应该掌握以下内容:
1. 战略与企业的关系;
2. 企业在全球竞争环境下的机会与威胁;
3. 企业从全球扩张中获利的四个途径;
4. 在全球市场竞争的企业通常要面对的两大压力;
5. 企业在国际市场参与竞争所采用的四种基本战略。

【**吉利公司的战略转型:在国际化中重塑竞争力**】浙江吉利控股集团有限公司(下称吉利)是中国国内汽车行业十强中唯一一家民营轿车生产经营企业,始建于1986年,1997年进入轿车领域。最近几年吉利凭借国际化战略重塑自己的竞争力,取得了快速的发展,2012年7月首次进入世界500强(第477位),营业收入达到1 500亿元人民币。

在吉利的国际化战略中,最富标志性的举动是:2010年3月30日,吉利在瑞典哥德堡与美国福特公司(下称福特)正式签署协议,福特将自己最强的非核心资产沃尔沃,以18亿美元出售给一直关注美国市场的吉利。沃尔沃创立于1927年,自创立以来始终非常注重质量、安全和对环境的影响,这三个因素也一直贯穿于公司设计、开发和制造的整个环节,尤其在安全方面,沃尔沃发明的安全底盘、三点式紧缩安全带等,已成为一流汽车产品的标准配置,沃尔沃也因此成为世人心目中最安全的汽车。吉利凭借此次收购成功地进入高档车细分市场,极好地提升了企业形象和竞争力。

实际上早在2007年5月吉利就发表了《宁波宣言》,准备实施国际化战略转型,将竞争战略由"价格领先"转变为在保持成本优势下的技术优势。吉利不再满足于造中国老百姓买得起的车,而是立志要让中国人造的汽车走向世界。这种价值观的转变,让吉利很快地摘掉了"廉价低质"的帽子,实现在质量、品牌上的同步崛起。在2010年年底召开的广州"吉利战略转型研讨会"上,有媒体用这样的话来形容吉利集团董事长:李书福仅仅用了3年的时间就"挺直腰杆"了。人们看到的是,国际化战略让今天的吉利成功跻身主流汽车舞台,其整体形象和影响力也获得前所未有的提升。

按照李书福自己的评价:"这个转型之后,产生了很好的效果和成果:我们无论是从经济效益、产品技术、产品竞争力,还是从品牌形象、企业员工信心,都有了大大的改变,所以说吉利这个转型是非常成功的。"的确,在自主汽车品牌的国际化道路上,吉利勇敢地扛起了一面中国大旗。转型前期成绩单有目共睹:从成功入股英国老牌出租车公司锰铜企业超过50%股份,到并购澳大利亚全球知名汽车变速箱专业制造厂DSI,再到2010

年将瑞典国宝级豪车品牌沃尔沃纳入旗下,吉利在一次次的跨越中变得更加成熟了。社会舆论也从一开始的偏向负面更多地转向肯定和赞扬。当路上有一辆吉利的汽车跑过的时候,很少有人会再以过去那种"便宜会有好货吗"的目光打量它,因为吉利正在用行动证明自己可以造安全、环保、节能的好车,同时仍然保留相当程度的成本优势。

汽车工业技术密集、资本密集、人才密集,是讲求规模效应的全球性大产业。以世界后起之秀——日本汽车工业为例,在短短几十年中能够实现从无到有、从弱到强的巨变,贯穿始终的国际化发展战略功不可没。20世纪六七十年代,凭借小型、省油的产品差异优势,日本汽车在美国市场挖到海外的第一桶金,而当地市场的高标准和品牌效应反过来助推了日本汽车发展,随后在1973年石油危机的考验中奠定了全球范围的竞争优势。今天,"中国造"汽车的内外市场环境已有很大不同,但是建立在国际化平台上的扩张战略仍是主要选项,毕竟只有这样才能把研发成本摊薄,才能最快地把自己的品牌推向世界。

吉利在2011年进入了中国100大跨国公司的前10名,名列第9。这10家企业中,除了"国字头"的中石化、中石油、中海油、中化、中铝、中信、中建、中远洋外,只有位列第九的吉利公司和位列第十的华为公司获得了此项殊荣。

吉利已经为自己的国际化制定了未来的蓝图和规划:到2015年,将实现产销200万辆,其中2/3出口,在国际市场份额将达到2.5%,让吉利汽车将成为国际知名品牌,实现"造老百姓买得起的好车,让吉利汽车走遍全世界"的美好理想!

(资料来源:根据浙江吉利控股集团官网(2013年8月)、百度百科《浙江吉利控股集团有限公司》(2013年8月)、环球网资料(编辑溪兰城)编写。)

战略的制定就是一个组织的长远发展计划的规划过程。制定战略的基本目的是给组织的发展制定长远的发展目标、确定发展的基本方式、选择正确的发展路径,为组织在一个较长时间内提供科学的发展方向。这些工作涉及国际企业一系列重大的决策内容,会对国际企业的国际化工作和经营效果产生重要的影响。

"战略"本是一个军事学上的名词,意指"指导战争全局的计划和策略"。将这一术语借用到企业管理方面,就有了所谓"企业战略"或"企业经营战略"的概念。企业经营战略就是指导企业全部经营活动的根本大计和方针。它规定了企业的经营方向与业务范围,确定了企业的性质与形象,它还规定了企业的经营目标和长远发展目标,提出了达到经营目标的战略方针、战略途径和战略重点。

国际企业的经营战略,是指从事国际化经营的企业通过系统评估自身实力,确定基本任务和目标,并根据变动的国际环境拟定必要的行动方针,为求得企业在国际环境中长期生存和发展所作的长远的总体谋划。由于国际企业实现了跨国经营,因而它们在采购、生产、销售等经营环节上比一般的企业有更大的经营空间和发展余地。对于任何给定的市场,国际企业可以自己生产产品,也可以从其他公司购买产品服务于市场。若企业决定自己生产产品,它可以在市场所在地进行生产,也可以在另外的国家生产,然后向市场提供产品;企业也可以在合适的一些国家生产零配件,然后在市场所在国进行装配,向市场提供产品。这些比仅在国内生产更为复杂的组织形式和经营方法,不仅给国际企业提供了获取高额利润的机会,也给国际企业的战略选择提出了新要求。

本章首先说明了战略与企业的关系,以及企业在全球竞争环境下的机会与威胁;然后介绍了企业如何通过四种特殊的途径从全球扩张中获利,同时在全球市场竞争的企业通常要面对哪两大压力;最后阐述了企业在国际市场参与竞争,主要采用的四种基本战略。

# 第一节 战略与企业

### 一、价值创造与企业战略

任何企业的根本目标是赢利。如果企业的产品价格高于产品的生产成本,那么企业就会赢利。为了做到这一点,企业必须生产那些消费者认为有价值的产品,因此企业从事的是价值创造活动。消费者愿意为某种产品支付的价格反映了消费者对产品价值的判断。

企业战略最突出的目标就是使企业的长期盈利能力最大化。盈利能力(profitability)表示为 ROI $=\pi/I$,利润(profit)为 $\pi=TR-TC=PQ-CQ$,因此单位利润为 $\pi/Q = P-C$。

可见,两种基本条件决定企业的利润 $\pi$:顾客估定的该企业商品价值 $V$ 和企业的生产成本 $C$。我们称 ($V-C$) 为企业所创造的价值增值(value added)。价值增值由两部分组成:企业的利润 ($P-C$) 和消费者剩余 ($V-P$)。($V-P$) 取决于市场上竞争压力的强度:压力越大,企业让渡给消费者的剩余就越多;反过来,压力越小,企业所得的利润 ($P-C$) 就越多。但总而言之,当企业在更低的成本上为其客户创造出更多的价值 ($V-C$) 时,企业才会有更高的利润。见图 8-1。

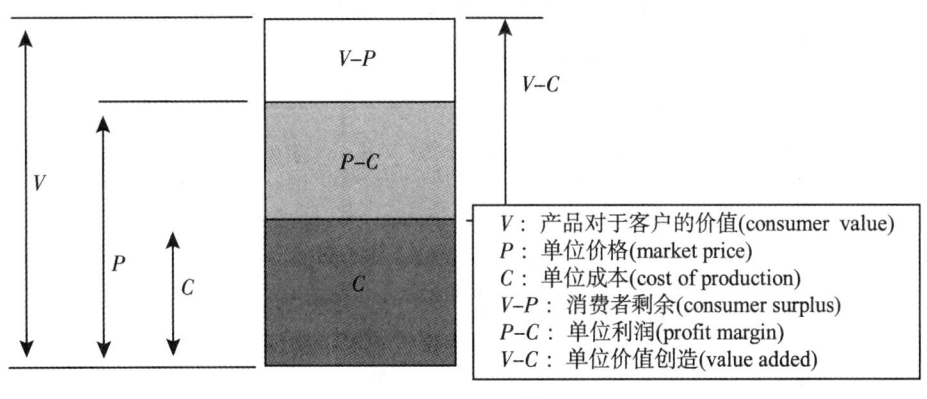

图 8-1 企业的价值创造

一般来看,专注于降低生产成本的战略为低成本战略,专注于提高产品吸引力的战略为差异化战略。Michael Porter 认为,低成本战略和差异化战略是企业创造附加价值并获得行业内竞争优势的两种基本战略。按照波特的看法,超级盈利能力青睐能创造超额价值的企业,价值创造方法是压低企业的成本结构,或者(并且)以某种方式使产品差别化,这样消费者对其估价更高,更愿意付出一个溢价。

要比竞争对手创造更优异价值,不一定要求企业在行业内具有最低的成本结构,或者创造出消费者眼中最有价值的产品。不过，它的确要求企业的产品价值（$V$）与产品成本（$C$）之间的缺口，要大过竞争对手的这个缺口。为了认识成本行为与现有的和潜在的经营歧异性的资源，迈克尔·波特教授引入了价值链概念。价值链将一个企业分解为战略性相关的许多活动。企业正是通过比其竞争对手更廉价或更出色地开展这些重要的战略活动来赢得竞争优势。一定水平的价值链是企业在一个特定产业内的各种活动的组合。这些活动可分为基本活动与辅助活动。

## 二、价值链与竞争优势

我们可以将企业看成是由一系列价值创造活动（value creating activities）所构成的价值链，企业可以在链条的每一个环节中实现价值增值。这些价值创造活动包括：5个基本活动（primary activities）：内部后勤，生产作业，外部后勤，市场和销售，服务；4个辅助活动（support activities）：采购，技术开发，人力资源管理，企业基础设施（如图8-2所示）。例如，研发可以增加产品的功能性，使产品对消费者更具吸引力（增加 $V$）；另外，研发可以导致更有效的生产技术和流程，于是降低生产成本 $C$。再如，生产可以通过更有效率地进行来使成本更低（降低 $C$），也可以通过生产更可靠和质量更高的产品来增加 $V$。品牌营销、售后服务、物流管理、人力资源等各个环节莫不如此。

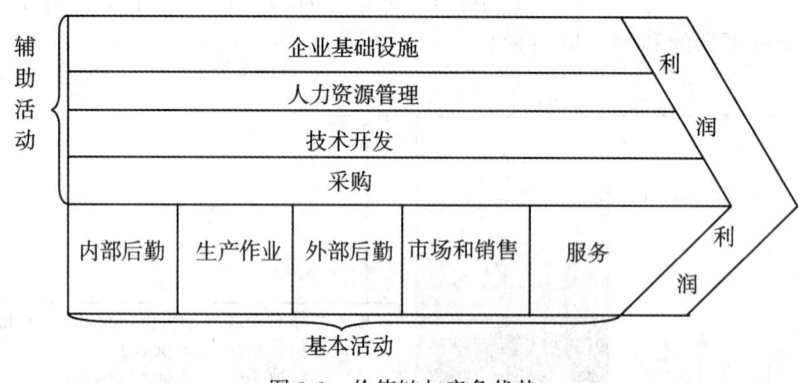

图 8-2　价值链与竞争优势

（一）基本活动

涉及任何产业内竞争的各种基本活动有五种类型。每一种类型又可依据产业特点和企业战略划分为若干显著不同的活动。

1. 内部后勤。这是与接收、存储和分配相关联的各种活动，如原材料搬运、仓储、库存控制、车辆调动和向供应商退货。

2. 生产作业。这是与将投入转化为最终产品形式相关的各种活动，例如机械加工、包装、组装、设备维护、检测、印刷和各种管理活动。

3. 外部后勤。这是与集中、存储和将产品发送给买方有关的各种活动，例如产品库存管理、原材料搬运、送货车辆调度、订单处理和生产进度安排。

4. 市场和销售。这是与提供一种买方购买产品的方式和引导他们进行购买有关的各种活动,例如广告、促销、销售队伍、报价、渠道选择、渠道关系和定价。

5. 服务。这是与提供服务以增加或保持产品价值有关的各种活动,例如安装、维修、培训、零部件供应和产品调整。

有效率的生产可以减少价值创造的成本(例如通过实现规模经济)并且可以通过提高产品质量(例如,减少有缺陷产品的数量)而增加价值,这些活动都有利于高位定价。有效率的营销一方面能够帮助企业降低成本(例如通过实现足够大的销售量取得规模经济),另一方面可以帮助企业根据消费需要定制产品并使企业的产品与竞争者的产品区分开来而增加产品价值。

(二) 辅助活动

各种价值辅助活动可以被分为四种基本类型。与基本活动一样,每一种类型的辅助活动都可以根据产业的具体情况划分为若干显著不同的价值活动。辅助活动为生产和营销等主要活动提供投入。

原材料管理部门控制着生产所需的材料,在整个价值链中传输——从采购到生产直至最后的销售。支持性活动的效率高,也有助于降低价值创造的成本。另外,一个有效的原材料管理部门可以对进入生产过程的材料的质量进行监控,这种活动有助于企业提高产品质量从而最终为高位定价创造条件。

研究开发部门则负责新产品和新工艺的开发。技术开发有助于降低生产成本并且能够生产更有用、更具吸引力的产品,这些活动都有助于企业的高位定价。因此,研究开发活动能够影响主要的生产和营销活动并通过它们最终影响价值创造活动。

有效的人力资源部门确保企业拥有从事主要的生产和营销活动的最佳人选。它还要满足对支持性人员的要求。该部门还要保证企业员工受到良好的培训并且得到相应的报酬。

信息系统部门则要保证管理层拥有为了实现效率最大化所需的信息。除此之外,该部门还负责开发以信息为基础的竞争优势。企业基础设施是由组织结构、一般性管理、规划、财务以及司法和政府事物等因素组成。企业基础设施几乎囊括了企业的所有其他活动。有效的基础设施既可以帮助企业创造价值也可以帮助企业降低价值创造的成本。

## 第二节 全球竞争环境下的机会与威胁

经济全球化为企业采取国际化战略提供了前所未有的机会。世界贸易组织的建立及地区经济一体化进程,贸易自由化与自由市场竞争概念的普遍接受,政府管制的进一步放松,所有这一切都为国际贸易的迅速增长和跨国公司的不断发展提供了巨大动力。

### 一、全球竞争环境下的机会

对企业来说,采取国际化战略、参与全球竞争主要存在着以下几个方面的重大机会:

(一) 实现规模经济

假如企业有较大的收入和资产基础,它的全球扩张会自动地增加运营规模,这种收入和资产基础的增长潜在地使企业实现了规模经济。

规模经济的实现提供了多重收益：一个优势是固定成本的扩展，比如对更大规模产品进行研究和开发，这方面的例子包括波音公司在很多国家销售的商用飞机和微软公司在多个国家销售的操作系统。另一个优势是降低了研究开发成本和运营成本，例如甲骨文公司等在人才丰富的印度所建立的软件开发运作中心。最后一个优势是通过积聚采购获得更大的砍价实力，例如麦当劳在全球不断增加所拥有的加盟店数量，就能够对设备和供给有更多的采购，这样就增加了与供应商讨价还价的能力。

(二) 延长产品的生命周期

我们知道，产品和产业一般要经历导入期、成长期、成熟期和衰退期四个阶段的生命周期，但在本国市场上处于成熟阶段的产品却有可能在其他国家和地区有巨大的需求潜力，因此，公司持续性的国际化过程将导致产品生命周期的延长。

根据国际产品生命周期理论，由于制造业生产过程经历着由发达国家向发展中国家转移的轨迹，当一些产品在发达国家已经成为成熟产品时，在发展中国家却有可能处于成长期，因此具有巨大的需求潜力。同时，即使在发达国家已处于成熟期的产品，由于生产基地转移到劳动力价格、生产成本相对便宜的发展中国家，故在发达国家市场上，这些产品的价格将出现下降趋势，这也会刺激发达国家消费者的购买欲望，无形之中使产品生命周期得到延长。

近十年来，美国的可口可乐和百事可乐等软饮料生产商为了获得在美国本土无法实现的增长水平，一直在积极地寻找国际市场。类似地，戴尔等个人电脑厂商为了缓解美国市场的增长饱和状况，也在搜寻外国市场。世界范围内的汽车产业也处于密集的竞争状态，通用和福特等企业已经在拉美地区投资数十亿美元，努力夺取这个地区正在成长的市场份额。

(三) 降低比较成本，优化资源配置

以下两个例子中的全球化定位决策是基于降低成本方面的考虑：(1) 耐克公司决定在中国、越南和印度尼西亚等亚洲国家生产运动鞋；(2) 很多跨国公司为了获取低成本劳动力，决定在美国南部至墨西哥边界地区从事生产经营。这些生产经营称为组装工厂，根据当地的人力资源与其他资源、运输工具和物流、政府激励和当地税收结构，这种定位决策可以影响成本结构。

公司经营效率是由其产出价值与所投入成本之间的比率决定的，公司的竞争优势在于通过生产比竞争对手更高质量的产品和服务，或在相同时间中通过较低的成本投入提升其产品和服务的价值。在全球竞争环境运行中的跨国公司，可以利用国家的差异性，将生产转移到劳动力成本较低的国家从而获得比较成本优势和竞争优势。如 TCL 公司将其电视机生产线转移到越南进行生产，一方面是为了使生产基地与目标市场紧密相连，另一方面也是为了获得劳动力成本的比较优势，提升公司竞争力。微软公司将其亚太地区研发中心建立在中国，一方面是因为中国本身就是微软公司最大的目标市场之一，同时也是因为中国有许多高素质计算机软件研究人才，雇用这些同样水平研发人才的成本要比在美国的花费低得多，这同样能使微软获得比较成本优势。

跨国公司或全球公司能够在全球范围内进行最佳资源配置，以最低的成本为全球顾客提供最大价值的产品与服务。这种全球范围内的资源配置过程，使得跨国公司能够将传统的比较成本和贸易优势转换为全球竞争优势。

（四）分散风险，创造战略协同

跨国公司以统一的全球战略为纽带，将散布在世界各地的分公司或合作伙伴联为一体，在平衡全球化与本地化的过程中，形成公司的战略协同优势。这种战略协同优势可以共享资源，分散风险，形成不同的战略层次，达成"东方不亮西方亮"的经营效果。

考虑到美元和日元间汇率（相互比较以及与其他世界主要货币比较）的不确定波动，福特和丰田公司成本竞争的一个重要基础在于管理货币风险的灵活性。这些竞争者管理货币风险的一种方式是把生产制造中的高成本因素在全世界一些精心挑选出来的区位中进行扩展，诸如此类的定位决策能够影响企业所有层面的风险，包括货币、经济和政治风险。

（五）强化技术创新

微软公司决定在英国的剑桥建立一所公司研究实验室，这项定位决策主要受建立和维持世界级优秀的价值创造活动这一目标所支配，这项战略决策可以让微软公司获得杰出的技术和专业人才。在全球竞争环境下的定位决策可以影响获取急需的人才、企业学习和成长的速度、内外活动协调的质量等。

全球竞争环境强化了世界范围内的技术与管理创新活动，提升了全球各种产业的技术发展水平。不仅如此，全球化经营使企业的创新视野更加宽阔，创新资源日益多样，这都进一步促使企业在研发领域进行更大的投入。据研究，自20世纪90年代以来，世界级跨国公司在研发领域中投入的不断增长正是全球技术创新周期明显缩短的主要原因之一。据统计，20世纪90年代初，世界300家最大的公司在研发方面的投资是1 600～1 700亿美元，而到1998年则达到了2 400亿美元。

## 二、全球竞争环境下的威胁

全球竞争环境在给企业提供了巨大利益和机会的同时，也伴随着潜在的威胁和风险，以下几种威胁在企业进行国际环境分析时尤其值得考虑：

（一）政治局势不稳定

对一个全球组织来说，国家在政治上的动荡或动乱是最不稳定和不确定性的风险来源，其结果常常导致公司损失资产及现在与未来的盈利，因此所有的企业在准备开展国际化战略和全球市场竞争时，都必须对政治风险进行审慎的评估。社会不安定、军事骚乱、游行示威以及暴力冲突和恐怖主义等因素，都会给全球竞争环境带来严重威胁。例如，中东地区以色列和巴勒斯坦之间持续的紧张，印度尼西亚的社会政治不安定状况，都增加了破坏财产及不对产品、服务付费的可能性。高风险的国家对多数商务活动缺乏吸引力，少数的例外是军需品和反间谍服务。

出于某种战略考虑或短线业务的原因，即使一个国家在政治上极不稳定，企业也有可能仍然在这个国家从事经营活动。例如，虽然伊拉克在20世纪90年代一直受到联合国的全面制裁，而且美国始终对伊拉克进行战争威胁，即从跨国经营活动的角度看伊拉克属于政治风险水平非常高的国家，但是仍然有一些公司在伊拉克进行业务活动。这时，需要重点分析的是在充分评估政治风险的基础上，如何确定市场进入的模式、合同协议的性质、具有风险的资产价值以及长期资源投入的水平等。总的来说，在东道国政治高度不稳定的时候，跨国公司常常选择产品出口的市场进入模式，强调短期合同协议及资源投入。

（二）法律问题

当一个公司在全球范围内从事业务经营时，如果东道国的法律不健全，缺乏行政、立法或司法的支持，或者法制建设仅仅处于初级阶段，那么公司就会面临许多法律方面的问题，它们或许包括合同、技术转让、知识产权等方面的法律问题。

例如，由于许多国家存在着软件盗版，微软公司损失了数十亿美元的潜在收入。由于缺乏知识产权法律保护所导致的产品复制不断增长，智力资产丰富的企业已经遭受了巨大的财务损失。

（三）政府干预

国家独立与经济改善作为一个国家政府的目标，有可能导致一种保护主义和限制性的政府政策，这些政策包括关税和其他进口障碍与控制、对利润汇出的限制、对合资公司股份的限制，一些地区性的特殊要求如关于聘用当地劳动力的比例要求等。

由政府干预所形成的这些政策或法律要求，将会使来自国外的公司在该国市场上与本国公司相比处于劣势地位。

（四）币值波动

许多经济变量如通货膨胀、利率，特别是汇率对一个公司的全球业务盈利性产生重要的影响。1995年，当墨西哥比索大幅贬值时，在墨西哥从事经营活动的许多跨国公司发现，由墨西哥低劳动力价格带来的公司收益变得不可靠了。

同时在多个国家经营的公司必须密切注视本国货币与东道国货币的兑换比率，在处理海外业务时，即使一个微小的汇率变动也可能导致生产成本或净利润的重大差异。例如，当美元对别国货币升值时，在外国的美国商品对顾客来说就更昂贵。同时，美元升值对拥有海外分支业务的美国公司会产生负面影响，原因在于，来自海外的利润必须以更高的汇率兑换为美元，用美元衡量的利润量减少了。假设一家美国企业在意大利从事商业活动，如果这个企业在意大利的运营中心拥有20%用里拉计算的利润，当里拉对美元贬值20%即美元对里拉升值20%时，意大利中心的收入在兑换为美元后利润全部消失了（假定该中心没有使用"套期保值"方式来化解货币风险）。

应该注意到的一个重点是，当汇率波动受到政府有意干预时，这一行为的宏观经济效应有可能对企业的跨国竞争更加不利。例如在1997年，泰国在人为地努力维持了几个月的高汇率后，突然决定将泰铢贬值，从而使得泰铢与他国货币相比基本毫无价值可言。在1998年，俄罗斯不仅将卢布贬值，还决定不承兑国外债务。

（五）管理风险

管理风险可以看作是进行全球竞争的企业管理者在国外市场遇到不可避免的差异，而又必须做出回应时，所面临的挑战和风险。这些风险表现为不同的形式：文化、习俗、语言、收入水平、消费者偏好、分配体系等。

国家间的文化差异对管理者造成了独一无二的挑战，即使是非常明显的标准化产品，也存在着某种程度的本地化适应过程。例如，在一系列面向意大利度假者的广告中，可口可乐公司经理将埃菲尔铁塔、帝国大厦和比萨斜塔印在了大众熟悉的可乐瓶上，迄今为止效果良好；但是，当雅典卫城帕特农神庙的大理石柱子出现在可乐瓶上时，希腊人愤怒了。为什么会这样？因为希腊人把雅典卫城视作"圣石"，政府官员宣称帕特农神庙是一种"国际文明象征"，"任何侮辱帕特农神庙的人就是侮辱国际文化"。结果可口可乐公司为此广告进行了道歉。

### 三、全球竞争环境的机会与威胁分析

在确定全球竞争环境中公司所面临的机会和威胁时，产业结构分析是最重要的步骤。我们知道根据迈克尔·波特的五种竞争作用力模型（five force framework，FFF），在一个具体国家或地区之内进行产业结构分析的主要因素是：（1）新进入者的威胁。对于一个产业来讲，进入威胁的大小取决于呈现的进入壁垒加上准备进入者可能遇到的现存守成者的反击。（2）现有竞争者间争夺的激烈程度。发生这种争夺或者因为一个或几个竞争者感到有压力，或者因为它们看到了改善自身处境的机会。（3）替代产品与服务的威胁。广义地看，一个产业的所有公司都与生产替代产品的产业竞争。（4）买家讨价还价的能力。买方的产业竞争手段是压低价格、要求较高的产品质量或索取更多的服务项目从而获利。（5）供应商的砍价能力。供应商们可能通过提价或降低所购产品或服务质量的威胁来向某个产业中的企业施加压力。对这样一些公司外部产业环境的机会和威胁进行确认后，再与公司内部的优势和劣势即价值链的各个环节如市场营销能力、生产制造能力、研究开发能力、人力资源状况等进行结合而做出战略判断。

在全球竞争条件下，还需要根据钻石模型，考察目标国的其他几项条件，来进行企业实施国际化战略时机会与威胁的认定：

要素条件（factor conditions）：指该国在生产要素方面的状况，例如熟练劳动力或基础设施如何，这些都是在给定产业中进行竞争所必需的；

需求条件（demand conditions）：指关于该产业所提供的产品或服务，母国市场的需求本质如何；

相关与支持性产业（related and supporting industries）：指该国有没有具国际竞争力的上游产业或其他相关性产业；

企业战略、结构和竞争（firm strategy，structure and rivalry）：该国关于企业如何创立、组织和经营的治理状况，以及国内竞争对手的特征。

此外如图8-3所示，还需要进行分析的有目标国政府的举措和作用和存在于目标国的机会，即在国家环境与企业竞争力的关系上，还有机会和政府两个变数：产业发展的机会通常要等基础发明、技术、战争、政治环境、国外市场等出现重大变革或突破时出现；而各层次政府部门通过法律法规、教育制度、保护措施、经济政策等，也对钻石体系造成重大影响。

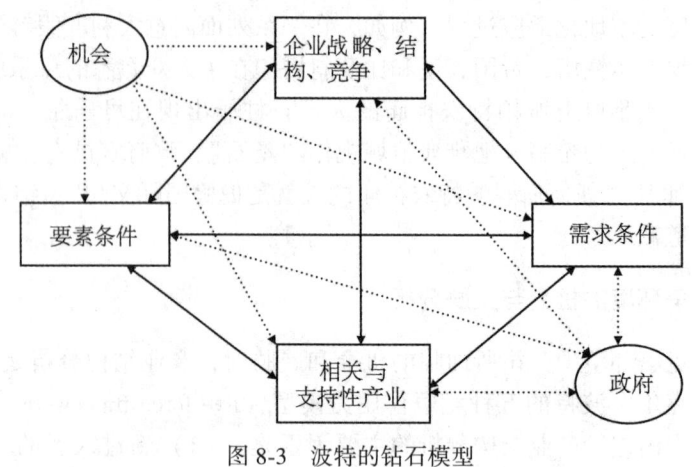

图 8-3 波特的钻石模型

## 第三节 如何从全球扩张中获利

进行国际扩张的企业会有哪些不同于国内运营企业的获利途径呢？全球运营企业能够用以下几种纯粹国内企业所不能及的方式增加自己的盈利：（1）把一个个价值创造活动在全球范围内分散到能最有效实施的地方；（2）从一个中心点服务于全球市场从而降低成本；（3）把母公司特殊技术或能力转移应用到新市场；（4）将在海外经营中开发出的有价值技术转移到全球网络中的其他企业。

### 一、利用区位经济（location economics）

国际贸易理论告诉我们：由于各国要素成本上的差别，某些国家可能在某些产品的生产上具有比较优势。这对于在激烈竞争的全球市场中为生存而奋斗的企业意味着什么呢？这意味着：如果贸易壁垒和运输成本允许的话，企业把每一种价值创造活动的实施，都放置于最适合的地区，将会获得可观的利益。区位经济指企业由于在全球最佳地点从事某项价值创造活动而获得的经济优势。在这样的地方，当地的经济、政治、文化和要素成本等因素，都有利于该项生产活动的进行。

国际企业可以对此的应用是：建立价值创造活动的全球网络，将价值链的各个环节分散在认知价值被最大化或创造成本被最小化的地方。例如，通用汽车的 Pontiac Le Mans 汽车主要在美国市场销售，但是在德国设计，因为通用认为德国子公司的设计师具有最适合这项设计的技术；关键零部件在日本、中国台湾和新加坡制造，因为那里有利的要素条件——相对低成本的熟练劳工有比较优势；在韩国组装，是因为那里有低廉的装配劳动力；在英国进行广告构思，是因为通用公司相信那里的专门广告代理公司，最能策划有利于汽车销售的广告活动。

当然，引入运输成本和贸易壁垒会使情况复杂化，这有助于理解美国企业经常把制造企业转移到墨西哥而不是东南亚。

## 二、实现经验曲线（experience curve）效应

经验曲线效应指在某种产品的生产过程中，生产成本随累计产量有规律地下降。一系列的研究表明，每当累计产量增加的时候，单位生产成本会以某种特定的模式下降。这一关系是在飞机制造业中被首次观察到的，在那里每次飞机机体的累计产量翻番时，单位成本通常下降到原来的80%。图8-4描述了生产成本和累计产量之间的这种经验曲线关系。有两个因素可以解释这种规律的存在：一是规模经济，二是学习效应。

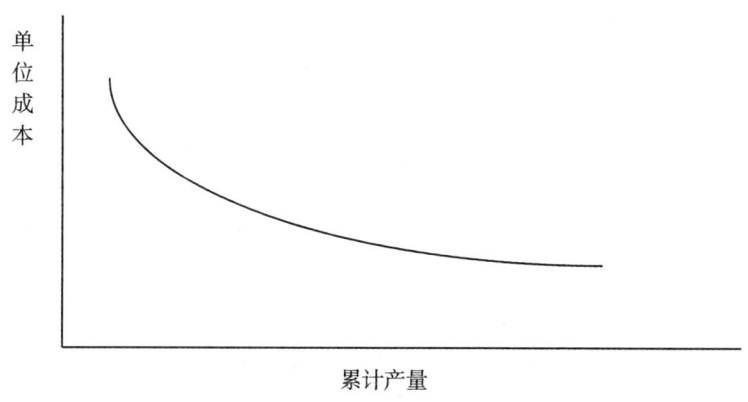

图8-4 经验曲线

1. 规模经济（economies of scale）。这是指由于生产大量的产品而取得单位成本的下降。规模经济的最重要原因是把固定成本分散到大量产品上；另一个原因是有能力使用专业化的设备和人员。经验曲线的战略意义是：使经验曲线尽快向下移动的关键是尽快提高单个工厂的产量；一旦企业确立了低成本地位，就可以对新的进入者和小规模对手形成障碍。

2. 学习效应（learning effects）。这来自边干边学的成本节省。当个人学会了完成某一特定任务的最有效方法时，劳动生产率就会随着时间提高；当管理部门学会了如何更有效地管理新的经营活动时，管理效率也会提高。这些最终都导致生产成本的下降。

## 三、转移核心能力（core competence）

核心能力是指某一企业内部所具有的、竞争者无法轻易赶上或模仿的技能。这些技能可能存在于生产、营销、研究开发、人力资源、物流等诸多管理活动和价值创造环节中，它们往往体现在其他企业所无法轻易赶上或模仿的产品之中。因此，核心能力就成为企业竞争优势的基础。例如，丰田在汽车制造和精益生产方面有核心能力；沃尔玛在企业信息系统和物流管理方面有核心能力；MTV在制作有线电视音乐节目上有核心能力；宝洁、强生具有开发和销售快速消费品的核心技术；花旗、美林具有金融管理的核心技术……

对这些具有核心能力的企业而言，全球扩张使它们能够在更大的市场中施展自己的才

干,提供自己有竞争力的产品,赚取更多的利润,也进一步发挥企业价值创造的潜力。当企业拥有的才干和提供的产品最具特色、当消费者认为产品物有所值、当国外市场具有相似才干和产品的竞争者寥寥无几时,企业利用全球扩展战略创造价值的潜力将是最大的。具备独特和宝贵技能的企业通过把自己的技能和产品投放到国外市场可以获得巨额利润,因为在那里东道国当地的竞争者缺乏类似的技能和产品。

全球无处不在的麦当劳,它的核心能力是什么?是精美的菜式吗?显然,即便是喜爱它的消费者们也不会这样认为。麦当劳于1955年建立,到1980年代,美国快餐市场显示饱和迹象,麦当劳的反应是迅速向海外扩张。它的海外连锁店比例是:1980年28%,1986年40%,1990年60%。目前全球有28 000家麦当劳连锁店,而全美有13 600家。麦当劳快速地扩展海外市场,并取得良好业绩,其海外销售收入在2000年为210亿美元,占400亿美元总收入的53%;2007年和2008年的海外销售收入分别为228亿美元和235亿美元,占总收入的60%。

事实证明,麦当劳经营快餐业的才干在法国、德国、中国及巴西等千差万别的国家中,和在美国一样有价值。在麦当劳到来之前,上述这些国家中都不曾有美式快餐连锁店,于是麦当劳把自己独特的产品和技能带到了这些国家。由于当地的竞争者不具备这些技能和产品,也就意味着不具备进行竞争的能力,在这种情况下,麦当劳转移核心能力的战略极大地提高了自己的赢利能力。

具体来说,麦当劳进行成功海外扩张的一个关键因素是周密的计划。在典型模式中,麦当劳会花十几个月对某个市场的首家餐厅进行周密的选址,对文化、法规、房产、政府关系、人员和供应等都详尽考察。麦当劳国际化战略的另一个关键是管理技术的输出。对店级操作程序进行严格控制的特许经营制度,使麦当劳向每个餐厅狂热地灌输相同的文化和标准化的操作,并对员工进行严格的雇用和培训。这些就是麦当劳的核心能力!

麦当劳并未放缓国际扩张的脚步。管理层认为,海外市场平均每50万人才有1家麦当劳餐厅,而美国市场平均每2.5万人就有一家,所以计划继续高速海外扩张。中国的麦当劳连锁店在2008年已达1 000家,2009年还继续开张175家。

### 四、获得全球学习(global learning)的好处

"转移核心竞争力"中暗含的观点是:技术在母国开发出来,然后转移到海外子公司。但现实显示:技术创造并非公司总部的专利;对于大量成熟跨国公司,有价值的技术开发常常发生在海外分支机构。例如惠普公司,将前沿喷墨打印机设计和生产权力分散到新加坡,因为是新加坡雇员的出色设计为公司提供了更好地降低成本的方法。现在惠普把新加坡等子公司看成生产和设计技术的重要来源,这些新技术可以被应用到企业全球经营网络的其他部分中。

在麦当劳公司中,海外特许经销商也常常是宝贵新点子的源泉,例如荷兰餐厅发明了可以搬移的预制组装餐厅,现在被广泛用做户外活动临时餐厅;瑞典人想出了加大尺寸的冷藏柜;新加坡人新创了卫星店,或曰低顶卫星麦当劳店,现在已经在美国的医院和体育场很常见。

## 第四节　全球竞争的两大压力

在全球市场竞争的企业通常要面对两种竞争压力：成本降低的压力和对当地需求进行响应的压力。这两种压力把互相冲突的需求摆在企业面前：成本降低的压力要求企业把生产活动放在最有利的地区，向全球市场提供标准化的产品；对当地需求进行响应的压力要求企业提供的产品和营销策略在各国都有所不同，但是按照各国差别定制产品使产品缺乏标准化，并可能包括大量的重复流程，因而会提高成本。

例如图 8-5 中，企业 A 面对的成本降低压力高，当地需求响应压力低；企业 B 面对的成本降低压力低，但当地需求响应的压力高；更多的企业处于企业 C 的位置，既要面对成本降低的高压力，又要面对当地需求响应的高压力。在全球标准化和当地响应率之间寻找恰当的平衡，对许多跨国企业来说都是一个主要的战略挑战。

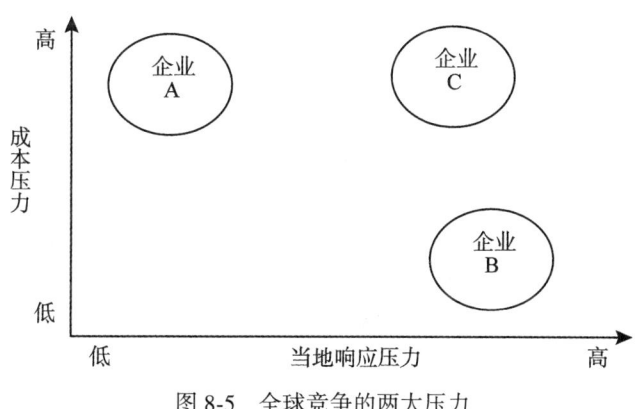

图 8-5　全球竞争的两大压力

### 一、成本降低的压力（pressures for cost reduction）

在全球竞争市场，国际企业常常面对成本降低的压力。应对成本降低的压力要求企业努力去降低其价值创造的成本，通过在全球最优地区大量生产标准化的产品，来实现区位经济和经验曲线效应。

例如，一个制造商可能在世界上任何最优地区大量生产标准化的产品，以实现规模经济、学习效应和区位经济；或者一个企业可能向低成本的国外供货商外购某些职能，以降低成本。所以，许多美国计算机公司从印度外购电话客户服务职能，可以雇用那里会讲英语的高素质技术人员，而其工资却比美国的低。像银行这样的服务业，也可能通过把一些后台服务职能如信息处理，转移到工资率较低的发展中国家以应对成本压力。以同样的方式，像沃尔玛这样的零售商，也可使其供应商降低成本，沃尔玛对供货商施加的降价压力，被认为是北美制造商将生产转移到中国的主要原因。

成本降低的压力在某些产业尤其剧烈，这些产业中不同国家的消费者兴趣和偏好类似，即拥有统一需求（universal needs），于是商品的非价格因素很难有显著差别，价格是主要竞争工具。大多数工业品（化工原料、石油、钢铁、糖、半导体芯片）和一部分消费品（计算器、个人电脑、液晶显示屏、汽车轮胎等）都是如此。对于主要竞争者都在争夺低成本区位经济的行业、生产能力持续过剩的行业，以及消费者很强大并面对低转换成本的行业，成本降低的压力也很大。近年来世界贸易和投资环境的宽松促使了更大范围的国际竞争，也增加了成本降低的压力。

**二、对当地需求响应的压力（pressures for local responsiveness）**

对东道国当地需求进行响应的压力，则要求企业对不同的国家提供差异化的产品与营销策略，以满足各国不同的消费者兴趣与偏好、基础设施与传统实践、分销渠道、竞争条件等，以及政府政策产生的多样化需求。这一压力一般来源于以下原因：

1. 消费者的兴趣与偏好不同。例如"MTV板球技巧"可能吊不起美国观众的胃口，但它是印度频道的重要节目。就拿茶这种全球性饮料来说，英国人通常在清淡的茶中加入牛奶，而沙特阿拉伯人喜欢在浓茶中加入许多糖；沙特人喝茶要趁热喝，而美国人基本上将茶视为夏天的清凉饮料，喝时加冰块。即便是在手机这样现代化的行业，不同国家的消费者使用偏好也存在重大差异：美国人往往把手机只看做通话的工具，并不十分注重手机多样化的先进功能，这同亚洲和欧洲形成鲜明对照，因为在这里，手机的短信和上网功能要受欢迎得多——因为他们花在乘汽车或火车上的时间较多，而美国人更多的时候在开车，腾不出手来做这些。

2. 基础设施和传统习惯差异。例如在北美和日本，家用电器是110伏的低压设备，但在欧洲和中国，220~240伏的高压设备才是标准的，因此家用电器制造商必须根据基础设施的这一差异来进行制造。再比如传统习惯的影响，制造在英国和中国香港行驶的汽车，方向盘一定要在右侧，因为该国机动车沿公路左侧行驶；而制造在中国内地行驶的汽车，方向盘一定要在左侧，因为中国内地的机动车沿公路右侧行驶。基础设施的差异并非都源于历史，有些是近期才有的，例如无线通信业的技术标准，GSM在欧洲为人熟知，但CDMA在美国则更普遍。

3. 分销渠道。各国的分销体系差异很大，既有环节较少的美国式宽短型分销渠道——制造商直接面对大型零售商，也有环节繁琐的日本式窄长型分销渠道——制造商的产品在经过几道批发商后，才面对众多中小型零售商。

4. 东道国政府的要求。由于经济民族主义的存在，东道国政府对外资企业常常有原材料国产化比例的要求，这就造成了跨国公司在全球生产中无法采取完全标准化的战略，而必须对当地特殊需求做出响应。

当地需求响应的压力，意味着国际企业要全部实现区位经济和经验曲线效应是不太可能的。首先，它不可能仅由一个单一的低成本区位来服务于全球市场、通过生产全球标准化的产品并将其在全球销售来取得规模经济，产品必须符合地区条件的需求阻碍了这一战略的贯彻。例如，汽车制造商们已经发现世界各地的消费者所要求的汽车类型是不同的，同时各国存在该项产品的严重贸易壁垒，为了做出响应，本田、丰田以及福特等公司已经在各地区建立设计和生产场所。

其次，对当地需求响应的压力表明，把同企业核心竞争力相关的全部技术和产品从母国转移到另一个国家是不太可能的,常常要根据当地条件做出一些让步。哪怕是被描述成全球标准化产品"招牌"的麦当劳,也将自己的菜谱进行了调整,以迎合不同国家在口味和偏好上的差异,例如巴西餐厅中的亚马逊浆果软饮料,马来西亚和新加坡餐厅中的牛奶和冰淇淋中加榴莲调味,耶路撒冷不卖奶制品的"洁净食物"餐厅,印度餐厅中羊肉制成的"土邦汉堡"……

## 第五节　跨国经营的战略选择

出于成本降低压力和当地需求响应压力的不同,企业采用四种基本战略在国际环境中参与竞争:国际战略、多国战略、全球战略、跨国战略。每种战略的适用性取决于降低成本压力和对当地需求进行响应压力的程度大小,如图8-6所示。

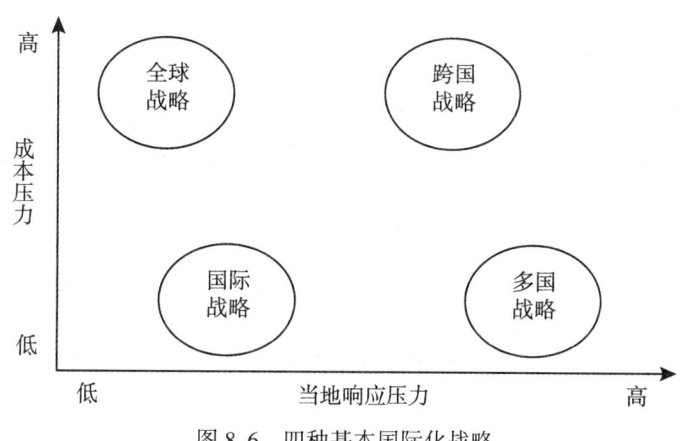

图 8-6　四种基本国际化战略

### 一、国际战略（international strategy）

采用国际战略的企业通过把有价值的产品和技术转移到缺乏这些产品技术的国外市场来创造价值。大多数国际企业通过把国内开发的独特产品转移到新兴海外市场来创造价值,因此它们往往把R&D集中在国内进行,在各个有业务的主要国家建立制造和营销职能,调整它们可能采取的一些本土化措施,但这通常非常有限。

总部设在大的技术领先国家的跨国公司常常采用这一战略方法,主要是利用母国创新来提高海外子公司的竞争地位。国际产品生命周期理论描述了这些公司的战略动机和竞争姿态,至少在起初,它们的国际化进程主要依靠将产生于母国的新产品、新程序或新战略转移到海外欠发达市场。这一方法在美国的跨国公司中很常见,例如卡夫（Kraft）、辉瑞（Pfize）和通用（GE）。

在大多数采用国际战略的企业中,总公司对销售和产品战略保持严格的控制。麦当劳、IBM、沃尔玛、微软等是典型的国际型公司。例如,微软产品的核心设计都在华盛顿州的雷德蒙德校园内进行,并在那里编写了大多数的电脑程序。公司允许各国子公司制定它们自己的营销和分销策略，并且改造产品的某些方面，但仅仅是为了顾及一些最基本的地区差异，如语言和字母系统等。

虽然这些公司从它们创造和利用创新的能力中建立了相当的优势，但是许多跨国公司却既没有成本和效率优势，也没有当地适应能力。因为它们并没有取得采取全球战略的公司所具有的集中化和大规模经营所带来的效率，也没法取得多国战略公司所具有的地方自治和本地化运营的高度响应性。

当企业拥有有价值的核心能力而国外市场的当地竞争者又缺少这种能力，并且企业所面临的当地需求响应压力和降低成本压力都比较小时，采取国际战略是有效的。在这种情况下，国际战略能够给企业带来丰厚的利润。然而，当地区调适的压力较大时，采取国际战略的企业将输给那些更加重视产品和营销战略本地化的企业。不仅如此，由于生产设施的重复性建设，采取国际性战略的企业将付出较高的经营成本。因此，当成本压力较高时企业采取这种战略就不合适。

### 二、多国战略（multi-domestic strategy）

采用多国战略的企业以获得最大的当地需求响应为目标。该战略的显著特征是：不断根据客户要求调整产品和销售策略，以适合各国不同的条件；常常在每一国都建立一套完整的价值创造系统。

多国战略的方法主要通过关注国家的差别来实现其主要的战略目标。公司采用这一方法，常常通过差别化的产品或服务，对在消费者偏好、产业特征和政府法规方面的国别差异做出反应，来提高它们的经济效率。这使得公司产生了许多"在哪里，为哪里"的创新。这个过程要求子公司不仅要识别当地需求，而且要使用它们拥有的当地资源对这些需求做出反应。

许多欧洲公司，如联合利华（Unilever）、帝国化学工业公司（ICI）、飞利浦（Philips）、雀巢（Nestle）传统上沿用这一战略。在这些公司里，资产和资源历史上广为分散，海外子公司允许独立开展从研究开发、生产制造到售后服务等范围宽泛的活动。它们的自给自足总是伴随着相当的地方自治。但是，在这些独立的国家或单位对当地环境拥有相当高的灵活性和响应性的同时，不可避免地存在着这样的问题：在利用其他国家或单位的知识和能力方面低效和无能。

与采用国际战略企业相同的是，多国战略型企业也倾向于把在本国所开发的技能和产品向海外市场转移。然而，与国际战略型企业不同的是，多国企业广泛地调整它们的产品和营销战略，使它们适应不同的国别条件。它们往往在有业务的主要国家建立一整套的价值创造活动，包括生产、营销和研究开发。因此，它们通常难以通过经验曲线效应和区位经济来实现其价值。所以，许多多国型企业的经营成本比较高。同时，它们在利用企业内部的核心能力方面往往也不甚理想。

当企业当地需求响应的压力较大而降低成本的压力较小时，采用多国战略是最有意义的。该战略的弱点是：由于生产设施的重复性建设所造成的高成本，这种战略不宜在那些成本压力很大的行业中使用。这种战略的另外一个缺点是容易发展成总公司大权旁落的"子公司自治"，很多多国型企业最后发展成由独立的各国子公司组成的松散型联盟。例如 1970 年代末，实行多国战略的飞利浦公司，没能将自己的 V2000-VCR 制式确定为行业标准，重要原因就是它的美国子公司竟然拒绝采用该制式，而购买了松下公司生产的 VHS 制式 VCR 并贴上自己的标签！这样经过一段时间以后，公司就丧失了把核心技能和产品向全球各子公司转移的能力。

### 三、全球战略（global strategy）

采用全球战略的公司主要依赖于提高全球效率，它们采用一切方法来为它们的产品获得成本和质量上的最佳定位。采用全球战略的企业把重点集中在获得经验曲线效应和区位经济上，以便通过成本降低来提高盈利能力。也就是说，全球企业采用低成本战略。

这一直是许多日本公司如丰田（Toyota）、佳能（Canon）、小松（Komatsu）、松下（Matasashita）等公司采用的经典方法。然而，这些公司和其他一些公司已经发现，这种效率的获得常常伴随着在灵活性和学习能力方面的损失。例如，获取全球规模的集中制造，导致了国家间的大量运输，进而增加了进口国政府政策干预的风险。同样，通过集中研究开发来获取效率的公司也常常发现，它们在全球化运营中利用外国子公司创新的能力受到制约。

全球企业往往不会根据当地需求调整其产品生产和销售策略，因为这样会提高成本；相反，它们更愿意在全球范围内销售标准化产品，并把生产、研发和销售活动集中在几个最有利的地方进行，从而获得区位经济和规模经济的最大好处。它们还倾向于利用自身的成本优势来支持在世界市场上强有力的定价策略。

当降低成本的压力很大而当地响应压力很小的时候，这种战略最为有效。这些条件在许多工业品行业中越来越普遍。例如，在半导体工业中全球标准的形成已为标准化的产品创造了巨大需求，因此，像英特尔、德州仪器和摩托罗拉公司都采用全球战略。然而，这些条件在许多消费品市场中尚不存在，在这些行业中当地需求响应的要求仍很高（例如食品加工等产业）。对当地需求进行响应的压力很大时，这种战略是不适宜的。

### 四、跨国战略（transnational strategy）

Christopher Bartlett 和 Sumantra Ghoshal 指出，在当今的环境下竞争状况如此激烈，以至于要在全球市场上生存，企业必须利用基于经验的成本节约和区位经济，它们必须在全球网络中转移核心能力，但与此同时，企业还必须关注对当地需求进行响应的压力。因此，他们将跨国战略作为唯一切实可行的战略提出。

采用跨国战略的公司认识到，每一种传统方法——国际战略，多国战略，全球战略——都是不完整的，虽然每一种方法都有其优点，但没有一个能反映全部含义。为了获得全球竞争优势，成本与收益必须同时管理，效率与创新同样重要，并且创新可以在组织的许多不同部门产生。跨国公司应该集中于利用每一个目标—方法组合，来同时提供效率、灵活性和学习能力。

为了实现这一雄心勃勃的战略方法，跨国公司必须不同于传统的国际公司、多国公司和全球公司的结构，重新对公司的资产和能力进行组合。全球公司倾向于集中所有的资源——不论是将其集中于母国，还是其他低成本的海外所在地，以获取存在于每一经营中的规模经济；多国公司将它的资源分散在不同国家的经营中，以使其能够对当地需求做出反应；国际公司则倾向于集中那些对发展创新极为重要的资源，而分散其他资源，以使其创新适应于全球。但是，跨国公司必须创造一个更为精致而多样化的资产和能力组合。

它首先决定，哪些重要的资源和能力最好集中在母国运营，不仅为实现规模经济，而且要保护特定的核心竞争能力，及提供对全体管理人员的必要监督。例如，基础研究常常被看做是一种能力，与核心技术一起放在母国，以保证战略的安全性和竞争能力的集中性。出于多种原因，财务职能和国际管理发展职能可以被集中用于支持高层管理者控制这些关键的公司资源。

一些其他资源也可以集中使用，但并不限于在母国。这种资产组合方式可以被称为中心外集中（excentralization），而不是分散（decentralization）。生产劳动密集型产品的世界规模的制造工程可以建于低工资国家，如墨西哥或中国；一项特别技术的改进可能要求在日本、德国或美国集中相关的研究开发资源与活动。这种灵活的专门化或中心外集中，在带来规模经济收益的同时，还给公司带来了接近低成本和稀缺资源的灵活性，以及适应国家政治利益需要的响应能力。这种方法还适用于具体业务活动，例如索尼为了充分利用金融市场，曾将其金融业务迁往伦敦。

一些其他资源最好在地域或地区基础上进行分散。基于潜在的规模经济小于从更高程度的差异化和市场响应性中获得的收益，或基于创造灵活性和为避免依赖单一设施的风险，当地的生产经营设施不仅能防范汇率变化，也能减少后勤和协调成本。表8-1总结了支持各种不同战略途径的资产和能力组合的不同点。

表8-1 　　国际、多国、全球和跨国公司的战略导向和资产能力组合

|  | 国际公司 | 多国公司 | 全球公司 | 跨国公司 |
| --- | --- | --- | --- | --- |
| 战略导向 | 通过全球范围的分散和适应，来利用母公司的知识和能力 | 通过强大的、随机应变的、开拓性的运营，建立灵活性，以对国家差别做出反应 | 通过集中化、全球规模运营，建立成本优势 | 同时发展全球效率、灵活性和全球范围的学习能力 |
| 资产和能力 | 核心竞争资源集中，其他资源分散 | 分散化和一定程度的自足 | 集中化和全球规模化 | 分散化，互相依赖以及专门化 |

跨国战略的适用情况是：较高的成本降低压力、较高的当地需求响应压力和在多国网络内部转移技术的显著机遇。当企业面临高的降低成本压力与高的地区响应压力，并在各营运点的多国全球网络中存在充分利用有价值技能的巨大机会时，跨国战略具有意义。跨国战略能对应多种全球扩张获利途径：区位经济、经验曲线效应及全球学习。现实中也有很多跨国企业正从其他种战略向跨国战略演变，例如：本来采用典型多国战略的飞利浦公司和联合利华公司，在企业中加入了跨国战略的组织结构和行为方式；本来采用最典型全球战略的宝洁公司，也对当地需求进行了或多或少的响应。

但该战略的弱点则是，试图同时取得低成本和产品多样化的优势，这并不容易，两种压力提出了互相矛盾的要求。

卡特彼勒公司是实行跨国战略的一个较成功案例。20 世纪 80 年代，卡特彼勒既面临着日本小松这样的低成本竞争对手带来的成本压力，又必须响应各国建筑方式和政府条令变化带来的差异性需求。为了应付成本压力，公司重新设计了产品，使之能用多种同样的零配件；并投资兴建了几个坐落在有利地区的大型配件厂，以便满足全球需求和实现规模经济。为了响应当地需求，几个主要工厂中分别增加了当地产品的特征，按当地需求完成最终产品。到 1997 年成效显著，产品差异明显并且人均产量翻番，夺取了实行全球战略的小松和日立公司的市场份额。

◎ 小结

1. 进行全球扩张的企业具有如下四种不同于国内运营的获利途径：把一个个价值创造活动在全球范围内分散到能最有效实施的地方；从一个中心点服务于全球市场从而降低成本；把母公司特殊技术或能力转移应用到新市场；将在海外经营中开发出的有价值技术转移到全球网络中的其他企业。

2. 在全球市场竞争的企业通常要面对两种竞争压力：成本降低的压力和对当地需求进行响应的压力。这两种压力把互相冲突的需求摆在企业面前。

3. 出于成本降低压力和当地需求响应压力的不同，企业采用四种基本战略在国际环境参与竞争：国际战略、多国战略、全球战略、跨国战略。

◎ 复习思考题

1. 企业从全球扩张中获利的四个途径是什么？
2. 在全球市场竞争的企业通常要面对哪两大压力？
3. 企业在国际市场上参与竞争，主要采用哪四种基本战略？这几种战略分别怎样和全球竞争的两大压力，以及全球扩张的四个获利途径对应？

◎ 参考资料

1. 克里斯托弗·巴特利特，休曼特拉·戈歇尔，保罗·比米什. 跨国管理：教程、案例和阅读材料. 第 5 版. 赵曙明，译. 大连：东北财经大学出版社，2010.

2. 查尔斯·希尔. 当代全球商务. 第 5 版. 周健临，等，译. 北京：机械工业出版社，2009.

3. 查尔斯·希尔，加里斯·琼斯. 战略管理. 第 8 版. 薛有志，译. 北京：机械工业出版社，2012.

4. 迈克尔·希特，杜安·爱尔兰，罗伯特·霍斯基森. 战略管理：竞争与全球化. 第 9 版. 吕巍，译. 北京：机械工业出版社，2013.

5. 迈克尔·波特. 国家竞争优势. 李明轩，等，译. 北京：华夏出版社，2002.

【案例分析】

## 格兰仕的战略定位：微波炉全球性生产车间

格兰仕集团（下称格兰仕）的前身是广东顺德市桂洲镇的一家乡镇企业——桂洲羽绒制品厂。1991年，厂长梁庆德在其羽绒制品市场销路逐渐打开之时，发现国内羽绒制品市场的前景十分有限，于是决定寻找新的突破口。为此，梁庆德进行了一年多的市场调查。通过调查，梁庆德发现，当时众多厂家在几乎所有的家电产品方面正进行着日趋激烈的竞争，唯有微波炉备受冷遇，而且品牌也多为外国品牌，市场容量非常有限（约为50万台）。

90年代初，日本的微波炉生产厂商如夏普、三菱、松下在上海建立了合资企业，日立在福建建立了合资企业。当时一台微波炉的市场价格在3 000元左右，微波炉被当作一种奢侈品，普及率很低。经过仔细分析，梁庆德决定进入微波炉行业。格兰仕从日本东芝公司引进当时最先进的全自动生产线，于1992年9月正式投产，1993年试产1万台，1994年产销10万台。

格兰仕非常注重产品质量，在引进东芝最先进生产线的同时，还引进了东芝的磁控管，并在企业内部建立了严格的质量管理制度，从而确保产品质量严格达到国际先进水平。在国家技术监督局进行的微波炉抽检中，格兰仕的质量总是名列前茅，优等品率达到100%。格兰仕微波炉还顺利通过了丹麦Demko、挪威Nemko、德国GS、欧共体CE、美国UL、ISO9001质量认证。

在短短的两年时间内，格兰仕建立了全国范围的销售与服务网络，通过对分销商进行筛选，不断提高渠道质量。格兰仕还在全国上百家报纸上进行大规模的微波炉常识、菜谱、使用等知识的普及和宣传活动，与各大新闻媒体建立了良好的关系。

与此同时，格兰仕还创建了立体化全过程服务模式，这个模式使员工在产品设计、质量管理、工艺创新过程中都能考虑到顾客的需求，为顾客提供满意的产品。同时，格兰仕的服务队伍不喝用户一口水、不吸用户一支烟、不吃用户一碗饭，全面检修，清洁保养，一地购物，全国维修；加之使人备感亲切的回访服务，格兰仕让消费者和顾客随时感受到服务带来的方便和舒适。用格兰仕的话说，就是"努力让顾客感动"。1995年格兰仕微波炉销量达20万台，市场占有率达25.1%，成为中国第一品牌。

1996年，微波炉行业挤进了越来越多的厂商，生产能力明显过剩，竞争越来越激烈。当时微波炉的市场价格在1 600~2 500元。1996年8月初，格兰仕在上海宣布全部产品让利促销，大幅降低，幅度达40%。一时间，格兰仕微波炉迅速走俏；不到半月，格兰仕又在北京、南京大幅降价，并在1月之内推向全国。

最初，许多大企业都以为格兰仕降价出货退出竞争，但等到这些企业反应过来，格兰仕的市场占有率已超过35%。当年格兰仕产销量达65万台，并一次性将整个市场微波炉的市场价格打到1 000元左右。

1997年5月，格兰仕推出买一赠三（电饭煲、鸿运扇和微波炉专用饭煲）的促销活动，使市场竞争趋于白热化。1997年10月，格兰仕发动第二次大幅降价，降价幅度在

29%~40%，大部分微波炉的平均价格降到1 000元以下，最低价为488元。此次降价，使一大批微波炉生产企业面临灭顶之灾，而格兰仕当年的市场占有率上升到47.6%，产销量达198万台。

1998年，格兰仕继续进行大规模的促销活动，并逐步将重点转移到国际市场。秋交会上，格兰仕微波炉合同成交额达7 000万美元，当年出口量占其总销量的1/3。国内市场占有率进一步上升至61.4%，微波炉生产能力达450万台，成为世界上最大的微波炉生产厂商之一。1999年，格兰仕销售收入达30亿元，国内市场占有率升至67.1%，出口突破1.1亿美元，进入中国出口200强（国内家电企业进入出口200强的只有海尔和格兰仕两家，海尔排名169位，格兰仕排名179位）。

2000年5月，格兰仕再次发动降价冲击，"新世纪"微波炉系列产品价格大幅度下调，并实施疯狂的赠送行动。6月初，中档改良型750"五朵金花"系列微波炉降幅达40%，在全国引起强烈反响。2001年，格兰仕微波炉销量实现1 200万台，销售收入70.17亿元，国内市场占有率为75%，国际市场占有率达到35%。至2005年，格兰仕微波炉全球年产销突破2 000万台，其中中国以外市场销量为1 400万台，全球市场占有率高达近50%。

格兰仕的成功与它的商业模式有重要关系。简单地讲，格兰仕就是把自己定位于微波炉的全球性生产车间。由于微波炉属于技术成熟的标准化产业，成本压力成为产业全球化的主要驱动力量，中国劳动力成本的比较优势促成了世界微波炉供应链网络向中国的转移。但是，这并不等于行业巨头们会放弃对微波炉市场的控制权，它们也将生产基地转移到中国。中国企业要真正赢得竞争，必须将劳动力成本的比较优势转化为制造水平的优势，并将制造能力发挥到极致，从而成为行业的"制造寡头"。国际行业巨头们的模式是品牌和通路两端大，而中间的制造部分小，是一种哑铃型形结构。格兰仕则要把中间制造这个过程做强、做大、做深、做透，形成橄榄形结构，并进一步促进橄榄与哑铃的结合，使格兰仕成为世界工厂。

为了达到这一目标，格兰仕采取了一系列凌厉的价格攻势。当生产规模达到125万台时，格兰仕把出厂价格定在规模80万台企业的成本价以下；当规模达到400万台时，把出厂价调到规模为200万台的企业的生产成本以下；当格兰仕形成1 200万台的生产能力时，则将出厂价降低到规模为500万台的企业成本价以下。一系列惊心动魄的价格大战使大批的小规模企业被迫退出了市场。

一些国外品牌也不得不承认自己在生产方面远远不如格兰仕，于是它们纷纷与格兰仕联手合作，把自己的生产线搬到中国来，让格兰仕统一生产，它们负责产品的推广。结果，格兰仕只付出很小的代价就拥有了48条世界先进的微波炉生产线，世界80多家跨国企业与格兰仕建立了供需关系，格兰仕没有投入一分钱的广告费，就将自己的产品轻松打进欧美市场。

在2001年世界最大的家电博览会——法国巴黎家电展期间，法国媒体纷纷报道目前世界上最大的微波炉专业化生产企业格兰仕的绝对产业优势。这些报道指出，目前世界上微波炉年产过百万台的企业排名依次为中国格兰仕、日本夏普、韩国三星、日本松下、美国惠而浦、美国万能、韩国金星、韩国大宇、日本三洋。格兰仕的产销规模遥遥领先，相当于几个"世界第二"的总和。欧、美、日、韩同行业的专家普遍认为，微波炉的世界已属于格兰仕。

讨论题：

1. 格兰仕的出口和贴牌生产，对它成为微波炉世界工厂有何意义？
2. 如何评价格兰仕提出的"通过比较优势打造竞争优势"，又如何评价它的"微波炉全球性生产车间"这一定位？
3. 如何评价格兰仕发动的价格战？
4. 总结一下，格兰仕的关键成功因素是什么？这一成功有无特定的市场机会因素？
5. 格兰仕采取的是什么样的国际化战略？

# 第九章　国际企业的组织结构

◎ **本章学习目的**

学习完本章后，你应该掌握以下内容：

1. 基本的国际企业组织结构；
2. 地区分部结构与全球产品分部结构的各自优缺点；
3. 全球矩阵结构的创新点和问题；
4. 管理传统对组织结构的影响；
5. 跨国组织结构即整合网络模型的重要特征。

【**华为的组织结构重组与国际扩张**】2009年，在国际金融危机的大背景下，对中国许多企业来说都是备受考验的一年。然而华为公司（下称华为）却在这一年中逆势增长，美国业务增长60%，全年营业额超300亿美元。作为中国最成功的民营企业，华为的营业额已经步入世界500强的门槛，成为真正意义上的世界级企业。长江商学院院长项兵认为："中国企业中，只有华为一家是同时在国际主流产品和国际主流市场这两个方面与国际一流企业展开竞争的。华为模式不仅成为中国企业学习的样板，也是许多华为全球竞争对手所重点研究的内容。"

任正非判断国际化是华为度过"冬天"的唯一出路。20世纪90年代中期，在与中国人民大学的教授一起规划《华为基本法》时，任正非就明确提出，要把华为做成一个国际化的公司。与此同时，华为的国际化行动就跌跌撞撞地开始了。1998年，英国《经济学家》杂志就说过："华为这样的中国公司的崛起将是外国跨国公司的灾难。"这话也许并不是危言耸听。在思科与华为的知识产权纠纷案之后，思科总裁钱伯斯表示："华为是一家值得尊重的企业。"美国花旗集团公司执行董事罗伯特·劳伦斯·库恩博士曾称，华为已经具备"世界级企业"的资质，它的崛起"震惊了原来的大佬们——如北电、诺基亚、阿尔卡特、朗讯"。

在任正非的领导下，华为成功地迈出了由"活下去"到"走出去"，再到"走上去"的惊险一跳，依靠独特的国际化战略，改变行业竞争格局，让竞争对手由"忽视"华为到"平视"华为，再到"重视"华为。在和跨国公司产生不可避免的对抗性竞争的时候，华为屡屡获胜，为中国赢得骄傲。然而，这份骄傲来得并不是那么容易。

在最初的国际化过程中，华为是屡战屡败，屡败屡战。最终华为是采用了巧妙的"农村包围城市"的办法取得了国际化的初步胜利，华为凭借低价优势进入大的发展中国家，这不仅能规避发达国家准入门槛的种种限制，而且海外大的电信公司难以在发展中国家与华为"血拼"价格。即使今天，亚非拉等一些不发达的国家和地区，依然为华为创造着很大的利润。但在华为总裁任正非看来,美国才是他认定的真正意义上的全球主流市场,因为全球电信设备的最大买主大部分集中在北美,这个市场每年的电信设备采购量是全球电信开支的一半。为北美市场的破局,华为足足抗战了8年。以华为为首的中国制造业典范,正在用自主创新的技术,引领着中国制造业复苏。

中国电信业咨询公司BDA China的分析师张冬明认为,华为公司的国际化过程中伴随着自身的组织结构重组:"华为的组织结构重组是将原来按照职能为主的结构模式转换成为以产品线为主的结构模式,以前该公司以研发、销售、生产等来划分各个职能部门,调整后主要以产品线为主导划分部门。在组织结构重组过程中,华为会对不同的产品线进行评估"。华为新闻发言人傅军也确认,华为公司已经自2004年下半年开始完成了此次组织结构调整,之后公司部门基本上按照产品线来划分,现有部门包括移动通信、下一代网络、接入网络、程控交换、光传送网、数据通信、智能网络、增值业务、运营支撑、支撑网络、多媒体通信和配线设备12大部门。张冬明认为,华为的组织结构重组是为了巩固现有的产品线,从而更好地进行海外扩张。华为在强化各产品线之后,在不同的海外市场可以重点推广不同的产品,以获得更多收益。

(资料来源:刘文栋. 华为的国际化. 深圳:深圳出版发行集团、海天出版社,2010;第一财经日报,2005-02-02.)

企业的战略是通过其组织实施的。具有较高盈利能力的企业,其组织结构必然支持其战略与运行。组织结构(organizational structure)有三层含义:第一,企业正式划分的下级单位,如各种职能部门,如大多数企业组织结构图所示;第二,机构内决策制定责任的划分,如中央集权的或权力分散的;第三,建立综合机制以协调下级单位的活动,包括跨职能团队或泛地区委员会。

从《管理学》的学习中我们知道,最基本的组织结构有两类:将下属分为生产经理、研发经理、营销经理、财务经理等的职能型结构(functional structure),以及将下属分为甲产品事业部、乙产品事业部、丙产品事业部等的分部型结构(divisional structure)。

大多数跨国公司都发现,要想平衡产品分部和职能部门已经是非常困难,如果再增加一个具有地域性倾向的管理层——北美、欧洲和亚太等,那么就要试图在产品、职能和地域三者之间寻求组织能力的平衡,更是一种困难的做法。

## 第一节 基本的国际企业组织结构

由于跨国公司的基本组织结构对其管理过程的影响极大,因此许多早期管理者和研究者都致力于寻找一种在各种条件下都适用的正式结构。在这方面被广泛认同的一项研究是John Stopford和Louis Wells对美国最大的187家跨国公司进行的实证研究,他们得出了一个有关国际企业组织结构的"阶段模型"。该模型用两个变量来描述大多数公司在进行海外扩张时所面临的战略和管理的复杂性:国外产品的数目(图9-1中的纵坐标)和总销售额中国外产品的百分比(图9-1中的横坐标)。通过绘制这187家样本公司的结构变化图,他们发现跨国企业一般会在国际扩张的不同阶段采用不同的组织结构。

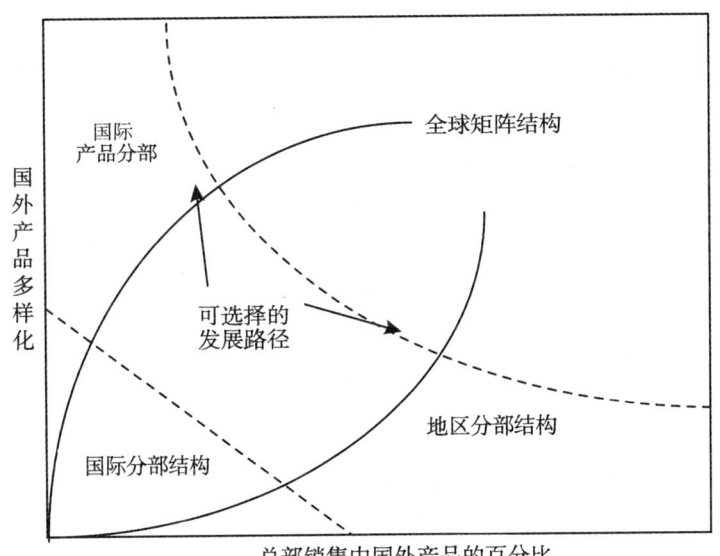

图 9-1 国际企业组织结构的阶段模型

资料来源:Stopford J,Wells L. *Strategy and Structure of the Multinational Enterprise*. New York:Basic Books,1972.

根据这个模型,在向国外扩张的早期,当国外销售量和销售的产品多样性都很有限时,跨国公司一般通过一个国际部门来进行国际运作。随后,那些扩大了国外销售量但未显著增加国外销售产品多样性的公司一般采用地区结构,如欧洲分部、亚太分部。另一些通过增加国外产品多样性来进行国际扩张的公司趋向于采用全球产品分部结构,如化学产品分部、塑料产品分部等。最后,当国外销售量和国外销售产品多样性都很高时,公司则采用全球矩阵结构,例如一位法国分公司化学部门的经理,可能同时向欧洲分部总裁和公司总部的化学部总裁报告。

## 一、国际分部结构

国际分部结构常在国际组织结构的早期阶段采用,也就是说,国际组织结构往往同国际业务的发展进程相联系。例如,一个公司的国际业务可能从一个出口部门开始,出口市场上的成功会引起公司对国际机遇的更大关注,接下来就会建立一个负责出口和国外投资的国际分部。在国际分部结构下,销售之外的所有职能性活动都在其他各分部进行。

采用国际分部结构的明显好处是,它使公司能给予国际销售更多的关注和支持。当国际销售收入和利润只占本部门总量很小的一部分时,很难让繁忙的部门经理花时间去培养和建立国际业务,他的时间会花在那些收入和利润很大的业务上。因此,开拓和发展国际业务最好让一个专门致力于此的部门——国际分部来做。

## 二、地区分部结构

随着国际销售额占公司总销售比重的增长,许多成功的公司都从国际分部结构演变成地区分部结构。尽管地区部门还要向公司的国际副总裁汇报,但战略性的决策权已经转移到了地区经理或国家经理身上。因此,国际副总裁的职位是公司中少数几个如果成功可能会使影响力下降的职位之一。

对许多公司来说,地区分部结构抓住了绝大部分效率优势,只有相对较少的活动需要全球规模来实现其经济效益的最大化。再者,由于地区组织反应迅速,减少了官僚层次,交流更有效率,员工士气提高,它可能比全球性的结构更有效、更经济。很多情况下地区性的结构比其他更为复杂的组织形式交货更迅速,允许更多地采用订制,而且存货更少。

地区分部结构的特点是,地区分部结构使地区和国家经理有高度的自主权,可以改变本国的产品战略,使它能适应所在国家或地区的特殊环境。通常,当地情况对消费者需求影响越大,国家经理所获的自主权就应越大。福特、IBM、通用、飞利浦电器等跨国公司都以强大的地区总部而闻名。这样做的主要成效是获得了本地迅速反应的能力,因此地区分部结构对追求多国策略的公司最适用。

在地区分部结构下,绝大部分活动分散到公司参与竞争的那些国家里。例如,壳牌石油公司主要的精炼厂就设在世界上各主要市场处。原油购买活动分散了,市场营销活动也分散到世界各地。在地区分部结构下,这些分散的活动间只有松散的协调,这意味着每项活动都独立进行。壳牌石油公司在美国的购买决策就不必同它在法国或印度尼西亚的购买决策相协调。

因此小结有关地区分部结构的关键词是:自主权大,适应性高,松散的协调,适合多国战略。

地区分部结构也有自己的问题。地区分部结构通常被奉行多国本地化战略的公司采用。东道国长期以来一直使用"袖珍翻版"来描述传统的多国本地下属公司,用这个词是因为下属公司就像是母公司的小型版本。国家经理的职责类似于母公司的首席执行官,只不过其活动的地理区域更有限。下属公司的生产成本通常比母公司高,因为它要以相对小的规模生产各种产品。但很多情况下,贸易壁垒把国际市场隔离开来,使下属公司仍能赢利地运转。通常当地人被委任为国家经理,管理层人员流动比较慢,每个下属公司都有各自的特点和个性,形成自己的内部战略。

在下属公司有高度自主权和以结果衡量业绩的制度下,有人可能认为东道国政府相对来说对多国本地化的结构比较满意。但实际上东道国政府对这种结构也多有看法,最常见的就是:第一,这种"袖珍翻版"的下属公司不进行研究开发活动,只在需要的时候引进母公司的技术,然后做一些改动。它们往往为一个相对较小的市场生产多种产品,只有在进口技术和关税保护的前提下这种策略才能成功。第二,另一个不满是这种"袖珍翻版"的下属公司往往不出口产品。造成这种现象的原因不是母公司不愿意让子公司出口,而是下属公司对出口竞争无能为力。这很大程度上源于下属公司缺乏成本竞争的能力,它的成本比母公司高,又没有产品差别,因为它使用母公司的技术。

从本国总部的角度看,只要有利于分散关键活动和当地决策人控制这些活动,这种以地区为中心的结构就应该是很理想的，但高度的自主权常常会引发三个问题。首先，本国产品部门和遥远的海外下属公司的联系变得更加复杂，而且常常中断。公司的方针、标准不能有效地传达到下属公司，很多情况下，重要的产品和市场信息也无法送到国外。当产品具有很大的全球潜力时，这将是个非常棘手的问题。其次，下属公司的自主权无助于多国公司之间相互学习，每个下属公司都有自己的经验和产品。为了最大程度地利用知识，每个下属公司必须改进产品和经验，同时也要利用别的下属公司所创造的适宜的新经验和新产品。下属公司的自主权越大，优秀的经验和产品能被传播和利用的可能性就越小。最后，不断增长的国际销售额和利润提高了本国经理的兴趣，当下属公司发展到可以自给自足时，本国经理的权力会受到挑战，因此对于具有战略意义的产品，本国经理会尽力阻止下属公司获得更大的自主权。

### 三、全球产品分部结构

随着国外产品种类的增加，很多成功的公司已采用了全球产品分部的结构。

杜邦公司在20世纪初成为第一个主要采取现代部门结构的美国公司，到1970年，《财富》杂志排名前500家公司中有90%的公司已采用了产品分部结构。国际电话电报公司（ITT）、拜耳（Bayer）、通用电气、飞利浦和伊斯曼·柯达等跨国公司都实行多元化战略，在不同的产品部门中进行截然不同的行业分析。在一个部门化的结构中，所有的职能活动（如研究开发、生产、市场营销）都由一个产品小组控制。

全球产品分部结构的特点是，全球产品分部的活动由总部紧密协调，国家经理通常只涉及公司在当地的行政、法律、财务事务，产品决策则由本国经理来做，不鼓励海外下属公司介入。这样做虽然失去了当地的迅速响应，但赢得了全球的效率。在全球产品分部结构下，一些活动会被分散进行，如零件加工和装配；而其他活动则集中进行，如研究开发活动。这使全球产品分部结构对于全球化的战略显得很理想。为了降低成本，欧美公司通常把劳动密集型活动转移到工资水平低、拥有熟练技术工人的国家和免税地区。

很多大公司转向全球性产品分部结构的一个原因是，它让经理们更易集中精力最大限度地提高公司竞争力。当竞争领域是以行业界限来划分时，可以清楚地确定竞争对手从而将决策集中在提高职能技术上。

因此，小结有关全球性产品分部结构的关键词是：提高全球效率，应对行业竞争，实行紧密协调，适合全球化战略

全球性下属公司也有相应的问题。在全球产品分部结构下，全球性下属公司的运营并没太大的自主权，它们成了全球组织的一个组成部分，根本没有独立的战略作用。下属公司生产的产品一定是提供整个公司使用的某一模型或部件，产品的设计和说明很少由下属公司来决定，因为它的主要目标不是这个下属公司自己的市场。在这些情况下，母公司和下属公司的协调变得非常关键，通常可以通过委派母公司的执行官员去下属公司工作3~5年的办法来实现。

因为专门化是全球性公司战略的核心，因此各下属公司应以服从为重，并被作为一个成本中心来评估，"利润中心"的策略不符合这个战略。全球性下属公司几乎没有战略自主权，也不采取什么自发行动，在很大程度上被视为供货的来源。

**对比：地区分部结构和全球产品分部结构**

根据公司想要达到的目的，地区性或全球性产品分部结构都可能是正确的。当国际销售额在总销售额中占有重要比例且对当地市场反馈要求高时，地区分部结构最为有效。当公司所生产的产品数目激增而且全球统一性的要求高时，全球产品结构最为有效。

在全球产品分部结构中，产品专有技术的交流实现了效率最大化。国家经理更多地承担了行政、法律的角色而不是战略角色。无疑，全球产品分部结构在产品知识比市场知识更重要的情况下最为适用。

在地区分部结构下，地区或国家经理要对公司在本地区或本国的战略负最终责任。他们必须熟悉每一个部门的市场和生产，他们的任务就是适当改动公司战略使它和当地情况相适应。对当地政治、市场、供应商和销售渠道的了解形成了他们的特殊能力，他们不会在每个产品上花同样多的精力，而会首先选中最强有力的竞争机会，即需求最大、竞争最弱的市场。

全球产品分部结构的最大弱点是，随着时间的增长，下属公司越来越依赖于母公司，从下属公司得不到实质性的思想和创意。因此，全球产品分部结构明显地缺乏灵活性。

这里可以举出松下电器的事例。它于1993年首先引入了产品分部结构，松下电器紧紧控制的结构是通过把每个生产部门看做一个独立的小企业，造就管理人才，促进内部的竞争，实现最大限度的国际发展。该公司还建立了海外营销子公司，国际销售额剧增，利润在全球的基础上被集中。到20世纪80年代中期，松下电器已成为世界上电子消费品的最大生产商。尽管取得了这些成功，但作为主要产品的彩电和录像机的需求下降，毛利大幅滑坡。许多观察家将此归咎于松下电器一度很成功的产品结构，说正是它导致了公司的灾难。松下电器的研究活动全设在日本，这使它错过了欧美一系列重大的发明革新。

尽管全球产品分部结构有严重的缺陷，地区结构也并非完美的解决方法。地区分部结构的最大弱点在于，母公司在自治子公司施行支配性的战略时产生困难，以及难以获得一些专业化分工带来的好处。因此，地区分部结构的低效率是众所周知的，地区分部结构不是用世界规模的生产设备生产标准化产品，而是管理规模效益较低的小工厂。因为在不同的地理范围进行的研究与开发、采购、营销和分配等活动是重复的，累积的日常开支可能会比大多数产品结构高得多。在一个竞争日益激烈的世界里，这些增加的成本令人难以承受。

以通用电气加拿大公司为例，它从20世纪70年代中期开始就已通过它的下属公司卡莫（Camo）建立了一个范围很宽的家用电器生产线。卡莫公司早已有相对独立的传统。不幸的是，这种独立性与低规模效益导致了在加拿大生产的冰箱成本比美国的通用电气公司工厂高20%以上。1987年和1988年，通用电气公司投资约10亿美元革新扩大了它位于美国的冰箱生产线，导致了加拿大分公司与母公司之间成本差异的进一步扩大。因此，卡莫已日益从范围很广的业务组合（研究开发、采购、生产、营销、销售和服务）转移到相对较少的业务（对从母公司进口的家用电器进行营销、销售和服务）。除非国内市场是受保护的，或顾客愿意为独特的地方特色或服务支付额外费用，否则公司将要费很大工夫来调整地区分部结构增加的成本。

因此我们可以得出结论：当公司采取一种与它的国际战略不一致的结构时，地区分部结构与产品分部结构的弱点都大大强化了。换句话说，如果公司的战略是强调下属公司对地方市场的投入，而它又采取一种全球化的产品结构，那么下属公司缺乏独创性就成了严重的障碍。另一方面，如果公司能通过重组生产和规范不必要的差别来提高效率，而它又采用地区分部结构，那么下属公司经理的自治就成了严重障碍。

所以，关于国际企业组织结构选择的最重要关键词是：匹配！

**四、全球矩阵结构**

让我们通过一个典型企业案例（见小资料），来考察全球矩阵这样一种特殊的组织结构。理论上矩阵组织是一种比较理想的结构，能够较好地平衡地区和产品两个维度。但在企业实践中，采取这种组织结构的比例较少。ABB 公司是采用全球矩阵结构的一个典范。

> **小资料：ABB 公司的组织结构变革**
>
> 阿瑟公司创建于 1890 年，1 个世纪以来都是瑞典工业界的旗舰。布朗·包维利公司创始于 1891 年，在瑞士工业界的地位与阿瑟公司旗鼓相当。1987 年，阿瑟公司首席执行官珀西·巴尼维克宣布阿瑟公司与布朗·包维利公司合并，合并后的新公司名叫阿瑟·布朗·包维利（Asea Brown Boveri）公司，简称 ABB 公司，总部位于瑞士苏黎世。该年的秋天合并宣布后的几个星期，即将接管新公司的巴尼维克谈及他对新公司的设想，这一设想是建立在他对未来市场的三大坚定信念之上的。
>
> 首先，他深信电力制造设备长达 10 年的衰退即将结束，市场上将涌现新的需求。其次，他相信只有在全球企业中，才能培育出满足新技术需要的规模经济。最后，他觉得由于电力公司多为政府拥有或控制，所以将来大多数订单将会交给本土色彩较浓的企业。
>
> 巴尼维克新官上任，首先做的一件事情就是研究怎样将阿瑟公司和布朗·包维利公司的经营有机地连为一体，然后还要提出能够实行有效管理的组织构架。由于 ABB 公司必须在 1988 年 1 月 1 日就作为一个新合并的企业开始运营。在两个月的时间里，最高管理队伍决定采用矩阵结构，这样既可以顾及全球企业围绕业务领域确定经营重点的重要性，同时还可以考虑到地方实体关注本国市场的需要，实现二者的平衡。巴尼维克在 1988 年 1 月召集 300 名高层管理者举行了为期 3 天的会议，具体解释 ABB 公司组织的基本原理、发展战略，以及通过矩阵组织实现这些目标所需的管理哲学与经营政策。每名管理者都领到一本 21 页的《管理圣经》，勾勒了需要向下层传达的主要政策与理念。巴尼维克认为，业务领域管理层的职责是：负责全球经营成果及利润率，建立管理队伍——建议由来自不同国家的成员组成，发展全球战略，协调组织发展计划，协调市场配置计划及投标。国家管理层的职责是：根据 ABB 公司的业务确定当地组织结构的规模与复杂程度，在较小国家中只有一个公司并下设几个部门，在较大国家中有总公司并下设许多分公司和经营单位，当地组织按照 ABB

公司的目标、战略与方针服务各自的市场——它们对当地的经营结果负责。

ABB公司的新组织建立在两个原则上：(1) 下放权力的责任制 (decentralization of responsibility)；(2) 个人负责制 (individual accountability)。巴尼维克认为，构造复杂的全球组织，唯一方法就是尽可能地保持其简单化和地方化，因此他说"我们是下放权力的狂热信徒"。"要国际化，又要保持本地化；既要扩大规模，又要小巧灵活；既要大力推行权力下放，又要集中汇报控制——如果我们能很好地解决这几对关系，我们将在组织结构上具备优势"。

每个公司的经理主要抓一国之内的业务经营，并对下列事务负责：以顾客为中心的地区战略；地区经营状况与利润水平；个体利润中心 (individual profit centers) 的日常管理；在地区部门内发展人力资源；与当地政府、社区、工会和媒体的关系。

矩阵的另一维反映按业务划分的65个业务领域 (business areas, BA)，每个业务领域代表了一种特定的全球产品市场。业务领域经理负责制定全球产品和技术战略，而地区经理则根据当地市场的特殊需要执行这些战略。这种二维的汇报矩阵——一维是地区职责，而另一维是产品职责——要求每位经营经理有两名上司。巴尼维克这样解释总部的职责："我们尽可能地保持机构精简，ABB总部只有100人，这绝非偶然。越接近最高管理层，就越要限制人数。1988年ABB公司刚刚组建的时候总部有1 600人，后来只有100人。巴尼维克认为："ABB公司是一家没有地理中心、没有国家私利的公司。我们是由一个在全球协调中心协调下的国家公司组成的联盟。我是首席执行官，我出生在瑞典，并在那儿接受教育。但我们的总部并不在瑞典，而董事会8名成员中只有两人来自瑞典。或许我们是家美国公司，我们以美元汇报财务结果，而且英语是ABB公司的官方语言，我们所有高级别的会议都是用英语进行的。我的意思是说ABB公司不属于哪个国家——但它却又包含了这些国家。我们并非无家可归，我们是一个拥有许多家园的公司。"

自成立之日起ABB公司就成为所在行业中全球最大的企业，1988年的销售额达到180亿美元，而西门子、日立、通用电气和西屋电气的电力技术设备销售额只有100亿~110亿美元。如果说一开始仅仅是因为合并引起了世人的注意，那么ABB公司后来的发展才真正赢得了行业观察家的尊敬。在头4年中，ABB公司成为营业额290亿美元的企业，共有20万名雇员遍及全球。

通过ABB公司组织结构实例可见，理论上矩阵组织是一种非常理想的结构，让生产一线的经理们同时向不同的组织部门报告，应该能够使公司在集中效率、地区反应和全球范围内的知识转移中保持平衡。多重渠道的沟通和控制能够培育不同的管理能力，而且在矩阵中的力量平衡在理论上应该能够赋予组织结构极大的灵活性。

然而实际情况有时并非如此，建立正式全球矩阵结构的企业，发展状况并不乐观：道氏化学公司 (Dow Chemical) 作为全球矩阵结构的先行者，最终转向了一种叫传统的、地区经理责任明确的结构。在教科书里，花旗银行 (Citibank) 曾被作为矩阵结构的一个范例，但是经过几年大张旗鼓的试验之后，也放弃了这种双重汇报模式。

还有许多经过这种复杂而又颇为官僚化结构的公司，最终结果也是如此，它们都遇到过这种相同的问题：由于所有的事情都要进行双重控制，矩阵结构放大了在观点和利益方面的分歧，组织中哪怕只有一点小小的分歧，也将变成剧烈的争论和矛盾。

双重汇报导致了许多层面上的冲突和混乱：繁杂的渠道导致信息的混杂，重叠的职责引发了无数的争执和责任的推诿。于是，被地域、时间、语言、文化障碍所阻隔的经理们，发现这种组织结构不能很好地消除混乱和解决冲突，结果，最初选择全球矩阵结构的公司很可能选择其他的解决方案。

## 第二节　管理传统对组织结构的影响

正如许多公司的经理付出了很大的代价才体会到的，尽管一个战略可以在一夜之间被废弃重来，但却不存在所谓的零基点组织。公司在很大程度上会迷恋过去，而任何组织的变革在考虑往何处去的同时，必须要以至少同等的重视程度考虑它是从何处来的——亦即其管理传统。

公司管理传统的重要性可在以下三个跨国公司发展道路的对比中得到显示：一个是典型的欧洲跨国公司，它的主要国际扩张期是在20世纪20年代至30年代之间；一个是典型的美国跨国公司，它在20世纪40年代至50年代进行国际扩张；还有典型的日本跨国公司，它们的国际扩张期是在60年代至70年代间。即使这些公司同属于一个行业，但由于它们发展的历史背景不同，而且影响它们的管理过程的内在文化规范也不同，因而它们采取的战略和组织模式存在着很大的差异。

### 一、分散联合体

分散联合体（见图9-2a）组织模式的基本特征是：具有高度自治的地方子公司，其管理方式更像是离岸投资的投资组合，而不是单一的国际性企业。

例如，作为世界上最大的食品和消费者商品公司之一，联合利华在100多个国家中运营，有14个以上主要产品类别，从冰淇淋到个人香精。它的整体战略领导来自只有7名指导者的一个中心执行委员会。

联合利华最初是由英国肥皂和洗涤剂制造商利佛·布拉泽和丹麦人造黄油和食用油公司 Van Den Berg&Jorgen's 在第一次世界大战后兼并而成，新公司有一些运作方式的特殊之处：2个总部和2个主席。有2个股票行情的2组年报和会计账户。在早期，不同国家的公司可以管理它们自己的事务。

20世纪60年代总部引入了部分产品领域的全球"协调"，但是各国公司仍允许保持它们自己的国家品牌、战略和生产设备。相反，它的竞争对手宝洁发展了更集中的品牌进行生产，边际利润要比联合利华的高很多。它在世界范围内的主要竞争者就是宝洁（美国）和雀巢（瑞士），它们都在相关的产品领域中占据同样的主导地位而联合利华通常处于第二位。

20世纪90年代后期，联合利华公司的相对独立性让步于更大的国际合作和全球战略，它决定重组整个运作以便更强调关键产品。全球化，意味着每个国家公司不能再完全按自己的方式运作。

## 二、协调联合体

协调联合体（见图9-2b）组织模式的基本特征是：跨国企业总部控制着许多资产和资源，子公司只有一定的经营权限。

例如，30年来，美国的爱普生公司都在致力于同他的日本对手，尤其是佳能公司和理光公司打一场全球性的商战。自从爱普生公司在20世纪60年代取得影印业的主导地位后，其市场份额开始逐渐萎缩，公司的销售额虽然在上升，但慢于市场的增长速度。原因是日本公司在许多方面（如新产品、高品质、易操作性以及免于维修的设备等）取得了领先地位，成为中型和小型企业的主要影印服务商。

爱普生公司几次试图打入低端细分市场，然而它的优势和成本结构在很大程度上只适合大型公司客户。1993年，爱普生欧洲公司在一次客户需求调查后，决定转变其使命重点和基本业务战略。它由一个影印服务公司转变为一个公文公司，这意味着它将为客户提供关于公文需求方面的一切高级服务，而不仅仅是影印服务。同时，将国家子公司分解为几个较小的客户事业部（CBU），并将决策权及盈亏责任下放。

## 三、集中管理

集中管理（见图9-2c）组织模式的基本特征是，跨国企业强调成本优势和质量保证，并要求对产品开发、采购和制造实行严格的集中控制，企业常常采用以出口为导向的国际战略或全球化战略，通过集中决策的控制，保持了一个信息密集型、依赖人和依赖文化的管理体系。

典型案例是在20世纪70年代和80年代以出口为导向进行国际扩张的日本公司。它们面临的是快速变化的外部环境，因而，采用完全不同的内部规范和价值观进行经营。由于其过去的海外开拓非常有限，所以它们并不效仿欧美竞争对手，而是选择建立卓有成效的地方市场营销能力和措施。实际上，卓有成效的日本贸易公司为日本跨国公司提供了一种更简便的进入外国市场的方法。第二次世界大战后，日本经济的快速发展赋予了它全新、高效、规模密集型的工厂，日本企业向贸易壁垒日益减少的国际市场扩张。

这种模式也切合日本跨国公司的文化背景和组织价值观，其内部运行的基础是强调团体行为和重视人际和睦的强大民族文化规范，这常反映于达成一致和分享决策的实践中。于是发展出一种集中管理组织模式来支持其战略导向。

## 四、三种组织模式的比较

表9-1总结了我们描述的分散联合体、协调联合体和集中管理等组织的主要特征，这三种形式分别是公司追求多国战略、国际战略和全球战略的载体。对于这些特征的回顾，能够揭示在应付跨国挑战时，三种典型公司模式各自会遇到的问题。

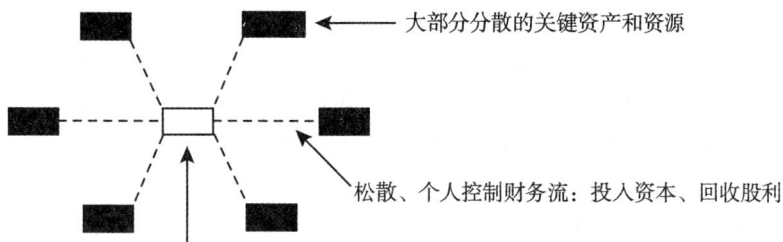

(a) 分散联合体

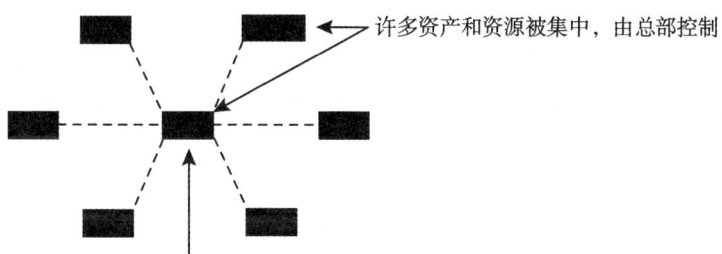

(b) 协调联合体

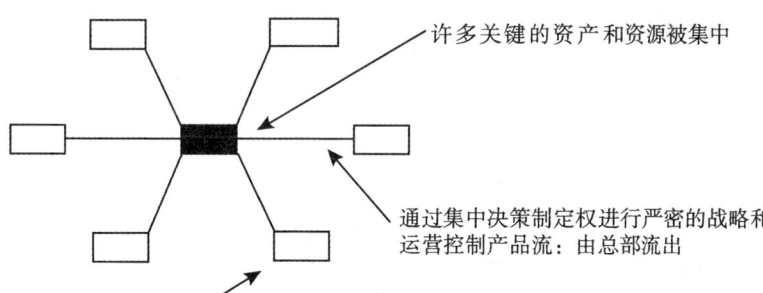

(c) 集中管理

图 9-2　分散联合体、协调联合体及集中管理的组织结构模型

表 9-1　　　　　**分散联合体、协调联合体以及集中管理的组织模式特征**

| 组织模式 | 分散联合体 | 协调联合体 | 集中管理 |
| --- | --- | --- | --- |
| 战略手段 | 多国战略 | 国际战略 | 全球战略 |
| 主要战略能力 | 各国市场反应能力 | 母国创新的全球转移 | 全球规模效率 |
| 资产和能力结构 | 分散，各国自给自足 | 核心竞争力集中，其他方面分散 | 集中，全球规模化 |
| 海外经营的任务 | 把握和利用当地机会 | 运用母公司的竞争力 | 实施标准化战略 |
| 知识的发展和扩散 | 知识在每个单位开发并保留 | 知识在总部开发并被转移到海外分部 | 知识在总部开发并保留 |

由于资源和能力都集中在总部,全球型公司主要通过发掘潜在的规模经济性以实现高效率。但是,在这样的组织中,地区子公司缺乏资源和信任,有可能打击其积极性,并削弱对地方市场需求做出反应的能力。同样,总公司也会因为远离市场而缺乏对当地市场需求和产品销售渠道的足够理解。全球型公司如果不冒牺牲全球效率的风险,是无法克服这些问题的。

典型的多国公司也有其他的局限性。虽然分散的资源和下放的决策权允许子公司对当地需求做出反应,但活动的分割同样会导致低效率。因为知识不统一且不能在公司的不同部门间流动,学习能力也会受到损害。结果,子公司的革新常常变成管理层为保护其势力范围和自治权玩弄的把戏,要不然就是由于沟通不畅或非本地发明而另起炉灶重做一套。

相反,国际公司能较好地利用母公司的知识和能力——虽然它们仍然不善于从海外运营中学习,可是它们的资源结构和运营系统使它既不如全球组织有效率,又不像多国企业那样有很强的反应能力。

## 第三节　跨国公司的组织结构

跨国组织结构有三种重要的特征,区别于传统的国际、多国或全球组织结构:它建立并规范了多种不同的内部管理思想,它的物质资产和管理能力在国际扩散同时又相互依赖,它发展了一种强大而又灵活的内部整合过程。

### 一、多维度的管理思想

在战略因素多样化而又易变的环境中经营,跨国公司必须发展出一种能力,去把握和分析它在世界各地面对的大量而又相互冲突的机会、压力和需求,这就需要有效的地区分公司管理,去感知和体现当地消费者不断变化的需求,以及来自东道国政府不断增加的压力。同时需要有效的全球业务管理,去追踪全球竞争对手的战略,并在适当的时候给予回应并进行协调。还需要有效的全球职能部门管理者,去汇集公司的知识、信息和专业技术,并将它们传递到各个组织部门。

不幸的是在许多公司中,权力常集中在曾经执行过最重要战略任务的特定管理团体手中,这就使得其他团体所代表的不同需求无法得到实现。例如在多国公司中,主要的决策常由分散在各国的管理部门做出,因为它们对保证各公司的快速反应能力做出了最重要的贡献,而快速反应正是多国公司战略手段的核心。在全球公司中,产品部的经理通常是最有影响力的,因为强大的产品业务单元管理人员在公司寻求全球效率的工作中扮演了重要的角色。在国际公司中,职能部门经理们的地位非常重要,因为他们在形成、积累和传递公司的技能、知识和能力的过程中起着重要作用。

但是,在跨国组织结构中,通过培养居于次要地位的管理团队的能力、信誉和影响力,同时保障主导团队的士气和能力,就可能消除决策过程中的种种偏见。这样做的目的是建立一个多维度的组织,三种管理团体的影响在其中能够得到平衡。

## 二、分散而相互依存的能力

当跨国公司觉察到它所面对的多种机会和需求时，必须要在其中做出选择，并及时有效地回应那些认为具有重要战略意义的机会和需求。如果公司的决策制定过程和组织能力集中在某一部门，就难以对多样化的全球需求做出快速的反应。如全球型组织的集中管理结构，总部由于远离第一线的机会和威胁，适时、有效的行事能力受到它所依赖的复杂而广泛的国际沟通的制约；相反，多国企业的反应能力分散在各个独立的分散联合体中，使得它们会遇到重复劳动、低效率以及国际学习障碍等困难。

在跨国组织结构中，管理层已经从这种狭隘的观点中解脱出来，他们相信通过对子公司进行专业化分工并赋予其责任感，可以使之成为公司某种产品或技术的全球发源地；这种充满活力的子公司也可以具有全球规模。母公司通过合作参与相关子公司的活动，无论重大的技术进步和市场扩展发生在哪里，都能够迅速介入。

分散资产和责任的一个主要结果是全球各子公司间的相互依存度不断提高。简单的组织结构如分散联合体、协调联合体和集中管理，都不足以完成跨国公司所面临的任务，跨国公司所需要的是我们称为"整合网络"的结构（如图 9-3 所示）。在整合网络结构中，管理层认识到这些遍布世界各国的子公司单元，有利于整个组织发展新的思想、技能、知识。高效率的地方工厂可以转变为国际化的生产中心，具有创新力的各国实验室可能因某个特定产品或流程的进展成为公司的全球研发中心之一，具有创造性的子公司营销部门，可能在制定某个产品或业务的全球营销战略中发挥重要作用。

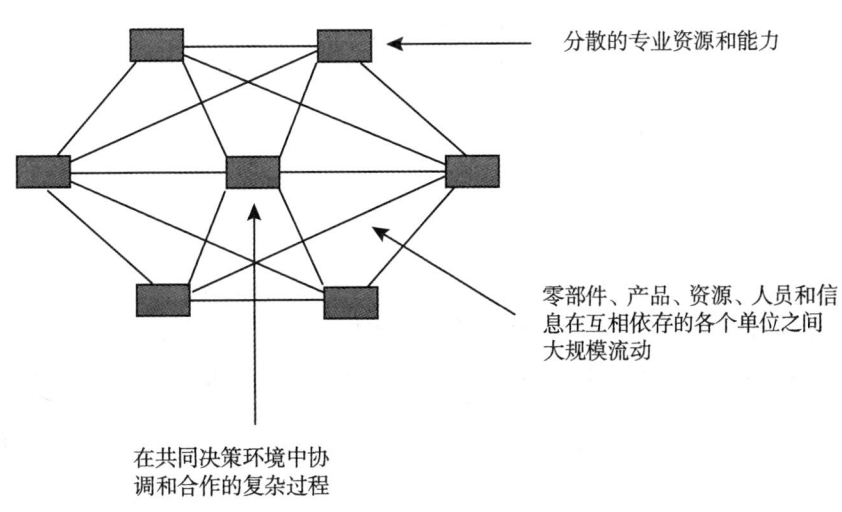

图 9-3　跨国组织结构的整合网络模型

## 三、灵活的整合流程

最后，跨国组织需要一个能解释利益和观点差异性并整合各种不同责任的管理流程。这一流程不应该受到组织流程对称性的限制，不应该仅仅用简单和静态的术语来描述，比如责任应该集中还是分散。很显然，职能协调的方式会因行业和地域的差异而不同，例如飞机引擎公司比食品包装公司需要更多的全球中央决策控制权，在发展中国家经营的子公司比在发达国家经营的子公司需要更多来自母公司的支持，等等。此外，所有职能协调的方式还需要根据时间而变化。

因此，跨国企业的管理人员必须能够辨别各种关系，并根据职能、行业、地域和时间的差异变换决策角色。管理流程应该能够根据产品、国家以及决策的不同而相应地变化。如图 9-4 所示，同一公司内，不同的业务单元、不同的职能工作、每职能下不同的任务，其国际差异性、国家间的整合需求，都是不同的。

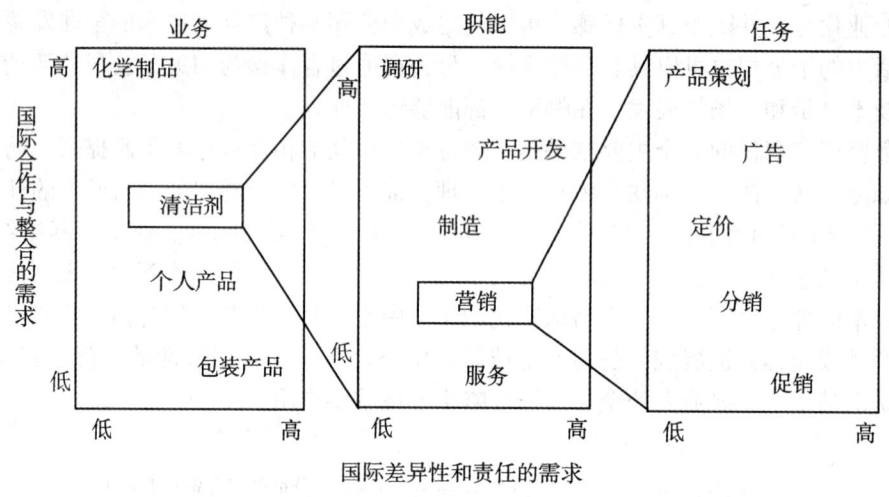

图 9-4 不同业务、职能和任务的整合与差异性

## 第四节 变革中的跨国组织

在过去的十多年中，政治压力、竞争压力和社会压力不断增大，跨国公司迫切需要建立一种能够感觉并对复杂的、相互矛盾的需求做出反应的结构。但是，随着越来越多的公司需要在全球范围内建立跨国且灵活的组织，这些跨国公司的组织结构也在不断地发展演变。

组织能力表现了跨国公司的特征，现在越来越多的管理者认识到了它的重要性，然而他们中的很多人最初的反应是采用全球矩阵结构的新模式。媒体对 ABB 公司在全球扩张时所采取的这种组织结构进行了广泛的报道，使得大多数人相信这种结构能够获得全球规模效应并满足当地市场的需求。但是，很多人不久就发现，这样一种复杂的组织结构在带来战略收益的同时存在不少组织成本，这使得尽管有些企业能够创建一种文化或程序保证矩阵结构的成功（比如在 ABB 公司的例子里，但他们用了超过 10 年的时间才成功实现全球扩张），其他企业常常难以成功。宝洁公司曾经大张旗鼓的"组织 2005"计划，准备采用全球产品矩阵结构来代替原本非常成功的地区组织结构，结果却失败了，全球矩阵结构不仅给宝洁公司带来了大量的问题，甚至让它的 CEO 德克·雅格丢掉了工作。

尽管全球矩阵给人们带来许多不安，但大多数公司仍然认为建立灵活的跨国组织结构是十分必要的。20 世纪 90 年代的历史给人们的最大教训是，这样的跨国组织最好建立在支持性的文化和过程体系上，而不仅仅建立在正式的多重汇报关系上。宝洁公司的新总裁雷富礼（A. G. Lafley）的看法很正确："我们建造了新的房子，但是在管道和配线还没有连接好之前就搬进去了。仅仅改变组织结构本身是不行的。"

我们所说的跨国公司这种组织显然与其前身——多国组织、国际组织和全球组织——相当不同。建立这种组织所需要的远不只是在产品结构和地域结构中做出选择，管理这种企业也不仅仅意味着到底是选择集中决策还是分散决策。以前的管理者们认为组织的挑战主要是发现和配置一种理想的结构，而跨国公司的管理者认为组织的挑战是创建一种满足企业关键任务需求的创造和决策流程，因而他们不得不采取一种与前人截然不同的手段。

我们需要用一种不同的方法，来将这种跨国组织中运用的更加复杂的工具和流程概念化。这里采用简单而适用的生理学模型来进行描述：在一个有效的组织结构中，"骨架"（资产、资源和责任组成的正式结构）的变动，必然伴随着生理机制（组织的体系和决策制定过程）和心理机制（组织的文化和管理理念）的相应变动。现在我们就应用这个生理学模型来描述跨国企业组织结构建立及管理的不同工具和流程。

一、构造组织的骨架

正如我们所强调的，解决跨国公司组织问题的传统手段倾向于用宏观术语来定义结构，常常有一些简单而表面化的选择，例如关于产品结构还是地区结构的争议。但是，正如我们所看到的，跨国公司的发展不仅要求管理人员设计组织的主体结构，而且要求他们发展一种支持结构来补充和平衡直线式结构的过大权力。

在谨慎地定义组织的结构以及管理团体的责任之后，下一个挑战是保证那些不在直线权力内的人能进入和影响管理流程。任务小组或委员会等微观结构工具将变得重要，因为它们能对决策讨论提供补充。正是在这种微观结构中，非直线的管理者才能承担责任并被授予权力，而这在正式的直接结构组织中是不可能的。

过去，任务小组和委员会被认为是特殊的，或被认为是就短期问题非常有用的快速补救措施；而现在，它们成为跨国组织的一种正式而且重要的结构工具。通过它们，高层管理人员能对基础结构进行修正或微调。借助解剖学术语来比喻，如果正式的直线结构是组织的"脊椎"，那么非直线结构就是它的"胸腔"，而这些微观结构工具就是组织的"骨骼"、"肌肉"和"结缔组织"。

二、建立组织的生理机制

管理层的重要任务之一就是，通过组织决策过程的操作影响组织内沟通渠道的结构。管理层通过各种行政管理体系、等级渠道和关系，影响信息的流量、内容和流向。这种信息流是所有管理过程的生命之血，它决定了组织的生理机制。

许多研究者已经证明了信息需求与任务的复杂性及不确定性有关。在整合的跨国网络结构中，任务的复杂性和不确定性都非常高，在这样的环境下，运营一个相互联系的体系需要收集、交换和处理大量复杂的信息，仅仅依靠正式渠道无法满足和支持巨大的信息处理需求，所以公司被迫在传统工具和常规方法之外寻求其他解决之道。

管理者们已经认识到大量的信息交流甚至是决策过程，是通过组织中多种非正式渠道和关系产生的。最高管理层对于非正式关系的性质和强度的影响，可以通过影响公司会议、委员会任命的日程和频率，以及制定个人的职业发展过程来有计划地实施。此外，管理层也可认可那些已经对公司目标做出贡献的非正式关系的存在，使之合法并予以加强。

### 三、发展组织的心理机制

除了组织骨架和生理机制外，每个组织还有一个强烈影响其运行方式的心理机制，例如一套明确的或隐含的公司价值观和共享信念。对于在国际环境中运作的公司来说，这是一个特别重要的组织特征。由于员工来自于不同的国家，管理层不能假定所有的人都遵循共同的价值观和规范。而且，在经常被时空阻隔的经营环境中，对管理工作的共同理解常常是比正式结构更为有效的行动协调工具。

在众多能够影响公司心理机制的工具和技术中，我们对跨国组织的考察强调了其中特别重要的三项。第一项是对公司使命和目标的清晰而一致的理解。松下拥有长达250年的世界角色定位，诺基亚的宗旨是"以人为本"，比尔·盖茨的目标是创造一个"每个家庭、每个办公室的电脑都运行着微软"的世界，这些都代表着在不同的战略和运营层面上运用这一方法的不同形式。

第二项重要工具就是高层领导公开的举止和行为。特别是在跨国公司中，许多传递到国外分部的信息可能被淡化或扭曲，而最高管理层的行为比语言更具有说服力，且能够对公司的文化产生强有力的影响。他们代表着最清晰的行为角色模式，是公司战略和组织优先性的信号。当索尼公司的创办者和首席执行官盛田昭夫在美国纽约亲自创建分公司的时候，他发出了索尼将致力于海外业务的信号，没有什么其他方式可以更为强烈地传达这一信息了。

第三种调整组织心理机制的工具广泛地应用于跨国公司的人事政策、实践和体系中。只有在公司的人事体系中发展和聘用了各类合适的人员之后，公司才能发展多维度的、灵活的组织运作。用招聘和提升政策来强调良好的人际关系技巧和灵活高尚的个人品质，用职业生涯管理来培养技能和知识并拓展个人视野，用评估和奖励体制来强化其他建设组织的努力。

虽然改变公司文化、价值观和信念的过程是缓慢的，并且达到这一目标需要许多微小的工具和技巧，但这个过程在跨国组织发展中具有极其重要的作用。如果仅仅对组织的骨架和生理机制进行变革，而不对心理机制进行相应改变，将会导致严重的组织病症。

在这一章里，我们考察了跨国公司在当今快速变化的商业环境下，不得不建立能够有效运行的组织能力。正如本章所描述的那样，战略上的挑战需要跨国公司同时最优化地满足成本效率、当地反应力和全球网络学习能力三者的需求。满足这些复杂而矛盾的需求需要一种新的组织形式，即跨国组织结构。这种组织的特征是包容多维度的观点、分散而相互依存的能力，以及灵活的整合流程。

## ◎ 小结

1. 基本的国际企业组织结构有如下几种：国际分部结构，地区分部结构，全球产品分部结构，全球矩阵结构。

2. 根据公司想要达到的目的，地区性或全球性产品分部结构都可能是正确的。当国际销售额在总销售额中占有重大比重且对当地市场反馈要求高时，地区分部结构最为有效。当公司所生产的产品数目激增而且全球统一性的要求高时，全球产品分部结构最为有效。但同时，全球产品分部结构明显地缺乏响应灵活性，地区分部结构的低效率和高成本众所周知。

3. 分散联合体、协调联合体和集中管理三种传统组织形式，分别是公司追求多国战略、国际战略和全球战略的载体。

4. 跨国组织结构的整合网络模型，具有多维度的管理思想、分散而相互依存的能力、灵活的整合流程。

5. 在一个有效的组织结构中，"骨架"（资产、资源和责任组成的正式结构）的变动，必然伴随着生理机制（组织的体系和决策制定过程）和心理机制（组织的文化和管理理念）的相应变动。

## ◎ 复习思考题

1. 基本的国际企业组织结构有哪几种？其中常用的地区分部结构与全球产品分部结构各有什么优缺点？
2. 全球矩阵结构对国际企业的组织结构做出了什么创新，又存在哪些问题？
3. 管理传统对组织结构具有什么样的影响，整合网络模型又具有什么重要特征？
4. 如何用生理学模型来分析国际企业的组织结构？

## ◎ 参考资料

1. 薛求知. 当代跨国公司新理论. 上海：复旦大学出版社，2007.
2. Beamish P，Morrison A，Rosenzweig P. 国际管理：教程与案例. 第5版. 北京：机械工业出版社，2005.
3. Wrathal J. Berrell M. 国际管理学——全球化时代的管理. 北京：中国人民大学出版社，2002.

## 【案例分析】

### "三位一体本土化"：海尔的国际企业组织结构

2002年3月4日，当海尔正式入主美国纽约的一座标志性建筑——原格林尼治银行大厦，将其作为北美总部时，不仅远在大洋彼岸的中国人为之振奋，而且美国本地的海尔消费者也同样感到自豪。

因为此时的海尔已不仅仅是中国人自己的品牌，而且也成为美国、欧洲等当地制造的国际品牌。这就是海尔近十年来推行国际"本土化"战略的一次重要升华，从此，海尔的"三位一体本土化"战略上升到了一个新的境界。

### "三个1/3"国际化战略

从"走出去"战略构想一开始,海尔就树立了远大的抱负:最终目标就是创国际化的海尔。也就是说,中国的海尔只是国际化海尔的一个组成部分,还会有美国海尔、欧洲海尔、中东海尔、东南亚海尔等。

为了实现这个目标,海尔提出了"三个1/3"战略,即1/3国内生产国内销售;1/3国内生产国外出口;1/3海外建厂海外销售。实施这一战略的三个原则就是:坚持出口创牌为导向;出口创牌,首先是质量;先难后易,高屋建瓴。

在实施这一战略的过程中,海尔创出了一条"走出去"的蹊径。在产品"走出去"方面,海尔坚持的原则是:第一台引进,第二台国产,第三台出口,第四台在国外当地生产。在品牌上分为三步走:第一步叫做"走出去",进到国外的主流国家、主流市场。第二步叫做"走进去",走进国外的主流渠道,销售主流产品。第三步叫做"走上去",也就是真正成为当地的一个主流品牌。

### "三位一体"扎根海外市场

经过出口创牌的"播种阶段",海尔初步创出了国际市场知名度,紧接着,海尔迈入了国际化战略的"扎根阶段"——通过产品的设计、制造、营销"三位一体"的"本土化"战略,牢固扎根海外市场。

要"扎根"就要选择最优良的、最适合的"土壤"。美国是当今世界家电制造业的顶级国家和家电消费大国,要成为世界级家电著名品牌,就要"扎根"美国。于是,在"走出去"前期,海尔在洛杉矶、硅谷等建立设计中心,在纽约建立贸易公司的基础上,1999年4月,美国南卡罗来纳州占地700余亩的海尔美国电冰箱有限公司破土动工,这无论是在中国还是美国都引起了极大的轰动。2000年3月,美国本土生产的海尔冰箱已经进入美国消费者的家庭。美国AHAM统计结果显示,在美国230~280升容积段冰箱市场,海尔冰箱占35%的市场份额。

海尔在美国设厂,最激动的莫过于海尔贸易公司总经理迈克尔了。在专程参观南卡工厂后,他说:"海尔品牌在美国已创出很高的知名度,但那是以出口为基础的。南卡工厂的投产,对进一步提高海尔品牌在美国的影响,将会有质的促进。有了南卡工厂的依托,市场拓展将更加有力,因为美国消费者会认为这是美国人自己的产品,自己的品牌。"

为表彰海尔对当地的贡献,美国当地县政府将2001年的"社区贡献奖"颁发给了海尔,而当地市政府则无偿将市里的一条大路命名为"海尔大道",这是美国国内第一条以中国企业命名的道路。

### 海外建厂带来三个中心

海尔通过在海外投资建厂,为其国际化战略增添了三个中心。

一是信息中心。美国有规定,在当地投资建立工厂后,可以加入当地协会,如美国的AHAM、CEA协会,这就具备了参与制定当地行业标准的资格,而且可以第一时间了解当地同行业动态和竞争对手信息,同时因为美国制造而具备同当地知名品牌公平竞争的资格,这是海尔的一大收获。

二是设计中心。海尔在海外的经营思路都是根据当地消费者的要求来进行设计，通过当地化设计，当地化生产，以第一速度把用户的需求转化成用户满意的商品。在美国，海尔是最先推出达到 2001 年能耗之星标准的品牌之一，由此在美国树立起海尔品牌的美誉度，同时也带动其他地区的出口及国内市场的市场发展。

三是资源中心。通过当地工厂掌握当地优势供应方资源，有助于海尔整合全球资源优势，提高产品竞争力。现在，为海尔提供零部件支持的国际大公司就有 40 多家为世界 500 强企业。

**跨国并购突破欧洲阵地**

欧洲是世界家电王国，世界上许多著名家电厂商都在欧洲，因此突破欧洲成为海尔国际化战略的第二个阵地。

2001 年 7 月，海尔集团跨国并购意大利一家冰箱厂，设立海尔意大利电器股份有限公司，这是海尔继美国之后在发达国家实施本土化战略的又一个重大举措，是海尔实施国际化名牌的又一成功标志和新的里程碑。工厂在当月运营投产，产品质量、产量等均达到历史最高水平。

采取并购的模式更让海尔如虎添翼，同时具备了开拓国际市场的三大优势。其一，迅速进入当地市场。2001 年，海尔冰箱在欧洲销售额超过 6 000 万美元，在此基础上，建立本土化制造中心尤为必要，而实施兼并策略，可以快速满足市场需求。其二，最短的时间内整合当地化资源。顺利地掌握了原材料、设备的采购网络资源，人力资源，技术资源，外部公共关系资源，企业发展的软硬环境很快搭建起来。其三，消除了贸易技术壁垒。欧洲各个国家为亚洲产品设置了产品认证、关税等贸易技术壁垒，当地化生产完全突破了这些限制，海尔产品进入欧洲市场已经毫无阻碍。

**"三融一创"巩固阵地**

在海外逐步播种、发芽、成长起来之后，海尔进一步推行"三融一创"理念，全面巩固海外市场阵地。

"三融一创"，即通过融资、融智、融文化，创本土化名牌，这也是国际化海尔的最终体现。唯有如此，才能做到超前满足当地消费者不断变化的个性化需求，提高海尔在国际市场的品牌美誉度。

实施本土化战略，文化融合非常重要。两种文化的融合比较困难，但本质上创新的理念都是可以融合的。海尔通过共同的经营理念、企业精神，逐步实现了海尔文化与当地文化的融合。在美国工厂，到处都能看到像中国海尔一样的管理理念，但方式灵活多样，更富于美国文化色彩。班前会制度，6S 优质典型讲评，评选优秀海尔员工活动等，让美国海尔员工感到既新奇又有活力，这种有激情的管理方式形成了美国海尔员工比学赶超的氛围，员工积极进取的状态取得了令人鼓舞的效果。

当前，通过全面实施国际化战略，海尔已建立起一个具有国际竞争力的全球设计网络、采购网络、制造网络、营销与服务网络。集团现有工业园 15 个，海外工厂及制造基地 30 个，海外设计中心 8 个，营销网点 58 800 个。

（资料来源：海尔三位一体的本土化模式：全球化品牌的世界行走哲学. 海尔商城网站，2011-10-31；海尔的国际本土化. 青岛新闻网，2005-11-10.）

讨论题：

1. 海尔的"三位一体本土化"和"三融一创"理念，体现了它将如何进行国际企业的组织结构设计？

2. 海尔的国际企业组织结构与它的"三个1/3"国际化战略相匹配吗？

3. 怎样的国际企业组织结构才能使海外建厂作为信息中心、设计中心和资源中心？

# 第十章 企业的国际市场进入方式

◎ **本章学习目的**

在学习完本章后,你应该掌握以下内容:
1. 国际市场的七种主要进入模式;
2. 许可经营和特许经营的异同;
3. 国际合资企业和全资子公司的优缺点差异;
4. 国际战略联盟的主要类型和基本动机;
5. 哪些因素、如何影响企业确定自己的国际市场进入模式。

【奇瑞汽车:"出口冠军"的新合资时代】2013年6月传来消息,中国奇瑞汽车股份有限公司(下称奇瑞)的瑞虎品牌在非洲安哥拉一鸣惊人。在该国发生的一起武装抢劫案中,瑞虎品牌的SUV防弹车大显神威,成功抵御了持枪劫匪数十发近距离子弹的密集射击。劫匪快速射完所有子弹后,却万分惊讶地发现,虽然玻璃上出现许多碎裂,但没有一颗子弹能射入车内,即便劫匪又用石头猛砸受损最严重的玻璃,但依旧无法打破玻璃车窗,于是只好在听到警笛声逼近时仓皇逃离。奇瑞的瑞虎车不仅保护了携款100多万美元的乘员生命财产安全,同时也制造了有关自己的新的"神话"!一时间,"中国虎"再度扬名海外市场,赫赫威名。见图10-1。

图10-1 奇瑞瑞虎事发图片

奇瑞汽车股份有限公司成立于1997年1月,现已成为国内最大的集汽车整车、动力总成和关键零部件的研发、试制、生产和销售为一体的自主品牌汽车制造企业、中国最大的乘用车出口企业。

海外战略一直是奇瑞的最主要战略,打造国际名牌也一直是奇瑞的最主要战略发展目标。奇瑞从发展初期就注重开拓国际、国内两个市场,积极实施"走出去"战略,不过,开始阶段的奇瑞"走出去",是以"出口"为主要的国际化战略实施方式的。奇瑞因此成为中国第一个将整车、CKD散件、发动机以及整车制造技术和装备出口至国外的轿车企业,2006年被国家商务部、发改委联合认定为首批"国家汽车整车出口基地企业"。2007年出口12万辆汽车的佳绩,使奇瑞汽车公司连续5年成为中国汽车出口冠军。

但就在此时,奇瑞公司根据自身的发展和国际市场的形势,在国际化的过程中发生了两大变化:一是出口产品结构发生了显著变化,瑞虎、东方之子、A5车型所占比例明显扩大,已超过全部出口产品的50%,由此带动奇瑞汽车出口平均价格上升30%。二是将直接投资、当地生产、建立海外工厂作为主要的国际市场进入模式,所占比例从过去的20%上升为当年的80%,这样为奇瑞创造了更多的经济效益。

从2007年6月起,奇瑞先后与美国量子公司、克莱斯勒集团、菲亚特集团签订了合作协议,开创了以自主开发、自主品牌为根基的"新合资时代",全球化的创新合作模式使奇瑞有了更强大的、"以技术换市场"的底气和话语权。奇瑞的这种新合资战略不仅能够为中国汽车自主品牌探索在国际市场既同台竞争又携手合作的新模式,更能减少将来中国汽车大规模进入发达国家可能产生的贸易摩擦和风险,同时也为奇瑞带来了巨大的演练和热身收益:

首先,奇瑞的海外拓展能力得到了很大的提升,尤其是与克莱斯勒集团的合作,是中国汽车自主品牌首次进入北美市场,为中国汽车在北美的发展进行了初次的探索和经验的积累。其次,奇瑞产品的技术性能得到巨大的提升,这对中国汽车突破欧美市场的技术壁垒提供了绝佳的机会。同时,通过合作,奇瑞将建立起与世界一流汽车公司相一致的质量体系与生产体系,快速提升奇瑞的产品质量与生产能力,带动奇瑞的配套体系上规模、上水平,增强开发能力和规模效益,从而拉动整个中国汽车产业链的发展。

从1997年到2001年奇瑞仅用了4年时间就实现了第一辆汽车的出口,这个速度比世界排名第一的丰田汽车整整快了21年。2007年奇瑞出口国家达到69个,同时奇瑞已在俄罗斯、乌克兰、伊朗、埃及、印尼、乌拉圭等6个国家建立了7个组装工厂,并在当地形成了市场规模和零部件供应和维修能力。

至此,奇瑞已经不仅成为我国乘用车出口数量最多、出口国家最多、出口车型最多的自主品牌企业,而且也是海外建厂最早、最多的汽车企业。这意味着奇瑞正在打造一条进入国际市场、通向国际名牌的自主之路。

2010年奇瑞出口乘用车9.2万辆,虽然是连续8年成为中国最大的乘用车出口企业,但出口数量已经比2007—2008年有所回落;与此同时,奇瑞实现全球销量68万辆,已连续10年蝉联中国自主品牌销量冠军!也就是说,出口形式已经不是奇瑞进入国际市场的单一方式,奇瑞已经很好地实现了两条腿走路,采取了多元化的国际市场进入模式,并有更多的奇瑞公司产品采用了直接投资的国际市场进入方式,由此不仅创造了更多的经济效益,也更好地打造了国际化品牌,并深入东道国市场与当地需求进行了更紧密的结合。

(资料来源:本章作者根据"汽车之家"网站http://www.autohome.com.cn新闻稿、奇瑞汽车股份有限公司官网、百度百科"奇瑞汽车"资料编写。)

一旦企业决定了采用国际化战略、进入外国市场,就产生了最佳进入模式(mode of entry)的问题。在跨国经营过程中,存在着多种外国市场进入模式可供一个国际化公司选择，每种模式都有其利弊，管理者在决定采用何种模式之前需要仔细考虑。同时，国际化公司也可以根据公司产品与国际市场特征使用组合式模式。

## 第一节 跨国商品活动

出口（exporting）是指将产品与服务从一个国家运送到另一个国家或地区，给当地的工业用户、批发商、零售商或消费者使用。出口表示一个公司开始了其国际经营业务，它同时也是进入国外市场的一种最简单的模式。

各公司进行出口活动的程度可能是不同的。通常来说，存在着两种类型的出口活动：一种是直接出口，另一种是间接出口。所谓直接出口是指一个公司在目标市场上直接向买家销售自己的产品，包括使用销售代理或分销商。间接出口则是指一个公司将自己的产品销售给中间商，然后再由中间商销售给目标市场上的买家。中间商或许是一个经纪人，或许是一个出口管理公司（Export Management Company，EMC），或许是一个出口贸易公司（Export Trading Company，ETC）。

出口模式具有很多优点。产品出口虽然是企业开始进行国际化最先从事的工作，但即使企业已成为十分成熟的国际企业，产品出口依然是企业十分重要的工作，因为产品出口会给企业带来良好的效益：出口可以免除企业在东道国建造生产设施的高额成本；出口可以帮助企业实现经验曲线经济和区位经济；可以进一步地发挥企业潜在的生产能力，取得更高的利润；也可以避免过大的风险，避免决策失误带来的重大损失；还可以利用出口方式灵活、企业卷入不深的特点，实现多样化的经营，满足发展阶段不同、层次不同的市场需求。

从另一方面来讲，出口也有许多不足之处。首先，如果在国外某个地点生产某种产品的成本更低的话，那么从企业所在的国家出口这种产品就不是合适的选择。出口的第二个缺陷是，高额运输成本可能使出口变得不经济。对于大宗产品而言，情况尤其如此。出口的另一个缺陷是会在关税壁垒前遇到困难。如20世纪70年代，正是美国国会含蓄地威胁要对日本的进口汽车课以重税，很多日本汽车公司才决定在美国建立汽车工厂。结果到1990年为止，日本在美国汽车销售数量的50%是在美国当地生产的，而在1985年这个比例为零。

国际企业在获取资源和组织生产时，都涉及出口问题：原材料需要出口到生产企业，零部件需要出口到装配厂家，产品要出口到消费市场，因此，国际企业必须认真地研究和制定出口战略，满足企业经营的需要。国际企业的出口战略制定可遵循以下原则：

1. 国际企业必须了解出口的潜在状况，寻找机会。在缺乏生产能力和可提供的产品时，不要贸然行事。

2. 企业应寻求专家的咨询和帮助。专家的来源各国尽管不尽一样，但在一般的情况下，国家的有关贸易机构、进出口公司、进出口中介机构及专业的贸易咨询公司都是可得到帮助的地方。

3. 进行市场的选择。除了直接发生接触的客户外，在市场的选择时，必须考虑企业的总体战略、外国市场消费者的需求，且不要盲目地扩大市场规模，而应集中在少数关键市场上经营。

4. 企业应小规模进入外国市场，这样可以降低万一失败后的损失。更为重要的是，以小规模进入外国市场可以使企业在做出重大资本投资之前有时间和机会去了解外国情况。

5. 企业应该雇用当地人员来帮助自己在外国市场立足。毕竟，与那些从未到过业务对象国的出口企业的管理人员相比，当地人更加了解怎样在本国做生意。

6. 企业应考虑在当地进行生产。一旦出口额达到一定水平并且足以使当地生产在成本上变得有利的时候，企业就应考虑在外国市场上建立生产设施。这种本地化可以帮助企业与外国建立良好的关系，同时更有利于市场接受企业的产品。出口通常不是目的，而只是向海外生产的一个步骤。

## 第二节 跨国服务活动

**一、许可经营**

许可经营（licensing）是指根据许可证协议，被许可方（licensee）付出一定的代价，获得许可方（licensor）无形资产的使用权。许可经营中的无形资产分为五类：第一，专利、发明、公式、工艺、设计、款式；第二，版权、著作权、音乐或论文作品；第三，商标、商号、商标名称；第四，特许代理权、许可证、合同；第五，方法、软件、程序手续、体系等。

（一）进行许可经营的动机

1. 避免技术风险。在当今技术飞速发展、技术更新速度加快的情况下，若国际企业对新产品或新技术的生命周期估计失误，在国外建立工厂后，则很有可能在还未收回投资成本时，技术已经过时，产品寿命周期已到，而使企业遭受损失。许可经营可以把投产后的风险转移给被许可方，避免这种损失。

2. 经营方式创新。许可经营为企业选择灵活的经营方式提供了一种方法。如克莱斯勒汽车公司在扩大吉普车生产的过程中，在一些市场规模较大的国家选择了直接投资，建立子公司的经营方式，而在一些较小的市场上则采用许可经营的方式转移技术。

3. 战略企图。当企业希望进入外国市场，但又由于投资的障碍而受到禁止时，往往也会采用许可经营的方式。这是富士-施乐合资企业形成的最初原因之一。施乐想进入日本市场，但日本政府禁止其在日本建立全资子公司，所以施乐同富士建立了合资企业，然后将其技术秘诀授权许可这个合资企业使用。

4. 资产保护。世界上的一些国家对外国的无形资产并不加以很好地保护，往往给国际企业带来巨大的损失。但若国际企业与这些国家的企业签订了许可证协议，就可以追踪协议规定的资产使用情况，避免资产的不正当扩散。

（二）许可经营的优缺点

许可经营的优点有以下四点：第一，授证方可以不必承担用于打开外国市场所需的开发成本和风险。对于那些缺乏开发海外业务所需资源的企业而言，许可协议是一个很有吸引力的选择。第二，当企业不愿意在不熟悉或政治不稳定的外国市场投入大量资源时，许可协议是一个很好的选择。第三，许可协议可以绕开一些投资壁垒的限制，而使企业进入希望进入的外国市场。第四，许可经营可以使企业不愿自己开发商业用途，而又具有商业价值的无形资产投入应用。如可口可乐公司就将其商标许可给了成衣生产商，由其进行设计与生产。

许可经营的缺点也有四点：第一，它不能使企业获得为实现经验曲线经济和区位经济所需的对生产、营销和战略的严密控制。在许可协议下，被许可方通常各自建造自己的生产设施，这将严重限制企业通过在一个地点集中生产而实现经验曲线和区位经济效益的能力。因此，当这些经济效益非常重要时，许可经营可能不是向海外扩展的最佳选择。第二，在国际市场上经营的企业常常需要在不同的国家协调它的战略行为，把在一国生产的利润用来支持在另一个国家的竞争。然而，被许可方不大可能会允许一家跨国企业用它的利润或资源去支持另外一个国家的被许可方的经营活动，从而限制了国际企业在全球进行协调，实现国际战略的能力。第三，被许可方如果生产伪劣产品，会极大地损害企业的声誉，并冲击企业的正常销售活动，影响产品的销售。第四，许可经营可能会带来技术扩散风险。技术诀窍是许多国际企业竞争优势的来源，大多数企业希望控制它们技术诀窍的使用方式。然而，通过许可协议，企业可能会迅速失去对技术的控制。

## 二、特许经营

特许经营（franchising）是商务活动中的另一种基本的经营方式，它是一种专业化的许可协议。特许经营方（franchiser）把经营的基本资产（通常是商标）提供给特许经营者（franchisee）使用，而且还要求特许经营者遵守严格的经营规则。同时，特许经营方通常按照特许经营者经营收入的一定比例取得特许权费。

特许经营类似许可经营，但特许经营往往比许可经营含有更长期限的承诺。在特许经营中，授权方会对接受方提供更多的支持，但另一方面，特许经营方也会对特许经营者的绩效进行更多的控制。许可经营主要是制造业企业采用的方式，而特许经营主要是服务业企业采用的方式。

著名的麦当劳就是通过特许经营战略发展起来的。麦当劳对特许经营人应当如何经营快餐店做出了严格而详尽的规定，涵盖了从菜单、烹饪方法、员工雇用政策到餐厅设计、位置的控制。麦当劳还负责特许经营人的供应链，并提供管理培训和财务资助。

在国际商务活动中，由于特许经营的双方缺乏相互了解，东道国一般不愿意为外国企业提供财务资助，国际企业在选择特许经营者时采取了一些方法：

第一，直接投资成为进入东道国的战略选择；

第二，与主要的特许经营者签订合同，由他们再去操办其他大量的特许经营活动；

第三，在试探性的经营取得成功以后，再寻求特许经营的投资伙伴。

在国际性的特许经营中值得注意的问题是，国内所熟悉的经营方式不一定能很好地适用于东道国的经营环境，特许经营方必须根据东道国的需求状况和特点选择恰当的经营方式，并考虑变化对企业经营成本的影响。

### 三、交钥匙工程

交钥匙工程（turn-key project）又叫全承包工程，是指承包人承揽外国客户的工程项目并负责项目的一切细节，包括操作人员的培训。当合同完成时，外国客户将获得可随时完全运作的整个设施的"钥匙"——"交钥匙"的名字由此得来。它实际上是一种高度专业化的出口，即承包方向其他国家出口加工技术，是一种技术贸易方式。它经常被运用在化工、制药、石油精炼和金属冶炼、电信等行业的项目建设中，炼油厂、炼钢厂等项目的建设需要使用复杂昂贵的综合技术。

参加交钥匙工程商务活动的企业一般有三类：工程设备的生产厂家、建筑公司、咨询公司，其中以建筑公司为最多。技术的输入方一般都为政府的有关机构，其中又以发展中国家居多。

根据技术输入方的要求，"交钥匙"的方式有两种：一种是在承包工程完成、试车成功，达到合同中规定的指标要求，即可进行技术交接；而另一种是承包人必须培养技术输入方的管理、技术、操作人员，并由输入方人员单独操作达到合同规定的要求才进行交接。这两种方式对于技术输出方来讲其区别主要是风险的不同。前种方式技术输出方只承担自身技术上的风险，而在后一种方式中，技术输出方除了担负自身的风险之外，还要承担技术输入方技术、管理等方面的风险。

交钥匙工程的优点在于，它们可以使技术输入方企业从炼油和炼钢等复杂设施的交付中获得极其有价值的技术诀窍。当东道国限制外国直接投资时，这种战略尤其有效。同时，交钥匙工程对技术输出方来说，是一种从复杂工序技术秘诀这种无形资产中获得巨大经济回报的方式，并可以使技术输出方降低在东道国投资的风险：与传统的外国直接投资不同，该交易由于是短期投资，可以避免一些长期投资存在的风险。

但交钥匙战略也有不足之处。首先，根据对交钥匙工程的定义，从事交钥匙工程的技术输出方在客户国家没有长期利益。解决这一问题的方法是，企业应当在它所建造的交钥匙工程中拥有少数股权。其次，由于交钥匙工程涉及先进技术的转让，为外国企业建造交钥匙工程的公司有可能为自己创造竞争对手。为避免出现这种情况，企业一方面要选择技术转让的对象——最好是潜力不大，将来对自己构不成威胁的国外企业；另一方面在交钥匙工程中应避免最核心技术的流失。最后，如果企业的工艺技术是其竞争优势的来源，那么企业应避免从事转让工艺技术的交钥匙工程。

**小资料：中兴通讯的国际化"梯度推进"战略**

中兴通讯2005年就进入美国《商业周刊》"2005年全球IT百强榜"，《商业周刊》分析认为，作为中国最大的通信制造业上市公司和中国最具技术含量的公司之一，中兴通讯在巩固了中国本土市场的领导地位之后，近年在新兴的发展中国家市场上取得了巨大的成功，并开始把拓展重点瞄准发达国家。与一些其他国内企业推崇的大跨步并购战略相比，中兴通讯选择了扎实和稳健的自主发展国际化模式——"梯度推进"战略。

中兴通讯的"梯度推进"战略是："现金流第一，利润第二，规模第三"，也就是说不能够单纯追求规模扩张。公司董事长侯为贵认为，企业在发展过程中首先应该保持自己的健康，否则今天扩大了，重组了，明天又分解了，来来回回受害的是员工，是股东。所以中兴通讯对财务方面采取健康和稳健的政策，强调不要把研究的重点放在规模上。如果企业是健康的，一定能够积累强大的竞争能力，企业也自然会成长，这种成长不是拔苗助长，它是一种有规律的、科学合理的成长。

中兴通讯1995年向海外推广数字交换机，这种小机器风险不大。1995年国际市场的订单只有几十万美元。发展到现在，海外销售额超过10亿美元。与其他行业相比，电信产品线长，业务复杂，更新换代速度快，运营商变化无常，是一个高投入高产出也是高风险的行业，一项技术投资动辄需要上千万元甚至上亿元。在企业发展的每一个阶段，侯为贵都反复强调循序渐进：中兴通讯在每一项可能形成热点的技术上在不同时间段作适当的前期投入。在市场前景不明或容量不大的技术上只作试探性研究，只有当市场出现明显的征兆，且有足够的把握时，中兴通讯才会倾力投入。在投资要求太高或来不及投入的情况下，中兴通讯则尽量选择合作或采用他人成果的方式进入。

国际市场的10年征战，中兴通讯始终采取一种稳扎稳打的做法。中兴通讯的国际化经历了四个时期——海外探索期、规模突破期、全面推进期和高端突破期。作为中国企业最早"走出去"的代表之一，中兴通讯于1995年就启动了国际化战略，走出了"农村包围城市"的道路。从1998年到2001年，南亚、非洲一些国家成为中兴通讯国际市场发端的"福地"，中兴通讯海外市场实现了由"点"到"面"的突破。1998年，中兴通讯中标巴基斯坦交换总承包项目，金额达9 700万美元，是当时中国通信制造企业在海外获得的最大的一个通信"交钥匙"工程项目，令世界瞩目。

从2002年开始，中兴通讯在市场、人才、资本三个"国际化"上全方位推进，国际化战略开始深入发展。2004年12月，中兴通讯"资本国际化"终于取得了历史性成果，成功地在香港联交所挂牌上市。从2005年开始，中兴通讯的国际化进程提速，通过有效实施"本地化"以及MTO战略，与全球跨国运营商开展全面、深入的合作，实现对西欧、北美等发达市场的高端突破；2007年，中兴通讯海外市场收入首次超过国内市场，实现新的跨越。

通过十几载稳步积累的发展模式，目前中兴通讯在全球96个国家设有代表处，业务覆盖140多个国家和地区，在全球设立了15个研究中心、12个海外培训中心，为全球500多家运营商提供创新性、客户化的产品和服务。从2001年的4%、2004年的23%、2005年的36%、2006年的44%，到2007年的58%，再到2008年上半年的64%，中兴通讯的国际业务收入占总收入的比例逐年攀升。

（资料来源：中国电子商务，2008-08-06.）

## 第三节 跨国投资活动

### 一、国际合资企业

国际合资企业（international joint venture）是指被两家或者更多的来自不同国家的企业所共同拥有的企业。国际合资企业可能是新建的，也可能由已有的若干家公司合并而成。不管其组建形式如何，大多数合资企业成立的目的在于合资方可以共享资源，通过组织协调实现任何一方不能单独实现的目标。

与外国公司建立合资企业长久以来一直是打入外国市场的一种颇为流行的方法。合资企业可以是一半对一半股份的企业，也就是说合资双方各拥有50%的所有权，并且各自向合资企业派出管理队伍，实现共同经营；不过很多国际企业喜欢在合资企业中拥有较高的股权，主要原因是便于经营上的控制和避免利益分配中的矛盾。

（一）国际合资企业的存在理由

如表10-1所示，国际合资企业的存在有四个基本的目的：强化公司现有的业务，为公司现有的产品开拓新的市场，确保公司新产品进入公司现有的市场，以及通过企业多元化进入新的领域。不同目的的公司采用合资企业所考虑的因素是不同的，其寻找的合作伙伴也具有不同的特征。比如，旨在强化现有业务的公司，大多倾向于在现有的竞争对手中寻找合作伙伴；而那些试图进入新的地理领域市场的公司，则会选择那些相关领域且熟悉当地市场运作规则的海外企业。

表10-1　　　　　　　　　　　　国际合资企业形成的动因

|  | 现有产品 | 新产品 |
| --- | --- | --- |
| 现有市场 | 强化公司现有的业务 | 确保新产品进入公司现有市场 |
| 新市场 | 为公司现有产品开拓新的市场 | 企业多元化进入新的领域 |

1. 强化现有的业务。国际合资企业能够采取多种多样的形式强化或保护现有业务，最主要的是通过建立合资企业实现规模经济，确保原材料和零部件供应，共享研发能力和进行联合营销，获得核心业务所需的技术，并降低主要项目上的金融风险。核心技术的获得和金融风险的降低，可以使公司在某个特定市场或特定产品上消除潜在竞争对手的威胁。

当拥有众多分支机构的跨国公司认为它们的分公司太小而不能实现规模经济时，便选择与其竞争对手联合，将特别小的运营单位合并。以菲亚特和标致为例，它们就把各自在阿根廷的汽车业务合并了起来，因为两家公司在该国的运营都很差。新成立的合资企业占据了阿根廷35%的市场份额，并且有机会实现在产品设计、生产和营销方面的规模经济。由于同样的压力，美国福特和德国大众在巴西也做了同样的事情，共同创建了一家名为Auto Latina的合资企业。

2. 拓展海外市场。产品获得国内市场认可的企业相信其产品在国外市场也能成功。这时企业就面临着一项选择：企业可以在国内生产产品然后出口到国外，也可以通过许可证书让全球各地的当地企业生产，还可以在国外建立全资子公司，或者同当地的合作伙伴建立合资企业。很多企业认为出口很难保证真正意义上的市场渗透；建立全资子公司的进程又太缓慢，并且需要很多的资源；许可协议无法提供充分的财务信息，最后便采取国际合资企业的形式。尽管这种形式很少被认为是一种最理想的选择，但却通常是最具有吸引力的折中方案。

进入国外市场要承担一定程度的风险，大多数企业采取同当地企业组建合资企业的做法以降低新市场的进入风险。通常，企业会在当地寻找从事相关产品线市场的合作伙伴，这样便能更好地了解当地市场。降低海外市场进入风险的另一种方法，是跟随那些作为自己客户的国内企业进入国外市场。因此，本田、丰田和日产汽车公司在北美和欧洲投资建厂时，很多日本零部件供应商尾随其后。这些供应商由于缺乏在国外市场的运作能力，通常会同当地合作伙伴建立合资企业。你会发现，在美国有很多由日本和美国汽车零部件供应商组成的合资企业，为日本移植来的汽车制造商供应原材料和零部件。

3. 把外国产品带到当地市场。采取国际合资企业的每家企业都在将它的产品带到国外市场上去，当地的公司看重合资企业的原因之一，也在于这是将外国产品引进到本国市场的一种有效方法。

富士-施乐公司是由美国施乐公司和日本富士公司1962年在日本创立的合资企业，也是一家在日本家喻户晓的标杆合资企业。在公司成立的最初10年里，从严格意义上讲只是一家营销机构，它非常有效地使施乐公司的复印机进入日本市场，而那时美国的其他公司对此束手无策。10年后合资企业富士-施乐才开始制造自己的复印机，重新设计的、更适合日本人使用的复印机1975年进入日本市场。

4. 通过合资企业促使企业多元化。许多合资企业运营的产品都是合资母公司双方认可的产品，然而，也有一些将合资母公司一方或双方都不熟悉的产品引进合资企业的例子。

合资企业被认为是组织学习的有效手段，这种超越知识转移的学习模式包括转型和嫁接。于是，在某一新的业务领域获得竞争所需的各项技能，从而形成多元化。

(二) 国际合资企业的优势

合资企业作为国际企业的一种经营方式有许多优势。

首先，国际企业与东道国企业建立合资企业可以从合资伙伴那里了解东道国的文化、经济、政治和经济情况，这样可以使企业能够更好地适应当地的情况，从而避免"水土不服"。

其次，当打开外国市场的成本和风险很高时，企业可以与当地伙伴分摊成本与风险。

最后，在很多国家，政治因素使合资企业成为唯一可行的经营方式。

另外，研究表明，与当地合作伙伴建立合资企业不太容易受到国有化和其他形式的政府干预的影响。这是因为，对东道国可能具有影响的当地合作伙伴由于既得利益而反对国有化和政府干预。

### (三) 国际合资企业的劣势

合资企业的缺点主要表现在三个方面。

第一，建立合资企业可能使对技术的控制权落入合作伙伴手中。尤其是当企业由于所占的股份较少从而丧失了对合资企业的控制权时，技术更可能会外泄，尤其严重的是自己的核心技术有可能落入竞争对手之手。相对应的措施是取得合资企业的绝对控股权，从而取得对技术更大的控制。这种方法的缺点是不容易找到甘愿拥有少数股权的合作伙伴。

第二，企业无法获得为实现经验曲线经济和区位经济所需要的对子公司的控制，同时，这种形式也不能够使企业获得为协调全球竞争所需要的对外国子公司的控制。有时企业出于整体战略考虑，需要外国子公司在必要时不惜以亏损来支持公司的整体战略。但没有一个潜在的合作伙伴会接受这些条件，因为这将意味着企业必须接受负的投资回报。

第三，当合资双方的经营目标随时间的推移而发生变化时，或者双方对企业的战略有不同的看法时，那么对所有权的共享会导致投资双方争夺控制权而发生冲突。

## 二、全资子公司

在全资子公司（wholly owned subsidiary）中，企业拥有100%的股权。在外国市场上建立独资子公司的方法有两种：企业可以在当地建立新的公司，也可以兼并现存企业，并利用兼并的企业来促进在该国市场上的产品销售。

### (一) 全资子公司的优缺点

全资子公司的优、缺点正好与合资企业的优、缺点相反。相比之下，全资子公司有以下三个优点：

第一，当企业的竞争优势以技术为基础的时候，全资子公司通常是一种为企业所乐于采用的经营形式。采用该经营方式，国际企业可以降低对技术失去控制的危险。

第二，全资子公司可以使企业严密地控制它在各个国家的生产活动，这种控制对于企业协调全球战略是必要的。

第三，如果企业试图实现区位经济和经验曲线经济，那么企业就应该选择独资企业的形式。当企业的成本压力很大时，企业应该对它的价值链进行合理安排，从而使每一阶段的价值增加值最大化。要建立这样一个全球生产体系，企业必须对每一家子公司保持控制，因此建立独资子公司也许是必要的。

从另一方面来讲，建立全资子公司的缺点在于它是为外国市场提供产品和服务的成本最高的方法。企业必须承担建立海外子公司所有的成本和风险。

### (二) 新建还是收购

企业可以通过平地里新建的方式成立一家子公司，即所谓绿地投资（green-field）；也可以通过在目标市场收购已经存在企业的方式来成立子公司，即所谓并购方式（M&A, merger & acquisition）。目前全世界的跨国并购约以每年42%的速度增长，世界收购案的31%是跨国并购。

收购方式的好处是：可在外国市场迅速建立自己的势力（如吉利收购沃尔沃）；在迅速全球化的过程中领先于竞争者（如戴姆勒-克莱斯勒、TCL-Thomson）；可能比新建风险小（从收入流和利润流已知的角度考虑）。

收购常常失败的原因有：为目标企业出价太高；两个企业间有文化冲突；收购之前的调查筛选工作不够；政治因素。

新建方式的优点是：给企业更大的可能去建立他们想要的子公司类型；建立自己的组织文化和激励机制比改变被收购企业的文化容易得多；建立新的日常运行规则也比转变被收购企业的规则容易得多。

新建方式的缺点是：新创办企业建立起来缓慢；未来收入和预期利润具有极大的不确定性。

那么，我们如何权衡采用新建还是收购方式呢？如果企业寻求进入的市场有良好的现有企业，企业也打算迅速建立起势力，可以考虑收购；虽然目标市场有较好的现存企业，但两者业务不能通过互补而达到增效作用，或者存在文化冲突，或者收购企业的竞争优势以植根于组织结构中的能力、技术、规程和文化为基础的话，更好的选择是通过新建企业进入；目标市场上没有合格的被收购企业，那么新建方式是唯一的选择。

## 第四节　国际战略联盟

### 一、基本类型

"战略联盟"（strategic alliance）这个术语目前被广泛应用于描述各种不同企业间的合作协议，形式包括从共同研究到正规的合资企业等，如图10-2所示。

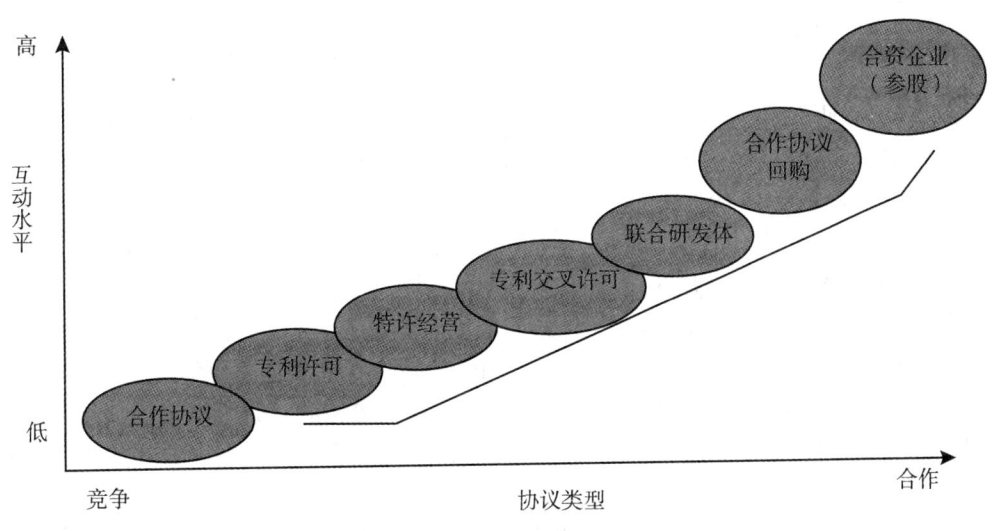

图 10-2　战略联盟的不同类型

一些公司或许试图与另一些公司在不同的领域内进行互利性合作，但又不想建立一个独立运作的合资公司，在这种情况下，采取战略联盟形式或许就是最佳选择。战略联盟不仅有利于不同公司之间的密切合作，而且通过这种合作，参与合作的公司也能实现它们各自的战略目标。在经济全球化和竞争国际化的今天，参与一个战略联盟的不同公司出现了相互持股的趋势，这种趋势使联盟伙伴之间的关系更加稳固，保证了联盟共同目标的实现。

## 二、优势与劣势

建立战略联盟的目标是多种多样的，战略联盟内部的关系也是形形色色的。例如，外包（outsourcing）、贴牌生产（OEM）、长期合同（long-term contract）等。一个公司或许与自己产品和服务的买家、供应商甚至竞争者建立一种战略联盟。同时，一个战略联盟存在的时间也是不同的。

对于跨国公司或者全球公司来说，建立战略联盟的主要优势包括：（1）分摊国际投资成本，共享国际投资收益；（2）降低竞争风险；（3）获得不同的供应商和分销渠道；（4）可以利用其他公司的特殊优势。

国际战略联盟也存在一些劣势。正如合资公司一样，战略联盟最大的劣势是，战略联盟的形成或许最终树立了一个全球竞争者。当然，一个跨国公司或全球公司可以通过控制自己的核心优势，限制关键合作领域，小心制定对合作者有约束力的合同条款，使这种风险最小化。

## 三、主要动机

通过对促使战略联盟形成的五个动机的研究，我们将更加细致地讨论为什么这一迅速发展的企业关系会变得如此重要。战略联盟形成的五个动机分别是：技术交流、全球性竞争、产业集中、规模经济和降低风险、联盟替代兼并。

### （一）技术交流

技术转移和研发合作是许多战略联盟的主要目标。近些年来，越来越多的技术突破和重大创新都是依靠学科间、产业间的交流与合作来实现的，打破了原先那种有明确边界的产业部门和技术划分。一个企业往往不具备所有必需的能力和资源，仅仅依靠自己内部的研发工作很难形成有效的竞争。此外，产品生命周期日益缩短，增加了时间的紧迫性和风险，同时降低了大量研究与开发投资的潜在回报，也增加了进行合作的必要性。

所以，像通信、信息技术、电子、医药和特殊化学品等技术密集型行业，已成为建立重点和广泛合作关系的主要领域。这些产业中的企业面临着快速变化的环境、日益缩短的产品生命周期、较小的市场份额，以及价值链中多种纵向和横向的依赖关系。企业之间的合作提供了许多解决这些战略挑战的措施，所以在这些行业中，许多技术开发都是以某种形式的研发合作实现的。

在不牺牲研发和商业化规模优势的情况下，即使是传统行业的跨国公司，也采用了战略联盟的形式来迎接协调和配置独立的技术资源库的挑战。例如，一些优秀的材料供应商和全球汽车企业联手来传递其跨越地理边界的专业技术，通用电气公司在将福特 Xeony 保险杠技术从欧洲转移，并且使之适应美国市场的过程中，扮演了关键的角色。

### （二）全球性竞争

有一种观点颇为流行，即全球性竞争将日益在战略伙伴组成的各集团间展开。通用电气和范尼卡（Fanuc，日本的机器人制造商）成立的合资企业在美国分公司的前总负责人罗伯特·科林（Robert Collin），在评价使用联盟作为关键性竞争工具的重要性时说："要参与全球市场竞争，美国企业必须寻找合作者。"在新型的全球网络博弈中，成功的跨国企业正是组建了最佳联盟的企业。

特别是在那些有世界市场领导企业的行业中，战略联盟和网络使得较弱的竞争者能够联合起来更有效地对付全球共同的敌人，而不是彼此之间相互竞争。例如，为了应对微软进入个人数字助理（PDA）市场，佩森（Psion）、爱立信、诺基亚、松下和摩托罗拉成立了塞班（Symbian）联盟，联盟合作伙伴承认它们希望通过制定PDA操作系统的通用标准来挑战微软的新PDA操作系统。

（三）产业集中

许多高技术产业日益重叠、集中：计算机、通信和制造商进行合并，生物、芯片技术相互交叉，从航天工业到汽车工业都有高新材料的应用……这种情况注定会造成大量激烈的竞争，建立跨行业联盟已经成为最佳的选择。

此外，战略联盟有时是在规定时间内发展竞争所必需的、复杂的跨学科技术技能的唯一方法。联盟可以降低竞争强度、排除潜在进入者、分隔特殊参与者、建立复杂而完整的价值链以阻止单个企业的进入，成为一种增强竞争的方法。

这种跨行业集中和广泛技术合作的意义，在高清晰电视（HDTV）行业可以得到最好的体现。与其他在未来可能具有战略重要性的技术，如生物科技、超导体技术、高级制陶术、人工智能相比，高清晰度电视不仅使以前的投资变得不再必要，而且超过了那些规模大、投资广的跨国公司的技术和能力。所以，为发展这一重要的新产业，只有采取以国家为基础、跨行业的大公司联盟的形式。日本、欧洲都成立了高清晰度电视联盟，而在美国，各种妨碍企业合作的法律和文化因素，阻碍了美国企业在这一新的重要产业中形成竞争力。

（四）规模经济和降低风险

战略联盟网络允许成员企业通过多种方式获取规模经济和学习效益，这些优势对于试图与大型跨国企业相抗衡的小公司尤其有吸引力。首先，合作者可以集中各自拥有的资源，在联盟内扩大活动规模并提高学习速度。其次，联盟还允许每个合伙者利用和分享其他成员企业特有的优势和能力。最后，联盟企业之间的异质性或互补性资源，使得成员企业都能从中获益，并为每一个成员企业减少重复建设投资。

在产品生命周期越来越短、技术日益复杂的情况下，研发尤其使得联盟中的成员企业受到分担风险机制的吸引。虽然研发费用由于人工成本和资本成本的提高而大幅增加，但企业联盟中没有一个企业需要独立承担共同研发活动的全部风险和成本，这使得联盟成为一种颇具吸引力的风险规避机制。

由这些动机所驱动的战略联盟示例是雷诺（Renault）和日产（Nissan）的合作关系。这两个汽车企业于1999年结合在一起，雷诺占有日产36%的股份，并由卡洛斯·戈森（Carlos Ghosn）担任日产的首席运营官。建立联盟的潜在因素是因为双方都需要实现更大的规模经济和范围经济，以便与通用、福特以及丰田相抗衡。这次联盟使日产的命运发生了急剧的扭转，这很大程度上归因于联盟建立后一系列项目中的产品开发、制造和分销方面的协同效应。

（五）联盟替代兼并

最后，还有许多行业中，政治和法律的约束限制了跨国并购的程度。在这种情况下，公司们常常建立跨国战略联盟，这并不是因为战略联盟从本质上来讲是最有吸引力的组织形式，而是因为这种形式是兼并的最佳替代方案。

这种现象的经典例子发生在航空业。大多数国家抵制外国企业掌握本国航空公司的所有权。但是，用潜在的规模经济、供应商的集中度、服务标准化的机会以及竞争动力学等对该行业做个简单的分析就会得出结论：全球一体化可以得到大量的利益。因此，在不违背所有权原则的同时，世界航空业组成了营销和代码共享的联盟，例如星空联盟（Star Alliance）和寰宇一家（One World）。与此类似，许多电信公司也形成了跨国电信联盟。

### 四、结论与趋势

关于战略联盟有各种各样的观点，可以从一个极端走向另一个极端。我们逐渐认识到这样几点结论是可取的：

1. 简便易行但不是最好的方法。对许多企业而言，最大的危险在于认为这种简便易行的战略联盟形式就是可以选择的仅有形式或最好形式。实际上，合作的安排也许是追赶潮流，合作伙伴关系也许掩盖了一些严重的根本性问题。采用这种形式并不能实现企业的所有目标。只是由于缺少资源、专业知识和时间等原因，当企业不能完全独立、自给自足时，战略联盟便成为一种现实的选择。

2. 联盟不必长久。另外一个不应有的误解是：联盟解体意味着联盟失败。许多企业在外部环境变化使得原有联盟已不适用的情况下，仍不愿放弃联盟形式，因此造成了很大的损失。联盟成员企业的高层管理的重要任务之一，就是定期反省为什么联盟不终止？只有在找到充分理由的情况下，才应将联盟延续下去。

3. 灵活性是关键。最初的合作协议大多建立在有限的信息和不大现实的期望值上，双方的实际合作经验为其提供了调整的机会，而且往往能寻找到获取更高水平合作价值的途径。在此条件下，目标、范围和联盟的管理能否灵活地适应动态变化的环境是一个关键，而且不断变化的环境，经常会使组织最初的打算和计划过时。有效的合作关系要求合作者监控这些变化，并且使联盟适应其发展。

世界上的大多数公司，包括许多行业领导者，都越来越多地参与国际战略联盟，现代战略联盟的模式和动机也越来越广泛。有三种趋势特别值得注意：第一，今天的战略联盟多发生在工业化国家之间；第二，当代国际战略联盟的重点不再是分销现有的产品，而是着重于生产新产品和发展新技术；第三，今天的国际战略联盟常常只会持续一段较短的时间。所有这些特点使得新的战略联盟形式比起传统的合资企业更具有合作的战略意义，而且在今天，通过伙伴合作获得竞争机会尤其重要。

# 第五节 国际市场进入模式的选择

## 一、进入模式选择的考虑方面

从上面的讨论中可以看到，所有的经营方式都各有优缺点，需要企业在考虑经营方式时进行取舍。国际企业在选择经营方式时要考虑的方面主要有：

1. 法律。影响国际企业选择经营方式最重要的因素是一个国家所制定的法律。由于国际企业在外国开展经营活动必须遵循所在国的法规，这样国际企业在选择国际经营方式时就受到法律的限制。例如，一国的法律对允许外国企业在本国拥有资产比例的规定，就直接影响到了企业能否独资或控股经营。除了像这种直接的禁止和许可外，其他的法规也会对经营方式产生影响，如税率的差别，投资金额的限制，反垄断的法律要求等。

2. 成本。国际企业在选择经营方式时应当注意到固定成本因素的影响。扩大经营带来的效果很重要的原因是降低了单位产品的固定成本，我们可以通过合理地选择经营方式来保持产品合理的成本。例如，对于小笔订货，或企业的生产能力已达到饱和，采取与其他企业签订供货合同就可能更为合算。当订货批量很大，企业的生产能力还未充分发挥，则企业自己组织安排生产就更为经济。

3. 经验。对于一些涉及国际商务的"新手"，在经营中一般既不愿意轻易的转移本企业的稀缺资源到国外，在资源的使用上也更愿意尽可能的使用本国资源，因此会更多的选择让国外的伙伴承担更多义务的经营方式。随着企业在国外业务的发展壮大，企业才会逐步扩大国外业务在总体经营活动中的比例，并更多地使用国外资源。

4. 风险。国际企业一般根据本企业的经营能力、国外经济活动的性质与活动风险的种类来选择经营业务与规避风险的手段。如果企业国际经营的经验丰富，就会为了得到较大的收益而选择一般企业不愿选择的高风险经营方式。在各种进入国际市场的方式中，直接投资的风险最大。根据行业的不同，风险也不相同。如对高科技行业投资的风险就大于成熟行业的风险。行业和经营方式的多元化，业务范围与地点的多角化也是国际企业规避风险的重要途径。

5. 竞争。在企业拥有独特的、别人难以模仿的资源时，企业可以充分选择各种合适的经营方式。在竞争激烈、竞争者已先占领市场的情况下，企业就只能选择较低层次的经营方式。为了迅速地获取有限的资源，企业也可以选用适当的方法，迅速地扩大国外经营活动。

6. 控制。经营方式不同，企业对国外资产的控制力也不同，经营活动的收益也不同。如选择直接投资方式，虽然风险较大，但是企业对资产的控制力强，可以更好地控制国外企业的经营活动，从而得到更多的收益。随着企业对资产控制力的减弱，企业的控制权与收益都会相应的减少。

7. 产品的复杂性。产品的开发与制造技术越复杂，要求越高，其成本也就越大。为了降低成本，尤其是为了保证技术秘密，对越高级越复杂的技术，企业就越愿意采用内部经营的方式来实现产品与技术的扩散。如采取兴办控股子公司或独资经营的方式。

除了以上因素之外，国际企业在选择其经营方式上，还应注意市场的相似性与经营过程的连续性。在市场相似的国家，可以选择相似的方式进行经营；在已经开始经营的国家，随着对经营环境与市场需求的了解，可以逐步地将经营方式向更高的形式发展。国际企业在选择国际经营方式时必须综合地考虑以上因素，从而做出最佳选择。

很明显，这些方法中没有哪种方法是一定正确或者错误的，但是，它们都必须与跨国公司的国际化进程（见图10-3）、整体战略意图相一致。

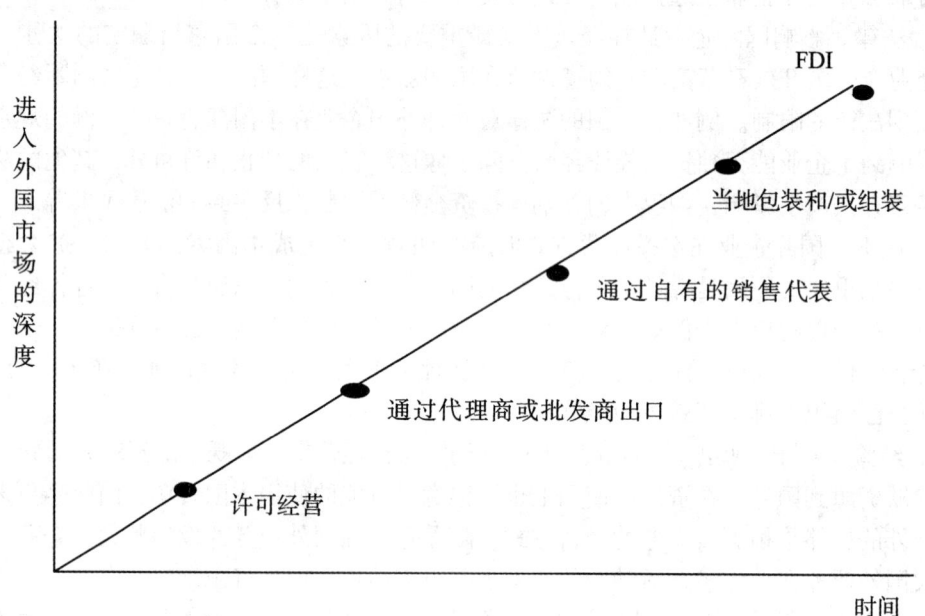

图 10-3　程度不同的国际市场进入模式

## 二、决定进入模式选择的两大因素

表10-2总结了每种进入模式及与之相关的优点、缺点。选择进入模式时，权衡和协调是无法避免的。

表 10-2　　　　　　　　　　各种国际市场进入模式的优缺点

| 进入模式 | 优点 | 缺点 |
| --- | --- | --- |
| 出口 | 可实现区位经济和经验曲线效应 | 高运输成本，贸易壁垒，同当地销售代理的协调问题 |
| 交钥匙工程 | 能够在FDI受到限制的国家，从复杂工艺加工技术中获得回报 | 创造有效率的竞争者，缺乏长期的市场利益 |

续表

| 进入模式 | 优点 | 缺点 |
| --- | --- | --- |
| 许可经营 | 低开发成本，低风险 | 缺乏对技术的控制；无法进行全球战略协调；无法实现区位经济和经验曲线效应 |
| 特许经营 | 低开发成本，低风险 | 缺乏对质量的控制；无法进行全球战略协调 |
| 国际合资企业 | 可得到当地合伙人的技术，分担成本与风险，获得政治认可 | 缺乏对技术的控制；无法进行全球协调战略；无法实现区位经济和经验曲线效应 |
| 全资子公司 | 保护技术，能够进行全球战略协调可实现区位经济和经验曲线效应 | 高成本，高风险 |
| 国际战略联盟 | 优点与国际合资企业相似 | 缺点是比国际合资企业更难管理 |

1. 核心竞争力与进入模式。最优进入模式取决于企业核心竞争力的性质，可以把企业划分为核心竞争力是技术秘诀与核心竞争力是管理诀窍两类。如果企业的核心竞争力为技术秘诀（technological knowledge），应尽量避免许可证和合资企业方式，以避免丧失技术优势和控制权。如果企业的核心竞争力为管理诀窍（management know-how），则采用特许或合资方式风险不大。

2. 国际化压力与进入模式。成本降低压力越大，企业越可能采用出口和全资子公司的方式，因为严格控制对全球价值链有利。

◎ 小结

1. 主要的国际市场进入模式有出口、许可经营、特许经营、交钥匙工程、国际合资企业、全资子公司、国际战略联盟。

2. 国际合资企业的方式有利于对东道国环境的熟悉、投资成本的分摊、从合作伙伴那里学习、突破政策限制；但缺点是容易造成技术外泄、失去控制权、不利于跨国公司全球整体战略的实施，以及利润被摊薄、管理成本上升。

3. 全资子公司的优点是可以确保技术优势不会因泄密失去，对子公司拥有完全的控制权，并可使之符合全球整体战略，以及从经营获利中达到企业增值最大化；但缺点是将独自承担大量的开发和投资费用，面临经济、政治等国家风险，对东道国环境熟悉缓慢，被东道国政府给予歧视的差别待遇。

4. 国际战略联盟这个术语目前被广泛应用于描述各种不同企业间的合作协议，形式包括从共同研究到正规的合资企业等。战略联盟形成的五个动机分别是：技术交流、全球性竞争、产业集中、规模经济和降低风险、联盟替代兼并。

5. 企业的核心竞争力是技术秘诀还是管理诀窍，企业面临的成本降低压力大还是当地需求响应压力大，这些因素都会影响企业确定自己的国际市场进入模式。

◎ 复习思考题

1. 国际市场的主要进入模式有哪些？
2. 许可经营和特许经营方式有什么差异？
3. 国际合资企业和全资子公司方式的各自优缺点是什么？
4. 国际战略联盟有哪些主要类型，建立联盟出于哪些基本动机？
5. 哪些因素以及它们如何影响企业确定自己的国际市场进入模式？

◎ 参考资料

1. 保罗·克鲁格曼，茅瑞斯·奥伯斯法尔德．国际经济学．第 8 版．海闻，译．北京：中国人民大学出版社，2010.
2. 菲利普·凯特奥拉，约翰·格瑞汉姆．国际市场营销学．第 14 版．赵银德，等，译．北京：机械工业出版社，2010.
3. 彭维刚．全球企业战略．孙卫，刘新海，等，译．北京：人民邮电出版社，2007.
4. 迪恩·麦克法林，保罗·斯威尼．国际管理．第 3 版．北京：中国市场出版社，2009.

【案例分析】

## 联想集团的跨国并购与整合

在中国个人电脑市场占有 30% 市场份额的联想集团（下称"联想"）在 2004 年 12 月 8 日宣布，以 17.5 亿美元的现金和股票收购 IT 巨头 IBM 的全球台式电脑和笔记本电脑业务，合并后的新联想将以 130 亿美元的年销售额成为世界第三大个人电脑制造商。这个消息如同在动荡的全球 PC 海洋中进行了一次最大当量的核爆炸，引起了人们的广泛关注和议论的惊涛骇浪。

大多数美国人并不敢相信个人电脑先驱 IBM 会把自己发家之本以 17.5 亿美元卖给一家中国公司，尽管这是中国最大的电脑公司，尽管在此之前这家英文名叫 "LENOVO" 的公司刚刚花了 6 500 万美元成为国际奥委会的顶级赞助商；而大多数中国人也不看好这次跨国并购，认为联想太急于成为行业领袖和跨国企业，妄图进行一场"蛇吞象"。

参加了国际商务学会（AIB）2006 北京年会的联想控股公司总裁柳传志在会上透露：兼并当时他们在北京大学光华管理学院 EMBA 学员中做了一个小调查，结果 90 名学员中只有 3 名对这一并购持乐观态度，其中还有 2 名是联想自己的员工。这一小花絮引起了包括本章作者在内的千名与会学者的善意哄堂大笑。

在 AIB2006 年度"杰出执行官"的颁奖典礼上，柳传志先生作了一个演讲，就外界普遍关心的联想收购 IBM PC 事业部的原因、收购过程中公司考虑到的收购风险与解决方案，以及整合过程中的关键问题等进行了详细阐述。

在并购之前，联想管理层就两个问题进行了反复透彻的考虑：

第一个问题是：IBM 为什么要出卖这块业务？20 世纪 80 年代以前，IBM 是个软硬件全都自己设计和制造的企业，90 年代开始调整战略，想把自己渐变成一个软件服务型企业,因此连续出售了它的生产制造部门,包括大容量硬盘、打印机等几大块业务。通过这些举措IBM的毛利率和净利率都有了很大的提高,而卖出去的几部分硬件业务之后的业绩也发展很好,真正实现了双赢。这次出售PC业务应该是IBM原定战略的继续。

第二个要讨论的问题是:为什么IBM本身亏损的PC业务卖到联想这里就可以盈利?联想管理层看到,尽管是亏损,但IBM PC业务的毛利是相当高的,达到了24%,而联想自己的毛利才14%。不过联想在14%的毛利之中实现了5%的净利,而IBM 24%的毛利却造成了亏损,原因非常简单,就是IBM PC部门的费用成本太高,而有些费用是IBM PC部门因为处在IBM整个体系中所无法避免的,比如说IBM总部的摊销。IBM总部的费用是按照各个事业部的营业额大小进行摊销的,IBM PC事业部的营业额有100多亿美元,占IBM全部营业额的1/9左右,于是就按1/9摊销。可是IBM PC的24%毛利虽然比其他同行要高,和IBM其他事业部如软件服务等相比就低得多,经不起大幅度的费用摊销。

联想认为,制造业本身就是一个把毛巾拧出水的行业,钱要一点一滴地通过管理挤出来;而IBM公司提倡的是高投入、高产出。在联想对IBM调查的时候就发现,它从生产、研发到服务每个环节都有大幅度降低成本的可能,而且采购也会产生巨大规模效益。把这几项综合起来考虑,联想认为双方合作以后仅仅从节流角度讲就会产生大幅的效益。从长远来看,收购IBM PC不是亏损不亏损的问题,而是盈利多少的问题。

除了并购的好处,联想最关心的还是并购以后的风险。

第一个风险是市场风险。新公司成立后原来的客户是否承认你的产品、以前买IBM产品的客户是否会流失?联想采取了下面这些措施:一是产品品牌不变,按照协议,并购5年之内IBM的品牌归联想使用,ThinkPad这个品牌永远属于联想;二是跟客户打交道的业务人员不变化;三是联想专门把总部设在纽约,表明这是一间真正的国际公司。本来联想希望设两个总部,一个在美国一个在中国,后来考虑市场反应就只在纽约设一个总部。收购进行之后,新联想派出2 000多名销售人员做市场工作,IBM也调动了一些人和这2 000人一起做大客户工作,事实证明这个措施是有力的,完全控制了市场风险。

第二个风险是员工流失的风险。并购完成之后IBM PC的员工几乎没有流失,主要原因是联想做了三方面的工作。一是对IBM的高层骨干员工讲述新公司的愿景。原来IBM PC部门并不在公司总部占主导地位,IBM公司对它的战略是控制发展,所以骨干员工的能力得不到充分的发展;而新联想主要做的就是PC,骨干员工的能力会有一个充分的发展空间。二是,新联想的文化将完全是一个国际企业的文化,而不是一个他们所假设的固执的中国公司,新联想的氛围会让高层骨干员工感到非常愉快。三是原公司员工的待遇不变,部分高层骨干还比原来的待遇有大幅增长。这项措施实施之后军心顿时非常安定。

第三个,也是最大的风险,就是业务怎么整合,人员、文化怎么磨合。各个商学院的老师给学生讲课时谈到联想案例多数担心都在这方面,对此联想又是怎么考虑的呢?

首先,在收购调查和谈判进行到深层次之后,联想管理层做出了一个判断,那就是:虽然语言和文化背景不同,但两家公司的工作语言是相同的,管理模式也基本上在一个层次上,这就奠定了业务整合的基础。如果联想之前没有经过ERP业务整合等一系列重大改革措施,还是一个比较老旧的企业,那么不管双方怎么努力可能也是没法融合的。

其次,双方的业务是互补的,这就减少了碰撞的机会。这点非常重要,因为惠普在和康柏整合中一个很大的困难就是双方有冲突的业务不好协调：它们本来都以欧洲为主要市场，合并之后欧洲原有市场人员马上就要裁掉一半，这是一个很大的麻烦问题。但这个问题对联想和 IBM 来说就不存在，因为 IBM PC 事业部基于总部的战略限制而将产品主要卖给大客户，这和联想的战略定位正好互补，因为联想在中国消费类市场占第一位。同时，IBM 的主要客户在欧美，联想的主要客户在中国，从区域角度讲也是互补的。此外，IBM 最擅长的产品是高档笔记本电脑，而联想最擅长的是台式机。因此，总的看来，双方在业务关系上以互补为主。

还有，联想以前的 CEO 杨元庆在合并以后要担任新联想的董事会主席，习惯了做 CEO 的杨元庆是否习惯做主席、能否和 IBM PC 部门派出的新 CEO 进行很好的配合？事实证明两个人配合得非常好，共同提出三个词作为合作的指导思想：坦诚，尊重，妥协。双方都有各自的习惯，这很正常，但在坦诚地亮出各自观点后，总有一方进行了妥协——这一方常常是中方。头几个月妥协起了非常好的作用，因为如果一开始大家就发生剧烈的碰撞和冲突，就有可能被认为不是工作上的碰撞，而是中国人和美国人的冲突，这样就会引起队伍分化。良好的人员融合使得即便在兼并发生一年多之后，2006 年新联想董事会对原 CEO 进行了撤换，大家也都理解是出于业务发展考虑，因此非常平稳地过渡，波澜不惊。

从并购后的实际运作和财务数据来看，联想对 IBM PC 的并购是成功有效的，不到半年时间就把原来亏损的 IBM 个人电脑业务带向了盈利：将 IBM PC 首次计入公司业绩后，联想集团在 2005 财年第一季度就实现净利润 3.57 亿港元，同比增长 6%，营业额比去年同期增长 234%，达 196 亿港元；而在 2005/2006 财年，联想个人电脑销量比上年增长 11%，综合营业额比上年增长 359%，达港币 1 036 亿元，毛利率也由 12.9% 上升到 14%。

2004 年联想收购 IBM PC 业务时，曾遭到竞争对手戴尔的冷嘲热讽："这起并购逃不出业界其他许多合并案的命运，两家不同的公司有可能整合失败。"杨元庆当即警告对手："戴尔公司的成功是因为康柏、IBM 没有重视他们的缘故，希望戴尔不要再犯同样的错误，因为联想是一个效率和它同样优秀的企业。"结果用了不到 7 年时间（到 2011 年三季度），联想全球市场份额就超越戴尔，并进一步将惠普斩落马下。

2009 年起联想开始进入中国电子信息百强三甲，和华为、海尔居于同一阵营，并且营业收入超过 1 000 亿元人民币。2011 年起联想再进一名，成为仅次于华为的中国电子信息百强亚军。2012 年联想的营业收入接近 2 000 亿元人民币。直至中国工信部刚刚发布的 2013 年第 27 届中国电子信息百强榜单，联想都极好地保持了自己的规模和盈利。

2012 年 9 月 8 日，柳传志在一场国际化经验交流会上语气坚定："今天我很慎重很认真地宣布，联想国际化已经成功。按照联想的数据，并购 IBM PC 业务时营业额是 30 亿美元，而 2011 年营业额已经达到 216 亿美元。"这大概是自 2000 年下半年杨元庆历时 10 天拜访微软、思科、太阳、英特尔、甲骨文、IBM、惠普等全球科技巨头、确定了国际化宗旨，并历经 10 年的拼搏之后最舒心的日子。他本人总结联想 10 年国际化之路时感慨："梦想的种子深深地扎根，倔强地发芽并茁壮地成长。"

一个成功的结果总是另一个成功的开始，联想已经又着手于移动互联网战略的"乐计划"，因为正如杨元庆所说："在 PC+ 时代，如果没有战略眼光，谁都可能成为下一个柯达。"

（资料来源：本章作者根据自己参加的全球商务学会（AIB）2006年会上柳传志所做的演讲报告、《北京商报》2012年11月28日文章"杨元庆：国际化之路改变中国PC命运"（作者：张绪旺）编写；中国电子信息百强名单和数据来自中国工业及信息化部网站历年数据，以及《中国电子报》2013年7月31日新闻："工信部发布2013年（第27届）电子信息百强榜单"。）

讨论题：

1. 联想采取的是什么样的国际市场进入模式？它为什么选择了这样的模式？
2. 请比较国际合资企业与全资子公司这两种国际市场进入方式的优点和缺点。
3. 在外国直接投资FDI方式中，请比较绿地投资与跨国并购这两种方式的优点和缺点。

# 第五编　国际企业的职能管理

企业的全部活动可分为以下6组：(1) 技术活动（生产、制造、加工）；(2) 商业活动（购买、销售、交换）；(3) 财务活动（筹集和最适当地利用资本）；(4) 安全活动（保护财产和人员）；(5) 会计活动（财产清点、资产负债表、成本、统计等）；(6) 管理活动（计划、组织、指挥、协调和控制）。

亨利·法约尔

无论是跨国企业的长期经营战略还是跨国企业的日常经营活动都要依靠基本的职能活动来支撑，因此，跨国企业的管理要具体落实到跨国企业的职能活动管理中。在跨国企业的职能管理中，市场营销、人力资源和供应链管理以及国际会计等问题随着跨国企业的经营活动的全球化在管理中呈现出新的特点。

本编由五章构成，主要是从跨国企业的基本职能入手，在认识到与国内企业职能管理相比具有更多的复杂性的基础上，对跨国企业的职能工作市场营销、人力资源管理、供应链管理、会计和财务管理问题分别进行细致的介绍。在论述过程中结合了一些具体的跨国企业的实际案例进行阐述，以求读者对跨国企业的职能活动的管理有更加深刻的理解。

# 第十一章　国际企业的市场营销

◎ **本章学习目的**

学习完本章之后，你应该掌握以下内容：
1. 国际营销的特点；
2. 国际目标市场的决策；
3. 国际营销的组合策略。

**【奇瑞与世界羽联合作，借体育营销实现品牌国际化】** 借助体育营销实现品牌国际化，往往是跨国车企最有效和直接的宣传手段。2013年5月23日，在世界羽联总部马来西亚吉隆坡苏迪曼杯世界羽毛球团体锦标赛举行期间，奇瑞汽车与世界羽联正式签署合作协议，奇瑞汽车成为世界羽联战略合作伙伴暨顶级赛事官方唯一指定用车。

近年来，中国本土汽车品牌走出国门已不再是新鲜事件。本次奇瑞汽车与世界羽联的合作，是中国本土汽车品牌首次与国际体育组织进行战略性深度合作，这也代表着中国汽车品牌加速国际化的又一重要步伐。奇瑞公司副总经理兼国际公司总经理周必仁在签约仪式上表示："奇瑞汽车此次能够与世界羽联展开精诚合作，正是因为奇瑞汽车打造'技术奇瑞'的品牌形象以及'执著、乐观、分享'的品牌内涵与追求技术极限、永不放弃、不断超越自我的羽毛球运动精神有着深度的契合。"奇瑞作为中国汽车出口领头羊和国际化程度最高的本土汽车企业，通过与羽联世界联合会组织合作，将对于奇瑞汽车扩展品牌国际影响力有着长远的影响。

苏迪曼杯世界羽毛球团体锦标赛期间，奇瑞汽车此次向世界羽联交付了包括瑞虎、A5在内的多款不同车型共计10辆。A5作为奇瑞在马来西亚销售主力车型，其精湛的做工、充沛的动力、优异的节油性能和良好的操控表现以及极易上手操作，都使得奇瑞A5成为羽联世界联合会组织指定用车的首选之一。与此同时，奇瑞主力MPV车型V5在苏迪曼杯场馆的亮相，同样十分吸引眼球。长4 662毫米，宽1 820毫米，1 590毫米的车身高度，使得威麟V5少了些臃肿和笨重，更多了些灵巧和锐气，这与羽毛球所提倡的运动精神不谋而合。长达2 800毫米的轴距同样不逊色于有着MPV王者之称的本田奥德赛。不仅如此，接近1.6米的车高更是为第二三乘客提供了充足的头部空间，确保了羽毛球运动员在乘坐过程中的舒适性。

"体育，拥有改变世界的力量！"作为无国界的世界语言，体育受到的关注度和影响力都非常巨大。汽车与体育营销的有机结合，正在逐步被日益重视，如今越来越多的汽车品牌相继加入了体育营销队伍。其中不乏一些国际大牌汽车企业，例如现代汽车就是奥组委指定用车。此次奇瑞汽车能够成功牵手羽联世界联合会，正是将体育项目所蕴含的文化因素与其品牌核心理念联系在了一起。奇瑞汽车通过羽毛球运动健康、积极、进取等良好形象以及此项运动特有的文化内涵，在体育营销过程中无形地融入了品牌，从而达到提升整体品牌国际化形象的目标。

（资料来源：http://news.xinhuanet.com）

# 第一节　国际市场营销概述

跨国企业的市场营销并非局限在本国市场范围内，而是以全球市场为目标，做出自己的生产、经营决策。因此，跨国企业的市场营销突出表现为国际营销的行为。由于国外市场较国内市场更为复杂，因此跨国公司在进行国际营销活动时，要清醒地认识到两者的环境差异，充分考虑到国际市场营销的各种常规和不可控的影响因素。这样，才能针对复杂的国际市场环境，制定合适的国际营销策略，提高自身的竞争力。

## 一、国际市场营销的含义

根据美国著名市场营销学家菲利浦·凯特奥拉（Philip Cateora）在所著权威教科书《国际市场营销学》一书中的定义，国际市场营销是指"对商品和劳务流入一个以上国家的消费者或用户手中的过程进行计划、定价、促销和引导，以便获取利润的活动"。

可见，国内营销和国际营销定义的唯一区别在于国际营销活动是在一个以上国家进行的。这个差别表面看起来很小，但隐含了国际营销活动的复杂性和多样性。营销的概念、过程和原则具有普遍性，不管是进行国内营销的企业还是进行国际营销的企业，其目标都是通过定价、分销和促销合适的产品以获取利润；那么，它们所开展的营销活动究竟区别在哪里呢？——正在于开展营销活动的环境。来自海外市场的一系列的陌生问题和为应付各种不确定因素所制定的策略产生了国际营销的特殊性。因此，尽管营销的概念和原则具有普遍适用性，实施营销计划的环境却因国家或地区的不同而大不相同，不同的环境所产生的种种问题是国际营销人员关心的主要问题。

国际营销之所以吸引人，就是因为它比国内营销更具有挑战性，即必须在市场不可控制的因素（人口、经济、政治、法律、社会文化和竞争环境等）框架中，操纵企业可控制的因素即产品、定价、分销、促销等，制订和执行营销计划，实现企业目标。

## 二、国际营销的影响因素

通常，国际营销活动不仅要面临国内的各种可控与不可控的因素影响，还会面临国外环境中各种不可控因素的影响。因此，对于国际营销人员而言，其任务要比国内营销人员更加复杂，因为必须至少面对国内和国外两个层次的不可控制因素的影响。

### （一）营销的可控因素

在公司拥有必要资源的条件下，营销经理可以综合运用产品、价格、分销渠道和促销等手段，满足市场需求，获得预期利润。为适应不断变化的市场条件、消费者嗜好或公司目标，这四个因素是可以进行调节的。

## （二）国内不可控因素

国内不可控因素主要包括政治与法律力量、经济形势和竞争状况。

一国的对外政策和相关法律对企业国际营销的成败有着直接的影响。例如，因为政治因素，美国全面禁止本国企业与伊拉克的经济往来，在这种情况下，不管是名不见经传的小公司，还是埃克森和通用电气这样的大公司，国际营销计划都会受到限制。

国内经济形势是另一个不可控的重要变量，对企业在国际市场上的竞争地位具有深远的影响。企业的投资能力在很大程度上受到国内经济发展状况的影响，如果国内经济形势恶化，企业往往无力进入国际市场或在国际市场上扩张，而且其本国政府也极可能对企业向外投资和进口外国产品加以限制，目的是振兴国内经济。汇率和利率是经济环境中影响国际营销活动的一个不可忽视因素。如果本币相对于外币升值，由于出口产品的标价升高，出口数量会下降；但同时由于国外资产的标价变低、即本国货币的购买力增加，对外直接投资额会上升。另外，资本倾向于流向收益率最高的地方，因此，本国货币利率偏低也会引起对外直接投资额上升，结果是资本外流。

国内竞争状况对国际营销活动亦有深刻的影响。例如，柯达公司在美国胶卷市场一直具有绝对统治地位，多年来积累的丰厚利润为它向海外市场进军提供了充足的资本，国内市场的高枕无忧也使管理层有时间和精力制订雄心勃勃的国际扩张计划。然而，富士胶卷一连串动作改变了这一局面：富士在美国市场耗资3亿美元建立工厂，同时降低产品售价，赢得了12%的市场份额，竞争格局的改变使柯达公司又不得不把主要精力和财力放回美国。可见，国内竞争状况影响着公司的国内和国际计划，国外环境的限制和国内环境的影响相互交织、不可分割。

## （三）国外不可控因素

国际营销人员的任务比国内营销人员的更复杂，原因就在于他们面临着国内和国外两个层面的不确定性。在本国经营的企业可以轻而易举地预测商业形势，调整企业决策，但是，国际营销计划的制订却常常涉及大量不可预见的政治、文化和经济冲突。

这些不确定性主要存在于以下几个方面：政治和法律力量，经济力量，竞争力量，技术水平，分销结构，地理和基础设施，文化力量，这7个方面构成了国际营销者在制订营销计划时必须应对的国外不可控因素。

例如，和中国公司签订的商务合同要有效力必须注意是同公司"法人"即法定代表人签约，而且公司或个人要成为法人必须在政府部门登记注册，这一点让许多外国企业感到陌生。和他们本国做法不同的还有，在和中国公司或个人谈判时，要注意查验有关经营权和经营范围的批准文件，合同生效的要件除了像在他们本国一样有个人签字还要加盖公章。这些都是外国公司在中国开展国际经营活动时所遇到的政治和法律方面的不确定因素。

同样，外国经营环境给进行国际营销的中国企业也带来了许多不确定性，这要求我们认真研究存在于每个国家的不可控因素。在营销任务相同的情况下，由于市场环境发生了变化，要考虑采取不同的解决方法。还要考虑到，由于政治气候、经济发展阶段、技术水平或历史文化方面的差异，同一种战略可能在一个国家效果显著，在另一个国家却根本行不通。

### 三、国际营销的发展阶段

国际营销分为 5 个发展阶段，通常情况下企业是按照顺序由低到高逐一经历的，但也不乏从中间某一阶段开始，或者同时处于几个阶段的情况。从国际参与的第一阶段到最高阶段，国际营销活动的复杂性不断增加，企业管理层走向国际化的决心也不断加大，这样的决心会影响后面将要谈到的具体营销策略。这 5 个可能重叠的阶段可以描述一家公司的国际营销参与程度：

1. 非直接对外营销阶段。在这一阶段，公司并没有主动地寻找或培养国外客户，公司的产品可能是在自己并不知情的情况下由国内的贸易公司销售到国外或者卖给一些找上门来的外国客户。随着越来越多的公司在互联网上制作自己的网页，不少公司因为国外客户浏览交易网站进行网上采购而获得订单。

2. 非经常性对外销售阶段。这是指企业因为生产水平和需求的变化，产生临时性的库存，从而引起非经常性的对外销售。由于这种生产过剩是暂时的，企业并没有打算不断地维持市场，当国内需求回升、吸收了过剩产品时，企业就会对国际销售活动不感兴趣。因此，在这一阶段，企业的组织结构和产品很少因外销而发生变化。

3. 经常性对外销售阶段。在此阶段，企业有固定的生产能力使产品在国外市场连续销售，企业雇用国内外的进出口贸易中间商，或者在重要的外国市场建立自己的销售子公司来进行销售。随着海外需求的增加，企业逐步加强针对外国市场的生产能力，并调整产品系列以满足国外市场的需要。海外利润不再被看成是在国内利润的基础上"锦上添花"，公司整体目标的实现依赖于国外销售额和利润。

4. 国际营销阶段。在此阶段公司全面地参与国际营销活动。公司在全球范围内寻找市场，有计划地将产品销往各国市场。不仅如此，公司还在境外建立生产基地，成为国际公司或跨国公司。

5. 全球营销阶段。全球营销阶段发生的最深刻变化在公司的市场导向和计划方面。在这一阶段，公司将整个世界（包括国内市场）视作一个整体，这个大市场是公司的营销对象。这一点与处于第四阶段的跨国公司或国际公司不同：跨国公司或国际公司把包括国内市场在内的世界看作一个个的国家市场，它们各有各的特征，需要制定各不相同的营销策略；处于第五阶段的全球公司则根据各个国家市场的共性制定策略，通过经营活动的标准化使收益最大化，它的整个经营、组织机构、资金来源、生产和营销等都从全球角度出发。

人们经常使用"全球公司"和"全球营销"这两个术语描述处于第五阶段公司的经营范围和营销管理导向。企业演进到全球营销还表明，随着市场全球化、世界经济日益相互依赖以及越来越多来自国家的企业加入竞争行列，争夺世界市场的战斗将更加激烈。

## 第二节 国际营销调研

国内营销调研与国际营销调研的基本区别在于后者的范围更广。根据所需信息，调研可分为三种类型：有关国家、地区市场的一般信息；有关国家的社会、经济、消费和产业发展趋势，借以预测营销要求的变化；具体市场信息，据此做出有关产品、定价、分销和促销的决策，制订营销组合计划。在国内进行市场调研时，重点放在第三类，通常不会搜集有关本国的政治稳定性、文化特征和地理形态的信息。国际营销调研所面对的广阔范围却要求搜集和评价以下种类的信息：经济形势，有关经济增长、通货膨胀和商业周期的一般性资料，具体行业的经济研究，国家主要经济指数等；社会与政治气候，包括生态环境、消费偏好等；市场面貌，东道国产品的国内市场以及国外市场状况；技术进展，与公司在东道国分部业务有关的技术发展现状；竞争状况，从国际范围内考察竞争者的产品、销售收益和经营策略。正确的营销决策需要这些方面的深度信息。

## 一、全球环境分析

### （一）地理与历史

地理是指对一国区位、地貌、气候、民族、工业和资源的研究，是每位营销者都需要了解的环境因素。曾有国际市场营销者对世界的熟悉应达到这样程度的要求，即不论提到哪一个国家、城市、河流山川，都能立刻在地图上找到。确实，一位能够有效工作的国际营销者，必须对世界地理及气候差异有一定的了解，否则营销中的重要地理特征就会被忽视。甚至他的地理知识不能仅仅停留在知晓一个国家或城市的所处位置上，还最好具有亲身经历和切身感受：对于从来没有到过热带雨林的人来说，很难身临处境地意识到防潮有多么至关重要；同样，没去过撒哈拉沙漠的人也无法设身处地理解因持续高温而引起的脱水问题。

地理特征的重要性首先在于它会直接影响气候，纬度在很大程度上决定了一地的温度和湿度，从而影响产品和设备的用途和功能。不仅如此，一国的地形地貌（沿海或内陆、平原或山地等特征）对营销以及与之相关的运输和销售活动会产生直接的影响，同时也会对决定销售的社会文化等产生间接的影响。

历史有助于阐释一国的活动，了解它如何看待本国、看待邻国及看待本国的国际形象和地位。洞察一国的历史对于理解政府的作用、公司的作用、劳资关系、管理权力的来源和跨国公司在该国的处境都有极其重要的作用，因为要清楚了解一个民族的自我形象、人际交往及好恶心理，不仅要研究一种文化的现在，还要研究一种文化的过去，即民族的历史。

地理和历史的重要性还在于，它们共同作用、直接影响营销活动最重要的一个变量——人口的数量和分布。

### （二）文化因素

文化是人类社会意识性和物质性知识的总和，包括技术、经济、教育、社会制度、宗教、信仰、语言、艺术等各个方面。文化也决定了人们的生活方式，因为人类的消费方式、需求及满足需求的途径都属于文化范畴。营销的目的就是通过满足消费者需求来实现利润，所以一位成功的营销者必须学习好"文化"，对于文化各方面完整透彻的了解是国际营销者在制订营销计划和策略过程中最重要的财富。

营销者每时每刻都要处理文化和市场的关联问题。在产品设计时，必须注意让产品的风格和用途与现有的社会文化相适应；在促销宣传时，必须使用意义明确的符号；其他市场活动也概莫如此。事实上，文化渗透到营销的各项活动之中，包括产品、包装、定价、分销渠道及促销，消费者对营销者的努力是认可、冷漠还是拒绝，也是由一定的文化背景决定的。可以说，营销行为和文化的相互作用决定了营销的成败。

正如市场和市场行为是一国文化的组成部分，营销行为本身也构成了文化的一部分。如果不弄懂市场的文化特征，就很难真正理解市场的发展及市场对营销的影响。市场是三维因素相互作用的产物，即市场参与者的努力、经济状态和其他文化因素。市场参与者常常会不断调整以适应市场的文化需求，同时他们也担当着促成产品创新和思想创新变革的重要任务：一种新产品的推广和使用意味着一场文化变革的开始，而为社会引入新产品的市场参与者就成为变革的动因。

（三）商业惯例

和语言一样，商业惯例也是构成社会文化的基本因素。文化不仅能建立一国企业的日常经营行为规范，而且形成了经营者观念和动机的一般模式。经营者不可能摆脱语言、文化传统、政治、宗教背景和家庭的影响，会在一定程度上以自己的经营行为作为本国文化传统的表现形式。跨国经营者也许在表面上会入乡随俗，遵守别国的商业惯例，然而，他们进行判断的基本标准和原则却根植于本国的习俗和文化。

缺乏对他国商务惯例、文化习俗的认同和了解，会给经营活动带来巨大的障碍。在制定经营战略时，部分企业常常不由自主地认为外方和自己一样，有相同的利益、动机和目的，以及类似的工作节奏、沟通方式、商务礼仪和企业伦理，从而招致误解和不满，甚至导致失去商机。

要在国际市场营销中取得成功，就应当了解他国的商业文化、管理理念和经营方式，并能适应不同的环境。只有经营者保持灵活的经营方针，采用因地制宜的经营形式，正确地看待诸如思维、商务节奏、宗教习俗、政治结构和家庭观念等方面的差异，并做出恰当的反应，才有可能达成令人满意的交易。

（四）政治环境

政治环境从两方面作用于国际营销：一方面，它会造成国际经营的政治风险，另一方面，政府又对国际经营进行鼓励。

1. 政治风险的来源主要是国家主权、政治观点差异和民族主义。国家主权之所以会成为政治风险最重要的来源，是因为国际法赋予主权国家以这样的权利：独立而不受任何外来控制，具有与其他国家完全平等的法律地位，统治自己的国土并选择自己的政治、经济与社会制度，有权与其他国家签订协议。

观点不同的政党执政会造成投资、贸易和相关政策的改变，而对跨国公司来说，最重要的就是法规和政策的稳定性和连续性。

经济民族主义是评价政治气候的又一个重要因素。任何国家都在某种程度上存在着经济民族主义，它也可以理解为一种强烈的民族凝聚力和自豪感，这种自豪感具有反对外来经营活动的倾向。总的来说，一国越是感到外来力量的威胁，抵制侵犯、保护自己的民族主义情绪就越是高涨。尽管自20世纪80年代后期以来激进的经济民族主义已趋缓和，但即使在经济最繁荣的国家如美国、日本等，也仍然存在着民族主义情绪。一个精明的国际营销者应该懂得，任何一个国家，不管它在客观上多么安全，只要主观上感到其自身利益在社会、文化或经济方面受到威胁,它就不会坐视外国公司打入其市场与经济。

2. 政治风险有大有小,范围很广,主要表现为三类:一是没收、征用和本地化。最大的政治风险是没收,即无偿占有公司的财产;征用情况下政府对占有的投资做出一定的补偿,其风险虽然比没收小,但也相当严重;风险列第三位的是本国化,即东道国通过制定一系列的政府法令逐步将外国投资收为国家占有和控制。因为这三类措施太过激进,会损害采取措施的国家和国际经济社会的联系,所以发生的机会越来越少。

与此同时,各国可能为了保护本国幼稚工业、储存短缺的外汇、增加财政收入、报复不公平的贸易行为、实行自给自足或其他一些目的,以维护国家安全为名对外国公司的经营活动实行限制,从而形成第二类风险——经济政治风险,主要包括外汇管制、地产比例规定、进口限制、税收管制、价格管制和劳动力雇用等。

第三类风险是政治制裁,即一国拒绝与另一个国家进行贸易往来,如美国长期拒绝与古巴、伊朗和利比亚通商,或者对特定商品的贸易实行制裁,如联合国对利比亚碳氢化合物生产设备的制裁。

3. 降低政治风险的措施主要包括三类:首先是跨国公司要努力做一个良好的公司公民,时刻牢记:公司的利润并非只属于自己,当地的雇员和东道国经济也应受益;使用当地语言不仅会有利于销售,也会有助于良好的公共关系;投资国员工不宜完全承揽东道国的管理工作,最好给国外公司配备一些当地管理人员,等等。

其次是力求与东道国的社会与经济目标相协调,尽量做到:增加东道国的出口,或通过进口替代减少出口,从而改善国际收支平衡;使用当地生产的产品;转让资本、技术与管理;创造就业机会;增加东道国的税收。

除此之外,跨国公司还可以采取这样一些策略,把政治脆弱性和政治风险降至最低:与东道国或第三国的跨国公司合资办企业,让数个投资者和银行一起参与在东道国的投资,控制产品在非东道国市场的销售,通过颁发许可证将技术有偿转让从而消除所有的风险,以及自己有计划地进行逐步本地化,等等。

4. 在造成政治风险的同时,世界各国政府鼓励外资的政策对跨国公司经营也有促进作用。鼓励外资最重要的原因是它能加速东道国经济的发展。人们期望跨国公司的投资能提供当地就业机会、转让先进技术、扩大产品出口、刺激民族工业发展以及增加外汇储备等。

(五) 法律环境

目前世界上大致有四种法律体系:英美法系,也称普通法系,起源于英国,以传统做法和法院判例为依据,英国、美国、加拿大和曾经由英国统治的一些国家属于这一法系。大陆法系,起源于罗马法,以成文法典为依据,德国、日本、法国等属于这一法系。伊斯兰法系,起源于对《古兰经》的诠释,强调伦理、道德与宗教,伊朗、沙特阿拉伯、巴基斯坦和其他一些伊斯兰国家属于这一法系。社会主义法系,存在于社会主义国家,特征是国有经济在整个社会经济成分中占据较大比重,在越来越多地使用市场调节机制的同时仍然运用部分国家政策手段。

国际营销者在进行跨国经营时必须重视各个法律体系之间的差异,注意合同或其他法律文件签订者的权利在不同法律体系下往往会不一样;即使两个国家的法律建立在相同的法律体系之上，仍有可能存在差异，这些给营销活动带来了深刻的影响。

例如，一个普通法系国家，商标的所有权由"使用在先"确立，即谁能表明自己最先使用，谁就被认为是合法的所有者。但是在大陆法系国家，商标所有权由"注册在先"确立，谁先在有关部门注册商标，谁就被认为是合法的所有者。

再如销售促进，各国也有不同的法律规定。在奥地利，给顾客优惠必须根据折扣法，这一法律禁止以现金折扣的方式给不同的顾客群提供优惠，理由是大多数优惠会造成对买主的差别待遇。在芬兰，只要不使用"免费"一词进行宣传和不强迫进行购买，大幅度的优惠是法律所允许的。德国有关促销的法律最为严格，德国法庭最近禁止提供任何种类的刺激吸引顾客，大多数以特定顾客群为目标的刺激和赠物一样属于非法，同时企业不能提供超过产品价值3%的价格折扣。

最为独特和重要的一点是伊斯兰法系禁止收取与支付利息，因为主张风险分摊、促进社会公正是伊斯兰法系的基本原则。另外一个需要注意的原则是伊斯兰法系禁止投资违反伊斯兰教规的活动，如经营酒品和赌博。

由此可见，企业要想成功地制订和实施国际营销计划，必须对各国的法律倍加重视，考虑诸如争端中的司法管辖权、解决争端的法律手段、工业产权保护、本国法律的境外应用和有关国际公约等各种问题，并对近年来频频出现问题的新领域，如反托拉斯法、反倾销法、反对外贿赂法、绿色营销法等进行深入研究。由不同法律体系与不同国家法律引起的众多问题表明，审慎的做法是在国际营销活动的每个阶段都依靠对错综复杂的国际法律环境非常熟悉的、称职的律师。

### 二、国际营销调研的作用

国际营销调研是国际市场营销中的基础，是企业准确了解不同国家顾客需求特征的前提。中国有句古话："入境而问禁，入国而问俗，入门而问讳"，就很好地体现了国际市场调研的重要性。在国际市场上，市场信息是企业进行营销活动必不可少的条件，也是国际营销决策的基础，而国际营销调研是获得所需信息的重要手段。企业只有充分利用营销调研的手段和方式，才能识别环境中存在的机会和威胁，以达到扬长避短的目的。国际营销调研的进行主要有这样几个意义：

1. 有助于企业发现国际营销机会，开拓潜在的国际市场。随着国际市场竞争环境日益复杂，企业必须通过规范、科学的营销调研才能及时、准确地了解和把握海外市场信息，以迅速识别和利用环境中存在的机会进行市场开拓。

2. 为企业进行国际营销组合决策提供依据。企业通过国际市场调研可以掌握国际市场现实和潜在需求的变化，消费者对产品品种、规格、型号、功能以及交货期、售后服务方面的需求，为设计、开发、生产和销售产品提供更为准确的依据。

3. 国际营销调研能够及时地反映国际市场的变化，评价国际营销活动的效果，并为调整营销策略提供依据。通过国际营销调研可以及时获取国际市场的信息和情报，对国际营销策略进行必要的评估和修正，以保证企业国际营销活动的正常运转。

4. 有助于企业分析和预测国际市场的发展趋势，掌握国际市场营销活动的规律。国际营销调研可以帮助企业探索经营环境中可能存在的某些规律性，以指导营销战略与策略的计划和实施。

### 二、国际营销调研中的问题

市场调研的目标是为管理层提供进行正确决策所需的准确信息和资料，然而在国际营销调研的每一个环节都可能出现一些特殊问题，这些问题在国内营销调研中通常不会遇到或很少遇到。在国外市场获得的信息比在国内市场上更易被歪曲，原因是不管市场调研人员搜集到的是二手资料还是原始资料，在传递和理解上都存在着局限性。在进行原始资料搜集时，调查对象的表达能力和回答的意愿程度、缺乏人口统计资料造成的取样代表性问题以及语言障碍造成的理解差异，都会引起对调查结果的曲解。在搜集第二手资料时，同样的信息歪曲会来自资料的可获得性、可靠性和可比性方面的限制。如何识别这些问题并进行科学防范，成为众多跨国企业越来越关注的问题。

（一）收集次级资料过程中存在的问题

1. 资料的可获得性。在国外市场获得次级资料相对于国内市场而言比较困难，很多资料无法获得。在有些国家和地区，有关人口和收入的资料很难获得；还有些国家中关于批发商、零售商、制造商以及服务机构的数量的详细资料是无法获得的。

2. 资料的可靠性。次级资料往往来源于目标市场国，调研人员对其可靠性很难把握。某些国家政府可能美化信息内容从而修饰本国的经济生活水平，或出于宣传政府业绩的需要而夸大、虚构数据资料，这些政治上的考虑使资料的可靠性大打折扣。

3. 资料的可比性。国际营销调研者面临的另一个问题就是资料的可比性。例如，在日本的杂货店、购物中心和百货商店与美国的同名商店含义有所不同，经营的商品品种、范围和方式也不同。即使各个国家的资料收集技术都在不同程度上越来越标准化，仍然会存在定义上的差异，比如在美国和欧洲，对于"家庭"的概念和理解是不尽相同的，如果将家庭作为统计的单位则可能造成口径不一致的偏差。

4. 资料的及时性。国际营销调研应讲究信息的及时性，因为只有最新的信息才能反映国际市场的动态。在一些国家，收集到的资料可能是过时的、陈旧的或者是不连续的。有些发展中国家的次级资料非常有限。在收集原始资料时，无论是调研的费用还是时间，都需要很大的成本。

（二）收集原始资料过程中存在的问题

1. 实地调研中的取样。一项成功的调研应当能够或接近反映整体的情况，但在许多国家样本的抽取存在很大的局限性，缺乏抽取样本的线索。例如在许多国家，电话号码簿、街道索引、人口统计资料、街区资料等统计样本线索很难及时获得。有些国家和地区由于交通、通信设施落后，调研人员无法通过邮寄、电话、网络等方式进行调研。

2. 调查对象传达观点的能力。能否表达对某一产品或概念的态度与观点取决于调查对象能否发现该产品或概念的益处与价值。如果调查对象不懂得产品的用途，或者该产品在某个国家销售和使用不普遍，或者消费者很难购买到该产品，则调查对象很难形成对该产品的需求、态度和看法。

3. 无反应偏差。无反应偏差是指由于各种原因而导致被调查者对调查问卷的不回答，很多具体原因会导致无反应偏差。不同的文化背景使得不同国家和地区的被调查者对调研人员以及调研问题的态度有所不同。有些国家和地区对某些特殊商品的喜好不愿公之于众；在传统的东方国家有些被调查者不愿别人了解自己的真实感受；在很多国家，地位、职位、薪酬、年龄等被视为隐私，调查对象不愿真实、直接地回答这些问题。

4. 语言障碍。国际营销调研中最普遍的问题便是语言障碍。语言的差异以及翻译得是否精确直接影响调查对象对问题和概念的理解、分析和判断。调查对象的受教育程度也是困扰调研人员的一大问题，在文盲率较高的国家和地区，用问卷做书面调研是很难进行的。

（三）资料分析与解释中的问题

调研人员进行资料分析时，也会碰到在收集次级资料和原始资料中出现的问题，如计量工具和方法的使用、对问题的评估和认识、结论的归纳、决策参考意见的提出等。另外，调研人员本身的学识、才干，是否具备全球视野及克服自我参照标准（SRC）的意识和能力也将影响到对调研资料的分析和解释。如果调研人员不能对调研结果做出准确的评价，将影响或误导管理者的最终决策。

**四、国际营销调研问题防范**

跨国企业营销调研中的问题有些是可以避免和防范的，有些则是无法完全避免的；但即使是无法避免的问题，也需要我们通过优化调研程序、调研工具、调研的方法和途径等使问题的负面影响降至最低。

（一）慎重确定调研目标

由于企业国际营销活动的复杂性，常常存在许多需要调研的问题，调研人员必须根据特定阶段企业经营活动中存在的具体问题和面临的各种环境威胁来确定调研题目，以选择对企业发展最重要、最迫切的问题进行调研。调研主题要符合企业发展的需要，调研目标要合理可行。既不能把范围定得太宽，以避免不必要的浪费，也不要太窄，以防止研究结果不能满足国际营销决策的要求。

在国外市场上，不熟悉的环境会使调研问题的确定变得模糊不清，很多调研人员不能准确预料当地文化对调研问题的影响，或者不能摆脱自我参照标准。为了弥补对国外市场的环境背景缺乏了解的不足，往往需要调研人员收集各类信息，从而使调研问题的范围足够宽，包含一切可能的回答，而且不受自我参照标准的干扰。

（二）认真制订调研计划

调研计划是指实现调研目标或检验调研假设所要实施的计划。调研人员需要建立一个回答具体调研问题的框架结构，要能够在多种选择中进行权衡。

1. 确定调研内容。为了准确列出需要调研的全部内容，首先要召集制订调研计划的有关人员进行讨论，针对调研目的罗列出调研项目。然后，对调研项目进行分类和重要性评估，列成项目清单。最后，按照类别、重要性程度及资料获取的可能性程度对清单上的各项目进行排序，选出符合调研目标要求而且有可能获取的项目作为调研的内容。

2. 确定资料来源。企业必须确保信息来源渠道的可靠性和稳定性。原始资料需要企业自己去收集，或委托有关的服务机构去收集。无论由谁收集，都要按照调研设计去进行。次级资料一般可以通过查阅有关的资料或通过专业的信息服务机构获得。企业国际营销调研所需的次级资料可以从企业内部和企业外部获得。

3. 选择调研方法和手段。国际调研中常用的调研方法有观察法、征询法和实验法。根据调研目的、调研阶段、调研地点和调研对象的不同，我们可以采用不同的方法或组合，以达到最优的调研效果。国际营销调研中常用的调研手段有问卷和仪器。问卷调查的关键在于问卷设计，因为问卷设计的形式和内容直接关系到被调查者是否愿意真实地回答问题。跨国企业设计问卷调查时，要合理安排问题的顺序、表述方式和内容，讲求问卷设计的科学性和艺术性。

4. 进行抽样设计。首先，必须界定调研所涉及的总体，也就是将要从中抽取样本的群体。它应该包括所有那些他们的观点、行为、偏好、态度等能够产生有助于回答调研问题的信息的人。总体界定后，就要确定采取随机样本还是非随机样本。无论采用何种抽样方法，都要注意样本的代表性和可到达性。

（三）全面收集信息

由于国际营销调研一般在他国进行，在陌生的环境下开展调研需要动用一切可能利用的资源和途径，当地政府、管理团体、企业、社区民众、商业机构、消费者、服务组织等等都是信息的来源。调研人员还要擅于利用各种传统和现代媒体及通信工具，为信息的收集拓宽来源渠道和提高效率。

（四）科学分析信息

在调研中获得的原始资料往往杂乱无章，而且存在很多错误和问题，因此需要在分析以前对其进行检查、校订和核实。为了方便对资料进行分析，在检查校订后，必须对资料进行分类汇编。最后，根据调查目的的要求对资料进行分析，资料分析可以借助于各种统计分析方法以减少主观判断可能产生的错误。

由于资料分析是由调研人员做出的，所以要求调研人员必须具备一些特定能力以保证调研结果的意义。这些能力包括：调研人员必须对所调研的市场或目标国家的文化有比较深入的了解，因为只有清楚地了解一个社会或国家中的社会习俗、宗教信仰、价值观念、语言文化、商业习惯等，才能克服前面提到的种种问题；调研人员必须具备修正调研结果的创造性的能力；调研人员往往需要在时间紧迫的情况下提交调研报告，这就要求调研人员善于发现问题、足智多谋、具有足够的知识和耐心；调研人员要有敏锐的观察力和客观、谨慎的态度，善于发现资料中的问题和疑点。

（五）注意文化差异

在国际营销调研的过程中，企业除了按照营销调研的一般方法和手段，对不同目标市场上消费者的语言、非语言沟通行为、宗教信仰、社会组织和价值观念等方面的差异进行调查和了解之外，还应特别注意文化差异对营销调研活动的影响。在调查的过程中要重点考虑以下问题：

1. 定义上的文化差异。不同文化环境中顾客对同一事物可能有不同的定义，企业在跨文化营销调研的过程中必须对此有所了解。如对于"城市"这一概念，日本人认为是指有5万人以上的居民居住的地区，印度人指的是5 000人，而在挪威和瑞典，有200个居民就称城市了，企业在这些国家对涉及"城市"的有关问题进行调查时，就应注意到不同国家的差异。

2. 调查方法的差别选择。在具有文化差异的不同目标市场，企业往往需要采用不同的调查方法，才能取得调查对象的配合。如日本人喜欢面谈，人员访问的调查方法比较容易被他们接受；而沙特阿拉伯人则认为家是陌生人的禁地，往往不愿接待上门进行访问调查的调查人员。因此，企业必须结合不同目标市场的文化差异来选择与之相适应的调查方法。

3. 调查结果的差别分析。由于存在着文化差异，不同目标市场的调查对象在回答被调查的问题时，往往在思维方式和态度上也会有一定的差异。如在以谦逊为美德的文化环境中，调查对象对关于自身个人评价方面的问题的回答，一般会比较低调；而意大利人、西班牙人和拉美人则会给出不吝啬夸奖的回答。所以，企业应对在不同目标市场收集到的信息加以科学的分析和研究，不能只看到调查结果的表面。

4. 调查样本的代表性。企业在营销调研的过程中，往往需要采用抽样调查的方法，即抽取一定数量的样本进行调查。通常，抽取的样本是否具有代表性、典型性，会直接影响调查结果的真实性。在具有文化差异的目标市场抽取样本时，如果采用的抽样方法不合理，则极易导致选取的调查对象都来自相同的文化环境，使企业了解到的信息不全面，并因此做出错误的决策。

### 小资料：迪斯尼一次失败的市场调研

1984年，美国沃特·迪斯尼集团走出跨国经营的第一步，采用向日方转让技术收取转让费和管理费的进入方式，由日方投资建造经营东京迪斯尼乐园，结果大获成功，利润远远超出预期，这使迪斯尼非常后悔没有采取合资的方式经营，因为这样可以挣到更多。1992年，迪斯尼集团采取股份合作的方式到巴黎开办第二个国外迪斯尼乐园，有东京迪斯尼乐园的经验，又有占有股权所带来的经营管理上相当大的控制能力，然而巴黎的经营成果到至今为止并不理想，第一年经营亏损达9亿美元，这又使得迪斯尼非常后悔采取了股权控制的合作方式，如果采取许可经营转让一类的方式，损失会少得多。

两个市场进入的方式为什么会张冠李戴，南辕北辙，问题还是出在市场调研上，更准确地说是出在对两个市场消费者特点研究得不到位上。1984年，开办东京迪斯尼乐园时，正是日本经济腾飞之后，日本消费者刚开始有了闲暇时间和足以支配闲暇时间的收入，但度假习惯尚未形成，东京迪斯尼乐园的开办正好与日本消费者寻找新型娱乐方式的欲望需求相切合；而巴黎迪斯尼乐园开办于1992年，欧洲大多数国家的收入已经很高，消费者闲暇时间的支配方式已经形成，迪斯尼没有意识到他们已错过进入市场时间上的"战略窗口"，即使花了2.2亿美元大做广告宣传，也难达到预期的经营目标。

国际市场调研的成功有几个关键：必须让了解外国文化的当地人加入调研小组；必须采用多种方法来对所获资料进行验证；高级管理人员，即使是决策层，也应该与外国顾客有一定的直接交谈或对之进行一定的直接观察。

### 五、制订全球营销计划

面向国内市场的营销计划和面向国际市场的营销计划一样吗？答案是，计划原则本身并无二致，不过，跨国公司在经营环境（包括东道国环境、母国环境和公司的内部环境）、组织结构和任务控制方面的复杂性导致了国际计划的复杂性和计划过程的差异。

首次进入外国市场和准备继续在更多外国市场上进行销售的公司，计划的内容有所不同。首次进入外国市场的公司必须确定开发什么产品，在什么市场销售和准备投入多少资源。对于已经进入国际市场并在多个国家中营销的企业来说，关键性的决策是在不同国家和产品间分配人力和其他资源、确定需要开拓的新市场或需要撤出的市场、决定开发或淘汰何种产品。但是，不管是初次涉足还是精于此道，制订国际营销计划的原则和程序都是一样的。

第一步：对潜在市场进行分析和筛选，以东道国环境与公司条件和母国限制因素是否一致来确定目标市场。

国际计划的首要问题是决定对哪一个业已存在的国家市场进行投资，因而，建立筛选标准，并根据这些标准对有关国家进行评价是计划过程的第一步。筛选标准建立在公司自身特点（宗旨、目标、资源、管理风格、组织结构、财务状况、管理和营销技巧、产品等）和母国限制因素（政治、法律、经济等）之上，一旦确定就可对拟在其中从事经营活动的潜在市场进行全面的分析，包括经济、政治、法律、竞争状况、技术水平、文化、分销结构、地理等各方面，将公司的优势、劣势、产品、目标等与东道国的限制因素和市场潜力结合起来考虑，淘汰掉缺乏潜力和存在问题的市场，找出各方面条件和公司、母国相匹配的目标市场。

第二步：使营销组合适合目标市场。

如果说制订全球营销计划的第一步是找到最适合公司经营的市场，那么第二步就是反过来，使公司采取一种最适合这个市场的经营方式。第二阶段的任务是详尽地研究营销组合诸要素，选定某种组合，使其适应由环境中不可控因素造成的文化制约，从而有效地实现企业目标。第二阶段还可使营销人员评估标准化的可能性。通过把所有国家集中在一起并寻找共同点，可以清楚地看出能够实行标准化的市场特点。如果通过第二阶段的分析，发现需要对营销组合做出较大的调整，以至考虑到有关费用以后，进入某一市场已无利可图，就会做出不进入该市场的决定，从而产生第二轮的淘汰。

第三步：制订营销计划。

营销计划始于形势分析，最终要对市场进入方式和具体的行动计划做出选择。具体计划回答做什么（what），谁做（who），如何做（how），什么时候做（when）等问题，还要确定预算及预期的销售额和利润。像第二阶段一样，本轮仍然会产生淘汰；如果公司营销目标肯定无法实现，那么就选择不进入该市场。

第四步：实施和控制。

在实施过程中，人们应对所有营销计划予以协调和控制。评估和控制制度要求绩效与目标相一致，当绩效未达目标时，采取纠正措施。

## 第三节　国际营销基本策略

随着经济全球化和区域经济一体化的快速发展，跨国经营已成为无可争议的潮流，但在国际营销中究竟是选择标准化还是采用本土化策略，却一直成为理论界和实践界的争论热点。21世纪，跨国公司成为全球经济的微观组织和载体，在国际市场上发挥着重要作用，而开展国际营销活动的跨国公司在制定营销策略时，要解决的第一个问题就是标准化与差异化问题，即跨国公司是在世界范围内生产和销售标准化的产品服务，还是为适应每一个特殊市场的需要而设计不同的产品服务。

### 一、全球标准化策略

（一）支持全球营销标准化的观点

全球标准化的观点最早出现在营销组合要素的广告领域。1961年在西班牙召开的国际广告协会上，Elinder 提出，应在全欧洲范围内采用标准化的广告。他指出广告活动是市场需求的反映，当时美国化的趋势、传媒的跨国性播放以及欧洲内部的人员流动，促使欧洲型消费者出现并不断增多；对应消费者类型的变化，应该在欧洲范围内使广告活动标准化。

Perlmutter 在1969年的论文中提出了本国中心、多国中心和全球中心的分析框架（EPG 框架），主张全球导向的跨国公司在国际经营中应该采用产品标准化战略。Wind、Yoram、Douglas（1973）在该基础上加入地域中心导向概念，将分析框架扩展为 EPRG，认为全球导向是最高的目标，主张跨国公司采用全球标准化战略。

Levitt 在1983年发表的论文 The globalization of market 中把标准化的辩论推向了高潮。他写道，世界正在成为一个共同的市场，不管人们居住在什么地方，他们都在寻求相同的产品和生活方式，因此全球化的企业必须忘记国家和文化之间的特殊差异，而集中精力满足全球性的需求。Ohmae（1985）的论文支持了 Levitt 的论点，他指出，美国、西欧和日本消费者的需求变得越来越同质化，这使得采用标准化的营销战略成为可能，他建议多国籍企业应该注重各国市场的共同部分，把世界看成为一个单一的全球市场。

（二）标准化战略的理论基础和假设前提

Levitt 的世界市场同质化观点为标准化方法奠定了基础假设。国际营销标准化策略的基本假设或前提条件有两条：同质化世界市场的出现；标准化策略能降低成本，增加企业的长期绩效。标准化策略的推行对跨国公司在全球市场的迅速扩张发挥了极其关键性的作用，如举世闻名的微软公司，其操作系统和配套软件在世界各地的电脑上一直唱主角，除语言上的调整之外，核心技术和基本功能几乎无异；可口可乐公司的大旗飘扬在世界五大洲上，不同国家、民族的人们畅饮着这种具有同样包装、标志和相近口味的饮料。跨国公司实施标准化策略是基于以下原因考虑：

1. 全球性顾客。"全球顾客"最基本的含义是跨国企业在寻求目标市场过程中完全突破国界的限定，在全球通用的年龄、收入、职业、教育背景和由此决定的价值观念和生活方式的基础上选择具有高度一致性的顾客群。通过全球扫描的顾客定位，使得跨国公司的跨国界目标顾客群体在产品的重要需求特征方面表现出较高的同质性，这样，实行产品标准化策略会有很大的空间和潜力。

2. 规模经济性。产品标准化可以实现批量生产取得规模经济，大幅降低原材料、机械设备及其他生产成本，大量生产还可以降低单位产品的开发研究费用，而成本降低可以提高跨国公司在国际市场上的竞争能力。

3. 统一品牌效应。当今，国际市场已经进入全球品牌营销时代，跨国公司一般都会采取产品标准化策略以形成统一的全球性品牌：保持品牌形象的一致性，有利于增加销售；引发有益的品牌联想，提高营销执行的效率，统一的全球性品牌一般会使用标准化的全球营销计划，这样可以简化协调工作，从而更有效地控制在各个国家的品牌营销工作。

（三）全球标准化的内容

全球标准化的内容有两个层面：一个是营销过程标准化（process standardization），另一个是营销组合标准化（program standardization）。

营销过程标准化涉及为全球市场开发相同的营销管理实践，包括目标任务的次序、问题解决过程、决策过程和业绩评价方式等。Rafee&Krutzer（1989）的研究指出，可以通过建立共同的企业语言、工作轮换、标准化训练和教育，在总部和各地分支机构形成共同的企业文化，进而成功开发全球营销战略。

营销组合标准化是指在作为目标市场的每一个国家，使用相同的渠道系统，利用同样的促销方式，以相同的价格提供同样的产品。

1. 促销标准化。在市场营销组合的四要素中，大量的研究集中在促销活动的标准化方面，特别是在广告活动的标准化方面。这是因为，随着世界范围内消费者生活方式的相似性增加，人员促销和广告的形式及内容在各个市场间越来越趋同化。另外，随着电视频道的普及、卫星电视以及网络媒介的出现，广告更容易同时到达全球观众，从而要求广告更加标准化。

2. 产品标准化。关于产品及品牌的标准化研究也较多。前述 Perlmutter（1969）主张全球导向的多国企业在国际经营中应该采用产品标准化战略，Levitt（1983）也认为世界各地的人们正在逐渐放弃各自独特的方式或消费偏好，追求世界范围内标准化的高质低价产品和服务。Takeute 和 Porter（1986）指出，虽然各国内部存在多个细分市场，但是各国间又存在具有共同特征的细分市场，这种交叉的市场细分整体就是一个跨国的同质化市场，因此可以在这个跨国的同质化市场采用标准化产品。Whitelock 和 Pimblett（1997）指出，产品的标准化可以从产品自身的特性、使用条件、消费方式、包装方式、产品美学、口味、标签等方面来进行。

3. 渠道标准化。一般认为文化和传统因素对渠道影响较大，因此实现渠道的标准化是非常困难的。开发全球营销渠道的一般方法是根据东道国情况定制渠道策略。但是，Rosenbloom、Larsen 和 Mehta 在 1997 年提出营销渠道决策过程及开发、执行和评价程序也可以采取标准化的方法。

4. 价格标准化。由于各国之间在税收、渠道体系、竞争状态、汇率、收入和成本水平等因素上存在差异，一般认为企业在很大程度上不能对价格进行控制，因此实现价格的标准化是非常困难的。

## 二、本土差异化策略

（一）支持国际营销本土化的观点

本土化策略的支持者指出，用世界市场同质化假设和规模经济理论来支持标准化观点存在重大的缺陷。他们认为采用完全的标准化战略是"过于简单的方法"和"次优解"，在实践中也是不可想像的（Killough，1978）。

Douglas & Wind（1987）从四个方面指出了 Levitt 假设的缺陷。首先，具有相同或相似需求的全球细分市场仅仅对部分产品存在，而且这些全球细分市场往往是一个规模不大的市场，因此这些同质化的细分市场不能反映全球各类消费者的需求，或者说不能代表全球市场。其次，由于 Levitt 所主张的标准化只注重各国市场间的相似性却忽略差异性，而差异化的市场往往是产生大量收益的市场，这样，采用标准化战略就不能从各国大量差异化的细分市场中获利。再次，Levitt 观点的一个隐含假设是消费者在购买选择时比起产品特征和设计更偏好低价格的产品，但实际上消费者往往并不愿意拿产品的特征和设计与价格做交换。最后，规模经济并不只靠生产系统的标准化才能实现，近年制造技术方面的进步使生产系统更加柔性化，从而使得多国企业能更有效地满足各国差异化市场的需求。

Whitelock 和 Pimblett（1997）指出，从规模经济性出发、专注于成本、以成本作为衡量标准化战略的指标，这反映出的是产品或生产导向而不是营销导向。另外，通过标准化实现规模经济从而节约成本降低价格的做法，往往会促使其他企业采用价格竞争的方式来对应，容易陷入恶性竞争。

（二）本土化策略的理论基础和假设前提

本土差异化是指跨国公司针对不同国家或地区的市场，根据其需求差异而提供经过改制的略有不同的产品。在标准化与差异化的争论中，像钢铁、大宗化学品和半导体芯片等行业，施行产品标准化策略有一定道理，但就大多数消费品市场和许多工业品市场而言，全球化似乎是个例外现象，即使麦当劳也根据各国消费者的偏好调整在各国销售的产品。跨国公司实行本土差异化策略的竞争优势主要体现在：

1. 本土差异化策略有利于使跨国公司的产品融入当地文化，更好地满足当地消费者需求。虽然"全球顾客"意味着在世界市场上消费者的选择性越来越趋同，但以国别进行市场细分的跨国公司应当注意到不同国家存在着经济上、文化上的差异，而这种差异会使各国消费者显示出对产品的差异需求。

2. 本土差异化策略有利于形成强有力的行业进入障碍。如果行业新的加入者参与竞争，它必须扭转顾客对品牌的信赖，以及克服原产品独特性的影响，这就增加了新进入者进入该行业的难度。

3. 跨国公司通过本土差异化策略，使得购买商缺乏与之可比较的产品选择，降低了购买商对价格的敏感度。另一方面，通过产品差异化使购买商具有较高的转换成本，使其依赖于原有企业。这些都可以削弱购买商讨价还价的能力。

本土化策略的支持者提出了两个支持理论。一是细分与定位理论（Samiee & Roth，1992），认为由于各国的法律规定、自然条件、传统文化、经济水平、消费者行为等存在非常大的差异，因此全球市场是异质化的，特别是当今各国，消费者生活方式的多样化和个性化使市场变得更加细化，消费者也变得更加挑剔，要求有更多的选择。基于不同市场之间的差异，采用针对当地细分市场的更为准确的定位战略可实现差别优势，并获得准垄断地位和建立价格歧视（price discrimination）的条件，以此为基础可以设定较高的价格，从而弥补在标准化条件下所节约的成本。大规模定制技术的出现也为跨国企业向每个细分市场设计和生产不同产品、以较低的制造成本满足个性化的需求提供了可能（Pine, 1993）。

另一个理论基础摩擦理论（Shoham & Aibaum, 1994）认为，虽然标准化所带来的规模经济会使成本降低，但是在总部和分支机构或分销渠道之间会因为摩擦而产生隐蔽的成本，这种摩擦使得营销组合的执行打了折扣从而增加经营的成本。如果这种摩擦所增加的成本超过标准化规模经济所带来的成本节约，则采用本土化策略更为有利，可以充分发挥当地分支机构的积极性和创造性，及时捕捉东道国当地的市场机会，发现当地消费者的特有需求，并定制营销组合来更好地满足当地消费者的需求。

（三）本土差异化的内容

1. 营销组合本土化。Shoham（1994）认为有三个原因使得营销组合内容很少被标准化。一是各国的市场需求存在差异，二是大部分构成营销计划基础的要素在各国之间是不同的，三是虽然标准化能带来成本的降低，但成本降低的利益并不大或者在实际经营中并不能感受到这种利益。Buzzel（1968）认为产品使用条件的不同以及各国在产品标准方面的不同规定促使企业采用产品本土化的战略。Kotler（1986）的研究进一步表明，由于没有采用本土化的产品战略，许多知名的国际品牌遭遇了失败。Doherty & Ennew（1995）指出媒体的类型、有效性、覆盖性以及语言文字等对广告信息和促销政策产生影响，认为各国形成竞争优势的要素如运输成本、税率、收入水平、交易习惯、流通方式等的不同使得价格政策必须依当地状况而定。Martenson（1987）指出各国分销系统的结构、流通状况、分销商和零售商的有效数量、消费者偏好的购物场所等差异较大，促使多国企业必须依据当地市场条件采用本土化的分销政策。

2. 营销过程本土化。Shanks（1985）列举了推动企业进入国际市场的三个因素：工业化国家经济的成熟化、新兴地域市场和新行业的出现、资本市场的全球化，这些因素导致企业的协调和配置决策重要性的增加，要求对营销过程采取本土化的策略。Hofstede（1993）指出营销决策过程标准化的环境在各国之间不相同，使得营销决策过程标准化的观点存在疑问，例如各国的文化习惯不同就会对营销决策过程产生较大的影响。

### 三、标准化与本土化策略的选择

正如前文所述，标准化策略和差异化策略各有其实施的必要与优点，跨国公司在两者之间如何选择是当前必须面对的难题，因而跨国公司在标准化与本土化的选择上需要综合考虑多方面因素。

（一）市场需求的特点

如果跨国公司目标市场的需求显现出同质化的特点，则选择标准化策略既能够满足顾客需求，又能因而节约生产、销售、管理成本。反之，则跨国公司就应该采用本土差异化策略满足不同国家或地区的顾客不同的需求。

### (二) 行业特征与产品特性

一些高科技产业属于典型的全球行业，IT 等新兴产业以及钢铁、大宗化学品和半导体芯片等行业中的跨国公司，往往通过标准化策略进入全球主要市场，以规模经济效益来削减成本和获取丰富的收益。在餐饮、娱乐和休闲等传统服务产业中，跨国企业则需要运用差异化策略细分全球市场，根据各国消费者的不同偏好调整产品。在产品特性方面，工业产品比消费品更具有标准化的潜力，如表 11-1 所示。

表 11-1　　　　　　　　　　　　产品特性和标准化倾向

| 产品类别 | | 示例 | 标准化倾向 |
| --- | --- | --- | --- |
| 工业产品 | | 电脑芯片、机器设备 | 高 |
| 消费产品 | 耐用品（流行趋势） | T 恤衫 | |
| | 易耗品（在家庭外使用） | 化妆品 | |
| | 耐用品（传统价值） | 工作装 | |
| | 易耗品（在家庭内使用） | 速溶咖啡 | 低 |

### (三) 文化差异

在产品设计上要重视文化心理特征，以适应不同文化的东道国消费群体的偏爱。例如，汽车的样式反映了不同的文化特征，德国人的品味在本质上是根深蒂固的，所以奔驰汽车的设计变化慢；日本人的汽车习惯被放在一面墙前展示，因为日本的街道狭小，所以大多数日本人是习惯于从特写的、部分的角度观察汽车。

### (四) 跨国公司国际营销推进阶段

跨国公司在开始进入国际市场时，一般首先采用标准化营销策略开拓国际市场，并在适应东道国环境的基础上，逐步实现本土化营销。首先采用标准化营销策略能够有效降低国际市场的进入壁垒，以较低的产品成本及时进入国际市场和扩大市场份额；反之率先实行本土化营销策略将会使进入成本过高，很难启动国际市场。

### (五) 企业能力

在这里企业能力是指跨国公司实施标准化与差异化营销策略的能力，它直接决定了跨国公司在国际市场上的活动范围和营销能力。企业能力同消除文化差异的障碍也有一定的关系，当跨国公司具有能够有效破除跨文化差异的能力时，便有了足够的能力来满足当地消费者的本土化需求，因此能够提高本土化的程度。

### (六) 跨国公司所实施的竞争战略

一般而言，以成本领先战略作为竞争战略的企业应该以产品标准化策略进入国际市场，以差异化战略作为竞争战略的企业应实施国际营销的差异化策略，否则将会出现战略的转换成本，增大国际营销的风险。

## 四、全球本土化策略

为了在激烈的全球竞争中占据有利地位，多数跨国公司在国际营销标准化和本土化策略的选择问题上，开始采取两者灵活结合的方式，即全球本土化（glocal）营销战略。这是指跨国公司不仅从全球整体上思考和制定营销战略，而且根据当地环境和消费者的需求，修改产品和营销组合以满足当地的特定差异化需求，这是标准化与本土化营销战略的真正融合。

全球本土化不是简单意义上标准化与本土化的折中，而是基于权变观点，以"全球化思考，本土化行动"（Think globally but act locally）为指导思想，以顾客为导向来适应当地文化，为全球市场创造产品和服务，兼具了全球标准化营销的规模经济性和当地适应化营销的灵活性优点，真正实现了标准化和本土化的平衡发展。它一方面从全球的角度来思考本土问题，把本土问题纳入全球营销的整体或网络中加以解决，特别是在诸如产品定位、品牌培育、形象塑造等的战略性要素上，注重和强调国际性、全球性的思考和宏观整体上的谋划；另一方面行动上的本土化又要求跨国公司不是把自己当成外来的市场入侵者，而是当作目标市场中固有的一员而努力融入当地文化，采用适应性的方式，适应当地的文化环境和市场特点，并在某些方面改变环境以获得更大的生存和发展空间。

正视全球经济一体化的现实，跨国公司必然以全球范围作为公司战略决策的出发点，但在具体实施营销过程中，在分析标准化与本土化两种营销手段利弊优劣的基础上，考虑到不同地区的差异情况，跨国公司往往需要综合地使用标准化与本土化的营销手段，并根据实际情况决定差异化与标准化的比重，在全球化思考、本土化行动的战略思想下，实现全球标准化营销与本土差异化营销的双轨运行。具体的做法可以从这样几个方面入手：

（一）国际市场宏观细分，各子市场内实行标准化

世界上有众多的国家和地区，每一个国家或地区的市场需求都有其独特性，并构成一个独立的子市场，尽管无视市场差异会导致营销的失败，但企业也不可能为每一个国家或地区设计差异化的产品和营销计划。折中且有效率的做法是对国际市场进行宏观细分，即根据某种标准将整个世界分为若干子市场，每一个子市场由许多国家或地区组成，它们具有基本相同的营销环境。针对各个子市场的不同特点和需求，企业实行差异化的营销策略，但在每一个子市场内部则实行高度标准化的策略。

（二）产品标准化，促销本土化

相对而言，企业在国际促销方面很难实施标准化运作，这是因为各国文化背景之间存在着巨大的差异，而促销是营销组合诸因素中对文化差异最敏感的一个。语言、教育、宗教、审美观、广告媒介及政府规定等诸多方面的不同，导致企业更倾向于采用差异化的促销策略。可口可乐饮料在所有国家中的定位都是一样的，它表现了一种开心、美好时刻和享乐的全球形象，有着独一无二秘密配方的产品和红白两色包装，但在国际广告中它不得不考虑各国文化的差异。可口可乐公司一个深受好评的广告表现了橄榄球运动员琼·戈丙尼在艰苦的比赛后把他的运动衫赠给一位给他一瓶可乐的小男孩，这个广告在北美以外则进行了一些更改。在南美洲，广告的主角换成了阿根廷球王马拉多纳，而在亚洲则使用了泰国的足球明星尼瓦特，到了中国之后则使用了110米栏世界冠军刘翔。

（三）产品核心标准化，产品外观或附属特征差异化

技术的发展使得适度的适应战略并不一定意味着失去规模经济方面的优势，跨国公司不断开发出既能不失去规模生产效益又能反映各国消费者特殊要求的生产技术，柔性制造

系统使得不同文化背景下的需求偏好都可以得到满足，并且基本上是在和标准化产品同样价格、同样效率下实现的。有很多产品的内部构件和基本功能都是一样的，消费者的个性化需求往往仅体现在产品的外观、式样、牌号、包装装潢或附加功能等产品表象上，而非产品内核上。如美国微软公司的"视窗系列"就是针对全球市场开发的标准化产品，但它随后推出的多种语言版本，方便了各国使用者的操作和运用。

（四）品牌形象标准化，产品差异化

品牌是国际市场竞争的战略制高点，它是竞争的利器，是推动企业扩张的引擎。要想在众多的品牌中脱颖而出，企业必须在国际市场上树立统一、独特的企业形象，企业要能通过强烈的品牌意识、成功的 CI 战略，借助媒体的宣传，使企业在消费者心目中树立起优异的形象，从而使消费者对该企业的产品发生偏好，一旦需要，就会毫不犹豫地选择这一企业生产的产品。麦当劳堪称这一策略的典范，麦当劳对其标志、广告、店面装潢和布局等进行标准化，无论处在哪一个市场，麦当劳都使用相同的标记、相同的包装容器、相同情调的餐厅格局，并对服务标准进行了统一和规范；它所提供的食物却因地域而有所不同，在法国有葡萄酒，在德国有啤酒，在巴西提供一种以浆果为主的饮料，在东南亚地区供应一种以水果为主的奶昔等，但无论产品怎样改变，麦当劳的全球品牌形象却是永远不变的。

**小资料：麦当劳将在印度开设全素餐厅**

麦当劳公司始终坚持向顾客提供核心产品汉堡包、炸薯条、冰激凌和软饮料等，然后根据不同国家的消费者在饮食习惯、饮食文化等方面存在着的差别作出相应的变化。

2012 年 9 月 6 日，麦当劳宣布，为了积极抢攻纯素食市场，将于明年年中在印度北部的阿姆利则市开设第一家纯素食分店，并在印度西北部克什米尔开设另一家素食餐厅。这两个地方都是印度重要的朝圣地。麦当劳将在印度开设的素食餐厅，属公司自 1954 年成立以来首例。在印度，麦当劳餐厅大约一半的食品由蔬菜制成，其中最畅销汉堡的夹心部分是一块马铃薯饼。辣椒裹上马铃薯做的假肉饼，加上红洋葱、番茄和特制蔬菜酱，这是麦当劳为了迎合印度人口味，在当地特别推出的素汉堡。

麦当劳是全球第二大速食连锁运营商，不过拓展印度市场的努力一直收效甚微。印度是全球第二人口大国，也是宗教信仰最多样化的国家之一。作为麦当劳的代表食品牛肉汉堡和猪肉汉堡，在印度市场上都遇到了挑战，因为主流的印度教徒认为牛是神圣的，因此拒绝食用牛肉，而非主流的穆斯林则认为猪肉汉堡冒犯了他们的信仰。此前，麦当劳宣布印度连锁店不售牛肉和猪肉，厨房也被划分为不同的区域，分别烹饪素食和非素食食品，但这仍然不能满足大多数信教徒的要求。于是麦当劳计划，明年在印度阿姆利则市的锡克教圣地黄金大寺附近，开设第一家全素食餐厅，锁定每年成千上万前来朝圣的信徒。

目前，麦当劳在全世界共有 3.35 万家连锁店，但在印度却只有 271 家，开设素食餐厅会给麦当劳带来无限商机，因为很多印度人都吃素，而麦当劳也预计未来 3 年在印度连锁店的数量将提高一倍。

## 第四节 国际营销组合

### 一、全球产品策略

#### (一) 产品的选择与开发

当企业计划进入另一个国家的市场时，必须仔细斟酌目前的产品系列是否适应新的环境。它面临着四种选择：销售和本国市场相同的产品（国内市场扩张战略）；对现有产品进行改进使之适应每一个新市场的独特口味（国别市场战略）；为所有市场研制标准化产品（全球市场战略）；收购当地品牌（本土化战略）。

对从零开始的公司来说，谨慎的选择是开发一种全球产品，原因正如主张产品标准化的观点所提供的依据：国际交流和其他世界性的社会化力量已经使不同文化背景的人们形成了相同的趣味、需求和价值观，从而造就了一个巨大的全球市场，拥有类似的需求，即对相同的优质可靠、价格适中产品的需求。和全球产品携手并进的是全球品牌，它使企业在全世界拥有一个统一的形象，从而在继续引进与此品牌有关的产品时可以提高效率、降低成本。

如果公司已经有好几种产品在国外生根，其任务则是把现有的产品重新定位为全球产品。定位过程中要注意原产地效应，即消费者受原产地的影响而对产品形成的积极或消极的看法。消费者往往会由于自身经历或道听途说而对某些国家和某些产品持有成见，比如，很多人笼统地认为，法国的香水、英国的红茶、中国的丝绸和意大利的皮革是世界上最优秀的；再比如，欠发达地区对进口产品、尤其是从发达国家进口的产品具有特别的信赖，反过来，世界各地对欠发达国家生产的产品普遍看法不佳，而且其生产的产品技术含量越高，被接受程度越差。这些成见需要营销者通过好的产品策略如对品牌形象进行有效宣传、对产品进行适当定位等来利用或消除。

有时，企业会面临这样一个市场：当地品牌已经根深蒂固，和收购当地品牌相比，引进新的公司品牌会花费更长的时间和更多的金钱。这时，企业就应该像雀巢和联合利华在东欧和俄罗斯那样，使用民族品牌，即收购有消费者基础的当地品牌，改头换面，重新包装，以新的形象重新推出。

#### (二) 产品质量与分析

质量可以从两个方面来定义：市场感知的质量和工作质量。两者都是重要的概念，但是顾客对优质产品的判定往往和感知质量关系更大。比如航空公司达到了安全飞行和起降的工作质量标准，但顾客不会就此满意，因为他们认为这是起码的要求，而质量优劣还要依赖班次多少和时间、价格高低和折扣、座椅和餐饮的好坏以及从检票到认领行李过程中员工的表现等。

在面临多种选择的竞争市场上，顾客期待获得工作质量是不言而喻的，产品达不到标准，自然要被淘汰。如果有不同产品可供选择而且都达到工作质量标准，那么所选的产品一定是达到市场感知质量要求的。要确保产品同时达到工作质量和市场感知质量，国际营销可以通过产品成分分析来进行。产品具有多方面的特性，这些特性主要集中在三个方面：

1. 核心成分，由物质产品、含有基本技术的平台以及产品的所有设计和功能特性构成。满足当地不同需求的各种变化都是在产品平台上增加或删除的。对核心成分的平台进行大规模改造可能得不偿失，因为平台的改动会影响生产过程，从而需要附加的资金投资。但是，可以对设计、功能特性、风味和色彩等方面进行改动，使产品适应不同的文化。

2. 包装成分，包括风格特点、包装、标签、商标、品牌名、质量和价格等各个方面，每一种元素的重要性取决于消费者的需求。包装成分可能因公司发现有利于当地销售的更好方法而自主地改进，也可能因各国的特别规定和消费者的忌讳而需要强制性的改动。

3. 支持服务成分，包括维修和保养、培训、安装、许可证、送货和提供零配件。很多本来可以成功的营销项目，因为不太注意产品的这一成分，最终导致了失败。在一些欠发达国家，定期维护或保护性维护的概念还没有根植于消费者心中，因此，产品必须改进以减少维护要求。另外，根据各国的文盲率和教育程度改写产品说明也值得注意。

产品成分分析是一种有用的方法，用来检查准备在外国市场销售的产品应该怎样改进。使用时要注意：必须对产品的每一个成分进行仔细评估，然后确定需要作哪些强制性和自主性的改进。

（三）产品改进和创新

产品是其提供给使用者的物质和心理满足的总和。产品的物质特性通常要求提供基本功能，如质地、包装、式样、服务等。从一个国家到另一个国家，为满足新市场的要求，产品的物质特性需要做些小的改变。物质改变是产品改进的最主要方面，而且一般是强制性的，由当地市场的法律、经济、政治、技术和气候要求引起。

和物质特征同样重要的是产品还有一系列心理特征，如品牌提供的信心或特权、原产地、制造商的声誉以及拥有或使用产品时所获得的象征意义等。因为对心理特征的理解随文化不同而各异，产品准备进入第二市场时需要做出的另一种改变取决于原市场和新市场的文化差异，差异越大，产品需要进行改进以实现文化适应的程度就越大。

国际营销者的第一步任务就是提供合适的产品，第二步则是在短时期内让新市场上尽可能多的消费者接受这种产品。分析创新的五个特征有助于确定市场对产品的接受率或抵制率：相对优势，新产品相对于旧产品可感知的边际价值；兼容性，它与可接受的行为、规范、价值观等的兼容性；复杂性，与产品使用有关的复杂性；可试验性，与产品使用相关的经济或社会风险；可观察性，产品好处可以传播的容易程度。一般来说，新产品的扩散率与相对优势、兼容性、可试验性和可观察性成正比，与复杂性成反比。

巧妙的营销措施可以使产品感知和当前文化尽量吻合，减小抵制，从而产品扩散或被接受得更快。比如产品的物质部分常常可以改进，增强其相对于竞争产品的优势，加强它与当地文化的兼容性，还可以使其复杂性减到最小。另外通过广告宣传也可以加强其相对优势和兼容性，降低复杂程度。小型化、试用品、产品演示等都是有效的促销手段，可以用来改变创新产品的特性，加大其采用率。

### (四) 工业品的全球营销

工业品销售比起消费品来有一个优势，那就是工业品用于大批量生产的特性以及工业品用户的一致动机和行为，使得市场中的产品和营销基本上是标准化的。另一方面，工业品销售也有自己的难题，即工业品市场固有的反复无常的特性。形成这种特性的原因，除了工业品作为一种资本商品，和消费品中的耐用品一样，是"周期性"的产业以外，还有另外两个因素的作用加剧了需求的上下起伏：职业购买者往往一致行动；派生需求加速市场的变化。

派生需求（derived demand）可以定义为依赖于另一来源的需求，如亚洲金融危机引起东南亚地区1998年对飞行的需求（商务和度假）减少20%，造成派生需求——对飞机需求的减少却是100%，即现有飞机都未充分工作，新订单则完全取消。造成这一现象的原因是存在于资本—产量比率中的加速原理。要控制工业品这种固有的需求波动性，工业品公司可以采取好几种措施：多样化经营，生意红火时迅速提价并减少广告开支，不把市场份额作为战略目标等，还有最重要的一条，即进军海外市场，展开全球经营。

另一方面，工业品市场客户群稳定，对售后服务要求高，甚至需要专门加工或上门安装，这些特点决定了存在于工业品销售中的关系营销。关系营销的核心是建立与顾客之间的长期关系，其内容从搜集顾客需求信息、产品和服务设计、及时方便的交付使用，到跟踪服务、确保顾客满意，包罗万象。关系营销是工业品销售的一个可行的战略，特别是在拉美和亚洲国家中，这里的文化环境使建立信任成为展开营销的一个重要前提。

工业品的促销方式也和消费品有所不同，它需要在专业化的广告媒体上进行广告宣传。但是一些国家中，专业化媒体不发达甚至很缺乏，企业只能退而求其次，寻找相对合适的印刷媒体，或者依赖于向工业品用户提供商业信函、商品目录和网址等。此外，世界各地的各种专门或综合的贸易展览会和交易会也是进行境外销售的主要途径，成为国际促销活动的一部分。

### (五) 消费者服务的全球营销

服务业是一个非常重要的成长性市场。20世纪90年代，国际贸易中的1/4来自服务贸易。商品经济的重点日益从制造业转向服务业的趋势在发达国家中尤其明显：在经济合作与发展组织国家中，服务型企业所使用的劳动力和所创造的GDP都超过一半；20世纪90年代末，80%的美国人在服务领域工作。

服务领域主要包括这样一些行业：旅游，交通，金融服务，教育，商业服务，电信，娱乐，信息和医疗保健。和工业品和日常消费品等有形产品一样，服务既可以作为工业服务出售，也可以作为消费服务出售，这取决于购买的动机和使用目的。另一方面和有形产品不同的是，作为一种无形产品服务具有自己与众不同的特点：不可分割性，体现为其生产和消费是不可分割的；多样性，体现为它是由个人、为个人进行生产的，每一件产品都是独一无二的；不长久性，体现为它在生产出来后不能保存，必须在生产的同时进行消费。

服务业的特点决定了服务营销手段不同于工业品或一般消费品。例如，绝大多数服务，由于生产和消费必须同时进行，不能以商品形式出口。事实上，80%的服务是通过许可证贸易、特许经营和直接投资进入外国市场的。

保护主义、跨国界信息流动限制、激烈的竞争、文化障碍和知识产权保护等是跨国公司在当今国际服务市场所面临的最主要的问题。

**小资料：欧莱雅在中国的产品策略**

欧莱雅尊重个体差异，认为通过多样化产品和品牌满足各类消费者的需求是其开展业务的基础。欧莱雅的中国策略为金字塔式的战略，实行差异化营销策略。

第一部分是位于塔尖的高端产品，具体有三个品牌，一是赫莲娜，水准最高，定位于具有很强的消费能力，年龄也相应偏高的消费；二是兰蔻，定位于那些年龄比赫莲娜年轻一些，具有相当的消费能力的消费者；三是碧欧泉，定位于那些具有一定消费能力的年轻时尚消费者，价格比赫莲娜和兰蔻低一些。第二部分是位于"金字塔"中部的中端产品，如在发廊及专业美发店中使用的卡诗染发用品；第三部分是位于"金字塔"底部的价格在几十元的低端产品。这种品牌构架与目标顾客的地位、品味、购买能力和数量直接相配套，充分体现了以价格、档次作为品牌区分的标准。

本土化品牌是欧莱雅品牌经营的另一个显著特点。它一方面通过收购吸收本土品牌完成本土化品牌的创建，如在中国收购羽西、小护士。另一方根据当地的人文特点，融合欧莱雅自身所抹不掉的异域情调，使全球女性都能领略到其独特魅力。如收购美宝莲后，欧莱雅在上海设立了化妆品研究部，开发出完全适合中国人肤色、肤质及品味的产品，将其特有的纽约时尚及多姿多彩的魅力带给中国女性。

## 二、全球分销体系

在很多市场，对营销活动成功的最大限制是分销渠道。如果分销结构中的不合理成分不能克服，产品到达目标市场的过程会很昂贵。建立积极而可靠的分销渠道是国际营销者所面临的关键和富有挑战性的任务。

（一）基本分销体系

分销结构有两种极端：进口导向的分销结构和日本模式的分销结构。虽然现在没有任何国家属于纯粹的这两种模式，但是大多是从这两者基础上发展而来，多少还会残留一些当初的痕迹。

1. 进口导向的分销结构。在以进口为导向的分销结构中，进口商一般控制着固定的货源，其营销系统的发展思路是向少数富有顾客高价销售限量的商品。在这样形成的卖方市场上，大多数情况下供不应求，顾客寻求货源，市场渗透和大众分销没有必要，于是产生了只有有限中间商的渠道结构。

2. 日本模式的分销结构。长期以来，日本的分销体系一直被看作是阻止外国货进入本国市场最有效的非关税壁垒。日本的分销体系有四个显著特点。一是高密度的中间商。既包括批发商也包括零售商，这种其他任何国家都无法比拟的高密度来源于日本人的消费习惯：在居处附近的小商店购物，量不大但经常买。二是由制造商控制分销渠道。制造商往往通过解决存货资金、提供回扣、接受退货和促销支持等加强对渠道的控制。三是独特的民族文化形成了一套经营哲学，强调忠诚、和谐和友谊，这种价值体系维系着供货商和销售商之间的长期合作关系。四是此种体系赖以存在的基础——旨在保护小零售商的大规模零售商店法（Large-scale Retail Store Law），要求任何营业面积超过 500 平方米的商店，只有在得到市一级政府批准的情况下，才能建造、扩大、延长开门时间或改变歇业日期，而市政府的这种批准要获得这一地区全体小零售商的同意。

由于外国商人、甚至日本商人都把日本的分销体系看作是最大的非关税壁垒，日本消费者也普遍认为该体系是提高日本人生活水准的主要障碍，零售法规在一系列压力之下做出改变，引起现在日本零售业的革命：传统的零售店正在损城失地，让位给专门商店、超级市场和平价商店。

大多数国家的分销体系介于营销基础设施落后的进口导向结构和层次繁多、系统复杂的日本模式结构之间。

（二）分销模式的差别

世界各国的分销模式存在不少差异，特别是在以下方面：

1. 零售集中程度。零售系统在一些国家高度集中，少数几个零售商控制着大部分市场；在另外一些国家则相对分散，没有哪一家零售商占有重要市场份额。发达国家因为家用汽车和冷冻设备普及以及收入较高，单次大量购买的购物习惯促进了大型零售设施的建立。

2. 渠道长度。决定渠道长度的最重要因素是零售系统的分散程度。一般说来，零售系统分散的国家往往有较长的销售渠道，所以，经济发展程度低的国家因为购买量较小、零售系统分散而具有较长的销售渠道。另外，工业品和价格高的消费品的销售渠道要比低价产品的渠道短一些。

3. 渠道专有程度。专有程度高的渠道是指那些外人难以进入的渠道，日本的分销体系被认为是专有程度很高的体系。

4. 中间商服务。一些国家的批发商和零售商要提供许多额外服务以使产品对顾客具有吸引力，另一些国家（包括中国）里批发商认为自己的任务就是储存货物和待客上门。

5. 经营范围。一些国家中间商什么生意都做，另一些国家中间商则俨然专家身份，只经营极其有限的品种。

6. 成本和利润。各国之间相差很大，取决于竞争程度、所提供的服务、规模的效率、市场大小、周转快慢、购买力和传统等因素。

7. 备货。很多国家的中间商因为缺乏资金、贷款成本高和害怕损失等原因而库存太少，由此导致缺货现象，运输困难又会加剧这一问题，使竞争对手坐收渔利。这种情况下，制造商要通过延长商品信贷、提供仓储服务等办法鼎力相助，或许还要施加压力，才能使中间商增加库存。

分销模式还在一些国家中存在着特殊问题，如非正式分销网（摆摊设点、走街串巷等）占据了相当的销售比例，使正式的分销渠道难以获得足够的占有率；来自竞争对手或卡特尔、商业协会的力量造成渠道不畅，迫使外来者只能使用效率低成本高的分销渠道等。和批发相比，各国的零售模式更加变化多端，直销、上门兜售、特大型市场、购物商业街、邮购、互联网电子商务等越来越多的销售方式正在被不同的国家分别采用。

### (三) 影响渠道选择的因素

一般认为，渠道战略本身具有 6 个战略目标，可以用下面的 6C 来描述。在制定分销战略的过程中，不能忽视任何一个"C"，才有希望建立符合公司长期渠道方针的经济有效的分销渠道。

1. 成本（cost）。渠道成本有两类：发展渠道的资本或投资成本和保持渠道畅通的维护成本，后者又有两种形式：维持公司销售力量的直接开支和中间商的利润、报酬或佣金。有句老话是：你可以省掉中间商，但是你省不掉中介过程和中介成本。不过，中介成本虽然省不掉，很多时候是可以通过营销创新来减少的。例如采取直销方式的公司，虽然没有支付给中介商的费用，但仍需将类似费用支付给销售代表。

2. 资本（capital）。公司建立自己的内部渠道即公司自己的销售力量时，需要的投资通常最大。使用分销商或经销商可以减少投资，但是制造商往往也要投资寄售所需的启动货物、贷款、商品布置等。

3. 控制（control）。公司对分销活动参与得越多，控制就越强。全部是公司自己的销售力量时最好控制，但高昂的成本使这种方式不切实际。反过来，参与越少或渠道越长则控制越弱。例如采取加盟方式形成的连锁店，优点是成本少而规模扩张快，但常常存在不能进行严密管理控制的问题。

4. 覆盖面（coverage）。覆盖面可以用市场份额来衡量，但前者的含义更丰富，还包括令人满意的市场渗透和各个市场的最佳销售额。分销体系必须因时因地制宜，才能获得足够的市场覆盖面。

5. 特点（character）。分销渠道的选择必须注意和公司、市场两方面的特点相符，而且要注意，即使在渠道选定以后，也要根据公司和市场某些特点的改变而做调整，不可拘泥不化，在变动的市场环境中丧失商机。

6. 连续性（continuity）。制造商应该尽量选择具有连续经营能力和意愿的中间商，同时力争在渠道中建立品牌忠诚，防止中间商禁不住诱惑改换门庭，给公司经营造成损失。

### （四）中间商的种类

一旦公司明确了自己的目标和政策，下一步就是选择发展分销渠道所需的特定的中间商。以它们是否拥有产品来划分，中间商可以分为代理商和独立中间商。代理商代表委托方进行买卖，而独立中间商拥有商品，自主买卖。区分这两者很重要，因为一般说来，制造商对分销过程的控制受是否拥有商品所有权的影响。根据中间商在分销中发挥的作用不同，则可分为以下三种：

1. 国内中间商或母国中间商，它们从国内基地出发，提供营销服务。对于那些国际销售额不大、在国外市场没有多少经验、不想直接参与复杂的国际营销活动或想以最小的资金和管理投入在国外销售的公司来说，国内中间商有很多优势。采用国内中间商的主要不足是对整个过程的控制程度有限。这类中间商主要包括贸易公司、国内出口商和沃尔玛等全球零售商。

2. 外国中间商。想更多地控制分销过程的国际营销者会选择和外国市场的中间商直接打交道，这样做有利于制造商缩短分销渠道，使其更接近市场，同时也会直接面对语言、货物分运、通信和金融等问题。这类中间商主要是制造商的代表、外国分销商和外国经纪人。

3. 政府下属的中间商。随着政府提供越来越多的社会服务，政府采购活动日益增多。争取政府采购订单可以采取多种方式，既可以直接与政府机构打交道，也可以通过代理商，但一般很少通过独立中间商向政府机构推销。在某些国家，类似中国外贸体制改革之前的情形，外国公司或其代理商只能和该国的特定机构联系，再由这个机构将外国公司的推销意向传递给国内客户。

（五）渠道成员的寻找和采用

寻找中间商首先得从市场研究和确定评价中间商的标准开始。评价标准主要包括四个方面的内容：生产能力或销售量，财力，管理的稳定性和能力，企业的性质和信誉。一旦找到了某个潜在的中间商并完成了对它的评估，剩下的任务就是和该中间商讨论协议细节。协议必须明确制造商和中间商的具体责任，包括每年的最低销售额，这是评价分销商的基础。如果分销商完不成最低销售额，出口商有权终止协议。

中间商的积极性和销售量之间关系密切，因此，要运用各种方法和技巧来激励中间商，如金钱回报，心理奖赏，沟通，制造商支持和建立和睦关系等。

凡是国际市场营销的成功者都是成功的分销渠道控制者。要实施有效的控制，首先要尽可能地在制造商内部和向中间商解释清楚自己的目标和计划。通过指标、报告和制造商的亲自拜访等可以了解有关中间商销售量、市场占有率、所提供的服务、价格、广告、付款方式甚至利润等信息，从而实现有效的控制。

当中间商的工作达不到标准或市场形势的改变要求制造商重组销售时，就可能有必要终止和某些中间商的合作。不过，不到万不得已，一般制造商都避免与中间商解约，精心挑选并加以有效的激励和控制才是上策。

### 三、国际促销

一旦某种产品被研制出来，能够满足目标市场的需求，进入了适当的分销渠道，就必须让顾客了解产品的价值、特性和如何买到。由广告、销售促进、人员推销和公共关系这四种因素所组成的促销组合就是起这样的作用。根据具体情况不同，国际企业在实际营销工作中会对促销组合的四个方面侧重不同。本节将先说明进行国际促销的6个步骤和若干障碍，然后讨论其战略应用。

（一）国际促销的步骤

无论处在何地，国际促销的基本框架是相同的，主要涉及6个步骤：

1. 研究目标市场。进行全球市场细分是国际促销的第一步。是否可以在不同国家之间找到相同的细分市场，这些市场之中的顾客又是否可以通过同样的产品特性来使生活方式和消费需求得到满足，是确定实行标准化的促销策略还是因地制宜的促销策略的基础。

2. 确定全球标准化的程度。是"统一制服"，还是"量体裁衣"？广告的专门化程度一直是争议最大的领域。鉴于全球一体化趋势日益使产品和广告向世界市场发展，以及采用国别策略的公司在和具有全球品牌的公司的竞争中越来越处于劣势，公司应该使促销策略尽量标准化，需要时再因地制宜。这种多数公司采取的折中方法也被称为"模式广告"。

3. 确定国内或全球市场的促销组合。这是整个促销过程的重点,将在下面详细讨论。

4. 开发最有效的信息。促销活动从根本上说是一个沟通过程。为了成功地进行国际促销,就要克服文化差异带来的困难,开发出符合当地文化模式、情感、信仰和价值体系,又能最有效表达产品特性的信息。

5. 选择有效的媒体。广告媒体主要包括报纸、广播、电视、互联网、邮寄、广告牌等,其特点和效用都因地因时而不同,需要结合各国实际和整个国际广告媒体领域的飞速变化而选择采用。

6. 建立有效的控制体系,帮助监督和实现世界范围的营销目标。

(二) 国际促销的障碍

在营销组合的所有成分中,促销是最容易受不同市场文化差异影响的一个。消费者对广告等促销方式的反应受其文化背景的制约,存在于各国法律、语言和媒体的差异会使国际促销更加复杂化,并使其有效性受到限制。

1. 法律障碍。很多国家制定了对广告等促销活动进行管制的法律。例如,在科威特,政府控制的电视网每天只允许播放 32 分钟的广告,而且是在晚上;除极少数例外,马来西亚的电视广告必须在本国制作;奥地利各市州征收 10%～30% 不等的广告特别税;关于控制比较广告 (comparative advertising) 的例子更是不胜枚举。

2. 语言障碍。语言障碍是影响用广告进行有效沟通的最主要障碍之一,它来源于不同国家的不同语言、同一国家内的不同语言或方言以及语感和个人语言习惯等更微妙的问题。各国文化遗产和教育的巨大差异使得人们会对同一个句子或概念产生不同的理解。

3. 文化差异。根据传统习惯形成的感性认识往往难以改变,文化因素决定着人们如何解释各种现象。当通用碾磨公司把速成蛋糕配料引进日本时,电视宣传中的一句话"做蛋糕和煮米饭一样容易"却冒犯了日本的家庭主妇,因为她们认为煮米饭需要高超的技艺。

4. 媒体限制。试图在全球开展标准化广告活动的公司有时会受到各国媒体条件不相同造成的限制。例如在东欧,由于杂志等出版物没有高质量的纸张和印刷,高露洁公司只能放弃一贯的大量使用印刷媒体的做法,改用其他媒体。

(三) 国际促销战略

促销战略的主要决策是使用推进还是拉动战略。推进战略强调人工销售,拉动战略则更依赖于大众广告来向潜在客户传达信息。虽然人工销售作为一种促销工具很有效,但是它需要大量使用销售人员并且相对昂贵。

一些企业只采用拉动战略,另一些则只采用推进战略,大多数则是把两者结合起来。决定推进战略还是拉动战略更为合适需要从以下三方面进行考虑:

1. 产品类型和消费者精明程度。在向市场大型群体销售简单的日用消费品时,常常采用拉动战略,因其不但覆盖面广,而且具有成本优势。反之,在向特定的客户群销售工业品和其他复杂产品时,采用直接销售可以使用户更好地了解产品特点。在发展中国家销售新产品时直接销售比较重要,而对于已经使用过类似产品的成熟的发达国家消费者来说,直接销售则不太必要。

2. 渠道长度。渠道越长则越需要用拉动战略来进行销售,原因是长渠道产生渠道惰性，通过直接销售在各级中间商中层层推进可能非常昂贵且收效甚微。通过大众广告来创造消费需求，从渠道的另一端来进行拉动，效果就会比较显著。一旦某种产品的需求被创造出来，中间商就会乐意经销。

3. 媒体的可利用性。在没有足够的可供使用的印刷或电子媒体，或者媒体的可利用程度受到法律等限制（如绝大多数国家不允许在电视和广播上为烟草和酒品做广告）的情况下，进行直接销售的推进战略值得考虑。

**四、国际市场定价**

即使国际经营者生产了合适的产品，选择了恰当的销售渠道，进行了正确的促销，如果定价不当，所有努力仍将付之东流。在国际营销者的所有任务中，制定恰当的价格是最困难的任务之一。当产品在多个国家销售时，这项任务会变得更复杂，在进入每个新市场时，营销者都必须面对一组新的要素：关税，成本，货币波动，报价方法，竞争状况等。

（一）国际市场定价目标

企业对产品制定价格并进行控制，目的是实现营销目标。决定定价的诸种营销目标孰轻孰重？对美国、加拿大一些跨国公司的调查显示了有代表性的结果：在被要求对决定定价的因素按重要性从 1~5 排序时，总利润以平均得分 4.7 位居榜首，名列第二至第五的分别是投资收益率（4.41 分）、市场占有率（4.13 分）、销售总额（4.06 分）和变现速度（2.19 分）。不同公司在不同阶段可能拥有不同的目标，例如跨国公司可能在进入某个海外市场的初期以扩大市场占有率为首要目标，而在适应期、融入期之后以获利为最重要目标。不同的定价目标决定了跨国公司采用不同的定价方法。

（二）国际市场定价方法

和国内市场定价一样，在国际市场定价中，成本和市场是最重要的两个因素。不熟悉海外业务的企业和生产工业品的企业只以成本为基础进行定价，把定价作为公司战略一部分的企业却懂得运用其他途径采取竞争性和市场导向的定价方法。

1. 成本定价，包括完全成本定价法和变动成本定价法。采用完全成本定价法的公司认为同种产品的每一件在成本核算方面都应一视同仁，分摊总的固定成本和变动成本，于是价格为总成本加上一定的利润，以成本加成法来确定。采用变动成本定价法的公司把海外销售看作是额外的收入，定价时只考虑出口产品的边际成本。这些公司可能在国外市场推出最有竞争力的价格，但由于它们以低于国内市场价格的净价在国外销售，很可能受到反倾销的指控。虽然如此，变动成本或边际成本定价法对于固定成本高且生产能力过剩的公司来说，仍不失为一种可行的方法，超过变动成本的价格部分能分摊一部分固定成本，这对公司来说相当于利润。

2. 战略定价，包括掠夺性定价和经验曲线定价，两者都是低价策略，但实行动机、范围和支持手段不同。掠夺性定价旨在把价格作为竞争武器将弱小的竞争者挤出一国市场，一旦竞争者离开市场，企业就会提高价格获取厚利。为了能够实行掠夺性定价，企业必须在另一国市场有盈利，以此利润来支持它试图垄断另一国市场的定价。经验曲线定价是指企业以咄咄逼人的低价加上攻势凌厉的广告和促销，迅速增加销售量，从而因为学习效应和规模经济的作用而沿着经验曲线下行。当它运动到经验曲线下端时，相对于处在上端的竞争者而言就拥有了成本优势，能够赚取较大的利润。为了尽快增加全球销售额，采用经验曲线定价的企业往往在世界范围内采取低位定价，即使这意味着在开始阶段要承受亏损也在所不惜。

（三）价格升级的形成和对策

价格升级（price escalation）是指商品在进口国的最终价格高于出口国的初始价格，原因是在从出口国到进口国的过程中，附加了许多进出口成本。这些附加成本主要是：税收，包括关税和其他形式的进口税；行政管理费，包括申请进出口许可证的费用、报关费、进口签证费等；通货膨胀，汇率变动，中间商和运输成本等。

降低价格升级的方法如下：

1. 降低制造成本。制造商的价格如能降低，将对价格升级的整条因果链产生影响。在生产成本较低的第三国组织生产或取消产品某些成本高昂的功能都是可行的办法。降低制造成本除了能降低出口价格外，还能降低进口关税，因为多数关税是从价计征的。

2. 降低关税。降低关税在控制价格升级中常常起很大的作用。有些产品可以用重新归类的方法来降低关税，例如，出口数据通信设备到澳大利亚市场时，因为该种商品在海关税则上既可属计算机设备（25%的关税）又可属通信设备（3%的关税），则设法归入后者将大大提高商品的价格竞争力。此外，还可通过修改产品、零部件出口和重新包装等方法来合法地降低关税。

3. 降低分销成本。缩短分销渠道也能降低成本。拥有较少中间商的销售渠道，由于减少了中间商的成本加成和在征收累积增值税时对东道国的纳税，从而降低了分销成本。

4. 借助保税区。一些国家为了便利国际贸易，建立了保税区或自由港。全世界有这类设施300多个，在那里，货物进入不用交关税，在其中发生的劳务成本和间接费用也可以免交关税，只有当货物离开时才交关税。因此，由关税、其他税收、附加费和运费引起的价格升级可以通过自由贸易区得到一定程度的控制。

（四）公司内部定价策略

公司内部定价系统的总目标是：尽量增加整个公司的利润；便于母公司实施控制；合理确定各个部门的经营实绩。

为了增加整个公司的最终利润，跨国公司一般使用转移价格，即对公司设在不同国家的生产或销售单位之间调拨的价格进行调整。在公司内部实行转移定价，可以从税率最低的国家取走利润从而使总利润最大化。

例如，一家外国制造商生产某一产品的单位成本是人民币50元，但它以150元每件卖给它在中国的子公司。子公司花费50元/件用于运输和广告，再以200元每件卖给中国的零售商。这样，子公司没有利润，也不必在中国交税，而母公司每件产品获利100元。这么做的原因是母国的税率低。反过来，如果东道国的税率低，就应在子公司中取得利润，而使母公司尽量没有利润。

当各国之间的税率差别较大时，跨国公司有强烈的动机通过转移价格来减轻税负。不过，虽然这种做法没有不恰当之处，无论是母国还是东道国都会细致地对之进行审查，以免外国公司逃税或本国公司少报海外收入。

◎ 小结

1. 三个方面的因素影响国际营销活动：企业可控因素、国内不可控因素以及国外不可控因素。

2. 最基本的国际营销策略可以概括为全球标准化和本土差异化两种，两种策略各有一些支持观点和理论基础，跨国公司在进行选择时需要综合考虑市场需求特点、行业与产品特征、文化差异、所处国际营销阶段、企业能力、跨国公司竞争战略等因素。

3. 为了在激烈的全球竞争中占据有利地位，跨国公司在国际营销标准化和本土化策略的选择上开始采取全球本土化（glocal）营销战略，以"全球化思考，本土化行动"（Think globally but act locally）为指导思想，兼具全球标准化营销的规模经济性和当地适应化营销的灵活性优点。具体做法可以从产品标准化、促销本土化等多个组合入手。

4. 全球市场分析的内容除经济环境之外，还有政治环境、法律环境、文化环境、商业惯例、地理环境等。

5. 要防范国际营销调研中的问题，需要我们慎重确定调研目标、认真制订调研计划、全面收集信息、科学分析信息、注意文化差异。

6. 较之消费品市场，工业品市场有两个特性：一是市场中的产品和营销基本上是标准化的，二是需求呈现周期性的剧烈波动。

7. 分销结构有两种极端：进口导向的分销结构和日本模式的分销结构。虽然现在没有任何国家属于纯粹的这两种模式，但是大多是从这两者基础上发展而来的。

8. 促销战略的主要决策是决定推进战略还是拉动战略，哪种战略更为合适需要从以下三方面进行考虑：产品类型和消费者精明程度，渠道长度，媒体的可利用性。

9. 国际促销中存在法律障碍、语言障碍、文化差异和媒体限制，会使国际促销更加复杂化，并使其有效性受到限制。

10. 价格升级（price escalation）形成的原因是在从出口国到进口国的过程中，附加了税收（包括关税和其他形式的进口税）、行政管理费（包括申请进出口许可证的费用、报关费、进口签证费等）、中间商费用和加价、运输成本以及通货膨胀、汇率变动等造成的多种进出口成本。降低价格升级的方法是：降低制造成本、降低关税、降低分销成本和借助保税区。

◎ 复习思考题

1. 在国际营销调研中容易出现哪些问题，又应该如何防范和解决？
2. 全球标准化和本土差异化策略的理论基础和假设前提分别是什么？
3. 营销组合的四个要素应分别如何进行标准化和本土化的策略选择？
4. 一些在国内市场销售良好的商品被引入国外市场时却需要做一些较大的改动，为什么？影响改动的因素是什么？
5. 世界各国的分销模式在哪些方面存在着差异？
6. 国际市场定价主要遵循哪些方法？

◎ 参考资料

1. 马述忠，廖红. 国际企业管理. 北京：北京大学出版社，2010.
2. 徐剑明. 国际营销实务与案例. 北京：机械工业出版社，2004.
3. 朱华，等. 市场营销案例精选精析. 北京：中国社会科学出版社，2006.
4. 菲利普·科特勒，凯文·莱恩·凯勒. 营销管理. 第14版·全球版. 王永贵，译. 北京：中国人民大学出版社，2012.

【案例分析】

### 李宁的品牌国际化之惑

李宁公司（下称"李宁"）是中国家喻户晓的"体操王子"李宁先生在1990年创立的体育用品公司。经过20多年的探索，李宁公司已逐步成为代表中国、国际领先的运动品牌公司。"不做中国的耐克，要做世界的李宁"。是李宁品牌一贯的定位，23年来李宁公司都在不遗余力地打造这个品牌。因公司创始人李宁先生是知名的世界体操冠军，公司一贯积极赞助各种体育赛事，并成功进行了多次体育营销。

2000年6月，李宁击败阿迪达斯夺得了法国体操队装备赞助权；2001年，赞助第27届夏季奥运会中国体育代表团；同年，李宁第一家海外形象店在西班牙桑坦德成立；2002年9月，为参加第十四届世界女篮锦标赛的西班牙女篮提供比赛服，另外与海外经销商合作进行品牌推广，赞助法国体操队、捷克体操队、俄罗斯大学生代表队等一系列赞助，在国际上，李宁品牌逐渐赢得了一定的知名度。但公司的销售额一直徘徊在7亿元人民币左右，问题究竟出在哪里？

2001年，服务于李宁公司多年的老臣张志勇出任公司的CEO，通过引入专业市场公司对"李宁"的品牌做出调查后，张开始对李宁公司做了长达3年的一系列的改革。

由于这期间李宁品牌经营方向不明确，品牌已经面临着老化的迹象，当时聘请的调研公司的调研结果是：（1）消费人群不够清晰；（2）品牌面临被遗忘的风险；（3）品牌个性不鲜明；（4）产品线过宽，搞不清楚"李宁牌"究竟是什么概念。这样的结果使李宁公司意识到必须建立一个新的机构，专门负责品牌的整体规划。于是在2001年10月，李宁公司组建了市场部、销售部和营运支援部等营销部门，负责重塑李宁牌的工作。

2002年，李宁公司请IBM为公司做战略咨询。在IBM的介入和帮助下，李宁公司对业务优势、产业环境以及对李宁历史上战术成功的分析，让公司很快明确了公司的发展方向，确立了公司的愿景，并且在IBM的帮助下，确立了李宁战略上做减法，走上了专业化发展的战略道路。

国际化的战略思路需要有国际化背景的专业管理人员来执行，自2003年起，在CEO张志勇的主导下，公司很快有了一个清一色的国际化团队，CFO陈伟成来自路透集团；2004年2月加盟的李宁品牌市场副总裁伍贤勇来自宝洁；主管销售的副总裁叶学峰曾在雅芳工作；主管鞋类的副总裁吴伟国来自耐克公司；现任政府及公共关系总监张小岩则来自杜邦。虽然如此，市场形势并不乐观。2003年，李宁运动鞋的销售数量首次被耐克超过，成功上市的2004年，又被阿迪达斯甩在身后。更加令人不安的是，李宁在2005年销售额尽管已达 24.51 亿元，增长 30.5%，但同时期两家国际巨头的在华销售额却几乎翻了一倍。在走向国际化的道路上，这个国际化的团队依然没有逃脱被国际品牌在本土超越的现实。

总体来说，2008 年以前，李宁的国际化一直在两条平行的轨道上相对平稳地行进着，在公司内部实行人才的国际化，而对外则在推行品牌的国际化。但 2008 年以后，李宁的前进的步伐却突然失去了节奏，不知所措。整个 2009 年，李宁新增店铺 1 004 间，达到 7 249 间。凭借奥运的余威，李宁以 84 亿元的销售额超越阿迪达斯，成为国内体育市场的第 2 名，距离耐克只有一步之遥。公司高层曾将 2010 年的销售目标定为突破 100 亿元。与此同时，身为阿迪达斯和耐克在中国的最主要代理商的百丽却在关闭店铺，收缩业务。这无疑是中国体育市场其实已经出现了衰退的信号。遗憾的是李宁并没有意识到问题的严重性，而是依旧在奥运和民族的热情中前进。

2010 年，李宁公司决定重塑品牌，加快其国际化步伐。这次的品牌重塑也是为了解决李宁消费群体老龄化的问题。李宁公司在 2006—2007 年的市场调研显示，超过 50% 的消费者年龄在 35~40 岁之间，这与公司的期望严重不符。一个典型案例是，虽然李宁早在 2002 年就喊出了"一切皆有可能"（Anything is Possible）的口号，但是阿迪达斯 2004 年提出"没有什么不可能（Impossible is Nothing）"之后，李宁却就此蒙上了"抄袭"的冤屈，时至今日，大部分年轻消费者都还一厢情愿地认为李宁山寨了阿迪达斯的创意。这样的切肤之痛无疑进一步坚定了李宁公司寻求国际化的决心。为了吸引年轻人，李宁公司将之前的标语更换为"90 后李宁"，而这只是开始。

今天，几乎所有人在复盘李宁动荡根源的时候，都会将矛头指向 2010 年换标时"90 后"的提法，似乎这是李宁品牌重塑失败的罪魁祸首，然而这并不是问题的本质。实际上，即便没有"90 后"的提法，李宁的品牌重塑也注定不会取得预期的成功。李宁的国际化思路是：先品牌国际化，然后市场国际化，无疑，这只是李宁公司的一厢情愿。为了争取年轻消费群体，公司聘用了来自台湾省的 CMO 方世伟，但是拥有国际化背景的他对大陆的文化元素的把握是错误的，最终在执行的时候出现了严重的偏差。对于国际化进程，公司高层本来的构想是 2009—2013 年是李宁国际化的准备阶段，2013 年后要全面推进国际化的进程。为了赶上这一时间表，李宁公司放弃了在篮球上与耐克"死磕"到底，转而将羽毛球作为公司的战略发展方向，这明显暴露出决策层急于求成的心态。为了实现对于主流运动项目的覆盖，李宁"东拼西凑"了一支肤色各异的国际化代言人团队。2010 年 3 月，李宁签约了"标枪王子"托希尔德森，即便是体育迷也很难知道他究竟是何许人也。10 月份，李宁又莫名其妙地签下了已经过气许久的前百米飞人鲍威尔，此时的短跑赛场早已是"闪电"博尔特的天下。李宁的广告里的确出现了越来越多的国际面孔，然而品牌的影响力却在走下坡路。

多年来的战略摇摆不仅消耗了公司大量的精力和资源，也埋下了众多的隐患，此时的李宁公司实际上已经有些不堪重负，而激进的品牌重塑最终成为压垮李宁的最后一根稻草。2010 年年底举行的 2011 年二季度订货上，李宁的服装产品和鞋产品平均零售价格均上涨超过 8%，但订货数量却分别下降超过 7% 和 8%，订单总值计算折扣后较 2009 年同期下降约 6%。李宁品牌价值的提升不足以支撑其产品价格的提升，这其实已经是在宣告李宁的品牌重塑失败。

（资料来源：http：//bbs.pinggu.org/thread-2688505-1-1.html.）

讨论题：

1. 李宁公司的品牌国际化之路存在什么问题？
2. 李宁公司应如何调整营销策略才能增强其国际竞争力？
3. 国际品牌耐克、阿迪达斯的营销策略对李宁公司是否有借鉴意义？

# 第十二章 国际企业会计

◎ **本章学习目的**

学习本章之后，你应该掌握以下内容：

1. 国际会计的概念；
2. 影响国际会计差异的因素；
3. 外汇风险的类型及管理方法；
4. 管理会计问题的三方面问题；
5. 公司治理的两种机制。

**【华尔街会诊中概股信任危机：财务透明是王道】** 美国当地时间9月13日晚，一场名为"中国公司华尔街信任危机中求生存"交流会在位于纽约哈德逊河畔的Kaijou Japanese Restaurant举行，与会各方就中国概念股的未来进行了多方探讨。

此时，中国企业在美国正处于空前信任危机之中。资料显示，仅2011年上半年，已经有18家中国公司被纳斯达克或纽约证券交易所停牌，4家企业被勒令退市，20多家遭受股东集团诉讼，大部分中国公司股票股价低迷。

上半年，当在美国上市的一批中国互联网企业纷纷跌破发行价时，原计划7月在美国上市的迅雷和盛大文学两大公司，也因投资者反应不佳被紧急叫停上市，而早在去年11月，大连绿诺环境工程科技有限公司便揭开了反向并购大恐慌的序幕。

在华尔街惨遭"寒冬季"的中国概念股将何去何从？

此次交流会上，Pryor Cashman LLP律师事务所合伙人萨思力（Selig D. Sacks）认为：中国企业在美国上市应该找具有一定资质的会计师事务所和律师事务所，使操作更具规范化。

美国龙门财经投资者关系管理公司（Dragon Gate）董事长总经理朱丽洁则对《第一财经日报》记者表示，此次集体下跌的中国概念股应从三个方面来理清头绪，早日走出寒流。朱丽洁说，第一，清楚辨识批评来源及其原因，以便对症下药；第二，确定危机处理中的1~3个月短期策略和3个月至1年的长期策略；第三，通过有效的传播渠道让投资人了解公司的真实运作情况。当遭受到舆论质疑时，公司应第一时间做出澄清，树立公司诚信形象。

普华永道中国业务部经理詹妮（Jenny Q. Zhan）在接受本报记者采访时说："中国公司应该将重点放在内部控制和财务公开上。最重要的是，不是所有的中国企业都在投资项目中做到了很好的沟通和信息及时公开。在金融风暴的背景下，做到财务报表的公开透明是中国企业的当务之急。"

一位不愿意透露姓名的华尔街律师对本报记者表示，一些中国企业为了省钱，聘请了非专业的会计师事务所和律师事务所帮其上市，加之，中美两国财务系统迥异，导致财务报表混乱，注册文件不符合规范。

上述律师建议，中国公司要在美国上市，必须聘请具有专业资质的会计师事务所和律师事务所。但是，这样的美国公司费用相对较高，会增加中国企业的上市成本。

（资料来源：http://news.chinaventure.com.cn.）

从引例中可以看出，可靠的会计信息对于跨国企业的正常运营至关重要，否则管理人员无法做出良好的决策。一般来讲，会计和信息系统专家提供了这些信息，但管理者必须清楚自己到底需要哪些数据信息以便为决策作更好的准备。同时，会计与财务密切相关，每个功能相应地依赖于另一个。通常，公司首席财务官都是公司高管团队成员之一，掌管公司财务资源。首席财务官依赖于会计提供并经审计过后的一些信息来制定恰当的决策。另外，内部审计人员确保了公司政策和程序顺利地实施。他们共同合作以保护企业的资产。现实的和可能的跨境资产流动使得会计和财务功能变得复杂起来。跨国企业须学会应付不同的通胀率、汇率变化、货币控制、关税、当地会计部门的复杂度及当地报告要求等。这些因素需要跨国企业协调好母国与东道国之间的会计与财务上的差异。

本章讨论跨国企业在国外经营的公司面临的关键会计问题。首先对国际会计问题是什么做了简单介绍。其次将讨论世界各国的会计如何不同以及全球资本市场怎样迫使许多国家考虑协调其会计和报告标准。接着将分析一下跨国企业所面临的一些特殊问题，如外国货币交易的会计问题、折算外国货币的最终报表等。

## 第一节　国际会计的定义

对于国际会计，受研究人员或实务工作者的研究背景或实际经历不同以及看问题的角度不同，会计学家在不同时期对其下了不同的定义，对国际会计有着不同的理解与诠释。因此，到目前还未形成一个会计界公认的国际会计概念。在此，对各时期国际会计的定义作简要描述。

早在20世纪60年代，对于国际会计的讨论存在两种代表性的观点。一种观点强调会计的国别差异，把国际会计限定为对各国会计理论的分析。如美国学者Kollarich和Mahon于1967年定义："国际会计是对所有国家的会计原则、方法和准则进行研究和分析。"这种观点并不认为国别会计会向着国际协调的方向发展。另一种观点则认为，国际会计会向着"世界会计"的方向发展。如美国学者Zimmerman教授于1968年提出的定义："国际会计是最高层次会计的抽象，其目的在于打破国界，发展世界性的会计理论，并在任何一个国家的会计中加以应用。"这种设想在当时也许可望而不可即，但与今天全球范围内的会计准则趋同方向一致。

进入20世纪70年代，"世界会计观点"和"国别会计观点"依旧存在。美国会计学家T. R. Weirich、C. G. Avery和H. R. Anderson将与国际会计有关的认识或观念归纳为三类，并相应地提出了三种含义不同的国际会计概念：

1. 世界会计（world accounting）。这种观点认为，国际会计是世界上各个国家都认可并采纳的一种全球性会计体系，各个国家都能使用它。这需要在全球范围内建立各国均公认的会计准则以及统一的会计模式。这一设想很可能是国际会计发展的最终目标。

2. 国际会计（international accounting）。这种观点认为，国际会计是各国不同的会计原则、准则、原理和方法的集合体。其中包含各国公认的会计原则，是一种多原则、而非统一的概念结构。据此，人们需要比较分析各国会计差异，究其产生原因，并寻求协调各国会计实务的恰当途径。在当今世界的国际资本流动、全球经济一体化的过程中，对国际会计的研究仅停留在国别会计的基础上是不恰当的，我们不否认国别会计的比较研究价值，只是认为应更多地从动态的、发展的观点来看待国际会计问题。在存异趋同中寻求协调国际会计实务差异的有效途径。

3. 国外子公司会计（accounting for foreign subsidiaries）。这种观点概括的是母公司及其国外子公司的会计实务问题，研究跨国企业在国际经营过程中所产生的特殊会计问题，如国外子公司财务报表的折算和调整等。

从跨国企业的角度研究跨国经营活动中出现的各种会计问题，统称为跨国企业会计。它是以跨国企业国际经营活动和国际资本流动、跨国企业遇到的特殊会计问题为研究对象，以适用于跨国公司的各种跨国理论和方法而形成的会计分支。其主要内容有：国外子公司财务报表折算，日常会计处理遵循的会计准则或制度，子公司如何协调各国会计原则、制度所产生的差异，如何处理币值波动问题，国外子公司财务报表与母公司财务报表的合并等。

比较三种观点，我们认为，第二种观点比较切合现实的国际会计发展趋势。第一种观点过于理想，现如今实现难度极大；第三种观点仅是国际会计的一部分，不能用以完整取代国际会计的概念，国际会计的外延比第三种观点更加广泛。由此可以视国际会计为一个集合体，通过对此研究，寻找各国会计原理、原则方面的差异及其原因，总结出各国通行的惯例，这样有助于协调各国的会计实务，以便跨国企业在全球范围内有效地经营运作。

20 世纪 80 年代至 90 年代，随着经济全球化的进一步加深，特别是国际投融资活动的活跃，根据各国际组织的努力，"世界会计"与"国别会计"对立观点逐步淡化，以下两个定义反映了这一趋向。美国学者 F. D. S. Choi 和 G. G. Mueller 在其合著的《国际会计》（1984 年第一版和 1992 年第二版）中写道："国际会计把本国导向的通用会计最广义地扩展到：国际比较分析；跨国经营交易和跨国企业经营方式下独特的会计计量和报告问题；国际金融市场的会计需求；通过政治的、组织的、职业界的以及准则制定等方面的活动，对全球范围内会计和财务报告的差异进行协调。" M. Z. Iqbal、T. U. Melcher 和 A. A. Elmallah 在《国际会计：全球观》（1997 年版）中指出，"国际性交易的会计，不同国家会计原则的比较，以及世界范围内不同会计准则的协调化。"这一定义简洁明了而又全面，凸显了国际会计协调化。

## 第二节　影响国际会计差异的因素

不同国家的会计标准和惯例各不相同，如何协调好母公司与国外子公司之间的财务与会计相关问题,是跨国企业所面临的一个重要难题。很多国家的财务报表甚至是形式或内容看起来都不相同。此外,财务报表中所采用的很多术语在世界范围内也有国别差异。此外,有些国家(如美国)的企业在做财务报表时通常只列示合并财务报表,而还有些国家(如欧洲国家)的企业则会将母公司与子公司的财务报表都列示出来。也许有人会认为,这种格式上的差异是很小的问题,只是形式上而非本质的问题。但事实上,本质问题也存在,因为在不同国家,资产和收入可以用不同的方法来衡量。影响国际会计差异的因素有:会计目标、会计实践环境、文化、会计系统的分类。

## 一、会计目标

会计程序主要是确定、记录和诠释经济活动。各个国家都会依据各国实际情况确定其实行的会计系统的目标。比如美国财务会计准则委员会(Financial Accounting Standards Board,FASB)认为,财务报告属于外部信息报告,应该提供以下信息:投资和信贷决策;估计预期现金流;评价公司资源、对这些资源的索取以及这些资源的变化。

管理者首先要确定谁是财务信息的主要使用者,才能根据需要建立目标。国际会计准则委员会(International Accounting Standards Board,IASB)是专门制定在世界范围内使用的会计准则的机构,由它确定会计信息或财务信息的主要使用者(见图12-1)。

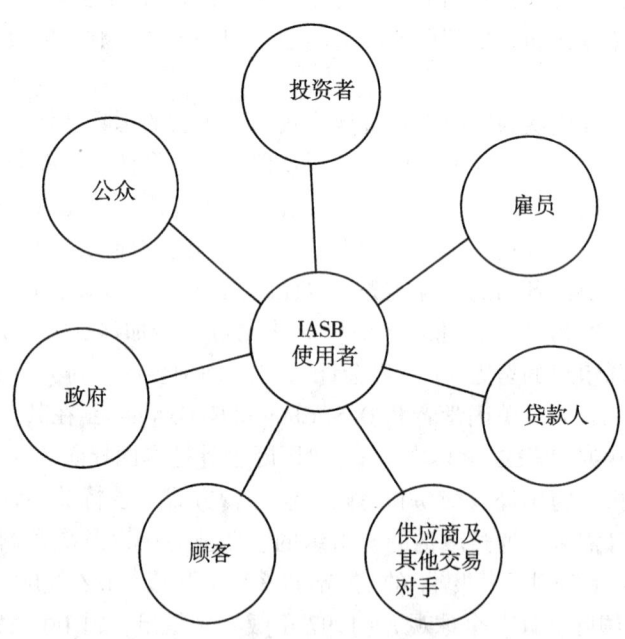

图12-1 会计信息使用者

资料来源:Data from International Accounting Standards Committee Foundation,A Guide through International Financial Reporting Standards (IFRSs) (London:IASCF, 2007):15, paragraph 9.

使用者的确定非常重要,不同使用者由于其对财务信息需求的侧重点不同可能会导致报告不同的财务信息。如在美国,投资者是财务信息的主要使用者,因此会计主要集中在损益表，损益表影响着公司股票价格和股票的流动性，被视为未来成功的指示；在德国，债权人才是财务信息的主要使用者，所以会计更多集中在资产负债表，这种资产负债表包含了对公司资产的描述。

是否应该为了全球范围内的各种使用者采用一套统一会计准则和实践，到目前为止还没有一致意见。就目前发展趋势而言，会计准则和实践的发展似乎更多地集中在为投资者提供财务信息。

## 二、会计实践环境

哪些因素导致了会计实务向国际化方向发展呢？图12-2列举了一些比较重要的因素。

图12-2中所列示的各个因素对会计实践的国际化发展产生了重要影响，但并非每个因素在各个国家都同等重要，这因国别而异。比如，在英美国家，投资者作为会计信息的主要使用者，对其影响较为重要；而在德国和瑞士这样的国家，债权人（银行为主）却是更为重要的影响因素；在日本和法国，税收则是会计准则和实务发展的重要影响因素，这在美国却不显得那么重要。

一些国家因素也对会计实务发展起着重要的影响作用。例如，现在或以前被英联邦殖民的国家所采用的会计体系跟英国的会计体系相似；而之前法国的殖民国家如今也沿袭了法国的会计模式。由此可见，类似于殖民因素的影响使得来自这些国家的企业使用和同组中来自其他国家的企业相似的准则和实践。此外，一些大型的国际公认会计事务所也对会计国际化发展产生了重要影响。如我们熟知的普华永道、德勤、毕马威和安永，它们向世界传递着高水准的审计实践，在某种程度上引导了会计实务发展的导向。

因影响会计因素的重要程度差异，各个国家在会计准则和实践上也产生了差异。但在美国会计准则委员会和国际会计准则委员会以及其他的一些国家组织的共同努力下，目前全球范围内的会计发展是趋同，这意味着各国正走得越来越近，为我们拥有能在资本市场上通用的国际财务报告准则（IFRS）提供了极大便利。然而，趋同是国与国之间的趋同，因此我们需了解国别之间的潜在差异，而文化则是差异存在的关键性因素。

## 三、文化

如今，越来越多的人意识到文化及其历史渊源对于会计影响的重要性。的确，影响会计准则和实务的一个主要来源就是文化。过去的国际会计体系分类文献中鲜有提到这一层面的，但如今国际投资者关心国与国之间衡量（企业如何对存货和固定资产估值）和披露（年度或中期报告中如何提供并讨论哪些信息给财务数据的外部使用者）的差异。因此，探讨文化对会计实务的影响作用是必要的。

霍夫斯泰德对文化结构因素的开拓性研究为文化和会计搭建了一座桥梁，很多文化与会计相关的研究都是基于霍夫斯泰德的基础贡献，尤其那些强烈影响在组织和机构的工作环境下的行为的因素。哈里森（Harrison）和麦金农（McKinnon）曾提出了包括文化的分析框架，用以分析关于企业财务报告的国家准则的变化，这一框架的价值在对日本会计体系的分析中得以体现。文化被视为该框架中用来理解社会体系如何发生变化的主要元素，因为它无形地影响体系内外的规范、价值观和组织行为。

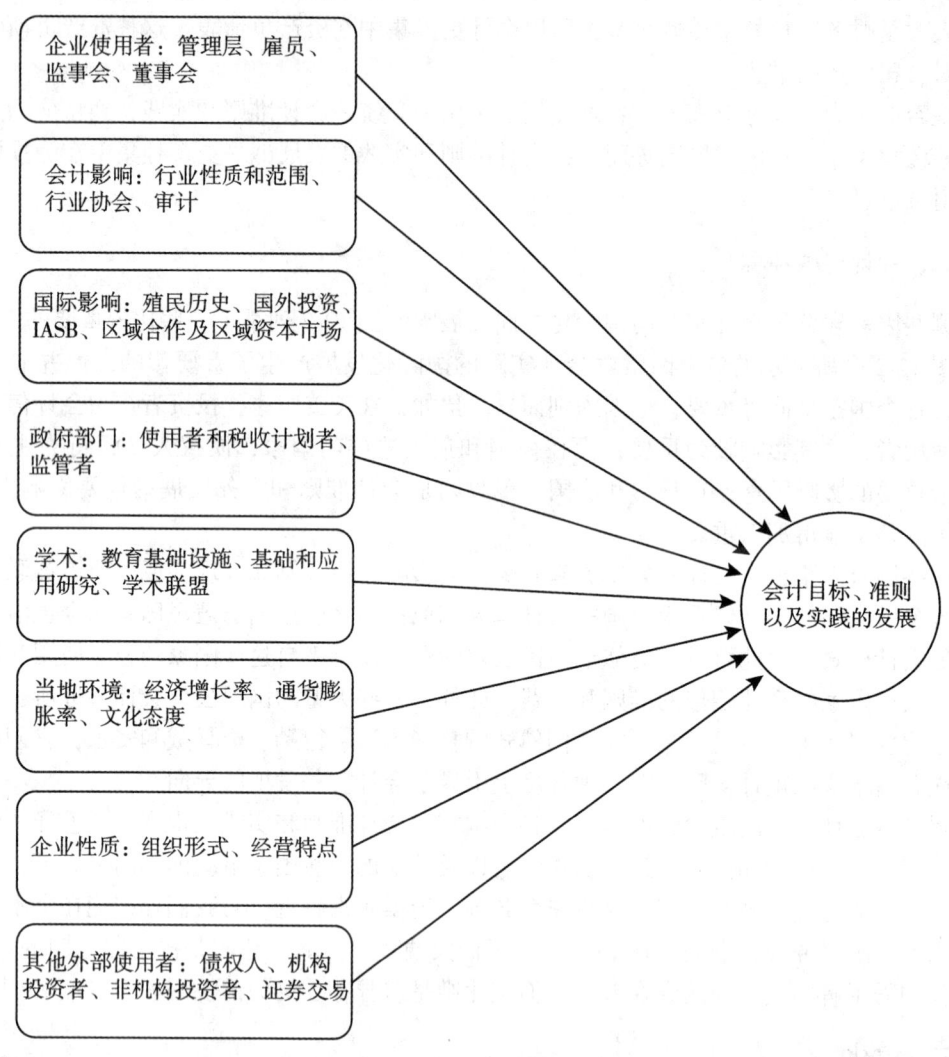

图 12-2　环境对会计实践的影响

资料来源：Radebaugh Lee H. Environmental Factors Influencing the Development of Accounting Objectives, Standards and Practices-The Peruvian Case. The International Journal Accounting 10：3（1975）：41. 1975，Lee H. Radebaugh. Reprinted by permission of Elsevier Science.

西德尼·格雷将霍夫斯泰德的研究扩展到会计领域，这使得划分国家可以按照披露和衡量原则来进行，特别是保密—透明度以及乐观主义—保守主义。

保密—透明和乐观主义—保守主义矩阵如图 12-3 所示，图中描述了不同组国家的会计实务在保密—透明和乐观主义—保守主义的文化价值矩阵中的分布。保密和透明维度表示企业向公众信息披露的程度。德国、瑞士和日本这样的国家相比于英、美（盎格鲁传统的国家，拥有更加开放和透明的信息披露）拥有更少的披露信息，这体现了法国、瑞士和日本保密的文化价值观。即便是在全球市场范围内交易、使用世上最好的会计公司审计其财务报表的企业依旧拥有一定的保密文化。

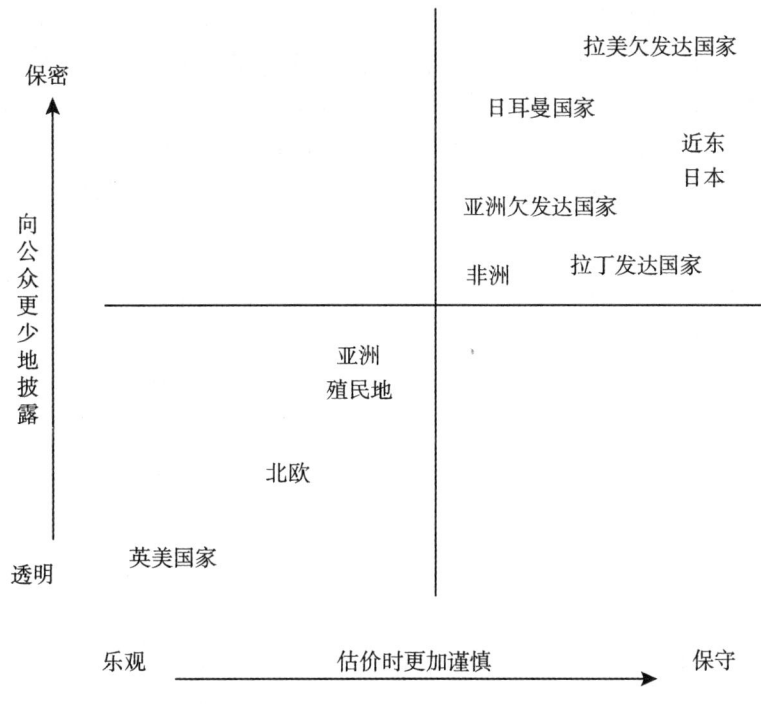

图 12-3 国家会计系统中披露/衡量矩阵

纵轴是按照透明度-保密（一个国家的企业对外界信息披露的程度）维度对会计实务的排列；横轴是按照乐观-保守（企业评估和确认收入时的谨慎程度）维度对会计实务的排列。图中可见，透明和乐观往往联系在一起，而保守和保密往往紧紧联系在一起。

资料来源：Radebaugh Lee H and Gray Sidney J, *International Accounting and Multinational Enterprises*, 5th ed. New York: John Wiley & Sons, 2002. Reprinted by Permission of John Wiley & Sons.

从图 12-3 中我们可以得知，处于右上角保密—保守象限的企业由于频繁使用资本市场，其使用的会计模式会逐渐地向英美国家的模式移动。比如德意志银行和戴姆勒-克莱斯勒这样的企业，其为了报告的目的在德国法律允许的范围内先是采用美国通用会计准则，随后转向国际财务报告准则（IFRS）。随着越来越多的类似德意志银行和克莱斯勒这样的欧洲企业采用国际会计准则委员会发布的国际财务报告准则，它们会逐渐向着左下方的透明—乐观象限移动。

乐观和保守维度则是企业在评估和确认收入时所表现出的谨慎程度。从会计角度来看，保守国家更倾向于低估资产和收入，而乐观的国家则在评估或确认收入时更加宽松。银行首先为法国企业提供资金，德国和日本亦是如此，而且银行关注流动性。当企业为了积累现金储备以满足银行贷款而宣布股利分配时，其倾向于保守。与此相反，美国企业更倾向于展现收入能力来吸引投资者的注意。美国企业在确认收入时相较于英国企业稍保守，但较欧洲大陆及日本的企业则乐观得多。1997 年亚洲金融危机表明，绝大多数亚洲国家仍然适合右上方的保密—保守象限。尤其是韩国和一些东南亚的企业，它们缺乏足够的透明度，这使得银行和一些投资者不知该向何处投放资金。往往它们之所以把资金投到一些亚洲的企业，更多地是基于关系与声誉而非其表现出来的良好的财务信息。

此外，格雷（Gray）对前面提到的哈里森和麦金农的方法做了一定程度的补充，提出了包括文化的理论框架，用以解释和预测不同国家间会计体系的差异。格雷认为，文化或社会价值观可能不同程度地渗透到组织和职业的亚文化中，而会计体系和实务可能影响和反映社会价值观。图 12-4 给出了文化或社会价值观对会计亚文化的影响作用。

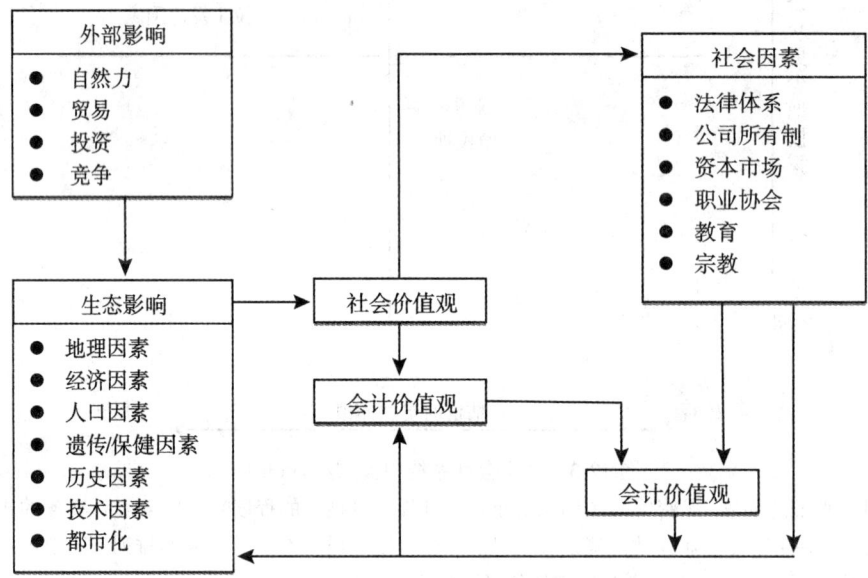

图 12-4　文化、社会价值观和会计亚文化

资料来源：Gray S. J. Towards a Theory of Cultural Influence on the Development of Accounting Systems Internationally, Abacus (March 1988): 7.

从图 12-4 中可以看出，会计发展的制度框架受一个国家的文化或社会价值观的影响，这一框架包括法律体系、资本市场等方面。会计价值观或会计工作者的态度同样与社会价值观紧密相关，并源于社会价值观。会计价值观或者态度（如稳健主义）也将对单个国家的会计体系产生一定程度的影响。此外，会计计量、信息披露以及准则的制定正是受会计价值观的影响。

**四、会计系统的分类**

目前对于会计体系模式的国际分类研究可归纳为两种主要的方法：演绎法（或判断法）和归纳法（或实证法）。前者先确定相关的环境因素，再将这些因素与各个国家的会计实务结合起来，从而提出不同的国家组别或会计发展模式；后者则先从单个国家的会计实务开始分析，再确定出发展模式或组别，最后再对不同的经济、社会、政治和文化因素做出诠释。

(一) 演绎法

会计分析的演绎法最先是由格哈德·米勒（Gerhard Mueller）于1967年在其著作《国际会计》中进行的环境分析发展而来。他将世界范围内的发展模式分为四大类：

第一，宏观经济模式。此模式企业的会计活动与国家的经济政策紧密相关。作为国家经济结构的基本单位，企业实现自身目标的前提通常是圆满执行国家宏观经济政策。瑞典、法国和德国是这种模式的典型国家。为了稳定经济和商业，企业的会计收益应予以均衡化；为了刺激经济增长，应调整折旧率；为了促投资，企业应建立储备；而为了满足宏观经济的需要，企业应制定社会责任会计。

第二，微观经济模式。此模式下，企业被视为经营活动的中心。会计概念源于经济分析，其核心是投入企业的资本保全。符合微观经济要求的做法有：重置价值会计、分部报告以及关于职工成本、养老金、长期承诺等信息的披露。

第三，独立学科模式。此模式下，会计被视为服务职能，以实用主义和判断为中心。它从成功的商业实践中提炼出自身概念框架。米勒认为，美国和英国是这种模式的典型代表。

第四，统一会计模式。此模式下，会计是有效的管理和控制方式。计量、披露和列报上的统一性使得会计信息易于被企业管理人员、政府部门和税务当局等各种会计信息使用者用来控制各类经营活动。有较强政府干预的国家属于这种模式，如法国、德国、瑞典等。

尽管米勒意识到会计发展与经济或商业因素、法律体系、政治体系以及社会风尚等密切相关，但他并未给出准确的描述，他也并没有明确地提及文化相关因素对会计发展的影响，但这丝毫不影响米勒对国际会计分类的另一贡献，即对商业环境的分类。他将这些环境与不同类型的会计体系联系在一起。遗憾的是，尽管他指出了不同的商业环境需要不同的会计体系，却并没有对实践中的会计体系差异做出实证性的分析。[①]

诺比斯（Nobes）弥补了米勒的不足，在他的基础上进行了改进，其借助生物学术语对西方发达国家的会计计量实务进行了划分，如图12-5所示。它并没有将所有的国家囊括在内，只是利用几个发达西方国家简单地来说明概念。现在，很多主要的发达国家的会计模式都在向着有利于投资者的方向发展，理解主流传统对于理解世界各地会计模式趋同的困难是重要的。

1. 大一统与小范围

图12-5的国家划分原则是按照自然科学的概念划分的。从左至右由一般到特殊。大一统的系统相比于小范围的系统更多地受到政府的影响而形成。强有力的法律体系是影响那些适合大一统范畴国家的主要因素。这种法律体系尤指法典法律而非一般普通法律，以及税法。由于税务当局要根据当地会计准则制定好的财务报表来确定税收，因此税法是这里面最重要的因素。会计准则以税收为基础，因此法律要求它们必须被遵守。与美国不同的是，法律规定的财务报表是基于个体而非合并后的实体。这些体系在披露方面更加地保

---

① 李H. 拉德鲍，西德尼J. 格雷，欧文L. 布莱克. 国际会计与跨国企业. 王全喜, 译. 北京：机械工业出版社，2008.

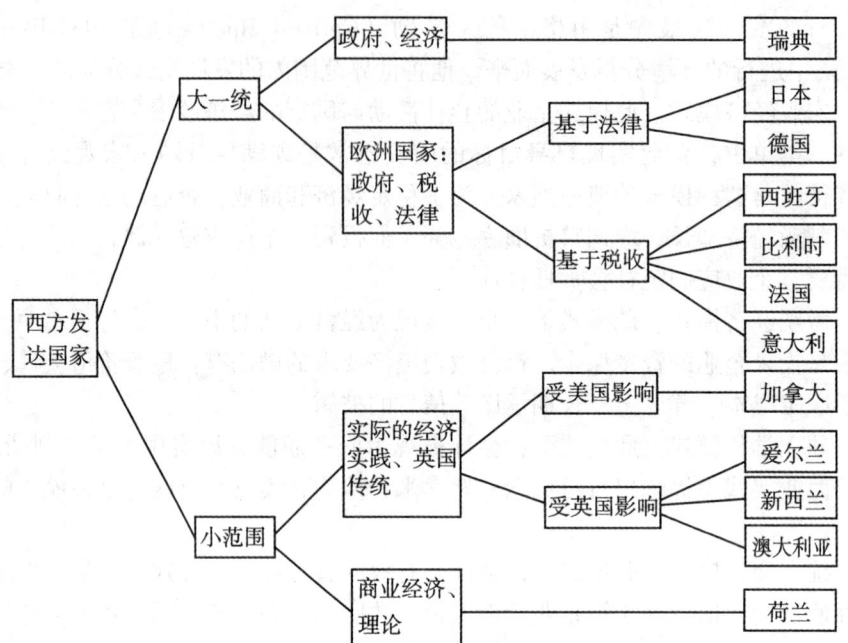

大统一的会计系统往往存在于具有较强和健全法律体系的国家，相比于小范围的会计系统，它们受到更多政府的影响。相比之下，小范围的会计系统则更多见于因实际商业需要而产生会计实务的国家。

图 12-5　西方国家会计体系的发展

资料来源：From Nobes C W. A Judgment International Classification of Financial Reporting Practices. Journal of Business Finance and Accounting（Spring 1983）：Reprinted by Permission of Blackwell Publishing Ltd.

守与保密。从图 12-5 中可以看出，西班牙和法国是基于税收的体系，而日本和德国则基于法律的体系。需要注意的是，图 12-5 是按照国家来划分会计系统的，尽管有些国家的衡量和披露已开始向小范围的范畴移动，但这些传统是基于文化和机构的并很难改变。

与大一统系统不同的是，小范围系统包含支持实际经济实践的特征，并发展于英国。可以看出，美国是小范围系统的典型国家，它相较于大一统系统的国家显示了更多的乐观和透明度，而相较于德、法、日也更少地依赖于税收和法律。它们把重心集中在资本市场上，而非银行或税务当局。但是，这并非意味着它们忽视了税收的重要性，而是资本市场上的收入与税收相比，在大多数情况下是不同的。①

从图中可以看出，与美国相似的国家还有加拿大，它是北美自由贸易区的成员国。尽管墨西哥曾受西班牙的影响并继承了很强的法律和税收传统，但现在更多地倾向于美国模式。英国的模式也属于小范围系统，并比美国更少地依赖税收和法律的影响。曾经的英联

---

① 约翰 D. 丹尼尔斯，李 H. 拉德巴赫、丹尼尔 P. 沙利文. 国际商务——环境与运作. 第 13 版. 石永恒，译. 北京：机械工业出版社，2012.

邦成员国,如巴哈马、澳大利亚和新西兰,它们也适用于这一范畴。

2. 繁荣/弱势权益市场

图 12-5 只是对国家进行分类的一种方法,另外一种是,根据权益市场将国家分为繁荣与弱势两类权益市场。如图 12-6 所示。这反映了国际上正发生的一些变化,如德国和日本的一些公司正在使用与美国的公认会计原则或者国际财务报告准则一致的会计体系为基础来进行计算。

遗憾的是,图 12-6 与图 12-5 一样,二者共同的缺陷是未能囊括世界上大多数国家。但研究表明,一些资本市场薄弱的国家,如拉美、亚洲和非洲的大多数国家都是如此,它们适用于图中的弱势权益市场部分。一些发展中国家在诸如纽约证券交易所这样的全球股票市场上上市时,往往会比在母国市场筹资更加乐观和透明。

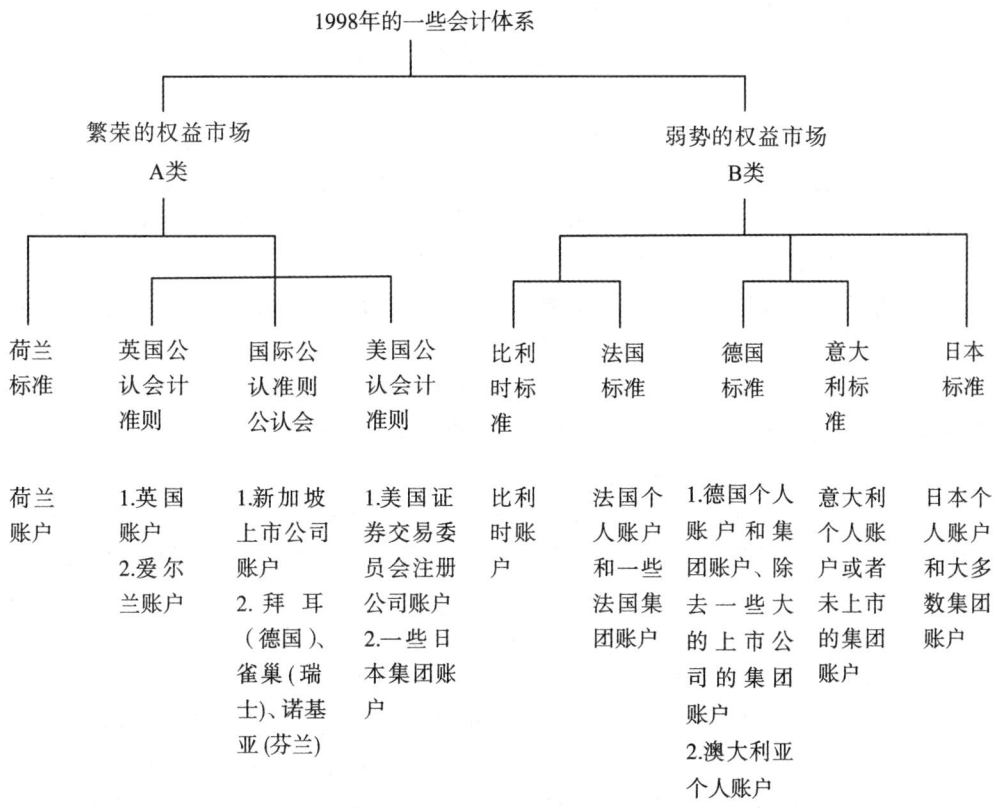

权益市场类似股票市场,股票和债券能在这里进行交易,股权市场繁荣的表现使企业可以依靠股权产品增加资本。据此,会计系统可分为繁荣股权市场和弱势股权市场。

图 12-6 依权益市场发展程度的分类

资料来源:Christopher Nobes C and Parker R. *Comparative International Accounting*, 7th ed. Harlow, England: FT Prentice Hall, 2002: 67.

### 3. 财务报表差别

由于跨国企业分布于世界不同国家，在处理公司财务会计问题时需要对不同国家的会计系统进行调节，以便于公司管理者做出合理决策。这会使得会计的功能更加复杂，如公司的财务报表不仅仅是报表本身，还应包括补充脚注。上市公司提供的财务信息通常包括资产负债表、损益表、现金流量表，以及详细的附注。有些国家还要求提供股东权益表。

我们将不同国家的财务报表差异归纳为四个方面，即语言、货币、报表类型（包括格式及注脚披露范围）、报表基于的会计准则。

语言方面。英语作为全球通用语言，通常作为跨国企业境外筹资的首选。比如，德国企业戴姆勒-克莱斯勒的年度报表中除了使用本国的德语之外，还用英语加以显示；同样，瑞典的爱立信在使用瑞典语的时候也使用了英语。除了年度报告中语言的使用之外，作为公司网络名片的官方网站，其向外界至少提供了本国语言和英语两种语言供他人使用。有些大型跨国企业，由于业务遍布全球多个国家，在其官网上甚至提供了多种常用语言。用户只要点击网站上相应的按钮就能以自己期望的语言显示网站内容，这为各地的使用者提供了便利。

货币方面。不同国家有着不同的货币，因此世界各地的企业往往使用不同的货币来编制自己的财务报表。处于欧元区的德国企业戴姆勒通常使用欧元来编制报表，爱立信则使用瑞典克朗来编制，英特尔采用的是美元。需要说明的是，现在越来越多的企业采用公司货币转换政策来披露信息，并给出相应货币之间的汇率。

报表类型方面。我们知道各个国家有着自己的会计系统，因此基于该系统编制的财务报表在格式上往往存在着部分差异，差异的主要地方在于对脚注的使用。美国在披露脚注方面做的是最全面的。美国企业探究某些信息确定的方法及数据背后的细节问题。显然，在其他内容相似的情况下，脚注披露得越多意味着透明度越大。有些企业在多个国家上市，它们为了迎合上市所在国的报告要求往往也提供详细的脚注。

报表基于的会计准则方面。企业境外筹资面临的主要障碍便是处理较大差异的会计和披露要求。尽管由于股票交易越来越多地允许使用国际财务报告准则，使得这一问题逐渐弱化，但有些国家依旧关注着这些差异。此外，绝大多数国家对于集团企业和集团内的子公司使用不同的会计准则。比如在德国，当合并财务报表将不同子公司的报表合并在一起时，子公司报表必须使用当地的会计准则，这些准则与当地法律相关，并作为税务会计的基础。但有些国家，如美国，则只需披露合并财务报表而无需披露各个子公司的报表。

现在大多数国家采取的常用办法是相互认可（mutual recognition）。也就是说一国将会接受另一国家的上市公司采用会计准则编制的报告。美国通常使用两种方法处理这一问题，即接受美国会计准则或调整。像类似于戴姆勒这样的跨国企业按美国的会计准则来制定报表时，往往能顺利地在纽约证券交易所上市。调整指的是，一家企业可以在美国交易所出示美国存托凭证，然后再通过"表20-F"对净收入和股东权益从本国的会计准则向着美国的会计准则进行调整。2007年后，美国允许那些依据国际会计准则编制的报表的企业不需要出示调整后的报表。欧盟国家曾要求准备在欧洲证券交易市场上市的美国企业出示依IFRS编制的报表，但由于美国通用会计准则和国际会计准则高度相似以及全球范围内的趋同化，最终欧盟允许了美国企业使用美国会计准则在欧洲上市。美国放弃欧洲企业提供"20-F"调整报表也促进了全球范围内的会计趋同发展。

（二）归纳法

与之前的演绎法相比，归纳法对会计模式的划分首先是从单个国家的会计实务开始的。它更多地采用实证方法来进行研究。奈尔（Nair）和弗兰克（Frank）在这方面研究贡献较大。他们利用当时普华公司（现已与永道合并为普华永道）1973年和1975年的调查问卷对国际会计实务进行了统计分析，并对会计计量和信息披露实务做了区分。他们的实证研究结果表明，就会计计量而言，会计模式可被分为四大类，以英联邦、拉丁美洲、欧洲大陆和美国模式为特征。遗憾的是，以会计计量为标准划分的4类国家组别与以会计披露为标准划分的7类国家组别之间的差异无法予以合理解释和描述。并且，这一类型研究的一个重要问题是，对所研究的问题缺乏可靠的、相关的数据。

对于国际会计体系分类的研究还处于初期所确定的国家组别或会计模式阶段，只确定了环境因素与会计体系之间的一般关系，而对于文化这一差异背后更为根本的因素的研究依旧不是很多。

### 五、国际会计准则和全球趋同

美国因其强大的资本市场规模，吸引着众多其他国家的企业到这里上市募集资金，因此从某种程度上来说，美国的通用会计准则就是国际会计准则。这就使得国外上市公司或者接受美国的通用会计准则，或者依据"表20-F"来调整自身报表。

目前，世界范围内的会计准则与实务依然存在很多差异，但这种差异正在慢慢被全球趋同所弱化。推动趋同的一些力量有：

1. 投资者所需要的信息需被提供；
2. 全球资本市场的趋同需要更加可比的财务信息；
3. 由于跨国企业分布于多个国家，其需要在国外筹集资金以促进自身发展，因此制作差异较少的报表也是推动力量之一；
4. 区域政治和经济趋同，如欧盟、北美自由贸易区等；
5. 跨国企业使用更加统一的标准以获取更多方便和降低成本压力；
6. 国际公共会计师事务所，如四大（普华永道、德勤、毕马威和安永）会计师事务所也是重要的推动力量。

上述几点是推动会计全球趋同的一些力量，而国际会计准则委员会致力于发布一系列的国际会计准则，这在很大程度上促进了会计趋同化与一致化。其最初的准则运用于资本市场，并取得了良好效果。为了制定一套在全球范围内通用的准则来推动资本自由流动，国际会计准则理事会（其前身为国际会计准则委员会）研究了受资本市场驱动的英美两国的传统，忽略了类似于德、法等国法律和税制基础的体系。再加上可供选择办法之多而真正实施的准则较少，以至于未能得到所有人的支持。

1995年，国际会计准则委员会受到国际证监会组织（International Organization of Securities Commissions，IOSCO）的公开支持，制定了一系列被IOSCO所接受的会计准则。由于IOSCO的影响力，国际会计准则开始了逐渐被接受的阶段。

2001年，IASC拆分为国际会计委员会基金会（IASCF）和国际会计准则理事会

（IASB）。前者是后者的母体，主要继承了之前 IASC 的准则制定功能。图 12-7 是新的组织架构与准则制定示意图。

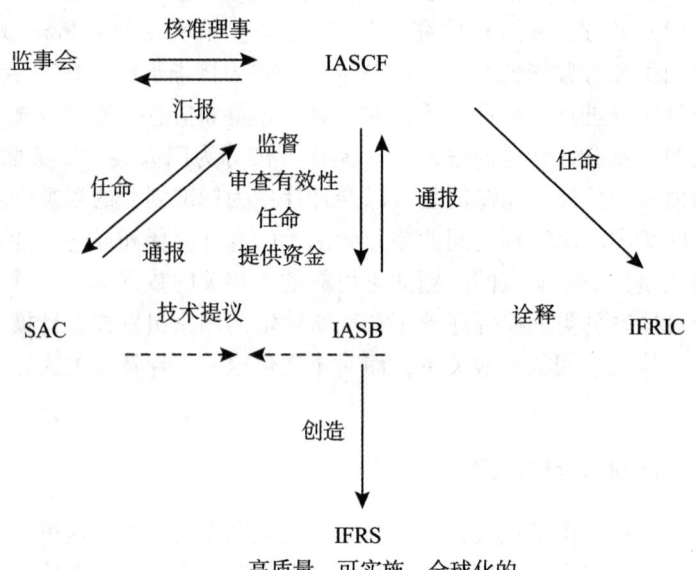

IASB 是由地理、专业不同的理事小组组成和监管的准则制定机构。这些理事对资本市场监管者（监管委员会）和公众利益负责。

图 12-7　IASB 的组织架构

资料来源：http：//www.iasplus.com.

国际会计师理事会的成员由 IASCF 指定，他们来自世界各个国家。IASB 成立之后，旧的准则继续沿袭。此外，理事会还对其进行检查更新。理事会发布的新的准则被称为国际财务报告准则（International Financial Reporting Standards，IFRS）。国际会计准则理事会的工作目标包含以下几点：设计一套独立的、高质量的、可被理解和实施的全球会计准则。财务报表需提供清晰可比的信息；促进准则的使用和实施；同时考虑到中小经济体和新兴经济体的特殊需求；促使各国会计准则与国际会计准则的趋同。

## 第三节　外汇风险与外汇风险管理

汇率的波动具有不确定性。跨国企业在进行跨国经营或交易的时候不可避免地面临这种不确定性带来的风险，称之为外汇风险。一般而言，这种变动会影响国际贸易和投资的盈利性。因此，跨国企业也对各种外汇风险制定了相应的战略以使企业利益损失最小化。

### 一、外汇风险的类型

外汇风险通常被分为三类，即外汇交易风险、外汇折算风险以及外汇经济风险。下面就简要地介绍这三种风险。归纳如表 12-1 所示。

表 12-1　　　　　　　　　　　　特定资产负债的折算汇率

| | 流动/非流动法 | 货币/非货币法 | 时态法 | 现行汇率法 |
|---|---|---|---|---|
| 现金、应收账款、应付账款 | C | C | C | C |
| 存货 | C | H | C 或 H | C |
| 固定资产 | H | H | H | C |
| 长期应收账款、长期应付账款 | H | C | C | C |

说明：C 代表现行汇率，H 代表原始汇率。

（一）外汇交易风险

交易风险是指，企业在交割或清算对外债务时且发生在交易结算期间内，因汇率的波动而导致经济损失的可能性。这种风险来自全球范围内的交易，如出售商品给外国客户或向外国供应商购买商品。企业可以采用多种套期保值措施来抵御这些风险。交易风险可以分为交易结算风险和外汇买卖风险。

1. 交易结算风险

当进出口商以外币计价来进行贸易的进出口业务时，由于从签订完合同到债权债务的偿清，这期间的汇率可能发生变动，因此会面临交易结算风险。我们也把它称为商业风险。风险往往由进口商来承担。下面以一个例子加以说明。

如果一个美国企业在汇率为 1.4 美元/欧元时从法国企业那里购买 10 000 欧元的设备，美国企业在账簿上记录如下：

借：购买　　　　　　　　　　　　　　　　　　　　　　　　　　　14 000
　　贷：应付账款　　　　　　　　　　　　　　　　　　　　　　　　14 000

当美国企业一次性付清所有费用时，这笔账是没有任何问题的。然而，当法国企业给予美国企业 3 个月的信用时，由于汇率的波动，到时汇率也许变为 1.6 美元/欧元。此时，美国企业应在账簿上记录：

借：应付账款　　　　　　　　　　　　　　　　　　　　　　　　　14 000
　　外汇损失　　　　　　　　　　　　　　　　　　　　　　　　　　2 000
　　贷：现金　　　　　　　　　　　　　　　　　　　　　　　　　　16 000

即美国企业需要为原本价值为 14 000 美元的设备最终实际支付 16 000 美元，这中间的差额（2 000 美元）就是交易结算风险带来的外汇损失，它在损益表中会得以表现。

2. 外汇买卖风险

外汇买卖风险常见于货币反复兑换产生的风险。当交易者买进或卖出外汇，然后又卖出或买进外汇时，这种风险就产生了。当某投资机构买进 10 万美元，与此同时卖出 6 万美元，剩下的 4 万美元在今后被卖出时就可能产生这种风险。若美元贬值，则该投资机构就会产生亏损。贬值越多，亏损也越大。反过来也是一样的道理。这种亏损就是外汇交易风险带来的。

（二）外汇折算风险

折算风险常发生在国外子公司的财务报表换算为以母国所在地货币计价时。[①]折算风险也称转换风险或会计风险，它是将外币债权债务折算成母国所在地货币时，因此是即时汇率与初始入账时的汇率差异而产生账面损益的可能性。这种损益并非实际损益，但当企业公布年度报告时它会影响报告结果。

折算风险源于会计制度。在折算过程中，所有外币资产负债表和利润表账户在乘以一个适当的汇率后都将折算为报告货币。不同国家的会计制度规定了不同的折算方法。下面介绍几种常见的折算方法。

1. 流动/非流动折算法

该方法将跨国企业的资产负债划分为流动资产/负债、非流动资产/负债四种形式。这种划分类似于会计中的划分。按这种方法，在编制资产负债表时，把流动资产/负债按编表日的现行汇率折算，而非流动资产/负债则按资产负债发生日的原始汇率折算。由于流动资产/负债是按现行汇率折算的，因此它们将面临折算风险；同理，非流动资产/负债则避免了这种风险。这种方法自19世纪30年代至20世纪70年代一直被美国企业广泛使用。

2. 货币/非货币折算法

早期有人曾提出应按照资产负债的性质而非其到期时间来进行折算，他们认为这样更为合理。该方法将跨国企业的资产负债分为货币性与非货币性资产负债。前者主要指金融资产与一切货币，而后者只包含真实的资产。因为金融资产或货币与负债的性质类似，它们的价值代表了汇率变动导致的货币等价物变动的固定比值，因此在根据该方法编制报表时，往往货币性的资产负债按照现行汇率折算，而非货币性的资产负债则按原始汇率折算。所以，前者面临风险，而后者避免了风险。

3. 时态法

时态法的最初提出见于美国会计师协会的第12号会计专题研究报告。根据时态法，现金、应收账款和应付账款——包括流动和非流动项目，均采用现行汇率进行折算，而其他资产和负债项目既可以采用现行汇率折算也可以采用原始汇率折算。

4. 现行汇率法

这种方法相对前面几种更为简洁，因为它要求企业所有资产负债均按照现行汇率来折算，只有净投资（实收资本）是按照原始汇率折算的。因此，这种折算方法将使所有的资产负债项目均面临折算风险。这种方法的好处之一是，它保持了原报表相同的比率与关系。美国已经公认了这一做法，目前其他西方国家也逐渐接受这一做法。

（三）外汇经济风险

这是企业在未来某一时期内由于"意料之外"的汇率变动而导致的收益变化的可能性，它的产生源于汇率变动。当企业因外币价格下降而增加出口时，由于使用了该货币所在国的进口原料，这将使得企业面临生产成本的提高。因此，最终企业的净利润增减均有可能。

对于企业来说，经济风险往往比交易风险和折算风险都要大，因为前者属于长期影响，而后两者的影响通常是一次性的。另外值得一提的是，经济风险中的汇率变动是指"意料外"的变动。也就是说，企业已经将意料之中的汇率变动考虑在内，因此排除在经济风险之外，而意料之外的汇率变动也许是由于某一重大政策的对外公布或某一突发事件直接或间接引起的。总的来说，经济风险不仅影响了跨国企业在母国的经营状况，也更直接地影响了海外子公司的经营效果。

## 二、外汇风险的控制

既然跨国企业面临着各种外汇风险，那么应该如何管理或控制这些风险呢？常用的集中方法有：市场保值法、提前或延迟收付法、存货避险法、调整资产负债表以及分散资产配置等。

1. 市场保值法。进行保值就是要抵补汇率变动带来的损益，实际上就是以现实已知的成本来交换未来的风险。我们可以通过远期市场保值来抵补外汇风险。它是指在预期汇率发生波动的情况下，根据应收/付账款的货币种类、日期等购买远期合同或借贷款，以相同金额的货币实现在同一点的反向流动，从而消除风险。但是，它的实施需要全盘考虑预期的成本问题。

2. 提前或延迟收付法。实施这一方法能直接转变企业的风险地位。可以提前收回或延迟付出贬值货币账款，或者延迟收回及提前付出升值账款。采用这一方法的难点之一在于对货币升/贬值的准确预测，并先于对方行动，否则对方也会采用相似的方法。因此，需谨慎采用这种方法。

3. 存货避险法。采用这种办法是基于存货价值并不受汇率波动的影响，因此跨国企业可以在资金充裕及成本允许的范围内采用这种方法。

4. 调整资产负债表。这种方法意图在预测货币升/贬值时通过调整资产与负债的相应比例来保护企业自身利益。若货币贬值，则减少该货币资产、增加该货币负债；相反，若货币升值，则增加该货币资产、减少该货币负债。

5. 分散资产配置。跨国企业将自身资产分散于不同国家，即便汇率发生波动也不会对企业财务状况产生严重影响。这有利于企业缓和风险。因此，跨国企业应该尽量避免大量资产过度集中于某一地区或国家，这样当汇率发生较大变动时，企业可避免遭受巨大损失。

以上是跨国企业在面对外汇风险时可以采用的一些方法，以避免企业自身利益受到重大损失，但具体使用何种方法才是最适合的，这依赖于企业面临的实际情况。因此，管理者需要有整体观、大局观，敏锐地洞察企业所面临的问题，依自身实际状况采用相应的方法。这样才能"对症下药"。

**小资料：外汇市场中"黑天鹅"事件的风险**

据路透社报道，新西兰最大的乳制品出口商恒天然集团于2013年8月11日宣布，该公司旗下工厂生产的三批次浓缩乳清蛋白（约38吨）可能感染了足以导致消费者食品中毒的肉毒杆菌。考虑到奶粉出口占新西兰总出口的15%左右，此次事件可能会对新西兰经济造成很大影响。在周一外汇市场开盘时，纽元/美元果然遇到大量抛盘，低开近90点。如此波幅十分少见，因此不少媒体也因此将该事件冠以"黑天鹅"事件之名。

那么，什么是"黑天鹅"事件呢？黑天鹅仅生活在澳大利亚和新西兰，因此17

世纪之前，欧洲人一直认为天鹅都是白色的。"黑天鹅"曾经是欧洲人言语中的惯用语，用来指代不可能存在的事物。然而，当欧洲航海家们抵达澳洲亲眼见到黑天鹅后，这本以为不可能存在的事物出现了。

黑天鹅的故事预示着有很多不可预测的重大稀有事件会发生，它在人们的意料之外，却又改变一切。人类总是过度相信经验，而不知道一个事件的发生就足以颠覆一切。同样的情况也会在资本市场中发生。市场中的每个参与者不断试图借用历史数据来预测未来的走势，却总是忘记重大风险事件往往是无法提前预测的。正如市场无法提前预知此次"毒奶粉"事件一样。

在金融市场中因遭遇"黑天鹅"事件而破产的案例中，最经典的莫过于长期资本管理公司（LTCM）了。该公司曾汇集诺贝尔经济学奖得主、美国前财政部官员和华尔街精英，通过分析各类历史数据，建立出复杂的定量模型。自创立以来，LTCM一直保持骄人的业绩，公司的交易策略是"市场中性套利"即买入被低估的有价证券，卖出被高估的有价证券。LTCM的数学模型，由于建立在历史数据的基础上，在数据的统计过程中，一些概率很小的事件常常被忽略掉，因此，埋下了隐患。一旦这个小概率事件发生，其投资系统将产生难以预料的后果。当时LTCM认为发展中国家债券和美国政府债券之间利率相差过大，因此预测发展中国家债券利率将逐渐恢复稳定，二者之间差距会缩小。1998年LTCM在这个策略上投入了大量资金，杠杆率高达60%。但是同年8月，由于国际石油价格下滑，俄罗斯国内经济不断恶化。俄政府突然宣布卢布贬值，并延迟3个月偿还外债。LTCM因此资产缩水90%，濒临破产，最终以被收购告终。

## 第四节 管理会计问题

前面几节内容更多地是探讨企业与外部会计相关的问题，本节转向企业自身的管理会计问题，主要从企业的绩效评估和控制、转移定价和平衡计分卡三个方面进行分析。

### 一、绩效评估与控制

企业绩效通常与企业所指定的目标联系在一起。由于跨国企业战略问题的制定涉及多个国家，因此在制定战略目标时通常要求管理者集中精力选择恰当的量化指标。也就是说，将战略目标量化为具体的预算额或财务比率。

研究发现，目前各个国家对于指标的选择各有不同。比如美国常用投资回报率（ROI）作为企业绩效测量指标，日本企业采用销售收入作为评价标准，而英国倾向于使用预算对实际的比例关系。有些国家采用绝对值指标作为评价标准，而有些国家则使用相对值来评价。常用的一些指标有：投资回报率（ROI）、销售额、成本降低额、质量指标、市场份额、盈利能力以及实际完成预算的情况。各个指标均有其价值和意义，企业可以按照部门来设定指标。比如销售部门倾向采用销售额或市场份额作为其评价指标，而那些成熟的战略经营单位更适合使用财务比率或其他衡量盈利能力的指标。大多数企业通常使用多个度量标准,而非单独一个标准。但指标的确定不仅取决于其经营目标,还要考虑企业能控制的经营范围。很多时候,文化也是作用因素之一。

国际企业在做预算目标时需要考虑的因素有很多,不可忽视的一个重要问题是外汇差异。当企业在编制预算时面临的一个主要的国际问题是本位币的选择,即到底应选择母国货币还是选择外国货币。这对于业绩评估很重要,尤其是在汇率发生变动时。

企业将预算从当地货币转换为母货币,然后监控实际业绩的方法很多。莱沙德和洛伦基(Lessard and Lorange)给出了三种不同的汇率,如表12-2所示。

表12-2　　　　　　　　　　　　　　汇率与预算

| 决定预算使用的汇率 | 跟踪预算执行的汇率 | | |
|---|---|---|---|
| | 预算时的实际汇率 | 预算时的计划汇率 | 期末的实际汇率 |
| 预算时的实际汇率 | A-1 | A-2 | A-3 |
| 预算时的计划汇率 | P-1 | P-2 | P-3 |
| 期末的实际汇率(更新) | E-1 | E-2 | E-3 |

资料来源:Donald R. Lessard and Lorange P. Currency Changes and Management Control:Resolving the Centralization/Decentralization Dilemma. *The Accounting Review* 52 (July 1997):630.

第一种汇率是编制预算时的实际汇率,其优点在于它是既定日期客观时点的汇率,更适合稳定环境。第二种是编制预算时的计划汇率(预期汇率),它是管理部门对预算期间汇率变化的预测。第三种是期末的实际汇率,即预算结束时的汇率。在编制预算或监控业绩时都要考虑这三种汇率。

在A-1、P-2、E-3单元格中,编制预算与监控业绩的汇率一样,此时任何变化源于价格或销售数量,而非汇率。P-2迫使管理者首先考虑如果预测准确,业绩将如何。A-1不需考虑汇率,也不会调整预算中初始汇率与实际汇率的差异。有些人认为,计划汇率并不比其他汇率准确,因为汇率变动是不稳定的。E-3主要是考虑到使用实际汇率时,绩效到底如何。企业的经营结果和汇率变动导致了A-3和P-3差异的存在。A-3按照初始汇率来编制,但实际绩效是在确定实际汇率折算后评价,因此存在一个初始汇率与实际汇率之差,而P-3导致的差异是管理者的计划汇率和期末实际汇率之差。可见,若预测足够准确,这种差异将会很小。若母国货币与当地货币之间保持相对稳定的汇率,则A-3导致的差异也会很小。需要注意的是,A-3和P-3的使用意味着一些人(当地管理者为主)将对汇率差异负责。

丹米格和德富恩特斯(Demirag and De Fuentes)在对英国企业做了调查(如表12-3所示)后发现,为了考虑外汇预算和实际绩效,常用A-1、P-2、P-3。通常由财务部或银行咨询部门的经济学家来预测汇率。

表 12-3　　　　　　　　　　英国跨国企业使用的汇率

| 用来决定预算的汇率 | 用来进行绩效评估的汇率 | | | |
|---|---|---|---|---|
| | 预算时的实际汇率 | 预算时的计划汇率 | 期末实际汇率 | 总计 |
| 预算时的实际汇率 | A-1 | A-2 | A-3 | |
| | 10 家企业 | 0 家企业 | 4 家企业 | 14 家 |
| 预算时的计划汇率 | P-1 | P-2 | P-3 | |
| | 0 家企业 | 16 家企业 | 11 家企业 | 27 家 |
| 期末的实际汇率 | E-1 | E-2 | E-3 | |
| | 0 家企业 | 0 家企业 | 0 家企业 | 0 家 |
| 总计 | 10 家企业 | 16 家企业 | 15 家企业 | |

资料来源：Adapted from S. Demirag and De Fuentes C D. Exchange Rate Fluctuations and Management Control in UK-Based MNCs：An Examination of the Theory and Practice. *European Journal of Finance* 5：3 (1999)；3-28.

## 二、转移定价

转移定价（transfer pricing）是跨国企业管理的又一元素。它是为企业成员之间转移的服务或者货物进行定价。通常来讲，这种定价依据是基于其生产成本，但事实上往往并不如此。内部转移的范围包括原材料、半成品、产成品、固定费用的摊销、贷款等。

企业在制定转移定价时具有内、外部两种动机。其中内部动机包括最大化经营业绩、财务效率和业绩激励。外部动机则源于跨国企业经营场所在不同国家的税收。但是，税收只是企业实行内部定价的众多原因之一。实际上，内部转移价格往往要高于市场价格，以降低子公司的收入，从而减少其税收负担。但有时候，企业以低价将货物出售给国外子公司，然后该子公司以当地其他竞争者不能匹敌的价格出售这些货物，从而获得价格优势。特别是当母公司将一些半成品或零件出售给这些子公司，而后子公司再以较低成本组装、加工这些半成品，最终以低于竞争对手的价格出售产成品时，就能避免因当地反倾销法而被起诉的可能性。因为当母公司直接将产成品低价出售给子公司时，很可能受到来自子公司所在地的反倾销调查。

较高内部转移定价有时可以用来减少甚至绕开国家控制的影响。① 政府禁止红利汇出的政策限制了企业将受益汇出国外的可能。因此，当制定较高的转移价格把货物运往子公司时，则可以将资金转移出来。较高转移定价的另一个好处是，当出口商品可以根据价值获得补助或获得税收信贷时，这种定价将为企业带来巨大收益。并且，当出口商品所定的转移价格越高，则其获得的补助或税收信贷就越大。

制定高转移定价是母公司希望降低子公司账面利润的途径之一，或许这是因为子公司员工要求高薪水或希望参与更大的公司利润分配；还可能是受到来自当地经营业务的政治

---

① 李 H. 拉德鲍, 西德尼 J. 格雷, 欧文, L. 布莱克. 国际会计与跨国企业. 第 6 版. 北京：机械工业出版社, 2008.

压力等。此外,当涉及本地合伙人时,母公司也可能制定较高的转移定价,因为它不希望他们分享高利润。

以上的价格决策反映了跨国企业面临的一些困境,既要遵守当地法律,又要最大化自身利益。这一困境导致了转移定价被操控的可能性。艾登在2001年说过:"为了逃避政府的管制,高估或者低估相关部门的业务。"

转移价格的内部动机不同于外部动机,解决差异的方法之一就是制定两套价格标准,即基于业绩评价和激励目的,以及遵守正常价格要求。鲍尔登尼斯、梅卢麦德和赖克尔斯坦(Baldenius,Melumad and Reichelstein)在2004年的研究报告证实了这一行为在跨国企业里越来越普遍。跨国企业管理者必须要平衡好企业利润最大化和遵守法律规章二者之间的关系。

影响转移价格高与低的因素是多样的,表12-4给出了其中一些原因。[1] 此外,到底如何制定出最理想的转移价格?其难点之一在于,所在国可能存在冲突的条款或环境。

表12-4  影响转移价格高与低的因素

| 致使流出母公司货物实行低转移价格、流出母公司货物实行高转移价格、流入母公司货物实行高转移价格、流入母公司货物实行低转移价格的情况 |
|---|
| 高从价税率当地合作者 |
| 低于母国的企业所得税员工获取更大企业利润的压力 |
| 激烈的竞争、国有化或夺取高利润外国公司的政治压力 |
| 当地的贷款是基于子公司的财务状况、政府对利润或红利汇款的限制 |
| 出口补贴及税务信贷是基于出口价值的不稳定的政治环境 |
| 当地通货膨胀率低于母国实际销售协议 |
| 当地对子公司进口产品价值的限制、产成品价格被政府限制但是基于产品成本 |
| 希望通过掩饰子公司受益以阻止竞争者进入 |

资料来源:Arpan Jeffrey S. *Intra-corporate Pricing*:*Non-American Systems and Views*. New York:Prager,1972.

从表12-4我们可以看出,影响转移定价的因素众多,但未来其发展走向如何呢?艾登给出了转移价格未来发展的三大趋势:

一是全球化。由于全球范围内,跨国企业的流动性和扩张速度增加,因而对转移价格的管制也将变得更为复杂与普遍。

二是地域化。类似于北美自由贸易协定、南美洲南方共同市场及欧盟这样的贸易协议的产生,使得其在权利范围内就税收问题达成协议,以最小化国际冲突。

三是网络化。21世纪是个信息化时代,互联网为买卖双方提供了一个没有税收的电

---

[1] 约翰 D. 丹尼尔斯,李 H. 拉德巴赫,丹尼尔 P. 沙利文. 国际商务:环境与运作. 第13版. 石永恒,译. 北京:机械工业出版社,2012.

子环境,因此规章制定者不得不考虑由此引起的新的问题。

**小资料:美国转移定价案——葛兰素史克公司**

2006年9月11日,美国国内收入局(Internal Revenue Service,以下简称"IRS")宣布成功地解决了与美国制药界巨头葛兰素史克公司(Glaxo SmithKline Holdings Inc. & Subsidiaries,以下简称"GSK")的转让定价税务争端。GSK向IRS支付34亿美元的税金,还放弃18亿美元的应得退税款。作为回应,IRS撤销对该公司的逃税指控。这是迄今为止美国历史上最大的一次转移定价调整案例。

葛兰素史克公司(GlaxoSmithKline,作为葛兰素集团公司的统称)是全球最大的以研究开发为基础的制药企业之一,在新药开发技术方面居世界领先地位。葛兰素史克公司的总部设在英国,以美国为业务营运中心。葛兰素史克公司在世界39个国家拥有99个生产基地,产品远销191个国家和地区,在全球拥有10万余名掌握专业技能的员工。

现在的葛兰素史克公司是由葛兰素史克威康(GlaxoWellcom)和史克必成(Smith Kline Beecham)两家公司强强联合,于2000年12月成立的。葛兰素威康公司和史克必成公司均在英国。从功能上分析,葛兰素史克英国母公司承担了研发职能,拥有葛兰素史克公司的传统医药产品的商标及专利权。在20世纪70年代,葛兰素史克公司的前身葛兰素威康公司在美国成立子公司GSK,主要负责装药、成品工作以及在美国市场上营销、分销传统医药产品的功能。GSK从英国母公司处得到许可证,并向英国母公司支付特许权使用费。一开始为了使GSK盈利,特许权使用费率较低,1987年才根据独立交易原则提高了特许权使用费率。GSK做了一些和产品有关的临床试验,费用都从英国母公司处得到了补偿。所有的营销方案及计划都是由英国母公司制定并且在其他市场使用过,然后才引入美国市场的。合并前后葛兰素史克母子公司各自的功能没有发生大的变化。

1994年,葛兰素威康的美国子公司GSK向美国税务当局IRS提出预约定价(APA)申请,但未获得批准。APA涉及母子公司之间利润的分割,同样也涉及英、美两国税收利益的划分。1999年12月,英、美两国税务当局就葛兰素威康公司进行双边磋商。2000年,葛兰素威康公司和史克必成公司合并。合并后,GSK发现IRS在拒绝自己提出的APA申请的同时,接受了当时的竞争对手史克必成的美国子公司的APA申请,并达成协议。GSK认为相对竞争对手而言自己多缴纳了税,并多承担了风险,在竞争中处于不利地位,受到了不公平待遇。2004年1月,英、美双方税务当局谈判破裂。IRS认为GSK与其英国母公司之间存在转移定价问题,把大部分利润转移到了英国,因此,向GSK发出了欠税追缴通知单,涉税调整年度为1989—2005年。同年4月,GSK向法院提起第一次诉讼,2005年4月又提起第二次诉讼。经过激烈争论,2006年9月11日,IRS与GSK达成庭外和解。

## 三、平衡计分卡

平衡计分卡（balanced scorecard，BSC）现已被越来越多的企业用来进行绩效评估。尤其是欧美国家，普遍采用这一方法。这种方法将企业战略与财务更加紧密地结合起来，在更广泛的范围内考察企业经营业绩。BSC 首先由卡普兰和诺顿提出，分别从四个维度来定义能创造价值的战略框架：

财务：成长性、收益性及股东眼中的风险因素。

客户：是否为客户创造了价值和差异化。

内部业务流程：创造顾客及股东满意度的多种业务流程的优先权。

学习和增长：创造支持组织变革、创新和成长氛围环境的优先权。

即便平衡计分卡依旧更多地关注财务业绩，但它揭示了维持长期竞争能力的驱动因素。学习和增长维度为创造有效的业务流程提供了思路，而这些流程可以为客户创造价值，因此客户会在公司财务上予以回馈。

一般而言，公众很少了解平衡计分卡，它是一种私有的战略辅助工具，但其基本原理已在很多跨国企业所制定的战略决策中体现出来。比如宜家，这一来自瑞典的世界上最大的家具零售商，根植于本国文化，采用中央集权的作风。以尽可能的低价向客户提供最大范围内的家具。它的成功正是源于其内部的学习和增长。确保员工节约成本、亲自参与以及顾客至上的理念，形成了创造低成本的有效流程。

尽管平衡计分卡具有连接财务绩效与非财务驱动的优势，但跨国企业要想建立统一的平衡计分卡依旧很困难。以宜家为例，由于企业规模扩大，它需要面对不同国家的客户群，因此必须确保其流程化生产的产品对于所有的经营市场而言都是有吸引力的。但基于跨国家、跨地域、跨文化及财务上的复杂性，使得企业在建立这样一套相关联的因果业绩衡量方法时存在很大的困难。尽管如此，对于一些成熟的大型跨国企业来说，这项工作还是能够成功实施的，如飞利浦即是如此。

不管怎样，平衡计分卡的使用有助于管理者避免使用单一绩效评价法，并迫使他们把财务方法与非财务驱动因素有效地衔接起来。因为平衡计分卡在这方面的巨大优势，它重新定义了战略管理系统，取代了传统的以预算作为管理流程核心的传统战略。

# 第五节 公司治理

所有的商业活动都涉及一系列的资源与人。他们一起创造利润。一般来说股东为企业筹集资源（特别是资金），并努力使公司管理者利用筹集来的资源为股东创造利益。公司治理是利用组织资源以解决组织参与者之间冲突的广泛概念。它同时利用内外部资源来保证企业资产的安全及股东的权益。近些年来，越来越多的公司丑闻集中在公司治理上，如安然、沃达丰及帕玛拉特等。下面就内外两种机制来对公司治理进行阐述。

## 一、内部治理机制

个人及机构向企业投资以获取一定的投资回报，但他们无法直接参与控制企业的日常运作，因此资本的筹集者通过建立一套治理机制来约束企业管理者为他们谋取最大化的利益。这一被企业所有者直接操控的机制就是内部治理机制，它包括董事会及所有权结构。董事会代表了所有者的利益，它有权聘用、解聘管理者，并决定他们的薪酬。它也负责企业内部的控制。所有权结构决定了资本如何进入企业并如何在利益各方之间分配财富。

董事会越来越发挥其更强大的作用，尤其是在审计方面。为了提高企业财务方面披露的完整性，通常在董事会中至少有一位外部成员来负责审计的职能。只有拥有较好的公司治理及世界范围内执行的国际财务报告准则，才能确保投资者的利益不受损失。

### 二、外部治理机制

外部治理机制即不被企业所有者直接控制的治理机制。它包括接管市场和法律体系。

当有人认为他们能更好地管理一家绩效不好的企业并使其盈利的话，这家企业就可能会被他们收购。像这种外部机制就叫做"接管市场"。这种机制有助于市场资源得到有效配置。在一些健全的证券市场，这种方式是很活跃的。另一个重要的外部治理机制则是法律体系。一些研究表明，不同的法律体系在对公司的治理上起着不同的作用。在具有较强法律传统的国家，如美国和英国，公司治理章程被写入法律以确保企业遵循最好的做法；而在一些法律体系不发达且缺乏执行力的国家，在公司治理方面也缺乏足够的重视。公司的内部治理机制和外部治理机制如图12-8所示。

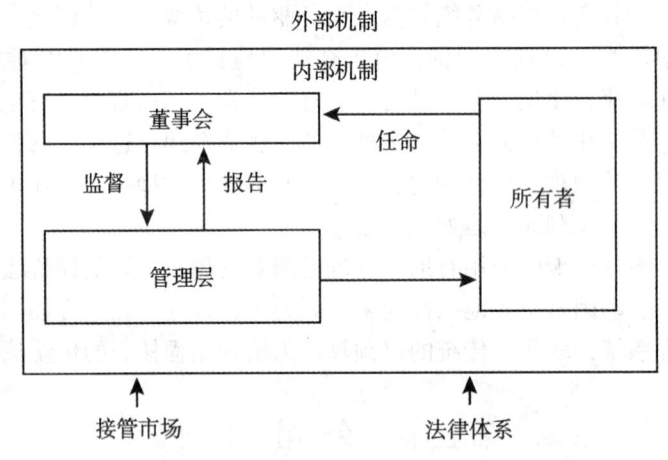

图 12-8　公司治理结构

内部和外部机制共同决定了公司的治理结构。随着我们对机制认识程度的加深，是否存在一种适用于所有企业的理想治理机制？文化差异如何影响治理结构？跨国企业如何制定适合自己的治理体系？所有这些问题都有待于将来的研究。

**小资料：泰科治理生态与财务舞弊案**

美国泰科国际有限公司（Tyco International Ltd，以下简称泰科）始创于1960年，其前身只是一个为政府部门提供实验服务的实验室。1973年，泰科在纽约证交所上市，开始了其全方位、多领域的扩张之路，通过收购兼并迅速发展为世界最大的电子元件制造商、世界最大的防火系统和电子安全服务生产商、世界最大的流量控制阀门制造商、世界最大的海底通信系统服务商。泰科的经营机构遍布100多个国家，雇用了26万名员工，2003年营业额超过300亿美元，股票市值接近1 000亿美元，是企业界一艘不折不扣的"泰坦尼克"，在相关领域里仅次于通用电气公司。

正当华尔街为泰科的迅速崛起惊叹不已，并称其为"通用电气"的克隆版本时，这艘巨轮却突然撞上了"丑闻冰山"。

2002年初，一笔未经授权的2 000万美元奖金引起了泰科董事会的注意，并委托一家律师事务所进行调查。这笔奖金是首席执行官丹尼斯·科兹洛夫斯基（Dennis Kozlowski）支付给前董事兼薪酬委员会主席沃尔什（Frank Walsh）的所谓"中介费"，以奖励其在泰科收购CIT金融公司过程中的"撮合作用"。可是，数额如此巨大的奖金居然并未得到董事会的认可与授权，这引起了董事会对科兹洛夫斯基的不满与怀疑。但董事会仍将其视为孤立的事件，并未对其采取进一步行动。直到2002年6月1日，另一重磅炸弹引爆。泰科董事会突然被告知科兹洛夫斯基因偷逃艺术品销售税180万美元而正在接受纽约地区法院的犯罪调查并极有可能被起诉。更为严重的是，由于科兹洛夫斯基和首席法律顾问贝尔尼克（Mark A. Belnick）企图"瞒天过海"，未及时通知董事会配合司法调查，使泰科陷入了妨碍司法公正的丑闻。此事终于让泰科董事会对科兹洛夫斯基的诚信彻底失去了信心，并于6月3日凌晨1：30宣布解雇科兹洛夫斯基。

正如"冰山理论"所指出，被发现的舞弊事件可能只是"冰山一角"，更为惊人的舞弊往往隐藏在深海之中。随着调查的逐步深入，泰科前首席执行官兼董事会主席科兹洛夫斯基、前首席财务官斯沃茨（Mark H. Swaltz）、前董事沃尔什、前执行副总裁兼首席法律顾问贝尔尼克先后被告上了法庭，其中科兹洛夫斯基和斯沃茨更是以贪污、舞弊、共谋、巨额盗窃、伪造公司支出账目、非法出售股票等多项罪名被指控非法敛财多达6亿美元，并可能面临长达30年的牢狱之灾。截至2002年底，泰科撤换了60多名高管人员，包括首席财务官、法律总顾问、财务总监以及人力资源总监等，此外泰科还撤换了整个董事会。这样力度的"清理门户"行动在美国企业历史上几乎是闻所未闻的。

由于该案性质恶劣，美国证券交易委员会（SEC）、纽约地区法院、能源及交易委员会、新罕布什尔地区法院等机构纷纷介入对泰科的调查。一时间，各类诉讼铺天盖地，资本市场的信心受到严重打击，股票价格一落千丈，债券评级一降再降，客户和供应商避而远之，2002年报爆出巨亏近100亿美元，泰科这艘"泰坦尼克"在"丑闻冰山"的猛烈撞击下摇摇欲坠。

◎ 小结

1. 国际会计的概念。主要围绕着国际会计和世界会计两个观点讨论，后来延伸到国外子公司会计。但随着经济全球化进程加深，它们之间的界限已变得越来越淡。

2. 影响国际会计差异的因素有：会计目标、会计实践环境、文化、会计系统分类等。

3. 外汇风险的三种类型：外汇交易风险、外汇折算风险以及外汇经济风险。外汇折算的常见方法：流动/非流动折算法、货币/非货币折算法、时态法、现行汇率法。外汇风险管理或控制的常见方法：市场保值法、提前或延迟收付、存货避险、调整资产负债表、分散资产配置。

4. 在探讨企业自身的管理会计问题时，我们主要从企业的绩效评估和控制、转移定价和平衡计分卡三个方面进行分析。平衡计分卡的四个维度：财务、客户、内部业务流程、学习和增长。

5. 公司治理的两种机制：内部治理机制和外部治理机制。其中，内部治理机制包括董事会和所有权结构。外部治理机制包括接管市场和法律体系。

◎ 复习思考题

1. 试描述国际会计差异的影响因素。
2. 跨国企业如何更好地应对外汇风险管理？
3. 企业如何有效地利用平衡计分卡来评价企业绩效？
4. 谈谈跨国企业在进行跨国运营的时候如何更好地处理好国际会计差异带来的问题。
5. 结合你所熟悉的一家中国跨国企业，分析其在全球范围内会计处理的情况，并对其效果进行评价。

◎ 参考资料

1. 李 H. 拉德鲍，西德尼 J. 格雷，欧文 L. 布莱克. 国际会计与跨国企业. 第 6 版. 王全喜，译. 北京：机械工业出版社，2008.

2. 约翰 D. 丹尼尔斯，李 H. 拉德巴赫，丹尼尔 P. 沙利文. 国际商务：环境与运作. 第 13 版. 石永恒，译. 北京：机械工业出版社，2012.

3. 常勋等. 国际会计. 第 7 版. 大连：东北财经大学出版社有限责任公司，2012.

【案例分析】

### 中信泰富创中资股衍生品亏损记录

港交所蓝筹股中信泰富（香港交易所代码：00267）2008 年 10 月 20 日发布公告警示称，该公司与银行签订的以澳元累计目标可赎回远期合约，因澳元大幅贬值而跌破锁定汇价，目前公司已录得 147 亿港元（下同）亏损，其中逾 8 亿元亏损确认于今年入账，其余部分则为未实现亏损。

这一亏损额可列为美国次贷危机以来，港交所绩优股公司迄今最大的一宗亏损事件。市场人士预计，中信泰富的预警只是掀开外汇期权合约下的"冰山一角"，未来将有更多公司遭受类似打击。

中信泰富主席荣智健 20 日表示，他对有关外汇期权的投资决定"不知情"，"这是他（张立宪）自作主张，并不是通过合法途径。"

摩根大通发表报告指出，此次投资预亏事件对中信泰富声誉有很大影响，加上内地制造业和汽车业增长放缓，公司特种钢业务将面临更大压力。摩根大通将中信泰富2008年核心盈利预期下调11%，2009年核心盈利预期则下调44%，将投资评级由增持下调为减持。

中信泰富由"红色资本家"荣毅仁之子荣智健于1990年成立。其业务集中在香港及广大的内地市场，以基建为主，包括基础设施（如桥、路和隧道）、能源项目、环保项目、航空以及电讯业务。荣智健现持有19.12%股权，为第二大股东，并一直是公司掌舵人。6月间荣智健一度持有约23%的股权。

中信泰富在港拥有多项物业项目，包括大型住宅及优质商用物业。公司的总部大楼"中信大厦"为香港海滨的重要标志建筑。

资料显示，2006年4月，中信泰富斥资227亿港元收购澳洲铁矿业务。中信泰富2007年8月将其西澳的磁铁矿项目20%的股权售予中国冶金科工集团（MCC），交易后中信泰富持股量降至80%。此前，中信泰富已将该项目工程总承包给MCC。

中信泰富在公告中称，为对冲澳元升值风险，锁定公司位于澳洲铁矿项目开支成本，中信泰富与香港银行签订了4份杠杆式外汇买卖合约，其中3份为澳元兑美元汇率挂钩，另一份则为人民币兑美元的汇率挂钩。后者因波动不大，在此次事故中未产生不利影响。然而，业内人士认为，中信泰富的衍生品交易金额远大于其澳元真实需求，因而应视为投机而非套期保值，"如果真是套期保值的话，只要买最简单的期货产品就可以了，根本无需签订如此复杂的合约。"

公告显示，3份标明澳元兑美元汇率挂钩的合约以澳元累计目标可赎回远期合约为主。按合约内容，公司须分月接货，总接收额为90.5亿澳元，合约期满至2010年10月。

根据合约，事前订下的接货汇率为澳元兑美元0.87，若汇率低于此数值，公司须以两倍接货。此外，合约明确指出"止赚不止蚀"。

不幸的是，澳元兑美元近期在0.7附近徘徊，低见0.65。

中信泰富主席荣智健表示，公司自今年9月7日察觉到外汇合约的潜在风险，当时已终止部分生效合约。但从今年7月1日至10月17日，集团还是因此亏损8.07亿港元，而仍在生效的杠杆式外汇买卖合约，若按市值计算亏损高达147亿港元。

至于具体签订合约时间，公告未作披露。

一位外汇分析人士告诉《财经》记者，根据约定的接货汇率澳元兑美元0.87推算，签约时间点应锁定在2007年12月前后。他解释说，因为2007年10月后，澳元兑美元的汇率才处于0.87之上。

该分析人士对荣智健"今年9月7日已察觉到风险"的说法提出不同意见。他说，中信泰富若真的在9月7日已察觉风险并立即止损斩仓，则损失金额应该比目前的少一半。

（资料来源：http://www.caijing.com.cn.）

讨论题：
1. 中信泰富所遭受的损失属于哪种类型的外汇风险，可以采用何种管理方法规避？
2. 哪些因素导致了该公司衍生品投资的巨额亏损？
3. 中信泰富的公司治理是否存在问题？
4. 如何正确认识套期保值？

# 第十三章　国际企业财务管理

◎ **本章学习目的**

学习完本章之后，你应该掌握以下内容：
1. 跨国财务管理的主要目标和特点；
2. 跨国财务管理的几种管理模式；
3. 四种基本的跨国财务管理活动；
4. 外汇风险的类别及管理策略。

【**中国企业海外上市融资陷入低谷**】2012 年中国企业海外上市交出的答卷令人失望。这一考分仅略高于金融危机重创之下的 2008 年，创出近 9 年来的第二低点。艰难复杂的环境中，不少中国企业心灰意冷，断然与海外市场"分手"退市，同时，仍有大批中国企业渴望与海外市场"牵手"，出海上市融资。

**融资规模大大缩水**

投中集团统计数据显示，2012 年共有 71 家中国企业在海外资本市场 IPO，累计融资 645.9 亿元，上市数量及融资金额同比分别减少 32.4%、49.2%。

分市场来看，香港仍是中国企业海外上市的第一大阵地。2012 年共有 58 家中国企业登陆香港资本市场，融资约 631.6 亿元，分别占中国企业海外上市数量及融资额的 81.7% 和 97.8%。但与 2011 年相比，中国企业赴港上市融资规模仍缩水了 44%。

在美国市场，2012 年仅有唯品会、多玩 YY 两家中国企业在美 IPO，融资金额同比下降了 92.1%。值得一提的是，中国企业 2012 年赴欧上市较为活跃。

清科研究中心统计，2012 年有 6 家中国企业登陆德国法兰克福证券交易所，但是融资规模较低，6 笔 IPO 仅合计融资 1.05 亿美元，融资水平仅为 2011 年的一半。

**分手还是牵手？**

在过去的 2012 年，美国市场让中国企业又爱又恨。爱之，因为美国资本市场制度完善、规范，高科技企业往往能享受高估值；恨之，皆因一场诚信危机让不少美国投资者对中概股戴上了有色眼镜，中概股沦为做空机构集中猎杀的对象。

曾经是中国企业海外上市第二大阵地的美国资本市场，在 2010 年一年内吸纳了 40 家中国企业上市。可在 2012 年仅有两家中国企业在美上市，融资规模同比下降逾 90%。

与此同时，在 2012 年，不少中国企业心灰意冷，主动选择与美国资本市场分手，掀起中国概念股私有化退市浪潮。

分众传媒就是典型的例子。这家与美国纳斯达克市场"联姻"了 7 年的中国企业终于没有熬过"七年之痒"。因为受到做空机构浑水的攻击，分众传媒这只明星股股价盘中一度缩水超过60%。

在2012年8月中旬分众传媒果断宣布了私有化退市的计划。2012年12月20日，分众传媒再度发布公告称已与由凯雷集团带领的投资财团达成私有化收购要约。

"从美国市场退市，寻找机会重回中国本土市场，对于部分企业来说是比较好的选择。"一位参与分众传媒私有化交易的内部人士告诉记者，由于文化背景差异大，很多中国企业的商业价值不被海外投资人认可。在近两年来，中国概念股在美国遭遇了一场诚信危机，不少好的企业也受到了牵连，估值被明显低估。

据投中集团不完全统计，2012年有十多家中国企业宣布私有化退市计划，主动与美国资本市场分手。

**期待柳暗花明**

虽然对海外市场又爱又恨，但我国多数互联网企业很难符合国内上市的盈利硬性指标。相比之下，盈利门槛要求较低的美国资本市场无疑是最理想的上市阵地之一。

记者了解到，经历了两年多上市低谷期，有大批的中国互联网企业盼望着赴美上市窗口重启。在网络视频领域、电子商务领域，一些此前暂停或延迟IPO计划的互联网公司都开始加速IPO进程。

PPTV网络电视副总裁张坤在接受记者采访时透露，PPTV目前已完全符合上市条件，未来将可能在2013年启动海外IPO，但至于具体何时上市还要看2013年的市场环境。

启明创投合伙人甘剑平也曾公开表示，启明投资的电商企业凡客诚品已经做好了出海上市的准备，正在等待合适的时机。

虽然很多企业有着强烈的出海愿望，但如何守住海外上市的阵地，如何重拾海外投资者的信心，这都是中国企业出海上市需要认真思考和面对的问题。

投中集团高级分析师冯坡认为，美国资本市场对中国概念股的态度已趋于理性，很难再出现基于单一概念的追捧。未来中国企业能否成功出海上市，更大程度上取决于企业自身业绩表现。同时，基于自身业绩的合理定价策略，将是核心的问题。

（资料来源：刘雪，高少华．海外上市创近9年次低点，2013年期待柳暗花明．新华网，2013-01-02.）

与单纯依靠国内市场的小企业不同，国际企业实施国际经营时必须进入不同国家的资本市场以便扩张资本。在此过程中，国际企业需要对其所控制的资产实施有效管理，制定相应的投资和融资决策以便最大限度地增加企业价值，最大化其股东财富。在这层意义上，国际企业的财务管理对其在全球范围内提升企业价值和获取利润起着至关重要的作用。因此，在本章，我们将集中讨论国际企业财务管理的主要目标和基本活动，并关注外汇风险及其管理策略，以及国际税收管理策略等内容。

# 第一节 国际企业财务管理的目标、特点和模式

与国内财务管理活动类似，跨国财务管理的主要任务是通过最大化股东权益来保持和创造经济或财富价值。但是，由于国际企业面临更为复杂的经营环境，跨国财务管理活动

也具有不同于国内财务管理的一些特征，比如，面临更多的机会和风险。基于此，国际企业会根据企业规模、子公司股权结构、技术水平以及传统习惯的差异，采取各种不同的财务管理模式。

### 一、国际企业财务管理的主要目标

如前所述，跨国财务管理和公司财务管理一样，其管理目标与企业的目标是一致的，大多数国家都提出，跨国财务管理的基本目标通常为：通过使企业资产的市场价值最大化来达成股东财富最大化。因为这一观点意味着企业存在的目的就是为了股票持有者或股东的利益，所以该观点也被称为"股东权益观念"。股东权益观念的基本前提是：股东们是企业的创建者，也在法律意义上是企业的合法主人与控制者，他们对企业的重大问题有决策权。此处所谓"股东财富"，乃指市场对企业股权价值的估量（股东预期未来收益的现值），体现为股票的市场价格。因此"股东财富"随股价的起伏而波动，是一个相对概念。

股东权益观念的一大缺陷是容易导致某些股东和管理者倾向于短期行为，企图以投机方式来谋求股价上升。在市场不完善的情况下，由于并非每个投资者都能对风险和收益做出正确的判断，股市也的确有可能因受蒙蔽而高估某种股票的价值。许多评论家认为英美公司缺乏竞争力的一个重要原因就在于，管理者屈从于在短期内使企业股东财富最大化的压力，从而采取了某些不利于企业长期利益的决策。

除了股东财富最大化这个基本目标之外，跨国财务管理还有一些次级目标。比如：股东要求的投资收益率、企业的目标行业和市场、质量标准、雇员政策以及企业的社会政策与环境政策。可以看出某些次级目标与股东财富最大化这一基本目标常互相冲突。比如，工人更关心工资和工资岗位的稳定性而不是股东财务。因此，应当考虑企业利益相关群体的合法要求，对股东财富最大化这一目标作些修正。修正后的观念称为"利益相关者观念"。此处所谓"利益相关者"乃指与企业经营活动密切相关的股东、雇员、债权人、供应商、顾客以及各种社会关系和社会环境。考虑到企业财务管理人员的主要职责是为企业总经理以及其他业务经理的决策提供财务方面的分析意见，帮助他们进行决策，一些社会性的问题、相关者之间的利益协调问题，属于总经理与其他业务及职能经理的职责范畴，因此，公司财务管理的目标仍应是"股东财富最大化"。

### 二、国际企业财务管理的主要特点

对国内财务管理而言，企业的财务活动发生在本国范围之内，其资金筹集、使用、结算以及收益的分配，都不跨越国界，而且一般不涉及外币的使用，因此管理起来相对简单。国际企业的经营与财务活动跨越国界，与其他国家或地区的企业、单位或个人发生了财务关系，因此所涉及的问题也就更为广泛和复杂。具体而言，跨国财务管理在如下两个方面和国内财务管理有所区别：

（一）更为复杂的理财环境

由于各国的经济、政治、法律、社会文化等存在很大差异，国际企业的财务经理在进行财务决策时，不仅要熟谙母公司本国的情况，还需要深入了解所涉国家的有关情况，而且还需要时刻关注国际形势及有关国家的政治、经济、法律等方面的变化,比如,各国利率的调整、汇率的变化、外汇管理政策、税收政策等。对此要加以缜密的分析,因为它们对国际企业的利润水平和财务状况都可能产生直接的、甚至重大的影响。

(二) 机会与风险因素俱增

由于国际企业的经营和财务活动与各国的政治、经济情况有紧密的联系,而各国实施的政策环境、货币价值变化和资金回报等均存在差异,这种不均衡的经营环境给国际企业提供了多种多样的选择机会。国际企业可以利用在世界各地的经济网络和信息来源,有选择地出击,在投资组合上进行合理安排,以获取廉价的生产要素和规模经济效益等,并最终实现其股东财富最大化。

然而,由于经营活动跨越了国界,国际政治、经济环境中的不稳定性所引起的风险也会随之而来,比如,东道国内乱可能使企业财产毁于战火或者被没收;汇率变化以及通货膨胀都可导致国际企业资产与负债实值的变化,等等。国际企业的财务管理人员必须对这些因素加以预测、分析,因势利导,趋利避害。

### 三、国际企业财务管理的模式

国际企业所做决策类似国内企业,但国际企业所涉及的一些决策,比如融资决策、资金预算、汇率风险的保值、转移定价等,往往更为复杂。对于这些决策,母公司和子公司或者分支机构站在不同的立场上会得出不同的结论。因此,在跨国财务管理中,受企业规模、子公司股权结构、技术水平及传统习惯的影响,可以采用如下不同的管理模式:集中管理模式、分散管理模式、总部与分部之间的管理模式等。

(一) 集中管理模式

集中管理模式又称为本国中心管理模式。该管理模式认为,国外分支机构或子公司仅仅是国内经营活动的延伸,所有分支机构或子公司的经营活动都纳入母公司的计划和控制体系(如图13-1所示)。集中管理模式的内容是负责融资政策和经营活动。这些职能包括:为国际经营活动准备资本和经营预算,对货币变动进行套期保值,国外投资项目的投资分析,现金计划和管理,资金的获得,税收,会计和国际经营中的财务控制,等等。

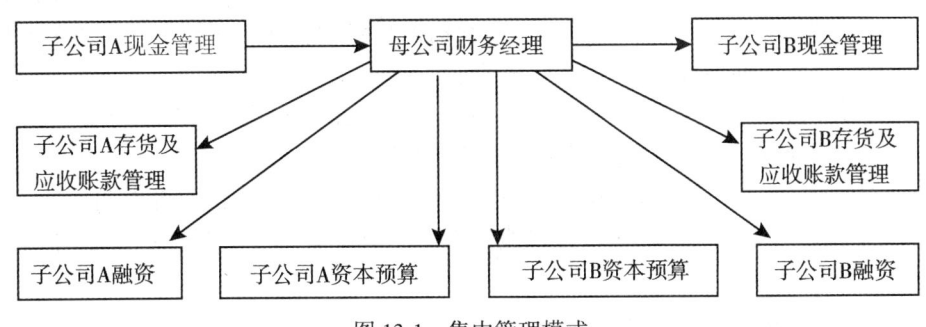

图 13-1 集中管理模式

国际企业之所以采用集中管理模式,主要是考虑到了如下几个方面:(1)在国际经营管理中能集中富有经验的国际理财专家进行跨国财务管理；（2）使经理们从整体的角度来看待问题，确定各分支机构或子公司经理的职责范围，使企业在整体范围内的财务活动保持一致；（3）使国际财务活动与国内财务活动一体化，即从整个企业的角度考虑融资，利用母公司较高的资信以降低融资成本；全球税收计划、资金预算和营运资金管理；合并国内外会计报表；一致的报告程序；对国内外企业的业绩进行比较。（4）在国际活动中起到监管作用。

集中管理的优点主要体现在如下几个方面：首先，公司总部可以利用优秀的理财专家进行专业化理财管理，提高企业理财水平。其次，集中管理可以在全球范围内寻求低成本的资金来源，并通过各种内部转移渠道分配各分支机构所需资金，从而降低资金成本。这样，既可以满足资金需求，又可以提高资金使用效率。再次，集中管理有利于外汇风险管理。通过统一安排调度各单位的外汇头寸、种类及结构，在国际金融市场上统一进行外汇套期保值。还可有效地利用提前或滞后、多边冲销等技巧以及风险管理创新工具。最后，集中管理有利于税收管理。母公司综合考虑子公司所在国的税收环境，通过避税港建立子公司，统一规划企业的税收策略，可以使整个企业的赋税降至最低。

集中管理也存在一定的弊端。第一，财务管理决策权是各子公司和分支机构的一个重要组成部分，集中管理必然在一定程度上削弱各子公司的经营自主权，挫伤子公司经理的积极性，甚至可能由此丧失许多财务机会。第二，集中管理是以企业整体利益为目标，它往往与具体子公司的直接利益相冲突，这种全局与局部之间利益的不一致，导致子公司当地股东及东道国政府的不满，进而引发一系列的冲突。第三，实行集中管理不利于母公司考虑子公司的真实财务业绩。由于考虑到企业的整体利益，有些子公司不得不放弃部分局部利益，而另一些公司则可能获得本不属于它们的额外好处。第四，由于国际企业规模庞大，在世界各地建立了许多分支机构或子公司，而各分支机构或子公司遇到的问题也不一样，因而集中管理使各分支机构或子公司的财务活动十分困难。

（二）分散管理模式

分散管理模式又称为多国中心管理模式。该模式主要体现为，国际企业是一个控股公司，它把许多决策权授予各个国家和地区的分支机构或子公司（如图 13-2 所示）。由于各分支机构或子公司的经理最了解当地的情况，因此，由他们做出决策就非常及时和迅速，能调动他们的积极性，使分支机构或子公司更有效地经营，同时有利于评估各个经理的业绩。一般而言，这种模式主要适用于如下三种情况：

1. 在国外的分支机构或子公司是独立的法人，并且经营活动相对于母公司来讲也是独立的，在这种情况下，可采用国外公司自己管理财务的方式；

2. 国外分支机构或子公司在外长期经营，并已拥有自己强大的财务部门；

3. 国外分支机构或子公司已经拥有他们自己的财务人员，并且他们的财务活动相对于母公司的战略决策并不重要。

（三）总部与分部之间的管理模式

总部与分部之间的管理模式一般是介于前面两种管理模式之间，即母公司负责决定企业的财务决策，并对主要的财务决策给予控制，而分支机构或子公司则对每天的财务活动及一些不重要的财务决策负责。

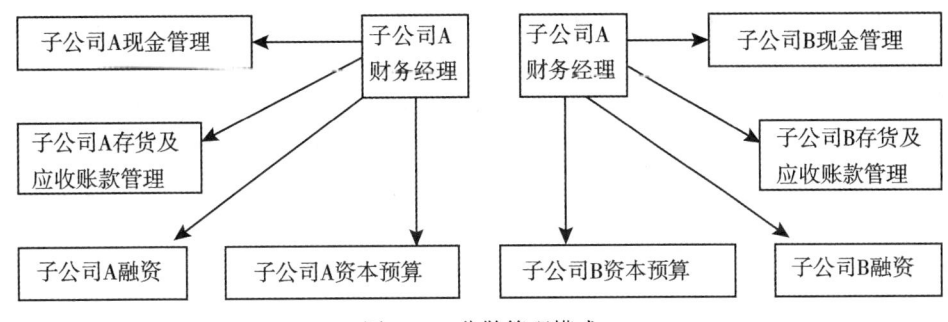

图 13-2 分散管理模式

概而言之,国际企业财务管理的方式需要视具体情况而定。一般来讲,小型国际企业缺乏资金和理财专家,较多地把财务决策权下放给各分支机构或子公司;中型国际企业则大多实行集中化的理财管理;大型国际企业由于其经营范围广、组织结构复杂,往往采用集中化与分散化相结合的管理方式,或偏向于分散财务管理。另外,对技术要求较高的国际企业,由于其主要精力放在技术开发上,因而倾向于分散化理财模式。由此可见,跨国财务管理的焦点是采用集中管理还是分散管理。

## 第二节 国际企业财务管理的基本活动

基于股东权益最大化的目标,国际企业的财务职能关注短期和长期资金流的管理,以便保持和创造经济或财富价值。传统意义上,与资金来源相关的财务管理有筹资和投资两大职能,其中筹资职能是指以尽可能低的成本从企业内部和外部筹集长期资金,因此也被称为融资决策;投资决策就是按照股东财务最大化的原则在一定时间内进行资金配置。当然,国际企业财务管理的许多问题和活动不能这样简单地来划分,而往往是融资决策和投资决策的交互作用。比如,资本结构和其他融资决策的实施常以减少投资风险和融资成本为目的,外汇风险管理也同时涉及融资决策和投资决策。这些决策的正确组合正是企业价值和股东财富最大化的关键所在。如果进一步的细分,与资金流相关的跨国财务管理活动可分为四个主要方面:设定资本结构、长期资金筹措、资金预算和营运资金管理。下面我们对这几个财务管理活动分别予以介绍。

### 一、资本结构决策

在发展初期,国际企业通常依靠内部或自有资金从事经营活动。当这些资金来源不足以满足新市场或新业务发展的需要时,国际企业往往需要举债为业务增长筹集资金。这时,国际企业的财务管理人员必须设定适当的企业资本结构——长期债务和权益的组合。

国际企业最佳资本结构通常需要遵循下列原则:使资本成本和风险最低及后续融资能力最大化。一个国际企业的资本结构决策涉及其所有子公司对债务和权益融资的选择。因此,国际企业整体的资本结构实质上是其所有子公司资本结构的组合。所以在实践中,国际企业需要协调其所有子公司的资本结构。只有通盘考虑各个子公司的资本结构，国际企业才能使其总体资本结构最优化。但另一方面，国际企业总体资本结构的确立，又有助于确定子公司的资本结构。两者可谓相辅相成，需在实践中不断摸索调整。

国际企业的资金供应者关注的是与国际企业世界范围的财务结构相联系的违约或破产风险。任何一个子公司的破产或其他类型的财务困难都会在一定程度上损害国际企业的资信地位。因此，国际企业在全球融资过程中必须经常监测和调整公司的总体资本结构。不过，这种监测与调整操作起来的确比较困难，需要完善的组织机构与高水平的人才。

那么，国际企业的子公司究竟应有什么样的资本结构？是与企业总体资本结构保持一致还是应各有各的资本结构？大多数国际企业都不强求子公司的资本结构保持一致，而是要求子公司的资本结构在与公司总体资本结构大体相近的基础上，因地制宜，合理利用当地的融资优势。其最终目标仍是使国际企业的资本总成本和风险最低化。

总的来讲，国际企业可以根据企业自身的特点和东道国的特点来设定总体资本结构和子公司的资本结构。

（一）企业特点的影响

每个国际企业独有的特点可以影响其资本结构。

1. 国际企业现金流量的稳定性。现金流量更稳定的国际企业可以承受更多的债务，因为它们有稳定的现金流入来偿付定期的利息费用。相反，现金流量变化无常的国际企业可能偏爱较少的债务，因为它们不能确保每一期都能产生足够的现金来支付大量的债务利息费用。

2. 国际企业的信用风险。有较低信用风险的国际企业更容易获得贷款。任何影响信用风险的因素都会影响国际企业对债务和权益的选择。例如，如果人们认为一个国际企业的管理稳健高效，那么其信用风险就可能较低，这就使国际企业更容易获得贷款，也更愿意加强债务融资。

3. 国际企业对留存收益的利用。盈利较大的国际企业可以用留存收益来为大部分投资融资，因此采用的是权益密集的资本结构。相反，留存收益水平较低的国际企业可能会依靠债务融资。

4. 国际企业的债务担保。如果母公司支持子公司举债，子公司的举债能力就可能会提高。因此，子公司可能需要较少的权益融资。然而，与此同时，母公司的借债能力可能会降低，因为当资金用于挽救子公司时，债权人将不太愿意向母公司提供这些资金。

5. 国际企业的代理问题。如果母公司所在国的投资者不能轻易地监督外国子公司，代理成本将会很高。为了最大化公司的股票价格，母公司可能会促使子公司在其当地市场发行股票而不是举债，从而使子公司的管理者受到监督。在此情况下，外国子公司就成为母公司的"部分所有子公司"而非"全资子公司"，此等战略可以影响国际企业的资本结构。

（二）国家特征的影响

除了各个国际企业独有特点的影响外，东道国独有的特征也会影响到国际企业对债务和权益融资的选择，因而也影响了该国际企业的资本结构。

1. 东道国政府的要求。某些东道国政府对国际企业的子公司的资本结构作了许多限制性规定。如规定母公司在子公司中的股权不得低于总资本的50%等。

2. 东道国货币的汇率风险。如果国际企业担心东道国的货币贬值，它可能就希望用这些东道国货币而非母公司所在国的货币为国外子公司筹集大量资金。因为如果这样的话，子公司将来汇回母公司的收益就会因对当地债务支付利息而变得较少。这种策略减少了国际企业的汇率风险。

反之，如果母公司认为子公司所在国货币相对于母公司所在国货币将会升值，那么它可能会使子公司留存更多收益以用于再投资。母公司也可能会即时注入现金以资助子公司的增长。结果是母公司在内部向子公司转移资金；这可能导致母公司更多的外部融资和子公司更少的债务融资。

3. 东道国的利率。有些东道国为了吸引国际企业进行追加投资，专门向某些国际企业提供低息优惠贷款。此时，国际企业会以相对较低的成本获得可贷资金，而其他国家的债务成本可能会很高。结果是国际企业对负债的偏爱可能取决于它经营所在国债务成本的高低。如果在一定程度上市场是分割的，并且子公司所在国的资金成本极高，母公司就可能会使用自己的权益资本来支持子公司实施的项目。

4. 东道国的国家风险。当国际企业的子公司资产被没收或征用的风险较大时，该子公司就可能会大量利用该东道国的债务融资，并尽可能避免由母公司提供担保，因此，子公司的资本结构中的负债比率就会扩大。

5. 东道国的行业标准。在某些国家，当地企业资本结构中的负债比率可能会比另一些国家中同类企业的负债比率高出许多。但一般说来，同一个国家中同行业企业的资本结构都比较接近。这一结论已得到大部分实证研究的证实。

6. 东道国的税法。汇回收益时，国际企业的国外子公司可能要缴纳预提税。因为它们要对当地债务支付利息费用，所以利用当地债务融资而非依靠母公司融资，可以减少定期汇回母公司的资金量。因此，利用更多的当地债务融资可以减少预提税。如果东道国政府对外汇收入课以较高的企业所得税，国外子公司也可能考虑利用当地债务融资，因为这样的话，子公司就可从高赋税债务融资的税收优惠中得到好处（前提是支付的高额税收不能被母公司获得的税收抵免完全抵消）。

## 二、融资策略

融资战略是国际企业财务管理的一个重要组成部分。融资成本的高低会直接影响国际企业的经营成本，从而影响企业的竞争力。融资结构或资本结构的合理与否还将直接影响国际企业的后续融资能力，甚至给企业的生存带来危险。

（一）国际企业的融资优势

由于国际企业的触角可遍及全球，较之于纯国内企业，其融资优势也相对较大。

首先，国际企业在不同的国家或地区进行投资，这种多元化经营通常可降低风险，因此母公司的股东往往愿意接受较低的股权收益率。国际企业股权资本的成本也因而可以比同等规模的纯国内公司低。

其次，国际企业更易进入日趋成熟的国际资本市场，充分利用欧洲债券、外国债券、欧洲票据、欧洲商业票据等市场，在全球范围内筹措资金。在美国、日本、英国等国设有子公司的国际企业，还可以利用东道国国内规模巨大的金融市场。

第三，国际企业利用东道国的金融市场时，当地子公司借助母公司的国际声誉和雄厚的经济实力，在当地金融市场常常可以获得很高的信誉等级，从而能以优惠的利率取得贷款或发行债券。

第四，从事国际贸易的国际企业可以充分利用目前已高度发达且结构完善的国际贸易融资方式。

最后，国际企业还可以通过内部调拨或内部交易把资金从一个子公司转移到另一个子公司或公司总部，这使得国际企业更易于利用不同金融市场的利率差异，获得成本较低的资金。即使东道国政府采取外汇管制政策或设置其他的限制资金自由移动的障碍，大多数国际企业仍能发现全部或部分地绕过这些障碍的途径。

（二）国际企业的融资目标及融资策略

基于特有的融资优势，国际企业可从全球范围内权衡各类可利用的资金来源，从中选择最佳的资金组合，以达成企业总体融资成本最低化、避免或降低各种风险、建立最佳的资本结构三大融资战略目标。

1. 融资成本最低化

各国政府各种各样的行政干预以及某些社会、经济、技术等方面因素的影响，使得国际资本市场仍可细分为众多的差异化市场。不同来源的资金，其成本不仅因风险不同而各异。这为国际企业实现总体融资成本最低化的战略目标提供了良好的机会。国际企业所具有的信息网络和全球范围内资金调度能力使之能较好地把握住这些机会。

一般来说，国际企业为实现总体融资成本最低化这一战略目标，主要采用三种策略：减少纳税；利用补贴贷款；争取当地信贷配额。

（1）减少纳税。各国的税制、税率有很大差别，即使在一国之内，不同的纳税对象所承受的税负也各不相同，因此，国际企业可以通过选择适当的融资方式、融资地点和融资货币以减少纳税负担。例如：国际企业子公司支付债务的利息，一般来说，不论是支付给母公司还是其他金融机构，都可享受税收抵免，但股息由于是从税后利润中支付，所以股息发放便不能抵免税负。因此，母公司若以债务融资而非股本注入的形式向其国外子公司提供所需资金，就可能使企业的总体税负得到某种程度的减少。

（2）尽可能利用优惠补贴贷款。各国政府为了鼓励本国产品出口、优化产品结构、扩大劳动力就业等目的，往往提供一些优惠补贴贷款。例如，大多数国家的政府为了扩大本国出口和改善国际收支，都设置了专门的金融机构（如进出口银行）向本国境内的出口企业提供低息的长期贷款，这种优惠信贷也可给予购买本国商品的外国企业。国际企业可以利用其全球经营网络，做出适当的投资与购销安排，以充分利用这些优惠信贷。

（3）绕过信贷管制，争取当地信贷配额。为了诱导投资方向作某种战略性的转移，抑或是为了刺激或抑制信贷资金的增长，各国政府经常对本国的金融市场实施一定程度的干预。当一国处于外资流入过度的状况时，该政府就可能规定新借外资的一部分必须存入政府指定的某一机构或采取类似措施，使筹借外资的实际成本上升；当一国发现资金流出过度时，其政府便可能对外资企业在当地金融市场筹措资金实施信贷配额管理。因此，如何绕过这些信贷管制措施，并争取尽可能多的配额，是国际企业财务管理人员的一大职责。

2. 避免或降低各种风险

国际企业融资战略的另一重要目标是避免或降低各种风险。有远见的财务经理必须意识到，任何一笔重大的融资安排，不论是母公司所作的融资还是子公司融资，都会对企业总体的风险地位及其他融资渠道产生影响。因此，国际企业的融资战略不仅需要考虑融资成本最低化这一目标，还须考虑如何降低企业的风险地位，保持和扩大现有融资渠道。为此，国际企业可采取三种策略措施。

（1）降低外汇风险。外汇风险是指由于意外的汇率波动而导致企业资产或收益遭受损失的可能性。国际企业可以利用外汇市场供给，或通过配套的融资安排来消除或减少外汇风险。我们将在下一节对此具体加以讨论。

（2）避免或降低政治风险。政治风险是指东道国或其他国家政府的政治、经济政策的变化所导致的企业经营风险。政治风险类型很多，从暂时性冻结资产到征用甚至没收，都可能给国际企业带来灾难性的后果。因此，国际企业在制定国外融资战略时，就不可不考虑政治风险因素。

为了规避政治风险，国际企业尽可能选择在政治稳定的国家进行投资。在政治风险较高的国家投资时，应尽可能利用企业外部资金，如果东道国政府或其他方面特别要求母公司必须提供内部资金，则应尽量以贷款的形式予以提供；其次，国际企业应坚持以子公司或外国投资项目的盈利作为偿还贷款的资金来源。

（3）保持和扩大现有融资渠道。国际企业应努力拓宽融资的选择范围，不可过于依赖单一或少数几个金融市场。这样，既能减少企业融资总体的风险，又能通过融资活动，与全球各地金融机构建立联系，增加金融和经济信息来源。此外，到国际金融市场上以发行股票、债券等方式来筹措资金时，还可提高企业的知名度，扩大企业产品在销售市场上的影响力。

3. 建立最佳的资本结构

一个企业的资本结构包含比较多的内容：负债可分为长、中、短期，而股票又有普通股和优先股之分。若再细分下去，还可分出可转股债券、累计或非累计优先股等。不过一般来说，对一个企业的资本结构的风险程度作大体的判断，最重要也最常用的标准是企业的债务/股本比率。

财务杠杆理论表明：当一个企业的财务杠杆程度较高，也就是债务/股本比较高时，其每股利润率受息税前利润波动的影响就较大，呈现为杠杆效应。例如，当一个企业的财务杠杆系数等于2时，其息税前利润上升1%，每股利润就上升2%；息税前利润下降1%，每股利润便下降2%。因此，负债比重高的企业，其每股利润可能较高，但它的财务风险也较大。此外，从另一个角度看，由于利息是一种固定支出，不管企业的盈利如何，都必须支付定额的利息。因此，债务/股本率较高的企业总是倾向于选择资金报酬率较高因而风险也较大的投资项目，其破产或违约的风险也就较高。投资者在权衡风险因素之后，就可能不愿对该企业投资。所以，建立一个最佳的资本结构，保证使国际企业融资成本最低化及融资能力最大化就显得十分重要。

### 三、资金预算决策

跨国财务管理的另一项财务管理活动是资金预算决策。在跨国经营过程中,国际企业经常需要考虑对某个项目或某个子公司实施资本投资。此时,国际企业必须比较潜在的国外投资项目和其他项目的净现值或内部收益率,以决定哪个项目更值得投资。在这种情况下,对不同项目的投资可行性予以分析和比较就显得尤为重要。

（一）资金预算的方法

资金预算的常用方法有回收期法、净现值法和内部收益率法。

资金预算的第一种方法是计算项目的回收期,或者收回初始投资的期限,以此为标准比较不同项目的投资可行性。典型的做法是估算投资的年税后自由现金流量,以求取将来每一年的现金流的现值,然后确定收回初始投资的具体年限。

第二种方法是根据项目的净现值（NPV）来比较不同投资项目的可行性,可将 NPV 定义如下：

$$NPV = \sum_{t=1}^{n} \frac{FCT_t}{(1+k)^t} - IO$$

其中, $FCF_t$ 是指 $t$ 年自由现金流量; $k$ 是折现率,即最低回报率或者资金成本; IO 是初始资金支出额; $n$ 为项目预期寿命。

最低回报率是指企业能够回收初始投资的成本或者至少维持股票市值所必须从项目得到的收益率。如果 NPV 为正,项目收益即被认为是正的。如果 NPV 为负,企业就不应该投资该项目。

第三种方法是计算项目内部收益率（IRR）,并把它与要求的收益率相比较。IRR 是未来现金流的现值与初始投资现值相等时的收益率。如果 IRR 大于最低回报率,投资即被认为是可行的,当然,国际企业还需要进一步在不同国家的各个项目之间再比较 IRR。

对每一种方法来说,很多方面都有类似之处。比如,企业都需要先确定现金流,并把这些现金流代入不同国家的不同税率的方程中。再比如,计算 NPV 和 IRR 时,企业都需要确定最低回报率。

（二）跨国资金预算的注意事项

与评估国内项目不同,跨国财务管理中的资金预算,或者对国外项目进行投资可行性评估需要注意如下问题：

1. 必须区分母公司现金流和项目现金流。在这里,母公司现金流是指项目带给母公司的现金流；而项目现金流是指由于销售货物或提供服务而获得的当地流通的现金流。评估决策需要先确定是基于母公司现金流,或者依据子公司现金流还是两者共同考虑。

2. 当子公司给母公司汇寄红利、债务利息以及企业内部应收账款和应付账款的支付时,经常受到不同税收方法、限制资金流动的法律和政策、当地经济规范等各方面的影响。而且,税收方法除了影响给母公司的这些汇款,还会影响项目自由现金流。

3. 通货膨胀率的变化会影响现金流和不同项目的评估,因此母公司和子公司需要对通货膨胀率及其变化做出预测。

4. 汇率的变化会对现金流的机制产生直接影响,从而影响国外子公司的相对地位,因此，母公司必须考虑汇率预期之外的变化。

5. 由于政治事件会对现金流的预期价值和有效性产生影响，所以，母公司必须评估目标市场的政治风险。

6. 不同国家的潜在投资者可能对项目价值的评估有重大分歧，从而使得最终价值难以估计。

由于上述几个方面的影响，国际企业估计未来现金流会比较困难。有两种方法可以处理未来现金流的变化。一种方法是可以确定几种不同情境并确定相应的项目回收期、净现值或内部收益率。另外一种方法是调整止损利润率，即为了得到资金项目能够取得的最低预期回报率，通常增加止损利润率让它在高于最低水平上做出调整。

在完成资金预算后，国际企业必须分析两种利润，即以当地货币计值的利润和以本币计值的给母公司现金流中的利润。通过分析以当地货币计值的利润，管理者可以比较在东道国的不同投资机会。提供给母公司的现金流也非常重要，因为企业正是用这些现金流来支付股东红利。如果国际企业不能为母公司产生足够多的利润，也就无法支付股东红利和偿付公司债务。

**四、营运资金管理**

营运资金是指企业为了日常经营的需要，占用在流动资产形态上的资金，主要包括现金、短期有价证券、应收账款和存货。国际企业营运资金管理的目标是力图通过资金的合理安置（包括以何种货币持有和资金的分置地点）以及资金的适当集中和分配，使企业在全球范围内能迅速有效地控制全部资金并使资金的保存与运用达到最优化状态。

具体而言，营运资金的管理需从两个角度入手：一是流量管理，二是存量管理。所谓流量管理，是指国际企业的财务人员应当确定企业总体范围内营运资金的最佳货币组合和安置地点；而存量管理则是对现金、应收账款、存货、短期证券和短期负债的水平及它们的组合结构的管理。

（一）现金管理

财务管理意义上的现金，包括企业手头持有的现金和银行存款。企业主要基于如下原因持有现金：（1）交易性需求。为了维持日常的经营活动及满足交易性需要，如偿付到期应付账款等，企业必须持有现金。如果企业没有足量的现金，就可能影响正常运转，增加经营成本，甚至损害企业的信誉。（2）补偿性余额。许多银行要求客户在其存款账户中维持一个最低的存款余额，作为对银行所提供的服务的补偿，或作为某项货款协议的条款之一。（3）预防性需求。为了预防不测，企业通常需要多持有一些现金。（4）投机性动机。在市场行情波动较大时，许多企业为了把握住一些投机机会，也会有意多保留一些现金余额。

由于现金（包括短期银行存款）的收益率要低于中长期投资，所以现金余额应保持在尽可能低的水平。在一个实行分权管理的国际企业内，通常是由各个子公司依据其各类现金需要，自行保留其现金余额；在实行集中管理的国际企业内，各子公司只保留其交易性和补偿性需求的最低水平的现金余额，所有的预防性及投机性现金需求则由国际企业的现金管理中心负责。依据总体方差小于各部分方差之和这一统计原理，现金集中管理可以在保证现金需要得以满足的同一置信水平上，降低企业总体所必须持有的现金量。必须持有的现金量的减少，一方面可以降低企业总体的借款总额或增加投资总额，从而减轻利息负担或提高投资收益；另一方面还可以降低由于持有外汇现金所产生的外汇风险。因此，绝大多数国际企业都不同程度地实行现金集中管理。

现金集中管理的优点还有：(1) 现金中心的管理人员专业程度较高，加上方便的信息来源，所以比普通子公司的财务人员更能全面认识各类货币的相对强弱，熟知每种货币的利率现状及可能的变化；(2) 现金中心的管理人员明了各处的资金成本和投资收益率，因而当中心现金库的预计现金不敷需求时，能迅速以最低成本进行融资，当现金过剩时，便将多余现金投往最高获利处；(3) 当子公司发生现金短缺时，中心现金库即可以电汇方式融通资金，或要求国际性银行在当地的分行及时对子公司贷款。

(二) 短期有价证券管理

短期证券投资是指企业在进行证券投资时，从一开始就打算在短期内使其变现，而并无长期投资的意图。实际上，由于债券利率通常低于银行贷款利率，换句话说，债券所能提供的收益率通常都低于企业的资本成本，因此，极少有企业愿意长期投资于债券。但一个企业购买另一个企业的股票，或法人间相互持股，却是较为常见的。

国际企业之所以愿意购买并持有短期有价证券，主要是考虑到如下两点：

1. 作为现金的替代品。由于有价证券的收益率一般高于银行的存款利率，而某些有价证券如政府公债及一些大金融机构发行的债券又具有极低的风险和极高的变现力，所以许多企业愿意将一部分现金投资于有价证券，以备用于预防性和投机性现金需求，从而使企业的现金持有量得以下降。

2. 以有价证券作短期投资。比如，当企业刚通过发行长期证券筹集了资金，但这些资金还不能立即进行项目投资时，常会将资金暂时投资在有价证券之上。此外，企业的经营具有较强的季节性和循环性。在资金需求不高的季节里，企业就把一部分资金暂时投资在有价证券上，待资金需求旺季（通常是生产和销售旺季）来临时，再令这些有价证券变现。再者，企业手头有较多的现金，而不久的将来有一些已知的资金需求，那么企业会暂时投资于有价证券。举个例子，某国际企业刚收到100万美元的货款，而在两周后就要支付一笔等额的进口货款，那么该企业便可将这笔钱暂时投资于有价证券。

国际企业在进行有价证券投资时，需要考虑如下因素：

(1) 有价证券的收益率。高投资收益率意味着高回报，但高收益率又通常伴随着高风险，国际企业必须在风险和收益之间作好权衡。

(2) 流动性或变现能力。既然投资的目的是在短期内能迅速使资产（有价证券）得以变现，则所购证券的变现能力就值得关注。如果某种资产能随时以接近市价的价格出售，那么该资产具有高度的变现力。若某类证券市场交易很不活跃，则持有者可能要付出一定的代价才能够将该类证券变现。

(3) 违约风险。违约风险是指债券发行人不能按时还本付息的风险。通常说来，政府公债的违约风险很低，但有时政府也可能会决定冻结还本付息，甚至根本不承认前一政府所签订的债务合约。因此，对于跨国性证券投资的违约风险，要和政治风险结合起来考虑。

(4) 利率风险。利率波动将导致证券市场价格的起伏。当市场利率上升时，固定利率债券的价格就会下降。因此，即使是没有违约风险的政府公债，也仍会具有利率风险。

(5) 通货膨胀风险。通常说来，利率的波动反映了人们对通货膨胀的预期，因此利率风险里已包含了通货膨胀风险。但在许多高通货膨胀的时期，利率上涨的幅度常常低于某些资产的收益率上涨幅度。因此，此时许多企业更倾向于投资房地产或其他企业的普通股。

(6) 外汇风险。企业购买以外汇计值的有价证券时，通常会面临外汇交易风险和外汇换算风险。我们将在下一节详细讨论外汇风险的管理策略。

(三) 应收账款管理

按其来源，国际企业的应收账款可分为：对企业内部其他单位的销售和对国际企业体系外独立客户的销售。两类应收账款的管理策略有所不同。

1. 企业内部应收账款

对企业内部应收账款的管理原则与现金管理原则一致。应收账款的计值货币、金额及所在地，也是一个全球资源优化分配的策略性问题。在这方面所用的策略，主要是利用提前与延迟支付的技术，以及充分运用再开票中心。

2. 企业体系外的应收账款

对企业体系外应收账款进行管理，主要应注意三个问题：

(1) 计值货币的选择。企业的应收账款尽量采用相对坚挺的货币计值，这样可以避免货币贬值所带来的潜在损失。如果采用相对疲软的货币计值，则可以通过外汇远期市场、期权和期货等规避外汇风险。

(2) 确定付款条件。就付款条件本身而言，若应收账款是以相对疲软的货币计值，便应及早收回款项（即付款期要尽可能短），以避免应收账款贬值；对于采用相对坚挺的货币计值的，则可以允许适当延长一些。实际上，如果货款将以外汇支付，而卖方预料其本国货币即将贬值，他可能愿意鼓励买方拖延付款时间，尤其是如果所在国政府要求所有出口外汇收入必须即时兑换成当地货币的话。倘若法律许可，这种情况，卖方可以将销售收益存入国外银行，而不急于收回国内。

(3) 降低赊销风险。提供赊销信用固然可以增加销量、降低商品的单产成本，从而扩大利润和市场竞争能力。但赊销由于把将来的现金收入寄托在客户的信用之上，因而不可避免地会具有某些风险。为降低赊销风险，必须建立一套较完整的管理制度。比如，了解客户的资信历史，为老客户建立资信档案，对资信不佳的客户不予赊销；控制赊销额度，实行分批供货，分批收款，等等。

(四) 存货管理

在一般情况下，存货管理的原则是综合考虑预期的销售额、订货成本、储运成本等因素以决定"经济订货量"，然后在此基础上，加上预防销量额外增加的"安全边际量"，就是最佳订货量。

在通货膨胀及货币呈贬值倾向的经济情况下，对存货的管理可能需要做出一些调整。有时管理者可能决定囤积存货，并使再订货水平远远高于所谓的经济订货量。具体而言，在当地货币有明显的贬值可能时，管理者必须决定应否累积进口品存货，因为贬值一旦发生，进口品以当地货币表示的价格便会上升。累积存货的明显代价是由于存货量的上升，储运成本和资金占用成本也随之增加；而隐含代价则是当地政府可能在贬值后实施物价冻结；而且预期的贬值也可能根本没有发生，致使企业积压了大量存货，如果竞争者也采取同样的囤积策略的话，这些存货的处理就会非常麻烦。

## 第三节 外汇风险管理

国际企业财务战略的另一个重要目标就是避免国际投资中的外汇风险。如果所有汇率相互固定，就不会存在汇率风险。不过，由于汇率往往是不固定的，而且资金价值频繁地上下变动，国际企业在国际经营过程中通常会面临汇率变化所带来的影响。在这种情况下，国际企业就需要利用第九章中介绍的外汇工具以及利用资金的内部流动来规避风险。

### 一、外汇风险的类别

外汇风险是指因汇率的变化而导致企业的赢利能力、净现金流量和市场价值发生变化的可能性。财务经理的一项重要职责就是预估外汇风险并及时管理，以使企业的赢利能力、净现金流量和市场价值最大化。

对一个企业而言，汇率变动可能会导致三种不同的风险：经济风险或经营风险、交易风险、换算风险或会计风险。

1. 经营风险。经营风险有时也称经济风险，是指由于意外的汇率变动而导致企业未来的经营性现金流量发生变化，从而影响企业的市场价值。企业价值的变化程度部分地取决于汇率变动因素对企业将来销售量、价格和成本的影响程度。

2. 交易风险。交易风险是指已达成协议但尚未结算的外币交易因汇率波动而发生汇兑损益的可能性。交易风险程度是指特定的汇率变动对已达成协议的外币交易的价值可能产生的影响程度。比如，当美元相对于人民币贬值时，中国企业的美元应收账款就蒙受了外汇损失。

3. 换算风险。换算风险产生于国际企业将其国外子公司或投资项目经营业绩的计值单位由记账外币换算成本币的换算过程，有时也被称为会计风险。国际企业由于法律上和经营上的需要，必须合并其国外子公司和母公司的财务报表，而各个会计项目换算时所用的汇率并不一定和入账时的汇率相同，因此，那些按现行汇率换算的资产与负债就会发生外币换算损益。这些承受换算风险的资产与负债就称为暴露资产和暴露负债。鉴于暴露资产和暴露负债的风险可以相互抵消，所以企业的总换算风险就大体取决于暴露资产与暴露负债之间的差额。

### 二、经营风险的管理策略

相对于交易风险和换算风险，经营风险会对国际企业长期利益产生更为深远的影响。但是，由于经营风险的估算基于对将来现金流量变化的估计，而且所界定的时间段又带有任意性，因而不可避免地会具有某种主观色彩。经营风险的程度并非得自会计过程，而需要通过经营分析才能得出。经营风险的管理是管理层的责任，因为它涉及企业的财务战略、购买战略、生产战略和营销战略等,并要求这些战略能协调一致。

管理经营风险的目的在于预测和引导意外汇率波动对企业将来现金流量的影响。为此,管理者不仅要能迅速判断汇率的均衡状态是否存在,还必须在意外汇率波动发生前就准备好最佳的应对策略。达到这一效果的最好方法是在全球范围内将自己的经营和融资多元化。经营多元化意味着分散销售市场、生产地点和原材料来源。融资来源多元化则意味着应在多个资本市场上进行多种货币融资。

多元化战略使国际企业管理者可以根据自己的风险偏好,对外汇、资本和产品市场上不均衡状态所提供的机会主动做出反应。而且,这样一种战略并不要求管理者去预测不均衡状态,只要在不均衡状态出现时,管理者能迅速发现并做出相应决策即可。

(一) 经营多元化

如果国际企业已实现了经营多元化,那么,管理者就会使自己处于这样一种优势地位:当不均衡状态出现时,他可以通过比较不同销售市场的价格和不同产地的要素成本而迅速察觉并做出针对性反应。他可以决定临时增加原材料和半成品的购买量;也可以决定把生产线从一个子公司转移到另一个子公司;如果不均衡状态下的汇率波动使企业的产品在出口市场上的价格竞争力有所提高,则可以立即在出口营销方面加强努力。

即便管理者并不对汇率波动做出主动性反应,多元化经营战略也能减轻企业所承受的风险冲击。因为汇率的变动可能使企业的某些市场和生产基地受到冲击,而在另外一些市场上,来自另外国家的子公司的产品却可能因而增加了竞争力,因此,多元化经营使得外汇经营风险因相互抵消而趋于中和。

(二) 融资多元化

融资多元化使企业在国际利率市场和汇率市场偏离"国际费雪效应"时,能迅速捕捉机会。即是说,如果两国利率之差与预期的汇率变动并不一致,则降低企业资本成本的机会也就出现了。然而,国际企业必须首先和国际性金融机构建立牢固联系,才有可能在短暂的时间里快速融资。

企业实施多元化战略也会遇到一些障碍和困难。例如,某个特定行业的产品也许要求进行集中化大生产以取得规模经济效益,因而从经济效益上看,分散化生产是不足取的。另一方面,国际企业实施多元化战略使得某些项目的规模较小,从而难以吸引国际股权投资者和贷款人。

### 三、交易风险的管理

外汇交易风险主要产生于以下交易:(1) 以信用方式赊购或赊销以外币计值的商品或服务;(2) 当协议规定使用外币还款时借入或借出资金;(3) 作为未执行的远期外汇合约的一方当事人;(4) 其他以外币计值的债务或应得资产。

管理交易风险主要有两类方法,一是运用交易工具进行套期保值,二是调整经营决策规避交易风险。

(一) 运用金融工具管理交易风险

当国际企业的交易风险在企业内不能完全相互抵补时,公司财务经理就要对净受险额进行套期保值。由于交易风险是由合约来确定的,因此,未来现金流易于确定,在金融市场上运用金融工具进行套期保值较为便捷。常用的金融工具有外汇远期、外币期货、货币期权、货币市场上的套期保值等。表 13-1 对每一种金融工具对交易风险进行套期保值的优劣势进行了比较。

表 13-1　　　　　　　不同金融工具对交易风险套期保值的利弊分析①

| 金融工具 | 优势 | 劣势 |
| --- | --- | --- |
| 货币远期 | 对时间和金额确定的交易能提供一个精确的保值 | 买卖汇差可能较大,特别是对到期日较长,或远期市场上不常交易的货币更是如此 |
| 货币期货 | 如果金额和到期日与期货合约相匹配,套期保值成本较低;由于采用每日盯市原则,因而套期保值风险较低 | 所交易的期权仅限于有限的币种和到期日;期货是标准化合约;每日盯市原则可能会引起现金流量的不匹配,导致再融资的风险 |
| 货币市场 | 想建立远期合约但无远期市场 | 套期保值成本相对较贵;如果对借贷外币有限制,则该方法可能就不可行 |
| 货币期权 | 确保不利货币的变动 | 期权费反映了期权价值,所以使用期权保值成本较高 |
| 货币互换 | 较低成本转化成其他货币或支付结构 | 不适宜短期交易风险,最适宜长期交易风险 |

利用远期市场套期保值,即一个外币头寸多头的企业将卖出外币远期,而一个外币头寸空头的企业将买入外币远期,以这种方式,企业就可以固定未来的外币量的本币价值,达到套期保值的目的。期货市场套期保值类似远期合约套期保值。只是期货合约大都在固定的交易所交易,并且合约金额和到期日也是固定的。另外,期货合约双方都得缴纳保证金,采取盯市原则,每天结清市场差价。当保证金降至一定限度时,需要追加保证金。此外,采取期货合约套期保值还得考虑基差风险,即期货市场价格与即期市场价格变动幅度不一致而导致套期保值的不完美。所以,大部分企业更喜欢利用远期外汇市场对外汇风险进行套期保值。

货币市场套期保值与远期市场套期保值一样,只不过货币市场套期保值的成本是由两国利率之差决定的,而远期套期保值的成本是由远期汇率决定的。在有效的市场上,利率平价可使二者的差异接近,但是实际上,市场并不总是有效的,可能在两个不同国家市场上,企业借款利率就与政府债券的无风险利率有所不同,这种差异就与利率平价定理有关。因此,货币市场套期保值的基本思想就是,现在借钱投资,然后用将来收到的钱偿还贷款。

上面所提及的外汇市场工具对交易风险实施套期保值时,都主要考虑汇率的变化朝某一方向时所采取的保值措施。但是,在许多情况下,企业对未来汇率的变化方向是无法确

---

① 蒋屏. 国际财务管理. 北京:对外经济贸易大学出版社,2004.

定的,或企业无法确定进行了套期保值的外币流量是否会实现。比如,企业参与竞标。这种不确定性对于选择适当的套期保值行为有重要的影响。解决这一问题的最好办法就是采用期权套期保值。在实践中,期权的运用范围是较广的。比如,当一家企业以固定的外币价格出价来购买一项国外资产,但又不确定能否中标时,看涨期权是很管用的。通过买进一份外币看涨期权,该企业就可以锁定其标价的最高本币价格,而一旦未中标,它的损失风险又被限制在看涨期权费范围内。

在另一些情况下,货币期权也是一种很有用的风险管理手段。大多数企业都有一项政策,为了避免使客户和销售人员产生混淆,他们一般并不因为汇率的变动而及时修改价目表。那么一旦外币价格变化,未进行套期保值的企业的利润率就会下降。然而,由于预期销售收入或采购支出的不确定,远期合约并不是进行套期保值的理想工具。例如,一家企业承诺其外币价目表在3个月内有效,那么该企业就存在外币风险,该风险的大小取决于在此期间以该外币价格标价的未知销售量。由此,企业不知其应签订多少金额的远期合约才能保证它这些销售收入的边际利润。然而,货币看跌期权就可以使该公司确保其利润率,从而免遭外币反向运动带来的损失,而且企业能保证对外国客户报价维持固定。若没有期权,该企业就可能被迫提高它的外币价格而不能继续保持这种更具竞争力的地位。

当然,一家企业可以用货币期权合约来代替远期合约进行套期保值。但是,每一种套期保值的供给只有在一定条件下才比其他工具更有利,更能适应某种特定情形的需要。在进行套期保值时,决定是选择货币期权还是选择远期合约的一般原则如下:

(1) 当外币现金流出量已知时,买入货币远期合约;当外币数量未知时,买入该货币的看涨期权。

(2) 当外币现金流入量已知时,卖出货币远期合约;当外币数量未知时,买入该货币的看跌期权。

(3) 当外币现金流量部分已知而部分未知时,使用远期合约对已知部分进行套期保值,而用期权对剩下的未知部分进行套期保值从而确保最大价值。

这些原则的一个前提是财务经理的目标是减少外汇风险而不是预测汇率走向和波动幅度进行投机,同时假设远期合约和期权合约的价格都是合理的。在一个有效率的市场上,这两种合约的预期价值或成本应该为零。任何其他结果都会导致产生套利的机会。套利利润将紧紧地吸引着套汇者,他们的最终目的无非是希望从不合理的价格差异中获利。这最终将会使两者的价格趋于平衡价值。

总之,在金融市场上可供选择的保值工具很多。除了上面讨论的外,还有互换协议,它涉及的现金流是长期的,即长期契约型交易产生的现金流。面对众多的规避风险工具,企业应该采取什么样的保值措施,完全依赖于企业决策者对风险的偏好以及对风险和收益的权衡。表13-1列出了有关金融工具套期保值的利弊分析,可以作为国际企业选择不同工具避险的参考。

(二) 通过经营决策避免交易风险

国际企业还可以通过经营决策来避免或减少外汇风险。

1. 选择计值货币。原则上,在进口贸易中应选择在付款期内汇价相对疲软的货币作为计值货币,而在出口贸易中则应以相对坚挺的货币计值。但用何种货币计值,常受交易双方谈判地位的影响，因为谈判的对方也会考虑到自己的外汇风险。所以，一方在接受对方提议的计值货币的同时，常以提价或降价等作为交换条件。交易商可以力争以本币计值以完全避免外汇风险，但在出口商所在国货币相对疲软的情况下，以本币计值可能会给出口商带来较低的经济效益。因此，在管理外汇风险时应牢记一项原则，既要使外汇风险降至最低，又要考虑为了保值而承担的机会成本。在有些大宗交易里，交易者可以选择组合货币单位，如特别提款权和欧洲货币单位等，作为计值货币，以降低外汇风险。

2. 提前与延迟。提前与延迟就是在外币坚挺时，对外币应收账款应延期收回，对外币应付账款则应提前支付；当外币疲软时，外币应收账款便应提前收回，而应付账款当力争延迟支付。如果交易双方属于不同利益的两个公司，则在提前或延迟收支时，得益方将会被要求应付给对方一定的折扣或风险费，具体费率由双方协商确定。

3. 匹配法或平衡法。匹配法是指创造一个货币、金额和期限均相同的反向资金流动，以抵补外汇风险。例如，某家中国国际企业在半年后将有一笔6万美元的应收账款到期，如果该企业能设法从美国进口一批价值同等的货物，并规定以美元支付，付款期与应收账款到期日一致，便可以消除外汇风险。不过，国际企业通常很难使其每笔交易的应收应付款达到完全匹配，不是在时间上略有差异，就是在金额上不一致。若是在时间上有差异，便可结合使用货币市场保值方法，毕竟可以在借款或投资的时间上缩短一些；若是在金额上不一致，则需要结合外汇远期或期权合约以抵补外汇暴露净头寸（即应收应付款的差额部分）。

### 四、换算风险的管理

管理换算风险的主要方法是"资产负债表保值法"。也就是说，设法使国际企业合并资产负债表上的外币暴露资产和外币暴露负债在币种与金额上趋于一致，从而使净换算风险等于零。

当然国际企业也可以利用远期市场或期权、期货市场，对换算暴露进行保值。但实质上，这样做并非保值行为，而只是企图在外汇市场或其他金融市场上获得投机性收益以抵补换算时的账面亏损。换句话说，如果管理者能够正确预测汇率的变动趋势，那么，企业完全可以不必理会是否存在换算风险，尽可以大量地从事外汇投机业务。如果企业管理者预测失败了，换算盈余并不能增加实际的现金流入，但合约本身导致的外汇亏损却会增加实际的现金流出。

鉴于换算损益是纯粹会计上的损益，对企业的现金流量并无实质性的影响，所以许多国际企业对换算风险没有像对前几类风险那么重视。

◎ 小结

1. 跨国财务管理的基本目标是通过使企业资产的市场价值最大化来达成股东财富最大化。

2. 在跨国财务管理中，受企业规模、子公司股权结构、技术水平及传统习惯的影响，可以采用集中管理模式、分散管理模式、总部与分部之间的管理模式等几种不同的管理模式。

3. 基于股东权益最大化的目标，国际企业的财务职能关注短期和长期资金流的管理，以便保持和创造经济或财富价值。与资金流相关的跨国财务管理活动可分为四个主要方面：设定资本结构、长期资金筹措、资金预算和营运资金管理。

4. 国际企业设定最佳资本结构的原则是：使资本成本和风险最低及后续融资能力最大化。

5. 国际企业可以根据企业自身的特点和东道国的特点来设定总体资本结构和子公司的资本结构。从企业特点的角度来讲，国际企业现金流量的稳定性、企业的信用风险、国际企业对留存收益的利用、国际企业的债务担保以及国际企业的代理问题都可以影响国际企业的资本结构。从国家特征的角度来讲，东道国政府的股权要求、汇率风险、利率水平、国家风险和税法规定等也会影响国际企业对债务和权益融资的选择，继而影响该国际企业的资本结构。

6. 基于特有的融资优势，国际企业可从全球范围内权衡各类可利用的资金来源，从中选择最佳资金组合，以达成企业总体融资成本最低化、避免或降低各种风险、建立最佳的资本结构三大融资战略目标。

7. 资金预算的常用方法有回收期法、净现值法和内部收益率法。

8. 国际企业营运资金管理的目标是力图通过资金的合理安置以及资金的适当集中和分配，使企业在全球范围内能迅速有效地控制全部资金并使资金的保存与运用达到最优化状态。营运资金的管理需从两个角度入手：一是流量管理，二是存量管理。所谓流量管理，是指国际企业的财务人员应当确定企业总体范围内营运资金的最佳货币组合和安置地点；而存量管理则是对现金、应收账款、存货、短期证券和短期负债的水平及它们的组合结构的管理。

9. 外汇风险是指因汇率的变化而导致企业的赢利能力、净现金流量和市场价值发生变化的可能性。外汇风险主要包括经济风险或经营风险、交易风险、换算风险等。

◎ 复习思考题

1. 国际企业在财务管理活动中采取分散管理模式和集中管理模式的原因是什么？试对两种财务管理模式的利弊加以分析。
2. 请列举影响国际企业资本结构的主要因素。
3. 试运用实例来学习和比较资金预算的几种常用方法。
4. 套期保值措施能否对预期汇率的变动提供保护？请说明原因。
5. 为了消除对美国出口收入的风险，某企业决定对其实际发生的和预期的结售汇收入进行套期保值。该企业面临哪种风险，应该采取何种措施加以管理该风险？

◎ 参考资料

1. Alan C. Shapiro, Sarin A. *Foundations of Multinational Financial Magagement*. 6th Edition. John Wiley & Sons Pte Ltd, February, 2008.
2. Jeff Madura J. *International Financial Management*. 10th Edition. South-Western Cengage Learning, 2011.

3. CheolS. Eun, Resnick Bruce G. *International Financial Management*, 5th Edition. McGraw Hill Higher Education, 2009.

4. 杰夫·马杜拉. 国际财务管理. 第9版. 张俊瑞, 田高良, 李彬, 译. 北京: 北京大学出版社, 2010.

5. 张建平. 跨国经营的财务管理. 北京: 中国青年出版社, 1996.

6. 蒋屏. 国际财务管理. 北京: 对外经济贸易大学出版社, 2004.

【案例分析】

## 中集集团的信用融资

中国国际海运集装箱（集团）股份有限公司（简称中集集团）是世界领先的物流装备和能源装备供应商，总部位于中国深圳。公司致力于如下主要的业务领域：集装箱、道路运输车辆、能源和化工装备、海洋工程、物流服务、空港设备等，此外，中集集团还有提供专业资金管理的财务公司，以及融资服务的融资租赁公司。就市场占有率而言，中集集团有10多个产品持续多年保持全球第一。作为一家为全球市场服务的跨国经营集团，中集集团在亚洲、北美、欧洲、澳洲等地区拥有200余家成员企业，客户和销售网络分布在全球100多个国家和地区。2012年，6.4万名优秀的中集集团员工，创造了543.34亿元的销售业绩，净利润19.39亿元。

中集集团曾经完成一项耗时一年半的大工程：与荷兰银行合作，成功达成3年期8 000万美元的应收账款证券化融资项目，原本半年才能收回的资金，中集集团两个星期就收回了。这开创了国内企业通过资产证券化途径进入国际资本市场的先河。资产证券化（简称ABCP）于20世纪70年代末在美国兴起，是一种国际流行的融资方式。应收账款因其流动性好，较易被证券化。除了已经发生的账款外，一些未发生的、可预期的现金收入也可以证券化，比如民航公司可预期的机票收入等。

在使用应收账款证券化这种融资方式之前，中集集团主要采用商业票据进行国际融资，于1996年和1997年分别发行了5 000万美元、7 000万美元的1年期商业票据，但是这种方式的稳定性直接受到国际经济和金融市场的影响。在1998年，由于亚洲金融危机的影响，部分外资银行收缩了在亚洲的业务。经过多方努力，中集集团虽然成为金融危机后国内第一家成功续发商业票据的公司，但规模降为5 700万美元。为保持集团资金结构的稳定性并进一步降低融资成本，中集集团希望寻找一种好的办法替代商业票据。这时一些国外银行向其推荐应收账款证券化，经过双向选择，中集集团决定与荷兰银行合作，采用以优质应收账款作支持来发行商业票据的ABCP方案。为此，中集集团首先要把上亿美元的应收账款进行设计安排，结合荷兰银行提出的标准，挑选优良的应收账款组合成一个资金池，然后交给信用评级公司评级。中集集团委托两家国际知名的评级机构标准普尔和穆迪，得到了A1+（标准普尔指标）和P1（穆迪指标）的分数，这是短期融资信用最高的级别。凭着优秀的级别，这笔资产得以注入荷兰银行旗下的资产购买公司TAPCO建立的大资金池。TAPCO公司是国际票据市场上享有良好声誉的公司，其大资金池汇集的几千亿美元的资产，更是经过严格评级的优良资产。由TAPCO公司在商业票据（CP）市场上向投资者发行 CP，获得资金后，再间接付至中集集团的专用账户。项目完成后，中集集团只需花两周时间就可获得本应 138 天才能收回的现金。作为服务方的荷兰银行则可收取 200 多万美元的费用。

这种融资方式为中集集团带来的好处是显而易见的。首先，由于有公司优质应收账款作为支持，ABCP 的发行及成本较少地受到国际债务和资本市场的影响。也就是说，投资者在评判风险时，主要考虑的是中集集团应收账款，即客户的风险，而不是中集集团的公司风险及国家风险。这一优点在亚洲金融危机，特别是出现广信事件等影响中国公司在国际资本市场直接融资的不利事件后，显得更加突出。中集集团也将商业票据的期限锁定为 3 年，只要美国商业票据市场继续存在，应收账款质量一直保持良好，商业票据的发行就无须承担任何展期风险。其次，ABCP 带来更为理想的财务结构。采用 ABCP 方式，中集集团将应收账款直接出售给海外的特定用途公司（SPV），再由该公司将应收账款通过荷兰银行的融资专用公司发行商业票据。因此，对中集集团而言，目前金额较大的应收账款中主要部分将直接从资产负债表中撤除，从而达到降低负债比率、优化集团财务状况的目的。以中集集团 1998 年 10 月底数据测算，在发行 8 000 万美元商业票据后，中集集团的资产负债率将从原来的 57.7% 下降到 50.7%。再次，中集集团获得了低成本资金。当时，中国银行的 3 年期美元债券成本为 LIBOR+274BPS。中国财政部发行的 3 年期美元债券成本为 LIBOR+120BPS。中集集团 1998 年续发的 5 700 美元的 1 年期商业票据综合成本为 LIBOR+91.2BPS，而以 ABCP 方式发行的 8 000 万美元 3 年期综合成本为 LIBOR+85BPS，融资成本大大降低（LIBOR 是伦敦金融同业拆借利率，BPS 是衡量资金发行成本的单位）。

由于应收账款证券化在国内尚无先例，中集集团做这个项目也遇到了很多超乎想像的困难，前后经历了一年半的时间。最初的障碍在于缺乏政策条例的支持，中集集团必须向国家外汇管理局申请，同样还须咨询国内外的律师关于应收账款这种资产能否买卖，能否卖到海外市场等问题。由于得到了国家外管局的大力支持，中集集团在 1 个多月之后拿到了批文，这才开始与荷兰银行谈判，进入实质性的阶段。进入这一阶段后，更多的困难接踵而至。由于资产证券化在中国还是个新的会计科目，如何记账都是问题；还有大量的协调工作，比如集团与子公司、集团与客户，因为要卖应收账款还要征得客户的同意。应收账款证券化比商业票据复杂百倍，需要汇总的文件就达到 200 多页。一家 20 年没有出过一笔坏账的公司，它的信誉已经可以一次兑换 8 000 万美元。实施这种项目的首要条件是应收账款的质量要良好，而这一点首先取决于客户的付款信用。中集集团之所以成功，就是因为 20 多年来没有出现过一笔坏账。中集集团有一批高质量的国际化客户群，客户 90% 以上是属于国际经合组织成员国，不少客户本身又是荷兰银行等投资机构的合作伙伴。其次，应收账款的期限也是一个重要因素。一般来说，半年之内的应收账款，银行较易接受，此次中集集团的应收账款基本上是 120 多天的期限。另外，银行对应收账款涉及的国家也有要求，发达国家的客户的应收账款较易证券化。第二个重要条件是企业内部管理要良好。国外银行非常重视这一点。企业能否在较快的时间内拿出完整的、细致的应收账款数据，其实从一个侧面反映了一个企业的内部管理水平。中集集团此次卖出的 8 000 万美元应收账款，涉及几千张订单，对中集集团的内部管理是一次考验。过去中集集团的应收账款都是由各子公司分别登记,集团总部根本不能一下说出整体的情况。通过这次融资,中集集团利用电子网络对集团每一笔应收账款进行及时的登记、更新、报送、出售,将原分散于各子公司的应收账款集中管理并加以规范,从总体上提高了集团的管理水平。

(资料来源:根据中集集团网站 http://www.cimc.com 信息及其他相关资料整理)

讨论题:

1. 中集集团在应收账款资产证券化的过程中,有哪些交易环节可能导致财务风险?
2. 中集集团该如何对可能发生的财务风险进行防范?
3. 中集集团能完成资产证券化的原因是什么?
4. 中集集团是如何利用信誉融资的?

# 第十四章　国际企业人力资源管理

◎ **本章学习目的**

学习完本章之后，你应该掌握以下内容：
1. 国际人力资源管理的特点；
2. 跨国企业人员的来源和配备的基本方法；
3. 跨国企业人员培训与开发的特点；
4. 跨国企业外派人员的薪酬构成；
5. 跨国企业常用的绩效评估。

【**李宁公司的国际人力资源管理**】曾经在20世纪90年代成为中国本土体育品牌领先者的李宁，2012年伊始就成为媒体关注的热点。负面信息屡屡传出：位于美国波特兰的设计中心已流失一半雇员；与美国合作伙伴FootLockerInc的协议已中止，与西班牙代理商成立的销售公司也破产；公司发布预警称，2012年第四季度订货总订单金额出现高双位数下降，全年营收及利润恐将出现负增长；截至目前，李宁总计已经关闭了1 200家门店。纵观李宁公司的国际化道路，除了品牌塑造和国际营销方面有待改进和进一步提升外，其国际化过程中国际人力资源配备也存在一些问题。

按照国际化的理论和实践，国际人力资源管理一个鲜明特征就是在传统人力资源管理的基础上，内容和范围都有本质的变化。这对于尚停留在"人事管理"阶段的中国企业又将是一个巨大的挑战。例如，在实施国际化以后，原有人力资源管理的工作范围就从以前的"选、育、用、留"几个线性环节，扩大到立体的本国、母国和第三国的概念上；涉及的人力资源管理法律法规和部门规章也一下子扩大到跨国法律法规的范畴，还涉及语言、宗教、人种、国际税务、工会等复杂的法律行政关系。因此，社会上真正具备跨国公司人力资源管理经验和能力的人力资源总监一直非常抢手。

作为在香港上市的李宁公司，在文化、理念上也必然受到香港当地商业文化的影响，对企业的国际化管理能力既是挑战也是机会。但是，过多过快地引入外部职业经理人，引起李宁公司文化的混乱，导致公司管理大幅度变动。大量空降兵几乎把持了李宁公司大部分关键要害部门：产品系统主要是香港人的天下，市场系统则是台湾人的地盘。一方面，这些人将李宁改造成各种管理模式的试验场，给李宁造成了极大损失。另一方面，这些空降兵阻碍了李宁内部经理的晋升通道。李宁员工等级共分8级，内部晋升的天花板为4级，结果导致李宁优秀员工离职现象严重。这对于李宁公司本土运动文化传统的保持不利，也成为李宁后来国际化道路迷失方向的一个重要原因。为了平衡老员工和空降兵的矛盾，李宁只好容忍中层管理者队伍的日益庞大，结果是灾难性的决策执行不力、公司政治冲突不断。

也许正是感觉到企业以往在国际化人力资源配置及管理方面的缺失,李宁先生回归李宁公司管理一线后,首先引进的就是一支有着良好业内口碑的跨国职业管理团队;未来新总裁的人选条件中也提出了一大堆需要有在跨国企业或文化背景下工作的经历。

总之,跨国人力资源管理对于立志国际化的中国企业,不仅是公司的一项管理职能,而且一定是一项公司的战略决策,不可小视。

(资料来源:http://news.chinaventure.com.cn)

从上述事例中可以看出,在当前激烈的全球竞争中,对于跨国企业而言,人力资源的配备、吸引、开发与保持已成为决定其全球经营和全球竞争成败的重要因素。管理学家多厄(Duerr)指出:"几乎所有的国际问题或者是因人而生,或者必须由人来解决。因此,在适当的时间和适当的位置拥有适当的人便是公司国际成长的关键。"一份对跨国企业最高管理层的调查结果显示,在企业国际化经营最重要的60项工作中,有12项与人力资源管理相关。[1]

本章首先将阐述国际人力资源管理的含义和重要特征;然后分别从国际人员配备政策、国际人力资源培训和开发、国际薪酬管理和国际人力资源业绩考核四个方面对国际人力资源管理的理论和具体实践展开细致的考察。

## 第一节 国际人力资源管理概述

### 一、国际人力资源管理的含义和内容

一般来说,人力资源管理是指组织为有效利用其人力资源所进行的各项活动,这些活动至少包括以下方面:人力资源规划、员工招募、绩效管理、培训与开发、薪酬计划与福利、劳资关系等。那么,在人力资源管理国际化时,上述活动会产生什么样的变化?

区分国内人力资源管理与国际人力资源管理的关键变量,在于后者因在若干不同国家经营并招募不同国籍员工所涉及的复杂性,而不是两者在人力资源活动实施方面的显著差异。也就是说,国际人力资源管理(international human resource management,IHRM)是对海外工作人员进行招聘选拔、培训开发、业绩评估和激励酬劳的过程。

人力资源管理在一个纯粹的国内公司里已经是很复杂的工作,在跨国公司里,由于人员配置、管理发展、业绩评定和报酬方案等行为要受到各国劳务市场、文化环境、法律体系和经济体系等诸多方面迥然不同的影响而变得更加难以掌握。下面各节将对人力资源管理基本活动的国际维度——人力资源规划与业务运营、员工招募与甄选、绩效管理、培训与开发、归国、福利待遇等进行考察。

---

[1] Hayden S. *Our foreign legions are faltering*. Personnel,1990:59-63.

## 二、国际人力资源管理的复杂性

道林曾对有关国际与国内人力资源管理的异同点的论著做出总结①，他认为国际人力资源管理的复杂性主要可以归结为以下六个方面，并以此区别于国内人力资源管理：

1. 考虑更多的人力资源因素。在国际环境中经营，人力资源部门必须考虑许多在国内环境中不必要的因素，例如国际税收政策、国际重新安排、适应新环境的培训、提供行政性服务、与所在国政府的关系、语言翻译服务等。

2. 需要一种更宽广的视野。在国内环境中工作的人力资源经理通常是对单一国籍的员工群体进行计划性的管理，员工接受统一的待遇政策，只向一国政府纳税。当不同国籍的员工在一起工作时，复杂的公平问题就出现了。因此，身处国际环境中的经理需要一种更宽广的对待问题的胸怀，为来自若干国家的不同员工群体制定计划并予以管理。

3. 对员工个人生活的更多关心。人力资源部门需要确保驻外人员的住房安排、医疗及保险等有关待遇的各个方面，同时还要负责他们的配偶安置、子女入学等问题。许多跨国公司专门建立了国际人力资源服务部门，负责协调上述各项事宜。

4. 人力资源工作重点的适时转变。国际人力资源工作的重点常常随着海外经营的日益成熟和驻外人员的当地融合而发生阶段性转变。例如，随着对母国员工和其他国员工的需求下降，同时训练有素的当地员工队伍不断壮大，原先投入在驻外人员挑选、国际重新安排和适应新国度培训的力量，就要转向到对当地员工甄选、培训和管理上来。

5. 驻外风险。在国际竞争市场上失利所造成的财务和人力方面的后果，远比在国内经营要严重得多。驻外失败（跨国任职的驻外人员未能完成使命就回国）对于国际性公司是一个潜在的高成本问题；战争风险和恐怖主义是与国际人力资源管理所冒风险相关的另一方面。

6. 更多的外部影响。东道国的经济状况、政府政策及通常企业运作方式等，都会对国际人力资源管理产生重大影响。如大多数发达国家要求企业遵守工会、税收、健康和安全等指导方针，某些国家要求当地跨国公司给本国公民提供更多的工作机会，等等。

# 第二节　国际人员配备

## 一、人员配备方式

人员配备方式是为公司内的各个职位配备合适雇员的原则和方法。这项工作有两个功能：挑选具有某项工作所要求的特定技能的人员，同时培养和促进公司文化发展。公司文化是指存在于组织中的统一规范和价值体系，强有力的公司文化能够帮助一个公司追求它的战略目标。

国际企业中存在着四种人员配备方式：

---

① 赵曙明，彼得·道林，丹尼斯·韦尔奇. 跨国公司人力资源管理. 北京：中国人民大学出版社，2001.

（一）母国中心主义配备方式（ethnocentric staffing approach）

以母国为中心的人员配备方式是指所有主要管理职务都由母公司所在国公民来担任。这种做法曾经十分普遍，宝洁、飞利浦和松下等公司开始都采取这种策略。例如，飞利浦外国子公司的重要职位曾一度由荷兰人包揽，他们被外国同事称为"荷兰黑手党"。许多日本公司如丰田和松下，到目前为止仍然由日本人出任国际业务中的绝大多数重要职位。

跨国公司采用母国中心方式进行人员安排主要是出于以下三个原因：首先，公司可能认为东道国缺乏担任高级管理职务的合格人选，特别是当公司在欠发达国家开展经营时，经常能听到这种观点。其次，公司可能认为母国中心方式是保持一个统一的公司文化的最好方式。很多日本公司就抱有这种想法，它们喜欢让外派经理（expatriate manager）领导海外子公司，就是因为这些经理在国内工作时已经接受了公司文化。与此相仿，直到不久以前，宝洁仍然愿意任用美国人担任外国子公司的重要管理职位，原因是这些人在美国工作期间就已经融入公司文化。当一个公司十分看重公司文化时，这种逻辑容易占上风。最后，如果公司试图通过把母公司的核心优势传递给国外业务处来创造价值，它就会认为把母公司中了解这种核心优势的人员转移到国外业务处是达到这一目的的最佳方式。关于公司核心优势的知识难以清晰地表达并写出来，大多数是只可意会不可言传的。就像一本游泳手册教不会游泳，任何人要想学会游泳只能在游泳中进行学习一样，公司在管理或营销方面的优势也是不可能仅仅通过书面指示或口头指令传递到外国子公司的。关于公司核心优势的了解只能通过长期经验获得，而且存在于国内经理的头脑中，他们必须亲自操作或展示才能让外国经理们懂得，这样就产生了向海外输送管理人员的必要。

虽然有上述若干依据，母国中心方式目前已经在大多数的国际性企业中被逐渐废弃。这有两个原因。首先，这种政策限制了东道国职员的发展机会，会引起不满、低生产率和高离职率。如果外派经理的报酬远远高于东道国的经理（这种情况是很常见的），上述问题会更严重。其次，母国中心方式容易导致"文化近视"，即公司不理解母国和东道国之间的文化差异。文化差异要求子公司采取和母公司不同的营销和管理方式，由于外来经理需要一段很长的时间才能适应这些差异，因此有可能在此期间犯下严重的过失。例如，外来经理可能不知道如何调整产品特性、分销途径、交流策略和定价方法，结果造成代价高昂的失误。宝洁就曾在海外市场发生过几起这样的事件。作为对这些失误的纠正，宝洁现在雇用了更多的东道国人员担当国外子公司的高级管理职务。

（二）多元中心主义配备方式（polycentric staffing approach）

多元中心主义的人员配备方式要求招募东道国成员管理子公司，而由母公司所在国公民执掌公司总部的重要职位。

采用多元中心方式的一个优点是公司"文化近视"的可能性减小了，另一个优点是节省费用，因为省去了外派经理的花费——这项花费是相当高的。

但是，多元中心方式也有自己的缺点。一是东道国职员获得国外经验的机会很少，通常在担任子公司的高级职务以后就无法进一步发展，于是产生不满情绪。更重要的是，东道国经理和母公司所在国经理之间会由于语言障碍、文化差异和对各自祖国的忠诚而产生隔阂，导致公司总部和子公司之间缺乏交流和整体性，只有名义上的联系，结果公司变成一个由各个独立分支机构组成的"子公司联盟"，在这个联盟内很难形成传递核心优势、追求经验曲线和区位经济所要求的协调。因此,这种方式也许仅仅会对采取多国战略的公司有效,对其他搬起石头砸自己的战略都不可能适合。此外,多元中心方式还可能造成公司内部的惰性,"子公司联盟"模式一旦产生就很难被改变。例如,联合利华在采用多元中心方式数年之后,发现公司很难完成从多国战略到跨国战略的转移,各个外国子公司变成了准自治的机构,具有很强的东道国形象,这些"小诸侯集团"努力阻止公司总部给予它们的种种限制。

(三) 地区中心主义配备方式(geocentric staffing approach)

采用地区中心主义人员配备方式的跨国公司认为,必须按照地区对全球市场进行管理。例如,亚洲市场需要通过跨国公司设在中国香港或新加坡的亚洲总部进行统一管理,因此管理者招聘工作也按照地区来进行。一般来说,跨国公司通常以地区如西欧、东欧、北美、南美、中东、大洋洲、东南亚等地区为基础,寻求适合该地区某个国家分公司的管理者。

例如,一些在中国开展业务的美国分公司,常常聘请新加坡人或澳大利亚人担任其在中国分公司的管理职位,这些来自外国的管理人员(但不是母公司的外派人员)也被称为"第三国人"。

使用第三国人的优势是:首先,他们的薪水与福利要比本国外派人员低得多,可以节省跨国公司在人员工资方面的支出;其次,第三国人常常能够从一个外来人的视野更好地理解公司政策,他们有可能比外派人员更有效地执行公司政策;最后,第三国人相对来说对文化的适应性更强且更富有经验,这有利于公司当地业务的开展。

(四) 全球中心主义人员配备方式(global staffing approach)

采用全球中心主义人员配备方式的跨国公司认为,最佳资格的人选可以来自任何背景和任何文化,同时它们也认为整个世界是它们的产品、服务与资源市场,所以,应当在全球经济和世界市场的架构中实现资源配置、人员配置、生产制造和市场销售。经济全球化和管理国际化,必然伴随着人力资源的全球化。人力资源全球化最主要的特征是,跨国公司人力资源的来源渠道业已超出了国界和洲界的限制,全球人力资源开发成为跨国公司赢得人力资源优势的最佳选择。

近年来,跨国公司出现了在全球范围内招聘管理者并派遣他们到公司总部担任高级管理职位的趋势。与此相适应,在国际人力资源管理中出现了一个与外派人员(expatriates)相对应的新概念——内派人员(inpatriates)。内派人员是指被指派到跨国公司总部担任高级管理职务的其他国家的公民。

目前在世界级跨国公司中几乎都有"外国人"在公司总部最高管理层担任职务。内派人员的出现,显示了跨国公司人力资源管理政策的巨大变化,这就是人员配置必须以全球竞争为依据,而不是以种族或国家为依据。内派人员的出现预示着人力资源全球化竞争时代的来临。

### 二、外派人员的来源

对应于上面四种人员配备方式,跨国公司驻外人员的招聘来源通常有三个:本国外派人员,东道国当地人员和第三国人员。公司的任何一项国外业务,其员工构成都可能包括这三种，具体情况取决于公司的招聘条件、人员的可获得性和公司的需要。人事经理可以通过广告（包括报纸、杂志、人才交流会和互联网）、职业介绍所、经理猎头公司和个人推荐或自荐进行招聘。

三种来源驻外人员的具体情况如下：

1. 本国外派人员（home country expatriates）。随着国际贸易总量的增长以及越来越多的公司使用当地人员充实国外岗位，依赖本国驻外人员的公司数目不断减少。不过，本国外派人员始终由于和公司总部的良好沟通、对总部能施加影响以及忠诚可靠而优点别具。特别是在国外引入高技术含量或涉及广泛背景知识的新产品时，外派人员因为了解公司情况和产品线、接受过更多的技术培训，毫无疑问是最佳选择。

由本国外派人员组成的管理队伍的主要缺点是：成本高，有文化和法律等方面的不适应，以及缺少愿意长期在国外工作的高级人才。许多公司发现难以说服优秀的员工到海外任职，他们不愿意去的原因有很多：举家搬迁到陌生环境中的适应困难，双职工家庭里配偶的工作问题，以及对自己日后在国内晋升的影响，等等。那些为员工制订了周密的职业发展规划的公司相对而言在这方面遇到的障碍最小，它们一般都明确规定，一定期限的驻外工作是进入高级管理层的必备条件。

2. 东道国当地人员（host country nationals）。过去惯用的选派母公司雇员担任海外经理的做法，正逐渐被优先考虑选用东道国当地人员的方式所取代。在了解东道国的商业结构、绕开文化与法律的双重障碍方面，当地人员明显有利。不过，雇用当地人员也有很大的缺陷。首先是公司总部容易忽视他们的意见。即使外籍员工非常注意和公司总部保持密切的关系，由于语言交流能力有限以及对总公司的权力结构和决策制定缺乏了解，其影响力难免大打折扣。此外，有时难以雇到合格的当地经理，特别是在文化教育或市场经济不发达的国家。

3. 第三国人员（third country nationals）。经营国际化造就了众多的第三国人员，即离开自己的国家到第三国为当地一家外国公司工作的人员，其国籍和所工作的国家或公司都没有关系。例如在摩托罗拉（中国）公司工作的加拿大人就属于第三国人员。

第三国人员常常会说几种语言，熟悉几个国家。对于跨国公司来说，雇用第三国人员还可避免在母国和东道国缴纳双重个人所得税。第三国人员经理的兴起不仅反映了经营管理国际化程度的增长，而且也证明人才并非一个国家的专有财产。越来越多的公司认为人才应该向机会流动，而不应被国籍所限制。

跨国公司的人员配备模式会随着公司经营的具体情况不同而不同。很多跨国公司最初是由其本国管理者管理海外机构，待公司获得了更多的经验，再逐渐使用更多的东道国人员。另一种方法是在欠发达国家使用本国人，在发达国家则使用东道国人员。这种做法在美国和欧洲的跨国公司中相当流行。第三种模式为由本国经理负责创办新的海外企业，当这一新企业进入正常运转之后，再将其交由当地经理管理。

虽然从理论上来看，跨国公司可以在外派人员招聘的三种来源中根据需要任意取舍，但实际上，东道国政府出于对外国公司支配市场、本国公民失业等问题的担忧，常常对允许在其境内工作的外籍人员数量进行限制。除了上面所说的在移民法中做出有关规定以外，很多国家都以颁发工作许可证的形式限定外籍人员只能从事那些本国人无法胜任的工作，而且外籍人员取得的工作许可证往往有一个有效期，其长短正好足以培训东道国本国人员上岗，以取代外籍人员。这些限制意味着跨国公司派遣母国员工到国外担任管理职务的机会减少。

### 三、外派人员的选拔

（一）选拔失误的代价

选拔失误的代价非常昂贵，主要来自两个方面。

一是外派失败（expatriate failure），即外派经理提前回国。派遣一名管理者携其家属去国外执行任务，每年所花的费用估计是其基本薪水的3倍左右。如果外派人员在任期（一般为2~4年）未满前要求回国，那么不仅会大大增加公司的费用（给母公司带来的平均损失除了相当于3倍年薪的基本费用外还有重新安置的花费），而且会影响士气，给其他雇员带来很大的打击。此外，由于派给驻外人员的任务没有完成，还会造成成千上万的损失并且贻误时机。

另一方面，选拔合适的当地人员为公司工作也特别重要。多数国家制定了严格的法律来保护员工的利益。例如委内瑞拉法律规定，在一家公司工作超过3个月的雇员接到解雇通知时有权得到相当于一个月工资的解职费，雇员被解雇后公司必须在30天内为他重新安排一份同样薪水的工作。哥伦比亚和巴西两国也有类似的法律规定，这些都使得解雇员工的代价不菲。

不管哪一种选拔失误都证明公司的外派人员选拔方式有待改进。要降低失误率和减少损失，需要制定有别于选拔本国工作人员的、正确的选拔标准。

（二）外派人员的选拔标准

许多公司在国际人力资源管理中存在的问题是，人力资源经理们易陷入把国内经营业绩和国外工作能力等同起来的陷阱。毫无疑问，某些基本素质是胜任任何一种职务的前提，不管在哪个国家经营，高效率的经理人员都要具备这些特征。不过，国内表现和海外潜力毕竟是两回事，一个在国内环境中表现出色的管理者很可能会不适应新的文化环境。一些著名人力资源管理顾问公司的调查表明，外派失败极少是由于驻外人员无法适应该工作的技术要求引起的，大部分不适应现象是因为驻外人员缺乏文化技巧。对于国际经营人员来说，具备一些特殊的个性、技能以及认识并适应环境的自我定位能力非常重要。

外派人员的选拔标准是用于确定最适合于海外任职人员的标准。跨国公司对于这项选拔可能会有一个长长的标准清单，但最重要的标准是以下几项：

1. 适应能力。个人对环境变化的适应能力是针对本国外派人员和第三国人员的首要的、一致的要求，在国外为本国公司工作的外派人员必须对当地的文化特别敏感，而在本国为外国公司工作的当地人员则必须尽快适应子公司的要求和工作方式。

适应能力强的外派人员一般具有下面两个重要因素：发展关系（指与东道国国民发展长期友谊的能力）和交际愿望（指使用东道国语言的愿望），由此他们和东道国国民的接触非常有效，工作成功的可能性也就变大。

在确定个人对环境的适应能力时，跨国公司要考察多种因素，包括：在异国文化中工作的经验，有经验的外派人员可以通过仔细研究东道国的风俗习惯直至了解该国文化从而迅速地发展文化移情能力，和当地环境融为一体；以往的海外旅行经历，对与工作有关或无关的许多方面有所了解；外语水平，会讲一门或几门外语；在不同的工作环境从不同的角度解决问题的能力；对环境的总体敏感程度——不管被派驻到哪个国家，侨民经理都生活在与本土文化不同的环境中，处处受众人注目，时刻代表公司的形象，一方面他们必须敏锐地意识到不同国家的行为差异，进行必要的调整，另一方面又不能过于敏感而使自身行为受到不利影响和压抑；另外，在个人生活方面，最好有一种或几种业余爱好，并且对饮食、体育和文化艺术等的兴趣都容易进行调整。

2. 独立工作能力。一般而言，与国内同事相比，在国外工作的管理人员必须能够独当一面，有更强的独立工作能力，因为他们往往需要面对复杂多变的客观环境，在不请示国内总部的情况下于现场独立自主地做出决策和承诺。

为确定个人的独立工作能力，跨国公司需要考察其国外工作经历和完成特殊工作项目或任务的经历，因为这些经历往往可以培养独立工作能力。一些需要有高度个人独立性的业余爱好也被当作一个考虑因素。

3. 年龄、经验和教育。跨国公司往往发现，年轻的管理者更乐于到海外任职，也愿意更多地了解外国文化。但另一方面，年长的管理者则更有经验，更加成熟，这也是海外任职所需要的。为同时利用这两种人的优势，很多公司将年轻人和年长者同时派往海外的同一机构，以便他们取长补短、互相学习。

4. 健康及家庭状况。海外管理人员必须拥有良好的身体和精神状态。他们应该精力充沛并喜欢旅行；许多国际管理人员一半以上时间在世界各地的酒店中度过，可能在走下越洋飞机后直接参加某个会议，这些都要求除技术能力和心理素质之外的体能特征。因此，就像驻外任职对那些不易经受住文化冲击的人员不予考虑一样，对那些存在健康问题以至活动受到限制的人员也不予考虑。

5. 动机与领导能力。另一项选择标准是个人驻外工作的意愿和对新工作的潜在责任心。有些人是出于对国内工作的不满而考虑外派工作的，这不能算作好的动机。外派人员应该喜爱海外工作，不喜欢自己的工作或工作地点的人，干好工作的可能性很小。接受外派任务的合理动机因素包括冒险精神、领先精神、被提升的愿望以及改善经济条件的需求。要注意，公司管理层在劝说员工到海外工作时，不宜过分渲染有利之处而对不利之处按下不提。只有选择了真正从心理上接受海外工作的人员才能降低外派失败率。

公司还要评价外派人员的领导潜能，因为他们中的绝大多数最终要成为领导者。尽管这是一个比较难以评价的因素，但也有多种个人特征可供参考，例如成熟性、情绪稳定性、人际沟通能力、独立性、主动性以及创造性，这些都是具有领导潜能的很好特征。这些素质大部分可以通过面试、角色扮演和心理测试等正式程序加以评估，笔试、履历和资格证书等证明材料相比之下则较为次要。然而，即使是管理成熟的大公司在这方面也做得并不够。例如，根据对《幸福》杂志500强50家样本企业所进行的研究[1]，只有10%的公司在选拔外派人员进行了对重要心理特征，如文化敏感度、人际交往能力、适应性和灵

---

[1] Salomon C M. Success Abroad Depends upon More Than Job Skill. *Personnel Journal*, April 1994: 51-58.

活性等测试，另外 90% 的公司是根据技术经验而不是跨文化熟悉程度选拔外派人员的。

另外，虽然很多调查表明，外派经理的家属缺乏国外生活的适应能力也是外派失败的最主要原因之一，却极少有公司把外派人员的家庭成员纳入外派选拔的考察之列。大多数跨国公司对外派人员的选拔不仅是主要针对技术经验的，而且是主要针对外派者个人的，这是造成选拔失败的最重要原因。

# 第三节　培训与开发

培训（training）是改变雇员的行为与态度、使其更好地实现工作目标的过程。管理开发（managerial development）是使管理人员得到必要的技能、经验及态度，以便成为或继续成为成功领导者的过程。这两个环节紧密相连。

鉴于外派人员提前回国的高昂代价，人力资源管理部门加强了任用海外经理的计划工作。这是一项综合性的工作，从出国之前的人员选派一直持续到回国之后的工作安排，在选拔、培训、报酬和职业发展各方面都要考虑到驻外人员的种种特殊问题：除了与具体职位有关的工作标准外，驻外人选一般都已成家并有学龄小孩，在海外常驻三年后有潜力晋升到更高的管理层。正因为他们具有这些特点，所以在物色到合适的外派人选之后，无论在使他们接受海外职务、安心做好海外工作，还是顺利回国重新安排方面，都要用到培训和开发方面的一系列管理技巧。

## 一、出国前的准备

### （一）心理准备

对个人前途和家庭生活的担忧是经理人员拒绝接受海外任务时最常提到的两个理由。

有关个人前程，他们最担心的是离开公司总部两三年会对自己今后的发展不利，"人一走茶就凉"的想法使他们对回国后的工作安排充满顾虑。所以，如果公司没有一项明确的保证个人发展前途的人员晋升计划，许多素质良好又胸怀抱负的员工就可能会拒绝去国外任职。反过来，如果对驻外人员进行慎重挑选，并且掌握好召其回国的时机，同时对业绩优良者予以奖励，回国后给以职务升迁，那么驻外经理的安排就会顺利得多。

即使驻外经理对个人发展前途的担忧可以通过合理的人员晋升计划彻底消除，存在于家庭生活方面的顾虑也会使许多人不愿接受外派任务。大多数外派人选对海外任务的最初反应都是担心举家搬迁到一个陌生的环境会引起许多问题，例如配偶的工作、子女的教育、远离亲友、医疗保健服务等。解决这个问题的常用方法是为外派人员提供一系列的特殊补偿，如辛劳津贴、子女教育补贴、住房补贴等，并延长驻外人员的休假时间和报销休假开支。

### （二）培训

驻外人员的任职培训主要包括文化培训、语言培训和实际培训。

文化培训旨在培养外派人员对东道国文化的理解，使他们更易于在情感上与当地文化相通，以便更好地和东道国人民相处。虽然外派人员都是经过精心挑选的，但如果对派驻国文化毫无了解，那么他们到派驻国后就极可能经历一场文化冲击，无法和当地人士打成一片,甚至犯下种种基于文化差异的过错。

其实,与社交技巧一样,文化技巧也是可以通过学习来掌握的。高明的文化技巧使得人们即使不了解某种特定文化的详细情况,也能从容应对、占据主动。这些文化技巧包括:设身处地地理解他国人民的需要和差异,体现出对他国文化的认同;避免根据自己的价值标准去判断他国人民的行为;通过自己的言谈举止表现出对他国人民及其文化的尊重和兴趣;身处异国他乡,情况不同,环境有变,难免经常遇到种种差异、挫折和不尽如人意,要积极应对,泰然处之;乐观地对待一切,多一点幽默感,对实在看不懂的事物则一笑了之。

除了培养文化技巧,外派经理应在东道国历史、政治、经济、宗教、社会和商业惯例等各个方面增进了解。最简单也最经济的方法是通过正式培训和与刚从特定国家回来人员的会谈,从而给雇员进行熟悉特定国家文化制度和价值体系的文化介绍。一些跨国公司将外派雇员出外任职的头几个星期作为现场学习和适应当地文化环境的时间。如果时间和费用允许,在正式派调之前组织一次外派人员到东道国的熟悉性旅游,对减少文化冲突会更有帮助。

进行基本商务语言——英语和东道国语言的培训,不仅能够提高工作效率,而且可以增进对当地文化的理解,加强和当地人民的交流,改善与当地用户、供应商和同行等的商务关系,并在东道国树立良好的公司形象。外派人员的当地语言即使并不流利,只要他表现出愿意用东道国语言交流的愿望,就会有助于和当地雇员、客户和谐相处并建立有效的合作。除此之外,语言培训对于驻外经理招聘当地人才和对竞争者进行监视也大有好处。可口可乐公司的人事部在查找数据库、为海外岗位物色人员时,常常首选会讲两种以上语言的人。

实际训练旨在帮助外派经理及其家人轻松自如地应付在东道国的日常生活。日常习惯确立得越早,外派经理及其家庭适应新环境的成功率就越高。外派经理的一个最大的需要是有一个由朋友组成的支持网。在有外派团体的地方,公司通常力求保证新的外派家庭尽快地融入这个团体。外派团体可以成为有效的支持和信息来源,在帮助新外派家庭适应外国文化方面有很大的价值。

### 二、在海外工作

一旦雇员接受了出国任务,下一个问题便是让他们整个任期内都安心留在海外工作。

解决这个问题的一个方面是需要对外派人员进行在职培训,即在海外任职期间的继续培训。培训的内容不仅是对派驻国的风俗习惯和工作中的特殊问题进行集中介绍,而且要和在当地招聘的东道国员工一起,定期了解公司和产品情况、技术资料和销售方法等,原因是外派人员身处海外,缺乏与总部的日常接触,要对交流和了解不充分随时保持警惕。

越来越多的公司认识到,要使外派人员安心海外工作,更重要的是对其家属进行跨文化培训。多项调查发现,影响驻外人员有效工作最重要的原因是其家属不能适应国外的物质与文化环境。据美国的专门研究人员估计[1],3/4 的家庭到国外后都会遇到环境适应问

---

[1] Zetlin M. Making Tracks. *Journal of European Business*, May-June 1994: 40-47.

题,或者是小孩不能适应外国环境,或者是婚姻出现危机。如果婚姻出现裂痕,外派经理在挽救婚姻、承受巨大家庭压力的同时,还要独立思索、在陌生的环境中圆满完成总公司交给的海外任务,难度之大可想而知。

有鉴于此,一些公司开始对外派人员的家属进行跨文化培训:花一两天时间给驻外人员的全体家庭成员简要介绍一下派驻国的情况,或者对他们进行2~3周的强化训练,帮助他们适应新的文化环境。还可以进行外语培训,放映外国电影,开展讨论,举办讲座,使他们了解种种文化差异和可能存在的问题,以及在适应新的生活方式时会在哪些方面遇到困难,由此尽量减少刚到国外时受到的文化冲击。这种文化培训会有助于家庭成员预见问题和解决问题。外派人员举家迁往国外后,有些公司还在当地专门配备有实际经验的人负责外派人员家属的适应问题,听取他们的意见并及时为他们排忧解难。对外派人员家属进行培训的费用看起来似乎很大,但是物有所值。据估计,一名驻外人员因家属原因而提前回国所造成的损失足以用来对几百个家庭进行跨文化培训;那些没有事先对外派人员及其家属进行培训以应付外国文化冲击的公司,驻外人员任期未满就提前回国的比例最高。[1]

**小资料:韩国公司的跨文化培训**

对于外派人员,首先,许多韩国公司在经理人被正式外派前,就会将其送到海外工作或者学习,让他们亲身体验不同文化的冲击,或者把他们留在自己的国家,与来自不同文化背景的人相处,外加一些跨文化知识和理论的培训。例如,为适应国际化经营的需要,三星集团于1991年9月起正式实行"地区专家"制度。所谓"地区专家"制度,就是每年从单身新员工当中挑选400名优秀男职员,为他们提供经费,让他们到国外生活一年,不带具体任务,只希望他们在所在国家广交朋友,熟悉当地语言和文化;一年期满回国以后,花上两年时间专门研究这个国家的体制、经济、市场、文化以及人际关系等方面的情况,然后再到那里工作,成为无人能够替代的该地区的专家。

其次,当外派人员被正式派遣后,企业还会有相应的跨文化培训。例如LG公司针对在华企业内的韩国人设计了相应的本土化教育培训课程。除了针对所有韩国人设计的汉语及中国历史、哲学、文化等学习教程外,还有一些高端的课程,比如:CBL(Chinese Business Leader)课程,即中国事业领导人课程。CBL是LG为中国事业培养本土化核心人才而特设的培训课程,课程的对象是LG在中国控股公司和生产法人中担任分公司总经理或法人负责人以上级核心职务的人,以及或将重点培养为接班人的具备潜力的干部级优秀人才。CBL课程设立的目的是长期、系统地培育能够体会LG WAY——LG企业文化核心理念,并做出与总公司相同经营判断的人才,培养符合未来事业需求的预备经营领导。完成了CBL课程回到单位工作的人,还需要经受在职训练或轮岗,经受锻炼等过程,继续接受经营教育。同时,LG还在清华开设了

---

[1] J. Stewart Black, Hal Gregersen, and Mendenhall M. *Global Assignments*. Joseybass, San Francisco, 1992.

"LG MBA 训练班",公司的中高层领导都有机会接受训练。

### 三、回国后的妥善安排

回国（repatriation）是指公司外派人员在海外工作期满后回到公司总部的过程。虽然绝大多数公司都有人员外派计划，但是很少有公司制定有关驻外人员回国的全面安排。关于外派经理培训和发展的一个非常重要却常常被忽视的问题是使他们做好返回原机构的准备。通常，外派经理们回国之后并没有机会向其他业绩卓著、也准备进入国际职业跑道的经理们介绍他们的经历和经验，而是面对另一种情景：一个不了解他们在过去几年里做了些什么、不知道怎样运用他们的新知识、甚至对他们并不在意的组织，随便他们自己找一些事情做或为他们安排一些闲职，丝毫用不到他们的海外技能，也无法最好地利用公司在他们身上的投资。

根据一项对回国职员的研究，60%~70%的人不知道回国以后将接受什么职位，60%的人说他们的组织对他们回国后的新角色和将来在公司内的发展持暧昧态度，77%的被访者回国后担任的职位低于他们在国外的职位。于是10%的人在回国一年内离开了公司，14%的人在三年内离开。[1] 看来，回国的外派人员作为一项宝贵的人力资源正在被没有经验的跨国公司管理当局所忽视和浪费。

外派人员回国后士气低落和人员流失率日益攀高的原因有很多，有一些抱怨是上面所说的工作问题，有一些则和家庭有关。和家庭有关的抱怨通常涉及经济与生活方式的再适应。一些外派人员回国后发现，尽管在国外工作时报酬提高了，净收入却并未增加，而且由于驻外期间国内通货膨胀的影响，他们已无力购买一幢和出国时卖掉的一样的房子。用来吸引管理者出国任职的"辛劳补贴计划"也造成了他们回国时的再适应问题：这些辛劳补贴通常使得外派人员及其家属在国外时可以维持一种比国内水平高得多的生活，如勤杂人员、汽车司机、用人等，而期满回国后，由于原有的得补贴大部分被取消，他们不得不适应水平大大下降了的国内生活。对于这个问题的解决，一些公司在规定驻外经历是在公司内部得到发展和升迁的必要条件的同时，正在考虑减少驻外人员的津贴，而不是给外派人员及家庭发放"辛劳补贴"。

家庭问题带来的不满虽然会在驻外人员回国时带来一定的压力，但远远没有上面已经谈到的工作安排问题那么严重。许多外派人员回国后都感到前程无望，这是他们返国辞职的最主要原因。最常听到的抱怨是公司没有为外派人员回国后的职位安排制订详细的计划，回国后新安排的工作通常都很普通，没有反映他们驻外期间所增长的能力、经验和遇到的挑战。驻外经理们发现：他们已经不被公司总部的人们所熟悉；由于驻外期间置身于公司业务的主流之外，技术上已落后于国内同事，回国后不能立即有效地参与竞争；甚至他们原来的工作岗位可能已经被取消或已经发生了重大变化。最后，驻外经理回国后普遍会有一种失落感，觉得比起在国外时的一方要员的身份，要进行心态上的自我调整才能适应国内普普通通的中层经理地位。

---

[1] 查尔斯·希尔. 当代全球商务. 北京：机械工业出版社，2004.

总而言之，外派人员返回公司总部后会遇到一系列与家庭和工作有关的问题，而且这些问题确实令人担忧。不过，虽然有些公司驻外人员回国后流失数量很多，有些公司驻外人员回国后的流失数量却极少，两者之间的最大差别，就是前者为驻外人员制订了妥善的个人职业发展计划。在这些公司里，回国被视为选拔、培训、驻外和归队这样一个整体循环过程中的最后一环。正如人力资源管理要为外派经理设计好选拔和培训方案一样，它同样要在外派经理结束国外工作后为他们重返本国工作环境并使用国外获得的知识而设计出好的项目。

外派人员职业发展计划在决定派其出国之际就应着手进行，其派遣从一开始就列入公司的长期职业发展规划。这样，驻外人员就不仅了解国外任务的重要性，而且知道何时可以回国，回国时将有何升迁机会。驻外人员海外任期临近结束时，公司就开始为其办理回国手续，同时让驻外经理充分了解有关回国的一切情况：何时出发，回国后担任何职，新职位有什么责任，是临时性还是长期性的，未来的前景如何，等等。总之，回国人员可以知道他们在下一个月和以后的几年里所要做的工作。

为制订这样一个计划，需要国际人力资源管理部门在人员外派之前和回国之后做大量的准备工作。考虑到海外任职对跨国公司的长期性和重要性，这些工作是非常值得的。

**四、全球经理的发展现状**

面对与日俱增的全球竞争，越来越多的公司意识到要想继续得到发展、取得成功，就要更多地参与国际竞争。因而，全球经营技能和全球管理人才的培养越来越受到重视。

与以往相比，工商企业在物色高级经理人选时更为注重国际经验。过去，海外经历不被认为是个人得以晋升的重要条件，而现在，国际经验正逐渐成为通往高层的要径。越来越多的跨国公司都相信这种观点，即真正的全球经理应该先历任几份海外职务，然后再到公司总部担任高级管理职务。这种经理也已经开始出现，例如，惠尔普公司后备经理委员会的8名成员中，有5名在加入委员会的3年里担任了海外职务，这些任职都是有计划的行动，目的是培养高级管理人才。

那些国外收入占总收入很大比例的公司，以及那些认为自己是全球公司而不是仅仅在外国市场上做生意的公司，在以国际经验作为进入公司高层的必要条件方面最为积极。例如，总收入中60%来自海外业务的高露洁公司，其经理人员在完成第一项海外任务后不是返回美国，而是从一个海外岗位调到另一个海外岗位，成为一名职业国际经营者，从而打开通往首席执行官职位之门。该公司管理与组织部门主任在谈到国际经验对高露洁高层经理的重要性时这样说道："通往公司高层的职业之路——我是说首席执行官和一些重要的经理人员——需要全球经验……并不是公司的所有员工都得成为全球经理，但任何制定战略的人都必须是全球经理。"[①] 事实上，高露洁公司认为，即使对于高级管理层以外的员工，早日从事国际业务也是极为重要的，因此它的国际培训从新员工的入职教育开始。不仅如此，高露洁在进行员工招聘时就非常注意国际背景，要求应聘人员除英语外至少还会说一门其他的语言，并具有在国外生活的经历。一个典型的被录用人员是在国外学习过

---

① 菲利普·凯特奥拉，约翰·格雷厄姆. 国际市场营销学. 北京：机械工业出版社，2000：352.

的美国人，或在美国留学的外国人。

越来越多的证据表明，未来经理人员的高层之路将和现在有明显区别。引用惠尔浦公司一名经理的话就是："21世纪的首席执行官必须具备多种环境、多个国家、多种职务甚至是多家公司、多个行业的工作经验。"

## 第四节　工作业绩评估

### 一、业绩评估中的问题

评价驻外经理的工作业绩是件特别棘手的事情，因为不可避免的偏见会给客观评价带来困难。

大多数情况下，驻外经理的工作业绩是由两部分人来评价的：东道国子公司的经理和母国总公司的经理，而二者都会无意识地产生偏见。如国际人力资源管理专家奥道和曼登所举的例子[1]，一位美国经理在印度分支机构工作时引入了参与决策法，后来却因此得到了东道国经理的不利评价，原因是印度存在着森严的等级制度，权威的经理是不向下属过问细节的，于是这位美国经理在参与管理方面所做的尝试被当地的雇员看成是无能和糊涂的表现，得到了负面的评价。

母国经理的评价也会有失偏颇，原因之一是距离遥远，无法了解具体情况；另一个重要原因是他们自己缺乏海外工作经验。母国的负责经理在评价一名驻外经理的工作业绩时倾向于依赖一些硬性的数据，如产量或销售额、利润率、市场份额等。这些硬性的指标没有考虑许多同样重要却不易看到的软性变数，如驻外人员的跨国文化意识、和当地雇员的高效配合、在东道国建立的众多关系以及为公司树立的良好形象等更具战略意义的内容。另外，这些硬指标有时会超出驻外经理的控制能力，如两国汇率的不利变化，东道国的经济滑坡等。

因为这样一些偏见，许多驻外经理觉得总部管理层对他们的评价难以公正，他们的工作经验、工作能力和工作价值没有得到完全承认，海外任职是件吃力不讨好的事，对个人前程没有帮助，因此在接受任命和驻外工作时没有积极性，反过来又影响了工作业绩。

### 二、改进业绩评估的办法

大多数驻外人员认为应该对现场经理、而不是母公司经理的评价给予更多的重视。由于距离近，现场经理对驻外经理的工作内容、难度和取得的成绩更有切身体会。由现场经理来评估那些母国经理难以评价的软性指标最为合适，这些指标反映了外派人员工作业绩中非常重要的一面。特别是当现场经理和驻外经理的国籍相同的时候，因为没有文化偏见，这种评价最为准确。

但在实际工作中，由于每次都让现场经理参加母公司人力资源部的业绩评估存在着操

---

[1] Oddou G, Mendenhall M. Expatriate Performance Appraisal: Problems and Solutions. *International Human Resource Management*. Boston, PWS-Kent, 1991.

作困难，母公司经理往往根据总部人员的意见做出评价。在这种情况下，让以前曾在同一地点任职的母公司员工参与评价过程会极大地增加了解和减少偏见。

如果按规定由东道国的外籍经理为外派经理书写评语，在做出正式评价之前他应该征询母公司经理的意见，这样有助于双方交换信息和消除文化误解。

### 三、外派人员的激励与控制

由于跨国公司面对不同的文化、不同来源的员工——他们具有不同的人生观，并且总是和不同的客户和利益集团打交道，因此对海外员工的激励特别复杂。

另一方面，无论在哪个国家工作，驻外人员都需要很高的工作热情，这不仅是因为国外市场开拓工作一般说来比较繁重，须四处奔走体力消耗大，更重要的是每天还要面临新的挑战和精神压力。驻外工作总是艰苦而充满竞争，需要不断地调动员工的积极性，使他们以最佳状态投入工作，这又形成激励措施的极端必要性。

总的说来，无论何种来源的员工，对待工作回报的看法相差不大，激励的主要方式是一致的，都是下一节将要详细讨论的薪酬制度。但是，由于文化差异会对雇员的工作动机造成影响，因而激励时需要考虑国家之间的差别。比如，在美国效果显著的个人激励措施，在日本却根本行不通，原因是日本重视集体精神，实行终身雇用制，讲究论资排辈，日本雇员的最大满足在于与集体中的其他成员友好相处，保持和谐的人际关系。所以，如果为了表彰日本雇员的出色工作而发给他一笔奖金，就很可能被婉言谢绝，因为他们不希望显得与众不同，更不想引起同事的嫉恨。正是由于这种原因，日本的奖金制度以集体努力为基础，很少采取个人佣金制度。日本雇员的工作动力与其说是来自个人努力赚钱的希望，不如说是来自同事和社会的压力。因此，每采取一种激励外籍员工的措施，都应当仔细研究，看是否和该雇员所属的文化相容。

除报酬制度外，有效的沟通也是保持士气高昂的重要手段。一方面，驻外经理们希望知道公司总部对他们的工作感兴趣；另一方面，他们也想了解总公司和国内的方方面面的情况。解除驻外经理们担心会被总公司遗忘的顾虑是人力资源的重要一环。

提升和晋级对驻外人员的激励作用是莫大的，因此公司应当让雇员清楚个人在公司内部发展的种种机会和可能性。在真正进行全球化经营的跨国公司里，外籍员工同样有机会升至公司的最高职位，这样的前景会调动公司相当部分构成人员的工作积极性。

此外，为国外子公司和驻外人员个人制定适当的工作目标并使总部、子公司和员工个人三者的目标协调一致，对员工保持良好的工作状态作用极大。

对于驻外人员的控制应该从两个方面来进行。简单地，可以通过产量或销售额、市场份额和利润率等数据，方法是将实际数字与历史记录和定额或预测相比较。但如同业绩衡量需要用到软性指标一样，实施控制时也要进行密切的观察，考虑顾客、同事和主管人员几方面的意见。

主要控制工具除了激励机制外，还有公司文化和相互交流。近年来，由于互联网等新型通信工具的使用，组织结构变得扁平，管理和控制跨度不断拓宽。加上在家办公、弹性工作制等革新的工作方式，公司同事和上下级之间的接触日渐减少，这些都给激励和控制，特别是在不同国家之间的激励和控制，提出了新的难题。

## 第五节 报酬方案

### 一、国际薪酬管理的复杂性

当公司涉足国际化经营时,这项薪酬管理的职责就会变得更加的复杂和困难。外派人员的国际薪酬管理之所以复杂,主要原因有以下三点:

(一)地域因素

外派地区的差异会使外派人员产生不同的感受,而这种感受会影响公平性,故国际薪酬必须考虑地域因素。例如,公司两位同样优秀的外派人员,一位派遣至美国,另一位则派遣到新几内亚,这两位外派人员的心理感受必定不同。一般而言,派往地区为较为落后的国家时,通常外派意愿较低。因此,为了维持外派任务的公平性,提高外派意愿,对于不同地区的派遣任务需要给予不同的报酬补贴。

地域差异会造成薪酬的不公平,主要源于以下几点:

1. 派遣地区的物价。由于各国的物价水平不同,会对外派人员薪酬的公平性产生影响。例如,以中国的薪酬水平派遣越南,可以在当地过得丰衣足食,但是到日本,则会因当地物价过高而觉得被减薪。因此,公司人员若外派到物价较高的国家则需给予补贴,以维持其生活水平。此外,由于各国的经济状况迥异,物价波动也会对外派人员的薪酬产生影响,尤其是对那些以东道国子公司当地薪酬体系支付的外派人员影响最大。当东道国物价上涨,势必会对完全以当地货币计酬的外派人员产生较大的影响,所以,公司在保持其薪酬平衡的原则下,应该调高其薪酬。相对地,当东道国物价下降,也会造成母国与东道国之间汇率的变动,使母国货币对东道国的产品与服务的购买力增强,这会使完全以母国货币作为薪酬支付基础的外派人员更乐于派驻当地。为此,当地的物价波动所产生的影响需视公司对外派人员薪酬支付的方式而定。

2. 派遣地区的艰辛程度,也就是相对于母国,外派地区的生活条件是否便利、安全与舒适。在发达国家,通常治安情况良好、物质条件完善、生活较为便利,派往该国的人员不容易发生生活不便的情况。相对地,若是派往较不发达与贫穷的国家,生活上常会面临资源的匮乏,甚至生命财产可能受到迫害与威胁,因此,需要另外给予津贴来补偿。

3. 当地所得税的考虑。对于有些短期派遣,由于工作期间较短,公司多以旅游签证来派遣人员,不进行当地工作签证的申请(此种方式在许多国家被视为非法),以避免外派人员所得税的支付。如果外派人员申请当地工作签证,则意味着必须向当地政府纳税,由于母国与东道国的税制不同,外派人员可能会在东道国缴纳较高的税额,或是两边同时课税,这些额外缴交的部分,公司也应对外派人员予以补偿,确保薪酬的公平性。

(二)任务因素

外派任务本身的不同,也会影响外派薪酬的调整。首先,外派工作任务可能牵涉到职位或工作性质的变动,外派薪酬也要随之调整。例如,某科技公司派遣生产部副经理到分公司担任经理,其薪酬随职务的变动应及时予以调整,即重新以经理职位核算工资。其次,外派任务的时间长短也会影响外派薪酬。外派通常可分为短、中、长期。由于时间长短不同，所适用的津贴政策也不同。较长期的外派由于新生活的适应压力大，公司给予的外派服务激励奖金也较多，或者公司可能给予外派时间较长的人员家庭辅助津贴，以补贴外派人员因外派期间未能对家庭的照顾。

（三）个人因素

根据个人因素的不同，公司也可考虑给予个别的补助。首先，因个人的职务不同，所给予的外派待遇也会不同。职务越高的外派人员，所给予的待遇等级较高，这些待遇包括住房、用车、餐饮、俱乐部等津贴福利。相对而言，职务低的外派人员所获得的待遇等级较低。其次，家庭因素的不同所产生的差异。对于已婚且有子女的员工，外派意愿较弱，所以公司对其派遣可能会给予更多生活方面的补贴，包括探亲机票或者子女的教育补助等。许多公司都倾向派遣单身的员工，一方面单身员工的派驻意愿较高，另一方面则减少派驻后可能的失败。

## 二、跨国公司外派人员的薪酬构成

在薪酬管理乃至整个人力资源管理领域中，外派人员的管理及薪酬支付都是一个难度相当大的问题。在各种可能的约束条件下，外派人员对公平性的要求是外派人员薪酬管理中的一个关键性因素。具体地说，这种公平性包括外派人员与国内同事之间的公平，外派人员与东道国同事之间的公平，以及母国外派人员与第三国外派人员之间的公平等。在实际的薪酬管理中，跨国公司外派人员的薪酬一般由基本薪酬、津贴、奖金、福利和激励薪酬构成。

（一）基本薪酬

外派人员的基本薪酬是与其所任职务相联系的，通常是确定奖励薪金、津贴及其他报酬的基础。基本薪酬可以用母国货币或所在国货币支付。从大的方面说，外派人员的基本薪酬应该与其处于相似位置的同事处于同一个薪酬等级上；这可以通过工作评价和薪酬等级评定来确定。一般来说，外派人员的基本薪酬与外派的时间、任职的区位以及企业的行业特点都有关系。确定基本薪酬有两种基本方法：按母国标准付酬和按东道国标准付酬。

1. 按母国标准付酬

按母国标准付酬是指为了保持外派人员与国内同事的薪酬的一致性，使得外派人员去海外工作时不会造成物质上的损失，同时对一些额外费用进行补偿，若东道国的平均水平高于母国，那么母公司会给外派人员相应的补贴。外派人员的薪酬一般在以下情况采用母国标准：外派人员到海外的任职时间较短，或者所在国的工资低于母国。一般确定薪酬的原则是就高不就低。

这种薪酬设计的优点是：消除了外派人员因薪酬不同而产生的不公平感，同时外派人员回国时也不会感到薪酬水平的巨大差距。同时，这种方法也有不足之处，这主要在于具体的管理非常困难。如对外派人员在所在国的生活费用及税收等的管理；另外容易导致外派人员与东道国员工薪酬方面的不一致，使得东道国员工产生不公平感，影响这部分员工的积极性。

2. 按东道国标准付酬

按东道国标准付酬是指外派人员的基本薪酬参照所在国员工的工资标准确定。这种方法可以避免母公司员工薪酬明显高于外派经理的现象发生，适用于母国的薪酬水平低于东道国的薪酬水平的情况。若母国的工资水平高于东道国，则企业通常用额外的福利弥补外派人员经济上的损失。采用这种薪酬制度的前提条件是：一方面企业要了解东道国从事相应工作的人员的收入；另一方面要对工作进行评价，从而确定相应的报酬水平。

采用按东道国标准付薪的优点是：体现了与东道国国民薪酬的平等性，有助于外派人员与东道国员工之间的融合。尽管如此，这种方案也有不足之处，它会导致员工都愿意到东道国收入较高的分公司工作；在发达国家任职的员工回母公司后，难以接受较低的工资水平，影响他们在母公司的生活积极性。

3. 混合法

混合法既不是单纯的母国方法，也不是单纯的东道国方法，具体为综合母国和东道国的多种特征和多种因素，建立薪酬体系。有些企业建立薪酬支付体系，专门针对企业内少数流动并且将不再和母企业有多大联系的员工。这种方法对于一些外派很普遍的企业比较实用。

4. 就高法

这是目前欧洲非常流行的一种方法，即所谓的比母国、东道国更高的方法。企业通常根据母国的薪酬体系计算员工的薪酬，然后和员工在东道国所得到的薪酬（包括各种补贴）进行比较，取更高的付给员工。这种计算方法使用非常普遍，其潜在的一个优点就是在和东道国的薪酬相联系的基础上，保持外派人员的生活水平。

5. 按工作内容支付法

就是对相同的工作内容支付相同的薪酬，并结合地区差异给予其他高生活成本补贴。但这种方法非常复杂，因为涉及分析母国薪酬和任务所在国薪酬之间的差异，必须具有准确、充分的薪酬信息和数据，并且这会降低外派人员和当地人员的价值的平等性。

（二）津贴

显而易见，国内和东道国的工作环境和生活环境之间存在很大的差异，而企业向外派人员支付津贴的目的就在于对他们的生活成本进行补偿，使他们得以维持在国内时的生活水平。最主要的津贴包括：

1. 商品与服务津贴。当子公司所在地的商品与服务价格高于母公司所在地时，跨国公司就会向外派人员提供消费津贴或商品与服务津贴。

2. 住房津贴。移居国外的雇员在国外租到与母国条件相同的住房，可能需要支付较高的房租，跨国公司一般也给予补贴。津贴经常是根据估计的或实际的情况来支付。

3. 子女教育津贴。对于有子女的外派人员来说，公司将为其承担更多的责任。外派人员希望子女能在使用本国语言授课的学校接受教育，通常由母公司支付这些员工子女的学费，即教育津贴。

4. 安家补贴。这主要用来弥补外派人员因到海外工作才发生的重新布置家庭的费用，包括搬家费用、运输费用、购买汽车的费用，甚至包括加入当地俱乐部的费用等。

（三）福利

与国内员工的薪酬相比，外派人员福利的管理更加复杂。通常，大部分美国企业的外派人员均享受母国的福利计划，而有些国家的驻外人员只能选择当地的社会保险计划。在这种情况下，企业一般要支付额外的费用。欧洲的母国人员和第三国人员在欧盟内享受可转移的社会保险福利。一般情况下，跨国企业为母国员工退休而制订的计划都很好，对第三国人员则做得差一些。

以雅芳为例，雅芳提供的福利在劳动力市场上是具有竞争力的。雅芳根据各地的要求为各地员工在当地社会劳动保险公司办理养老保险，也遵守各地政府的规定为员工购买工伤、生育等其他社会保险项目。雅芳为员工购买了公务出差保险，全部保险费用由雅芳支付，如果员工在公务期间发生意外事故，此保险计划将根据员工的受伤或损失程度为员工的家人提供最高不超过5年年薪的公务出差保险补偿。雅芳的员工在购买供个人及家庭使用的雅芳产品时可以享有低于顾客价的优惠。另外，在假期上也大大多于法定假日。

（四）奖金

跨国公司外派任职人员获得的奖金通常以津贴的形式发放。主要包括：（1）海外任职津贴。这是最普遍的一种奖励项目，用于奖励派出人员到海外工作，津贴数量取决于外派人员的职务、前往国家的类别、时间等因素；艰苦条件津贴。一般地，跨国企业为了弥补外派人员在条件艰苦地区工作，会发放艰苦条件的津贴。"艰苦条件"是指气候、卫生、政局动荡、内战和文化设施匮乏等。（2）探亲津贴。跨国企业支付派出人员及其家属每年一次或多次回母国休假探亲费用。（3）工作期满津贴。此项津贴在职工按合同工作期满时发放，以鼓励他们在整个合同期间都在海外工作。

（五）激励薪酬

此外，许多跨国企业除了发放基本薪酬之外，很多企业对外派人员提供和成本无关的现金激励，其目的是希望员工能继续外派。激励薪酬一般适用于全体外派人员。传统上，许多公司将这一薪酬方式称为外派奖金。一般按基薪的百分比（最常用的比例为15%）与工资同时每月发放。另有一些公司将该薪酬确定为一个奖金总额，称为工作变动资金，于外派工作的开始和结束时分两次发放。

为建立一支由国际机动经理组成的骨干队伍，同时尽量降低一揽子驻外报酬政策所需的成本，很多国际性企业作了一些有益的尝试。

在惠普公司，每年大约有600人跨国界调动，多数调动者是一到两年的短期任职。惠普公司将短期调任人员的报酬与他们在本国的报酬水准相联系，对长期调任人员，则将其报酬尽快转换成东道国的报酬水准，按当地的普遍标准支付。对于员工从高收入国家如日本调到低收入国家如印度，惠普公司发放临时的过渡薪金以减轻对调整的不适应。

3M公司对长期驻外人员有一套不同的方案，开发这套方案的原因是3M公司对它的国外分支机构进行了很大的调整，例如在欧洲，将过去的按国家划分业务改组为现在的成立几个欧洲分部，这样一来，本来会在一个国家工作较长一段时间的经理们会出现频繁的调动。为适应这种新局面，3M采取了这样的新方案：将减去主要花费（如税收和住房费用）的净工资在两国（调动经理的原工作国和新调往国）之间比较，被调动者领取两种薪酬中较高的一份。例如当3M公司调一名德国经理去法国时，这个德国人会保留他在本国的较高的工资水平；但当调一名英国雇员去德国时，由于德国的薪水比英国高，这个英国人会按德国的工资水平取酬。

飞利浦公司也改革了自己的薪酬制度。飞利浦公司原来遵循的报酬政策是：当第三国经理在海外机构任职时，比如一名英国人在科威特工作，他将被付给母国货币即美元，而且他的薪水和在美国做同样工作的人一样高。由于美国的薪酬水平在世界各国中属最高的几国之一，所以这种报酬方案的花费十分昂贵。现在，飞利浦公司制订了一项"第三国国民计划"，按照这项计划，一名在公司海外机构任职的第三国公民会得到很好的住房津贴和子女教育援助，但是，他的薪水要与他本国的工资水平或是被调往国的工资水平、而不是美国的工资水平挂钩。

在平衡全球报酬方案方面可能要数 IBM 做得最为彻底（如表 14-1 所示）。多年以来，IBM 遍布世界 140 多个国家的 140 000 名销售经理，一直都在抱怨旧的报酬计法含混不清，而且没有为销售人员在其销售区域以外所做的工作提供报酬，于是 1996 年起，IBM 开始在全球员工队伍中实施新的全球化报酬方案。这个方案由 IBM 来自北美、拉美、亚太地区和欧洲负责激励工作的经理会同公司总部顾问花费 9 个月时间制定而成，一个重要目的是促进工作人员之间的跨疆域合作。按照通常观点，IBM 似乎犯了一个基本的错误——试图在遍及全世界、分跨不同文化的员工队伍中强制实行一项集中开发的方案。其实，该方案为各地经理人员保留了一个很大的自由调整的空间。每个国家负责报酬工作的经理在采用全球化的业绩评估方案的同时，自主决定激励工资的发放频率和基本工资与激励工资之间的比例。也就是说，按照该报酬计划，既可以在美国实行低基本工资+高激励工资，又可以在日本实行高基本工资+低激励工资。

表 14-1　　　　　　　　　　　**IBM 的全球经理报酬计划**

| 报酬组成 | 考察内容 | 发放标准 | 标准数目 | 支付频率 |
|---|---|---|---|---|
| 基本工资 | 工作认可 | • 是否称职 | 1 | 按月支付 |
| 浮动工资 | 公司目标 | • 利润<br>• 顾客满意度 | 2 | 按年支付 |
| 激励工资 | 集体协作（20%） | • 团队业绩<br>• 行业业绩 | 2 | 按月支付 |
| | 个人贡献（60%） | • 增长<br>• 解决办法<br>• 销售渠道/合作伙伴<br>• 利润贡献 | 1~4 | 按季度支付 |
| | 工作竞赛（20%） | • 全国性的<br>• 地方性的 | 1~2 | 在获奖时间支付 |

资料来源：Michele Marchetti M. Gamble, IBM Replaces Its Outdated Compensation Plan with a World Wide Framework, Will It Pay Off? *Sales and Marketing Management*. July 1996：65-69.

**小资料：TCL 对外派员工的弹性薪酬管理**

TCL 在设计外派人员的薪酬时，考虑了海外不同区域的经济、文化的跨度大，而且具有很大的波动性（薪酬受经济和工作区域调动的影响）。为了保证整体薪酬的平衡并且与战略保持一致，TCL借鉴跨国企业的经验，将薪酬划分为基本工资和海外派遣津贴两部分。

基本工资为外派员工提供基本的生活保障，确保员工的稳定感；而海外派遣津贴则包括国外服务津贴、艰苦条件津贴、安置迁移津贴、归国度假津贴等，同时又将市场绩效目标和区域市场特征等内容纳入其中。这样体现了薪酬的弹性特点，保证整体薪酬的激励目标。总体构成了TCL"弹力薪酬模型体系"。

充分的适应性、刚性和可操作性，这是海外薪酬管理的核心。"弹力薪酬模型"围绕地区特征（包括经济水平、物价指数、辛苦指数等要素）、区域战略目标（不同发展阶段的战略目标不相同，战略与员工业绩考核相结合）、员工（级别待遇）3个纬度而展开。这样的体系可以保持非常强的柔滑性和活动性，并具有相当的公平性，避免了派遣员工挑肥拣瘦的问题。

有了这样一套体系，人力资源工作者有了一个执行的标准，对在全球各个地区飞来飞去的人员薪资进行调整变得非常容易。为了贴合实际，TCL人力资源管理者还通过各种方式和100多位海外派遣员工沟通，有时候还要到工作的当地做调研，了解当地的工资水平和消费水平，根据不同地区的经济差别、物价指数、工作绩效和辛苦指数（程度）的不同，调整海外派遣津贴的具体数额。

## 第六节 跨文化背景的人力资源管理

人力资源管理是有效进行跨国公司经营的重要方面，与此同时，国家和地区之间的文化差异也给跨国公司及其管理者的传统思维和管理理念提出了新的课题和挑战。企业在跨国经营时所要面对的是与其母国大相径庭的文化以及由这种文化所决定的不同价值观念、态度与行为。实践证明，这种由于文化背景、价值取向和行为方式不同而产生的文化摩擦，是跨国公司经营与管理失败并使其全球战略实施陷入困境的根本原因。人力资源管理作为管理"人"的主要职能，无疑受到了文化的极大制约。在经济全球化的背景下，跨国公司要在国际市场上获得竞争优势，必须关注人力资源的跨文化管理。本节就目前国内外学术界在此方面进行的研究进行梳理总结，并结合跨国公司国际人力资源管理的几个方面提出实践指导。

### 一、人力资源管理理论的文化内涵

国际人力资源管理，顾名思义是指将人力资源规划、员工招募、绩效管理、培训与开发、薪酬计划与福利、劳资关系等一般人力资源职能国际化时所进行的活动。目前人力资源管理学界普遍认为主要有两个流派或范式，即普遍适用范式和情景依赖范式。普遍适用范式（universalistic paradigm）主要在美国人力资源管理学界较为流行，其特点是采用严格"科学"的研究方法，用演绎和实证手段来验证一些普遍适用的抽象准则和规律，基本思路是通过分析人力资源管理措施对企业组织战略制定和实施的影响规律，最终形成公司改善和提高组织绩效的整体性人力资源管理方案。情景依赖范式（contextual paradigm）则在许多欧洲国家的管理学界较为流行，着重采用归纳分析方法，研究焦点在于解释为什么在不同背景下会有众多各具特色的人力资源管理政策和方法，而很少将这些政策和方法与组织绩效挂钩。

对于持"普遍主义"观点的学者来说，世界各地的企业组织无疑是趋同和相似的，因为在他们看来，企业组织规模、所采用的技术以及竞争战略才是决定企业组织最重要的环境因素，文化差异则随着全球一体化进程以及顾客需求日益相似而已经淡化。然而，持"情景主义"观点的学者则认为，在某一特定文化中有效的管理方法在另一文化中可能会没有效果，因而跨国公司的竞争优势在很大程度上取决于其是否具有将不同地域产生的竞争优势进行跨文化转移的能力。

以美国为代表的研究范式一般基于普遍主义，而欧洲一般采用情景依赖范式。人力资源管理理论之所以会在欧美产生如此巨大的差异，主要是因为其背后实际上隐含着欧美不同的文化内涵。施奈德和巴尔索克斯指出，欧洲和美国的人力资源管理理论是在不同的信念和理论上建立起来的，对组织成员与组织间关系的假设也是不同的。在美国人力资源管理根植于心理学，它首先关心的问题是如何激发员工的工作动力，结果导致非常关注作为组织成员的人，侧重分析员工的需求、报酬体系和工作乐趣，这些特点在其对绩效管理的浓厚兴趣中得到充分的体现。欧洲的人力资源管理理论更多地从社会学原理演化而来，因此往往更加关注社会体系、经济和政治环境。

可见，在看来文化上比较接近国家和地区的人力资源管理在理论和实践上已经产生了如此巨大的差异，更不用说它们与以儒家文化为底蕴的亚洲国家之间的差异了。赵曙明教授在对跨国公司在华企业管理实践进行了研究之后，认为最容易在合资企业发生问题的地方是中外方之间的沟通，而产生这种现象的根本原因与其说是语言障碍或翻译问题，还不如说是文化差异造成的不同"隐含性假设"。文化作为国际人力资源管理中的一个外生因素，对国际人力资源管理实践的方方面面产生影响，从而对跨国公司的经营产生举足轻重的作用。来自跨国企业人力资源管理实践的大量信息越来越清楚地表明，跨国经营过程中确实存在着人力资源管理的差异性与特殊性，这种差异性与特殊性的基础正是国家文化的差异性。当某个国家所建立的管理理论和概念超越了其特殊的文化环境时，其有效性就会受到极大限制，因为管理概念和功能所赖以生存的基础文化环境发生了变化。

从国际管理学和全球人力资源管理的角度来看，国家文化应当是了解与分析跨国经营文化环境的逻辑起点。早在20世纪60年代就已经出现了"比较管理学"的概念，这意味着人们意识到了管理存在可进行比较的差异性或特殊性。例如目标管理曾经在美国、日本风靡一时，许多美国与日本的大公司如通用汽车、波音、松下等，确实由于实施目标管理而提升了公司的管理效率与经营业绩。但根据川普涅尔与特纳的研究："跨国公司在南欧的分公司中，目标管理方案总体来说是失败的，因为那里的管理者们不愿意严格遵循先入为主的政策指南。"

当一家公司超越国界的限制到另一个国家进行经营活动时，在本国被证明有效的管理概念与方式是否能像资金或设备输出一样，被原封不动地输出到另一个国家中去呢？是否存在任何国家、任何社会都普遍有效的管理理论与管理原则呢？这绝非一个需要验证的纯理论假设，它同时也是跨国公司在全球经营活动中所面临的迫切需要解决的实践课题。许多公司（包括一些世界著名公司）由于不能合理地解决这个问题已经尝到了失败的苦头。一门新兴的交叉学科——跨文化管理学在20世纪70年代后期在美国逐步形成和发展起来，它研究的是在跨文化条件下如何进行有效管理的问题，国际人力资源管理成为该理论的主体。

**二、文化差异理论的发展**

众多学者在此领域展开了研究，自20世纪70年代初开始，霍夫施泰德经过近11年的努力，发现了不同文化和国家的管理者在行为和工作态度上的差异性。他具体测量了世界各国的文化差异，比较了不同文化背景下的管理实践特点，在此基础上提出了著名的文化差异五维度模式，即权力距离、个人主义/集体主义、男性化社会/女性化社会、不确定性规避、长期取向/短期取向。他发现，各国在文化上的差异是显而易见的，而且各国的管理理论和实践显然是有其文化相对性的，在不同的文化背景下，管理决策方式、人际关系以及沟通方式存在显著的差异性。因此他甚至断言，所谓国际企业管理在本质上就是文化问题，而人力资源管理正是企业管理中举足轻重的一方面。

与霍夫施泰德一样，川普内尔与特纳也对西方管理理论的普遍性假说进行了批判。他们认为在管理和组织活动中不存在一种最佳方式。他们以著名心理学家帕森斯的价值观取向与关系取向理论为基础，提出了国家文化的七个基本方面，即普遍性与具体性、个人主义与共有主义、中性与情感性、特殊性与扩散性、成就文化与归因文化、时间取向和环境。

美国著名人类文化学家爱德华·霍尔，根据人们在沟通过程中的信息传递与接收的准确性和清晰性，提出了高情景文化和低情景文化分析构架，并试图用此构架说明不同文化国家的人们在商业活动中的特点。

由于国际商务活动涉及不同国籍的人们之间的交流与往来，因此理解文化差异以及文化差异何时会产生重大影响就显得十分必要。跨文化和比较研究试图探求并解释国际人力资源管理和国内人力资源管理的异同时却存在一些问题，一个主要问题就是对文化的确切定义没有共识，或者是在这一概念的操作性方面没有一致意见。对于许多研究者来说，文化已经成了一个综合性变量，可以代表一系列可被后生性因素引发的社会、历史、经济和政治因素。Bhagat 和 McQuaid 就曾指出，文化通常只是被简单地当作国家的一个同义词，没有得到概念上进一步的挖掘。事实上，组织或其成员特征中所发现的国别差异已经被诠释为文化差异。为了减少这些问题，文化必须被定义为一种事前性因素而不是后生性因素，而且不能想当然地认为国别差异必定代表文化差异。

跨文化研究中的另一个问题是有关位与非位的区别。"位"指的是观念或行为中具体的文化方面，而"非位"指的是一般的文化方面。位与非位方法都是合理的研究导向，然而如果研究者在没有任何证据的情况下运用非位的方法，即假定文化间具有普遍性，就可能出现大问题，一个典型例子就是认为好的管理方式不管在什么样的国家环境下都能普遍适用，由此造成了很多国家与地区不顾当地实情，照搬照抄美国企业的管理思想与方法。

尽管有越来越多的证据支持文化发散的假设，但文化融合的假设已经成了许多研究者难以放弃的既定范式。如有人认为，文化的融合与发散都是有根据的，但文化融合研究的主体聚焦在宏观层面变量，例如跨文化公司所使用的结构和技术；而发散研究的主体聚焦在微观层面变量，例如公司中人员的行为。他得出的结论是尽管不同国家的公司变得越来越相像（非位或融合的方式），但是这些公司中个体的行为却始终保持因文化不同而具有的差别（位或发散的方式）。正如前面所述，位与非位的方式都是合理的研究导向，但是如果这两者之间的差别得不到重视，或者是没根据地进行普遍性的假设，那么就会出现结论上的重大偏离。

### 三、以文化差异为核心的国际人力资源管理理论

除了以上关于文化差异的经典理论，专家与学者也试图就具体的国际人力资源管理领域中文化差异所起的作用进行了探索。Dowling 认为造成国际人力资源管理复杂性的因素包括六个方面：涉及更多的人力资源活动、需要更宽广的视野、对雇员私人生活更多的参与、外派人员和当地人员比例强调的变化、所遭遇的风险以及更多的外部影响。许多公司都低估了国际运作的复杂性，大量事实证明国际环境下的失败通常与绩效低下的人力资源管理有着密切的关系，而造成国际人力资源管理与国内人力资源管理差异的因素就是文化环境。

赵曙明认为国际人力资源管理实际上包括三个维度：人力资源管理活动，即包括人力资源的获取、分配和利用；与国际人力资源有关的三个国家，即东道国、母国和第三国；跨国公司的三种员工，即东道国员工、母国员工和第三国员工。所谓的国际性人力资源管理就是在人力资源管理活动、员工类型和企业经营所在国类型三个维度之间的互动组合；这些维度的划分暗含了对文化差异及其对员工行为模式影响的认同。

Schuler 等人构建了一个国际人力资源管理的模式，这个模式被其他研究者所广泛接受并用来作为在此领域中进行研究的一种方式。在这个模型中，国际人力资源管理包括三个主要部分：事件、功能、政策与实践，其中国家文化作为一种外生因素，与其他因素及跨国公司战略一起，作用于国际人力资源管理的三个主要部分。

加拿大 Simon Fraser 大学的国际商务教授罗莉莎开发出了一个著名的外派人员甄选流程图，她构建的外派人员选择模式将文化变量作为选择外派人员的重要变量，公司国际人力资源管理部门要精确地确定，总公司所在国家文化与当地分公司的国家文化之间的相似性与差异性程度。如果经过研究两个国家或地区的文化差异性并不重要，那么在选择决策的过程中主要考虑的应该是任务变量，如职位申请人的技术和管理的知识和能力；如果差异性程度大且重要性程度高，那么在选择决策过程中主要强调的应当是关系变量，特别是职位候选人的文化敏感性和适应性、家庭因素等。

培训与开发满足公司国际化及全球化发展要求的管理者，是跨国公司成功地实施其国际化或全球化发展战略的关键因素。一项研究表明，日本和欧洲海外工作人员的失败率不到 5%、远远低于美国，其原因主要在于日本公司和欧洲公司非常重视对外派人员的事前培训，特别是跨文化方面的培训。57%的日本跨国公司都为其外派人员设计了非常正规的培训项目，如语言培训、知识培训、实地培训、外国学位项目、在职培训项目、利用外部

管理咨询顾问公司进行培训等。沙漠斯指出,绝大多数跨文化培训项目的设计必须围绕以下目标来进行:第一,自我意识;第二,文化解读;第三,多样性视野;第四,文化沟通;第五,文化灵活性;第六,文化适应性;第七,建立人际关系的能力;第八,文化间促进能力。

在国际人力资源配置研究文献中,外派人员管理一直是备受关注的核心问题之一,文化差异是学者们研究国际企业人力资源配置问题的重要视角。事实上,目前大部分文献将外派管理人员的失败归因于其本人及家属对东道国文化的不适应。鉴于外派的高失败率和失败后造成的巨大直接间接成本,跨国公司人力资源本土化配置方面的研究开始得到重视。Wong 和 Law 认为,跨国公司实施管理人员本土化的原因主要有以下六方面:外派管理人员的工资、补贴、福利及其他费用太高;东道国人员更了解当地情况;管理人员本土化可以鼓舞当地员工的整体士气;管理人员本土化有利于子公司组织内部的沟通;外派管理人员失败率高;东道国政府鼓励人力资源本土化。

Wang 和 Law 同时也指出了一些限制跨国公司人力资源本土化的因素,主要是:东道国缺乏跨国公司子公司所需的人才;外派管理人员更了解跨国公司的企业文化;外派管理人员有利于母公司高管积累全球经营经验,促进他们获得全球管理的思维与能力。Kobrin 在分析美国公司的管理人员本土化时指出,管理人员过分本土化造成的最大问题在于形成当地管理人员狭隘的战略思维模式,漠视公司的全球利益,并造成公司在控制方面的困难。当然,人力资源本土化配置不仅受到跨国公司母子公司之间控制机制设计的影响,还与子公司的绩效表现存在直接的关系,绩效高的子公司往往较容易获得高授权的机会。

Evans 和 Doz 认为,跨国管理就是一种似是而非的两难管理,因为处处都会遇到双重选择问题,必须加以巧妙的平衡,外派人员与本土人员的任用问题也是这种两难选择之一。随着全球经济一体化趋势的加快,跨国公司的竞争优势越来越取决于其同时满足全球战略实施和对当地需求反应的能力,而不是两者取其一,因此目前学术界对培养所谓具有跨文化领导才能的"全球领导"产生了日益浓厚的兴趣。学者们普遍认为全球领导应当具备以下特质:发展和使用全球战略的技巧和能力;处理革新和变化的能力;处理文化多元性的能力;在灵活的组织结构中工作的能力;与他人协调的能力和团队精神;交际能力;在组织中学习和推广知识的能力。很显然,未来的全球领导如果具备以上这些素质,那么 Evans 等人的两难问题就能迎刃而解;但正如哈维等不无讽刺地指出的那样,具备这些素质的全球领导候选人的数量恐怕接近于零。

### 四、文化差异的人力资源解决办法

国际人力资源管理的深层次文化内涵决定了跨国企业必须进行跨文化调适,以适应各国间的文化差异。文化差异是客观存在的,不仅表现在民族文化、国家文化、区域文化层面,同时也会表现在组织文化、企业文化和职业文化层面,对文化差异处理不当会引起文化冲突进而影响组织绩效。因此,跨国企业在具体的人力资源管理实践过程中一定要正视文化差异,求同存异,趋利避害,寻求能够妥善处理文化差异的措施和方法。跨国企业必须按照异域文化调整人力资源管理,积极探索适合东道国的人力资源管理模式。

为了理解任何特定东道国的人力资源管理实践,跨国管理者们必须慎重地关注直接影响人力资源管理的价值观念、准则和法律以及人力资源管理的每一项主要任务。当公司进入国际舞台时，所有人力资源管理的基本活动仍然保留，但却以更加复杂的面目出现。跨国公司的雇员来自不同国度，既有来源于业务单位所在国的东道国公民，又有来自母国公司的外派人员，还有来自东道国和母国以外的第三国公民。由于各国在文化、法律、政策等方面存在很大不同，跨国经理必须从以下几个方面来调整人力资源管理政策和方式，以适应不同的国际环境。

(一) 招聘

在招聘方式上的国别差异主要体现在运用不同招聘战略的偏好上，例如美国崇尚个人主义文化，为了体现人人平等的准则，对任何职业都趋向于公开和面向公众的广告。集体主义文化的国家主要是通过后门招聘，韩国公司希望未来的职员是朋友或亲属，因为这样就有人对他们的可信赖度和勤勉程度提供担保。韩国对管理者的招聘倾向于在有声望的特定大学寻找候选人，一般公司的管理者中有相当部分来自某一所特定大学，韩国七大财阀高级行政人员中62%来自汉城国立大学。跨国公司只有了解不同国家不同的招聘方式，才能在东道国招到合适的人选。

对跨国公司的管理者而言，在东道国招聘当地人员需要了解和适应当地习惯，这样才能在最短的时间里找到与所需职位匹配的人才。同时，要注意各国在教育资格、工作技能的认证方面各不相同，跨国公司为识别当地人才必须获取必要的知识。

(二) 选拔

跨国公司在东道国选拔人才时，一定要了解东道国与母国的文化差异。例如在以美国为代表的个人主义文化国家，选拔一般通过申请—初试—职业测试—证明检查—初步选择或拒绝—复试—雇佣决定这样一个步骤，在这样的选拔过程中，个人被视为组织可以购买的各种技能的一种组合，这种个人主义文化促使公司注重个人成就而抵制裙带关系。在集体主义文化的国家中选拔方式首先是考虑内部群体，当内部群体不能满足企业需求时，其对外选拔过程注重的仍然是个人特质，而非技术特征。

(三) 培训和开发

跨国公司要注重进行跨文化培训，提高公司员工的文化敏感度。进行跨文化培训是防止和解决文化冲突的有效途径，除了对员工进行技能等一般的培训外，跨国公司的人力资源经理还担负着对员工尤其是驻外员工进行跨文化培训的任务。通过跨文化培训可以提高员工对不同文化的敏感度以及在国际环境中的工作能力，减少由于跨文化沟通不当带来的失误。具体培训方式依情况而异，但文化差异是决定采用何种培训方式的决定性因素之一。比如即将前往伦敦任职的美国人不需要语言培训，但是去中国任职就会出现重大的交流障碍；同时需要进行的是关于东道国社会风俗、法律体系及行为模式的文化适应训练。

此外，在一个国家内，由于行业、技术、组织结构的不同而使培训和开发的内容存在差异；在不同国家之间，由于教育体系方面的制度差异导致了应聘者在基本技能、对待工作的态度上也有很大的差异，这种差异使得跨国公司在培训和开发上要区别对待：美国企业更注重管理技能和计算机技能的培训，而相对忽视基础教育方面。美国在管理上主要通过上级管理者发掘潜在的管理人才和利用评估中心来鉴定管理者。日本则采用不同于美国的管理开发方式，大量投资于培训项目，进行一般培训和交叉培训，培训成为每个员工的责任。在最初的几年内企业让员工集中学习和融入公司的文化,工作方式采用岗位轮换制,使员工了解公司的业务性质并开发工作技能。日本还非常注重精神教育和强调性格的开发,以此塑造员工更坚强的性格。

在东道国开展经营之前,跨国管理者必须根据自己的跨国战略采用不同的管理开发方式。如果只限于让东道国管理者从事低层次的工作,那么就遵循当地的管理开发方式;如果要让东道国的管理者进入更高的管理层次,则要以母国的企业文化为主导。

(四) 绩效评估

对于个人主义文化国家的人力资源决策趋向于对所有的人都公正、平等,从而其绩效评估体系实行程序化和制度化,主要通过业绩考核、业绩衡量、业绩反馈与报酬晋升有关的人力资源决策来评估员工。

在集体主义文化中,年龄和群体内成员的身份是与组织心理联系中的重要部分,雇主和雇员都认为,人力资源决策应当更多地考虑个人背景特征而不是成就。组织避免直接的绩效评估反馈,而是根据业绩含蓄地赞扬或惩罚他人。

(五) 报酬

报酬包括工资和薪资、奖金等奖励手段以及退休金等福利。在国家之间和一国内的组织之间对工人报酬的考虑上存在着广泛的差异。美国由于将职业生涯看成是个人的和私人的,从而必须依靠富有竞争力的工资维持其劳动力队伍。美国公司利用有关比较工资与薪资的调查资料来决定报酬,报酬的增加也是由其绩效来决定。美国的福利在最近几年虽然有了大幅度的增长,但仍然落后于跨国公司在欧洲预期要支付的福利。

与美国企业一样,日本公司在很大程度上也是根据职位等级来决定底薪,比较稀缺的人才会得到较高的工资,奖金取决于职位的分类。现在在日本企业中功绩对于报酬增长的影响越来越大,但与西方不同的是,日本人既强调工作业绩,又强调工作态度。在奖金和福利方面,由于日本公司在较大程度上参与工人的个人生活,从而日本工人会得到高于美国和其他西方国家的福利。

跨国公司在进行跨国经营时,必须使其业绩评价体系同其人力资源管理导向以及跨国战略相匹配。采用多地区战略和多中心国际人力资源政策的公司,常常遵循当地的人力资源管理习惯,而以民族中心为导向的公司常常以母国人力资源为导向。在多个国家经营的跨国公司需要考虑多种不同的报酬体系,对于每个东道国,工人的报酬水平都必须能同当地劳动力市场的工资水平相匹配,同时跨国管理者还必须考虑同一国内地区差异,因为国内各地区的劳动成本和地区政府法规都会有差异。

(六) 劳动关系

不同国家的劳动关系形式不仅来自其文化方面的差异,而且也来自各国劳动组织特有的历史,在进入一个国家前,跨国公司一定要考虑工会对公司的影响程度。国际经理人首先要学习国外的劳资关系法律和合约,但这是远远不够的,经理人还必须善于发现那里工人可能的行为模式和工作体制的差异。比如在日本这个崇尚集体主义的国家,极少出现引起调解或仲裁的劳资纠纷;而在个人主义盛行的美国,劳资关系的特点通常是对抗性的。

再如,英国工会是在没有政府干预的条件下发展起来的,这种缺乏政府干预的劳工关系使得资方和工人之间发展成强烈的对抗关系；德国文化注重规避不确定性，承认工会的合法性，政府强有力的作用促使劳资双方关系较为和谐地发展；法国的工会则有强烈的意识形态取向，工会倾向于在同一组织中争夺工会成员，这样的后果是对资方有利而有损于工人的利益；同时，日本的工会则被吸收进公司组织结构之中，并在很大程度上支持资方。跨国公司在进行与其他国家相关的战略决策时，必须考虑与工会及相关劳动法的影响。

◎ 小结

1. 国际人力资源管理与国内人力资源管理的差异性主要存在于六个方面。
2. 国际企业中存在着四种人员配备方式：母国中心方式，多元中心方式，地理中心方式，全球中心方式。
3. 跨国公司驻外人员的招聘来源通常有三个：本国外派人员，东道国当地人员和第三国人员。公司的任何一项国外业务，其员工构成都可能包括这三种人，具体情况取决于公司的招聘条件、人员的可获得性和公司的需要。
4. 外派失败极少是由于驻外人员无法适应该工作的技术要求引起的，大部分不适应现象是因为驻外人员缺乏文化技巧。对于国际经营人员来说，具备一些特殊的个性、技能以及认识并适应环境的自我定位能力非常重要。
5. 对驻外人员进行的出国前培训主要包括文化培训、语言培训和实际培训三方面。
6. 外派人员的选拔中最重要的标准是以下几项：适应能力，独立工作能力，年龄、经验和教育，健康及家庭状况，动机与领导能力等。
7. 大多数情况下，由两部分人来评价驻外经理的工作业绩：东道国子公司的经理和母国总公司的经理。由于东道国经理的文化差异和母国经理的缺乏了解，二者的评价都会有失偏颇。
8. 制定全球报酬方案的困难主要在于存在着所在国国别差异、员工国籍差异和驻外期限差异。
9. 给驻外人员支付报酬最常用的方法是平衡表法。这种方法使得各国购买力相等，这样雇员就能够在他们国外的职位上享受到和在国内一样的生活标准。典型的一揽子驻外工资补偿包括基本工资、驻外奖金、各种津贴、税收和分红。
10. 最有影响力和代表性的文化差异理论有霍夫施泰德的文化差异五维度模式、川普内尔与特纳的国家文化七方面、爱德华·霍尔的情景文化理论等。

◎ 复习思考题

1. 种族中心、多元中心、地区中心和全球中心的国际人力资源配备方式，各自优缺点和适用情况怎样？
2. 跨国公司的驻外人员需要有哪些基本素质和能力？心理成熟和适应能力为什么对国际经理们特别重要？
3. 为什么说外派失败的代价对跨国公司来说非常高？
4. 驻外人员返回公司总部后会遇到哪些问题？为什么解决好外派人员的回国后发展

问题特别重要?

5. 跨国公司应如何对外派人员进行培训?

6. 驻外人员的业绩评估中存在哪些问题?如何解决?

◎ **参考资料**

1. 邱立成. 跨国公司人力资源管理. 天津:天津教育出版社,2006.
2. G. 霍夫斯蒂德. 跨越合作的障碍——多元文化与管理. 北京:科学出版社,1996.
3. 钱振波,等. 人力资源管理理论、政策、实践. 北京:清华大学出版社,2004.
4. 赵曙明,刘燕,彼得·J. 道林,等. 国际人力资源管理. 第5版. 北京:中国人民大学出版社,2012.
5. 海伦·德雷斯凯. 国际管理. 赵曙明,译. 北京:机械工业出版社,2008.
6. 薛求知,廖勇凯. 国际人力资源管理教程. 上海:复旦大学出版社,2010.

【案例分析】

华为:人才国际化与"去英雄主义"

时光倒流至1999年,华为总裁任正非1999年与新员工的一段调侃式对话,至今仍耐人寻味。

新员工:"我是刚毕业的,我感觉很多优秀的人才都出国了,你怎么看待这件事?"

任正非:"华为公司都是三流人才,我是四流人才。一流人才出国,二流人才进政府机关、跨国企业,三流、四流的人才进华为。只要三流人才团结合作,就会胜过一流人才,不是说三个臭皮匠顶一个诸葛亮吗?"

10年后的2009年,这场"三流人才"与"一流人才"的战争,以令人惊诧的战果印证了任正非当年的预见——占据人才优势的欧美厂商,如北电、诺基亚-西门子、阿尔卡特-朗讯、摩托罗拉,纷纷陷入或破产或巨亏的颓势之中;相比而言,处于人才劣势的中国公司华为,继2008年取得42.7%的逆市增长并稳稳进入全球系统设备"前三"之列后,其在金融危机的余波中,2009年预计仍能保持30%的业绩增长。

与此同时,华为也以其20年的实践,打破了"谁是优秀人才"的狭隘界限。一方面,曾经以"三流人才"自居的华为,已事实上成为华南乃至中国企业的黄埔军校,围绕着华为总部所在地深圳而生的一批新生代的优秀民营企业——腾讯、迈瑞医疗、深圳宇通等公司,正在受惠于华为培养的人才,在这些公司的研发或营销团队中,"华为军团"甚至时常达到近1/3规模。腾讯一位高管人士曾对本报说,"难以想象,如果没有华为,深圳难以造就今天的腾讯。"另一方面,华为也开始从母体之外引入国际的血液。2009年7月14日,前北电高管、负责北电EMEA(欧洲、中东和非洲地区)业务的总裁蒂姆·霍金斯(Tim Watkins)出任华为西欧副总裁,负责华为在西欧地区的销售和市场。公开资料显示,他已是华为近期引入的第二位北电高管。此前原北电的WiMAX网络和系统产品线主管查理·马丁(Charlie Martin)已经接受华为邀请,出任华为北美区CTO。

华为以何种"育人"以及"驭人"之术将一支数万人的本土军团打造成一支能征善

战的国际之师？在全球金融危机背景下，她会加入"人才抄底"的大军吗？她又如何控制自己融入全球化浪潮的节奏？7月28日，面对外界的种种好奇，华为向本报回应了相关问题。

**57%：海外员工本地化率**

"由于受到金融危机的影响，许多国际知名企业或机构都在裁员，市场上出现了大量人才，这对于想吸纳人才的企业和机构来说，是个非常好的机会，华为也不例外。"对于本报有关华为是否会在金融危机当下"抄底"人才的追问，华为如此回复。

华为的策略，开放而又克制。一方面，华为公司以相对积极的态度随时准备捕捉吸纳国际人才的机会。华为近年来国际市场发展迅速，不断加大对海外本地员工的聘用力度。华为官方数据显示，华为海外本地员工的聘用平均每年增长15%以上，截至2008年底，华为近8万名员工中，海外员工已超过22 000人，其中海外本地员工超过12 500名，海外员工本地化率达到了57%。"华为一直在定期审视业务环境及人力资源环境，制定和刷新人力规划目标与方案，细化人力资源获取策略与方案，以有效的资源投入和人力资本增值方式支撑业务目标的达成。"华为在回复中说，结合公司全球业务布局、全球人才分布情况等因素，华为"欢迎能够帮助公司加快国际化进程的各领域人才加盟"。这些领域包括："国际金融人才、熟悉全球法律运作的法律人才、具备国际知识产权运作经验的人才、具备领先通信技术领域经验的人才等。"对这些人才的选择，华为强调要"具备在跨国大型企业的工作经验，最好具有全球化工作经验"。据了解，华为人力资源部门定期向专业咨询公司购买外部薪酬市场数据，以此随时分析和审视华为薪酬标准的外部竞争力。其针对海外员工薪酬体系的制定，首先是尊重当地法律以及风俗习惯；其次便是必须结合华为本身的支付能力，以及"对内对外的公平性"。"与当地主要同行企业比，华为的薪酬水平具有较高的吸引力。"华为在回复中说。

从另一方面来看，华为的海外人才引进计划，又是相当克制和谨慎的。实际上，从2006年开始延续至今的全球电信行业重组浪潮中，大量高端管理型人才，正在从北电、摩托罗拉等曾经的世界级巨人企业中"溢出"，华为对此间人才溢出的承接相对保守。尽管除了Tim Watkins和Charlie Martin两位来自北电的高管之外，华为透露，近期加盟华为的领军型高端人才还包括前英国电信集团技术官Mick Reeve，其出任华为欧洲地区部战略顾问，但是这并不代表华为在这方面要高歌猛进。

**任正非的一贯思路：不走极端**

"引入海外背景的高管，目前来看还是相对有限的。"一位熟悉华为内部运作体系的人士说，从华为目前的EMT（经营管理团队）组成来看，依然是由董事长孙亚芳、总裁任正非以及其余6位由华为旧部担任的副总裁组成。该人士说，EMT是华为最高决策机构，它的清一色黄面孔说明，华为并没有盲目地顺从国际化。

"这符合任总的一贯思路，就是不走极端，管理要讲均衡。"该人士分析说，"引进多少个海外高管不应该成为一项公司政策和目标，把本地化高管的比率设为一项指标是僵化地理解国际化。合适的就拉进来，没必要作为政策来推。更不能为了所谓的'抄底人才'，把自己的人都替换了。"该人士评价说，随着华为海外业务的进一步推进，其引进海外高端人才的步伐和设置的职业通道，会逐步拓宽，但是"会比较克制和控制节奏"。

**去英雄主义**

有华为人士说,同样是国际化,华为个案与联想、TCL等受挫于国际化的中国企业相比,最根本的不同在于,"华为没有过度地强调'跨文化'"。

该人士说,从华为的管理哲学来看,"跨文化"管理其实是一个伪命题——过度强调"跨文化",其实是对作为一个现代企业本身存在的管理共性问题的漠视,"从华为的经验而言,在实现国际化之前,首先是管理体系与国际接轨,企业管理有一些共性的问题,要通过管理机制的提升来解决,而不仅仅是'文化'问题,也决不只是引入一两个国际职业经理人的问题"。

该人士调侃说,在国际高级经理人引进上遭遇的"联想式挫折"是中国企业管理思维当中传统"英雄主义"情结作祟:寄希望于通过英雄,带领企业整体团队的国际化推进。"任总从1997年就开始呼唤从英雄走向团队作战、群体作战,这才有了华为后续与海外对接的一套体制。如果我们现在反而寄希望于从国外找一个高手来,就违背这个'去英雄主义'的方向了。"该华为人士说。

事实上,华为的胜出,恰恰在于华为早在1996年就开始了它的"去英雄主义"道路,以及在此基础上对管理体系进行的一系列职业化、制度化改造。早在1997年全面启动引进世界级管理变革之前,华为的管理思维就开始从萌芽到生长。1996年至1998年间,华为引入中国人民大学管理学院6位教授耗时3年8稿出台的中国改革开放以来第一部企业管理大纲《华为基本法》,是对华为文化与价值观以及未来战略做出的第一次系统思考。其建立了初级的价值评估与分配体系(薪酬制度),并从日本引入了"合理化建议制度"。这三年可以视为管理变革的前奏。

此后,华为开始全面引进国际级管理体系,包括从国际著名人力资源公司HAY集团引入"职位与薪酬体系",从IBM引进集成产品开发(IPD)及集成供应链管理(ISC),以及将英国国家职业资格管理体系(NVQ)引为企业职业资格管理体系等。2008年,全球竞争加剧,华为与Accenture顾问公司在CRM(客户关系管理)上再次展开合作,其目的是优化华为从产品到客户的全流程,以提高华为全球化的运作效率。

华为也一度为这一系列变革付出过沉痛代价,比如2001年IPD流程推广前后,就有大量研发人员和管理干部由于不适应这套西方引进的管理理念而离开。但是,这套被任正非称为"削足适履"的机制变革,在经历阵痛之后,其正面效应开始快速显现。"我们很快建立了一套可以与国际客户,以及同行对接的'语言'(理念及行事方式)。"华为一位核心老研发员工说,这也是华为创业20年,即可与欧美百年老店抗衡的根本原因。

2001年11月,华为内刊《华为人》刊登了《华为基本法》起草人之一、被称为"人大六君子"之一的杨杜的文章,该文引用了任正非对华为国际化、职业化、成熟化作出的三个论断:"只有破除了狭隘的民族自尊心才是国际化;只有破除了狭隘的华为自豪感才是职业化;只有破除了狭隘的品牌意识才是成熟化。"

从此,职业化开始取代华为在"土狼时代"所推崇的"英雄主义",而当年的"土狼"们,也在华为的职业化蜕变中抱团走向了国际市场,成为一支有着极高凝聚力,同时又能征善战的国际军团。

(资料来源:21世纪经济报道,2009-08-03.)

讨论题：

1. 如何看待华为57%的海外员工本地化率？本地化比率越高是否代表人才国际化程度越高？

2. 华为的国际人力资源管理实践对国际化进程中的中国企业有何借鉴意义？

# 第十五章 国际企业供应链管理

◎ **本章学习目的**

学习完本章之后，你应该掌握以下内容：
1. 全球供应链管理的概念；
2. 国际企业全球供应链的关系管理；
3. 国际企业全球供应链的采购管理；
4. 信息技术在国际企业全球供应链管理中的应用；
5. 国际企业全球供应链的风险管理。

【**华为斥资15亿美元在匈牙利建欧洲物流中心**】华为公司副总裁鲁勇与匈牙利经济部部长毛托尔奇·捷尔吉2012年5月1日在布达佩斯签署战略合作谅解备忘录，拟斥资15亿美元在匈牙利建设欧洲物流中心。

华为公司自2004年进入匈牙利通信市场以来，经历了8年的市场拓展，在匈牙利市场取得了良好成绩，与匈牙利电信、挪威电信、沃达丰、Pantel等当地主流运营商都建立了战略合作伙伴关系。华为的IMS（IP多媒体系统）、移动接入网络、下一代固定接入网络、核心网、光网络、移动宽带终端、智能手机等已经在匈牙利市场形成了规模销售，建立了领先的市场地位。

除拓展业务外，华为公司还积极带动当地就业。2009年起，华为在匈牙利设立欧洲供应中心，覆盖欧洲、独联体、中亚、北非、北美等45个国家和地区的业务需求，截至2011年，为当地创造了约1 000个就业机会。

随着此次谅解备忘录的签署，华为还将在匈牙利设立欧洲物流中心，进一步带动当地物流行业的投资及配套发展。2012年，华为欧洲物流中心的仓库面积将达25 000平方米，进出口货物金额达到15亿美元，物流吞吐量预计达到50万立方米，将覆盖欧盟境内全部国家。

鲁勇表示，匈牙利是华为公司在中东欧地区最重要的市场之一，华为在此先后投资建设欧洲供应中心、欧洲物流中心，在匈牙利建设华为公司第二大全球性供应链网络，同时致力于带动当地就业和其他配套产业的发展。此次欧洲物流中心战略合作谅解备忘录的签订，不仅是华为公司全球化、本地化发展的又一个重要里程碑，同时也将为当地社会、人民带来切切实实的好处。

2012年是华为进驻欧洲的第11个年头。目前，华为在欧洲已设有37个代表处，6个研发中心，9个培训中心，其研发、服务、培训以及生产和销售业务遍布整个欧洲，员工人数约有7 000人，其中65%以上为本地员工。

（资料来源：www.http://news.xinhuanet.com.）

20 世纪 80 年代以来,新技术革命迅猛发展,极大地提高了生产效率,缩短了产品更新换代周期,产品的结构与性能也越来越复杂,加剧了市场竞争的激烈程度。与此同时,消费者需求愈加突出个性化,要求越来越高,导致不确定性日益增加。为适应这一变化的环境,供应链管理被越来越多的大型国际化企业所采用,并被提高到企业战略的高度,从而出现了一种新的国际经济合作模式——全球供应链。伴随着经济全球化和知识经济的到来,供应链全球化现象日益普遍,无国界化企业经营的趋势越来越明显。

## 第一节 全球供应链管理概述

### 一、全球供应链管理的概念

(一) 全球供应链管理的产生

21 世纪以来,企业面临的竞争环境发生了巨大的变化,这种变化对企业传统管理模式提出了挑战。多年以来,企业出于管理和控制的目的,对为其提供原材料、半成品或零部件的其他企业一直采取投资自建、投资控股或兼并的"纵向一体化"(vertical integration)管理模式。这加强了核心企业对原材料供应、产品制造、分销和销售全过程的控制,从而使企业能在市场竞争中掌握主动。

然而,自 20 世纪 90 年代以来,企业面对着一个变化迅速且无法预测的买方市场,致使传统的生产模式对市场剧变的响应越来越迟缓和被动。严峻的竞争环境改变了人们认识、分析和解决问题的思想方法,开始从"纵向一体化"向"横向一体化(horizontal integration)"转化。

全球制造及由此产生的供应链管理是"横向一体化"管理思想的一个典型代表。任何一个企业都不可能在所有业务上成为世界上最杰出的企业,只有优势互补,才能共同增强竞争实力。因此,很多企业摒弃了过去那种从研发、制造直到销售都自己负责的经营模式,转而在全球范围内与供应商和销售商建立良好合作伙伴关系,与其结成利益共同体。这一庞大网络上的相邻节点是一种供应与需求的关系,因而称之为供应链。为了使加盟供应链的企业都能受益,并使其有比竞争对手更强的竞争实力,就必须加强对供应链的构成及运作研究,由此形成了供应链管理这一新的经营与运作模式。

(二) 全球供应链管理的概念

供应链(supply chain)一词最早出现在 20 世纪 80 年代左右。美国供应链专家 Handfield 和 Niches(1998)认为:"供应链包括了从原材料阶段一直到最终产品送到最终顾客手中与物品流动以及伴随的信息流动有关的所有活动。"国内学者马士华等认为:"供应链是围绕核心企业,通过对信息流、物流、资金流的控制,从采购原材料开始,制成中间产品以及最终产品,最后由销售网络把产品送到消费者手中的将供应商、制造商、分销商、零售商、直到最终用户连成一个整体的功能网链结构"。[①]

美国供应链管理协会(2002)将供应链管理(supply chain management)定义为"以

---

① 马士华,林勇. 供应链管理. 北京:机械工业出版社,2010:16.

提高企业个体和供应链整体的长期绩效为目标，对传统商务活动进行总体的战略协调、对特定公司内部跨职能部门边界的运作和在供应链成员中跨公司边界的运作进行战术控制的过程"。

全球供应链（global supply chain management）则是指面向全球的供应市场、需求市场和物流服务市场，在全球范围内选择合适的供货商、销售商和物流服务商来组建和整合企业的供应链，将企业的供应网络和分销网络不断向国外延伸，以覆盖全球供应市场获取资源和提高全球需求市场的响应速度等方式来增加销售。①

全球供应链管理强调在全面、迅速地了解和识别世界各地消费者需求的同时，对其物流过程进行联合计划、协调、运作、控制和优化，在供应链中的核心企业与其供应商以及供应商的供应商、核心企业与其销售商乃至最终消费者之间，以现代计算机信息技术和网络互联技术为支撑，实现供应链的全球物流职能一体化和快速响应，达到商流、物流、资金流和信息流的通畅与协调，有效地满足全球消费市场需求。全球化供应链管理范畴较宽，是一种综合性的、跨国界的集成化管理模式，也是适应全球化环境下企业跨国经营的管理模式。

## 二、全球供应链管理的主要内容

全球供应链管理的内容广泛，主要包括以下几个方面：

1. 全球供应链网络的设计与构建。主要是对全球供应链的结构等进行设计和选择。在全球供应链中，根据全球供应链整体发展的需要，主体企业应对供应链进行整体设计，确定不同的合作关系和集成程度，对全球供应链中的具体成员而言，应基于其自身发展战略，选择其所参与或主动构建的供应链网络。

2. 全球供应链战略合作伙伴的选择与关系管理。企业可在确定了供应链网络的基础上，对供应链成员进行合理选择，最终确定整个供应链成员以及成员间的关系。全球供应链合作伙伴的选择应在对其进行全面客观评价的基础上进行，并根据供应链各成员的特点对其进行分类，从而建立不同层次的合作关系。对供应链战略合作关系需要从战略角度建立和进行维护，并在长期经营与合作中做适时的调整，以适应市场环境变化之需。

3. 全球供应链采购与供应商管理。这主要是确定全球供应链采购战略，对全球供应商进行选择和管理。企业应根据其供应市场的情况和采购的原材料、零部件等的特点，确定不同的采购战略，并根据全球供应商的重要程度和贡献能力对供应商进行细分，确定不同的管理战略。

4. 全球供应链生产管理。传统生产计划与控制是建立在对需求进行预测基础上的。在全球供应链管理环境下，要从整个供应链的高度对生产进行计划与控制，同时应根据产品特点和市场需求，选择合理的生产战略。

5. 全球供应链物流管理。在全球供应链的竞争中，核心企业需要通过各种国际采购渠道，从不同的供应商那里获得所需要的生产要素和物质资源，再通过物流的运输通道输送至各个生产地，并把所生产的各种产品按照订单或市场需求再送往消费地。其中物流运

---

① 谢家平，魏航. 跨国公司全球供应链运营模式. 上海：上海财经大学出版社，2010：27.

输通道的选择,必须与企业全球供应链管理的目标、战略和设计保持一致,符合企业全球供应链的总体目标。

6. 全球供应链信息管理。充分而有效的信息获取与管理是供应链管理成功的关键条件之一。全球供应链企业分布在不同的国家或地区,拥有不同的语言和文化,要对其进行有效的管理,信息技术就是重要的支撑平台。全球供应链信息管理主要是根据供应链管理的具体要求,建立开放型的供应链信息系统,确保供应链成员及时获得消费者信息,保证成员间的信息沟通与共享。供应链成员间应形成统一的信息传输标准、多渠道的信息通信网络。

7. 全球供应链的绩效评价。根据全球供应链管理与活动的特点,建立供应链评价指标与体系,对全球供应链进行评价。通过对供应链的绩效评价,发现缺陷与不足,以便优化和重新构建;建立标杆并作为参照;激励供应链成员努力改进供应链,提高绩效。

8. 全球供应链风险管理。跨国供应链处于充满了不确定性的全球市场中,各种不确定性因素增加了供应链上企业的风险。全球供应链风险管理是指对全球供应链的风险进行识别、度量、处理、监控和反馈,并设计弹性供应链以更好地应对风险。

### 三、全球供应链管理体系设计

(一) 常见的供应链结构模型

1. 链状模型。图 15-1 是一个简化的链状模型。它把供应链上的企业抽象成一个个的节点,用字母 A、B、C、D、E 表示。当定义 C 为制造商时,可相应定义 B 为一级供应商,A 为二级供应商,依次类推。同样地,当定义 D 为一级分销商时,可定义 E 为二级分销商,以此类推。供应链上存在着物流(产品流)、信息流和资金流。物流的方向虽然是双向的,但一般情况下都是从供应商流向制造商,再流向分销商,最后流向客户。模型 I 中的箭头方向即表示供应链的方向。

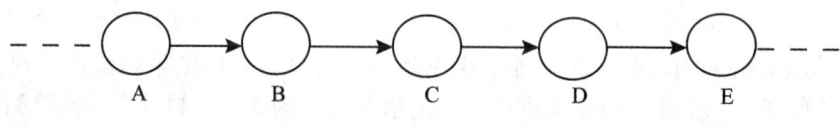

图 15-1 模型 I——链状模型

2. 网状模型。现实中的供应链远比模型 I 复杂。事实上,在模型 I 中,C 的供应商可能不止一家,而是有 $B_1$,$B_2$,$\cdots$,$B_n$ 家,分销商也可能有 $D_1$,$D_2$,$\cdots$,$D_m$ 家,C 也可能有 $C_1$,$C_2$,$\cdots$,$C_k$ 家。这样模型 I 就转化为一个网状模型,即供应链模型 II,如图 15-2 所示。它更好地映射了现实中复杂的供应链关系。理论上,网状模型可以涵盖世界上所有企业,把所有企业都看作网上的一个节点,这些节点间存在着联系。当然,这些联系有强有弱,而且会不断地变化。

(二) 全球供应链的设计策略

供应链的设计策略和方法主要有以下几种:

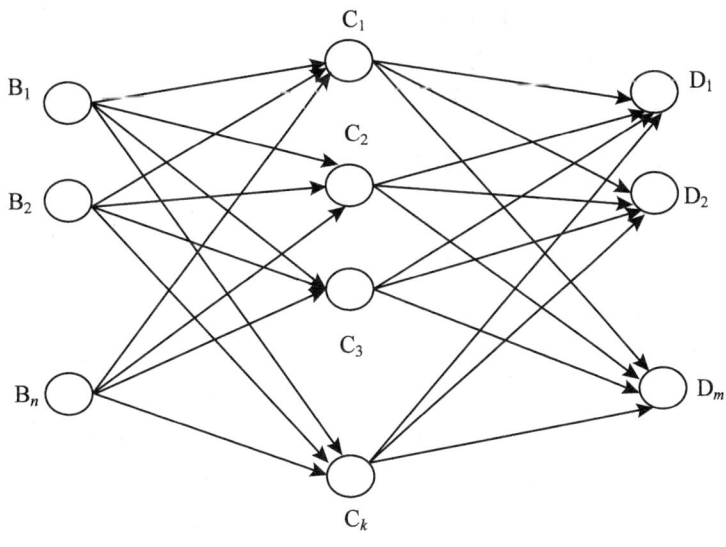

图 15-2 模型 Ⅱ——网状模型

1. 基于产品的供应链设计策略。该策略首先要明白用户对企业产品的需求是什么，同时要了解产品的生命周期、多样性、需求预测等问题，要注意所设计的供应链必须与产品特性相一致，即基于产品的供应链设计策略（product based supply chain design）。

一般而言，产品可分为功能型产品和创新型产品。功能型产品一般用于满足用户的基本需求，变化很少，具有稳定的、可预测的需求和较长的生命周期，但它们的边际利润较低。为了获得比较高的边际利润，许多企业在产品式样或技术上进行革新以刺激消费者购买，从而使产品成为创新型的，这种创新型产品的需求一般不可预测，生命周期也较短。这两种不同类型的产品需要不同类型的供应链去满足不同的管理需要。

2. 基于成本的供应链设计策略。通过成本的核算和优化来选择供应链的节点，找出最佳的节点企业组合，设计出低成本的供应链，从而形成基于成本的供应链设计策略。其核心是，在给定的一个时间周期内，计算所有节点组合的供应链总成本，从中选择最低成本的节点企业组合，构建供应链。能够使总成本最低的节点企业组合，就是最优的节点组合。

3. 基于多代理的集成供应链设计策略。该模式是涵盖两个世界的三维集成模式，即实体世界的人—人、组织—组织集成和软件世界的信息集成以及实体世界与软件世界的人—机集成。该策略采用了动态建模的思想，其基本流程为：多维系统分析、业务流程重构、建模、集成、协调，在建模中并行工程思想贯穿于整个过程。

## 第二节　国际企业供应链的关系管理

20 世纪 80 年代以前，企业与竞争者、客户和供应商之间往往是竞争性的市场交易关系。企业总是在寻找各种竞争策略和手段以打败竞争者,压低采购价格,抬高销售价格。但自从20世纪80年代以来,企业间的关系已经不再像过去那样主要只是竞争性的交易关系,而是形成了各种新型的合作伙伴关系模式。在这种合作伙伴关系模式中,企业更加关注的是努力发展长期的、相互高度信任的企业间关系。

### 一、国际企业供应链的合作伙伴关系

供应链中的上下游企业间的合作伙伴关系的系统研究始于对日本企业与其供应商之间的关系的研究。供应链合作伙伴关系有不同的术语,如供应商—制造商关系、卖主/供应商—买主关系、供应商关系等。Maloni 与 Benion 将伙伴关系定义为:在供应链内部两个或两个以上独立的成员之间形成的一种协调关系,以保证实现某个特定的目标或效益。Robert Vokurka 等人认为,伙伴关系是买方和供应商就一段较长时间内达成的承诺和协议,其内容包括信息共享,以及分享和分担由于伙伴关系带来的利益和风险。国内学者马士华等人认为,供应链合作伙伴关系就是供应商—制造商关系,或者称为卖主/供应商—买主关系、供应商关系。供应链合作伙伴关系可以定义为供需双方之间,在一定时期内的共享信息、共担风险、共同获利的协议关系。

参考以上研究,国际企业供应链合作伙伴关系的定义为:在一定时间内,国际企业在全球供应链上有相互联系的企业之间,通过共享信息、共担风险、共享收益而建立起来的一种战略协议关系。

### 二、国际企业供应链的客户关系管理和供应商关系管理

供应商关系管理和客户关系管理是在供应链管理环境下提出的强调企业与企业之间的合作关系的一种管理模式。为了满足客户的个性化需求,尤其是随着供应链管理等先进思想的提出和应用,客户关系管理和供应商关系的管理已经成为供应链伙伴关系管理的两个重要的领域。

(一) 客户关系管理

1. 客户关系管理思想的提出

客户关系管理(customer relationship management,CRM)最早是由 Gartner Group 提出来的,它的焦点是管理和改善营销、市场、客户服务和客户支持等相关领域的客户关系的业务流程,提高客户满意度。在市场竞争激烈的现今,企业管理必须从过去的"产品"导向转变为"客户"导向,只有快速响应并满足客户个性化与瞬息万变的需求,企业才能在激烈的市场竞争中得以生存和发展。企业取得市场竞争优势最重要的手段不再是成本而是技术的持续创新,企业管理最重要的指标也从"成本"和"利润"转变为"客户满意度"。为了提高"客户满意度",企业必须完整掌握客户信息,准确把握客户需求,快速响应个性化需求,提供便捷的购买渠道、良好的售后服务与经常性的客户关怀等。在这种时代背景下,客户关系管理理论不断完善,并随着互联网技术的广泛应用而推出客户关系管理软件系统。

2. 客户关系管理的主要内容

(1) 客户信息管理。整合记录企业各部门、每个人所接触的客户资料并进行统一管

理,这包括对客户类型的划分、客户基本信息、客户联系人信息、企业销售人员的跟踪记录、客户状态、合同信息等。

(2) **市场营销管理**。制订市场推广计划,并对各种渠道(包括传统营销、电话营销、网络营销)接触的客户进行记录、分类和辨识,提供对潜在客户的管理,并对各种市场活动的成效进行评价。CRM营销实际上是实现"1对1营销"、从"宏营销"到"微营销"的转变。

(3) **销售管理**。这包括对销售人员电话销售、现场销售、销售佣金等进行管理,支持现场销售人员的移动通信设备或掌上电脑设备接入。

(4) **服务管理**。这包括产品安装档案、服务请求、服务内容、服务网点、服务收费等管理,详细记录服务全程进行情况。支持现场服务与自助服务,辅助支持实现客户关怀。

CRM可以集成呼叫中心(Call Center)技术,以快速响应客户需求。CRM系统中还要应用数据仓库和数据挖掘技术进行数据收集、分类和数据分析,以实现营销智能。

**小资料:英国零售商Tesco的客户关系管理**

Tesco(特易购)是英国最大、全球第三大零售商。Tesco同沃尔玛一样在利用信息技术进行数据挖掘、增强客户忠诚度方面走在前列。通过磁条扫描技术与电子会员卡结合的方式来分析每一个持卡会员的购买偏好和消费模式,并根据这些分析结果来为不同的细分群体设计个性化的每季通讯。

Tesco的会员制活动针对不同群体提供了多样的奖励,比如针对家庭妇女的"Me Time"("我的时间我做主")活动:家庭女性可以在日常购买中积累点数换取从当地高级美容、美发沙龙到名师设计服装的免费体验或大幅折扣。但是,Tesco的会员卡不是一个单纯的积满点数换奖品的忠诚度计划,而是一个结合信息科技,创建和分析消费者数据库,并据此来指导和获得更精确的消费者细分,更准确的消费者洞察,和更有针对性的营销策略的客户关系管理系统。通过这样的过程,Tesco根据消费者的购买偏好识别了6个细分群体;根据生活阶段分出了8个细分群体;根据使用和购买速度划分了11个细分群体;根据购买习惯和行为模式来细分的目标群体更是达到5 000组之多。它为Tesco带来的好处包括:

更有针对性的价格策略:有些价格优惠只提供给价格敏感度高的组群;

更有选择性的采购计划:进货构成根据数据库中所反映出来的消费构成制定;更个性化的促销活动:针对不同的细分群体,Tesco设计了不同的每季通讯,并提供了不同的奖励和刺激消费计划。因此,Tesco优惠券的实际使用率达到20%,而不是行业平均的0.5%;

更贴心的客户服务:详细的客户信息使得Tesco可以对重点客户提供特殊服务,如为孕妇配置个人购物助手等;

更可测的营销效果:针对不同细分群体的营销活动可以从他们购买模式的变化看出活动的效果;

更有信服力的市场调查:基础数据库的样本采集更加精确。以上所列带来的结果,自然就是消费者满意度和忠诚度的提高。

(二)供应商关系管理

1. 供应商关系管理思想的提出

供应商关系管理(supplier relationship management,SRM),是一种用来改善企业与供应商关系的管理理念,即如何与供应链的上游企业实现业务往来间的紧密联系和协同运作,如何既经济又准确地获得最好的战略资源,如何与其结成长期、稳固的战略伙伴,使供应商及其资源能够更有效地参与到自己的产品设计和生产制造,甚至是投放市场的过程中,降低成本,减少库存,缩短产品开发、生产和订单交付的周期。

企业业务对外的两个最重要的出口就是广义的"买"和"卖"。在"卖"的方面,20世纪末,管理软件供应商纷纷推出了CRM产品,企业也开始利用这种管理思想和工具来更好地开拓市场,提高客户的忠诚度,争取新客户和维护老客户。然而,在"买"的方面,在与供应商的关系方面,却一直未能引起企业的重视。然而,在21世纪,随着资源在全球化范围内调配,企业间业务联盟的进一步发展,供应链业务紧密联结趋势越来越紧密等,企业与供应商之间的关系变得越来越重要,这大大推进了企业与供应商之间的合作及利益共享。

2. 供应商关系管理的基本内容

(1)需求分析。准确、及时的需求分析是企业决策制定的一个先决条件,在采购方面也是如此。随着供应商队伍专业化的发展,准确及时的采购可以节省开支,取得市场上的采购优势。采购既要面对生产又要同时满足市场和客户的要求。SRM能够整合内部和外部资源,建立起高效能的组织采购,对自身业务关键性材料或者服务的需求进行战略部署,以减少日常生产运作中意想不到的问题。

(2)供应商的分类与选择。应该确定符合公司战略的供应商特征,对所有供应商进行评估,可以将供应商分成交易型、战略型和大额型。一般来讲,交易型供应商是指为数众多,但交易金额较小的供应商;战略型供应商是指公司战略发展所必需的少数几家供应商;大额型供应商指交易数额巨大,战略意义一般的供应商。供应商分类的目标是为了针对不同类型的供应商,制定不同的管理方法,实现有效管理。这种管理方式的转变,应该首先与各利益相关方进行充分沟通,获得支持。

供应商的评估与选择应该考察多个方面的因素,包括:实力(技术、容量、竞争力等);响应速度(销售服务、质量反应速度、对防范问题的反应以及对改进工作的兴趣等);质量管理(效率、产品设计以及质量保证程序等);时间控制(交货期的长短以及交货是否准时等);成本控制(设计费用、制造费用、维护费用以及运输费用和保管费用等)。SRM可以综合考察供应商各个方面的因素,帮助企业做出准确的分类与选择。

(3)与供应商建立合作关系。确定对各类供应商采用何种关系和发展策略,这可通过几个步骤来进行。首先,与战略型供应商和大额增长型供应商在总体目标、采购类别目标、阶段性评估、信息共享和重要举措等各方面达成共识,并记录在案。其次,与各相关部门开展共同流程改进培训会议,发现有潜力改进的领域。再次,对每位供应商进行职责定位,明确其地位与作用。最后,双方达成建立供应商关系框架协议,明确关系目标。在这一部分可以做的工作包括：建立供应商的管理制度；供应商绩效管理；供应商的合同关系管理；采购流程的设计与实施。SRM 能够使采购流程透明化，并能提高效率和反应能力，降低周转时间，提高买卖双方的满意度。

（4）与供应商谈判和采购。根据前面各步骤的工作可以与供应商通过谈判达成协议。SRM 能够帮助企业跟踪重要的供应商表现数据如供应商资金的变化等，以备谈判之用。SRM 在采购过程中还可以实现公司内部与外部的一些功能。公司内部的功能包括：采购信息管理；采购人员的培训管理和绩效管理；供应商资料实时查询；内部申请及在线审批。公司外部的功能包括（与供应商之间的）：在线订购；电子付款；在线招标等。

（5）供应商绩效评估。供应商绩效评估是整个供应商关系管理的重要环节。它既是对某一阶段双方合作实施效果的衡量，又是下一次供应商关系调整的基础。SRM 能够帮助企业制定供应商评估流程，定期向供应商提供反馈。供应商的绩效评估流程可以从技术、质量、响应、交货、成本和合同条款履行这几个关键方面进行评估，同时该流程还可以包括相关专家团特定的绩效评估。评估流程的目的在于给双方提供开放沟通的渠道，以提升彼此的关系。同时，供应商也可以向企业做出反馈，站在客户的角度给出其对企业的看法。这些评估信息有助于改善彼此的业务关系，从而改善企业自身的业务运作。

## 第三节 国际企业供应链采购管理

### 一、国际企业全球供应链环境下的采购管理

#### （一）传统的采购管理

随着市场经济的不断完善和发展，供应链管理不断发展成熟，采购环节逐渐具备了增值的能力，如何成功地进行全球采购、降低成本、提高企业竞争力已越来越受到企业的重视。采购是指企业在了解生产经营物资需求基础上，寻找和选择合理的供应商，并就价格和服务等相关条款进行谈判和实施，以确保需求满足的活动过程。

传统管理模式下的采购，关注点集中于产品的价格和质量，交货期等其他因素则处于次要地位。采购方通过经验判断和在对重要指标如价格比较的基础上选择供应商，而质量和交货期则采取事后控制的方法解决。由于其重点在于价格谈判与比较，所以双方的谈判显得尤为重要。往往企业要经过多次反复谈判，最终选定供应商。

传统管理模式下的采购存在的主要问题是：

一是在传统管理模式下，供求双方虽然有合作关系，但这种合作往往是短期的或临时的，因而双方无法更好地进行合作，不能从全局角度对需求进行预测，缺少合作与协调，无效消耗增多，双方的不信任增加了供应链运作的难度。

二是客户需求响应能力差。由于供需双方没有比较充分的信任和合作关系，无法做到同步运作，因而在客户需求发生变动或者外界环境发生变动情况下，双方很难及时地对原有的生产计划、采购计划和供应计划做出调整，对客户需求的响应速度和有效性都比较差。

三是难以控制采购质量。由于传统管理模式下采购对供应物品质量的控制只是最后的

检验,属于事后控制,无法实时了解供应物品在设计和制造等过程中存在的问题,从而不能及时向供应商提供产品质量反馈信息,对质量问题如质量标准等不能很好地把握与控制。

四是供求双方信息不对称。在竞争关系为主导的供求关系条件下,采购方和供应方都为了获得更好的竞争地位以及担心泄密问题而保留更多的内部信息,供求双方信息不对称,不利于双方的合作。

(二)供应链环境下的采购管理

相对于传统采购,供应链采购有如下特点:

1. 从为库存采购到为订单采购的转变。在传统的采购模式中,采购的目的就是补充库存,即为库存而采购,采购过程缺乏主动性,采购计划较难适应需求的变化。在供应链管理模式下,采购活动紧紧围绕用户需求而发出订单,因而不仅可及时满足用户需求,而且可减少采购费用,降低采购成本。订单驱动的采购方式的优势表现在以下几个方面:

一是由于供应商与制造商建立了战略合作伙伴关系,签订供应合同的手续大大简化,不再需要双方的询盘和报盘的反复协商,交易成本也因此大为降低。

二是信息传递更准确迅速。在供应链管理环境下,供应商能及时得到制造部门的第一手信息,提高了供应商应变能力,减少了信息失真。同时,在订货过程中不断进行信息反馈,修正订货计划,使订货与需求保持同步。

三是在同步化供应链计划的协调下,制造计划、采购计划、供应计划能够并行进行,缩短了用户响应时间,实现了供应链的同步化运作。采购与供应的重点在于协调各种计划的执行。

四是采购物资直接进入制造部门,减少采购部门的工作压力和非增值的活动过程,实现供应链的精细化运作。

五是实现面向过程的管理模式。订单驱动的采购方式简化了采购工作流程,采购部门可以将更多的精力放在沟通与协调供应与制造部门之间的关系上,为实现精细采购提供基础保障。

2. 从采购管理向外部资源管理转变。在传统的采购模式中,采购管理注重对内部资源的管理,追求采购流程的优化、采购环节的监控和与供应商的谈判技巧,缺乏与供应商之间的合作。在供应链管理模式下,转向对外部资源及对供应商和市场的管理,增加了与供应商的信息沟通和市场的分析,加强了与供应商在产品设计、产品质量控制等方面的合作,实现了超前控制、供需双方合作双赢的局面。

3. 从一般买卖关系向长期合作伙伴关系甚至到战略协作伙伴关系的转变。在传统的采购模式中,供应商与需求企业之间是一种简单的买卖关系。在供应链管理模式下,双方的合作伙伴关系,可以为解决传统采购关系下无法克服的库存、风险、成本等一系列问题提供便利条件。供应链环境下的采购模式对供应和采购双方是典型的"双赢",对于采购方来说,可以降低采购成本,在获得稳定且具有竞争力的价格的同时,提高产品质量和降低库存水平,通过与供应商的合作,还能取得更好的产品设计和对产品变化更快的反应速度;在保证有稳定的市场需求的同时,由于同采购方的长期合作伙伴关系,供应方能更好地了解采购方的需求,改善产品生产流程,提高运作质量,降低生产成本,获得比传统采购模式下更高的利润。

**二、国际企业的全球采购**

（一）国际企业全球采购的含义

国际企业全球采购是指国际企业利用全球资源，在全世界范围内去寻找供应商，寻找质量最好、价格合理的产品。广义的全球采购是在供应链思想的指导下，利用先进的技术和手段，提出合理的采购要求，制定恰当的采购方案，在全球范围内建立生产与运营链，采购质价比最高的产品，以保证企业生产经营活动正常开展的一项业务活动；同时，通过采购规范的操作，可以有效地对采购过程中的绩效进行衡量、监督，从而在使服务水平不降低的情况下，实现采购总成本最低。

与国内采购相比，国际企业供应链管理模式下的全球采购具有以下特点：

1. 采购范围拓宽至全球。采购范围不再局限于一个国家一个地区，而是在世界范围内配置自己资源。因此，我们充分和善于利用国际市场、国际资源，尤其是在物流随着经济全球化进入全球物流时代，国内物流是国际物流上的一个环节，要从国际物流角度来处理物流具体活动。

2. 风险性增大增强。国际采购通常集中批量采购，采购项目和品种集中，采购数量和规模较大，牵涉的资金比较多，而且跨越国境，手续复杂，环节较多，存在许多潜在的风险。

3. 采购价格相对较低。因为可以在全球配置资源，可以通过比较成本方式，找寻价廉物美产品。

4. 选择客户的条件严格。因为全球采购，供应商来源广，所处环境复杂。因此，制定严格标准和条件去遴选和鉴别供应商尤其重要。

5. 渠道比较稳定。虽然供应商来源广，全球采购线长、面广、环节多，但由于供应链管理的理念兴起，采购商与供应商形成战略合作伙伴关系，因而采购供应渠道相对比较稳定。

（二）国际企业全球采购的流程

1. 选择首先进行全球采购的物品。对于那些不熟悉全球采购的企业来讲，第一次进行全球采购是一个学习的过程。国外购买的最初目标可以影响到整个全球采购过程的成功与否。公司应该选择质量好、成本低、便于装运且无风险的商品进行国外采购。首先选择一个或多个商品进行评价。评价的标准如下：选择对现存操作并不重要的产品；选择标准化产品或者说明书易懂的产品；选择购买量大的产品来检验全球采购的效果；选择能够使公司从长期采购中获得利益的产品；选择那些需要较为标准化设备的产品。这些评价标准很重要，因为如果全球采购无法满足国际企业的期望，那么就必须在国内采购。影响全球采购初始成功的另一个影响因素就是：使其他部门了解全球采购的产品是什么。

2. 获取有关全球采购的信息。在确定需要进行全球采购的物品之后，接下来国际企业就要收集和评价潜在供应商的信息或者识别能够承担该任务的中介。如果国际企业缺乏全球采购的经验、与外界联系较为有限或获得的信息有限，获取有关全球采购的信息对于这些公司而言可能就比较困难。全球采购信息一般可以通过国际工业厂商名录、贸易展销会、贸易公司、驻外代理机构、贸易咨询机构等途径来获取。

**小资料：沃尔玛与利丰公司合作，启用全球采购新模式**

零售巨头沃尔玛宣布启用全球采购新模式，包括建立全球采购中心，与国际采购公司利丰公司结成战略联盟等。沃尔玛公司副董事长埃杜亚多·卡斯特罗·莱特说，此次采购新模式是公司战略的重要组成部分，将为顾客及股东带来更大的价值。

2009年10月，沃尔玛公司首次在投资社区年会上宣布了以新的全球采购中心为核心的统一的全球采购架构。这个新架构将会发挥公司在非食品采购及全球食品采购上的全球规模优势。卡斯特罗·莱特说："新成立的全球采购中心是沃尔玛公司新的采购战略中最大、最重要的组成部分。这些采购中心将使采购与业务管理有机结合，并提高各品类商品的采购效率。"该全球采购总战略的核心将是不断提高沃尔玛公司自有品牌的直接采购。

作为沃尔玛采购新战略的一部分，沃尔玛公司与利丰公司签署了一系列协议。利丰公司正在组建成专门管理沃尔玛采购业务的新公司，使其在第一年内完成约20亿美元的沃尔玛的商品采购额。业内专家表示，20亿美元的采购额度对于沃尔玛公司全年的采购金额来说只是个小数字。但从沃尔玛的重视程度来看，这种合作的模式可能成为沃尔玛未来全球采购战略的一个模板，即抛弃供应链条上的三批、四批等中间环节，转向与利丰这样的区域总代理合作。

3. 评价供应商。无论是买方公司还是外国代理机构进行全球采购，国际企业评价国外供应商的标准都应该与评价国内供应商的标准相同（甚至更加严格）。

4. 签订合同。确定了合格的供应商之后，国际企业就要征求供应商的建议书。如果国外供应商并不具备竞争力（通过评价建议书来确定），那么国际企业则会选择国内熟悉的供应商。如果国外供应商能够满足买方的评价标准，那么买方就可以与供应商磋商合同条款。无论与哪个供应商合作，国际企业都要在合同的整个有效期内对供应商进行持续的绩效考察。

### 三、国际企业全球采购中供应商的选择和管理

很多企业建立了详细的供应商评价标准，用来帮助进行供应商的选择。一般来说，国际企业全球采购中供应商的选择应考虑以下因素：

1. 质量。质量是衡量供应商的最重要因素。由于产品价值中一半以上的部分是经过采购由供应商提供的，那么企业产品质量更多地应控制在供应商的质量管理过程中，这也是"上游质量控制"的体现。上游质量控制得好，不仅可以为下游质量控制打好基础，同时可降低质量成本，减少企业来货检验费用等。通过采购将质量管理延伸到供应商，是提高企业自身质量水平的基本保证。全球采购中，采供双方就质量规格达成明确标准非常重要，否则以后双方产生分歧后，一系列后续事件的处理费用就十分昂贵。

2. 价格。产品的价格是选择供应商的另一个主要因素。原材料的价格会影响最终产品的成本，供应商应该能提供有竞争力的价格，这并不意味着国际企业必须选择报价最低

的供应商。这个价格是考虑了要求供应商按照所需时间、数量、质量和服务后确定的。供应商还应该有能力向购买方提供改进产品成本的方案。

3. 可靠性。一是交货的准时性。交货准时是指按照订货方所要求的时间和地方，供应商将指定产品送达指定地点。如果供应商的交货准时性低，就会影响生产商的生产计划和销售商的销售计划，导致供应链的低效率和资源浪费。二是供应商的信誉。在选择供应商时应该选择有较高声誉、经营稳定、财务状况良好的企业。

4. 能力。供应商的能力除了供应商的设备和生产能力，还包括其设计能力、特殊工艺能力等条件。生产能力是指供应商必须具备相当的生产规模与发展潜力，这意味着供应商制造设备必须能够在数量上达到一定规模，能够保证供应所需数量的产品。集成化供应链是供应链的未来发展方向。产品的研发和设计不仅仅是生产厂商自己的事，集成化供应链要求供应商也应承担部分的研发和设计工作。此外，供应商的特殊生产工艺也属于供应商选择机制的考虑范畴。每种产品都有其独特性，没有独特性的产品的市场生存能力较差。产品的独特性要求特殊的生产工艺。

5. 服务水平。供应商的服务态度、服务质量和技术服务水平的高低直接影响企业的形象。尽管供应商的态度很难定量表示，但这确实会对供应商的选择产生一定的影响。不同的产品会产生不同的服务要求，如购买计算机、设备等技术部件就要求有培训、上门安装、维修方便等服务，而购买办公用品则要求送货及时。因此，在选择供应商时还必须考虑与自身需求相吻合的服务。

6. 运输和集中物流。国际原材料采购中的运输方式和责任承担问题要比国内运输复杂得多。另外，国际采购中的包装和保险决策也比国内复杂。

国际企业国际采购中，还必须关注政治问题和劳动力问题的影响。受供应商所在国政府问题（例如政府换届或工人罢工）、天气的影响，供应中断的风险可能会很大。采购者必须对风险做出估计。如果风险很高，采购者就必须采取一些措施监视事态的发展，以便及时对不利事态做出反应并寻找替代办法。必要时，甚至有可能重新选择新的供应商。

## 第四节　国际企业全球供应链管理与信息技术

随着信息技术的发展，供应链从小区域、单一国家演变成为全球规模。今日的全球供应链已突破国界成为由全球的供应商、制造商、仓储中心与顾客所交织而成的网络。要想改变供应链模式中的管理效率，降低整个供应链的成本，信息技术的应用和支持至关重要。信息技术有助于"链"中企业迅速、准确地收集和传递有关商业数据和信息，以最快的速度和最有效的方式满足合作伙伴的生产需求和消费者的需求；信息技术的应用大大减少了传统的商业交易方式带来的额外成本；信息技术满足企业间知识的共享，实现知识的整合和利用。显然，只有用信息技术集成企业的业务管理流程，用电子商务跨越企业边界，国际企业才能从真正意义上实现集供应商、企业、分销商、客户于一体的供应链的管理。

## 一、信息技术在全球供应链管理中的应用

现代信息技术是一个内容十分广泛的技术群,它包括微电子技术、光电子技术、通信技术、网络技术、感测技术、控制技术、显示技术等。根据 IT 在供应链管理主要领域的应用,可以归纳出如图 15-3 所示的应用领域。从图中可以看出,供应链管理涉及的主要领域有产品、生产、财务与成本、市场营销、支持服务、人力资源等多个方面,通过采用不同的 IT,可以提高这些领域的运作绩效。

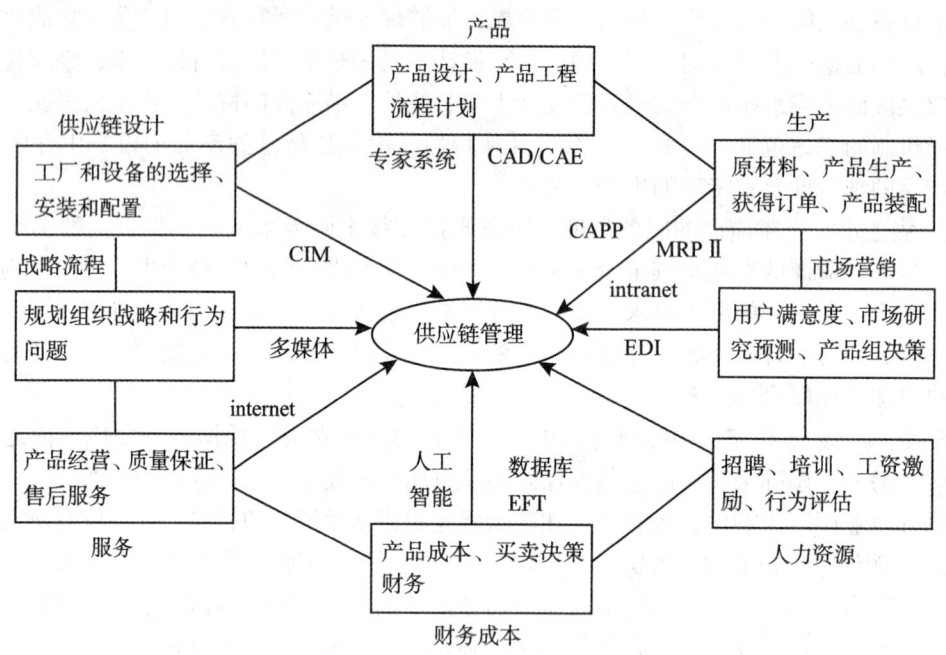

图 15-3  IT 在供应链管理中的应用

1. EDI(electronic data interchange,电子数据交换)是供应链管理的主要信息手段之一,特别是在国际贸易中有大量文件传输的条件下。它是计算机与计算机之间相关业务数据的交换工具,它有一致的标准以使交换成为可能。典型的数据交换是传向供应商的订单。利用 EDI 能清除职能部门之间的障碍,使信息在不同职能部门之间通畅、可靠地流通,能有效减少低效工作和非增值业务。同时,可以通过 EDI 快速获得信息,更好地进行联系、交流和更好地为用户提供服务。

2. CAD/CAE/CAM、EFT(computer aided design/ computer aided engineering/computer aided manufacturing、electronic funds transfer,计算机辅助设计/计算机辅助工程/计算机辅助制造、电子资金转账)多媒体的应用可以缩短订单流的提前期。如果把交货视作一个项目,为了消除物流和信息流之间的障碍,就需要应用多媒体技术、共享数据库技术、人工智能、专家系统和 CIM。这些技术可以改善企业内和企业之间计算机支持的合作工作,

从而提高整个供应链系统的效率。

3. 企业的内部联系与企业外部联系是同样重要的。比如在企业内建立企业内部网络（intranet）并设立电子邮件系统，使员工能便捷地相互收发信息。像 Netscape 和 WWW 的应用可以方便地从其他地方获得有用数据，这些信息使企业在全球竞争中获得成功，使企业能在准确可靠的信息帮助下做出准确决策。信息流的提前期也可以通过 E-mail 和传真的应用得到缩短。信息时代的发展需要企业在各业务领域中适当运用相关的 IT。

4. 战略规划受到企业内部（生产能力、技能、职工合作、管理方式）和外部的信息因素的影响，而且供应链管理强调战略伙伴关系的管理，这意味着要处理大量的数据和信息才能做出正确的决策去实现企业目标。决策的准确度取决于收集的内、外部数据的精确度和信息交换的难易度。

5. 产品设计和工程、流程计划可被当作一个业务流程，产品本身需要产品、工程、流程计划的设计，这些阶段可以用 QFD、CE、CAD／CAE 和 CAFP 集成在产品开发中，减少在产品开发周期中的不增值活动。

6. 市场营销和销售是信息处理量较大的两个职能部门。市场研究在一定程度上是 IT 革新的主要受益者。市场营销和销售作为一个流程需要集成市场研究、预测和反馈等方面的信息，EDI 在采购订单、付款、预测等事务处理中的应用，可以提高用户和销售部门之间数据交换工作效率，保证为用户提供高质量的产品和服务。

7. 会计业务包括产品成本、买卖决策、资本投资决策、财务和产品组决策等。计算机信息系统包括在线成本信息系统和数据库，主要采用在线共享数据库技术和计算机信息系统完成信息的收集和处理。技术分析专家系统、财务专家系统能提高企业的整体投资管理能力，而且在 ESTA 中应用人工智能和神经网络技术可以增强某些非结构性问题的专家决策。EDI 和 EFT（electronicfunds transfer）应用在供应链管理当中可以提高供应链节点企业之间资金流的安全和交换的快速性。

8. 生产过程中的信息量大而且繁杂，如果处理不及时或处理不当，就有可能出现生产的混乱、停滞等现象，MRPⅡ、JIT、CIMS、MIS 等技术的应用可以解决企业生产中出现的多种复杂问题，提高企业生产效率和整个供应链的柔性。

9. 客户服务技术可以应用于企业之间的信息共享，以改善企业的服务水平，同时各种网络新技术的应用也可以改善企业之间的信息交互使用情况。信息自动化系统提高了分销、后勤、运输等工作的效率，减少了纸面作业，从而可降低成本和提高用户服务水平。

10. 供应链设计当中运用 CIM、CAD、internet、E-mail、专家支持系统等技术，有助于供应链节点企业的选择、定位和资源、设备的配置。决策支持系统（DSS）有助于核心企业决策的及时性和正确性。

11. 人力资源管理当中，人类行为工程（human performance engineering, HPE）也开始在企业管理当中得到应用。在企业系统的工作设计、培训、组织重构中应用 HPE 可以帮助企业提高从最高领导层到车间的人力效率，同时多媒体、CAD/CAM 和 internet 等技术的应用可以改善职工之间的合作水平与降低工作压力。

## 二、全球供应链管理中的信息技术

### (一) 电子数据交换

电子数据交换被确认为公司间计算机与计算机交换商业文件的标准形式。国际标准化组织（ISO）将电子数据交换定义为"将商业或行政事务处理，按照一个公认的标准形成结构化的事务处理或信息数据格式，实现计算机到计算机的数据传输"。在供应链管理中，EDI 是供应链企业信息集成的一种重要工具、一种在合作伙伴企业之间交互信息的有效技术手段，特别是在全球进行合作贸易时，它是在供应链中连接节点企业的商业应用系统的媒介。通过 EDI，可以快速获得信息，提高生产率，降低成本，提高对客户的响应，缩短事务处理周期，减少订货周期等。目前西方发达国家已经普遍采用 EDI。

### (二) 条码技术

条码技术是在计算机应用和实践中产生并发展起来的广泛应用于商业、仓储、工业生产过程控制、交通等领域的一种自动识别技术，具有输入速度快、准确度高、成本低、可靠性强等优点，在当今的自动识别技术中占有重要地位。通常对于每一种物品，它的编码是唯一的，可用于标示特定种类的商品。

条码技术的应用，解决了数据录入和数据采集的"瓶颈"问题，为物品的标示和描述提供了有效的方法，它通过对产品、容器、位置、操作员、设备等的识别，为仓储、分拣、装卸搬运、运输跟踪等业务提供了技术支持。当今世界，条码技术为物品管理、各国间的贸易往来提供了简便的共同语言和独特的交往方式。

### (三) 射频识别技术

射频识别技术（radio frequency identification，RFID）作为一种快速、实时、准确采集与处理信息的高新技术，通过对实体对象的唯一有效标示和自动识别，被广泛应用于物流信息输入、存储与采集，逐渐成为企业提高物流供应链管理水平不可缺少的技术工具和手段。它是一种非接触式的自动识别技术，它通过射频信号自动识别目标对象并获取相关数据，识别工作无须人工干预，可工作于各种恶劣环境中。RFID 技术可识别高速运动物体并可同时识别多个标签，操作快捷方便。

鉴于 RFID 系统在信息处理上展现的技术优势，它广泛用于供应链上从采购、存储、生产制造、包装、运输、配送、销售到服务的各个环节。

1. 生产环节。在生产制造环节应用 RFID 技术，可以完成自动化生产线运作，实现在整个生产线上对原材料、零部件、半产品和产成品的识别与跟踪，减少人工识别成本和出错率。

2. 零售环节。RFID 可改进零售商的库存管理，实现适时补货，有效跟踪运输与库存。

3. 存储环节。在整个仓库管理中，将供应链计划系统制订的收货计划、取货计划、装运计划等与射频识别技术相结合，能够高效地完成各种业务操作。此外，RFID 的设计让商品的登记自动化，盘点时不需要人工检查或扫描条码，更加快速准确。

4. 运输环节。在途运输的货物和车辆贴上 RFID 标签，运输线的一些检查点上安装 RFID 接收转发装置，接收装置收到 RFID 标签信息后，连同接收地的位置信息上传至通信卫星,再由卫星传送给运输调度中心,送入数据库中。

5. 配送环节。在配送环节,采用射频技术能大大加快配送的速度和提高拣选与分发的效率与准确率,并能减少人工,降低配送成本。

(四) 地理信息系统

地理信息系统(geography information system,GIS)是一种以地理空间数据为基础,在计算机硬件、软件环境支持下,对空间相关数据进行采集、管理、操作、分析、模拟和显示,并采用地理模型分析方法,适时地提供多种空间动态的地理信息,为地理研究、综合评价、科学管理、定量分析和决策服务的一类计算机应用系统。

在全球协作的商业时代,企业管理部门往往拥有数以十万计的供应链各环节的信息资料,而85%以上的企业决策数据与空间位置相关。企业采用GIS系统就可以对商业网点提供地理信息查询,并可以对它们按地理分布进行统计分析,进而帮助企业进行商业选址,确定潜在市场的分布、销售和服务范围,寻找商业地域分布规律,优化运输路线以及进行资源调度和资产管理等。

(五) 全球定位系统

全球定位系统(global positioning system,GPS)是具有全球性、全天候、定位迅速、精度高、可连续提供三维位置(经度、纬度和高度)、三维速度和时间信息等技术优势的导航定位、定时、测速系统,是实现全球导航的技术。

目前,GPS技术在供应链管理领域的应用卓有成效,尤其在货物配送领域,如运输路线的选择、仓库位置的选择、仓库容量设置、运输车辆的调度等都可以通过运用GPS的导航、车辆跟踪、信息查询和交通管理功能进行有效的管理和决策分析。

(六) 销售时点信息系统(POS)

销售时点信息系统(point of sale)是指通过自动读取设备(收银机)在销售商品时直接读取商品销售信息,并通过通信网络和计算机系统传送至有关部门进行分析加工以提高经营效率的系统。它是直接对客户群进行销售活动的工具,迅速完整地收集商品销售信息,完成交易收付并制作统计报表。

(七) 电子自动订货系统(EOS)

电子自动订货系统(electronic ordering system)是指企业间利用通信网络和终端设备以在线方式进行订货作业和订货信息交换的系统。相对于传统的订货方式,EOS系统可以缩短从接到订单到发出订货的时间,缩短订货商品的交货期;有利于减少企业的库存水平,提高企业的库存管理效率;对于生产厂家和批发商来说,有利于调整商品生产和销售计划。

### 三、电子商务与国际企业全球供应链管理

(一) 电子商务的主要内容

自20世纪90年代以来,电子商务作为商业贸易领域中一种先进的交易方式,已经风靡全球。它在internet的广阔联系与传统信息技术系统的丰富资源相互结合的背景下应运而生,是一种在互联网上展开的相互关联的动态商务活动。

电子商务把买家、卖家、厂商和合作伙伴在internet、intranet和extranet结合起来,

其应用可概括为内容管理、协同及信息和电子商务三个层次的应用。内容管理通过更好地利用信息来增加产品的品牌价值，主要体现在通信和服务方面。协同及信息是指自动处理商业流程，以减少成本和开发周期。电子商务包括四个方面的具体应用：市场与售前服务，销售活动，客户服务，电子购物和电子交易。

（二）基于电子商务的供应链管理

国际企业基于电子商务的供应链管理的目标是通过internet优化整个供应链，即利用internet完全的自助交易方式与网络业务伙伴实时进行合作和重要计划信息的交流。在优化的供应链中，客户能够分享各种预测，看到订单的状态，随时输入及修改需求计划。外部采购合作伙伴能共享一些可利用资源和生产进程信息，供应商可以了解企业的原料需求并参与投标。国际企业可以从全局范围了解业务运作情况、供应商和客户信息，并通过平衡核心竞争力和避免无效操作来调整设计自己的供应链。对供应链上的物流、信息流、资金流进行有计划的控制。

基于电子商务的供应链管理的优势体现在如下三个方面：

1. 有利于保持现有的客户关系，开拓新的客户和新的业务。基于电子商务的供应链管理直接沟通了供应链中企业与客户的联系，并且在开放的公共网络上可以与最终消费者进行直接对话，从而有利于满足客户的各种需求，保留现有客户和吸引新的客户。

2. 有利于保持现有业务增长，提高营运绩效。通过实施基于电子商务的供应链管理，可以实现供应链系统内的各相关企业对产品和业务电子化、网络化的管理。同时，供应链中各企业通过运用电子商务手段实现有组织、有计划的统一管理，可以减少流通环节，降低成本，缩短需求响应和市场变化时间，提高运营绩效，为客户提供全面服务，实现最大增值。

3. 有利于分享需要的信息，促进供应链中信息流的改善。供应链中的企业借助电子商务手段可以在互联网上实现部分或全部的供应链交易，有利于各企业掌握跨越整个供应链的各种有用信息，及时了解顾客的需求以及供应商的供货情况，同时也便于顾客网上订货并跟踪订货情况。

目前国内外很多大公司都实施了基于电子商务的供应链管理，比如Intel公司、海尔公司和华为公司等。通过基于电子商务的供应链管理可以增强企业的核心竞争力，使企业更好的发展。

（三）电子商务在供应链管理中应用的主要技术手段

信息技术的迅猛发展促成了电子商务的兴起，电子商务为供应链管理提供了强有力的技术支持，主要有EDI销售点与预测、财务技术手段、非技术型企业的EC和共享数据技术四种技术。

1. EDI销售点与预测。EDI是一种在合作伙伴企业之间交互信息的有效技术手段。它是在供应链中联结节点企业的商业应用系统的媒介。供应链环境中不确知的是最终消费者的需求，必须对最终消费者的需求做出好的预测，供应链中的需求大都来源于这种需求预测。虽然预测的方法有上百种，但通过EDI预测，可以最有效地减少供应链系统的冗余性，这种冗余可能导致时间的浪费和成本的增加。

2. 财务技术手段。财务EC广泛应用于业务和它们的财务机构之间，通常采用的技术手段有3种方式。一是用户可以通过汇款通知系统结账，而不是通过支票；二是用户将支票或电子付款单传送到供应商的 Lockboxes，供应商的财务机构会通过 EDI-Lockboxes 将付款单信息传给用户和供应商；三是用户可以在接收到产品或服务时自动地以共同商定的单位价格付款给供应商。

3. 非技术型企业的 EC。大企业不希望同时拥有具有相同功能的多个系统，所以希望通过 EC 实现商业交流的标准化，而忽略了商业伙伴的 EC 能力。没有 EC 系统的小企业，将采用 E-mail、电子会议、电子市场营销、电子用户支持系统、用户网上采购等实现 EC 功能。

4. 共享数据技术。战略合作伙伴可以通过一定的技术手段在一定的约束条件下相互共享特定的数据库，这样它们将快速知道需要某些更新的数据。

## 第五节 国际企业全球供应链的风险管理

供应链管理作为一种新的管理模式与方法，在新的竞争环境下，在给国际企业带来价值和竞争力的同时，因为各种不确定性因素的存在也增加了供应链上企业的风险。供应链风险是一种潜在的威胁，它会利用供应链系统的脆弱性，对供应链系统造成破坏，给上下游企业以及整个供应链带来损害和损失。国际企业供应链处于充满了不确定性的全球市场中，其面临的风险更加复杂。最近几年全球发生的一系列风险事件，给全球供应链带来了巨大的冲击，引起了全球供应链管理者对风险的关注。2010 年冰岛火山灰导致的经济影响从航空、旅游业蔓延至贸易以及其他一切依赖空运和要求"及时交货"的行业。2011 年日本特大地震和海啸发生之后，因零配件供应短缺而导致全球供应链发生断裂现象。供应链风险日益成为企业供应链管理的重要障碍，对企业产生了相当大的危害，严重制约了供应链的稳定和发展。应对供应链风险，已成为供应链管理中的一个关键问题。

### 一、全球供应链风险概述

（一）全球供应链风险的定义

供应链风险是一个比较新的概念，它的提出，最初源于对供应风险概念的研究。目前对供应链风险的定义，还没有统一的认识，一些学者从不同的角度对供应链风险进行了界定。

英国 Cranfield 管理学院把供应链风险定义为供应链的脆弱性，供应链风险的发生通常导致降低供应链运行效率，增加成本，甚至导致供应链的破裂和失败。Christopher 将供应链风险定义为在最初供应商到最终产品的传递过程中产生的信息、物料和产品流上的任何风险。根据 Deloitte 咨询公司 2004 年发布的一项供应链研究报告，供应链风险是指对一个或多个供应链成员产生不利影响或破坏供应链运行，使其达不到预期目标甚至导致供应链失败的不确定性因素或意外事件。

本书借鉴马士华教授的定义：供应链风险包括所有影响和破坏供应链安全运行，使之达不到供应链管理预期目标，造成供应链效率下降、成本增加，导致供应链合作失败或解体的各项不确定因素和意外事件。

## （二）全球供应链风险分析

关于供应链风险来源的分类方法，研究者们存在一些不同的观点。

Cranfield 物流和供应链管理中心在供应链柔性研究报告中总结出供应链风险来源的 16 个主要方面，包括企业的管理活动和行业趋势，主要有准时化生产、过度关注成本的降低、全球化采购、单一供应商、集中分销、外包等。Norrman 和 Lindroth 指出供应链风险类型包括：需求不确定，上游事故的冲击，由于外包而发生的角色和责任的转变，上下游业务特征的不匹配，供应链产能风险，信息与合作风险，产品周期和上市时间的缩短及准时递送时间及提前期的缩短。Juttner 按照风险的来源，将供应链风险划分为供应链外部风险、供应链内部风险和网络风险。很大一部分学者也是采用这种分法，并对各个类别进行充实。

本书参考 Juttner 等人的分类架构，将全球供应链风险归为以下几类风险：

### 1. 外部供应链风险

供应链外部因素产生的风险，包括自然风险、政治风险和经济风险。

（1）自然风险，是指来自自然灾害或是偶发性意外事件，如地震、火灾、水灾、疫情等灾害。前面提及的冰岛火山灰、日本大地震和海啸即属于这种典型的自然风险。这类风险虽然属于偶发性风险，但是一旦发生所造成的损失往往难以估计，企业只能事前多做好保险和防范措施。

（2）政治风险。因政治变动因素使供应链传递发生阻碍，如战争、革命、内乱、对自由贸易的限制、税制变动、外汇法令变动与管制所造成的风险。战争对全球供应链的破坏不言而喻。中东地区是世界石油的重要基地，但是由于战事连连，石油价格的不断波动直接影响着各国经济以及各大供应链系统的稳定。政治风险对企业而言很难避免和控制，只能依靠自身的调整适应改变。

（3）经济风险，指在经济领域中各种导致供应链的经营遭受损失的风险，例如宏观经济波动、经济危机、汇率变动等。国内供应链仅仅受到本国宏观经济波动的风险，而全球供应链可能会受到供应链上任何成员所在国宏观经济波动的风险。经济危机对供应链的损害更是非常巨大。2008 年美国次贷危机引发的全球金融危机已经迅速向实体经济蔓延，造成众多企业破产，给供应链带来了致命的打击。

### 2. 内部供应链风险

这是指供应链内部来源于企业内部不确定性的风险。对于国际企业供应链来说，最主要的内部供应链风险包括国际物流风险和单一/有限供应商风险。

（1）国际物流风险。一是基础设施风险。基础设施是运作和管理全球化供应链的基础。在基础设施非常完善的发达国家，全球供应链的运作能得到有力保障。在基础设施不太完善的新兴或发展中国家，难以支持全球供应链运作。二是单据风险。在全球供应链中，最耗时最容易出错的环节就是单据。普通的全球运输需要 20 份到 30 份甚至更多的单据，而每一份单据对货物出入一个国家都是至关重要的。三是集装箱风险。集装箱运输技术曾大大推动了国际物流的发展，但是在全球供应链中，集装箱是一个重要的供应链风险暴露。

（2）单一/有限供应商风险。在全球供应链中，各个环节是环环相扣的，任何一个环节出现问题,都可能影响供应链的正常运作,甚至造成供应链的崩溃。有限/单一供应商风险的另一个方面是依赖单一地理供应商。当前随着国际分工的发展,某些产品的区域垄断性加强。例如,在电子行业,韩国的玻璃制造、中国台湾省的硅元素绝缘板制造、日本的消费电子产品制造,使得任何自然灾害、政治动荡甚至当地物流的中断都会导致原料供应链的中断,进而影响到整个电子产业。

3. 网络风险

这主要包括文化风险和信息风险。

(1) 文化风险。一是语言的差异。在国内供应链中,通常只适用一种语言,而在全球供应链中可能要用到两种、三种甚至更多的语言。二是文化差异。跨国供应链内成员企业合作时,不同国籍的人员在合作过程中,不同的政治、文化、意识形态和做法混合在一起,不但有可能相互发生冲突,而且有可能将一个国家中发生的问题转移到另一个国家。在跨国供应链中 这种跨国界的传递、示范作用将会导致链上企业经营风险的国际化。

(2) 信息风险。信息共享是实现供应链管理的基础。供应链的协调运行是建立在各个节点企业高质量的信息传递和共享的基础之上,全球供应链管理中信息传递涉及分属不同国家的多个企业。当供应链规模扩大,结构日趋繁复时,企业间的信息传递就会发生一些问题,尤其是当供应链企业分别位于不同的国家时,信息传递带来的风险更为明显。

## 二、国际企业全球供应链风险的管理

(一) 供应链风险管理含义

供应链风险管理是通过识别、度量供应链风险,并在此基础上有效控制供应链风险,用最经济合理的方法来综合处理供应链风险,并对供应链风险的处理建立监控与反馈机制的一整套系统而科学的管理方法。其目标包括损失前的管理目标和损失后的管理目标,前者是避免或减少损失的发生,后者则是尽快恢复到损失前的状态,两者结合在一起,就构成了供应链风险管理的完整目标。

(二) 供应链风险管理的基本环节

供应链风险管理的基本环节是指为了降低供应链风险,企业或供应链所经历的分析处理等阶段。目前所分析的基本环节框架是风险识别、风险度量、风险处理和风险监控与反馈四个阶段。

1. 供应链风险识别。风险识别是供应链风险管理的首要步骤,它是指供应链风险管理主体在各类风险事件发生之前运用各种方法系统地认识所面临的各种风险以及分析风险事件发生的潜在原因。通过调查与分析来识别供应链所面临风险的存在;通过归类,掌握风险产生的原因和条件,以及风险具有的性质。由于风险存在的客观性与普遍性及风险识别的主观性两者之间的差异,正确识别风险成为风险管理中最重要,也是最困难的工作。

2. 供应链风险度量。供应链风险度量是指对风险发生的可能性或损失的范围与程度进行估计与度量。仅仅通过识别风险,了解灾害损失的存在,对实施风险管理来说远远不够,还必须对实际可能出现的损失结果、损失的严重程度予以充分估计和衡量。只有准确地度量风险,才有助于选择有效的工具处置风险,并实现用最少费用支出获得最佳风险管理效果的目的。

3. 供应链风险处理。供应链风险处理是供应链风险管理的核心。识别供应链风险、度量供应链风险都是为了有效地处理供应链风险，减少供应链风险发生的概率和造成的损失。处理供应链风险的方法包括供应链风险回避、供应链风险控制、供应链风险转移和供应链风险自担。

4. 供应链风险监控与反馈。制定出风险处理方案后，要在实践中进行检验，一旦发现其中可能存在的缺陷，应及时进行反馈。供应链风险的监控与反馈就是将在危险识别、风险分析及风险处理中得到的经验或新知识，或者是从损失或接近损失中获取的有价值的经验教训，集中起来加以分析并反馈到供应链相关经营活动中，从而避免犯同样错误的过程。供应链风险管理是一项长期的、艰巨的工作，不是一蹴而就的事情，必须动态地重复风险管理过程的各个步骤，以使这一过程融入供应链管理运作中，才能真正做到长期有效地管理风险。

**小资料：索尼移动通信的全球供应链风险管理**

索尼移动通信是日本索尼公司的子公司，原名索尼爱立信，是2001年由索尼和爱立信各控股50%建立的合资企业。2012年2月，索尼公司完全收购索尼爱立信并改为现名。对于消费类电子企业来说，索尼移动通信在规避供应链风险方面有独到的经验。

索尼移动通信的供应链风险管理分以下几个阶段：

第一阶段是在2004—2007年，公司成立之初，公司每做一个产品项目都会评估其供应链风险。那时的风险评估相对分散，由各个项目组自行进行分析、决策和规避风险。

但是从2008年至今，世界突然进入了一个特别震荡的时期，各种突发事件接连发生。首先是2008年的全球金融危机。雷曼兄弟公司宣布破产后，由于担心多米诺效应的产生，索尼移动通信马上集中评估了所有的供应商是否有破产风险，结果发现确有几家供应商有破产的可能，就及时对供应链做了调整。从那时起，公司的供应链风险管理进入了第二个阶段。在这一阶段，主要采取分项目管理和全球采购集中管理并行的方式，既在项目中评估项目影响，又同时针对供应商可能面临的共同问题进行集中管理、分析和规避。

第三个阶段开始于2010年，那一年冰岛火山灰喷发，导致很多欧洲航线停滞，影响了货物运输。但是，索尼移动通信当时还有一部分库存可以供应市场，加上那次危机的延续时间不是很长，所以对公司的影响不大。但是，随之而来的是世界上陆续发生了多次自然灾害，比如2011年的日本大地震，紧接着是泰国的洪水灾害。除了频繁发生的自然灾害外，欧洲经济危机也不容忽视。以上各种因素对供应链的影响都很大，也使公司更加重视供应链风险评估与掌控。从那时起，公司的供应链风险管理又上升了一个层级，进一步整合到了全公司的层面，由公司首席财务官下属的风险专员负责全面协调并向公司最高领导层汇报，因为一旦产生了供应链的危机，解决起来就可能需要协调很多部门，这时就需要紧迫感和执行速度。

风险管理在电子行业应该说处在一个非常高的优先级。由于很多自然灾害是无法预测、不可控制的，最关键的是看供应链是否具备足够的弹性，在灾害发生后如何在最短时间内把问题解决或者如何把损失降到最低，这是各个企业所关注的问题。

**三、重构弹性供应链**

当今国际企业处于一个不确定、动荡的市场环境中，供应链的脆弱性成为让国际企业头疼的大问题。随着供应链越来越庞大复杂，供应链风险也越来越威胁到企业的生存和供应链的正常运作。国际企业只有通过构建弹性供应链才能更好地管理和规避风险。

（一）供应链弹性

"弹性"（resilience）这个概念是从材料科学中借用过来的，指材料变形之后恢复到初始形状的能力。在今天的商业环境中，弹性，这一术语被广泛用来描述组织对意外中断的反应并恢复其正常功能的能力。由于现代供应链是一种复杂的网络组织，可能遭遇风险的数量与种类比以往任何时候都要多，所以弹性在供应链风险管理中就显得尤其重要。

本书将供应链弹性界定为：供应链系统在风险发生后能迅速恢复到初始状态，或者进化到一个更有利于供应链运作的状态的能力。

（二）弹性供应链的构建

国际企业可以通过以下几个方面构建弹性供应链：

1. 保持适当冗余。从理论上说，打造弹性供应链最简单的方法就是在供应链上保持超出正常需要的库存和能力的冗余（redundancy），来临时满足对物料或最终产品的紧急需求能力。实现冗余的主要途径包括：一是建立原材料和最终产品的安全储备。一旦中断发生，安全储备便可作为一种缓冲，使企业有时间作出恢复计划和采取行动。二是保持额外能力（或多点设厂）和作业人员。保持额外能力和作业人员可使激剧上升的需求得到一定程度的满足，减少缺货损失。必须指出的是，虽然保持冗余有利于中断发生后企业继续运营，但一般来说这是一种昂贵的临时性措施。因此，运用这种"以防万一"的方法提高供应链弹性时应把握一个适当的度。

2. 增强供应链柔性。供应链柔性即供应链对环境变化和不确定性事件做出反应的能力。增强供应链柔性不仅有助于企业更好地应对日常需求的波动，而且能将供应链意外中断造成的影响减到最小。增强供应链柔性的途径包括：

（1）采取标准化流程。企业需要在分布在全球的工厂之间实现产品部件的可替换性和可通用性，有的时候甚至需要实现全球产品的设计和生产流程统一。这些都可以帮助企业快速地对供应链做出响应。例如，英特尔公司在全球建设统一模式的生产工厂，包括车间布局和生产流程都实现全球统一，这种标准化的生产设计使得英特尔可以快速地在不同工厂之间进行产量的调整，以应对不同地区生产的供应链风险。

（2）采用并行流程。在产品开发和生产、分销等关键领域使用同时进行的而非先后进行的流程可加快供应链中断后的恢复过程。Lucent技术公司通过集成化的供应链组织来实现这种并行性，不同的组织职能分布在这个集中化的供应链中。因此，企业可以同时观测到不同职能部门的同步运作，并且快速地评估不同运作流程的状态，并且在紧急事件发生时通过协同快速地应对。

（3）订立柔性合同。柔性合同在内容上提供了许多根据市场变化情况和合同进展情况而定的灵活性选择条款，合同分阶段进行，根据前一阶段的执行情况确定下一阶段执行的条款，一般不采取一次性合同。

（4）供应商关系管理。如果企业依赖少数的关键供应商，那么，这些供应商的任何事故、风险都会对企业带来灾难性的影响。通过有效的供应商关系管理，通过相互之间更多的沟通和了解，企业就可以更好地掌握供应商的内部运作情况，并且对产生的各种风险做出快速的响应。

3. 提高供应链敏捷性。供应链敏捷性是指供应链对需求或供应不可预知的变化做出迅速反应的能力及在反应过程中迅速变换行动方向或调整行动策略的能力。压缩反应时间是提高供应链敏捷性的重点。如何压缩时间？一是优化流程。二是对重要物料或产品采用快速的直达运送方式。提高供应链的可视性也是提高敏捷性的关键要素。

4. 建立全纵深、多层次的弹性防御体系。传统供应链以企业保持安全库存和备用能力作为缓冲来应对供应与需求的波动。但是如果输入发生意外频率大大增加，那么这些一线防御能力就会被很快消耗掉，所以还应沿供应链建立更多道的防御线，形成一个多层次的系统，即使某一个层次被突破它仍然是安全的。这要求供应链上的参与者采取包括低、中、高层次的行动措施。此外，企业还可以与供应商和客户一道制订联合永续经营计划，使企业与其合作伙伴成为一个彼此相互依存的共生体。

## ◎ 小结

1. 全球供应链是指面向全球的供应市场、需求市场和物流服务市场，在全球范围内选择合适的供货商、销售商和物流服务商来组建和整合企业的供应链。

2. 全球供应链管理的主要内容包括全球供应链网络的设计与构建、战略合作伙伴的选择与关系管理、采购与供应商管理、生产管理、物流管理、信息管理、绩效评价、风险管理。

3 全球供应链的设计策略有三种：基于产品的供应链设计策略、基于成本的供应链设计策略、基于多代理的集成供应链设计策略。

4. 建立供应链合作关系可以减小供应链上的不确定因素，降低库存，快速响应市场和加强企业的核心竞争力。

5. 客户关系管理和供应商关系管理是供应链伙伴关系管理的两个重要的领域。

6. 相对于传统采购，供应链采购有如下特点：从为库存采购向为订单采购转变，从采购管理向外部资源管理转变，从一般买卖关系向长期合作伙伴关系甚至战略协作伙伴关系转变。

7. 全球供应链管理离不开信息技术的支撑。在全球供应链管理中常用的信息技术包括 EDI 技术、条码技术、RFID 技术、GIS 技术、GPS 技术、POS 和 EOS 等。

8. 全球供应链处于不确定性的全球市场中，面临一系列风险。一是供应链外部因素产生的风险，包括自然风险、政治风险和经济风险；二是来源于供应链内部不确定性的风险，包括国际物流风险和单一/有限供应商风险；三是相关网络风险，主要包括文化风险和信息风险。

9. 全球供应链风险管理的基本环节包括风险识别、风险度量、风险处理和风险监控与反馈四个阶段。

◎ **复习思考题**

1. 供应链管理是在什么情况下产生的？它与传统企业管理模式相比有何特征？
2. 全球供应链与国内供应链有何区别？
3. 供应链合作关系与传统供应商关系有何区别？如何增进合作双方的战略合作伙伴关系？
4. 为什么越来越多的企业选择全球采购？中国供应商在全球采购环境下应该如何应对？
5. 全球供应链管理过程中目前使用的技术手段有哪些？其技术进步的发展方向如何？
6. 如何理解全球供应链风险的含义及其存在的原因？
7. 举例说明如何构建弹性供应链。

◎ **参考资料**

1. 张良卫. 全球供应链管理. 北京：中国物资出版社，2008.
2. 谢家平、魏航. 跨国公司全球供应链运营模式. 上海：上海财经大学出版社，2010.
3. 马士华，林勇. 供应链管理. 北京：机械工业出版社，2010.
4. 张光明. 供应链管理. 武汉：武汉大学出版社，2011.
5. 斯坦利·E. 福西特，莉萨·M. 埃尔拉姆，杰弗里·A. 奥格，登. 供应链管理：从理论到实践. 蔡临宁、邵立夫，译. 北京：清华大学出版社，2009.

【案例分析】

## 海信的欧洲供应链之反思

一度高调进军欧洲的海信遭遇意外失利，其早在 2004 年投入运营的匈牙利工厂于 2009 年早些时候关闭。

海信国际营销副总经理刘庆华表示，海信在欧洲市场至今还没有找到好的方法，唯一的路径就是通过上量以及对供应链结构成本进行优化，以达到盈利。

2004 年 6 月 3 日，在匈牙利伟创力公司的高新工业园区举行了隆重的海信匈牙利工厂开工剪彩仪式，匈牙利国家财政部长、伟创力欧洲区总裁和专程前来的海信集团总裁于淑珉均出席活动。按计划，该合资工厂将主要生产等离子、液晶等高端数字电视，年产能达到 100 万台，辐射法国、意大利等欧洲十几个国家和地区。

海信此举是希望绕过欧盟高达 14% 的进口关税，这迫使竞争者必须考虑在当地设厂。但海信很快发现，一旦涉及到欧洲当地生产，整个业务流程就变得非常复杂。最要命的是液晶面板的价格波动，供应链管理能力是决定是否盈利最核心的关键。举例而言，北美业务从订单到发货需要 40 余天，而欧洲业务则长达 70 多天，面板价格在这么长的周期内难免会波动。雪上加霜的是，欧洲各国的零售渠道由于竞争激烈，常常会提出只有20天交货周期的临时订单，这意味着要么提前预判某一时间段的订单量，要么放弃这类临时订单。风险最大的则是液晶面板的价格弹性——面板刚装到船上，价格就可能开始急剧下跌。但如果面板价格暴涨，品牌溢价能力又不强，渠道商也可能强迫降价或撕毁订单。

海信对"刚性供应链"的困扰显然准备不足。海信的匈牙利工厂由于采用与伟创力合作的模式，因此尽量采用本地化原则，包括包装箱、泡沫、机壳、说明书、保修卡等物料都在欧盟国家采购，但供应链中有80%的零部件仍需要海运至德国汉堡然后转运至匈牙利，物流成本和响应时间均无法压缩。工厂仅固定维护费用一项就高达数十万欧元。即使关税降到8%，也没有任何理由在当地生产。到了淡季即使没有任何生产，工人也必须全薪，而且无法解雇。

为了降低成本和保持开工量，海信甚至搬运了一条液晶电视生产线到当地进行CKD组装，一度曾雇用超过100名工人，海信也派了十余人的质量控制团队。但由于当地业务代工不足，合资5年后的2009年，海信不得已关闭了这家工厂。

海信国际营销副总经理刘庆华承认，在专利、关税、成本、供应链等一系列刚性成本重压之下，海信在欧洲市场至今还没有找到好的方法，唯一的路径就是通过上量以及对供应链结构成本进行优化，以达到盈利。"最好的方式莫过于保守操作。"刘庆华说。欧洲竞争加剧的结果是，只有三星这类具有面板规模化优势、小批量快速反应能力、高品牌溢价、供应链管理能力卓越的寡头才能存活。

未来赢的关键？这取决于海信能以多快速度实现千万级规模效应。

（资料来源：http://www.chinawuliu.com.cn.）

讨论题：
1. 海信的欧洲供应链存在哪些问题？
2. 你认为海信应如何解决欧洲供应链中的难题？

# 21世纪经济学管理学系列教材

- 政治经济学概论
- 政治经济学（社会主义部分）
- 技术经济学
- 财政学
- 计量经济学
- 国际贸易学
- 管理信息系统
- 国际投资学
- 宏观经济管理学
- 跨国企业管理
- 统计学
- 经济预测与决策技术
- 会计学
- 人力资源管理
- 物流管理学
- 管理运筹学
- 经济法
- 消费者行为学
- 管理学
- 生产与运营管理
- 战略管理
- 国际企业管理
- 公共管理学
- 税法
- 组织行为学

图书在版编目(CIP)数据

跨国企业管理/谭力文,吴先明主编. —4版. —武汉:武汉大学出版社,
2014.8(2018.8重印)
普通高等教育"十一五"国家级规划教材
21世纪经济学管理学系列教材
ISBN 978-7-307-13042-5

Ⅰ.跨…　Ⅱ.①谭…　②吴…　Ⅲ.跨国公司—企业管理—教材
Ⅳ.F276.7

中国版本图书馆CIP数据核字(2014)第061671号

责任编辑:范绪泉　　责任校对:鄢春梅　　版式设计:马　佳

出版发行:武汉大学出版社　(430072　武昌　珞珈山)
（电子邮件:cbs22@whu.edu.cn　网址:www.wdp.com.cn）
印刷:武汉市宏达盛印务有限公司
开本:787×1092　1/16　印张:25.5　字数:599千字　插页:1
版次:2002年1月第1版　　2004年9月第2版
　　　2009年7月第3版　　2014年8月第4版
　　　2018年8月第4版第2次印刷
ISBN 978-7-307-13042-5　　　　定价:45.00元

版权所有,不得翻印;凡购买我社的图书,如有质量问题,请与当地图书销售部门联系调换。